***ACCESO GRATIS** a la Lectura en la Nube*

Para visualizar el libro electrónico en la nube de lectura envíe junto a su nombre y apellidos una fotografía del código de barras situado en la contraportada del libro y otra del ticket de compra a la dirección:

ebooktirant@tirant.com

En un máximo de 72 horas laborables le enviaremos el código de acceso con sus instrucciones.

La visualización del libro en **NUBE DE LECTURA** excluye los usos bibliotecarios y públicos que puedan poner el archivo electrónico a disposición de una comunidad de lectores. Se permite tan solo un uso individual y privado.

LA DESTRUCCIÓN DE BIENES CULTURALES EN CONFLICTO ARMADO: EL CASO DEL DÁESH EN SIRIA

LA DESTRUCCIÓN DE BIENES CULTURALES EN CONFLICTO ARMADO: EL CASO DEL DÁESH EN SIRIA

JOAN-MARC FERRANDO HERNÁNDEZ
Doctor en Derecho Internacional Público
Institut de Drets Humans
Universitat de València

Prólogo:
JOSÉ ELÍAS ESTEVE MOLTÓ

tirant lo blanch
Valencia, 2025

EDITA: TIRANT LO BLANCH
C/ Artes Gráficas, 14 - 46010 - Valencia
TELFS.: 96/361 00 48 - 50
FAX: 96/369 41 51
Email: tlb@tirant.com
www.tirant.com
Librería virtual: www.tirant.es
DEPÓSITO LEGAL: V-1131-2025
ISBN: 978-84-1056-222-6

Si tiene alguna queja o sugerencia, envíenos un mail a: *atencioncliente@tirant.com*. En caso de no ser atendida su sugerencia, por favor, lea en *www.tirant.net/index.php/empresa/politicas-de-empresa* nuestro procedimiento de quejas.

Responsabilidad Social Corporativa: http://www.tirant.net/Docs/RSCTirant.pdf

A la meva família, Maria Antonia, Joan i Pol,
pel vostre amor incondicional. Ara i sempre.

A la Maria Fraile,
pel camí que hem recorregut junts.

Índice

Prólogo 17

Nota previa 23

Abreviaturas 25

Introducción 27

PARTE I
LA EVOLUCIÓN HISTÓRICA Y NORMATIVA DE LA PROTECCIÓN DE LOS BIENES CULTURALES EN CONFLICTO ARMADO

Capítulo I
La protección de los bienes culturales en conflicto armado y su evolución en el Derecho Internacional 35

1. LOS ORÍGENES DE LA PROTECCIÓN DE LOS BIENES CULTURALES EN EL DERECHO INTERNACIONAL 35

1.1. De la Antigüedad hasta el Renacimiento 35

1.2. Los posicionamientos de los juristas de los siglos XVI y XVII 43

1.3. La influencia de la Ilustración, la Revolución Francesa y las Guerras Napoleónicas 48

1.4. Colonialismo, expolio y destrucción de bienes culturales 57

2. EL PROCESO DE CODIFICACIÓN DE LAS NORMAS PROTECTORAS DE LOS BIENES CULTURALES 62

2.1. El Código Lieber de 1863 62

2.2. La Declaración de Bruselas de 1874 66

2.3. El Manual de Oxford de 1880 68

2.4. Las Convenciones de La Haya de 1899 y 1907 71

3. EL IMPACTO DE LA PRIMERA GUERRA MUNDIAL EN LOS BIENES CULTURALES ... 81

3.1. La destrucción de monumentos históricos y edificios protegidos durante la Primera Guerra Mundial ... 81

3.2. La Comisión de Responsabilidades de 1919 y los Tratados de Paz ... 90

3.3. La propuesta de la Sociedad Holandesa de Arqueología de 1918-1919 ... 99

4. LA EVOLUCIÓN DE LA NORMATIVA EN EL PERÍODO DE ENTREGUERRAS ... 102

4.1. La Comisión de Juristas y las Reglas de la Guerra Aérea de 1923 ... 102

4.2. El Pacto Roerich de 1935 ... 109

4.3. La influencia de la Guerra Civil española en la protección de los bienes culturales ... 112

4.3.1. La destrucción e incautación de bienes en los primeros días de la guerra ... 112

4.3.2. El bombardeo de ciudades y los bienes culturales ... 119

4.3.3. Traslado y refugio del tesoro artístico español ... 127

4.3.4. El anteproyecto de Convenio sobre la protección de monumentos y obras de arte en conflicto armado de 1938 ... 135

5. LA DESTRUCCIÓN Y EL SAQUEO DURANTE LA SEGUNDA GUERRA MUNDIAL ... 141

5.1. Los bombardeos estratégicos y la destrucción de ciudades ... 141

5.2. El saqueo de Europa ... 150

6. LA CULMINACIÓN DEL PROCESO NORMATIVO ... 158

6.1. El impulso normativo de la posguerra y los conflictos armados de la segunda mitad del siglo XX ... 158

6.2. Los avances en la persecución de la destrucción de bienes culturales y los conflictos armados en los albores del siglo XXI ... 166

6.3. La destrucción de bienes culturales en los conflictos armados posteriores a la "Primavera árabe" ... 171

6.4. Un mal que no termina: unas notas sobre los recientes conflictos armados ... 174

Capítulo II
La protección de los bienes culturales en los principales instrumentos internacionales: las obligaciones de respeto y la represión de las violaciones 181

1. BREVE MENCIÓN A LAS CONVENCIONES DE LA HAYA DE 1899 Y 1907 Y AL DERECHO INTERNACIONAL CONSUETUDINARIO 181

2. LA CONVENCIÓN DE LA HAYA DE 1954 187
2.1. Panorámica general de la Convención **de La Haya de 1954** 187
2.2. Ámbito de aplicación de la Convención de La Haya de 1954 192
2.3. La definición de los bienes culturales 196
2.4. La obligación de respetar los bienes culturales 201
2.5. La indefinición del régimen de represión de las violaciones 209

3. EL SEGUNDO PROTOCOLO DE 1999 212
3.1. Las principales mejoras del Segundo Protocolo: una visión general ... 212
3.2. El fortalecimiento de la protección de los bienes culturales en el Segundo Protocolo 217
3.3. El régimen de represión de las violaciones del Segundo Protocolo 226

4. EL IV CONVENIO DE GINEBRA DE 1949 Y LOS PROTOCOLOS ADICIONALES DE 1977 233
4.1. Los límites del IV Convenio de Ginebra de 1949 233
4.2. Los Protocolos Adicionales de 1977 236
4.2.1. La protección de los bienes culturales en los Protocolos Adicionales 237
4.2.2. Las infracciones graves de los Protocolos Adicionales 246

5. OTROS INSTRUMENTOS JURÍDICOS RELEVANTES 250
5.1. La Convención para la Protección del Patrimonio Mundial Cultural y Natural de 1972 250
5.2. La Declaración de la UNESCO relativa a la destrucción intencional del patrimonio cultural de 2003 256

PARTE II
LA CONFIGURACIÓN JURÍDICA INTERNACIONAL DEL CRIMEN DE GUERRA DE DESTRUCCIÓN DE BIENES CULTURALES

Capítulo III
La destrucción de bienes culturales como crimen de guerra. Especial referencia al Estatuto de Roma de la Corte Penal Internacional 263

1. FUNDAMENTO Y EVOLUCIÓN DE LOS CRÍMENES DE GUERRA CON ESPECIAL REFERENCIA AL CRIMEN DE GUERRA DE DESTRUCCIÓN INTENCIONAL DE BIENES CULTURALES 263

1.1. Los crímenes de guerra: una aproximación al concepto 263

1.2. El fracaso de la persecución de los crímenes de guerra tras la Primera Guerra Mundial: los juicios de Leipzig y Estambul ... 269

1.3. Núremberg y los juicios de la posguerra 280

1.4. El desarrollo de los crímenes de guerra y el régimen de infracciones graves de los Convenios de Ginebra de 1949 288

1.5. El tratamiento de los crímenes de guerra en los tribunales penales internacionales e híbridos 293

1.5.1. Los crímenes de guerra en los Estatutos de los Tribunales Penales Internacionales e híbridos 293

1.5.2. Las contribuciones del Tribunal Penal Internacional para la antigua Yugoslavia a la regulación de los crímenes de guerra 302

1.5.3. La destrucción intencional de bienes culturales como crimen de guerra en el Tribunal Penal Internacional para la antigua Yugoslavia 306

2. ELEMENTOS GENERALES DE LOS CRÍMENES DE GUERRA EN EL ESTATUTO DE ROMA 321

2.1. Cuestiones generales sobre los crímenes de guerra en el Estatuto de Roma de la Corte Penal Internacional 321

2.2. La existencia de un conflicto armado 324

2.2.1. Conflictos armados internacionales 325

2.2.2. Conflictos armados no internacionales 327

2.3. El nexo entre el conflicto armado y la conducta criminal 331

2.4. El conocimiento de la existencia del conflicto armado 334

3. ELEMENTOS ESPECÍFICOS DEL CRIMEN DE GUERRA DE DESTRUCCIÓN DE BIENES CULTURALES 335
3.1. Consideraciones previas 335
3.2. Elementos materiales 338
3.2.1. Dirigir ataques 338
3.2.2. Los bienes culturales como bienes especialmente protegidos 344
3.2.3. Que no sean objetivos militares 350
3.3. Elementos subjetivos: intención y conocimiento 352

Capítulo IV
Otras calificaciones jurídicas de la destrucción intencional de bienes culturales 355

1. LA DESTRUCCIÓN DE BIENES CULTURALES COMO CRIMEN CONTRA LA HUMANIDAD DE PERSECUCIÓN 355
1.1. La dimensión humana de la destrucción de bienes culturales 355
1.2. Los elementos generales de los crímenes contra la humanidad 358
1.3. La destrucción de bienes culturales como crimen contra la humanidad de persecución 363

2. RECONSIDERANDO EL GENOCIDIO CULTURAL 372
2.1. La exclusión de la dimensión cultural de la definición del crimen de genocidio 372
2.2. La destrucción de bienes culturales y la prueba de la intención genocida 378

PARTE III
LA DESTRUCCIÓN DE BIENES CULTURALES COMETIDA POR EL DÁESH EN SIRIA Y LA ESTRATEGIA DE PERSECUCIÓN INTERNACIONAL

Capítulo V
La destrucción de bienes culturales cometida por el Dáesh en el conflicto armado de Siria 389

1. EL CONFLICTO ARMADO DE SIRIA Y SU CALIFICACIÓN JURÍDICA 389
1.1. Siria: de la Primavera Árabe a la guerra 389
1.2. La calificación jurídica del conflicto armado en Siria 396

2. EL DÁESH COMO ACTOR ARMADO NO ESTATAL EN EL CONFLICTO ARMADO DE SIRIA 402
2.1. Una aproximación a la naturaleza no estatal del Dáesh 402
2.2. El ascenso del Dáesh: del surgimiento a la proclamación del califato 411
2.3. Un reinado de terror: la evolución de los territorios controlados por el Dáesh (2013-2019) 413

3. LA DESTRUCCIÓN DE BIENES CULTURALES COMETIDA POR EL DÁESH EN SIRIA 418
3.1. El Dáesh en Siria: una historia de destrucción de bienes culturales 418
3.2. Las razones de la destrucción 427

Capítulo VI
La estrategia de rendición de cuentas por los crímenes de destrucción intencional de bienes culturales cometida por el Dáesh en Siria ... 437

1. LA CORTE PENAL INTERNACIONAL Y LOS CRÍMENES DEL DÁESH: UNA VÍA BLOQUEADA 437

2. EL ESTABLECIMIENTO DE UN TRIBUNAL INTERNACIONAL O HÍBRIDO PARA ENJUICIAR LOS CRÍMENES DEL DÁESH 446

3. LA PERSECUCIÓN DE LOS CRÍMENES DEL DÁESH EN LOS TRIBUNALES NACIONALES 459

3.1. Las obligaciones de Siria de investigar y perseguir los crímenes internacionales 459

3.2. Los tribunales nacionales y la jurisdicción universal: la vía más efectiva 465

4. EL MECANISMO INTERNACIONAL IMPARCIAL E INDEPENDIENTE PARA SIRIA: UNA PIEZA CLAVE EN LA PERSECUCIÓN DE LOS CRÍMENES INTERNACIONALES 483

4.1. La naturaleza jurídica y las funciones del Mecanismo Internacional Imparcial e Independiente para Siria 483

4.2. Las contribuciones del Mecanismo a la rendición de cuentas para Siria 493

Conclusiones 503

Bibliografía 513

Prólogo

JOSÉ ELÍAS ESTEVE MOLTÓ

Transcurrida más de una década de la llamada primavera árabe en Siria, las iniciales protestas pacíficas contra el régimen de Bashar al-Asad no sólo no han conducido al deseado objetivo de una transición democrática y a un estado de derecho, sino que desde entonces la desatada espiral de violencia ha devastado al país y a sus pueblos. Con los años, el conflicto armado sirio y los intereses geopolíticos de las grandes potencias en la región han ocasionado cientos de miles de muertos y una de las crisis humanitarias más graves en lo que llevamos de siglo. Y es en este caótico y violento caldo de cultivo en el que irrumpe el terrorismo del Estado Islámico para sumarse y agudizar la agresividad de la contienda bélica y causar otro de los efectos más desoladores e irrecuperables del conflicto: la destrucción de bienes culturales, que es el objeto de esta monografía.

Esta destacada aportación académica del Profesor Joan Marc Ferrando examina de forma crítica y exhaustiva la destrucción intencional de bienes culturales cometida por el Dáesh en Siria, y viene precedida, en la obra, de un riguroso análisis jurídico internacional de la protección de estos bienes. No resulta extraño que el resultado de esta investigación en forma inicial de tesis doctoral mereciera la más alta calificación por el tribunal evaluador, que estuvo compuesto por reconocidos especialistas como son los Profesores Romualdo Bermejo García, Eugenia López-Jacoíste Díaz y Francesco Seatzu.

Tampoco sorprende la finura y pulcritud jurídica de este libro si uno conoce la trayectoria de este investigador, con el cual he tenido el privilegio de compartir estos últimos años de trabajo y de sincera amistad. Pero es que, además, debe remarcarse la siempre preocupada mirada juiciosa y humanista del derecho internacional que nos regala el autor a lo largo de estas páginas. He podido ser testigo de dichas cualidades durante todo el proceso de investigación a través del cual el Profesor Joan Marc Ferrando se ha nutrido y también en las distintas dedicaciones académicas que ha asumido. Su labor como entusiasta y convencido docente, participante y gestor de remarcados proyectos de investigación, su entrega en la Secretaría del Máster de Derechos Humanos, Democracia y Justicia Internacional, su constante compromiso con la Clínica Jurídica por la Justicia Social, sus aportaciones en los distintos seminarios y jornadas especializadas en esta disciplina, y, en definitiva, su amplia dedicación al prestigioso Institut de Drets Humans de la Universitat de València, han ido moldeando y afinando una visión jurídica y humana siempre conectada con la realidad internacional.

Estos valores que atesora son los que se pueden vislumbrar a lo largo de esta obra, y los cuales entroncan con los ideales del visionario ruso, Nicolás Roerich. Este polifacético explorador, académico, artista, pacifista y también abogado, adelantado a su tiempo, ya vino a preocuparse a inicios del siglo XX de la imperiosa necesidad de proteger el patrimonio cultural durante los conflictos armados. Pues bien, la genuina inquietud del Profesor Ferrando (que también obedece a su formación como historiador), es heredera del legado de Roerich, el cual viene recogido en la primera parte de esta monografía en la que de forma minuciosa y didáctica se revisan todos los antecedentes histórico-jurídicos relativos a la protección de los bienes culturales. Precisamente, y más allá de las primeras tentativas codificadoras gestadas desde finales del siglo XIX, no es hasta el llamado Pacto Roerich de 1935 o Tratado sobre Protección de Instituciones Artísticas y Científicas y Monumentos Históricos, en el que por primera vez se acuerda un convenio internacional dedicado de forma específica a la preservación de cualquier elemento cultural; los cuales deberían ser considerados “neutrales” por cualquier parte beligerante en un conflicto. Es más, el propio artista diseñó la distintiva "bandera de la paz" para que fuera izada durante las contiendas y así poder fácilmente identificar los bienes a proteger, que eran considerados por este pacifista como "el alma del mundo". Pues bien, sin temor a equivocarse, a lo largo de las páginas de esta obra viene a destilarse el legado de Roerich, principalmente desde la mirada jurídica, pero también desde los valores que inspiran al todavía vigente "Comité Internacional de la Bandera de la Paz".

Asimismo, el Profesor Joan Marc Ferrando no se conforma con presentarnos de forma diáfana y didáctica los elementos más relevantes de los distintos instrumentos jurídicos internacionales relativos a la protección de bienes culturales, sino que se adentra en el complejo entramado del derecho internacional humanitario. De esta forma, no duda en examinar la evolución jurisprudencial y así aunar con una atinada nitidez jurídica los distintos elementos que configuran el crimen de guerra de destrucción de bienes culturales.

Al mismo tiempo, la exhaustividad de esta investigación académica le conduce a valorar dicha devastación cultural como crimen contra la humanidad. Y de manera particular, llegados a este punto, debe de nuevo remarcarse su visión humanista del derecho internacional. En este sentido, el autor no obvia el hecho de subrayar "la dimensión humana de la destrucción de bienes culturales", en la que tras estas violentas acciones se encuentra la motivación de eliminar el vínculo entre el patrimonio y la identidad de los pueblos. Es decir, no nos encontramos ante meras violaciones de los derechos culturales, sino ante crímenes internacionales que merecen la mayor de las reprobaciones posibles. Asimismo, no vacila en censurar la todavía laguna jurídica internacional existente relativa a la existencia de un crimen contra la humanidad autónomo para la destrucción de los bienes culturales. Habrá que ver si finalmente en el proyecto de tratado sobre crímenes contra la humanidad que se debate actualmente en la Sexta Comisión de la ONU acaba por incluirse este tipo penal que facilitaría en este ámbito la lucha contra la impunidad. De la misma forma, con este ánimo de aumentar el grado de protección del derecho internacional, el Profesor Ferrando no rehúye el debate sobre la necesidad de incluir el tipo penal del genocidio cultural en el ordenamiento jurídico internacional, tal y como estimó Lemkin. Pese a que las distintas instancias judiciales internacionales y sus estatutos no han dado este paso adelante, lo cierto es que al menos sí se ha llegado a consolidar que la destrucción de bienes culturales y religiosos vienen a probar el elemento subjetivo del crimen de genocidio.

Finalmente, esta monografía, debido al espíritu crítico y práctico del autor por trasladar los postulados teóricos a la realidad, no se contenta con haber examinado el marco jurídico internacional de la destrucción de bienes culturales, sino que su inquietud pragmática le lleva a aplicar todos sus amplios conocimientos jurídicos a un caso concreto: la mencionada devastación cultural en Siria cometida por el Dáesh. Siendo así, debe ponerse en valor la tercera parte de esta obra dedicada a desenmarañar el conflicto armado en Siria y la entrada en la contienda del Dáesh. En este contexto, el Profesor Joan Marc Ferrando desentraña las distintas motivaciones de la destrucción del patrimonio, que no únicamente obedecen a la consabida argumentación religiosa de lucha contra los infieles y los símbolos de la idolatría, sino que aprovechan el caos del conflicto para proceder al tráfico y venta de dichas antigüedades, y al mismo tiempo alcanzar mediante el terror los objetivos sociopolíticos del Califato.

Una vez expuestos todos estos antecedentes del conflicto, la obra concluye con una imprescindible y comprometida reflexión relativa a la "estrategia de rendición de cuentas" por las acciones criminales cometidas por el Dáesh. Es en este punto donde el Profesor Ferrando vuelca todos sus años de experiencia en el Institut de Drets Humans y en la Clínica Jurídica por la Justicia Social para, primero, calificar jurídicamente como distintos crímenes internacionales dicha destrucción intencional de los bienes culturales. Y de esta forma, seguidamente, va disecciónando con un amplio conocimiento jurídico las distintas vías de exigencia de responsabilidades. Reconoce que, ante el bloqueo del Consejo de Seguridad y del Tribunal Penal Internacional (la sombra del precedente libio aún planea sobre las ruinas de Palmira), la jurisdicción universal puede acudir al rescate de las víctimas del conflicto. Asimismo, remarca la importancia del Mecanismo Internacional, Imparcial e Independiente para Siria (que ha sido ya objeto de distintas publicaciones especializadas del autor) a la hora de contribuir a esta decidida exigencia de responsabilidades penales internacionales.

Debo finalmente confesar que, más que tutorizar o dirigir esta investigación del Profesor Joan Marc Ferrando, he acompañado al autor en este viaje académico y de vida, del cual he aprendido continuamente, y, por ello, le agradezco emotivamente su generosidad y amistad. Académicos comprometidos, como Joan Marc, son los que necesita vitalmente nuestra universidad pública. Juristas que sepan ir más allá de la rígida interpretación y la estrecha aplicación de las normas, y que conecten su amplio conocimiento jurídico con los valores propugnados por Roerich, que no dudó en enarbolar la Bandera de la Paz con el propósito de hacer realidad sus íntimos anhelos. Siendo así, durante décadas propagó de forma infatigable su compromiso vital que apuntaba a que "sin una cultura no hay verdad, unidad, ni paz. Y sin paz no hay progreso. La cultura es el único instrumento para la paz permanente". Que este noble deseo se haga realidad, y que el Profesor Joan Marc Ferrando no ceje en su empeño de construir un mundo mejor y de buscar ese mítico reino de *Shambala* que no dejó de soñar y recrear en sus pinturas el explorador y místico ruso.

Nota previa

Esta obra que tienen entre sus manos es una versión revisada, actualizada y acotada de la tesis doctoral defendida en julio de 2023, cuyo título homónimo era "La destrucción de bienes culturales en conflicto armado: el caso del Dáesh en Siria". El tribunal evaluador estuvo compuesto por los Profs./Prof[a]s. Romualdo Bermejo García, Eugenia López-Jacoíste Díaz y Francesco Seatzu, a los que quiero agradecer sinceramente su presencia y sus valiosas observaciones. Hago extensiva mi gratitud a las Prof[a]s. Raquel Vanyó Vicedo, Maria Chiara Marullo y Géraldine Giraudeau por los comentarios positivos que formularon en los informes. Con el conjunto de sus apreciaciones, que me invitaron a reflexionar, esta investigación ha mejorado.

El lector ya se habrá dado cuenta de que el propósito de estas líneas previas es trasladar mi más profundo agradecimiento a todas aquellas personas que me acompañaron en el proceso de elaboración y que han hecho posible la publicación. Esta monografía representa la culminación de casi cinco años de esfuerzo intelectual. El camino, sin embargo, no lo he recorrido en solitario.

En primer lugar, como no puede ser de otra manera, proclamo mi gratitud al Dr. José Elías Esteve Moltó, cuya honestidad y compromiso con la defensa de los derechos humanos han sido un ejemplo para mí. La confianza (y la paciencia, huelga decirlo) que me brindó desde los comienzos me permitieron superar las dificultades del trayecto. Una persona de sonrisa carismática y discurso inspirador, de palabras precisas y balsámicas, con la que aprendí el valor de una Academia crítica. *Gràcies, mestre.*

En segundo lugar, manifiesto mi agradecimiento a las personas que forman el Institut de Drets Humans, por su apoyo desde que comencé a teclear las primeras palabras. Quiero mencionar, en particular, a las Prof[a]s Raquel Vanyó y Estrella del Valle, mujeres valientes con sonrisas luminosas sin las cuales jamás habría transitado por los momentos más oscuros. Expreso mi gratitud, también, a los compañeros y compañeras del Departamento de Derecho Internacional "Adolfo Miaja de la Muela", a la Clínica Jurídica per la Justícia Social y a la Facultad de Derecho de la Universitat de València.

Este trabajo jamás hubiera visto la luz de no ser por el inconmensurable apoyo de mi familia, a los que nunca podré agradecer suficientemente su amor incondicional. Mi última mención es para Maria Fraile, compañera de vida, *la perla més preuada del meu tresor.* A todos ellos, y a todos los que no he mencionado: mil veces gracias.

València, 2024.

Abreviaturas

ACNUDH	Alto Comisionado de Naciones Unidas para los Derechos Humanos
ACNUR	Alto Comisionado de Naciones Unidas para los Refugiados
AJIL	American Journal of International Law
ASOR	American School of Oriental Research
CDI	Comisión de Derecho Internacional
CH54	Convención de La Haya de 1954 para la protección de los bienes culturales en conflicto armado
CICR	Comité Internacional de la Cruz Roja
CIJ	Corte Internacional de Justicia
COI	Independent International Commission of Inquiry on the Syrian Arab Republic
CPI	Corte Penal Internacional
CPPM	Convención de París de 1972 para la protección del patrimonio mundial cultural y natural
DIH	Derecho Internacional Humanitario
ECCC	Extraordinary Chambers in the Courts of Cambodia
ECOSOC	Consejo Económico y Social de las Naciones Unidas
ECPI	Estatuto de Roma de la Corte Penal Internacional
EJIL	European Journal of International Law
FIDH	Federación Internacional de los Derechos Humanos
IIIM	International Impartial and Independent Mechanism for Syria

LNOJ	League of Nations Official Journal
OIM	Oficina Internacional de Museos de la Sociedad de Naciones
ONU	Organización de las Naciones Unidas
PAI	Protocolo Adicional I a las Convenciones de Ginebra relativo a la protección de las víctimas de los conflictos armados internacionales, de 1977
PAII	Protocolo Adicional II a las Convenciones de Ginebra relativo a la protección de las víctimas de los conflictos armados no internacionales de 1977
R.H.IV	Reglamento anexo a la IV Convención de La Haya de 1907 relativo a las leyes y costumbres de la guerra terrestre
RGA	Reglas de la Guerra Aérea
SP99	Segundo Protocolo a la Convención de La Haya de 1954 sobre la protección de bienes culturales en conflicto armado de 1999
TESL	Tribunal Especial para Sierra Leona
TMI	Tribunal Militar Internacional
TMILO	Tribunal Militar Internacional para el Lejano Oriente
TPIR	Tribunal Penal Internacional para Ruanda
TPIY	Tribunal Penal Internacional para la antigua Yugoslavia
UE	Unión Europea
UNESCO	Organización de las Naciones Unidas para la Educación, la Ciencia y la Cultura
UNRWA	Agencia de Naciones Unidas para los Refugiados de Palestina en Oriente Próximo
UNWCC	United Nations War Crimes Commission

Introducción

"El ser humano del nuevo milenio está decidido a reducir sus ruinas a polvo de ruinas...

Palmira se derrumba sobre sus propios escombros.

A continuación lo hará Petra, junto con Nínive y Nippur.

Alejandría y Heliópolis, vendados sus ojos, aguardan su turno para retornar al polvo"[1].

La República Árabe de Siria se desangra en un conflicto armado que comenzó hace más de una década. Su balance, como el de todas las guerras, es abrumador: medio millón de víctimas mortales, millones de personas desplazadas de sus hogares y un país devastado. Sobre todo, un país arrasado. Los bienes culturales siempre han sido otra víctima más en las confrontaciones bélicas. Las guerras de las últimas décadas nos lo corroboran. Lo vimos en los territorios de la antigua Yugoslavia, en Afganistán, en Irak y en Libia. Y lo seguimos viendo ahora en Ucrania y en Gaza.

En el conflicto armado de Siria todas las partes involucradas se han ensañado con los bienes culturales. Lo vivimos prácticamente en directo. En 2013, los combates entre el ejército sirio y las facciones rebeldes en Alepo terminaron por arrasar su famosa Gran Mezquita omeya. En 2014, la aviación siria bombardeó la fortaleza medieval del Crac de los Caballeros donde se atrincheraban los insurgentes. Los cascos históricos de ciudades como Deraa, Hama, Homs, Bosra sufrieron severos daños debido a los enfrentamientos. Entonces llegó el Dáesh. Y, de repente, las imágenes de la

---

1 Salah El Khalfa Beddiari, poema titulado "*Les murmures étouffés de l'Histoire*". Citado en el Informe de la Relatora Especial de las Naciones Unidas sobre los derechos culturales A/HRC/31/59.

devastación de monumentos y lugares religiosos, algunos de ellos milenarios, inundaron nuestras pantallas, nuestros noticiarios. La destrucción de bienes culturales en el conflicto armado de Siria alcanzó una magnitud insospechada y tomó un cariz distinto. El Dáesh practicaba una guerra contra la Historia, contra el pasado, contra la diversidad. No era obra de bárbaros, sino una calculada táctica de guerra. Es aquí donde reside la razón que motivó esta investigación: la constatación de que la destrucción deliberada de los bienes culturales constituye un ataque al patrimonio cultural común de la humanidad, al pasado y a las identidades compartidas por grupos de seres humanos. Es, en fin, un ataque a los derechos humanos cuyos efectos que se proyectan en el futuro.

Estas observaciones nos conducen, por lo menos, a una pregunta ineludible: ¿el Derecho Internacional prohíbe este tipo de conductas? La intuición nos guía hacia una respuesta afirmativa, pero, si efectivamente es así, qué remedios o vías existen a nuestro alcance para perseguirlas y castigarlas. Con estas hipótesis de partida orientamos esta investigación.

Para dar respuesta a estas cuestiones, esta monografía se estructura en tres partes: (I) la evolución histórica y normativa de la protección de los bienes culturales en conflicto armado; (II) la configuración jurídica internacional del crimen de guerra de destrucción de bienes culturales; y (III) la destrucción de bienes culturales cometida por el Dáesh en Siria y la estrategia de persecución internacional.

La *primera parte* se compone de dos capítulos en los que se describe el proceso histórico de formación de las normas internacionales que incumben a la protección de los bienes culturales en conflicto armado. La envergadura de este campo de estudio nos obligó a focalizarnos exclusivamente en los actos de destrucción realizados con carácter intencional. Tal elección nos ha empujado a descartar de la investigación todo aquello relacionado con el saqueo y el tráfico ilícito de bienes culturales en zonas de guerra, otro fenómeno de gran impacto en el conflicto armado de Siria y con graves efectos en la integridad del patrimonio cultural. Estas conductas corresponden a otro tipo de criminalidad internacional, si bien es cierto que se han incluido referencias a las mismas, puesto que la evolución normativa de uno y otro fenómeno comparten una parte del recorrido histórico.

El *primer capítulo* dibuja una panorámica histórica del proceso de aparición y consolidación de la protección de los bienes culturales en el Derecho Internacional. Las fuentes históricas revelan que en la Antigüedad no existían normas escritas, precisas, que prohibieran la destrucción y el saqueo. El reproche era moral más que jurídico. En el estudio se comprueba que desde los primeros acercamientos filosóficos, entre los siglos XVI y XVIII, hasta las primeras codificaciones de las leyes de la guerra, en el siglo XIX, se fue asentando progresivamente la idea de que los bienes culturales debían ser protegidos durante las situaciones de conflicto armado. Las Convenciones de La Haya de 1899 y 1907 consagraron en un tratado internacional unas pocas normas encargadas de preservar estos bienes de los efectos de la guerra. Sin embargo, la experiencia de las dos guerras mundiales demostró amargamente que esas reglas eran inservibles. Después de la Segunda Guerra Mundial, la comunidad internacional se dotó de nuevos instrumentos, que todavía hoy están vigentes, más eficaces en su cometido protector. A pesar de la culminación del proceso normativo, los conflictos armados recientes siguen poniendo a prueba los regímenes de protección.

Partiendo de esta aproximación histórica, el *segundo capítulo* aborda la principal normativa vigente y sus límites, muchas veces insuperables. Para hacerlo, se han utilizado diversos estudios y los imprescindibles comentarios específicos de estos instrumentos normativos. A través del análisis de la normativa, se observará que, a pesar de no contar con una definición legal unitaria y pacífica de los bienes culturales, todos coinciden en otorgar una protección frente a la destrucción y el daño intencionales, especialmente en tiempos de guerra, a una serie de bienes caracterizados por poseer un valor superior. Las reglas fundamentales que establecen se pueden trasladar, al menos parcialmente, a los conflictos armados no internacionales, pero, como veremos, no todos los instrumentos contemplan un sistema de represión de las violaciones, hecho que perjudica su aplicación.

Una vez situado el marco histórico y normativo, la *segunda parte* de esta investigación se adentra en el estudio de la configuración jurídica internacional del crimen de guerra de destrucción intencional de bienes culturales. Para ello también se divide en dos capítulos.

El *capítulo tercero* indaga en el fundamento de los crímenes de guerra y la evolución seguida en el establecimiento del régimen represivo de las violaciones graves del Derecho Internacional Humanitario con especial incidencia en el Estatuto de la Corte Penal Internacional. La experiencia de los tribunales internacionales e híbridos desde mediados del siglo XX ha contribuido decisivamente a ir delimitando los contornos específicos del crimen de guerra de destrucción de bienes culturales. La regulación más reciente, no por ello la más moderna, se consagra en el ECPI. Por esta razón, el análisis de los elementos del tipo penal internacional se realiza desde la perspectiva de este tribunal internacional permanente y con vocación universal.

La categorización de la conducta destructiva de bienes culturales como un crimen de guerra no está exenta de diferentes interpretaciones. Algunas suponen la introducción de otras calificaciones jurídicas. La interpretación de la conducta criminal, cuando concurren unos elementos específicos, en conexión o no con una situación de conflicto armado, podría redirigir la calificación jurídica hacia otros crímenes internacionales. Así pues, el *capítulo cuarto* analiza el encaje de la destrucción deliberada de bienes culturales en el crimen contra la humanidad de persecución. En determinadas circunstancias, esta misma conducta criminal puede manifestar la existencia de una intención especial de destruir total o parcialmente a un grupo humano tal y como contempla el crimen de genocidio.

Sobre la base de estos fundamentos teóricos, la *tercera parte* de esta investigación analiza el caso de la destrucción intencional de bienes culturales cometida por el Dáesh en el conflicto armado de Siria y pretende elaborar una estrategia de rendición de cuentas por la comisión de tales crímenes.

El *quinto capítulo* se centra en las destrucciones deliberadas perpetradas por los milicianos del Dáesh en el conflicto armado en la República Árabe de Siria. El estudio del caso exige considerar detenidamente una serie de condiciones previas. Por un lado, la calificación jurídica del conflicto armado en Siria, cuya complejidad ha ido en aumento con la intervención de diversos actores estatales y no estatales, para determinar el conjunto normativo aplicable. Por otro lado, la identificación en la entidad denominada Dáesh de las características imprescindibles para situarlo en el ámbito de los grupos armados no estatales. El grupo armado operaba en el territorio de diversos Estados e implantó en las zonas bajo su control un régimen de terror basado en su interpretación fanática del islam. El marco temporal utilizado abarca desde finales de 2013, momento del ascenso fulgurante del poder territorial del Dáesh, hasta 2017, año de la caída de Raqqa, la ciudad que durante cuatro años fue su capital de facto. A partir de entonces, el grupo fue retrocediendo hasta su derrota territorial total en 2019. La campaña de destrucción de incontables bienes culturales se analiza dentro de este contexto. No es el propósito de este estudio realizar un listado exhaustivo de las destrucciones, sino dar suficientes ejemplos para comprender el alcance del fenómeno y para rastrear las motivaciones y los patrones que hay detrás de los actos. Para la elaboración de este capítulo han sido fundamentales los informes realizados por la Comisión de Investigación para Siria.

A la vista de los hechos y de la normativa internacional, en el *sexto capítulo*, que es también el último de esta monografía, se exploran las diferentes vías arbitradas por el Derecho Internacional para la persecución del crimen de destrucción de bienes culturales cometido por los miembros del Dáesh en aras de perfilar una estrategia de rendición de cuentas. A tal efecto trataremos de determinar si la Corte Penal Internacional constituye la fórmula más adecuada para perseguir internacionalmente los actos de destrucción, atendiendo a la arquitectura jurídica del tribunal y su reciente jurisprudencia. Comprobaremos que hay causas extrajurídicas que impiden acudir a esta vía. Por esta razón, también se estudia la propuesta de la creación de un tribunal internacional o híbrido para el enjuiciamiento de los crímenes internacionales perpetrados en la República Árabe de Siria por el Dáesh y por otros actores implicados en la comisión de tales actos. No obstante, no podemos descartar la opción de los tribunales sirios, cuya competencia para conocer de los crímenes cometidos en su territorio debería prevalecer, si bien es cierto que se presenta como un supuesto inviable tras más de diez años de guerra y sin cambios destacables en el poder estatal.

Las dificultades para acudir al resto de vías nos sugieren analizar la posibilidad de plantear el enjuiciamiento de los crímenes del Dáesh, en particular la destrucción de bienes culturales, ante los tribunales nacionales de terceros Estados. En las jurisdicciones europeas se han celebrado procesos penales contra individuos de diferentes facciones, también del Dáesh, por la comisión de crímenes internacionales. Al hilo de esta última vía, este estudio incide en el relevante papel que juega el Mecanismo Internacional, Imparcial e Independiente para Siria, creado por la Asamblea General de Naciones Unidas a finales de 2016, en la recopilación y conservación de pruebas, así como en la asistencia a los procesos penales que se celebren en las jurisdicciones que tengan o puedan tener en el futuro competencia sobre los crímenes internacionales cometidos en Siria por alguna de las facciones en pugna.

A modo de cierre, esta monografía termina con la exposición de las principales conclusiones extraídas del análisis del fenómeno de la destrucción de bienes culturales en conflicto armado. Este estudio también pretende humildemente contribuir al debate sobre las vías más convenientes de persecución de este crimen internacional que, en el caso del Dáesh y en muchos otros, por su magnitud y su contexto, suponen un reto más en el tortuoso camino de la lucha contra la impunidad.

PARTE I

LA EVOLUCIÓN HISTÓRICA Y NORMATIVA DE LA PROTECCIÓN DE LOS BIENES CULTURALES EN CONFLICTO ARMADO

Capítulo I
La protección de los bienes culturales en conflicto armado y su evolución en el Derecho Internacional

1. LOS ORÍGENES DE LA PROTECCIÓN DE LOS BIENES CULTURALES EN EL DERECHO INTERNACIONAL

1.1. De la Antigüedad hasta el Renacimiento

La destrucción de bienes y el saqueo han sido una constante a lo largo de la historia. Durante muchos siglos apenas hubo restricciones en la forma de hacer la guerra, y numerosos monumentos y obras de arte se vieron arrastrados a la desaparición. Sin embargo, la humanidad ha ido desarrollando progresivamente una conciencia respecto al valor que tienen los monumentos y las obras de arte. Con el paso del tiempo, esa preocupación por los objetos culturales comenzó a juridificarse hasta alcanzar la protección actual.

En la Antigüedad, la guerra no contaba con ninguna restricción que privara a uno u otro contendiente de arrasar un país o de apropiarse de todos los bienes de su enemigo[2]. La destrucción era una consecuencia inevitable de la guerra. En los textos antiguos se encuentran numerosos relatos sobre las gestas de reyes y emperadores que, en su afán conquistador, no dudan en derruir

2 TOMAN, J.: *The Protection of Cultural Property in the Event of Armed Conflict*, Dartmouth, Unesco Publishing, Aldershot (Reino Unido) / Brookfield (EEUU), 1996, p.4.

ciudades enteras o arrojarlas al saqueo de sus tropas. Las riquezas de los vencidos eran trasladadas a otros territorios. No existía una norma que prohibiera estas prácticas. La historia nos ofrece múltiples ejemplos, algunos tan populares en nuestro imaginario como la destrucción de Cartago a manos de los romanos en 146 a.C.

Las obras de arte y los monumentos se salvaron de la devastación en algunas ocasiones, pero fue más por su naturaleza religiosa que por su valor histórico-artístico, pues, en aquel entonces, no operaba sobre esos bienes ninguna protección[3].

La destrucción y la apropiación de los bienes de los vencidos estaban perfectamente admitidas en la guerra[4]. Una cierta homogeneidad se deduce de los comportamientos de los conquistadores y sus ejércitos en campaña. Una pauta general de conducta respecto de los territorios conquistados puede leerse, por ejemplo, en la *Ciropedia* de Jenofonte:

> "[...] En efecto, ahora poseemos tierra en abundancia y de buena calidad y a quienes la trabajan para alimentarnos. Tenemos también casas y mobiliario en su interior. Que nadie considere que poseer estos bienes es una usurpación, porque *desde siempre existe una ley entre todos los hombres de que, cuando una ciudad es tomada por las armas, pasa a pertenecer a sus conquistadores, tanto las personas que haya en la ciudad como sus riquezas*. De modo que lo que poseáis no lo poseeréis injustamente, y, si les permitís retener algún bien, será por generosidad por lo que no se lo arrebataréis."[5]

---

3 Dice Nahlik que: "Les seules limites qui se dressent devant le belligérant sont de caractère religieux: il doit respecter les édifices dédiés à des divinités qui, autrement, seraient enclines à se venger.". NAHLIK, S.E.: "La protection internationale des biens culturels en cas de conflit arme", *Recueil des Cours de l'Academie de Droit International*, Vol. 120, II, La Haya, 1967, p.66.

4 VERRI, P.: "The condition of cultural property in armed conflict (Part I)", *International Review of the Red Cross*, vol.67, nº 753, marzo-abril, 1985, p.69.

5 El énfasis en cursiva es nuestro. JENOFONTE: *Ciropedia*, Editorial Gredos, 1987, Madrid, pp.421-422. En el libro VII, línea 73.

De las palabras de Jenofonte se deduce una norma ancestral, no escrita, que existiría desde tiempos inmemoriales, que avalaría la capacidad de los vencedores a tomar todo aquello que perteneciera al enemigo. En cambio, Polibio aconsejaba moderación a la hora de destruir las ciudades y tomar los bienes del adversario. A pesar de admitir el derecho de los vencedores sobre sus enemigos, el historiador griego introducía una distinción entre los bienes que era lícito destruir para debilitar a enemigo y otro tipo de bienes, señaladamente aquellos de carácter religioso o sagrado, cuya destrucción no aportaba nada:

> "The laws and the right of war oblige the victor to ruin and destroy fortresses, forts, towns, people, ships, resources and all other such like things belonging to the enemy in order to undermine his strength while increasing the victor's own. But although some advantage may be derived from that, no one can deny that to abandon oneself to the pointless destruction of temples, statues and other sacred objects is the action of a madman."[6]

A pesar de las palabras de Polibio, la inmensa mayoría de autores clásicos no cuestionaba en modo alguno la licitud del saqueo y la destrucción[7]. En época romana no se detecta ninguna restricción en la forma de practicar la guerra. Ni la destrucción ni el saqueo estaban penalizados, aunque a menudo se tratara de respetar los bienes de carácter religioso o sagrado[8]. Sin embargo,

---

6 Toman cita este fragmento de la obra de Polibio. Además, se acompaña de otro fragmento en el que también se recalca la idea de la moderación en la destrucción y el saqueo de ciudades sometidas: "The city should not owe its beauty to embellishments brought from elsewhere but to the virtue of its inhabitants.... Future conquerors should learn not to strip the towns that they subjugate and not to inflict misfortune on other peoples, the embellishment of their native land". TOMAN, J.: *The Protection of Cultural Property…*, *op. cit.*, p.4

7 VERRI, P.: "The condition of cultural property in armed conflict (Part I)", *op. cit.*, pp.70 y ss.

8 Ibid., p.73.

las consideraciones religiosas no privaron a los romanos de arrasar, por ejemplo, Cartago en el año 146 a.C., poco después del final de la Tercera Guerra Púnica, o Numancia, en el año 133 a.C.

El saqueo de los bienes del enemigo, en virtud de un derecho al botín, era una práctica aceptada que otorgaba un título de propiedad tan válido como cualquier otro[9]. Los romanos establecieron un sistema organizado de traslado de los tesoros de sus enemigos derrotados a Roma. El ejército romano repartía entre los soldados las ganancias obtenidas mediante el saqueo de acuerdo con el rango o el mérito[10]. De igual manera, los desfiles de la victoria, en los que los militares exhibían triunfalmente los trofeos de guerra, fueron una práctica común tras las campañas militares[11].

Aunque la apropiación del botín de guerra era una práctica aceptada en el derecho romano, se intuyen ciertos límites a esa regla en los *Discursos contra Verres* de Cicerón. Cayo Verres fue acusado en el 70 a.C. por sus tropelías mientras fue gobernador de Sicilia, entre las que se contaba el saqueo y apropiación ilícita de diversas propiedades, tanto públicas como privadas, de gran valor artístico, económico y religioso. Cicerón fundamentó sus acusaciones desde

---

9 NAHLIK, S.E.: "La protection internationale des biens culturels...", *op. cit.*, p.67.

10 VERRI, P.: "The condition of cultural property in armed conflict (Part I)", *op. cit.*, p.73.

11 Visscher explica que fue habitual que los romanos se llevaran mármoles y bronces de Oriente y Grecia para exhibirlos en Roma. Incluso generales y funcionarios adquirieron el gusto por crear colecciones artísticas con las piezas obtenidas con las conquistas. VISSCHER, C.: "La Protection Internationale des Objets d'Art et des Monuments Historiques", *Revue de Droit International et de Législation Comparée*, vol.16, nº2, 1935, p.247; también en POULOS, A.H.: "The 1954 Hague Convention for the Protection of Cultural Property in the Event of Armed Conflict: An Historic Analysis", *International Journal of Legal Information*, vol. 28, nº 1, Primavera del 2000, p.7.

el punto de vista de la inmoralidad de la conducta, pero no encontró ningún argumento jurídico contrario a la práctica del saqueo[12].

En la Edad Media no hubo cambios sustanciales en la protección dispensada a los bienes culturales. En gran medida porque el arte no tenía en época medieval una función distinta a la que se le atribuía en la Antigüedad, es decir, diferente de la función religiosa[13]. A lo largo del período hubo algunos intentos de limitar los efectos de la guerra, aunque sin demasiado éxito[14]. Las reglas de la caballería se interpretaban y aplicaban de forma dispar e inconsistente[15]. Y, desde la esfera eclesiástica, se buscó atenuar los efectos de las contiendas bélicas. Por ejemplo, el Sínodo de Charroux, en el año 989, trató de proteger los lugares de culto de la destrucción y el saqueo basándose en su carácter

---

12 NAHLIK, S.E.: "La protection internationale des biens culturels...", *op. cit.*, p.67. Cicerón distinguió entre el botín de guerra capturado del enemigo (*spolia*) de la apropiación ilegal de arte y otros objetos religiosos y decorativos (*spoliatio*). La acusación contra Verres se fundamentaba en que no saqueó Sicilia como conquistador –lo cual, por otra parte, hubiera sido lícito en virtud del derecho al botín–, sino actuando como representante de Roma, en beneficio privado, y en contra de los dictados de la moral y la religión romanas. Un análisis pormenorizado de la acusación de Cicerón contra Verres puede leerse en: MILES, M.: "Cicero's Prosecution of Gaius Verres: A Roman View of the Ethics of Acquisition of Art", *International Journal of Cultural Property*, vol.11, nº1, 2002, pp.29-36.

13 En este período, por norma general, la pintura, la escultura o la arquitectura eran percibidas como "artes mecánicas", propias de artesanos, que no alcanzaban la consideración de "artes liberales", que implicaban el uso del intelecto. De tal manera que el tratamiento dispensado a edificios y obras de arte se deberá a su carácter religioso, como sucedía en la época grecorromana. NAHLIK, S.E.: "La protection internationale des biens culturels...", *op. cit.*, pp.67-68.

14 Ibid., p.68.

15 TOMAN, J.: *The Protection of Cultural Property...*, *op. cit.*, p.4.

religioso[16]. No obstante, los llamamientos a evitar daños a ciertos edificios no impedían que estos pudieran verse sujetos al saqueo. Otro ejemplo: la ciudad de Constantinopla fue saqueada por los cruzados en el año 1204 a pesar de la prohibición expresa de tal acto que el papa Inocencio III había realizado[17].

La preocupación por la suerte de los bienes culturales también estaba extendida por otras regiones y culturas del mundo más allá de la Europa medieval cristiana. En las comunidades africanas pre-coloniales hay abundantes ejemplos de sitios sagrados, santuarios y lugares ceremoniales que eran protegidos por su naturaleza religiosa, cultural y artística[18]. En algunas culturas africanas se prohibía el saqueo para el enriquecimiento personal. En el mundo musulmán, la forma de hacer la guerra encontraba algunas restricciones derivadas de la ley islámica. El califa Abu Bakr dio órdenes a sus ejércitos en el siglo VII de no destruir árboles frutales ni campos de cultivo, ni viviendas, ni matar ganado a menos que fuera por hambre, ni dañar los monasterios. Para el islam, toda destrucción es reprobable, pero esta podía tolerarse solo en circunstancias excepcionales. Estas instrucciones revelan una formulación del principio humanitario de distinción entre bienes civiles y objetivos militares[19].

---

16 Ibid., p.4

17 NAHLIK, S.E.: "La protection internationale des biens culturels...", *op. cit.*, p.68. Fruto de ese saqueo, los venecianos se llevaron de Constantinopla cuatro caballos de bronce colosales que lucen en la catedral de San Marco, luego Napoleón los expolió en 1806 y Francia los devolvió al concluir las guerras napoleónicas. VERRI, P.: "The condition of cultural property in armed conflict (Part I)", *op. cit.*, p.76.

18 NDAM NJOYA, ADAMOU: "The African Concept", dentro de UNESCO: *International Dimensions of Humanitarian Law*, Martinus Nijhoff Publishers, Dordrecht / Boston / Londres, 1988, capítulo I, pp.8-9.

19 SULTAN, HAMED: "The Islamic Concept", dentro de UNESCO: *International Dimensions of Humanitarian Law*, Martinus Nijhoff Publishers, Dordrecht / Boston / Londres, 1988, capítulo IV, pp.36-38.

En el otro lado del globo, el emperador japonés Go-Daigo, en 1339, prohibió a sus ejércitos incendiar santuarios y templos y saquear los bienes de los civiles inocentes[20].

La doctrina de la guerra justa, nacida también durante la Edad Media, incorporará matices filosóficos relevantes en el derecho de la guerra. Canonistas y teólogos se centraron, como explica el profesor Nahlik, en ofrecer "réponses aux questions de savoir qui, en vertu de quelle autorité, pour quelle raison et dans quel but, est moralement et juridiquement à même de faire la guerre"[21]. Las Cruzadas representaron el paradigma medieval de "guerra justa" en la que el poder religioso avaló la conquista de los territorios de Tierra Santa para la cristiandad[22]. La lógica de la doctrina permitía casi cualquier práctica contra un adversario si un contendiente podía reconocer la justicia en su causa[23], de manera que los bienes del enemigo quedaban a su merced. Esta doctrina fue consolidándose por todo el continente europeo[24], pero fue a partir del Renacimiento cuando recibió un fuerte impulso teórico.

---

20 ADACHI, S.: "The Asian Concept", dentro de UNESCO: *International Dimensions of Humanitarian Law*, Martinus Nijhoff Publishers, Dordrecht / Boston / Londres, 1988, capítulo II, p.16.

21 NAHLIK, S.E.: "La protection internationale des biens culturels...", *op. cit.*, pp.67-68.

22 El papa Urbano II declaró la primera Cruzada en el Concilio de Clermont en 1095 bajo el lema "Deus vult" (Dios lo quiere). Si bien también cabría destacar, como señala Verri, que el verdadero objetivo de las cruzadas era el saqueo. VERRI, P.: "The condition of cultural property in armed conflict (Part I)", *op. cit.*, pp.77-78.

23 NAHLIK, S.E.: "La protection internationale des biens culturels...", *op. cit.*, p.68.

24 Nahlik expone numerosos ejemplos en los siglos de la Baja Edad Media hasta el siglo XV de hechos y autores que vendrían a confirmar que, a pesar de los intentos de humanizar la guerra desde la Iglesia y la filosofía, las destrucciones y el saqueo seguirán imperando en los conflictos armados bajomedievales. Ibid., pp.68-69.

La explosión del Renacimiento en Italia supuso un cambio en la concepción cultural del arte. Las obras de arte pasaron a verse como actos de creación irrepetibles cuyo creador, el artista, ya no sería un mero artesano más[25]. Esta percepción favoreció un aumento de los encargos, la compraventa y el coleccionismo de piezas artísticas, consideradas ahora como únicas e irremplazables con la firma de un autor conocido, el artista[26]. Este cambio de percepción, junto con el redescubrimiento de la época grecorromana y la admiración por ese pasado idealizado, hicieron escalar a los monumentos y obras de arte a una nueva posición privilegiada merecedora de atención incluso en tiempos de guerra[27].

Coincidiendo también con el cambio de concepción del arte, en distintos reinos europeos, principalmente en Italia, aparecieron las primeras normativas enfocadas a regular la exportación de obras de arte. Un buen ejemplo es el intento del papa Pío II en 1464 de frenar la salida de piezas artísticas de los Estados Papales[28]. Este tipo de normativas proteccionistas fueron proliferando a lo largo de la Edad Moderna[29].

---

25 Nahlik indica que gracias a ese cambio el artista sale del anonimato y su trabajo se ve engrandecido y liberado de las ataduras gremiales propias del medievo. Ibid., p.69.

26 Ibid., p.69.

27 Ibid., p.70.

28 Años después, el papa Pablo III crearía el cargo de *Comissario delle Antichitá* con el fin de velar por la protección de los monumentos clásicos de Roma y controlar la exportación de piezas artísticas. POULOS, A. H.: "The 1954 Hague Convention…", *op. cit.*, p.8; Más extensamente: SAN MARTÍN CALVO, M.: *Bienes culturales y conflictos armados: nuevas perspectivas de derecho internacional*, Thomson Reuters Aranzadi, Cizur Menor (Navarra), 2016, p.133.

29 Diversos reinos europeos adoptaron normativas para la conservación de monumentos históricos inspiradas en las legislaciones vaticanas. Por ejemplo, Cristian IV de Dinamarca promulgó un edicto en 1622; también Gustavo Adolfo de Suecia y Carlos IX de Suecia en 1630 y 1666 respectivamente. De igual manera, Luis XIV de Francia hizo lo propio

1.2. Los posicionamientos de los juristas de los siglos XVI y XVII

En los siglos XVI y XVII la idea de limitar los efectos de la guerra cobrará importancia. El peso de la doctrina de la guerra justa y el iusnaturalismo fueron fundamentales en el desarrollo de los primeros acercamientos filosóficos y jurídicos desde la perspectiva del Derecho Internacional.

La ley natural establecía que, si la causa de la guerra era justa, entonces la destrucción de los bienes del enemigo estaba legitimada. En cambio, si tal devastación no debilitaba al enemigo ni aportaba ninguna ventaja, los dictados de la razón aconsejaban la moderación y el respeto a los bienes[30]. Sin embargo, la realidad de la guerra podía conducir a situaciones en las que murieran inocentes y los bienes culturales resultaran destruidos en el curso de una acción justa, como podría serlo el ataque a una fortaleza o ciudad. En la lógica de la doctrina de la guerra justa, las consecuencias ilícitas de un acto lícito quedarían legalizadas si el fin perseguido era justo[31]. Esta regla trató de moderarse aduciendo la necesidad de sopesar el bien que se obtendría con tales actos en comparación al mal infligido[32]. Asimismo, el saqueo de propiedades del enemigo estaba

---

durante su reinado. El caso español es un tanto distinto. En 1575, Felipe II ordenó la redacción de las *Relaciones Topográficas e Históricas,* que daban fe de la existencia de los monumentos antiguos españoles y constituyeron el primer inventario de monumentos de titularidad estatal. También se dictaron otras normas de carácter municipal. La proliferación de normativas proteccionistas con los monumentos y las obras de arte se acentuaría a partir del siglo XVIII. SAN MARTÍN CALVO, M.: *Bienes culturales y conflictos armados, op. cit.*, pp.134-135.

30 O'KEEFE, R.: *The Protection of Cultural Property in Armed Conflict,* Cambridge University Press, Cambridge, 2006, p.6.

31 Ibid., p.7.

32 Francisco de Vitoria expresa esta visión en este fragmento: "Mas en esto hay que tener muy en cuenta [...] que es menester procurar que de la guerra no surjan mayores males que los que con la misma se

admitido si la causa de la guerra era justa, pero, igual que en el caso de la destrucción de bienes, las consideraciones de la justicia dictaban moderación[33]. Los teólogos de la Escuela de Salamanca, con Francisco de Vitoria a la cabeza, abogaban por no excederse en el saqueo de ciudades conquistadas.

Las primeras referencias expresas al respeto a los bienes culturales por su valor histórico-artístico además de religioso se encuentran en los juristas Jacob Przyluski y Alberico Gentili. Przyluski, jurista polaco del siglo XVI, razonó que los contendientes debían respetar las obras de arte y los monumentos considerados en sí mismos, es decir, por su valor histórico-artístico con independencia de su uso religioso o profano[34]. Por su parte, el italiano Alberico Gentili reprobó el saqueo de obras de arte, aunque no encontró ningún razonamiento fundamentado en la práctica de la Antigüedad –donde los vencedores gozaban de un derecho sobre los bienes de los vencidos– para declarar la ilegalidad de esa práctica[35].

---

quieren evitar. Pues si para conseguir la victoria principal en una guerra, representa poco el atacar una fortaleza o una ciudad en que hay guarnición enemiga y también muchos inocentes, no parece lícito que para combatir a unos pocos culpables se pueda exterminar a muchos inocentes por medio del fuego o de máquinas de guerra o de cualquier otro modo que, indistintamente, haga perecer a inocentes y culpables. En suma, nunca es lícito matar inocentes, ni siquiera accidentalmente o por resultado no previsto, a no ser en el caso en que una guerra justa no puede conducirse de otro modo. Esto se halla de acuerdo con el pasaje de San Mateo: Dejad crecer la cizaña, no sea que, al arrancarla, arranquéis juntamente el trigo". VITORIA, F.: *Relecciones sobre los indios y el derecho de la guerra*, Espasa-Calpe, Madrid, 1975, pár.37, pp.133-134.

33 O'KEEFE, R.: *The Protection of Cultural Property in Armed Conflict, op. cit.*, p.8.

34 NAHLIK, S.E.: "La protection internationale des biens culturels...", *op. cit.*, p.73.

35 Ibid., p.73.

El gran jurista holandés Hugo Grocio argumentaba que la concurrencia de una causa justa legitimaba la conducta de un contendiente en la guerra. Pero, al mismo tiempo, consideraba que la destrucción innecesaria de bienes, esto es, aquellos cuya destrucción no debilitaba al enemigo ni ofrecía ventaja, debían ser respetados puesto que, pese a no ser una conducta prohibida, se oponía a los dictados de la razón y, por tanto, debía evitarse[36]. Grocio también reconocía que el derecho al botín era un medio válido para dañar al enemigo en virtud del derecho de gentes, si bien abogaba por evitar excesos sobre los bienes que no tenían que ver con las operaciones militares[37].

Después de Grocio, otros autores trataron la cuestión de los límites de la guerra, sin demasiada repercusión[38]. Tal vez uno de los más destacados fue Justin Gentilis, quien sostenía en 1690 que el derecho de gentes prohibía la destrucción y el expolio de bienes que eran irrelevantes para la conducción de la guerra al tiempo que recalcaba el interés de las generaciones futuras en ver preservado su patrimonio cultural[39].

A pesar de los avances teóricos de los siglos XVI y XVII en la limitación de la guerra, estos tuvieron muy poco impacto en la práctica[40]. No había todavía una norma que proscribiera la

---

36 O'KEEFE, R.: *The Protection of Cultural Property in Armed Conflict, op. cit.*, p.6.

37 NAHLIK, S.E.: "La protection internationale des biens culturels...", *op. cit.*, p.74.

38 Ibid., p.74.

39 Ibid., p.75. También SAN MARTÍN CALVO, M.: *Bienes culturales y conflictos armados, op. cit.*, pp.32-33;

40 Nahlik señala tres elementos que considera importantes en el desajuste entre teoría y práctica: en primer lugar, señala la incidencia de la Reforma protestante y la reacción contrarreformista, como factor relevante en la concepción del arte; en segundo lugar, la organización militar, basada en estos siglos en el empleo de mercenarios cuyo objetivo era obtener riquezas del saqueo en contraposición a las nuevas formas de organización militar basadas en ejércitos del Estado gracias a reformas como las

destrucción y el saqueo de bienes culturales. Las guerras de ese período así lo demuestran. En 1527, las tropas de Carlos V saquearon Roma provocando el escándalo entre los otros reinos cristianos, pero ese rechazo se debió más a la escala y la brutalidad del mismo que al saqueo como práctica[41]. La conquista de América también tuvo derramamiento de sangre y saqueos generalizados de las riquezas precolombinas, muy particularmente el oro[42]. Maquiavelo aconsejará en el Príncipe que no se escatime en saquear los bienes de los enemigos para repartirlos entre los partidarios y en arrasar las ciudades conquistadas[43]. La lista de ejemplos sería interminable. El profesor Nahlik lo explica acertadamente: "Destruction, rapine, pillage — quand ils surviennent en temps de guerre — sont des malheurs, mais non des violations du droit"[44]. A pesar de estos desajustes, parece claro que a partir del siglo XVI se fue instalando una cierta conciencia, aún

---

de Luis XIV o Federico II de Prusia; en tercer lugar, la admiración por el pasado grecorromano, que llevó a no censurar ciertas prácticas que se realizaban en el pasado y rechazar todo lo medieval. NAHLIK, S.E.: "La protection internationale des biens culturels...", *op. cit.*, p.71.

41 Es por eso que, a pesar de numerosos autores lamentaran el saqueo de Roma en 1527, ninguno subrayara la ilegalidad de los saqueos. Sin embargo, a pesar de que el saqueo está perfectamente instalado en la mentalidad de la época, en algunos casos, los monarcas llegaron a dictar ordenanzas para frenar el saqueo descontrolado. Estaría también vinculado a los cambios en la organización militar, basada principalmente en mercenarios profesionales de la guerra cuya forma de enriquecerse era con las ganancias del botín, lo cual acentuaría la virulencia del fenómeno. Ibid., p.70; VERRI, P.: "The condition of cultural property in armed conflict (Part I)", *op. cit.*, pp.80-81.

42 POULOS, A. H.: "The 1954 Hague Convention…", *op. cit.*, p.10.

43 MACHIAVELLI, N.: *El príncipe*, Espasa Calpe, Madrid, 2003, capítulos VI, XV, XVI. Especialmente al hablar de los vicios de la liberalidad y la avaricia. También NAHLIK, S.E.: "La protection internationale des biens culturels...", *op. cit.*, p.72, da otros ejemplos.

44 Ibid., p.72.

difusa, de que los monumentos y obras de arte constituían una categoría distinta y superior a otros tipos de bienes[45].

Las matanzas, los saqueos y la destrucción asolaron la Europa enzarzada en la cruenta Guerra de los Treinta Años. Durante ese conflicto se perdieron numerosos monumentos y obras de arte[46]. En los tratados de paz de Westfalia, suscritos en 1648 para poner fin al conflicto armado, se estipularon cláusulas para la restitución de los bienes confiscados de particulares[47] y la devolución de los archivos a sus lugares de origen[48]. En adelante, los tratados de paz incluyeron disposiciones de este tipo, consolidando la idea de que los archivos eran una dependencia del territorio y no debían ser sustraídos[49]. Sin embargo, fueron mucho más escasos los tratados que dispusieran la restitución de objetos culturales tales como obras de arte, aunque también hubo algunos ejemplos con posterioridad a la Paz de Westfalia[50].

---

45 O'KEEFE, R.: *The Protection of Cultural Property in Armed Conflict, op. cit.*, p.6.

46 Un ejemplo clásico de este conflicto es el expolio de la Biblioteca Palatina de Heidelberg en 1622 que Maximiliano I de Baviera regaló al Papa Gregorio V. Los franceses se la llevaron de Roma hasta que, tras la caída de Napoleón, fue devuelta a Heidelberg. VISSCHER, C.: "La Protection Internationale des Objets d'Art ...", *op. cit.*, p.247.

47 Artículos XXVI y XXIX del Tratado de Münster de 1648 entre España y Holanda.

48 Artículo LXIX Tratado de Münster de 1648 entre España y Holanda.

49 En ese sentido se establecerán cláusulas parecidas en los tratados de los Pirineos (1659), Nimega (1678), Rijswijk (1697), Utrecht (1713) en incluso el tardío tratado de paz de París (1783) entre Reino Unido y las recién independizadas colonias americanas. NAHLIK, S.E.: "La protection internationale des biens culturels...", *op. cit.*, p.77.

50 El tratado de paz de Oliwa en 1660 entre Suecia y Polonia ordenaba la restitución de la Biblioteca Real Polaca. Por su parte, el tratado de Whitehall entre Reino Unido y los Países Bajos en 1662 mencionaba las obras de arte de las colecciones de los Estuardo. Ibid., pp.77-78.

1.3. La influencia de la Ilustración, la Revolución Francesa y las Guerras Napoleónicas

La guerra en el siglo XVIII pasó a concebirse como un enfrentamiento entre Estados, por lo que la acción armada debía limitar, en la medida de lo posible, los efectos destructivos a derrotar al enemigo, de manera que los ejércitos solo debían tomar o destruir aquello que fortaleciera a sus adversarios o sostener la guerra[51]. Sería a lo largo del siglo XVIII que se asentaría una doctrina clara y precisa respecto de las acciones legítimas e ilegítimas en tiempos de guerra. Los ilustrados sostuvieron mayoritariamente lo que los juristas de los dos siglos anteriores habían mantenido, esto es, que el uso de la fuerza para un fin justo era legítimo y, en consecuencia, la destrucción de bienes estaba permitida. Sin embargo, el jurista suizo Emer de Vattel anunció un cambio de mentalidad que cobraría fuerza a finales de la centuria en un pasaje de su obra *The Law of Nations* publicada en 1758:

> "For whatever cause a country is ravaged, we ought to spare those edifices which do honour to human society, and do not contribute to increase the enemy's strength, -such as temples, tombs, public buildings, and all works of remarkable beauty. What advantage is obtained by destroying them? It is declaring one's self an enemy to mankind, thus wantonly to deprive them of these monuments of art and models of taste".[52]

---

[51] VISSCHER, C.: "La Protection Internationale des Objets d'Art ...", *op. cit.*, p.248; Jirí Toman señala que durante la Ilustración asistimos, también, a la aparición de la distinción entre propiedad privada y propiedad pública, perteneciente al Estado, y susceptible de ser confiscada o destruida por su contribución al mantenimiento de la guerra. TOMAN, J.: *The Protection of Cultural Property...*, *op. cit.*, p.5.

[52] VATTEL, E.: *The Law of Nations: Or Principles of the Law of Nature Applied to the Conduct and Affairs of Nations and Sovereigns*, T. & J.W. Johnson, Filadelfia, 1866 [1758], pár. 168.

Vattel exponía su reticencia hacia la destrucción de ciertos bienes de gran valor y belleza, tales como monumentos, obras de arte, templos y otros edificios públicos, puesto que no contribuían a fortalecer al enemigo. Ahora bien, matizaba pocas líneas después:

> "Nevertheless, if we find it necessity to destroy edifices of that nature, in order to carry on the operations of war, or to advance the works in a siege, we have an undoubted right to take such a step. The sovereign of the country, or his general, makes no scruple to destroy them, when necessity or the maxims of war require it."[53]

En este párrafo, Vattel expresa la prevalencia de la necesidad militar por encima del respeto a los bienes culturales. El argumento partía de la premisa de que no toda propiedad pública perteneciente al Estado enemigo era susceptible de ser tomada o destruida, sino sólo aquella que servía directamente a los intereses militares. Por esta razón, los templos, escuelas, monumentos o bibliotecas debían, en principio, ser respetados porque no contribuían al esfuerzo bélico enemigo.

Este desarrollo doctrinal discurre en paralelo al creciente interés de las élites educadas en conservar y patrocinar las artes y las ciencias, así como el comercio de antigüedades. Las décadas centrales del siglo XVIII albergarán las primeras excavaciones de ciudades romanas como Pompeya, Herculano y Paestum, despertando gran interés en la intelectualidad de la época. Lentamente, se iría generando una conciencia de la existencia de una riqueza artística común y compartida, formada por monumentos, obras de arte, ruinas, etc., cuya preservación concernía al interés humano[54].

En las postrimerías del siglo XVIII y las primeras décadas del siglo XIX se estaba produciendo una transformación en la concepción del patrimonio cultural debido a la combinación,

---

53 Ibid., pár.168.

54 O'KEEFE, R.: *The Protection of Cultural Property in Armed Conflict, op. cit.*, pp.9-10.

primordialmente, de dos factores. Por un lado, el impulso poderoso a la construcción de las identidades nacionales con la Revolución Francesa, y, por otro lado, la expansión entre los Estados europeos de la idea romántica de que las ruinas y edificios del pasado conservaban y enaltecían el espíritu y el genio de cada pueblo[55]. El resultado fue una nueva concepción de monumento histórico con un fuerte componente nacionalista, en el sentido de contribuir al conocimiento de la propia nación[56]. Así pues, a mediados del siglo XIX, la mayoría de países europeos y las nuevas repúblicas hispanoamericanas habían adoptado legislaciones encaminadas a la protección de su patrimonio nacional[57].

La Revolución Francesa, junto con las guerras napoleónicas, marcaron un punto de inflexión en la protección de los bienes culturales. Entre 1790 y 1795, en la Francia revolucionaria se

---

55 SAN MARTÍN CALVO, M.: *Bienes culturales y conflictos armados, op. cit.*, p.136.

56 Esta nueva percepción debe situarse en un contexto de transformación cultural producida por los cambios estéticos introducidos por el romanticismo y la renovación cultural y artística del neoclasicismo. La profesora San Martín destaca que "el fin último de la conservación y protección de los monumentos históricos es su contribución al desarrollo de las artes, de las ciencias, de la historia nacional y de la instrucción pública" de un país. Tanto es así que las medidas legislativas para la protección del patrimonio iban acompañadas de la creación de Museos Nacionales, a imagen del Louvre, así como la enseñanza pública de la disciplina de la arqueología. Sin embargo, la sensibilización hacia el monumento antiguo, así como la idea de patrimonio colectivo o la institución del museo, no nacen con la Revolución Francesa, sino que se insertan en la lógica de la construcción de la Nación. Asimismo, tampoco es posible afirmar que las medidas adoptadas por los gobiernos revolucionarios franceses sirvieran de modelo para las legislaciones de otros países. De hecho, San Martín sugiere que el modelo fue el Vaticano. Ibid., pp.136-137. También GAMBONI, D.: *La destrucción del arte: iconoclasia y vandalismo desde la Revolución Francesa*, Cátedra, Madrid, 2014, p.51.

57 O'KEEFE, R.: *The Protection of Cultural Property in Armed Conflict, op. cit.*, pp.16-17.

adoptaron las primeras normativas de conservación de monumentos que podrían calificarse de modernas. En 1790, el gobierno de la Asamblea Nacional decretó la nacionalización de los bienes de la Iglesia, a los que siguieron en 1791 los bienes de los *émigrés* (aquellos que huyeron por temor a la Revolución), y, finalmente, los de la monarquía cuando el rey Luis XIV fue ejecutado y se proclamó la República en 1792. Las oleadas de confiscaciones convirtieron los bienes de valor histórico-artístico vinculados a los estamentos privilegiados en bienes que ahora pertenecían a la Nación francesa en su conjunto. Con el objetivo de inventariar y proteger estos nuevos bienes del patrimonio nacional francés, la Asamblea Nacional creó la *Commission des Monuments,* que en 1794 sería reemplazada por la *Commission Temporaire des Arts.* Esta última encargaría a Felix Vicq d'Azyr la redacción de la primera instrucción sobre la manera de inventariar y conservar los objetos que pudieran servir al arte, la ciencia y la enseñanza[58].

Esta labor normativa contrasta y coexiste con las muestras de furia destructiva e iconoclasta instigadas desde el poder revolucionario. En 1792, la Asamblea decretó la destrucción de los símbolos del *Ancien Régime,* pero, poco tiempo después, promulgó diversos decretos, que incluían sanciones penales, para frenar la vorágine destructiva[59]. Los actos vandálicos prosiguieron, incluso se incrementaron, a medida que la Revolución se radicalizó, en especial en los meses del Terror de 1793 y 1794[60]. El abate Grégoire, destacado revolucionario, denunció, en tres informes publicados en 1794, los actos vandálicos contra obras de arte y monumentos por constituir un ataque a los objetos de la Nación

---

58 SAN MARTÍN CALVO, M.: *Bienes culturales y conflictos armados, op. cit.,* pp.137-138.

59 O'KEEFE, R.: *The Protection of Cultural Property in Armed Conflict, op. cit.,* p.14.

60 Con posterioridad a la caída de Robespierre, el vandalismo se asoció al Terror y esa acusación sirvió para deslegitimar a los elementos más radicales de la Revolución. GAMBONI, D.: *La destrucción del arte, op. cit.,* pp.48-53.

que pertenecían a todos, pues estos debían transmitirse como herencia a la posteridad[61]. Sea como fuere, los actos violentos contra los vestigios del Antiguo Régimen fueron numerosos y muchas obras de arte fueron destrozadas, vendidas o desaparecieron.

En el ámbito internacional, Francia llevó a cabo una política organizada y sistemática de saqueo de los territorios ocupados por sus ejércitos, sobre todo a partir del período republicano, y particularmente intensa en la etapa napoleónica. Al tradicional pillaje generalizado de las ciudades derrotadas se sumó la apropiación y traslado a Francia de obras de arte. La Revolución ofrecía una cobertura ideológica basada en la creencia de que Francia, al ser el país que se había liberado de la tiranía del Antiguo Régimen, estaba situada en una mejor posición para custodiar las obras artísticas de toda Europa y atesorarlas en una colección única de arte europeo, ubicada en París[62]. Napoleón encargó al director del recién abierto Museo del Louvre una lista de las obras más significativa de los territorios ocupados para proceder a su apropiación, decisión que contó con el beneplácito de muchos artistas franceses[63]. En Bélgica, las tropas napoleónicas tenían órdenes expresas de tomar las obras de arte de importancia y enviarlas a Francia[64]. La ocupación francesa de España también

---

61 O'KEEFE, R.: *The Protection of Cultural Property in Armed Conflict*, *op. cit.*, p.15.

62 NAHLIK, S.E.: "La protection internationale des biens culturels...", *op. cit.*, p.78; O'KEEFE, R.: *The Protection of Cultural Property in Armed Conflict*, op. cit., pp.15-16; VERRI, P.: "The condition of cultural property in armed conflict (Part I)", *op. cit.*, p.83.

63 SAN MARTÍN CALVO, M.: *Bienes culturales y conflictos armados*, *op. cit.*, p.37.

64 El ejemplo más destacado fue el traslado del políptico de la Adoración del Cordero Místico, obra de Jan van Eyck, datada de 1432, que los franceses se llevaron de la catedral de San Bavon de Gante en 1794. La obra no fue devuelta hasta la caída de Napoleón en 1815. NAHLIK, S.E.: "La protection internationale des biens culturels...", *op. cit.*, p.78; VISSCHER, C.: "La Protection Internationale des Objets d'Art ...", *op. cit.*, p.248; Pietro Verri expone que el expolio artístico de Bélgica

estuvo marcada por un expolio sin precedentes[65]. En Italia, el fenómeno fue especialmente grave y cobró un tinte diferente a otros lugares de Europa. La estrategia napoleónica consistió en forzar a los perdedores a que entregaran obras de arte de gran valor mediante el establecimiento de cláusulas en los tratados de paz o armisticios[66]. Con esta acción, los franceses obtenían un título de adquisición más formal que hacía pasar la confiscación por una transferencia legal de propiedad[67]. La mayoría

---

recibía el apoyo de las "Agencias de Evacuación", sustituidas por las "Comisiones de arte y ciencias" que se encargaban de tomar posesión de los objetos. También dice que la cantidad de botín llevado a Francia desde Bélgica, Alemania o Italia no puede compararse al inmenso valor y volumen de lo saqueado en arte. VERRI, P.: "The condition of cultural property in armed conflict (Part I)", *op. cit.*, pp.83-84.

65 En 1809, José I Bonaparte creaba el Museo de Madrid a imagen del Museo Napoleón en París. El nuevo rey dio instrucciones para expropiar obras de pintura y enviarlas al emperador Napoleón en Francia. Se confiscaron obras de todo el territorio, pero especialmente de Andalucía y Madrid. Asimismo, los generales franceses se dedicaron a seleccionar y expoliar las obras de arte más destacadas del patrimonio español para engrosar la colección del Museo del Louvre o sus colecciones privadas. El general Soult, por ejemplo, acumuló más de 180 obras, entre ellas las pinturas sevillanas de Murillo y Zurbarán. Las principales obras pictóricas presa de la rapiña fueron pintores españoles, italianos y flamencos. Otras muchas obras desaparecieron por el deterioro, la destrucción, el robo o la venta ilegal. SAN MARTÍN CALVO, M.: *Bienes culturales y conflictos armados, op. cit.*, p.39.

66 TOMAN, J.: *The Protection of Cultural Property…*, *op. cit.*, pp.5-6; NAHLIK, S.E.: "La protection internationale des biens culturels...", *op. cit.*, p.79.

67 Visscher expone que las transferencias solían realizarse a título de contribución de guerra, aunque también hubo confiscaciones legalizadas a título de represalia. VISSCHER, C.: "La Protection Internationale des Objets d'Art …", *op. cit.*, p.249. En los casos más descarados y extremos, el tratado estipulaba la entrega de veinte obras de arte a escoger por el comandante francés (p.ex. los tratados firmados con Parma o con Módena en 1796). VERRI, P.: "The condition of cultural property in armed conflict (Part I)", *op. cit.*, p.84.

de las obras fueron enviadas a Francia a las salas de exposición del Museo del Louvre que, en 1810, se había convertido en el museo más rico del mundo[68]. En cualquier caso, la idea seguía siendo la misma: la apropiación de las riquezas de los pueblos vencidos para su traslado a la nación vencedora. Pero en esta ocasión no se fundamentaba el expolio en el clásico *ius praede*, sino que se disfrazaba de contribución a la guerra[69].

Hubo voces críticas, dentro y fuera de la Francia napoleónica, que reprobaron el saqueo sistemático de obras de arte de los territorios ocupados. El alegato más destacado fue el del arqueólogo francés Antoine Quatremère de Quincy. Escribió una serie de cartas abiertas en las que manifestó su oposición a que el patrimonio de un país abandonara sus fronteras[70]. Defendía que las obras de arte y ciencia pertenecían a toda Europa y no a una única nación y que éstas estaban por encima de los derechos de la guerra y la victoria[71].

El saqueo y la apropiación de obras de arte fue una de las cuestiones más importantes a discutir tras la derrota de Napoleón. El problema fue planteado a Lord Castlereagh, secretario de asuntos exteriores británico, sobre cómo debían proceder los aliados respecto al arte saqueado por los franceses. El dilema residía en decidir si devolver las obras a sus lugares de origen o

---

68 NAHLIK, S.E.: "La protection internationale des biens culturels...", *op. cit.*, p.79.

69 VISSCHER, C.: "La Protection Internationale des Objets d'Art ...", *op. cit.*, p.250; SAN MARTÍN CALVO, M.: *Bienes culturales y conflictos armados*, *op. cit.*, p.39.

70 Quatremère de Quincy consideraba que una obra de arte creada en un contexto específico sólo podía ser estudiada y entendida en él, de manera que perdía su valor si era trasladada de su lugar de origen. VERRI, P.: "The condition of cultural property in armed conflict (Part I)", *op. cit.*, p.85.

71 O'KEEFE, R.: *The Protection of Cultural Property in Armed Conflict*, *op. cit.*, pp.15-16.

si repartirlas entre los vencedores[72]. La posición británica quedó definida en la nota que Lord Castlereagh envió a las demás potencias el 11 de septiembre de 1815 en la que se calificaba la conducta de Francia como "contrary of every principle of justice, and to the usages of modern warfare"[73]. También se reconocía "a variety of spoliations, under the cover of Treaties, if possible more flagrant in their character than the acts of undisguised rapine", de manera que "the principle of property regulated by the claims of the territories from whence these works were taken, is the surest and only guide to justice"[74]. Así lo resolvió el Congreso de Viena en 1815, que restituyó las obras de arte a los países de origen. Al hacerlo, se afirmó el principio de integridad del patrimonio de las naciones, cuyas obras de arte debían quedar a salvo del derecho al botín[75].

---

72 La carta de Lord Liverpool al secretario británico Lord Castlereagh, fechada de 15 de julio de 1815, decía lo siguiente: "Amongst other matters, I have been particularly directed [...] to call your attention to the collections of statues and pictures of which the French plundered Italy, Germany, and the Low Countries. Whatever it may be fitting to do with them, whether to restore them to the countries from which they have been taken, or to divide them amongst the Allies, the Allied armies have the same title to them by conquest as that by which the French authorities acquired them. It is most desirable, in point of policy, to remove them, if possible, from France, as, whilst in that country, they must necessarily have the effect of keeping up the remembrance of their former conquests, and of cherishing the military spirit and vanity of the nation. I recommend this matter likewise to your serious and early consideration". Vid. CASTLEREAGH, R. S. y VANE, C.W.: *Memoirs And Correspondence of Viscount Castlereagh, Second Marquess of Londonderry*, H. Colburn, vol.10, Londres, 1850-1853, pp.429-430.

73 PARLAMENTO BRITÁNICO: *Parliamentary Debates*, T.C. Hansard, vol.XXXII, Londres, 1816. pp.297-298.

74 Ibid., pp.300-301.

75 VISSCHER, C.: "La Protection Internationale des Objets d'Art ...", *op. cit.*, pp.252-253; NAHLIK, S.E.: "La protection internationale des biens culturels...", *op. cit.*, p.80.

Esa idea estaba más extendida de lo que cabría pensar, como lo demostraría el caso del cargamento del barco Marquis de Somereules. En la guerra Anglo-estadounidense de 1812, el buque viajaba cargado de obras de procedentes de Italia destinadas al Museo de Bellas Artes de Filadelfia cuando fue capturado por un navío británico. El caso recayó en Alexander Croke, juez del vicealmirantazgo de Halifax, Nueva Escocia, quien en su sentencia argumentó que las obras de arte "are considered not as the peculium of this or of that nation, but as the property of mankind at large, and as belonging to the common interest of the whole species" y, en consecuencia, que "[...] the arts and sciences are admitted amongst all civilized nations to form an exception to the severe rights of war, and to be entitled to favour and protection"[76].

El respeto por ciertos bienes culturales también fue invocado en relación con la destrucción injustificada en ese mismo conflicto armado. En 1814, la flota británica bombardeó diversas ciudades costeras estadounidenses, entre ellas Washington, como represalia por unas disputas en la frontera entre Canadá y Estados Unidos. El diputado James Mackintosh, en abril de 1815, protestó de la siguiente manera sobre ese hecho:

> "After 25 years of the fiercest warfare, in which every great capital of the European continent had been spared, he had almost said, respected by enemies, it was reserved for England to violate all that decent courtesy towards the seats of national dignity, which, in the midst of enmity, manifests the respect of nations for each other, by an expedition deliberately and principally directed against palaces of government, halls of legislation, tribunals of justice, repositories of muniments of property, and of the records of history – objects among civilized nations exempted from ravages of war, and secured, as far as posible, even from its accidental operation, because they contribute nothing to means

---

[76] O'KEEFE, R.: *The Protection of Cultural Property in Armed Conflict, op. cit.*, p.16.

> of hostility, but consecrated purposes of peace, and minister to the common and perpetual interest of all humanity society."[77]

Con estas palabras, Mackintosh condenaba la conducta británica y expresaba la convicción de que en la guerra moderna los bienes que no contribuían al esfuerzo bélico, especialmente los culturales, gozaban de protección.

Los posicionamientos filosóficos de los juristas de las centurias anteriores, especialmente los ilustrados, habían arraigado en el ámbito del derecho de la guerra. En el transcurso de los conflictos armados, los bienes culturales merecían respeto ya no solo por su carácter religioso, sino también por su valor histórico-artístico, tanto más cuando no contribuían de ninguna manera a fortalecer al enemigo y su destrucción era innecesaria. El derecho al botín quedaba proscrito cuando pretendía la apropiación de obras artísticas, las cuales debían permanecer en sus lugares de origen. Sin embargo, aún no había una norma consolidada que regulara y sancionara la destrucción y el saqueo. El paso siguiente sería la codificación de las leyes y costumbres de la guerra, incluidas las normas que protegieran los bienes culturales del saqueo y la destrucción.

1.4. Colonialismo, expolio y destrucción de bienes culturales

Las guerras napoleónicas y la derrota del imperio francés marcaron un antes y un después en el tratamiento dispensado a los bienes culturales, todavía sin esa denominación. A partir de entonces, numerosos Estados, con la misma Francia a la cabeza, crearon instituciones dedicadas a la preservación de monumentos históricos y obras de arte. Aun así, la destrucción y el saqueo estuvieron presentes en las guerras de las décadas siguientes en

---

77 PARLAMENTO BRITÁNICO: *Parliamentary Debates,* T.C. Hansard, vol.XXX, Londres, 1815, p.527.

Europa, pero, exceptuando muy pocos casos, la magnitud de los fenómenos no alcanzó las cotas de los conflictos anteriores.

A lo largo del siglo XIX se obró la codificación de las leyes y costumbres de la guerra, en un proceso en el que, progresivamente, se incorporaron disposiciones relativas a la protección de los bienes culturales. Sin embargo, la humanización del derecho de los conflictos armados solo operaba en el círculo de relaciones recíprocas entre Estados de cultura europea[78]. Ninguna de las restricciones que se prescribían en las guerras entre potencias occidentales sería aplicada a los enfrentamientos coloniales. El proceso codificador, por tanto, discurrirá en paralelo a la intensificación del colonialismo en todo el planeta.

Las potencias occidentales, con Reino Unido y Francia a la cabeza, pero también Alemania, Países Bajos o Bélgica, practicaron una política sistemática de expolio de objetos culturales de los territorios que conquistaron. Las piezas saqueadas se enviaban a la metrópolis para que fueran exhibidas en grandes museos y exposiciones. Los objetos de mayor valor o interés eran adquiridos por museos u otras instituciones públicas, engrosando, así, sus colecciones, mientras que las demás eran subastadas y pasaban a alimentar el mercado de arte, del que podían beneficiarse desde instituciones culturales de otros países, deseosas de ampliar sus catálogos, hasta particulares interesados en el arte. La cantidad y el tipo de objetos saqueados, la presencia de expertos en los ejércitos que participaron de las expediciones y la atención y el seguimiento que realizaban las instituciones culturales europeas de los posibles tesoros que adquirir revelan que el expolio cultural iba más allá del botín de guerra[79].

---

78 NAHLIK, S.E.: "La protection internationale des biens culturels...", *op. cit.*, p.88.

79 SARR, F. y SAVOY, B.: *The Restitution of Cultural Heritage. Toward a New Relational Ethics*, Ministère de la Culture, noviembre de 2018, pp.10-11. Disponible en: http://restitutionreport2018.com/sarr_savoy_en.pdf

Ya durante las guerras napoleónicas, los 1.757 científicos que acompañaron a Napoleón y sus ejércitos en la ocupación de Egipto entre 1798 y 1801 se dedicaron a tomar notas, dibujar los monumentos y excavar los yacimientos de la época de los faraones. La mayoría de los tesoros que desenterraron se embarcaron a Europa con el beneplácito de las autoridades locales y acabaron en las colecciones de arte egipcio del Museo del Louvre, del Museo Británico y del Museo Egipcio de Turín[80]. Pocos años después, tuvo lugar el famoso caso de los denominados mármoles de Elgin. En la Grecia ocupada por los otomanos, el embajador británico Lord Elgin consiguió fraudulentamente una autorización para sacar los frisos del Partenón, junto con otras piezas de los edificios de la Acrópolis de Atenas, y enviarlos a Londres entre 1801 y 1805[81]. Pueden encontrarse muchos más ejemplos de este fenómeno a lo largo del siglo XIX, y también en el siglo

---

80 SAN MARTÍN CALVO, M.: *Bienes culturales y conflictos armados, op. cit.*, pp.43-44.

81 Lord Elgin esgrimió una carta enviada por el Gran Visir para engañar al cadí de Atenas. El documento no autorizaba a Elgin para arrancar las esculturas ni tampoco para llevárselas a Reino Unido. Las piezas que se expoliaron no solo pertenecían al Partenón, sino también al Erecteion, los Propileos y el templo de Atenea Niké. El comportamiento de Elgin fue censurado por varias voces críticas por constituir un burdo expolio. Lord Byron, por ejemplo, cargó contra la actitud de Lord Elgin, pero este se defendió alegando que los había salvado de las garras de los otomanos y de la indiferencia de los griegos. El aristócrata consiguió que el Parlamento británico adquiriera la propiedad de los mármoles a cambio de una ínfima compensación al pueblo griego. Con el tiempo se ha acuñado el término "elgenismo" para referirse a aquel tipo de expolio basado en la fragmentación en varias piezas de un monumento o conjunto arquitectónico, histórico, artístico para luego proceder a su exportación con apariencia de legalidad mediante una suerte de transacción oficial. Por norma general, existe un componente de dependencia económica o política, incluso de desconocimiento o indiferencia, en el país que sufre el expolio con estas características. Ibid., pp.45-47, incluidas notas al pie.

XX, acaecidos en muy diversos territorios: desde las excavaciones arqueológicas en Egipto, Turquía o Mesopotamia, cuyos tesoros acabaron en múltiples museos europeos, hasta el robo de objetos artísticos de los templos antiguos jemeres en Camboya a manos de aventureros franceses[82], pasando por el saqueo de las riquezas precolombinas en América Central y del Sur, donde, por ejemplo, los diplomáticos estadounidenses abusaron de su inmunidad para sacar obras de arte de la civilización maya[83].

El expolio cultural se manifiesta con mayor intensidad a medida que el poder colonial europeo se proyecta sobre el planeta. A partir de la segunda mitad del siglo XIX, las campañas militares y las expediciones punitivas contra entidades políticas más débiles fueron muy frecuentes, particularmente en África y Asia, con el objetivo de forzar todos aquellos cambios en las políticas que fueran necesarios para favorecer los intereses de las potencias occidentales y, llegado el momento, anexionarse los territorios sometidos por las armas. En el transcurso de estas operaciones militares, las potencias destruyeron o arrebataron innumerables bienes culturales. Felwine Sarr y Bénedicte Savoy aseveran lo siguiente:

> "Within the context of the 19th century, one can indeed see that the violent acquisition and economic capitalization (through the art market) as well as symbolic capitalization (through the

---

82 Es el caso de André Malraux y su compañero, ya en el siglo XX, quienes fueron acusados de robar los bajorrelieves muy bien conservados del templo de Banteay Srei durante su expedición oficial para estudiar los monumentos antiguos de la cultura jemer. Ellos alegaron que el templo era res nullius, pero lo cierto es que pertenecía a la colonia de Indochina, controlada por Francia. Malraux se aprovechó de su nombramiento oficial para violar un monumento situado en un país sometido a la presión colonial de Francia, desmantelando parcialmente un conjunto histórico, incluso sobornó a autoridades locales y trató de encubrirlo bajo la apariencia legal de una compraventa. Los tribunales locales condenaron en 1924 a Malraux y su compañero con arreglo al derecho francés, por ser el territorio colonia francesa. Ibid., pp.47-48.

83 Ibid., pp.48.

> museum) of African and Asian objects of cultural heritage goes hand in hand with the wars of that same era."[84]

Hay numerosos ejemplos que lo corroboran. En 1860, durante la Segunda Guerra del Opio, las tropas franco-británicas saquearon e incendiaron deliberadamente el palacio de verano de Pekín, en cuyo interior se encontraba una amplia y exquisita colección de arte oriental[85]. La orden la dio el embajador británico James Bruce, también Lord Elgin e hijo del aristócrata que años atrás había orquestado el traslado de los mármoles del Partenón. Unos años después, en 1866, los franceses se llevaron de Corea más de 300 manuscritos de la dinastía Joseon en la guerra entre ambos países[86]. En otra expedición punitiva, esta vez dirigida contra el reino de Benín en 1897, las fuerzas británicas asolaron la ciudad y se llevaron los famosos bronces de Benín. En otras muchas campañas sucedería lo mismo[87].

Estas confrontaciones coloniales coincidieron con el impulso codificador de las leyes y costumbres de la guerra, cuyo máximo exponente fueron, al menos antes de la Segunda Guerra Mundial, las Convenciones de La Haya de 1899 y 1907, que incluían en su articulado normas que prohibían el pillaje, el daño o la

---

84 SARR, F. y SAVOY, B.: *The Restitution of Cultural Heritage…*, *op. cit.*, p.11.

85 NAHLIK, S.E.: "La protection internationale des biens culturels...", *op. cit.*, pp.88-89.

86 Los documentos estuvieron en la Biblioteca Nacional de Francia hasta que en 2011 fueron devueltos a Corea en virtud de un acuerdo comercial suscrito entre este país y el gobierno de Nicolás Sarkozy. SARR, F. y SAVOY, B.: *The Restitution of Cultural Heritage…*, *op. cit.*, p.17.

87 Pensemos, por ejemplo, en las expediciones y guerras que las potencias occidentales llevaron a cabo en Etiopía (1868), en el reino de Ashanti (1874), Camerún (1884), la región de Tanganika, en el Congo (1884), en Mali (1890), en el reino Dahomey (1892), en Guinea (1898), Indonesia (1906) o Tanzania (1907). Ibid., p.10.

destrucción[88]. Las potencias occidentales ni se plantearon su aplicación a los territorios coloniales. Los museos y colecciones de países occidentales siguieron atesorando obras de arte expoliado durante décadas[89]. Hoy en día, los efectos del colonialismo en materia de restitución de bienes culturales robados en época colonial es un tema pendiente de resolución.

2. EL PROCESO DE CODIFICACIÓN DE LAS NORMAS PROTECTORAS DE LOS BIENES CULTURALES

2.1. El Código Lieber de 1863

La práctica y la doctrina de finales del siglo XVIII y las primeras décadas del siglo XIX mostraban la opinión, extendida más allá de los confines de Europa, de que ciertos objetos culturales merecían una especial consideración en tiempos de guerra. A lo largo del siglo XIX se iniciaría el proceso codificador de las leyes y costumbres de la guerra. Así, a partir de mediados de siglo, los instrumentos jurídicos comenzaron a incorporar disposiciones encaminadas a garantizar a los bienes culturales un mínimo de protección en el transcurso de los conflictos armados. Al final de la centuria, estas normas estarían ya asentadas en el derecho de los conflictos armados[90].

---

88 Vid. infra capítulo II.

89 El ejemplo de los bienes culturales procedentes de los países subsaharianos que todavía se exhiben en museos europeos es revelador: 69.000 en el Museo Británico; 180.000 en el Musée Royal de l'Afrique Centrale de Bélgica; 75.000 en el Humboldt Forum; 70.000 en el Musée du Quai Branly-Jacques Chirac; o 37.000 en el Weltmuseum de Viena. Estas cifras no incluyen todos los museos de Europa ni tampoco el volumen de objetos culturales de otras partes del mundo. Ibid., p.15.

90 El profesor Nahlik explica: "No wonder then that the rules regarding protection of cultural property, already firmly established in practice and in doctrine, and thus in customary law, have appeared, since the middle of the 19th century, in all the consecutive stages of the codifi-

En plena guerra civil estadounidense, el presidente Abraham Lincoln encargó al profesor Francis Lieber, de la Universidad de Columbia, la preparación de un manual militar sobre cómo debían comportarse los ejércitos estadounidenses en la conducción de las hostilidades. El resultado fueron las *Instrucciones del gobierno para los ejércitos de Estados Unidos en campaña*, publicadas con la Orden General nº 100, de 24 de abril de 1863, popularmente conocidas como el Código Lieber. Fue la primera codificación sistematizada de las leyes de la guerra a nivel interno que, aunque solo vinculante para los Estados Unidos, influiría enormemente en posteriores codificaciones e instrumentos jurídicos[91]. Otros países fueron a la zaga y aprobaron manuales militares con disposiciones similares en el último tercio del siglo XIX[92].

En el ámbito de los bienes culturales, la importancia del Código Lieber radica en la introducción de diversas normas para su protección. En el artículo 34 se establecía que ciertos edificios y bienes –tales como los pertenecientes a iglesias, hospitales, escuelas, universidades o museos– debían ser respetados[93]. En

cation of the laws of war". NAHLIK, S.E.: "International Law and the Protection of Cultural Property in Armed Conflicts", *Hastings Law Journal*, vol.27, nº5, 1976, p.1072.

91 El Código Lieber constaba de 157 artículos. Schindler y Toman consideran que las normas del Código reflejarían las leyes y costumbres de la guerra imperantes a mediados del siglo XIX y fueron la base de la conferencia de Bruselas de 1874. TOMAN, J. y SCHINDLER, D.: *The Laws of Armed Conflicts: A Collection of Conventions, Resolutions and Other Documents*, Martinus Nijhoff Publishers, Leiden / Boston, Brill, 2004, p.3.

92 En los años siguientes a su publicación, Alemania, Reino Unido, España, Francia, Italia, Japón o Rusia incorporaron esas normas a sus manuales militares. VERRI, P.: "The condition of cultural property in armed conflict (Part II)", *International Review of the Red Cross*, vol.67, nº 753, marzo-abril, 1985, pp.127-128.

93 El artículo 34 decía: "As a general rule, the property belonging to churches, to hospitals, or other establishments of an exclusively charitable character, to establishments of education, or foundations for the pro-

la misma línea, las obras de arte, bibliotecas y colecciones científicas debían ser protegidas ante cualquier daño, incluso en los asedios y bombardeos[94]. Además, se autorizaba el traslado de ciertos bienes para una mejor protección y su inviolabilidad[95].

El Código Lieber también estableció la primera definición del concepto de necesidad militar[96]. Según el artículo 14, consistiría

---

motion of knowledge, whether public schools, universities, academies of learning or observatories, museums of the fine arts, or of a scientific character – such property is not to be considered public property in the sense of paragraph 31; but it may be taxed or used when the public service may require it". La referencia al artículo 31 parte de la distinción entre bienes públicos y bienes privados. Por un lado, los bienes públicos, pertenecientes al Estado enemigo, eran susceptibles de ser confiscados (ex art.31). Por otro lado, los bienes privados que debían ser respetados. En esa época, se entendía que los bienes privados no podían ser confiscados ni destruidos puesto que sería una conducta contraria a las leyes de la guerra. Por esta razón, los bienes y edificios protegidos por el artículo 34, aunque fueran de naturaleza pública, debían ser considerados bienes privados para garantizarles cierta protección. TOMAN, J.: *The Protection of Cultural Property…*, *op. cit.*, p.8

94 El artículo 35 rezaba: "Classical works of art, libraries, scientific collections, or precious instruments, such as astronomical telescopes, as well as hospitals, must be secured against all avoidable injury, even when they are contained in fortified places whilst besieged or bombarded".

95 El artículo 36 indicaba: "If such works of art, libraries, collections, or instruments belonging to a hostile nation or government, can be removed without injury, the ruler of the conquering state or nation may order them to be seized and removed for the benefit of the said nation. The ultimate ownership is to be settled by the ensuing treaty of peace. In no case shall they be sold or given away, if captured by the armies of the United States, nor shall they ever be privately appropriated, or wantonly destroyed or injured".

96 Para Craig Forrest, el principio de necesidad militar es uno de los legados más importantes del Código Lieber al Derecho Internacional Humanitario. FORREST, C.J.S.: "The Doctrine of Military Necessity and the Protection of Cultural Property during Armed Conflicts", *California Western International Law Journal*, vol.37, nº 2, primavera 2007, p.184.

en "the necessity of those measures which are indispensable for securing the ends of the war, and which are lawful according to the modern law and usages of war". Esta doctrina de la necesidad militar, originalmente concebida como una restricción a la conducta de los beligerantes, se acabó convirtiendo en un subterfugio para justificar las acciones militares y eludir las normas del derecho de la guerra[97]. Los juristas alemanes desarrollaron esa idea a lo largo del siglo XIX hasta una concepción extrema según la cual las necesidades de la guerra debían prevalecer por encima de la forma de hacerla (*Kriegsraison geht vor Kriegsmanier*)[98]. Sin embargo, esta versión prusiana de la necesidad militar no era común ni aceptada pacíficamente por el resto de Estados europeos[99]. Se ha sugerido que la derogación por necesidad militar aplicada a los bienes culturales no estaría contemplada en el Código Lieber porque las disposiciones no incluyen esa excepción en su texto[100]. Sin embargo, la delimitación del concepto en distintos preceptos parece apuntar en el sentido de que la destrucción de bienes estaría admitida siempre que las necesidades de la guerra lo exigiesen[101].

---

97 Ibid., pp.186-187.

98 El jurista August Wilhelm Heffter definió la *kriegsmanier* como la forma adecuada de hacer la guerra y regulada por la costumbre. A este concepto se oponía la *kriegsraison*, es decir, el principio según el cual podía transgredirse la costumbre por circunstancias extraordinarias, como la extrema necesidad o el mantenimiento de la igualdad en la contienda. *Das europäische Völkerrecht der Gegenwart*, 4ª ed., Berlín, 1861; obra citada en NAHLIK, S.E.: "La protection internationale des biens culturels...", *op. cit.*, p.87.

99 NAHLIK, S.E.: "La protection internationale des biens culturels...", *op. cit.*, p.88.

100 EHLERT, C.: *Prosecuting the Destruction of Cultural Property in International Criminal Law: with a Case Study on the Khmer Rouge's Destruction of Cambodia's Heritage*, Brill, Leiden, 2013, pp.19-20.

101 El artículo 15, por ejemplo, indica que "Military necessity [...] allows of all destruction of property". En este sentido, vid. O'KEEFE, R.: *The Protection of Cultural Property in Armed Conflict*, *op. cit.*, p.18. Pero

Además, el Código Lieber supuso también el primer intento de introducir la responsabilidad penal individual por la destrucción de bienes[102]. El artículo 44 estipulaba que la destrucción no autorizada por el comandante, el pillaje o el saqueo, entre otros actos, estaban penados con la muerte u otra pena adecuada a la gravedad del crimen.

2.2. La Declaración de Bruselas de 1874

La revolución tecnológica en la industria bélica de finales de siglo hizo que los bombardeos con artillería, cada vez más pesada y con mayor alcance, se convirtieran en el recurso más habitual para forzar la rendición del enemigo[103]. Naturalmente, el bombardeo de núcleos urbanos aumentaba los peligros sobre los bienes culturales. Sin embargo, hubo cierta tendencia entre los Estados a ceñir los bombardeos y operaciones militares a objetivos relacionados directamente con los esfuerzos bélicos del enemigo. Así, cuando los franceses bombardearon Veracruz en 1838 se limitaron a objetivos que dañaban la capacidad bélica del enemigo; y lo mismo hicieron los británicos en Alejandría en 1882 o la coalición de países europeos en Sebastopol en 1855 durante la guerra de Crimea[104]. En cambio, causó un fuerte impacto en la opinión internacional la guerra Franco-Prusiana. En particular, el

---

la necesidad militar también quedaría limitada en el artículo 16 en el que se establece que "military necessity does not admit [...] the wanton devastation of a district [...] and, in general, military necessity does not include any acts of hostility which makes the return to peace unnecessarily difficult". FORREST, C.J.S.: "The Doctrine of Military Necessity...", *op. cit.*, p.184.

102 EHLERT, C.: *Prosecuting the Destruction of Cultural Property..., op. cit.*, p.19.

103 O'KEEFE, R.: *The Protection of Cultural Property in Armed Conflict, op. cit.*, p. 20.

104 NAHLIK, S.E.: "La protection internationale des biens culturels...", *op. cit.*, pp.85-86.

bombardeo de París por parte de los alemanes en 1871 provocó las protestas diplomáticas generalizadas del resto de países europeos[105]. En esa contienda, además, Alemania también bombardeó la catedral de Reims y destruyó la biblioteca de Estrasburgo[106].

En verano de 1874, quince Estados europeos se reunieron en Bruselas a instancias del zar Alejandro II con el objetivo de regular las leyes y costumbres de la guerra en un tratado[107]. La gravedad de las destrucciones acaecidas durante la guerra Franco-Prusiana reveló la necesidad de incluir disposiciones relativas a los bienes culturales en la codificación[108]. Finalmente, la poca disposición de los gobiernos a ratificar el texto resultante hizo que fuera adoptado en forma de Declaración[109]. A pesar de no tener fuerza vinculante, sus principios serían luego incluidos en otros instrumentos[110].

La Declaración de Bruselas proclamaba que los beligerantes no tenían un poder ilimitado para decidir los medios de dañar al enemigo (artículo 12). Entre otros, se prohibía de forma general la destrucción o apropiación de bienes del enemigo si no concurría una necesidad militar imperativa (artículo 13.g). El ataque o el bombardeo a ciudades, pueblos y villas no defendidas también se prohibía (artículo 15). Por el contrario, si estaban defendidas, se autorizaba el asedio y los bombardeos, aunque se prescribía hacer todo lo posible para que la parte atacante avisara a la contraria antes de iniciar el ataque (artículo 16). En el caso de asedios y bombardeos, el artículo 17 establecía que debían preservarse los edificios dedicados al arte, las ciencias, la beneficencia, los hospitales y los lugares donde se alojan los

---

105 Ibid., p.86.

106 SAN MARTÍN CALVO, M.: *Bienes culturales y conflictos armados, op. cit.*, p.142.

107 TOMAN, J.: *The Protection of Cultural Property…, op. cit.*, p.9.

108 SAN MARTÍN CALVO, M.: *Bienes culturales y conflictos armados, op. cit.*, pp.142-143.

109 TOMAN, J. y SCHINDLER, D.: *The Laws of Armed Conflicts…, op. cit.*, p.21.

110 Ibid. p.21. TOMAN, J.: *The Protection of Cultural Property…, op. cit.*, p.9.

heridos y enfermos, siempre que no fueran usados con fines militares[111]. Además, y a diferencia del Código Lieber, se introducía explícitamente la derogación por necesidad militar aplicada a la protección de los bienes culturales[112]. El segundo inciso del artículo 17 añadía el deber del defensor de señalar los edificios protegidos y comunicar su localización al adversario.

En situación de ocupación, el artículo 8 disponía el respeto hacia los bienes municipales, los de instituciones dedicadas a la religión, la caridad, la educación, las artes y las ciencias, aunque fueran de propiedad pública. Además, establecía que todo daño o destrucción intencional a estos edificios, así como monumentos históricos, obras de arte y ciencia serían sometidos a procedimientos legales. Sin embargo, no se especifica si de carácter penal o de otra naturaleza.

2.3. El Manual de Oxford de 1880

También, en el año 1874, el recién creado Instituto de Derecho Internacional comenzó su labor codificadora de las leyes y costum-

---

111 La redacción del artículo 17 tuvo mucha trascendencia ya que se repetirá prácticamente sin variaciones en posteriores instrumentos. El artículo 17 dice así: "[En caso de asedios y bombardeos] all necessary steps must be taken to spare, as far as possible, buildings dedicated to art, science, or charitable purposes, hospitals, and places where the sick and wounded are collected provided they are not being used at the time for military purposes. It is the duty of the besieged to indicate the presence of such buildings by distinctive and visible signs to be communicated to the enemy beforehand."

112 La introducción de dicha derogación se deriva de la frase "as far as possible". De esta manera, si la parte defensora estuviera usando los edificios protegidos con fines militares, la parte atacante se vería desligada de la obligación de no atacar esos bienes. EHLERT, C.: *Prosecuting the Destruction of Cultural Property...*, *op. cit.*, p.21.

bres de la guerra terrestre[113]. El resultado fue el Manual de Oxford, aprobado por unanimidad y publicado en 1880, cuya intención era proporcionar a los Estados una base jurídica para incorporar en sus legislaciones internas las principales normas del derecho de la guerra[114]. Años más tarde, en 1913, el Instituto de Derecho Internacional adoptaría un nuevo manual en el que adaptaba las leyes y costumbres de la guerra terrestre a la guerra naval[115].

El Manual de Oxford de 1880 recogía de forma prácticamente idéntica algunas normas de la Declaración de Bruselas[116]. Se prohibía la destrucción de bienes públicos y privados a menos que estuviera justificado por una necesidad militar imperativa (artículo 32.b), así como el bombardeo de ciudades no defendidas (artículo 32.c) y el pillaje (artículo 32.a). En los casos de bombardeo, se establecía la obligación de tomar todas las medidas necesarias para evitar daños a una serie de instituciones protegidas siempre que éstos no fueran usados con fines militares (artículo 34). Además, se mantenía la obligación de señalizar la ubicación de los bienes protegidos por parte de los defensores. Asimismo, el Manual de Oxford incorporaba la responsabilidad penal por las violaciones de las leyes de la guerra, aunque la sanción se dejaba en manos de los Estados (artículo 84).

---

113 El Instituto de Derecho Internacional, fundado en 1873, es una institución dedicada al estudio y la codificación progresiva del Derecho Internacional formado por juristas de distintas nacionalidades. TOMAN, J. y SCHINDLER, D.: *The Laws of Armed Conflicts…*, *op. cit.*, p.29.

114 Preámbulo del Manual de Oxford de 1880. Ibid., p.31.

115 El Manual de Oxford de 1913 no introducía novedades en relación con la protección de los bienes culturales, simplemente reproducía lo establecido en la Convención IX de La Haya de 1907, sobre los bombardeos por fuerzas navales en tiempo de guerra. TOMAN, J.: *The Protection of Cultural Property…*, *op. cit.*, p.13.

116 TOMAN, J. y SCHINDLER, D.: *The Laws of Armed Conflicts…*, *op. cit.*, p.21; TOMAN, J.: *The Protection of Cultural Property…*, *op. cit.*, p.10.

En lo relativo al expolio, en las guerras europeas posteriores al Congreso de Viena no hubo saqueos masivos de bienes culturales y, en cualquier caso, la mayoría de tratados de paz incluían en su articulado diversas cláusulas relativas a la restitución de bienes[117]. En el siglo XIX se consolidaría progresivamente la visión de que el Derecho Internacional no admitía tales prácticas. El derecho al botín sobre los bienes del Estado enemigo no se había abolido, pero se restringió[118]. Esa idea, anticipada por la doctrina, se refleja en la Declaración de Bruselas de 1874[119] y en el Manual de Oxford de 1880[120], que también prohibían formalmente el pillaje[121].

Como se ha visto, en el siglo XIX se asentó la idea de que los bienes culturales gozaban como mínimo del respeto que debía dispensarse a los bienes de carácter privado[122]. Al mismo tiempo, también había consenso en la doctrina de la época en admitir que los bienes culturales tenían un estatus superior, privilegiado, que obligaba a preservarlos de los daños y confiscaciones en el transcurso del conflicto armado[123]. Sin embargo, la protección específica se mantuvo siempre que ello no colisionara con las necesidades y exigencias de la guerra.

---

117 NAHLIK, S.E.: "La protection internationale des biens culturels...", *op. cit.*, pp.86-87.

118 Ibid., p.85. VISSCHER, C.: "La Protection Internationale des Objets d'Art ...", *op. cit.*, pp.254-255.

119 Artículo 8 de la Declaración de Bruselas 1874.

120 Artículo 53 del Manual de Oxford de 1880.

121 Artículo 39 Declaración de Bruselas y artículo 32.a del Manual de Oxford.

122 NAHLIK, S.E.: "La protection internationale des biens culturels...", *op. cit.*, p.84.

123 Ibid., p.85; O'KEEFE, R.: *The Protection of Cultural Property in Armed Conflict*, *op. cit.*, p. 20.

2.4. Las Convenciones de La Haya de 1899 y 1907

Cuando el siglo XIX tocaba a su fin se produjo un hito importante en la historia del derecho de la guerra y, en particular, para las normas que protegen los bienes culturales. Entre el 18 de mayo y el 29 de julio de 1899, los representantes de veintiséis gobiernos se reunieron en la Primera Conferencia de Paz de La Haya, auspiciada por el zar Nicolás II, con los objetivos de limitar los efectos de la guerra, avanzar en el desarme e instaurar un sistema de arreglo pacífico de controversias internacionales[124]. El resultado fue la adopción de tres convenciones y tres declaraciones, más el compromiso de reunirse al cabo de unos años para revisar los avances[125]. En la Primera Conferencia se consiguió adoptar una convención específica sobre las normas de la guerra terrestre (la II Convención), a la que se anexó el Reglamento relativo a las Leyes y Costumbres de la Guerra Terrestre[126].

---

124 TOMAN, J. y SCHINDLER, D.: *The Laws of Armed Conflicts...*, op. cit., p.41; también BOS, A.: "The Importance of the 1899, 1907 and 1999 Hague Conferences for the Legal Protection of Cultural Property in the Event of Armed Conflict", *Museum International*, vol. 57, nº 4, 2005, p.33.

125 Las convenciones fueron las siguientes: I. Convention for the peaceful adjustment of international differences; II. Convention regarding the laws and customs of war on land; III. Convention for the adaptation to maritime warfare of the principles of the Geneva Convention of 22 August 1864. En lo que respecta a las tres declaraciones fueron las que siguen: Declaration I. To prohibit the launching of projectiles and explosives from balloons or by other similar new methods. Declaration II. To prohibit the use of projectiles, the only object of which is the diffusion of asphyxiating or deleterious gases. Declaration III. To prohibit the use of bullets which expand or flatten easily in the human body, such as bullets with a hard envelope, of which the envelope does not entirely cover the core or is pierced with incisions. Todas ellas constan en el Acta Final de la Conferencia Internacional de Paz firmada el 29 de julio de 1899 en La Haya. Puede consultarse en: TOMAN, J. y SCHINDLER, D.: *The Laws of Armed Conflicts..., op. cit.*, pp.41-44.

126 Adriaan Bos considera la adopción de la II Convención fue uno de los éxitos más destacados de la Conferencia de Paz de 1899 porque no

Años después, al concluir la guerra ruso-japonesa de 1905, el zar Nicolás II convocó la Segunda Conferencia de Paz, que se celebró entre el 15 de junio y el 18 de octubre de 1907, y a la que asistieron representantes de cuarenta y cuatro Estados. En esta ocasión se adoptaron nuevas convenciones y se revisaron las anteriores[127]. También se programó una tercera Conferencia para el año 1915, aunque jamás llegó a celebrarse por el estallido de la Primera Guerra Mundial[128]. En particular, en la IV Convención y su Reglamento anexo, ambos textos relativos a las leyes y costumbres de la guerra

---

fue solo una codificación de las leyes de la guerra sino una revisión de las mismas para precisarlas y hacerlas vinculantes. BOS, A.: "The Importance of the 1899, 1907 and 1999 Hague Conferences…", *op. cit.*, p.34.

127 Las convenciones y declaraciones adoptadas fueron: I. Convention for the pacific settlement of international disputes; II Convention respecting the limitation of the employment of force for the recovery of contract debts; III. Convention relative to the opening of hostilities; IV. Convention respecting the laws and customs of war on land; V. Convenion respecting the rights and duties of neutral powers and persons in case of war on land; VI. Convention relative to the status of enemy merchant ships at the outbreak of hostilities; VII. Convention relative to the conversion of merchant ships into warships; VIII. Convention relative to the laying of automatic submarine contact mines; IX. Convention respecting bombardment by naval forces in time of war; X. Convention for the adaptation to naval war of the principles of the Geneva Convention; XI. Convention relative to certain restrictions with regard to the exercise of the right of capture in naval war; XII. Convention relative to the creation of an International Prize Court; XIII. Convention concerning the rights and duties of neutral Powers in naval war; XIV. Declaration prohibiting the discharge of projectiles and explosives from balloons.
Todas ellas constan en el Acta Final de la Segunda Conferencia Internacional de Paz firmada el 18 de ocubre de 1907 en La Haya. La XII Convención, relativa a la creación de una Corte Internacional de Presas, no entró en vigor por falta de ratificaciones. Puede consultarse en: TOMAN, J. y SCHINDLER, D.: *The Laws of Armed Conflicts…*, *op. cit.*, pp.45-49.

128 Ibid., p.41; BOS, A.: "The Importance of the 1899, 1907 and 1999 Hague Conferences…", *op. cit.*, p.36.

terrestre, se revisaron y completaron las normas establecidas en los instrumentos homónimos de 1899. Se introdujeron muy pocas variaciones respecto de la versión anterior[129]. En la IV Convención de 1907 hubo avances significativos, como la introducción de la responsabilidad del Estado por la violación del Reglamento, lo cual que daría lugar a una indemnización[130]. A pesar de los escasos cambios, dieciocho Estados que habían ratificado la convención de 1899 no lo hicieron con la de 1907. También se adaptaron esas normas de la guerra terrestre a la guerra marítima[131].

Las normas de La Haya de 1899 y 1907 nacieron con distintas limitaciones que disminuyeron su eficacia. En primer lugar, la mayoría de la doctrina coincide en señalar la consagración del principio de la necesidad militar en varias disposiciones como una de las debilidades más destacadas. Ya en el preámbulo de las Convenciones II, de 1899, y IV, de 1907, se hacía referencia expresa[132]. La inclusión de la necesidad militar abrió la puerta a que el principio se convir-

---

129 TOMAN, J. y SCHINDLER, D.: *The Laws of Armed Conflicts...*, op. cit., p.55. Por esta razón, a los efectos de facilitar nuestra explicación usaremos el texto del Reglamento de 1907.

130 El artículo 3 de la IV Convención de 1907 establece que: "La parte beligerante que viole las disposiciones de dicho Reglamento estará obligada a indemnización, si fuere el caso, y será responsable de todos los actos cometidos por las personas que hagan parte de su fuerza armada". Para un análisis más en profundidad de las Convenciones y de los Reglamentos de 1899 y 1907, en particular desde la perspectiva de la protección de los bienes culturales, veáse: NAHLIK, S.E.: "La protection internationale des biens culturels...", *op. cit.*, pp.89-97.

131 Ver la IX Convención de 1907 relativa al Bombardeo por Fuerzas Navales en Tiempos de Guerra, que repetía las disposiciones de su homólogo sobre la guerra terrestre pero adaptándolas al ámbito naval.

132 El preámbulo de la IV Convención de 1907 reza: "Según las miras de las Altas Partes Contratantes esas disposiciones, cuyo texto ha sido inspirado por el deseo de disminuir los males de la guerra, en cuanto lo permitan las necesidades militares, están destinadas a servir de regla general de conducta a los beligerantes en sus relaciones entre sí y con las poblaciones".

tiera en una justificación para eludir las reglas en lugar de ser una restricción para los beligerantes, de manera que la eficacia de las normas de La Haya quedó poderosamente socavada[133].

En segundo lugar, las Convenciones de 1899 y 1907 y su Reglamento anexo adolecían de un problema en su ámbito de aplicación objetivo. El cuerpo normativo estaba diseñado para ser aplicado a conflictos armados internacionales, es decir, guerras entre Estados. No se contemplan otras situaciones de violencia armada, como por ejemplo las guerras civiles, que quedaban fuera de su regulación. Por tanto, eran de aplicación en la situación jurídica específicamente definida de "guerra"[134]. A este defecto se añadía la incorporación de la cláusula *si omnes*. En virtud del artículo 2, todas las partes en el conflicto armado debían ser partes en el tratado para poder aplicar su regulación[135].

En tercer lugar, en el ámbito concreto de los bienes culturales, la protección se hizo depender de la condición de que no fueran usados con fines militares[136]. De lo contrario, el atacante quedaría liberado del cumplimiento del deber de respetar en la medida de lo posible esos bienes.

En cuarto y último lugar, también circunscrito al ámbito de los bienes culturales, las Convenciones de La Haya de 1899 y

---

133 La delegación alemana presionó para incluirla en el texto hasta el punto en que una negativa habría hecho peligrar la participación de Alemania en el tratado. FORREST, C.J.S.: "The Doctrine of Military Necessity…", *op. cit.*, p.190; NAHLIK, S.E.: "La protection internationale des biens culturels...", *op. cit.*, p.95; SAN MARTÍN CALVO, M.: *Bienes culturales y conflictos armados, op. cit.*, p.149.

134 NAHLIK, S.E.: "La protection internationale des biens culturels...", *op. cit.*, p.95.

135 Artículo 2 Convención II de La Haya de 1899 y artículo 2 Convención IV de La Haya de 1907.

136 NAHLIK, S.E.: "La protection internationale des biens culturels...", *op. cit.*, p.94.

1907 únicamente lidiaban con normas sobre la conducción de las hostilidades. Por esta razón, no contemplaban la posibilidad de preparar la protección de los bienes culturales en tiempos de paz[137], un hecho que se revelaría sumamente trascendental con posterioridad a la Primera Guerra Mundial.

Aunque no consiguió acabar con los males que pretendía corregir, el nuevo corpus jurídico surgido de las Conferencias de Paz de La Haya de 1899 y 1907, solamente aplicable a los conflictos armados internacionales, fijaba por primera vez en forma vinculante los principios del Código Lieber, la Declaración de Bruselas y el Manual de Oxford[138]. En la actualidad, las disposiciones de ambas convenciones sobre las leyes y costumbres de la guerra, incluidas las referidas a bienes culturales, forman parte del Derecho Internacional consuetudinario[139].

En los Reglamentos de 1899 y 1907, las normas que protegen los bienes culturales se encuentran repartidas en diversos preceptos[140]. La mayoría de Estados aceptaba el hecho de que había ciertos bienes privilegiados, entre los que se contaban los

---

137 VISSCHER, C.: "La Protection Internationale des Objets d'Art ...", *op. cit.*, p.260.

138 TOMAN, J. y SCHINDLER, D.: *The Laws of Armed Conflicts...*, *op. cit.*, p.41; O'KEEFE, R.: *The Protection of Cultural Property in Armed Conflict*, *op. cit.*, p.23.

139 Así lo consideró el TMI de Núremberg en su sentencia contra los jerarcas nazis. También TOMAN, J. y SCHINDLER, D.: *The Laws of Armed Conflicts...*, *op. cit.*, p.55; TOMAN, J.: *The Protection of Cultural Property...*, *op. cit.*, p.13. A este respecto, el análisis del contenido del Reglamento de 1907 se realizará con más profundidad posteriormente. Aquí nos limitaremos a ofrecer algunas pinceladas de las disposiciones más relevantes.

140 El profesor Nahlik considera que las normas relativas a los bienes culturales en los Reglamentos de 1899 y 1907 se circunscriben a tres conjuntos: en primer lugar, las normas que protegen los bienes del enemigo en general; en segundo lugar, las normas que distinguen entre bienes públicos y privados; y, en tercer lugar, las normas que otorgan

bienes culturales, que debían gozar de una protección superior. Sin embargo, esa condición privilegiada no obstaba a que los bienes culturales se beneficiaran de las normas que protegían los bienes en general[141]. A ello se añadía la distinción en el tratamiento conferido a los bienes públicos y a los bienes privados.

El Reglamento (R.IV.H) distinguía entre las dos situaciones en las que podían encontrarse los bienes civiles y los bienes culturales en un conflicto armado: por un lado, el caso del transcurso de las hostilidades (Sección II); y, por otro lado, la situación de ocupación (Sección III).

En el transcurso de las hostilidades, con carácter general los bienes están protegidos en diversos preceptos. El Reglamento partía de la idea de que los beligerantes no tienen libertad total para decidir los medios para dañar al enemigo[142]. El artículo 23.g establecía la prohibición general de la destrucción o la apropiación de los bienes del enemigo a menos que estuviera exigido "imperiosamente por las necesidades de la guerra"[143]. Asimismo, el artículo 25 también prohibía "atacar o bombardear, cualquiera que sea el medio que se emplee, ciudades, aldeas, habitaciones o edificios que no estén defendidos". Esta distinción tradicional entre lugares defendidos y no defendidos, argumenta el profesor De Visscher, fue superada incluso antes de la Primera Guerra Mundial por los avances en la técnica militar, tales como el aumento del alcance de la artillería o la creciente amenaza de la aviación, y por la movilización cada vez mayor de los recursos de

---

una mayor protección a ciertos bienes privilegiados. NAHLIK, S.E.: "La protection internationale des biens culturels...", *op. cit.*, pp.91-94.

141 Ibid., p.93.

142 Artículo 22 R.H.IV, de clara inspiración en la Declaración de Bruselas y el Manual de Oxford.

143 Artículo 23.g R.IV.H. También O'KEEFE, R.: *The Protection of Cultural Property in Armed Conflict, op. cit.*, p.23.

los Estados para la guerra[144]. Así pues, el intento del Reglamento de delimitar el espacio en el que debían producirse las operaciones militares resultó inútil. Además, el inciso "cualquiera que sea el medio" incluiría los bombardeos aéreos, en esas fechas todavía en pleno desarrollo[145]. También se prohíbe el saqueo de una ciudad o localidad, aunque fuera tomada por asalto[146].

Específicamente, los bienes culturales están protegidos en el marco de los combates en el artículo 27[147]. El precepto exigía a la parte atacante tomar las medidas necesarias "en la medida de los posible" para evitar daños a "edificios destinados al culto, a las artes, a las ciencias, a la beneficencia, los monumentos históricos" siempre que no se usaran con fines militares. En comparación con el Reglamento de 1899, la única reforma del artículo 27 en la Segunda Conferencia de La Haya de 1907 fue añadir el concepto de "monumento histórico"[148]. Los juristas de la época coincidían en interpretar que el artículo 27 protegía los bienes enumerados tanto de los bombardeos aéreos como los realizados por medios terrestres[149].

La protección conferida a los bienes inmuebles enumerados no es absoluta. El inciso "en la medida de lo posible" introducía

---

144 VISSCHER, C.: "La Protection Internationale des Objets d'Art ...", *op. cit.*, pp.258-259.

145 O'KEEFE, R.: *The Protection of Cultural Property in Armed Conflict, op. cit.*, p.24.

146 Artículo 28 R.H.IV.

147 El mismo precepto se encuentra en el artículo 5 de la IX Convención de La Haya sobre bombardeo por fuerzas navales, que traslada la protección a los bienes culturales a la guerra marítima.

148 Fue introducido a propuesta de la delegación griega que se inspiró en el artículo 56, en el que ya constaba ese concepto. VISSCHER, C.: "La Protection Internationale des Objets d'Art ...", *op. cit.*, p.259.

149 Para el caso de los bombardeos navales, en la Segunda Conferencia de Paz de La Haya de 1907 se adoptó la IX Convención que regulava específicamente esa cuestión en el art.5. O'KEEFE, R.: *The Protection of Cultural Property in Armed Conflict*, op. cit., p.27.

la excepción de la necesidad militar[150]. Asimismo, la protección se hace depender de la condición de que los bienes protegidos no sean empleados con fines militares. Si bien no se especifica en el Reglamento cuál es el significado de esta expresión, parece que en la época de consideraban como tales el uso de edificios como cuarteles, como oficinas del ejército o puestos de observación para ayudar a apuntar la artillería[151]. Si la parte defensora utiliza un edificio protegido con fines militares, entonces la parte atacante podría atacar o bombardear. De ser así, la protección se perdería con el uso con fines militares[152].

El artículo 27 impone sobre el defensor el deber de señalizar los edificios protegidos y de comunicar al enemigo su ubicación. Para el profesor O'Keefe, esta obligación tendría carácter facultativo en el sentido de que un incumplimiento por parte del defensor no liberaría a la parte contraria de su obligación de evitar daños sobre los bienes protegidos en un ataque o bombardeo cuando conoce la ubicación de éstos[153].

En la Sección III del Reglamento, bajo la rúbrica "De la autoridad militar sobre el territorio de Estado enemigo", se establece el otro juego de normas sobre el comportamiento de los beligerantes. La situación de ocupación se produce cuando un territorio está bajo la autoridad del enemigo, y sólo hasta donde este poder

---

150 FORREST, C.J.S.: "The Doctrine of Military Necessity…", *op. cit.*, p.198; también TOMAN, J.: *The Protection of Cultural Property…*, *op. cit.*, p.10.

151 O'KEEFE, R.: *The Protection of Cultural Property in Armed Conflict*, *op. cit.*, p.25.

152 Forrest lo expresa así: "Further, should the property be used for military purposes, it loses all protection. In such an eventuality, it is not necessary that the destruction of the cultural property be militarily imperative, only that the enemy has used it for its military purpose". FORREST, C.J.S.: "The Doctrine of Military Necessity…", *op. cit.*, p.198.

153 O'KEEFE, R.: *The Protection of Cultural Property in Armed Conflict*, *op. cit.*, pp.29-30.

está establecido y puede ejercerse[154]. En dicho contexto, juega un papel importante la tradicional distinción entre los bienes privados y los bienes públicos[155]. El Reglamento dispone el respeto a la propiedad privada[156], así como prohíbe terminantemente el pillaje[157]. En lo que refiere a los bienes públicos, el ejército ocupante únicamente puede apropiarse de bienes muebles que contribuyan a las operaciones militares enemigas[158], mientras que deberá comportarse como administrador y usufructuario de los bienes inmuebles de propiedad pública[159].

El artículo 56, que cierra el Reglamento, prescribía lo siguiente:

> "Los bienes de las comunidades, los de establecimientos consagrados a los cultos, a la caridad, a la instrucción, a las artes y a las ciencias, aun cuando pertenezcan al Estado, serán tratados como propiedad privada.

---

154 Artículo 42 R.IV.H: "Se considera como ocupado un territorio cuando se encuentra colocado de hecho bajo la autoridad del ejército enemigo. La ocupación no se extiende sino a los territorios donde esa autoridad esté establecida y en condiciones de ejercerse."

155 NAHLIK, S.E.: "La protection internationale des biens culturels...", *op. cit.*, p.93.

156 Artículo 46 R.IV.H: "El honor y los derechos de la familia, la vida de los individuos y la propiedad privada, así como las creencias religiosas y la práctica de los cultos, deben ser respetados".

157 Artículo 47 R.IV.H: "El pillaje está formalmente prohibido".

158 Artículo 53 R.IV.H: "El ejército que ocupe un territorio no podrá apoderarse sino del numerario, fondos, obligaciones por cobrar que pertenezcan al Estado, depósitos de armas, medios de transporte, almacenes y provisiones, y en general toda propiedad mueble del Estado que pueda servir para operaciones militares".

159 Artículo 55 R.IV.H: "El Estado ocupante no debe considerarse sino como administrador y usufructuario de los edificios públicos, inmuebles, bosques y explotaciones agrícolas que pertenezcan al Estado enemigo y se encuentren en el país ocupado. Deberá defender el capital de esas empresas y administrar conforme a las reglas del usufructo."

> Se prohíbe y debe perseguirse toda ocupación, destrucción, deterioro intencional de tales edificios, de monumentos históricos y de obras artísticas y científicas."

El precepto enumera una serie de bienes, tanto muebles como inmuebles, que deben ser respetados con independencia de su propietario, sea este público o privado. A diferencia del artículo 27, que opera en el transcurso de las hostilidades, el artículo 56 no contempla la cláusula de la necesidad militar. La protección de los bienes culturales en situación de ocupación, por tanto, es absoluta[160]. En el segundo inciso del artículo 56 se consagra la responsabilidad individual por la destrucción de bienes culturales. La apropiación, la destrucción y el daño intencional a los edificios protegidos, los monumentos y las obras de arte quedan prohibidos. La infracción de esta norma conlleva el sometimiento de los responsables a procedimientos legales en las jurisdicciones estatales. Años antes, la delegación italiana había propuesto la incorporación de las sanciones penales contra las personas en la Declaración de Bruselas de 1874 y se mantuvo en las Conferencias de La Haya de 1899 y 1907[161]. Sin

---

160 Craig S. Forrest considera que, en caso de ocupación, los bienes culturales enemigos ya no supondrían un obstáculo para las operaciones militares, de manera que no podría concurrir una necesidad militar. FORREST, C.J.S.: "The Doctrine of Military Necessity…", *op. cit.*, p.199 En el mismo sentido: TOMAN, J.: *The Protection of Cultural Property…*, *op. cit.*, p.11. Por el contrario, Roger O'keefe sugiere que, aunque el artículo 56 R.IV.H no contempla la derogación, el precepto no prohibiría la destrucción por razones de necesidad militar imperativa mientras el bien objeto de controversia no tuviera que ver con las hostilidades. Si tuviera que ver con ellas, entonces operaría la regla general del art.23.g, que tolera la destrucción siempre que concurra una necesidad militar imperativa. O'KEEFE, R.: *The Protection of Cultural Property in Armed Conflict*, *op. cit.*, pp.31-32.

161 NAHLIK, S.E.: "La protection internationale des biens culturels...", *op. cit.*, p.96. Por su parte, Roger O'keefe sugiere que el artículo 56 no especifica si, a parte de los procedimientos penales, cabría pensar

embargo, no se establecieron las modalidades de esa responsabilidad individual[162].

3. EL IMPACTO DE LA PRIMERA GUERRA MUNDIAL EN LOS BIENES CULTURALES

3.1. La destrucción de monumentos históricos y edificios protegidos durante la Primera Guerra Mundial

La Primera Guerra Mundial estalló en 1914, precipitada por los acontecimientos que sucedieron al asesinato del archiduque Francisco Fernando de Austria en Sarajevo. Los ejércitos alemanes invadieron Bélgica, Luxemburgo y Francia en agosto de 1914 con la intención de ocupar París en pocas semanas y obtener la rendición de los franceses[163]. Sin embargo, el avance alemán fue detenido por el contraataque franco-británico en septiembre de 1914. A partir de entonces, el frente occidental se estabilizaría ocupando una línea de 720 kilómetros entre la ciudad belga de Ostende y Suiza en la que se cavarían las trincheras en las que

---

que los responsables podrían ser sometidos a otro tipo de procedimientos. TOMAN, J.: *The Protection of Cultural Property*..., *op. cit.*, p.31.

162 NAHLIK, S.E.: "La protection internationale des biens culturels...", *op. cit.*, p.96.

163 De acuerdo al Plan Schlieffen, Alemania pretendía una victoria rápida en el frente occidental lanzando un ataque masivo por el norte de Francia, mientras se contenía a los franceses en las regiones de Alsacia y Lorena. El objetivo era derrotarlos antes de que la movilización de las tropas rusas fuera completa y así poder unirse a sus aliados austrohúngaros en el frente este. HORNE, J. y KRAMER, A.: *German Atrocities, 1914: a History of Denial,* Yale University Press, New Haven y Londres, 2001, p.9.

ambos bandos se enfrentarían en una guerra de desgaste[164]. En los siguientes años de guerra, las matanzas de civiles, el pillaje y la destrucción generalizada de bienes, incluidos monumentos históricos y otros edificios protegidos, fueron frecuentes, aunque se produjeron en mayor número durante los meses de la invasión en 1914 y en la fase final de la guerra, con la retirada progresiva alemana a partir de 1917.

Las Reglas de La Haya no cumplieron con su objetivo de regular la conducta de los beligerantes. El ilustre politólogo James W. Garner identificó en 1920 algunas de las razones que explicaban ese fracaso:

> "In the first place, the war demonstrated in a striking manner that many of the rules which had been agreed upon by the body of States for the conduct of war were inadequate, illogical, or inapplicable to the somewhat peculiar and novel conditions under which they had to be applied during the late war. In the second place, the war brought out the fact that the existing rules did not by any means cover the whole field; that they were wholly silent in regard to the employment of various agencies and instrumentalities for waging war, and that they did not deal at all with certain conditions and circumstances which were unforeseen at the time the rules were formulated."[165]

La guerra en la que se sumergieron las potencias "civilizadas" de Europa se prefiguró no simplemente como un enfrentamiento entre ejércitos, sino entre las naciones en sí mismas y lo que representaban. En la guerra entre países industrializados, el tejido productivo, las infraestructuras y las líneas de comunicaciones cobraban una importancia capital ya que apuntalaban la capacidad bélica del enemigo, por lo que su supresión reducía

---

164 KRAMER, A.: *Dynamic of Destruction: Culture and Mass Killing in the First World War*, Oxford University Press, Nueva York, 2007, pp.36-37.

165 GARNER, J.W.: *International Law and the World War. Contributions to international law and diplomacy*, Longmans, Green & Co., Vol.2, Londres, 1920, p.452.

la capacidad de proseguir con las hostilidades[166]. Por esta razón, las fábricas de armamentos y suministros, los talleres y líneas de producción, las vías ferroviarias y las estaciones de comunicaciones se convirtieron en objetivos de primer orden.

El desarrollo tecnológico del momento supuso la aparición de nuevos medios y métodos de hacer la guerra. Esta situación provocó una fuerte tensión entre el derecho recogido en el Reglamento de La Haya de 1907 y la práctica bélica. La producción y el empleo de gases tóxicos en el campo de batalla, que tan gran impacto causó en los contendientes, revelaba las deficiencias de las normas sobre la limitación de medios de dañar al enemigo[167]. El uso de artillería de largo alcance, con una alta potencia destructiva y una precisión limitada, complicaba el respeto a la norma del artículo 27, relativa a los bombardeos[168]. La incipiente aviación militar, una nueva amenaza con mucho potencial por desarrollar, ponía en tela de juicio la prohibición del artículo 25 sobre el bombardeo de ciudades no defendidas[169].

---

166 O'KEEFE, R.: *The Protection of Cultural Property in Armed Conflict, op. cit.*, pp.36-37.

167 GARNER, J.W.: *International Law and the World War... op. cit.*, vol.2, p.462.

168 Por ejemplo, en marzo de 1918, los alemanes emplearon un cañón de largo alcance, denominado el Cañón de París, cuyo alcance superaba los cien kilómetros de distancia, que destruyó la iglesia de Saint Gervais en París y murieron casi un centenar de civiles. O'KEEFE, R.: *The Protection of Cultural Property in Armed Conflict, op. cit.*, p.37.

169 La guerra aérea todavía era un campo inexplorado a principios del siglo XX, de manera que pronto surgieron interrogantes sobre la aplicación de las normas, pensadas para la guerra terrestre y marítima. El artículo 25 de las Reglas Haya cubría los bombardeos aéreos a través de la expresión "por cualquier medio", tal y como se ha visto en apartados anteriores. El debate, que se planteó respecto de Londres incluso antes de la Primera Guerra Mundial, residía en la determinación de la condición de "defendida" de una ciudad o pueblo. Si se consideraba que una ciudad estaba defendida por el hecho de poseer barracones con tropas acuarteladas, edificios y suministros militares

Ambos bandos los utilizaron para bombardear centros urbanos e industriales, muchas veces alejados de la zona de las hostilidades[170]. Con estas tecnologías, la distinción tradicional entre la línea del frente y la retaguardia se difuminaba, inutilizando gran parte de las Reglas de La Haya pensadas para esas situaciones. Los monumentos históricos, edificios de culto y otros bienes protegidos fueron destruidos por centenares, tanto en primera línea de batalla como en las zonas ocupadas por los ejércitos de los imperios centrales. En la mayoría de las ocasiones, esos actos de hostilidad trataron de enmascararse con alegaciones mal intencionadas de la necesidad militar o de las represalias por parte de los imperios alemán y austrohúngaro[171].

---

y capacidad para ofrecer resistencia, con independencia de su cercanía al frente, entonces podía constituir un objetivo legítimo. Por el contrario, la mera presencia de tropas o fortificaciones no implicaba necesariamente que estuviera defendida en sentido real. Un magnífico análisis de los problemas jurídicos suscitados por la Primera Guerra Mundial en torno a la cuestión de la guerra aérea y los debates surgidos al respecto se encuentra en: GARNER, J.W.: *International Law and the World War. Contributions to international law and diplomacy,* Longmans, Green & Co., Vol. 1, Londres, 1920, capítulo XIX, pp.458-496.

170 Los alemanes justificaron sus ataques en base a la existencia de tropas o infraestructuras de interés militar o de importancia (por ejemplo, estaciones de telecomunicaciones o ferroviarias). Asimismo, invocaron con frecuencia la excusa de las represalias, incluso hasta provocar situaciones paradójicas como tratar de justificar algunos ataques aéreos a título de represalia contra Reino Unido o Francia porque estas potencias habían bombardeado previamente ciudades belgas, francesas, rusas y serbias ocupadas por los alemanes. A partir de 1916, las potencias aliadas también respondieron con ataques aéreos sobre ciudades no defendidas alemanas a título de represalias. GARNER, J.W.: *International Law and the World War... op. cit.*, vol.1, pp.487-492.

171 Nahlik señala que la doctrina alemana alegaba en que estaba permitido a título de represalia suspender la aplicación de cualquier norma del Derecho Internacional y destruir cualquier bien del enemigo, incluidos los monumentos históricos y otros bienes protegidos. Pero esta

Durante la invasión alemana de Francia y Bélgica en verano de 1914, los alemanes atacaron deliberadamente monumentos históricos de importancia. La destrucción de Lovaina, en Bélgica, es uno de los ejemplos más famosos. La ciudad poseía un rico patrimonio gótico, con edificios emblemáticos como el Ayuntamiento, la Catedral de San Pedro o la Biblioteca de la Universidad[172]. El ejército alemán incendió deliberadamente el edificio histórico de la biblioteca de Lovaina, con lo que las colecciones y fondos bibliográficos y archivísticos que había en su interior fueron destruidos[173]. Otras partes del núcleo urbano

---

interpretación no era compartida por ningún otro Estado. NAHLIK, S.E.: "La protection internationale des biens culturels...", *op. cit.*, p.99.

172 La Universidad de Lovaina, fundada en 1425, había sido un potente centro intelectual de la región flamenca y, en ese momento, una de las universidades europeas más prestigiosas. Su biblioteca contenía objetos de gran valor histórico-artístico, así como manuscritos medievales, libros antiguos y otros documentos valiosos en sus archivos. La biblioteca contaba con 300.000 volúmenes, muchos de ellos de ediciones antiguas, aproximadamente 500 manuscritos y varias miniaturas y obras de arte. Entre sus piezas más destacadas estaban las crónicas de los duques de Brabante, un manuscrito original de Tomás de Kempis, libros ilustrados de oraciones, encuadernaciones flamencas de los siglos XVI y XVII y ediciones de las obras de Horacio, Ovidio, Cicerón y otros autores clásicos. Más allá del fondo bibliográfico y documental, el edificio también contenía colecciones de pinturas y retratos y en sí mismo tenía interés arquitectónico. GARNER, J.W.: *International Law and the World War…*, *op. cit.*, vol.1, pp.437-438, incluidas notas a pie de página.

173 Los historiadores Horne y Kramer, que han estudiado el fenómeno de las atrocidades cometidas por los alemanes en la Primera Guerra Mundial, sugieren que el inicio de la destrucción de Lovaina no fue premeditado, sino obra del pánico en las filas alemanas, que creyeron ser víctimas de un levantamiento popular armado que jamás existió. El ejército alemán reaccionó asesinando a decenas de civiles y destruyendo intencionalmente parte del núcleo urbano. HORNE, J. y KRAMER, A.: *German Atrocities, 1914…*, *op. cit.*, p.41. Para un relato más completo de los acontecimientos véase: KRAMER, A.: *Dynamic of Destruction...*, *op. cit.*, pp.6-19.

también fueron pasto de las llamas[174]. Asimismo, la ciudad fue arrojada al pillaje[175].

Las protestas internacionales ante lo ocurrido en Lovaina no se hicieron esperar[176]. Alemania se defendió acusando a la población civil de disparar a los soldados en un acto de hostilidad ilegítimo por el que se vieron en la necesidad de reaccionar drásticamente para aplastar el ataque y evitar que se repitiera[177]. Según su versión, la destrucción de edificios, incluidos los monumentos históricos, se debía a que supuestamente allí se parapetaron los tiradores belgas. La conducta alemana era una flagrante violación de las leyes y costumbres de la guerra.

La devastación de Lovaina no fue un hecho aislado[178]. Otro caso destacado de destrucción deliberada fue el bombardeo de la cate-

---

174 Unos 2.000 edificios fueron quemados hasta el 28 de agosto. El edificio del ayuntamiento, de estilo gótico, se salvó porque funcionaba como cuartel general de los alemanes. HORNE, J. y KRAMER, A.: *German Atrocities, 1914…, op. cit.*, pp.39-40.

175 KRAMER, A.: *Dynamic of Destruction..., op. cit.*, p.12.

176 El primer ministro británico calificó la destrucción de Lovaina como "the greatest crime committed against civilization and culture since the Thirty Years' war - a shameless holocaust of irreparable treasures lit up by blind barbarian vengeance". El sentimiento de horror y rechazo era generalizado entre las potencias. Citado en GARNER, J.W.: *International Law and the World War… op. cit.*, vol.1, p.439.

177 Aún cuando la población civil de Lovaina hubiera atacado a los alemanes, ni la excepción de la necesidad militar ni las represalias podían justificar la destrucción de una ciudad, incluidos sus monumentos históricos, como medida para reprimir esos actos. Ibid., pp.440-441.

178 Casi al mismo tiempo que la destrucción de Lovaina, en la localidad de Dinant, también en Bélgica, los alemanes masacraron a sus habitantes, saquearon e incendiaron partes de la ciudad, arrasaron los edificios públicos y quemaron los archivos. HORNE, J. y KRAMER, A.: *German Atrocities, 1914…, op. cit.*, pp.51-52. A lo largo de la invasión alemana de Bélgica y Francia, la destrucción de edificios fue sistemática, ora mediante incendios, ora a causa del fuego de artillería. Los autores Horne

dral gótica de Reims en septiembre de 1914. Desde entonces sería bombardeada con frecuencia durante los siguientes tres años[179]. El templo había sido el lugar de coronación de los reyes de Francia, por lo que tenía un fuerte valor simbólico para la identidad nacional francesa[180]. También resultó destruido el ayuntamiento, un edificio histórico del siglo XVII que ardió, junto con los retablos, pintura y otros objetos artísticos en su interior, debido a los incendios producidos por los bombardeos[181]. La catedral de Reims fue intensamente bombardeada por los alemanes bajo el pretexto de que los franceses habían situado un puesto de observación de artillería en sus torres. Además, para justificar el ataque a las inmediaciones de la catedral, adujeron que los franceses habían situado las baterías artilleras delante y en los alrededores[182]. Los franceses negaron rotundamente el uso con fines militares de la catedral y denunciaron internacionalmente los hechos[183]. El artí-

---

y Kramer señalan que entre los meses de agosto y octubre de 1914 los alemanes destruyeron entre 15.000 y 20.000 edificios. Ibid., p.76.

179 En 1918, la catedral era un montón de escombros. Solo seguían en pie los pilares y parte de la fachada occidental. GARNER, J.W.: *International Law and the World War... op. cit.*, vol.1, p.442.

180 HORNE, J. y KRAMER, A.: *German Atrocities, 1914..., op. cit.*, p.219.

181 GARNER, J.W.: *International Law and the World War... op. cit.*, vol.1, pp.441-442.

182 Ibid., pp.442-443.

183 El ministro de exteriores francés envió una nota a los países neutrales en la que exponía el rechazo a los actos perpetrados por los alemanes, los calificaba de bárbaros y recalcaba que con ellos se había robado a la humanidad "an incomparable portion of artistic patrimony" Citado en GARNER, J.W.: *International Law and the World War... op. cit.*, vol.1, p.442.Tanto las potencias aliadas como las neutrales coincidieron en su opinión negativa respecto a la conducta alemana, cuya imagen internacional quedó severamente dañada. Para los aliados, el caso de Reims, junto con el de Lovaina y otros parecidos, representaba una prueba de la regresión al barbarismo. HORNE, J. y KRAMER, A.: *German Atrocities, 1914..., op. cit.*, pp.217-218.

culo 27 del Reglamento de La Haya permitía el bombardeo de un bien protegido si este era usado con fines militares. De ser cierto el argumento alemán, entonces cabría pensar que el ataque a la catedral de Reims podría ser legítimo siempre que se limitara destruir el puesto de observación. Ambos bandos usaron, en alguna ocasión, las torres y campanarios para tales fines[184]. Ahora bien, resulta dudoso que los franceses expusieran innecesariamente a la destrucción un símbolo de su identidad nacional tan preciado como la catedral de Reims para convertirlo en un puesto de observación, máxime cuando contaban con otros medios para realizar las mismas funciones sin tantos riesgos, como el empleo de globos aerostáticos para tareas de vigilancia y observación[185].

La escena se repitió en múltiples ciudades y pueblos, que vieron sus principales catedrales y monumentos históricos reducidos a polvo. La necesidad militar era invocada por los alemanes en cada ocasión que se producía un bombardeo contra edificios protegidos. En Bélgica, en la ciudad de Ypres, el ejército alemán arrasó en octubre de 1914 la Lonja de los Paños, obra majestuosa de la arquitectura gótica medieval. Los alemanes adujeron, como de costumbre, que la torre se empleaba como puesto de observación para bombardearla. Sin embargo, no solo destruyeron por completo la Lonja, sino también los edificios históricos de los alrededores[186]. No concurría aquí ninguna necesidad militar. Tampoco en el caso de Malinas, donde bombardearon la catedral

---

184 O'KEEFE, R.: *The Protection of Cultural Property in Armed Conflict, op. cit.*, p.37.

185 Además, si realmente era un puesto de observación, habría bastado con destruir las torres una vez, en lugar de bombardear la catedral a lo largo de los tres años siguientes, lo cual constituía una violación de las leyes de la guerra. GARNER, J.W.: *International Law and the World War... op. cit.*, vol.1, pp.444-445.

186 A parte de la Lonja, los bombardeos destruyeron la iglesia de San Martín, del siglo XIII, el museo, la biblioteca y el ayuntamiento, del siglo XVI, con todas sus colecciones de pinturas. Al parecer no había en la ciudad tropas de ninguna de las potencias aliadas. Ibid., p.448.

gótica de San Rumoldo, cuya impresionante torre y campanario de principios del siglo XIV fue destruida, y los edificios de la iglesia de San Pedro, el ayuntamiento, el museo y la universidad fueron dañados seriamente[187]. En Amberes, la catedral fue bombardeada bajo el mismo pretexto[188]. En las localidades francesas de Arras, Soissons, Amiens o Lille, diversos edificios históricos fueron destruidos, gravemente dañados o se perdieron sus colecciones artísticas y archivos[189]. La destrucción se acentuó en los meses de la retirada alemana a causa de la política de tierra quemada que practicaron[190]. El castillo de Coucy, de época medieval, fue demolido en primavera de 1917 por orden del mando alemán sin aparente causa militar. La villa de Péronne fue incendiada y saqueada, y los edificios que permanecían en pie fueron derruidos, incluyendo la catedral y el ayuntamiento histórico[191]. Los edificios emblemáticos de Saint Quentin, Visé, Namur, Lierre, Nieuwpoort y otras ciudades ocupadas por los alemanes a lo largo de la contienda corrieron un destino similar[192].

En Italia, los edificios históricos y obras de arte también sufrieron ataques y saqueos, principalmente a manos de los austríacos. Los bombardeos aéreos sobre Venecia infligieron graves desperfectos en diversas iglesias, así como daños en otros edificios históricos menos relevantes y en los objetos artísticos –pin-

---

187 En la fecha del bombardeo, en Malinas no había presencia de tropas aliadas, de manera que se consideraría una ciudad no defendida en el sentido del artículo 25 de las Reglas de la Haya. Los alemanes insistieron en que la torre de la catedral se empleaba como puesto de observación. Ibid., p.446.

188 Ibid., p.447.

189 Ibid., pp.447-448.

190 KRAMER, ALAN: *Dynamic of Destruction…*, *op. cit.*, p.49.

191 GARNER, J.W.: *International Law and the World War…*, *op. cit.*, vol.1, p.449.

192 Ibid., pp.449-451.

turas, retablos, frescos, etc.– que guardaban en su interior[193]. En 1915, los austríacos se defendieron de las acusaciones de bombardear los monumentos históricos de Venecia, que era una ciudad no defendida, diciendo que eran en represalia por los ataques italianos sobre la ciudad de Trieste[194]. A parte de Venecia, otras ciudades italianas como Padua, Ancona o Rávena fueron bombardeadas por los aviones austríacos, causando daños de diversa gravedad[195].

3.2. La Comisión de Responsabilidades de 1919 y los Tratados de Paz

Pocas semanas después del final de la Primera Guerra Mundial, las potencias vencedoras se reunieron en París para establecer los términos de la paz. En enero de 1919, la Conferencia Preliminar de Paz creó la Comisión de Responsabilidades, formada por quince miembros[196]. El objetivo de la Comisión era investigar y determinar las responsabilidades de los autores de las atrocidades cometidas entre 1914 y 1918, incluido el inicio de la contienda bélica, y proponer una solución para enjuiciarlos[197].

---

193 Por ejemplo, la Iglesia de los Scalzi, la basílica de San Juan y San Pablo, en la que están enterrados los Dogos de Venecia, la Iglesia de San Pedro en Castello, o la Iglesia de Santa María Formosa. Ibid., p.451.

194 Ibid., p.462.

195 Ibid., p.452.

196 Las principales potencias –Reino Unido, Francia, Estados Unidos, Italia y Japón– contaban una representación mayor, con dos delegados cada una, mientras que Bélgica, Grecia, Polonia, Rumania y Serbia se repartieron cinco delegados. UNWCC: *History of the United Nations War Crimes Commission and the Development of the Laws of War*, 1948, p.32. Disponible en: https://unwcc.org/unwcc-publications/ (Consulta: 6 de marzo de 2024).

197 Su mandato se estructuraba en cuatro objetivos principales. En primer lugar, debía determinar la responsabilidad de los autores de la guerra; en segundo lugar, documentar los hechos y las violaciones

Los resultados de sus investigaciones, presentados en marzo de 1919, corroboraron que Alemania y sus aliados cometieron innumerables violaciones de las leyes y costumbres de la guerra. Entre otras:

> "Murders and massacres, tortures, shields formed of living human beings, collective penalties, the arrest and execution of hostages, the requisitioning of services for military purposes, the arbitrary destruction of public and private property, the aerial bombardment of open towns without there being any regular siege, the destruction of merchant ships without previous visit and without any precautions for the safety of passengers and crew, the massacre of prisoners, attacks on hospital ships, the poisoning of springs and of wells, outrages and profanations without regard for religion or the honour of individuals, the issue of counterfeit money, the methodical and deliberate destruction of industries with no other object than to promote German economic supremacy after the war, consitute the most striking examples of such violations, as recorded by the Commission."[198]

---

cometidas por los alemanes y sus aliados entre 1914 y 1918; en tercer lugar, analizar el grado de responsabilidad de los individuos implicados, con independencia de su posición o rango; y, en cuarto lugar, proponer una solución para enjuiciar los crímenes cometidos. La Comisión podía tener en cuenta cualquier otra cuestión que tuviera relación con los cuatro objetivos y pudiera tener interés o trascendencia. Para dar cumplimiento a su mandato, la Comisión organizó su trabajo en tres subcomisiones. La Subcomisión I tenía el encargo de descubrir y recolectar las pruebas necesarias para establecer los hechos que provocaron la guerra y los que ocurrieron durante las hostilidades. La Subcomisión II se encargó de examinar, sobre la base de los hechos que originaron la contienda, si podían entablarse acciones judiciales contra los presuntos responsables y el tribunal ante el que debían ser enjuiciados. Por su parte, la Subcomisión III debía determinar la posibilidad de perseguir judicialmente a los responsables de las violaciones de las leyes y costumbres de la guerra a la luz de las conductas realizadas en el transcurso de las hostilidades y ante qué tribunal debía procederse. Ibid., pp.32-34.

198 Ibid., p.34.

Ante semejantes conductas criminales, la Comisión elaboró una lista de treinta y dos violaciones que constituían crímenes de guerra[199]. La Comisión criminalizó, entre otras, la devastación y la destrucción injustificada de propiedades, que correspondería a una violación del artículo 23.g del R.IV.H; el bombardeo deliberado de lugares no defendidos, tal y como se contemplaba en el artículo 25 del R.IV.H; o la "wanton destruction of religious charitable, educational and historic buildings and monuments", que se refería a la violación de los artículos 27 y 56 del R.IV.H. También el pillaje y la confiscación de bienes se consideraron como actos criminales. La mayoría de las violaciones de las leyes y costumbres de la guerra cometidas por Alemania y sus aliados pertenecerían a la categoría jurídica de los crímenes de guerra. Sin embargo, las potencias aliadas detectaron que algunas atrocidades cometidas por los imperios centrales habían sido cometidas en sus territorios y contra sus propios nacionales, lo cual las situaba en otra esfera distinta, más cercana a las "violaciones de las leyes de la humanidad" o "crímenes contra la humanidad y la civilización" en una formulación de significado todavía impreciso[200].

A la luz de sus investigaciones, la Comisión concluyó que Alemania y sus aliados habían practicado la guerra de forma

---

199 La lista puede verse *in integrum* en Ibid., p.34-35. El proceso de elaboración de la lista, explica Yves Sandoz, estuvo guiado más por la constatación de los hechos, a los que se atribuyó una etiqueta jurídica, que por un análisis jurídico de la doctrina y la práctica estatal. SANDOZ, Y.: "The History of Grave Breaches Regime", *Journal of International Criminal Justice*, Vol.7, nº4, 2009, pp.668-669.

200 Francia, Reino Unido y Rusia advirtieron al Imperio Otomano en 1915 de que las masacres de los armenios constituían "crímenes contra la humanidad y la civilización" y los responsables serían perseguidos penalmente. UNWCC: *History of the United Nations War Crimes Commission…*, *op. cit.*, p.35. En efecto se trató de enjuiciar algunos presuntos criminales tras la derrota otomana en lo que se han denominado los juicios de Estambul. Vid. infra capítulo III, apartado 1.2.

brutal y salvaje, empleando métodos ilegales y en violación de las leyes y costumbres de la guerra y las leyes de la humanidad[201]. Por ello recomendaba que:

> "all persons belonging to enemy countries, however high their position may have been, without distinction of rank, including chiefs of States, who have been guilty of offences against the laws and customs of war or the laws of humanity, are liable to criminal prosecution."[202]

La Comisión propuso la creación de un tribunal internacional para juzgar ciertas categorías de crímenes, más allá de las jurisdicciones nacionales[203]. Sugirió, también, incluir una serie de cláusulas en los tratados de paz en aras de asegurar la rendición de cuentas[204]. Parte de sus propuestas fueron incorporadas a los tratados de Versalles, Saint Germain, Trianon, Neully-sur-Seine y Sèvres.

Los términos de la paz quedaron establecidos en estos tratados firmados entre 1919 y 1920 por los Aliados con cada una de las potencias vencidas. Los imperios centrales fueron desmembrados y de su descomposición nacieron nuevos Estados. Los vencidos fueron responsabilizados por haber comenzado la guerra y por sus dramáticas consecuencias, por lo que fueron obligados a pagar severas reparaciones[205]. En este sentido, la cuestión de la restitución de los objetos artísticos se desarrolló ampliamente como forma de reparación.

---

201 Ibid., p.36.

202 Ibid., p.38.

203 Ibid., pp.39-40.

204 Entre las recomendaciones destacan: asegurar que los Aliados pudieran juzgar y condenar a los responsables de las violaciones de las leyes y costumbres de la guerra; la aceptación por parte de los vencidos de la jurisdicción de un nuevo tribunal internacional; la detención y entrega de los presuntos responsables; y la obligación de cooperar en materia penal. Ibid., p.41-43.

205 La atribución de todas las pérdidas y daños causados por la guerra se estableció en los siguientes artículos de los tratados: artículo 231 del

Los tratados de paz posteriores a la Primera Guerra Mundial contribuyeron a la consolidación del principio de unidad del patrimonio histórico-artístico de un país mediante la puesta en práctica del principio de restitución de objetos artísticos a sus lugares de origen[206]. Por lo general, las cláusulas de los tratados disponían el retorno de archivos, trofeos, objetos arqueológicos o de interés histórico o artístico y objetos de cualquier naturaleza sustraídos durante el transcurso de la guerra[207]. Los tratados de Versalles y Saint-Germain, firmados con Alemania y Austria respectivamente, introdujeron una serie de "disposiciones especiales" que afectaban directamente a los objetos culturales. Es en esta cláusula que el desarrollo de este principio de restitución tomó formas innovadoras.

En primer lugar, las potencias vencedoras no sólo exigieron la devolución de las piezas artísticas e históricas sustraídas durante el transcurso del conflicto armado, sino que reclamaron otras obras

---

Tratado de Versalles, artículo 177 del Tratado de Saint-Germain, artículo 161 del Tratado de Trianon y artículo 121 del Tratado de Neully.

206 NAHLIK, S.E.: "La protection internationale des biens culturels...", *op. cit.,* pp.99-101; VISSCHER, C.: "La Protection Internationale des Objets d'Art ...", *op. cit.,* p.270.

207 Tratado de Versalles, firmado con Alemania, 1919, artículo 238; Tratado de Saint-Germain-en-Laye, firmado con Austria, 1919, artículo 184; Tratado de Neuilly-sur-Seine, firmado con Bulgaria, 1919, artículo 126; Tratado de Trianon, firmado con Hungría, 1920, artículo 168; Tratado de Sèvres, firmado con Turquía, 1920, artículo 420. Un análisis pormenorizado de las cláusulas de restitución de obras de arte en los tratados posteriores a la Primera Guerra Mundial, particularmente en los tratados de Versalles y Saint-Germain, puede leerse en VISSCHER, C.: "La Protection Internationale des Objets d'Art ...", *op. cit.,* pp.270 y ss. También resulta interesante mencionar el tratado de Riga de 1921, firmado entre Polonia y Rusia, en el que se estableció la restitución íntegra de los bienes culturales polacos desde la partición de Polonia en enero de 1772 por parte del gobierno revolucionario de los bolcheviques. NAHLIK, S.E.: "La protection internationale des biens culturels...", *op. cit.,* p.102.

de arte alienadas con anterioridad a la propia guerra. En virtud del artículo 245 del Tratado de Versalles, Alemania debía devolver "the trophies, archives, historical souvenirs or works of art carried away from France by the German authorities in the course of the war of 1870-1871 and during this last war". Por su parte, el tratado de Saint-Germain obligaba a Austria a devolver los archivos y obras de arte sustraídas a los territorios ocupados, así como a entregar los objetos de esa misma naturaleza a los nuevos Estados nacidos del desmembramiento del imperio austro-húngaro[208]. En el caso de Austria, las reclamaciones se remontaron incluso hasta obras de arte removidas en el siglo XVIII por la monarquía de los Habsburgo en Bélgica, Italia, Polonia y Checoslovaquia[209].

En segundo lugar, y relacionado con lo anterior, los tratados establecieron el retorno de ciertos objetos artísticos a los lugares a los que tradicionalmente estaban vinculados y que en algún momento histórico fueron removidos. El artículo 246 del Tratado de Versalles ordenaba a Alemania a devolver al rey de Hiyaz el Corán del califa Utmán, un documento histórico que fue removido de la ciudad de Medina por las autoridades otomanas y regalado al káiser Guillermo II. Según el mismo artículo, los británicos exigían el retorno de la calavera del sultán Mkwawa a su lugar de origen, esto es, la hasta ese entonces colonia de África Oriental Alemana –que hoy correspondería a la actual Tanzania–. A su vez, Bélgica recuperó dos grandes obras de arte en virtud del artículo 247: por un lado, los paneles del tríptico de la *Adoración del Cordero Místico,* pintados en el siglo XV por los hermanos Van Eyck[210]; y, por otro lado, se reclamaron los pa-

---

208 Arts.191 a 196 del Tratado de Saint-Germain.

209 Véanse los artículos 191 a 196 junto con los anexos I a IV de la Sección II, Parte VIII, del tratado de Saint-Germain estipulan los términos de las reclamaciones.

210 Habían pertenecido a la iglesia de San Bavón de Gante. En 1816, los retablos fueron vendidos a un marchante de arte bruselense por 3.000 florines. Luego, fueron adquiridos por un amateur en Aquisgrán y, final-

neles del tríptico de *La última cena*, obra del siglo XV del pintor Dierick Bouts[211]. Tales restituciones descansaban sobre la idea de recomponer y respetar la unidad del patrimonio histórico-artístico de un territorio con el que el bien restituido guardaba un fuerte vínculo histórico o funcional concreto[212].

Esta misma idea inspiró las reclamaciones derivadas del Tratado de Saint-Germain que belgas, italianos, checos y polacos plantearon contra Austria[213]. Pretendían el retorno de documentos históricos, tesoros y obras de arte que la fenecida monarquía de los Habsburgo había enviado a Austria en algún momento histórico. Sin embargo, el mantenimiento de la unidad de las colecciones artísticas e históricas de los Habsburgo se alzó como un argumento clave para rechazar la mayoría de las peticiones[214]. Solamente Italia, mediante acuerdo con Austria, logró satisfacer parte de sus pretensiones[215]. Por su parte, Hungría, amparada en el artículo 177 del Tratado de Trianon, negoció con Austria durante doce años el retorno de su parte de las colecciones pertenecientes a la Corona austrohúngara en tanto que había constituido la otra parte fundamental en la monarquía dual de los Habsburgo. Austria devolvió un número limitado de piezas, a parte de las que por su origen o su carácter eran propiamente

---

mente, en 1821 fueron comprados por el rey de Prusia Federico Guillermo III. En 1919 se encontraban en el Museo de Berlín. Vissc VISSCHER, C.: "La Protection Internationale des Objets d'Art …", *op. cit.*, p.273.

211 Los paneles habían pertenecido a la iglesia de San Pedro en Lovaina y al acabar la Primera Guerra Mundial se encontraban repartidos entre el Museo de Berlín y la Pinacoteca de Múnich. Ibid., p.273.

212 Ibid., pp.272-273.

213 El análisis detallado de las reclamaciones realizadas por los diferentes países contra Austria puede leerse en Ibid., pp.276-282.

214 NAHLIK, S.E.: "La protection internationale des biens culturels...", *op. cit.*, p.101.

215 Ibid., p.101.

húngaras[216]. En definitiva, primó el interés en mantener la unidad de las colecciones artísticas e históricas frente a su dispersión.

En tercer lugar, el Tratado de Versalles impuso la restitución por sustitución. En virtud del artículo 247, Alemania debía proveer a la Universidad de Lovaina "manuscripts, incunabula, printed books, maps and objects of collection corresponding in number and value to those destroyed in the burning by Germany of the Library of Louvain". Aunque no hubo una cláusula parecida en los demás tratados, esta constituyó un precedente de gran importancia[217].

Por tanto, los tratados de paz posteriores a la Primera Guerra Mundial establecieron la restitución de objetos histórico-artísticos como fórmula de reparación. Sin embargo, adoptó formas nuevas. Las reclamaciones no se circunscribieron únicamente al período de la guerra, sino que retrocedían en el tiempo y permitían la reclamación de piezas sustraídas con anterioridad. Incluso se instauró, aunque sólo para el caso de la quema de la biblioteca de Lovaina, la restitución por sustitución. En última instancia, el interés de las potencias aliadas residió en restablecer la unidad de los patrimonios histórico-artísticos de los países.

Las enormes pérdidas humanas y materiales no sólo se plantearon desde la perspectiva de la reparación material. La Conferencia de Paz de París también centró su atención en el problema de la responsabilidad individual por las violaciones de las leyes y costumbres de la guerra cometidas durante la contienda. La Comisión de Responsabilidades había elaborado una lista de crímenes de guerra –entre los cuales se encontraban diversas conductas relacionadas con la destrucción, el daño, el saqueo y la apropiación de objetos culturales– susceptibles de

---

216 VISSCHER, C.: "La Protection Internationale des Objets d'Art …", *op. cit.*, p.286.

217 NAHLIK, S.E.: "La protection internationale des biens culturels...", *op. cit.*, p.100.

ser enjuiciados ante los tribunales, ya fuera ante las cortes de las potencias aliadas o bien ante un nuevo tribunal de carácter internacional. Para las potencias aliadas, el castigo de los máximos responsables de las atrocidades cometidas durante la guerra también formaba parte del precio de la paz. Y así se hizo constar en los tratados. Las potencias vencedoras apuntaron directamente a lo más alto. El ex emperador Guillermo II fue acusado de cometer "a supreme offence against international morality and the sanctity of treaties", quien debía ser juzgado por un tribunal formado por cinco jueces procedentes de las principales potencias vencedoras[218]. Con la excepción de esta singular cláusula que únicamente afectaba a Alemania, todos los tratados de paz introdujeron disposiciones relativas a la sanción penal de las violaciones de las leyes y costumbres de la guerra. El tratado de Versalles, por ejemplo, establecía:

> "The German Government recognises the right of the Allied and Associated Powers to bring before military tribunals persons accused of having committed acts in violation of the laws and customs of war. Such persons shall, if found guilty, be sentenced to punishments laid down by law. This provision will apply notwithstanding any proceedings or prosecution before a tribunal in Germany or in the territory of her allies.
>
> The German Government shall hand over to the Allied and Associated Powers, or to such one of them as shall so request, all persons accused of having committed an act in violation of the laws and customs of war, who are specified either by name or by the rank, office or employment which they held under the German authorities."[219]

[218] Artículo 227 del Tratado de Versalles.

[219] Art.228 del Tratado de Versalles.

Los demás tratados de paz contenían la misma disposición adaptada a sus particularidades[220]. Los países derrotados asumieron también el compromiso de entregar todos los documentos e información necesaria acerca de los crímenes objeto de investigación[221]. Asimismo, los tratados preveían que las personas acusadas de cometer crímenes contra los nacionales de un país aliado serían procesadas ante los tribunales militares de ese Estado. Si se hubieran cometido crímenes contra personas de más de una nacionalidad de los Estados aliados, entonces los responsables serían enjuiciados ante un tribunal militar compuesto por representantes de los países afectados[222]. En Leipzig y en Estambul[223] se llevaron a cabo algunos procesos judiciales sin demasiado éxito contra algunos sospechosos de las atrocidades cometidas durante la guerra. Sin embargo, la aplicación de las cláusulas de los Tratados fue un muy pobre y terminó en la práctica impunidad de los responsables de las atrocidades cometidas durante la Primera Guerra Mundial.

3.3. La propuesta de la Sociedad Holandesa de Arqueología de 1918-1919

La retirada de las tropas alemanas dejó un rastro de destrucción sin precedentes en Francia y en Bélgica. La guerra todavía no había terminado cuando, en la primavera de 1918, la Socie-

---

220 Tratado de Saint-Germain-en-Laye, artículo 173; Tratado de Trianon, artículo 157; Tratado de Neuilly-sur-Seine, artículo 118; Tratado de Sèvres, artículo 226.

221 Tratado de Versalles, artículo 230; Tratado de Saint-Germain-en-Laye, artículo 175; Tratado de Trianon, artículo 159; Tratado de Neuilly-sur-Seine, artículo 120; Tratado de Sèvres, artículo 228.

222 Tratado de Versalles, art.229; Tratado de Saint-Germain-en-Laye, art.174; Tratado de Trianon, art.158; Tratado de Neuilly-sur-Seine, art.119; Tratado de Sèvres, art. 227.

223 Vid. infra Capítulo III, apartado 1.2.

dad Holandesa de Arqueología, un ente privado, propuso al gobierno de los Países Bajos la celebración de una conferencia intergubernamental con la intención de mejorar la regulación de la protección de monumentos y obras de arte en tiempos de guerra. La intención era reunir a las potencias neutrales, pues era prácticamente imposible convocar a los beligerantes[224]. La comisión designada para estudiar el asunto presentó sus resultados el 31 de octubre de 1918, constituidos por un cuestionario y acompañado de un memorando explicativo. La situación en esos días hizo inviable la celebración de una conferencia internacional, por lo que se invitó a la Sociedad Holandesa de Arqueología a que distribuyera el cuestionario, junto con el memorando, entre las sociedades análogas de otros países en mayo de 1919 para que formularan sugerencias y comentarios[225].

En el documento se constataba que "[...] les événements qui ont infligé des pertes irréparables non seulement aux propriétaires privés d'oeuvres d'art, ou aux pays qui les avaient sur leur territoire, mais aussi à l'humanité tout entière, sont présents à toutes les mémoires"[226]. Ante tales circunstancias, la Sociedad Holandesa de Arqueología abogó por plantear, en forma interrogativa, diversas propuestas de mejora de la protección de monumentos y obras de arte al tiempo que sondeaba a los Estados sobre la aplicación que habían tenido los preceptos del Reglamento de La Haya de 1907[227].

La Sociedad Holandesa alcanzó la conclusión de que la protección de bienes culturales en tiempos de guerra podía reforzarse

---

224 O'KEEFE, R.: *The Protection of Cultural Property in Armed Conflict, op. cit.*, p.41.

225 "PAYS-BAS - La protection des monuments et objets historiques et artistiques contre les destructions de la guerre – Proposition de la Société néerlandaise d'archéologie", *Revue Générale de Droit International*, vol.26, 1919, pp.330-331.

226 Ibid., p.334.

227 Las trece preguntas del cuestionario pueden leerse en Ibid., pp.331-334.

si se tomaban medidas en tiempos de paz, lo cual suponía un progreso enorme respecto de anteriores proyectos normativos. Proponía la elaboración de inventarios de monumentos y obras de arte, imprescindibles para preparar la "movilización" cuando llegara la guerra[228]. Además, sugería la distinción entre obras de arte transportables y otros objetos susceptibles de protección que no pudieran moverse, así como edificios de gran interés histórico-artístico y "centros de arte", como Florencia, cuya protección importaba al mundo entero y no sólo a una nación[229]. Esta última categoría, por su importancia, merecería una protección superior. La Sociedad de Arqueología proponía el aislamiento físico y geográfico del bien cultural por medio la creación de zonas desmilitarizadas en las proximidades de los monumentos, de manera que el Estado en el que se ubicara el bien cultural se obligaba a no usarlo con fines militares, aunque sin concretar si esta obligación podía derogarse por necesidad militar[230]. A cambio de ese compromiso, el monumento devendría inviolable. La concesión de tal estatus, así como el régimen de control del cumplimiento de las obligaciones, no habrían de depender de la decisión individual de un Estado, sino de una oficina internacional, que operaría tanto en tiempos de paz como de guerra[231].

El cuestionario y el memorando también contemplaban la existencia de lugares con alta concentración de monumentos –por ejemplo, Florencia, Venecia, Roma, Brujas, Núremberg, Oxford, la cité de París o Rotemburgo– en los que podían producirse situaciones legalmente paradójicas[232]. En ciudades defendidas con muchos monumentos, cada uno con su zona

---

228 Ibid., p.335.

229 Ibid., p.335.

230 O'KEEFE, R.: *The Protection of Cultural Property in Armed Conflict, op. cit.*, p.42.

231 "PAYS-BAS - La protection des monuments et objets historiques...", *op. cit.*, p.336.

232 Ibid., pp.332-333.

desmilitarizada, cabría la posibilidad de que no pudieran ser atacadas por razón del solapamiento entre esas zonas[233]. Para solucionarlo, se proponía la creación de "santuarios de arte" a través de acuerdos específicos que previeran la completa desmilitarización y la inmunidad de los monumentos[234].

En caso de ocupación militar, el cuestionario indagaba sobre la posibilidad de imponer a la potencia ocupante la obligación de tomar medidas positivas con vistas a proteger los monumentos y obras de arte o bien si este debía apoyar las medidas que las autoridades locales dirigieran a tal efecto[235].

Por último, en materia de responsabilidad individual, la Sociedad Holandesa de Arqueología abría la puerta al establecimiento de sanciones penales por las violaciones de las normas de protección de monumentos y obras de arte, pero sin concretar si debían ser enjuiciadas ante un tribunal nacional o internacional[236].

4. LA EVOLUCIÓN DE LA NORMATIVA EN EL PERÍODO DE ENTREGUERRAS

4.1. La Comisión de Juristas y las Reglas de la Guerra Aérea de 1923

La Primera Guerra Mundial había revelado muchos defectos en las normas de La Haya. El desarrollo de la aviación militar había contribuido a desdibujar la separación entre el frente de guerra y la retaguardia. Las aeronaves no se limitaban sólo al reconocimiento de las posiciones enemigas, sino que podían usarse como armas devastadoras para alcanzar ciudades y núcleos

---

233 O'KEEFE, R.: *The Protection of Cultural Property in Armed Conflict, op. cit.*, p.42.

234 "PAYS-BAS - La protection des monuments et objets historiques...", *op. cit.*, p.336.

235 Ibid., p.333.

236 Ibid., p.333.

industriales muy alejados de la línea de operaciones militares[237]. La guerra aérea suponía una grave amenaza para la población civil y para los bienes culturales para la cual no había una regulación específica. Esa falta de reglamentación preocupaba a los Estados. Por esta razón, al término de la Conferencia de Washington sobre limitación de armamentos navales, celebrada entre 1921 y 1922, se adoptó una resolución final en la que se recomendaba la creación de una comisión de juristas para estudiar y proponer una regulación sobre el uso militar de la radiotelegrafía y el derecho de la guerra aérea[238]. El resultado serían las Reglas de la Guerra Aérea[239].

La comisión se reunió en la ciudad de Las Haya entre el 11 de diciembre de 1922 y el 12 de febrero de 1923. Su labor consistió en evaluar si, a la vista de los nuevos medios de ataque y defensa desarrollados en la Primera Guerra Mundial, el Reglamento de 1907 era suficiente, y, en caso de no serlo, debían proponer una regulación adecuada para adaptar la normativa internacional[240]. En consecuencia, la comisión elaboró un conjunto de reglas para

---

237 HANKE, H.M.: "Reglamento de La Haya de 1923 sobre la guerra aérea: Contribución al desarrollo de la protección que el derecho internacional otorga a la población civil contra los ataques aéreos", *Revista Internacional Cruz Roja*, vol.33, nº115, marzo de 1993, p.13. Disponible en: https://international-review.icrc.org/es/articulos/reglamento-de-la-haya-de-1923-sobre-la-guerra-aerea-contribucion-al-desarrollo-de-la.

238 La Comisión se compuso con juristas de Estados Unidos, Reino Unido, Francia, Japón e Italia, a los que pronto se añadió Países Bajos, y designaron como presidente al estadounidense John Basset Moore. HANKE, H.M.: "Reglamento de La Haya de 1923...", *op. cit.*, pp.14-15.

239 En adelante, RGA. La versión digital del texto traducida al castellano puede encontrarse en: https://www.icrc.org/es/doc/resources/documents/misc/treaty-1923-rules-air-warfare-5tdm2a.htm (Consultado: 6 de marzo de 2024).

240 COMMISSION OF JURISTS: "Commission of Jurists to consider and report upon the revision of the rules of warfare", *AJIL*, Supplement, vol.32, nº1, p.1.

el control de radio en tiempo de guerra[241] y otro para la guerra aérea[242]. Por diversas razones, las Reglas de la Guerra Aérea no se adoptaron en forma vinculante[243]. A pesar de ello, fueron consideradas "an authoritative attempt to clarify and formulate rules of law governing the use of aircraft in war"[244] y gozaron de un gran prestigio y una influencia notable tanto en el desarrollo del Derecho Internacional del período de entreguerras como en las esferas militares de principales potencias[245].

Las Reglas de la Guerra Aérea adaptaron las normas del derecho de la guerra terrestre y marítima a esta nueva realidad, pero sin perder de vista la experiencia dramática de la Primera Guerra Mundial. La protección de los bienes culturales se contemplaba en la sección que regulaba los bombardeos aéreos. La Comisión de Juristas admitió que esta cuestión se antojó de las

---

241 Puede leerse el articulado y los comentarios de la comisión en: Ibid., pp.2-11.

242 Puede leerse el articulado y los comentarios de la comisión en: Ibid., pp.12-56.

243 Las razones no se conocen con exactitud, pero el profesor Hanke sugiere que algunas potencias consideraban que las reglas limitarían en exceso el uso de aeronaves, mientras que otras las veían como una regulación demasiado pionera. Ciertos países no las aceptaron porque estimaban que las normas para la guerra terrestre y naval ya eran suficientes para cubrir la guerra aérea. Sin embargo, los factores determinantes debieron ser la falta de voluntad política para llegar a un acuerdo y la excesiva confianza en que el sistema de la Sociedad de Naciones permitiría asegurar la paz. HANKE, H.M.: "Reglamento de La Haya de 1923...", *op. cit.*, pp.20-21.

244 Citado en TOMAN, J. y SCHINDLER, D.: *The Laws of Armed Conflicts...*, *op. cit.*, p.315.

245 Sobre el impacto que tuvieron en el desarrollo del Derecho Internacional, véase: Hanke, pp.29-33; Sobre la influencia en las esferas militares, puede consultarse: HANKE, H.M.: "Reglamento de La Haya de 1923...", *op. cit.*, pp.34-38; también O'KEEFE, R.: *The Protection of Cultural Property in Armed Conflict*, *op. cit.*, pp.49-51.

más complicadas de acordar. Las posiciones oscilaban entre la percepción de los bombardeos aéreos como una amenaza palpable sobre la población civil y la certeza de que los Estados no prescindirían de estas nuevas armas, aunque había consenso en que usarlos con ciertos fines era completamente inadmisible[246]. De este modo, se prohibieron los bombardeos "para aterrorizar a la población civil o para destruir o dañar la propiedad privada de índole no militar o para herir a los combatientes"[247] así como "para forzar la realización de requisas en especies o el pago de contribuciones en dinero"[248].

El principal problema estribaba en determinar qué objetivos era legítimo bombardear[249]. Para ello, la comisión optó por una solución innovadora al sustituirse la distinción entre ciudades defendidas y no defendidas por el nuevo concepto de objetivo militar[250]. El artículo 24.1 estipulaba que los bombardeos aéreos sólo eran legítimos si iban dirigidos contra objetivos militares, cuya definición sería "un objetivo cuya destrucción, total o parcial, sea, para el beligerante, una neta ventaja militar". En contraste con esa definición abstracta, se incluyó una lista de

---

246 COMMISSION OF JURISTS: "Commission of Jurists to consider and report...", *op. cit.*, pp.22-23.

247 Artículo 22 RGA.

248 Artículo 23 RGA.

249 La comisión lo expresó así: "It is useless, therefore, to enact prohibitions unless there is an equally clear understanding of what constitute legitimate objects of attack, and it is precisely in this respect that agreement was difficult to reach". COMMISSION OF JURISTS: "Commission of Jurists to consider and report...", *op. cit.*, p.22.

250 La cuestión de los objetivos militares fue ampliamente discutida. La comisión abandonó el requisito de defensa contenido en el artículo 25 R.IV.H por uno nuevo que tuviera en cuenta la naturaleza del objetivo o el uso que se le diera. Ibid., p.24. Para Hanke, ese cambio fue la innovación más importante de las Reglas de la Guerra Aérea. HANKE, H.M.: "Reglamento de La Haya de 1923...", *op. cit.*, p.21.

objetivos susceptibles de ser bombardeados tales como las fuerzas militares, depósitos, almacenes o fábricas de material militar y líneas de comunicaciones y transportes usadas con fines militares[251]. El artículo 24 también prohibía los bombardeos sobre localidades o edificios que no estuvieran en las inmediaciones de las operaciones terrestres y reclamaba la abstención de bombardear si el ataque no podía realizarse sin resultar en un bombardeo indiscriminado de la población civil[252]. En cambio, el bombardeo de ciudades, pueblos y edificios en las proximidades del frente de operaciones era legítimo, aunque también debían considerarse el peligro que corría la población civil[253]. Además, se incluía la responsabilidad del Estado por los perjuicios causados a personas y bienes cometidos en violación del precepto[254].

En las Reglas de la Guerra Aérea aparecería por primera vez una distinción entre una protección general y una protección especial para los bienes culturales[255]. El artículo 25 establecía el régimen de protección general reproduciendo en gran medida el texto del artículo 27 del R.IV.H y del artículo 5 de la IX Convención de La Haya de 1907, relativa al bombardeo por

251 Artículo 24.2 RGA.

252 Artículo 24.3 RGA.

253 Artículo 24.4 RGA.

254 Artículo 24.5 RGA.

255 EHLERT, C.: *Prosecuting the Destruction of Cultural Property...*, *op. cit.*, pp.24-25.

fuerzas navales, adaptándolos a la guerra aérea[256]. Los edificios protegidos debían ser de señalizados mediante signos visibles[257].

La experiencia de la Primera Guerra Mundial había confirmado que las reglas de la guerra terrestre y naval no bastaban para evitar la destrucción de monumentos, bien fuera porque se usaran con fines militares, bien porque resultaran dañados incidentalmente por estar situados en las proximidades de objetivos militares[258]. A propuesta de la delegación italiana, se estableció en el artículo 26 el régimen especial para garantizar una mayor protección para ciertos "monumentos de gran valor

---

256 Artículo 25 RGA: "En el bombardeo por aeronaves, deben tomarse todas las medidas necesarias por parte del comandante para proteger, en la medida de lo posible, los edificios destinados a los cultos, al arte, a las ciencias y a la beneficencia, los monumentos históricos, los barcos hospitales, los hospitales y otros lugares donde se recoge a los enfermos y a los heridos, a condición de que tales beneficios, objetivo y lugares no sean al mismo tiempo utilizados con finalidad militar. Dichos monumentos, objetivos y lugares deben estar indicados, de día, por signos visibles para las aeronaves. El empleo de tales signos para indicar edificios, objetos o lugares que no sean los anteriormente especificados será considerado como un acto de perfidia. Los signos utilizados como se dice anteriormente serán, en el caso de edificios protegidos en virtud del Convenio de Ginebra, la cruz roja sobre fondo blanco y, en el caso de otros edificios protegidos, un gran panel rectangular protegido, siguiendo una diagonal, en dos triángulos, una blanco y otro negro. Un beligerante que desee garantizar de noche, la protección de los hospitales, y otros edificios privilegiados anteriormente mencionados debe tomar las medidas necesarias para que los signos especiales anteriormente mencionados sean suficientemente visibles."

257 En el caso de los bienes culturales debía usarse el emblema de la IX Convención sobre bombardeos navales, mientras que, en el resto de casos, se emplearía el emblema de la Cruz Roja.

258 COMMISSION OF JURISTS: "Commission of Jurists to consider and report...", *op. cit.*, p.25.

histórico"[259] a condición de que la parte estuviera dispuesta "a abstenerse de utilizar tales monumentos y la zona que los circundan con fines militares, y a aceptar un régimen especial para su control"[260]. El objetivo era evitar tanto los bombardeos directos como aquellos daños producidos involuntariamente al atacar objetivos legítimos cercanos[261]. En virtud del artículo 26, los Estados podrían designar una zona de protección de un radio de 500 metros alrededor de los monumentos, o grupos de ellos, que gozaría de inmunidad frente a bombardeos[262]. La ubicación y los límites de la zona de exclusión se notificarían a las demás potencias por vía diplomática[263]. Tanto los monumentos como los límites de la zona protegida debían ser señalizados con los signos visibles[264]. El deber de abstención implicaba no "utilizar los monumentos históricos y las zonas que los rodean con fines militares, o en beneficio, como fuere, de su organización militar, y de realizar, en esos monumentos o zonas cualquier acto de finalidad militar"[265]. Esta obligación debía ser interpretada de forma muy estricta, de tal manera que hubiera un cese total de la utilización con fines militares de cualquier lugar en el in-

---

259 La propuesta inicial pretendía la protección de "monumentos históricos y artísticos". Sin embargo, la comisión decidió eliminar el término "artístico" para evitar divergencias de conceptos respecto de la normativa del R.IV.H y de la IX Convención de 1907. El adjetivo "histórico" debía interpretarse de forma amplia para cubrir aquellas obras que por su gran valor artístico eran históricas o podrían serlo en el futuro. Ibid., p.25-26.

260 Artículo 26 RGA.

261 COMMISSION OF JURISTS: "Commission of Jurists to consider and report...", *op. cit.*, p.25.

262 Artículos 26.1 y 26.3 RGA.

263 Artículo 26.2 RGA

264 Artículos 26.4, 26.5 y 26.6 RGA.

265 Artículo 26.7 RGA.

terior de la zona de protección[266]. La comisión anticipó que, en ciudades con una alta concentración de monumentos históricos, como Venecia o Florencia, las zonas de exclusión se solaparían unas con otras hasta convertir todo el núcleo urbano en una zona protegida. Estas ciudades quedarían preservadas sólo si cumplían con los deberes de desmilitarización que el artículo 26 imponía[267]. La vigilancia y control del cumplimiento de las obligaciones de este precepto se encargaban a un organismo formado por representantes de potencias neutrales[268].

Las Reglas de la Guerra Aérea no incluyeron ninguna disposición relativa a las sanciones por las violaciones. Se presentaron algunas propuestas para considerar a los responsables de las infracciones como criminales de guerra, pero fueron descartadas del documento final. No obstante, la comisión recordó que la ausencia de normas en tal sentido "will not in any way prejudice the imposition of punishment on persons who are guilty of breaches of the laws of aerial warfare"[269].

4.2. El Pacto Roerich de 1935

Tras el fracaso del proyecto de la Sociedad Holandesa de Arqueología, la intención de brindar protección a los bienes culturales en un tratado específico no se abandonó por completo. En 1929, el profesor Nicholas Roerich, destacado activista en defensa del patrimonio cultural, sugirió al Museo Roerich de Nueva York que se movilizara para la adopción de un tratado internacional específico que protegiera los bienes culturales. A

---

266 COMMISSION OF JURISTS: "Commission of Jurists to consider and report...", *op. cit.*, p.26.

267 Ibid., p.26.

268 Artículo 26.8 RGA.

269 COMMISSION OF JURISTS: "Commission of Jurists to consider and report...", *op. cit.*, p.56.

su vez, el Museo solicitó a Georges Chklaver, miembro del Institut des Hautes Études Internationales de Ginebra, que preparara un borrador de tratado[270]. El proyecto se presentó a la Oficina Internacional de Museos, organismo vinculado a la Sociedad de Naciones, para explorar las posibilidades de su adopción en forma vinculante. El texto fue discutido en dos conferencias privadas: una en Brujas en 1931 y otra en Washington en 1932, pero no prosperó[271]. En su lugar, se remitió a los Estados un listado de recomendaciones basadas en el borrador para que implementaran medidas de protección[272].

A pesar de todo, la propuesta no cayó en el olvido. Fue recogida por la Unión Panamericana, que recuperó el borrador y, finalmente, lo adoptó en un tratado internacional en abril de 1935. El resultado fue el Pacto de Washington, también conocido como Pacto Roerich, ratificado por una decena de países del continente americano[273]. Fue el primer tratado internacional exclusivamente dedicado a la protección de los bienes culturales tanto en tiempo de paz como de guerra[274]. Su influencia en posteriores convenios relativos a los bienes culturales fue muy grande[275].

---

270 El texto del borrador puede consultarse en: http://www.roerich.org/pact/1929_draft.html (Consultado: 6 marzo de 2024).

271 TOMAN, J.: *The Protection of Cultural Property…*, *op. cit.*, p.18.

272 O'KEEFE, R.: *The Protection of Cultural Property in Armed Conflict*, *op. cit.*, pp.51-52.

273 Oficialmente denominado *Convenio sobre la protección de las instituciones artísticas y científicas y de los monumentos históricos*, firmado en Washington el 15 de abril de 1935, LNTS, vol.167, nº 3874. Ratificado por: Brasil, Chile, Colombia, Cuba, República Dominicana, El Salvador, Guatemala, México, Estados Unidos y Venezuela. Todavía está vigente.

274 DÖRMANN, K.: "The Protection of Cultural Property as laid down in the Roerich-Pact of 15 April 1935", *Humanitäres Völkerrecht*, vol.6, nº 4, 1993, p.230.

275 Ibid., p.230.

La finalidad del convenio era que "los tesoros de la cultura sean respetados y protegidos en tiempo de guerra y de paz"[276]. A tal efecto, el Pacto otorgaba protección a "los monumentos históricos, los museos y las instituciones dedicadas a la ciencia, al arte, a la educación y a la conservación de los elementos de cultura", así como al personal vinculado a los mismos, "tanto en tiempo de paz como de guerra"[277]. Los bienes culturales debían ser considerados "neutrales" y, como tales, debían ser objeto de "respeto y protección" por parte de los beligerantes. Sin embargo, en ninguna otra parte del tratado se concretan esas obligaciones[278]. Tampoco se mencionaban los bienes muebles, que estarían protegidos mientras estuvieran dentro de los bienes inmuebles protegidos[279].

La protección de los edificios listados en el artículo 1 se predicaba con independencia de quién ostentara la propiedad, pública o privada, dentro del territorio de un Estado Parte[280]. También se establecía un signo distintivo con el fin de señalar los monumentos e instituciones protegidos[281]. En virtud del Pacto Roerich, los Estados se comprometían a la elaboración de una lista de los bienes culturales que merecerían protección, que sería comunicada a la Unión Panamericana para que esta la notificara al resto de Estados Parte[282]. Sin embargo, todo el sistema de protección diseñado por el Pacto Roerich dependía de la condición de que los monumentos e instituciones protegidas no fueran usados con fines militares[283]. La derogación por

---

276 Preámbulo del Pacto Roerich.

277 Artículo 1 del Pacto Roerich.

278 DÖRMANN, K.: "The Protection of Cultural Property as laid down in the Roerich-Pact...", *op. cit.*, p.231.

279 Ibid., p.230.

280 Artículo 2 del Pacto Roerich.

281 Artículo 3 del Pacto Roerich.

282 Artículo 4 del Pacto Roerich.

283 Artículo 5 del Pacto Roerich.

necesidad militar no se contemplaba como causa para sustraer la protección a los bienes culturales[284], ni se estipulaba un régimen de sanciones por las violaciones del tratado.

4.3. La influencia de la Guerra Civil española en la protección de los bienes culturales

4.3.1. La destrucción e incautación de bienes en los primeros días de la guerra

El conflicto armado que estalló tras el fallido golpe militar del 17 de julio de 1936 contra el gobierno legítimo de la República española se extendió rápidamente por todo el territorio[285]. Su complejidad despertó numerosos interrogantes sobre la vigencia y la aplicación de múltiples principios y normas jurídico-internacionales de la época[286]. La guerra civil española contribuyó de

---

284 O'KEEFE, R.: *The Protection of Cultural Property in Armed Conflict, op. cit.*, p.52.

285 La literatura sobre este período histórico, tanto a nivel nacional como internacional, es abundante. Por esta razón, en este apartado no se abordará con profundidad el transcurso de los acontecimientos de la guerra civil española, sino que se ha preferido centrar el análisis en las cuestiones más relevantes relativas a los bienes culturales. Únicamente se relatarán algunos episodios históricos que por su vinculación con el objeto de estudio ayudan a comprender el fenómeno.

286 Las normas del derecho de la guerra codificadas en los Reglamentos de La Haya de 1899 y 1907 no eran directamente aplicables a la guerra en España puesto que no se trataba de un conflicto armado internacional, en el sentido de que fuese una guerra entre estados. La aplicación de estas normas a las guerras civiles dependía del reconocimiento de beligerancia y, en consecuencia, de la atribución de un estatuto jurídico u otro –rebeldes, insurgentes o beligerantes– a las partes en conflicto. De esta cuestión iba a depender, también, el reconocimiento de ciertos derechos y deberes –el derecho de presa, de bloqueo, de inspección y visita de buques, entre otros–, además de condicionar los derechos y

forma importante al desarrollo del DIH[287] y, en particular, a la protección de los bienes culturales en caso de conflicto armado[288].

---

deberes de terceros Estados en sus relaciones con los contendientes. La participación de potencias extranjeras a favor de uno u otro bando, o simplemente sus intentos por no posicionarse, no hacía más que añadir complejidad al conflicto desde el punto de vista del Derecho Internacional. Con razón, se generaron acalorados debates en torno a las normas internacionales aplicables a la guerra civil española, que pueden leerse en: GARNER, J.W.: "Questions of International Law in the Spanish Civil War", *AJIL*, vol. 31, nº1, enero 1937, pp.66-73; PADELFORD, N. J.: "International Law and the Spanish Civil War", *AJIL,* vol. 31, nº2, abril 1937, pp. 226-243; MCNAIR, A. D.: "The Law Relating to the Civil War in Spain." *Law Quarterly Review,* vol. 53, nº4, octubre 1937, pp. 471-500. Para una visión más sintética, pero brillantemente expuesta, de los principales aspectos de Derecho Internacional involucrados en la Guerra Civil española consúltese: FERNÁNDEZ LIESA, C.: *La guerra civil española y el orden jurídico internacional*, Editorial Aranzadi, Civitas - Thomson Reuters, Cizur Menor (Navarra), 2014.

287 El profesor Carlos Fernández Liesa sintetiza las principales aportaciones al ámbito del DIH en las siguientes esferas: (1) la extensión de las normas de la guerra a los conflictos armados no internacionales; (2) la limitación de medios de combate; (3) la protección de detenidos políticos y prisioneros no combatientes; (4) la protección a formaciones sanitarias; (5) el bombardeo de ciudades; y (6) la protección de los bienes culturales en conflicto armado. Vid. FERNÁNDEZ LIESA, C.: *La guerra civil española y el orden jurídico internacional, op. cit.,* pp.123-144.

288 La mayoría de los autores coinciden en destacar la importancia de la guerra civil española en el desarrollo de la protección de los bienes culturales. En particular, el transporte y refugio de objetos culturales; la introducción de medidas de protección para monumentos; y la incidencia de los bombardeos aéreos sobre ciudades. Asimismo, la experiencia de la guerra civil española motivó la preparación de un proyecto de convenio sobre protección de monumentos históricos y obras de arte en el sino de la Sociedad de Naciones que luego serviría de base para la futura Convención de La Haya de 1954.

El bando sublevado practicó una guerra brutal[289] con el apoyo desde fecha temprana de las potencias fascistas de Europa[290]. Francia y Reino Unido, cuyos gobiernos democráticos habían de ser los aliados naturales de la República, adoptaron una política de no intervención con el fin de apaciguar a los regímenes nazi y fascista, cada vez más envalentonados y agresivos en su política exterior. Ese posicionamiento se consagró en el denominado Acuerdo de No Intervención[291], cuya ilegalidad denunció España

---

289 La concepción de la guerra que se libraba en España difería de un bando al otro. El gobierno republicano trató de sobreponerse al colapso inicial y reconstruir la autoridad del Estado para ser capaz de librar una campaña bélica contra los rebeldes. Por su parte, los sublevados condujeron la guerra de acuerdo con un plan de exterminio calculado contra toda la oposición política izquierdista y republicana. Esta es la tesis que sostiene el prestigioso historiador británico Paul Preston, que rastreó las causas de este odio visceral en las décadas anteriores al conflicto armado. La represión fue sistemática, implacable, y los números son espeluznantes. Para un análisis profundo, con cifras incluidas, de la violencia durante la guerra civil y después, es imprescindible la obra PRESTON, P.: *El holocausto español. Odio y exterminio en la guerra civil y después*, Debate, Barcelona, 2011.

290 A partir del 25 de julio, Italia, Alemania y Portugal se posicionaron a favor de Franco, por razones ideológicas y estratégicas. Pocos meses después, en noviembre de 1936, el gobierno de Franco fue reconocido como legítimo por Italia y Alemania, que hasta retiraron su misión diplomática de la República y la enviaron a la zona sublevada. Vid. FERNÁNDEZ LIESA, C.: *La guerra civil española y el orden jurídico internacional*, *op. cit.*, pp.72-73.

291 El Acuerdo de No Intervención surgió a raíz de un canje de notas entre Francia y Reino Unido a principios de agosto de 1936, en las que concordaban una posición de estricta no intervención respecto de la guerra civil española. El objetivo del Acuerdo era evitar que el enfrentamiento se extendiera al resto de Europa. Este posicionamiento fue apoyado rápidamente por Alemania e Italia. En realidad, no existió nunca un acuerdo formal en un instrumento jurídico, sino más bien un conjunto de declaraciones unilaterales de veintisiete países que se comprometían a prohibir las exportaciones directa e indirec-

ante la Sociedad de Naciones[292]. No obstante, la organización internacional se desentendió del conflicto español[293]. En este contexto, el patrimonio histórico-artístico español estuvo sujeto a numerosos peligros derivados de la contienda bélica, algunos surgidos de la dinámica revolucionaria de los primeros días de la guerra civil, otros directamente relacionados con las hostilidades.

Al golpe militar sobrevino el colapso momentáneo de las instituciones del Estado. Para atajar el levantamiento contra la República, las organizaciones políticas de izquierdas y el movimiento obrero y sindical tomaron las calles. Al mismo tiempo,

---

tas de armas, municiones, materiales de guerra, aviones y buques de guerra, que tuvieran por destino España o sus colonias. Asimismo, se suspendían los contratos ya en ejecución. Los veintisiete países que se unieron al Acuerdo fueron Alemania, Albania, Austria, Bélgica, Bulgaria, Checoslovaquia, Dinamarca, Estonia, Finlandia, Francia, Grecia, Hungría, Irlanda, Italia, Letonia, Lituania, Luxemburgo, Holanda, Noruega, Polonia, Portugal, Reino Unido, Rumanía, Suecia, Turquía, URSS, Yugoslavia. PADELFORD, N. J.: "International Law and the Spanish Civil War", *op. cit.*, pp.578-580; FERNÁNDEZ LIESA, C.: *La guerra civil española y el orden jurídico internacional, op. cit.*, p.75.

292 El ministro Álvarez del Vayo señaló ante la Asamblea General en 25 septiembre de 1936, que el Acuerdo de No Intervención era un "monstruosidad jurídica" que ponía en pie de igualdad a un gobierno legal con los rebeldes. En la práctica, alertaba Álvarez del Vayo, "the so-called policy of non-intervention amounts to a direct and effective intervention on behalf of the rebels". SOCIEDAD DE NACIONES: "Report on the Work of the League of Nations in 1935/36: Opening of the General Discussion", *LNOJ Special Supplement*, nº155, p.49. En efecto, el acuerdo impidió que un gobierno legal, como era el republicano, se defendiese de unos rebeldes comprando armas para suprimir la sublevación –un derecho que el Derecho Internacional le reconocía– , y al mismo tiempo, contravenía la regla según la cual los terceros Estados debían abstenerse de intervenir en la relación de un gobierno con sus rebeldes. FERNÁNDEZ LIESA, C.: *La guerra civil española y el orden jurídico internacional, op. cit.*, pp.75-78.

293 Ibid., pp.95-100.

aprovecharon esa situación para poner en marcha la revolución social. En ese escenario, se desató una oleada de violencia anticlerical por toda la zona republicana que tuvo graves efectos sobre el patrimonio histórico-artístico de la Iglesia. Los elementos más radicales y descontrolados de las milicias se lanzaron a la quema de iglesias y conventos y a la destrucción de los símbolos religiosos[294]. En el transcurso de las primeras semanas de la guerra civil, sobre todo en verano de 1936, multitud de imágenes religiosas fueron destruidas o vandalizada[295]. Las palabras de la profesora Saavedra resumen el fenómeno de forma precisa:

---

[294] Históricamente, la Iglesia había tenido mucho poder político-económico. Álvarez Lopera señala que las razones de esa violencia popular contra la Iglesia, como institución, tenían un carácter profundo, como demostraría el hecho de que las quemas de Iglesias y los ataques contra el clero y su patrimonio eran cíclicas. ÁLVAREZ LOPERA, J.: *La política de bienes culturales del gobierno republicano durante la Guerra Civil española*, vol. I, Ministerio de Cultura, Madrid, 1982, pp.54-55. Ciertamente, la institución eclesiástica era asociada a la derecha, a las clases privilegiadas; era considerada una cómplice de la opresión de las clases populares y, por extensión, se la asoció automáticamente como aliada de los golpistas. En el caso de la revolución de 1936, la quema de Iglesias tuvo gran impacto mediático, que fue convenientemente amplificado por la propaganda de los sectores más conservadores, hasta convertirse en un estigma para el bando republicano. La profesora Rebeca Saavedra comparte la tesis de que los ataques a la institución eclesiástica eran cíclicos en las insurrecciones en España, pero en esta ocasión se insertaban en la lógica revolucionaria. SAAVEDRA ARIAS, R.: *Destruir y proteger: el patrimonio histórico-artístico durante la Guerra Civil (1936-1939)*, Editorial de la Universidad de Cantabria, Santander, 2016, pp. 118-119 y 125-130.

[295] Por ejemplo, la destrucción de dos cuadros de Goya en la Iglesia de San Pedro de Urrea de Gaén (Teruel) o la destrucción de un tríptico de Van Eyck en Lepe (Huelva). Muchos archivos fueron quemados o desaparecieron y otros objetos de valor –como cálices, ropa, orfebrería, etc.– fueron incautados y vendidos. SAAVEDRA ARIAS, R.: *Destruir y proteger..., op. cit.*, pp.120-123.

> "La iconoclasia no era una reacción contra el arte como disciplina sino contra objetos de temática religiosa que la Iglesia utilizaba como vehículos de transmisión de su doctrina, como demuestra el hecho de que los agentes revolucionarios no atacaran ni realizaran rituales satíricos y carnavalescos en museos u otras instituciones artístico culturales dependientes del Gobierno o de otros sectores político-sociales durante los casi tres años que duró la guerra. No se destruía una imagen por ser una talla del siglo XVI, se destruía porque representaba un elemento a través del cual la Iglesia explicaba su dogma pero, además, porque era considerado un símbolo de la opulencia con la que el clero había vivido durante siglos, en claro contraste con las miserables condiciones de vida de la mayoría de los españoles".[296]

Así pues, parece claro que lo que se atacaba era el símbolo de la dominación que representaba la institución eclesiástica y no la religión en sí misma o el arte. Una prueba de ello, como señala Álvarez Lopera, es que ni un solo museo ni institución pública fue atacada o saqueada[297]. También debe hacerse constar que no todas las imágenes fueron destruidas, ni todas las que se perdieron fue por las mismas razones[298]. Con todo, a medida que el gobierno republicano recobró el control de la situación, los ataques se fueron reduciendo.

Las incautaciones irregulares de bienes también fueron un factor de riesgo para el patrimonio en el transcurso de los primeros días de la guerra. Las milicias y los sindicatos incautaron todo tipo de bienes, desde fábricas y palacios hasta objetos eclesiásticos, con el fin de gestionarlos y financiar su proyecto revolucionario. Durante las primeras semanas de la guerra, el fenómeno tuvo un

---

296 Ibid., p.131.

297 ÁLVAREZ LOPERA, J.: *La política de bienes culturales...*, vol. I, *op. cit.*, p.56.

298 Las pérdidas también se debieron a las inclemencias del tiempo, el uso incorrecto o simplemente el abandono. SAAVEDRA ARIAS, R.: *Destruir y proteger...*, *op. cit.*, p.121.

carácter masivo[299]. También el patrimonio bibliográfico, archivístico y documental se vio seriamente afectado por las incautaciones y la guerra[300]. Desde el primer momento, el gobierno republicano trató de frenar los actos violentos contra el patrimonio histórico-artístico y la oleada de incautaciones[301]. Con todo, el problema

---

299 ÁLVAREZ LOPERA, J.: *La política de bienes culturales..., vol. I, op. cit.*, p.60. Hay muchos ejemplos. Uno de los más destacados fue la incautación por parte de las milicias comunistas del PCE del Palacio de Liria y de su colección de arte, que pertenecían al Duque de Alba, personaje afín a la rebelión. En este caso, los militantes llevaron a cabo una labor ejemplar de preservación, incluso la salvaron cuando la aviación franquista bombardeó Madrid y causó un grave incendio en el edificio. SAAVEDRA ARIAS, R.: *Destruir y proteger..., op. cit.*, p.147.

300 La protección de todos los archivos y bibliotecas del país era una tarea imposible. La Junta Central, con el apoyo de las Juntas Delegadas, desplegó una intensa actividad de recuperación de archivos y fondos documentales. En ocasiones, toparon con una enconada oposición de ciertas organizaciones políticas y sindicales, que se negaban a devolver las bibliotecas incautadas. Como resultado, algunas colecciones privadas incautadas desaparecieron o perdieron ejemplares. Es el caso de la Biblioteca Finat, compuesta por primeras ediciones de clásicos de los siglos XVI y XVII, en poder de la Agrupación Socialista Madrileña, a la que se le perdió el rastro; o de la biblioteca del marqués de Silvela, que el comandante jefe de la división Líster se negaba a devolver. A este problema se añadía otro más grave como fue la venta generalizada de archivos enteros a las empresas dedicadas a la fabricación de pasta de papel, un recurso cada vez más escaso a medida que se alargó la guerra. ÁLVAREZ LOPERA, J.: *La política de bienes culturales del gobierno republicano durante la Guerra Civil española,* vol. II, Ministerio de Cultura, Madrid, 1982, pp.133-134.

301 La Junta de Incautación y Protección del Patrimonio Artístico, creada el 23 de julio de 1936 y reorganizada en abril de 1937 en la Junta Central del Tesoro Artístico, obtuvo resultados positivos en la tarea de conservación de bienes muebles e inmuebles de interés artístico, histórico y bibliográfico tanto públicas como privadas. ÁLVAREZ LOPERA, J.: *La política de bienes culturales..., vol. I, op. cit.*, p.65. El bando sublevado también organizó su propio organismo para proteger el patrimonio, pero sus resultados fueron incomparablemente

no fue exclusivo de la zona republicana. En el territorio ocupado por los rebeldes, también se produjeron incautaciones de obras de arte, archivos y edificios a los propietarios "rojos" –personas físicas, partidos políticos, organizaciones sindicales, etc.–[302]. Otro fenómeno paralelo, también presente en ambos bandos, fue el tráfico ilegal de objetos culturales. Muchas obras, bien fueran robadas o bien incautadas, se vendieron a compradores extranjeros[303]. A fecha de hoy no se sabe con exactitud el volumen de piezas histórico-artísticas sacadas de España.

4.3.2. El bombardeo de ciudades y los bienes culturales

Durante la guerra civil española se emplearon diversas técnicas bélicas que anticiparon la devastación de la Segunda Guerra Mundial. El desarrollo de la industria bélica en las décadas anteriores, en particular de la aviación militar, había hecho posible el bombardeo

---

menores. En diciembre de 1936, el gobierno de Franco formó la Junta de Cultura Histórica y del Tesoro Artístico para trabajar en las zonas bajo control sublevado. Según Colorado Castellary, la eficacia de ese organismo fue escasa dado que Franco siempre antepuso la guerra a cualquier otra consideración. Además, señala, la existencia de la Junta de Cultura Histórica no impidió que desde el principio se practicase una política de depuración de elementos contrarios a la moralidad, la patria y la religión de los archivos, bibliotecas y otras colecciones. COLORADO CASTELLARY, A.: *Éxodo y exilio del arte. La odisea del Museo del Prado durante la Guerra Civil,* Ediciones Cátedra, 1ª Edición, Madrid, 2008, pp.59-60.

302 SAAVEDRA ARIAS, R.: *Destruir y proteger..., op. cit.*, pp.155-157.

303 Francia fue el epicentro del mercado negro de obras procedentes de España, pero también se vendieron en Alemania, Inglaterra, Bélgica y Estados Unidos. Las autoridades de ambos bandos trataron de frenar el comercio ilegal de obras de arte, pero no tuvieron demasiado éxito debido a la situación del país. COLORADO CASTELLARY, A.: *Éxodo y exilio del arte..., op. cit.*, pp.75-77; SAAVEDRA ARIAS, R.: *Destruir y proteger..., op. cit.*, pp.160-161.

de objetivos estratégicos, aunque estos se encontraran a muchos kilómetros del frente de guerra. El ataque a grandes núcleos industriales se consideraba justificado militarmente. En consecuencia, los bombardeos por tierra, mar y, muy especialmente, desde el aire, fueron constantes en la guerra civil española. Prácticamente ninguna ciudad de España escapó de ser bombardeada.

La población civil fue bombardeada de forma deliberada e intensa por la aviación del bando franquista, que ostentó una incontestable superioridad aérea desde el inicio de la contienda[304]. En la mayoría de las ocasiones, las ciudades y pueblos bajo control republicano sufrieron los bombardeos sin posibilidad de defenderse[305]. El mando franquista siempre justificó los ataques aduciendo la existencia de objetivos militares estratégicos.

---

304 El bando franquista contó desde el principio de la guerra civil con pilotos más experimentados y con los modernos aparatos y tripulaciones de la Legión Cóndor alemana y la Aviación Legionaria italiana. La participación de las aviaciones alemana e italiana fueron determinantes en la victoria del bando franquista. Ambas potencias aprovecharon la contienda para probar armamento nuevo, sus modernas aeronaves, entrenar sus tripulaciones y ensayar nuevas tácticas como el bombardeo para aterrorizar a la población civil. La República, en cambio, dispuso de menos aparatos y de menor calidad, y tuvo que sostener la guerra limitando el uso de la aviación a acciones contra objetivos muy concretos. Esta debilidad republicana permitió al bando franquista operar con cierta libertad y bombardear casi cualquier punto de la geografía española. También influyó el control franquista de Mallorca desde la cual despegaban los aviones italianos que castigaron todo el litoral mediterráneo en manos de la República. SOLÉ I SABATÉ, J. M. y VILLARROYA FONT, J.: *España en llamas. La guerra civil desde el aire*, Ediciones Temas de Hoy, Madrid 2003, p.9; SAAVEDRA ARIAS, R.: *Destruir y proteger...*, *op. cit.*, pp.190-191.

305 En general, las defensas antiaéreas de la República eran escasas, anticuadas e inútiles. En Barcelona, por ejemplo, potente núcleo industrial de la República, las baterías antiaéreas eran muy pocas y, además, su techo máximo de fuego no alcanzaba la altitud suficiente para dañar los bombarderos. Eran, por lo general, defensas antiaéreas

Los bienes culturales se vieron amenazados por los bombardeos desde los primeros días de la contienda. El asedio de Madrid afectó gravemente numerosos edificios emblemáticos de la ciudad[306]. El 16 de noviembre de 1936 varias bombas incendiarias y de gran potencia cayeron sobre el Museo de El Prado y los alrededores, aunque no hubo que lamentar la destrucción de obras de arte importantes[307]. El escándalo internacional que provocó este hecho forzó al bando franquista a elaborar la excusa de que se habían colocado ametralladoras en el tejado[308]. Al día siguiente, un gran incendio causado por las bombas franquistas asoló casi por completo el palacio de Liria, aunque afortunadamente la mayoría de las colecciones artísticas fueron salvadas[309]. En abril de 1937, las cifras oficiales contaban 980 edificios dañados total o parcialmente[310]. En esas circunstancias se organizaron depósitos

---

inapropiadas. En esas circunstancias, es fácil imaginar la impunidad con que operaban los aviones enemigos. SOLÉ I SABATÉ, J. M. y VILLARROYA FONT, J.: *España en llamas...*, *op. cit.*, pp. 292 y 296-297.

306 Madrid fue una de las ciudades más castigadas durante la guerra civil. Los bombardeos contra la población civil también estuvieron en el orden del día. Los historiadores Solé y Villarroya describen los bombardeos sobre Madrid como "ataques masivos y metódicos por parte de la aviación franquista". Sirvan como ejemplo las declaraciones hechas a la prensa extranjera por el general Franco en las que anunciaba sus intenciones: "Destruiré Madrid antes que dejárselo a los marxistas". En noviembre de 1936, la Academia de Bellas Artes de San Fernando, el Palacio Real, el Museo Antropológico, el Museo Arqueológico, el Archivo Histórico y la Biblioteca Nacional fueron alcanzados por las bombas causando destrozos. Ibid., pp.46-52.

307 Solamente un altorrelieve de la fachada, obra de Agostino Bruni, fue arrancado por las ondas expansivas de las explosiones. COLORADO CASTELLARY, A.: *Éxodo y exilio del arte...*, *op. cit.*, p.35.

308 SOLÉ I SABATÉ, J. M. y VILLARROYA FONT, J.: *España en llamas...*, *op. cit.*, pp.48-49.

309 COLORADO CASTELLARY, A.: *Éxodo y exilio del arte...*, *op. cit.*, p.36.

310 Entre los edificios había 14 escuelas, 8 iglesias, 4 hospitales y varios museos; en lo que respecta a víctimas mortales, estas ascenderían a

subterráneos para proteger las obras de los ataques aéreos, así como se prepararon medidas arquitectónicas para preservar los monumentos[311]. Con todo, la delicada situación de Madrid movió al gobierno republicano a trasladar su sede a Valencia, y con él viajarían las obras más importantes del tesoro artístico español.

A partir de 1937 se intensificaron los ataques aéreos sobre las ciudades de la zona republicana. Los bombardeos de Durango y Guernica causaron un tremendo impacto en la opinión pública internacional[312]. La Aviación Legionaria italiana, desde su base en Mallorca, castigó prácticamente todas las ciudades y pueblos del litoral mediterráneo. Particularmente graves fueron los bombardeos de Barcelona en enero de 1938[313]. Sin embargo,

---

unas 1.500 aproximadamente, más 2.800 heridos. SOLÉ I SABATÉ, J. M. y VILLARROYA FONT, J.: *España en llamas..., op. cit.*, p.60.

311 Por ejemplo, las fuentes de Cibeles, de Neptuno y de Apolo se revistieron con ladrillos y se les instaló un armazón de madera lleno de arena. COLORADO CASTELLARY, A.: *Éxodo y exilio del arte..., op. cit.*, p.37.

312 En Durango, el ataque causó más de 250 muertes, en su mayoría civiles, y dañó numerosas iglesias y conventos, pero los rebeldes justificaron el ataque alegando la existencia de objetivos militares estratégicos en la ciudad. El ataque deliberado sobre Guernica se saldó con más de 250 víctimas mortales y un total de 271 edificios destruidos, lo que equivaldría, según los estudios de los historiadores Solé y Villarroya, a un 71% de los edificios existentes en aquel entonces, aunque los edificios históricos y los palacios no se vieron afectados. SOLÉ I SABATÉ, J. M. y VILLARROYA FONT, J.: *España en llamas..., op. cit.*, pp.79-80 y 88-92. Los alemanes realizaron el ataque a petición de los mandos españoles, pero no está claro quién dio la orden. Los servicios de propaganda franquista se esmeraron en negar los hechos. Sea como fuere, el historiador Paul Preston concluye que Franco y Mola quedaron satisfechos con el resultado. PRESTON, P.: *El holocausto español..., op. cit.*, p.573.

313 Las cifras hablan por sí solas: el número de víctimas mortales de los bombardeos de enero de 1938 sobre Barcelona sumó más que todas las ocurridas a lo largo de 1937. En el ataque del día 30 de enero de 1938, las bombas lanzadas por la aviación italiana sobre el casco antiguo de la ciudad alcanzaron de pleno la Iglesia de Sant Felip

los bombardeos de marzo de 1938 sobre la capital catalana fueron todavía más sangrientos. El día 16 de marzo, el comandante de la Aviación Legionaria italiana, Vicenzo Velardi, recibió un telegrama con una orden directa de Mussolini: "Iniziare da stanotte azione violenta su Barcelona con martellamento diluito nel tempo"[314]. Durante tres días, la ciudad sufrió bombardeos ininterrumpidos que se ensañaron con los barrios más céntricos de la ciudad. El embajador alemán en Salamanca, Eberhard von Stohrer, escribió lo siguiente sobre lo acontecido en Barcelona:

> "No hay ningún indicio de que se hayan querido tocar objetivos militares. Centenares de casas y calles han sido destruidos por las bombas, que evidentemente tenían un poder de destrucción muy particular. Se han contado hasta ahora 1.000 muertos, pero se presume que numerosos cadáveres están aún entre los escombros. El número de heridos sobrepasa los tres mil."[315]

Según cifras oficiales, el resultado fue de 873 víctimas mortales, de las cuales 118 eran menores, más de 1.500 heridos, 48 edificios totalmente destruidos y 75 más con graves desperfectos[316]. Numerosos edificios emblemáticos de la ciudad fue-

---

Neri, en la que murieron decenas de personas, en su mayoría niños que buscaban refugio bajo su techo. El escándalo internacional que generaron forzó al mando franquista a reducir las incursiones aéreas durante todo el mes de febrero. SOLÉ I SABATÉ, J. M. y VILLARROYA FONT, J.: *España en llamas...*, *op. cit.*, pp.147 y 152-153.

314 Citado en SOLÉ I SABATÉ, J. M. y VILLARROYA FONT, J.: *España en llamas...*, *op. cit.*, p.170.

315 Ibid., pp.179-180.

316 Los historiadores Solé y Villarroya consideran que la cifra real de víctimas fue superior, y la elevan hasta las 979 víctimas mortales a las que se sumarían aquellos cuerpos despedazados que no constan en ningún registro oficial. También describen los lugares en los que cayeron las bombas. Una de las estas dio de pleno en un camión que transportaba explosivos y provocó tal explosión que muy pronto corrieron rumores de que los italianos habían probado en Barcelona una "superbomba". Ibid., pp.172-180.

ron dañados, como el edificio histórico de la Universidad de Barcelona o los mercados de La Boqueria y Santa Caterina. La población quedó aterrorizada.

Las reacciones internacionales no se hicieron esperar[317]. El *premier* británico Neville Chamberlain, el 23 de marzo de 1938, se pronunciaba de la siguiente manera:

> "The rules of international law as to what constitutes a military objective are undefined and pending the conclusion of the examination of this question [...] I am not in a position to make any statement on the subject. The one definite rule of international law, however, is that the direct and deliberate bombing of non-combatants is in all circumstances illegal, and His Majesty's Government's protest was based on information which led them to the conclusion that the bombardment of Barcelona, carried on apparently at random and without special aim at military objectives, was in fact of this nature."[318]

A pesar de las protestas internacionales, los bombardeos de terror contra civiles en ciudades y pueblos de la retaguardia republicana no se detuvieron[319]. La campaña de bombardeos

---

317 Por ejemplo, el Senado de los Estados Unidos aprobó una moción de protesta por los bombardeos sobre los civiles. También la Santa Sede y destacados intelectuales de todo el mundo mostraron su rechazo. Ibid., pp.184-186.

318 Citado en TPIY: *Decision on the Defence Motion for Interlocutory Appeal on Jurisdiction in the case the Prosecutor v. Duško Tadić aka "Dule"*, Appeals Chamber, IT-94-1-AR72, 2 de octubre de 1995, pár.100.

319 El 25 de mayo de 1938, los aviones italianos atacaron el centro de Alicante causando la muerte de 273 personas e hiriendo a 224. Los proyectiles impactaron sobre el mercado central, que en aquella hora rebosaba de gente. Apenas una semana más tarde, el 31 de mayo, la Aviación Legionaria bombardeó la localidad de Granollers, cerca de Barcelona, dañando severamente el núcleo urbano –80 edificios destruidos, incluida la histórica "Porxada" de 1586– y causando más de doscientas víctimas mortales. SOCIEDAD DE NACIONES: "Protection of civilian non-combatant populations against bombing from the air

de los primeros meses de 1938 causó un fuerte impacto en la opinión pública internacional[320]. El bando franquista insistía en que siempre se atacaban objetivos militares, a pesar de las pruebas e imágenes que llegaban al extranjero[321].

---

in case of war", *LNOJ Special Supplement*, nº186, 1938, p.39. SOLÉ I SABATÉ, J. M. y VILLARROYA FONT, J.: *España en llamas...*, *op. cit.*, p.194.

320 La opinión pública de diversos países, especialmente de Francia y Reino Unido, estaba horrorizada por los sucesos que la prensa internacional relataba y la información que el servicio de propaganda de la República publicitaba. Estas circunstancias sirvieron al gobierno español para presionar a Reino Unido para que se tomaran medidas al respecto de los bombardeos aéreos. RUIZ-NÚÑEZ, J.-B.: "La comisión de encuesta sobre los bombardeos aéreos en poblaciones civiles", *Ebre 38. Revista Internacional de la Guerra Civil (1936-1939)*, nº9, año 2019, pp.135-140.

321 A raíz de la destrucción de Guernica se propuso la formación de una comisión internacional para determinar la naturaleza de los bombardeos, pero no obtuvo suficientes apoyos. Fue después de los bombardeos de terror de Barcelona, Alicante y Granollers que el proyecto recibió un nuevo impulso. En junio de 1938, el embajador español en Londres, Pablo Azcárate, propuso a Howard Smith, subsecretario de la Foreign Office y encargado de los asuntos sobre España, la creación de una comisión neutral que determinara si los bombardeos tenían o no por objetivo a la población civil. El gobierno británico aceptó y en agosto de 1938 se constituyó la Comisión, compuesta por dos militares británicos: el capitán Smyth-Pigott y el comandante de artillería F.B. Lejeune. Visitaron la zona republicana a petición del gobierno a lo largo del segundo semestre de 1938. Vid. RUIZ-NÚÑEZ, J.-B.: "La comisión de encuesta sobre los bombardeos...", *op. cit.*, pp.137-147. La Comisión analizó los ataques sobre Alicante, Torrevieja, Tarragona, Sitges y Barcelona que se habían realizado desde mayo de 1938, incluso presenció los bombardeos de agosto en Barcelona –en los que, dicho sea, dos edificios históricos vinculados al gobierno de Cataluña fueron dañados–. En numerosas ocasiones determinó que los ataques eran deliberados o bien realizados contra objetivos legítimos de forma tal que ponían en peligro las vidas de los civiles. Pueden leerse en: SOCIEDAD DE NACIONES: "Protection of civilian non-combatant populations against bombing from the air in case of war", *LNOJ Special Supplement*, nº186, 1938, pp.38-49; y

Los bombardeos aéreos sobre la población civil eran percibidos como actos contrarios al Derecho Internacional. En junio de 1938, las palabras del primer ministro británico reflejaban esa idea:

> "I think we may say that there are, at any rate, three rules of international law or three principles of international law which are as applicable to warfare from the air as they are to war at sea or on land. In the first place, it is against international law to bomb civilians as such and to make deliberate attacks upon civilian populations. That is undoubtedly a violation of international law. In the second place, targets which are aimed at from the air must be legitimate military objectives and must be capable of identification. In the third place, reasonable care must be taken in attacking those military objectives so that by carelessness a civilian population in the neighbourhood is not bombed."[322]

En septiembre de 1938, la Sociedad de Naciones indicó que los bombardeos aéreos sobre la población civil eran una práctica contraria a los principios del Derecho Internacional[323]. Poco más se hizo para detener los bombardeos contra la población civil, que siguieron siendo constantes durante los meses finales de 1938.

Con la caída de Barcelona, el gobierno republicano se instaló en Figueres, cerca de la frontera francesa. En aquella zona se es-

---

SOCIEDAD DE NACIONES: "Air bombardments in Spain", *LNOJ*, vol.20, nº1, enero de 1939, pp.28-34.

322 TPIY: *Decision on the Defence Motion for Interlocutory Appeal on Jurisdiction in the case the Prosecutor v. Duško Tadić, op. cit.*, pár.100.

323 La Asamblea de la Sociedad de Naciones también señaló en su resolución de 30 de septiembre de 1938 que cualquier regulación sobre la cuestión debía fundamentarse en tres principios: en primer lugar, que los bombardeos contra población civil eran ilegales; en segundo lugar, que solamente era legítimo bombardear objetivos militares identificables; y, en tercer lugar, que cualquier ataque contra un objetivo legítimo debía realizarse de tal manera que los civiles no resultaran dañados por negligencia. SOCIEDAD DE NACIONES: "Resolutions Adopted by the Assembly at its Twelfth Meeting, Friday, September 30th, 1938, at 11 a.m.", *LNOJ Special Supplement*, nº183, 1938, pp.135-136.

condió el grueso del tesoro artístico español y catalán, a la espera de que las negociaciones de última hora permitieran evacuarlos al otro lado de la frontera. La derrota republicana en Cataluña desplazó los bombardeos hacia el litoral valenciano, que resistió hasta finales de marzo[324]. El 1 de abril terminaba oficialmente la guerra civil, y con ella los bombardeos, pero la salvaje represión contra los vencidos se alargaría durante muchos años.

4.3.3. Traslado y refugio del tesoro artístico español

Los terribles peligros que vivió el patrimonio histórico-artístico movieron al gobierno republicano a tomar medidas drásticas para su protección. En este sentido, no cabe duda de que la labor que eclipsó a todas las demás fue el traslado de las principales y más célebres obras de arte de Madrid hasta Valencia y, más tarde, resguardarlas en Cataluña antes de abandonar el país hacia Ginebra. Esa experiencia de transporte, refugio y evacuación fue un importante precedente para la futura Convención de La Haya de 1954.

El gobierno republicano siempre trató de mantener bajo su control el tesoro artístico[325]. En noviembre de 1936 comenzó el traslado de obras de arte y otros objetos culturales de gran valor. La operación fue precipitada pero exitosa, pues las obras llegaron a Valencia prácticamente sin haber sufrido ningún daño[326]. En el plano internacional, la Oficina Internacional

---

324 La ciudad de Valencia, especialmente la zona del puerto, sufrió bombardeos constantes entre febrero y marzo de 1939, así como Alicante, Denia, Gandía Torrevieja, Santa Pola y Cartagena. SOLÉ I SABATÉ, J. M. y VILLARROYA FONT, J.: *España en llamas...*, *op. cit.*, p.246-251.

325 COLORADO CASTELLARY, A.: *Éxodo y exilio del arte...*, *op. cit.*, 51.

326 El 10 de noviembre de 1936 se inició el traslado de las obras del Palacio Real, el Museo del Prado, El Escorial, de la Academia de Bellas Artes de San Fernando, del Palacio de Liria, del Museo de Arte Moderno, el Museo de Lázaro Galdeano, el Museo de Cerralbo, así como piezas

de Museos (OIM), organismo dependiente de la Sociedad de Naciones, abanderó los esfuerzos para la adopción de medidas de protección y evacuación del tesoro artístico español en los primeros meses de la guerra, aunque sus estatutos le impedían intervenir directamente en los conflictos internos de un Estado[327]. Con el empeoramiento de la situación se instó al gobierno republicano a que evacuara las obras de arte al extranjero hasta que terminara el conflicto, pero este se opuso rotundamente por el temor de perder el control sobre el tesoro artístico. En la decisión también influyeron la falta de garantías jurídicas y, en aquellos días, la confianza que todavía se tenía en la victoria[328]. La Generalitat de Cataluña, por ejemplo, adoptó la posición opuesta[329]. Ante la negativa del gobierno republicano, la OIM

---

histórico-artísticas de iglesias y conventos, de organismos oficiales y colecciones privadas. Muchas obras salieron sin contar con medidas de protección suficientes en cuanto a embalaje, impermeabilidad y otras medidas técnicas, lo cual acarreó fuertes críticas al gobierno republicano. A pesar de todo, solamente sufrieron daños menores la Carga de los Mamelucos y la parte superior derecha de La familia de Carlos IV, ambas de Goya. Se trasladaron más de medio millar de cuadros y casi la totalidad de los tapices de la colección real, además de miles de libros, documentos y otros objetos histórico-artísticos. Álvarez Lopera destaca que el éxito de la operación se debió al celo que pusieron los encargados de las expediciones en proteger las obras. ÁLVAREZ LOPERA, J.: *La política de bienes culturales..., vol. I, op. cit.*, p.162. En Valencia, las obras se depositaron en las Torres de Serrans y en la Iglesia del Patriarca, ambos lugares ofrecían condiciones adecuadas para albergar las piezas artísticas. Además, se realizaron diversas obras para mejorar y acondicionar los espacios para mitigar los efectos de los bombardeos aéreos y terrestres, de las explosiones e incendios, y de los cambios de temperaturas. ÁLVAREZ LOPERA, J.: *La política de bienes culturales..., vol. II, op. cit.*, pp.21-24.

327 SAN MARTÍN CALVO, M.: *Bienes culturales y conflictos armados, op. cit.*, p.54.

328 Ibid., p.54.

329 El gobierno de la Generalitat de Cataluña decidió trasladar parte sus obras más importantes a Francia para exhibirlas en una exposición

redirigió sus esfuerzos a la preparación de un anteproyecto de convenio para la protección de monumentos y obras de arte en situación de conflicto armado[330].

En marzo de 1938, la mayor parte de las obras se trasladaron de Valencia a Cataluña, y se diseminaron por diferentes localidades catalanas próximas a la frontera francesa[331]. La preocupación por la integridad del tesoro artístico aumentó tanto dentro como fuera de España debido a la inminente derrota republicana en Cataluña. Entre diciembre de 1938 y enero de 1939 se creó el Comité Internacional para Salvación de los Tesoros del Arte Españoles, con el objetivo de negociar con el gobierno republicano un acuerdo para el traslado y el transporte de las obras a Ginebra, como depósito a título personal a cargo de Jacques Avenol, el entonces Secretario General de la Sociedad de Naciones[332].

---

de arte medieval catalán celebrada en París en 1937. Al terminar la exposición, las obras se trasladaron al castillo de Maisons-Laffitte, donde permanecieron hasta su regreso a España en septiembre de 1939. La idea era alejar las obras de los peligros de la guerra enviándolas a países con gobiernos amigos. En 1938, se trató de enviar a Nueva York algunas obras resguardadas en Olot para otra exposición, pero el gobierno central se negó. ÁLVAREZ LOPERA, J.: *La política de bienes culturales..., vol. I, op. cit.*, p.145.

330 SAN MARTÍN CALVO, M.: *Bienes culturales y conflictos armados, op. cit.*, p.55. Vid. infra capítulo I, apartado 4.3.4.

331 Las más célebres fueron repartidas entre el castillo de San Fernando de Figueres, el castillo de Perelada –que albergó las obras más importantes del Museo del Prado– y la mina de talco de La Vajol. Las obras de arte del patrimonio catalán fueron depositadas en otros refugios instalados en masías más o menos aisladas en localidades como Olot, Darnius, Agullana o Bescanó. COLORADO CASTELLARY, A.: *Éxodo y exilio del arte..., op. cit.*, pp.83-85.

332 Este ente estuvo compuesto por los representantes de las principales instituciones culturales europeas. El Comité se configuró entre el 23 y el 29 de enero de 1939. Fue presidido por D. David-Weill, presidente del Conseil des Musées Nationaux y miembro del Institute de France y de

El día 3 de febrero de 1939 se cerró, no sin dificultades, el Acuerdo de Figueres[333]. El documento resultante[334], cuyo original es en francés, estaba compuesto de nueve cláusulas escritas a máquina con un tipo de letra, al que se añadieron a mano dos partes (una en la cláusula sexta y otra en la novena), y un postscriptum escrito a máquina en un tipo de letra distinto y lleno de errores tipográficos y ortográficos[335]. El Acuerdo de Figueres estipulaba que el transporte de las obras hasta la frontera francesa se realizaría bajo seguridad del Gobierno español y, a partir de ahí, el transporte a Ginebra correría a cargo del Comité Internacional, que asumiría los costes, y sería custodiado por fuerzas francesas. El Comité Internacional debía inventariar las obras una vez entregadas para su depósito al Secretario General de la Sociedad de Naciones. Este último se comprometía a guardarlas y devolverlas al Gobierno de España cuando la guerra hubiera terminado. El Gobierno republicano, en la cláusula novena y el párrafo final, se esmeró en dejar claro que las obras del patri-

---

la Académie des Beaux-Arts y vicepresidente de la Union Centrale des Arts Décoratifs. El secretario del Comité sería Jacques Jaujard, subdirector de los Musées Nationaux. El resto de los miembros puede leerse en COLORADO CASTELLARY, A.: *Éxodo y exilio del arte...*, *op. cit.*, p.108.

333 El gobierno español tenía serias dudas acerca de las garantías de devolución de las obras y respecto de la evacuación de estas. El gobierno republicano temía que al cruzar la frontera las obras fueran embargadas o pasaran al otro bando. Finalmente lo firmaron el ministro Álvarez del Vayo, como representante del Estado español, y Jacques Jaujard, como representante del Comité Internacional. También estamparon su firma como testigos Neil MacLaren, Timoteo Pérez Rubio (Presidente de la Junta Central del Tesoro) y Miguel Ángel Marín (director de la sección política y diplomática del ministerio del Estado). Ibid., pp.138-140.

334 El texto completo del documento original, así como su traducción al castellano, se encuentran citados en COLORADO CASTELLARY, A.: *Éxodo y exilio del arte...*, *op. cit.*, pp.151-153.

335 Ibid., p.143.

monio artístico pertenecían a la nación española y no podían ser enajenadas, embargadas o retenidas, es decir, que quería "afirmar su voluntad de que en ningún caso pueda ser limitada la propiedad de las obras, ni su posesión por la nación española cuando la paz se restablezca". La naturaleza y el contenido del Acuerdo de Figueres presentan numerosos problemas jurídicos[336]. Colorado Castellary sintetiza la controversia como sigue:

> "Nos encontramos, pues, ante tres actores del Acuerdo de Figueras: el Comité Internacional, redactor y firmante del texto, sin personalidad jurídica suficiente para ser considerado sujeto de un tratado internacional y, de hecho, mediador entre las otras dos partes; el Gobierno de la República española, firmante con capacidad jurídica pero en circunstancias extremadamente difíciles para hacer valer su postura, destinatario de las negociaciones y que, con un gran sentido de responsabilidad, consiguió incluir en el texto la defensa y garantía del carácter inalienable de las obras de arte, punto principal de su preocupación; y, por último, el Secretario General de la Sociedad de Naciones, parte no firmante del Acuerdo pero que apoyaba personalmente, así como sus consecuencias prácticas, que asumía su parte de responsabilidad individual pero que, a pesar de carecer de una decisión de la Asamblea o del Consejo que le respaldase, comprometía con su aceptación al organismo internacional, que se convertía por ello en parte del Acuerdo."[337]

---

336 Según Colorado Castellary, el Acuerdo de Figueres sería "un contrato de depósito, traslativo de la posesión [...], dirigido a la conservación, guardia y custodia del tesoro artístico, que no da derecho al depositario de usar la "cosa" sin permiso del depositante". El contrato era de carácter temporal, de manera que cuando llegara "el día en que la paz sea restablecida en España" las obras debían devolverse al mismo depositante o aquel que reuniera las condiciones establecidas por él. Este elemento era problemático porque entre las obras sujetas al Acuerdo de Figueres había colecciones privadas y otras de titularidad pública. Un análisis más detallado de las cuestiones jurídicas más relevantes sobre el Acuerdo de Figueres puede leerse en: Ibid., pp.155-159.

337 Ibid., p.159.

La evacuación hacia Francia se efectuó entre el 4 y el 9 de febrero en un total de 71 camiones[338]. La mayoría de las obras no cruzaron jamás y se quedaron en los depósitos de Perelada, Darnius, Olot o Figueres; algunas fueron dañadas por el pillaje republicano de última hora o desaparecieron[339]. Las que sí lograron traspasar la frontera llegaron a Ginebra el día 13 de febrero[340]. Las piezas se depositaron en la sede de la Sociedad de Naciones,

---

338 Entre el día 4 y el 5 de febrero cruzaron la frontera por Le Perthus 29 camiones cargados con obras de la Junta Central del Tesoro depositadas en La Vajol, Figueres y Perelada. Los días 6 y 7 se suspendieron los traslados debido a los intensos bombardeos y a la aproximación de los combates a Figueres. El mando militar franquista conocía la ubicación de los refugios y el plan de la evacuación. Aun así, bombardeó las carreteras por donde pasaron los convoyes y las poblaciones en las que se resguardaban. Colorado Castellary mantiene que no puede afirmarse la intención de destruir el tesoro artístico, pues los refugios no fueron atacados. Además, el gobierno republicano actuó temerariamente al situar los depósitos en el mismo lugar o en las inmediaciones de las oficinas del gobierno, en ese entonces consideradas objetivos militares. Tras este parón de dos días, se reemprendió la evacuación de obras del patrimonio catalán en Darnius, Agullana y más obras procedentes de Perelada en 26 camiones. El día 9, los últimos 16 camiones cargados con obras de Perelada, algunas sin embalar, entraban apresuradamente en Francia poco antes de la llegada de las tropas franquistas a la frontera. Ibid., pp.171-188. Álvarez Lopera detalla que se logró evacuar lo más destacado del patrimonio español, al que se sumaban diversas piezas del patrimonio catalán. Una lista de las obras de arte y objetos que cruzaron la frontera en ÁLVAREZ LOPERA, J.: *La política de bienes culturales..., vol. II, op. cit.*, pp.33-35.

339 COLORADO CASTELLARY, A.: *Éxodo y exilio del arte..., op. cit.*, p.204.

340 La aduana suiza contabilizó 1.868 "colis", mientras que la documentación de la Sociedad de Naciones habla de 1.845 o 1.846 cajas. Esa diferencia de 22 o 23 unidades se debe a que serían obras catalanas no embaladas –y, por tanto, no contabilizadas como cajas por el Comité Internacional–. Colorado Castellary apunta que "coli" en castellano puede traducirse por "bulto", lo cual incluiría las cajas y las obras no embaladas. Ibid., pp.217-218.

mientras el rebautizado Comité Internacional para la Conservación de las Obras de Arte Españolas realizaba un inventario de las obras salvadas que terminó el 24 de marzo[341]. En general, las obras del tesoro artístico español presentaban un buen estado[342].

El gobierno franquista, ya reconocido por buena parte de los Estados europeos, incluidos Francia y Reino Unido, recuperó las obras del tesoro artístico dos días antes del final de oficial de la guerra civil[343]. Después de la devolución formal, algunas obras permanecieron unos meses más en Ginebra para una exposición que sirvió a los intereses políticos y propagandísticos del gobierno de Franco[344]. Las que no se exhibieron, volvieron

---

341 El nuevo Comité Internacional para la Conservación de las Obras de Arte Españolas contaba con los mismos miembros que el anterior Comité Internacional, pero ahora con carácter oficial, ya que estaría dirigido por una agrupación de museos de varios países. Se le encargaron las labores de inventario, conservación y vigilancia hasta que las obras fueran entregadas al gobierno español. Ibid., pp.225-227.

342 Únicamente presentaban daños leves tres cuadros de Goya: *La familia de Carlos IV*, que resultó dañada al ser evacuada de Madrid; y el *Dos de Mayo* y el *Tres de Mayo*, que sufrieron desgarrones en la tela durante un bombardeo. Afortunadamente, se habían salvado de la destrucción las más valiosas y destacadas maravillas del tesoro artístico: obras de Murillo, Velázquez, El Greco, El Bosco, Goya, Rafael, Tiziano, Veronese, Peter Brueghel, Rubens, Rembrandt y otros muchos grandes maestros, procedentes de los principales museos y colecciones de la capital; los tapices del Palacio Real, de El Escorial y el Palacio del Pardo; manuscritos y libros y otras piezas de gran valor histórico-artístico. En cambio, el inventario de las obras catalanas ofrecía una estampa diferente: muchas no podías ser identificadas porque no disponer de la documentación de las Juntas de Cataluña, no se indicaba la procedencia y algunas presentaban unas condiciones deplorables. Ibid., pp.252-253.

343 Ibid., p.274.

344 La idea de celebrar una exposición había surgido con anterioridad a la evacuación de las obras. Originalmente, debía celebrarse con el objetivo de sufragar los gastos en los que incurrió el Comité Internacional durante la evacuación y el traslado a Ginebra. El gobierno

a España en dos viajes[345]. El 31 de agosto de 1939 se clausuró la exposición y el día 5 de septiembre, con la Segunda Guerra Mundial ya en marcha, las obras abandonaron Ginebra en dirección a España, donde llegarían pocos días después[346].

---

franquista aceptó realizar la exposición, pero con dos condiciones: (1) sacar las obras de la Sociedad de Naciones, organización que el gobierno de Franco detestaba y que España abandonó el 8 de mayo de 1939, y (2) trasladarlas a los edificios del gobierno del Cantón de Ginebra, cuyo dirigente, Adrien Lachenal, tenía estrechas relaciones tanto con los franquistas como con en el Comité Internacional. La exhibición, inaugurada el 1 de junio de 1939, constó de 112 pinturas de autores españoles y 62 de otros maestros extranjeros (como Rubens o Durero). La mayoría de las obras (152) pertenecían al Museo del Prado, y el resto a la Academia de Bellas Artes de San Fernando (10), el Palacio Real (3), El Escorial (7), un Greco del Hospital de la Caridad de Illescas y un cuadro de Goya de una colección particular, además de los 21 tapices del Palacio Real. Visitaron la exposición aproximadamente 400.000 personas, entre las cuales numerosas personalidades del mundo de la política, jefes de Estado, aristócratas –como el exiliado rey Alfonso XIII o los duques de Windsor–, intelectuales y artistas de renombre, así como viajes organizados de estudiantes, universitarios y ciudadanos de muchos rincones del mundo. A pesar del éxito, numerosos medios de prensa y personalidades, no solo de la izquierda, criticaron la exposición como una clara maniobra propagandística del gobierno de Franco y la falta de reconocimiento a la labor del gobierno republicano y del Comité Internacional en la salvación del patrimonio histórico-artístico español. Ibid., pp.277-332.

345 El primer viaje salió de Ginebra el 9 de mayo y llegó a Madrid el 14 del mismo mes. El segundo, partiría de Suiza el día 16 de junio y entraría en España al día siguiente. Ibid., p.287-288.

346 El día 7 llegaron a Irún y el día 9 los cuadros de El Prado y de otros museos, junto con los tapices, regresaban a la capital. El Museo del Prado reabrió sus puertas el 7 de julio de 1939. Poco después, el gobierno de Franco negoció con el gobierno títere de Vichy el retorno a España de algunas obras que permanecían en Francia desde las guerras napoleónicas. Entre otras, regresaron la Inmaculada de Murillo, que el general Soult se llevó, o la célebre Dama de Elche (que en 1970 fue

4.3.4. El anteproyecto de Convenio sobre la protección de monumentos y obras de arte en conflicto armado de 1938

La devastación en España volvió a situar en la escena internacional la cuestión de la protección de monumentos y obras de arte en caso de guerras y conflictos civiles[347]. En 1936, el delegado de Bolivia en la Sexta Comisión de la Asamblea General de la Sociedad de Naciones sugirió que se tomaran acciones para salvaguardar los tesoros artísticos y culturales españoles de los peligros de la guerra, habida cuenta de su importancia para la "civilización en su conjunto"[348]. España y el resto de las delegaciones recibieron favorablemente la propuesta.

Se encargó a la OIM que examinara la cuestión, y esta, a su vez, encomendó al ilustre jurista belga Charles de Visscher la redacción de un informe que abordara el problema, poniendo atención en los trabajos realizados por el comité de expertos de la Conferencia de Washington de 1922 –los redactores de las Reglas de la Guerra Aérea– y el cuestionario preparado por

trasladada al Museo Arqueológico Nacional), junto con documentos y otras obras de gran valor histórico. Ibid., pp.347-351 y pp.356-357.

347 En los años previos a la guerra civil, la Sociedad de Naciones emprendió algunas iniciativas de poco alcance dirigidas a fortalecer la protección monumentos y obras de arte. La preparación de un tratado en esta materia no había obtenido un respaldo suficiente debido a que la Organización priorizó sus esfuerzos en asegurar la paz y el desarme. Sin embargo, "the events in Spain have again brought the question, in an acute form, to the attention of national administrations and of public opinion". SOCIEDAD DE NACIONES: "Report of the International Committee on Intellectual Co-operation on the Work of its Nineteenth Session (July 1937)", *LNOJ*, año 18, nº12, diciembre de 1937, p.1047.

348 SOCIEDAD DE NACIONES: "Work of the Intellectual Co-operation Organisation: Report of the Sixth Committee to the Assembly", *LNOJ Special Supplement*, nº161, 1936, p.57.

la Sociedad Holandesa de Arqueología en 1919[349]. El Comité Internacional de Cooperación Intelectual, dependiente de la Sociedad de Naciones, aprobó el informe y animó a preparar un borrador de texto convencional para ser discutido y posteriormente ratificado por los Estados en una conferencia diplomática a tal efecto[350]. Un comité de expertos designado por la OIM preparó el borrador[351]. Los miembros del comité explicaron sus intenciones de la siguiente manera:

> "In seeking solutions for the various problems that arise in connection with a system of international regulation of this kind, the Committee endeavoured to lay down rules whereby the exigencies of war might be reconciled with the maximum degree of safety for threatened monuments and works of art. A perusal of these clauses will make it clear that the Committee has carefully refrained from proposing any rules or measures which would prove inoperative or inapplicable when the time came. It preferred to confine itself to what seemed feasible in practice, rather than aim at a higher mark and a more complete programme which would inevitably involve breaches of the projected international convention."[352]

---

349 SOCIEDAD DE NACIONES: "Report of the International Committee...", *op. cit.*, diciembre de 1937, p.1047.

350 O'KEEFE, R.: *The Protection of Cultural Property in Armed Conflict, op. cit.*, pp.52-53.

351 El comité estaba formado por Geouffre de Lapradelle, profesor de Derecho Internacional en París; Nikolaos Politis, ministro griego; Charles de Visscher, profesor de Derecho Internacional y miembro de la Corte Permanente de Justicia Internacional; F. Moineville, inspector de Defensa Antiaérea en el Ministerio del Aire francés; y G.J. Sas, del Ministerio Nacional de Defensa holandés. El texto fue elaborado en dos sesiones celebradas en noviembre de 1937 y abril de 1938. SOCIEDAD DE NACIONES: "Report by M. de Reynold (Rapporteur) on the Work of the International Committee on Intellectual Cooperation at its Twentieth Session (July I938)", *LNOJ*, año 19, nº11, noviembre de 1938, p.937.

352 Ibid., p.937.

El resultado fue un texto legal formado por trece artículos más unas disposiciones para su correcta aplicación. El anteproyecto consolidaba la idea de que la protección de los monumentos y obras de arte era un asunto que concernía a la comunidad internacional en tanto que "the destruction of a masterpiece, whatever nation may have produced it, is a spiritual impoverishment for the entire international community"[353]. El texto se basaba en una serie de principios fundamentales como la adopción de medidas de protección en tiempos de paz; la formación de las tropas; la introducción de reglas en los manuales militares para asegurar el respeto; o la obligación de perseguir y castigar el saqueo, el daño o la destrucción de los bienes protegidos [354]. Una definición de los bienes protegidos no aparece explícitamente en el texto legal. Las referencias de forma genérica a "monumentos históricos y artísticos" u "obras de arte o de interés histórico" hacen pensar que se protegen tanto bienes muebles como inmuebles con cierto valor histórico o artístico[355]. No obstante, a pesar de la imprecisión de los términos, el profesor O'Keefe sugiere que

---

353 Considerandos 1 y 2 del Preámbulo del Anteproyecto de Convención Internacional para la Protección de los Edificios Históricos y las Obras de Arte en Tiempo de Guerra. El texto completo del anteproyecto puede leerse en: SOCIEDAD DE NACIONES: "Report by M. de Reynold (Rapporteur) on the Work of the International Committee on Intellectual Co-operation at its Twentieth Session (July 1938)", *LNOJ*, año 19, nº11, noviembre de 1938, pp.937-941.

354 TOMAN, J.: *The Protection of Cultural Property…, op. cit.*, p.19; Los principios a los que se refiere Toman se encuentran en los tres primeros artículos del anteproyecto.

355 En el anteproyecto se optó por abandonar la tradicional inclusión de los monumentos junto con otros edificios dedicados al culto, a las ciencias o a la beneficencia, propio de los artículos 27 y 56 del Reglamento de 1907 o del artículo 25 de las RGA para evitar dificultades en su aplicación. O'KEEFE, R.: *The Protection of Cultural Property in Armed Conflict, op. cit.*, pp.55-56.

no todos los monumentos debían entenderse protegidos, sino solamente aquellos con gran valor histórico o artístico[356].

El artículo 4 instituía la figura de los refugios –que bien podían ser edificios construidos a tal efecto o bien ser edificios históricos o grupos de estos– para albergar los bienes muebles protegidos. Los Estados Parte se comprometían a abstenerse de realizar cualquier acto de hostilidad contra ellos siempre que cumplieran los requisitos estipulados. Para concederles inmunidad, los refugios, previamente notificados en tiempos de paz, debían situarse a más de 20 kilómetros del lugar en el que previsiblemente se desarrollarían las operaciones militares, así como de líneas de comunicación, objetivos militares o grandes centros industriales. Además, no podrían ser usados con fines militares directa o indirectamente. La inmunidad otorgada a los refugios también podía extenderse a "monuments the preservation of which [...] is of fundamental importance to the international community", aunque no se cumplieran los requisitos del artículo 4, sobre la base de acuerdos especiales recíprocos entre Estados Parte en virtud del artículo 6.

El artículo 5 establecía el compromiso de los Estados Parte de tomar precauciones en los ataques para no dañar los monumentos históricos y artísticos, así como asegurar que su uso o localización no los expondría a un ataque. En virtud del mismo artículo, podía otorgarse una protección especial a monumentos o grupos de ellos siempre que estuvieran a más de 500 metros de un objetivo militar, y ligada a que no fueran usados directa o indirectamente con fines militares. El aislamiento geográfico de los bienes culturales, como medida de protección, ya había sido sugerida en las Reglas de la Guerra Aérea de 1923. El razonamiento partía de la idea de que, al sacar los bienes culturales de la zona de las operaciones

356 Ibid., p.56.

militares, no se convertirían en objetivos militares, puesto que al estar aislados ninguna ventaja militar justificaría su destrucción[357].

En lo referente al transporte de obras, el anteproyecto trasluce una poderosa influencia de los acontecimientos de la guerra civil española. En virtud del artículo 9, un Estado en situación de conflicto armado que viera peligrar la integridad de su tesoro artístico podía trasladar a otro país todas o parte de las obras de arte en su posesión a fin de salvaguardarlas. La obligación de recibirlas se impone al resto de Estados[358]. La inmunidad en el transporte se garantizaría siempre que el traslado se hiciera bajo supervisión internacional. Además, tanto en el traslado como en la custodia en el extranjero, las obras de arte no podrían ser confiscadas o enajenadas.

Los redactores del anteproyecto comprendieron que los monumentos y obras de arte también corrían peligro en tiempo de conflictos armados internos, como estaba demostrando la guerra civil en España. Por esta razón, el anteproyecto contemplaba en el artículo 10 la extensión de una mínima protección a situaciones de "disturbances or armed conflicts within a country". Sin duda, las medidas que los Estados Parte debían tomar en tiempos de paz –ex artículo 1– ayudarían a mitigar esos peligros, pero los redactores entendían que hacían falta algunas disposiciones específicas para esas situaciones. Así, en virtud del artículo 10, los Estados Parte podrían ofrecer su asistencia a las partes beligerantes para salvaguardar los monumentos y obras

---

357 Así lo apuntaba el Comité Internacional de Cooperación Intelectual en su informe sobre el anteproyecto: "whereas previously it was sought to protect artistic monuments and works of art by restricting the destructive effects of war –often to the detriment of important military interests– the International Museums Office advocates action in the opposite direction and deliberately bases the protection of the monuments on the absence of any serious military advantage in their destruction". SOCIEDAD DE NACIONES: "Report by M. de Reynold (Rapporteur) on the Work of the International Committee…", *op. cit.*, p.961.

358 Ibid., p.962.

de arte amenazados; de igual manera, asumían el compromiso de recibir en sus territorios las obras de arte amenazadas por una contienda civil. La posición de la OIM era clara en este aspecto: "one of the essential means of ensuring protection should consist in removing works of art to a place of safety, outside the country in which civil disorder has broken out"[359]. Así pues, mientras el conflicto armado estuviera vigente, los objetos protegidos permanecerían en el extranjero a la espera de que terminara la guerra, y ni depositario ni depositante podrían disponer de ellas. El anteproyecto también contemplaba otras cuestiones como el señalamiento de los monumentos bajo protección especial y los refugios inmunes mediante un emblema (artículo 7); la prohibición de las represalias contra los bienes protegidos (artículo 8); o el control de las infracciones del texto legal (artículo 11).

La conferencia internacional que debía discutir y adoptar este anteproyecto nunca llegó a celebrarse debido al estallido de la Segunda Guerra Mundial. La OIM trató de sobreponerse al fracaso con la aprobación de una declaración con diez principios fundamentales sobre la protección de monumentos históricos y obras de arte en conflicto armado al que los Estados podían adherirse, pero la invasión alemana de Bélgica y Países Bajos en 1940 dio al traste con esta posibilidad[360].

---

359 Ibid., p.962.

360 TOMAN, J.: *The Protection of Cultural Property*..., *op. cit.*, p.19; O'KEEFE, R.: *The Protection of Cultural Property in Armed Conflict*, *op. cit.*, p.61.

5. LA DESTRUCCIÓN Y EL SAQUEO DURANTE LA SEGUNDA GUERRA MUNDIAL

5.1. Los bombardeos estratégicos y la destrucción de ciudades

El 1 de septiembre de 1939 las tropas del Tercer Reich cruzaban la frontera con Polonia. Dos días más tarde, Francia y Reino Unido declaraban la guerra a Alemania, dando comienzo oficialmente a la Segunda Guerra Mundial. La contienda bélica, que se propagaría por todo el mundo, daría lugar a una destrucción sin precedentes en la historia de la Humanidad. Los efectos de la contienda sobre los bienes culturales, tanto por el alcance geográfico como por volumen de pérdidas, impiden una descripción exhaustiva, por lo que nos centraremos en los acontecimientos en Europa, habida cuenta de la proximidad.

La Segunda Guerra Mundial comenzó sin haberse consolidado ninguna norma nueva respecto de la protección de los bienes culturales. Las Reglas de La Haya continuaban siendo las normas fundamentales en esta materia. Sus defectos, sobradamente conocidos tras la Primera Guerra Mundial, seguían siendo los mismos. Así pues, en términos de destrucción cultural, entre 1939 y 1945, los daños fueron inconmensurables, no solo por causa de los bombardeos aéreos o por los combates, sino también por la situación de ocupación prolongada de muchos territorios de Europa, que en algunos casos duraría prácticamente hasta el final del conflicto armado.

El mismo día que el Tercer Reich invadía Polonia, el presidente de los Estados Unidos, Franklin D. Roosevelt, enviaba un mensaje urgente a las distintas potencias beligerantes para que limitaran sus ataques a objetivos militares, lo cual fue rápidamente aceptado por Alemania[361], Polonia[362], Reino Unido[363] y Francia[364]. En el mismo sentido, el 3 de septiembre, Francia y Reino Unido acordaron limitar los bombardeos por tierra, mar y aire exclusivamente contra objetivos militares, siempre que las potencias enemigas así lo hicieran, pero ese compromiso apenas duró un año[365].

Los bombardeos aéreos causaron enormes daños sobre los bienes culturales. No había una normativa vinculante que regulara esta cuestión satisfactoriamente, pues las Reglas de la Guerra Aérea de 1923 no entraron en vigor nunca[366]. Aunque las potencias habían acordado limitar los bombardeos aéreos contra los objetivos militares, el problema radicaba en la laxitud en la interpretación del concepto. La extensión a todo aquello que afectara a la capacidad bélica del enemigo ponía en peligro prácticamente todas las ciudades. Por consiguiente, a mayor

---

361 AXTON, M.F., CHURCHILL, R.P., PRESCOTT, F.C., REID, J.G., SAPPINGTON, N. O., GATES, L.E., PHILLIPS, S.L. (Eds.): *Foreign Relations of the United States Diplomatic Papers, 1939, General, Volume I*, United States Government Printing Office, Washington, 1956, doc.568. Disponible en: https://history.state.gov/historicaldocuments/frus1939v01 (Consultado: 10 de marzo 2021).

362 Ibid., doc.570.

363 Ibid., doc.569.

364 Ibid., doc.571.

365 El compromiso fue retirado oficialmente por Reino Unido tras el ataque aéreo sobre Roterdam durante la ofensiva nazi contra Bélgica, Países Bajos, Luxemburgo y Francia. O'KEEFE, R.: *The Protection of Cultural Property in Armed Conflict, op. cit.*, p.64.

366 Arthur "bomber" Harris, el jefe del Bomber Command británico, condensaba esa idea en su libro de 1947 respecto de las reglas de la guerra aérea reconocidas por el DIP: "International law can always be argued pro and con, but in this matter of the use of aircraft in warfare there is... no international law at all", citado en LAMBOURNE, N.: *War Damage in Western Europe. The Destruction of Historic Monuments During the Second World War*, Edinburgh University Press, Edinburgh, 2001, p.35. Sobre las Reglas de la Guerra Aérea vid. Supra capítulo I, apartado 4.2.

concentración de objetivos militares, mayores riesgos de destrucción o daños a los monumentos históricos y otros edificios protegidos por las leyes de la guerra[367].

En los primeros meses de la contienda, la Luftwaffe concentró sus bombardeos en apoyar las operaciones bélicas terrestres. Esta táctica demostró su éxito en las campañas de Polonia, los Países Bajos y Francia. El uso de la aviación militar en operaciones de bombardeo estratégico por parte de Alemania fue más reducido en comparación con las campañas aliadas[368]. El violento bombardeo de Rotterdam por parte de la Luftwaffe el 14 de mayo de 1940 marcó un cambio en la contención de los Aliados respecto de los ataques aéreos sobre grandes núcleos urbanos. A partir de entonces, el gobierno británico autorizó los bombardeos estratégicos sobre el Tercer Reich y su retaguardia, aunque inicialmente se limitaron a objetivos militares e industriales[369].

El último trimestre de ese año se intensificaron los bombardeos sobre importantes núcleos industriales de Reino Unido, causando numerosas bajas civiles y daños de distinta gravedad en algunos monumentos históricos[370]. Coventry, cuya catedral fue casi completamente arrasada por la Luftwaffe el 14 de noviembre de 1940, se convirtió en un símbolo de los aterradores bombar-

---

367 O'KEEFE, R.: *The Protection of Cultural Property in Armed Conflict, op. cit.*, pp.63-65.

368 Ibid., p.62.

369 MÜLLER, R.-D.: *La muerte caída del cielo: Historia de los bombardeos durante la Segunda Guerra Mundial*, Ediciones Destino, Barcelona, 2008, pp.85-87.

370 Londres, Southampton, Birmingham, Bristol, Plymouth, Liverpool, Manchester fueron duramente bombardeadas con los consiguientes desperfectos en edificios históricos, como por ejemplo las catedrales de Birmingham o la de Manchester, o los edificios de época más moderna como el Royal Exchange o el Free Trade Hall, ambos en Manchester. LAMBOURNE, N.: *War Damage in Western Europe…, op. cit.*, pp.46-47.

deos contra la población civil[371]. También Londres sufriría duros ataques que dañaron numerosos edificios emblemáticos[372].

El ataque aéreo sobre Lübeck el 28 y 29 de marzo de 1942 marcó un cambio de tendencia en la política de bombardeos aliada[373]. La ciudad había sido la capital de la Liga Hanseática durante los siglos XIII y XIV, por lo que poseía un casco histórico densamente poblado, pero no era un objetivo militar ni industrial de importancia. El ataque aéreo con bombas explosivas e incendiarias destruyó por completo el casco histórico de la ciudad y causó centenares de víctimas mortales. Ese bombardeo desencadenó una escalada de las represalias. Hitler respondió ordenando el ataque deliberado de objetivos no militares de alto valor histórico-cultural para los británicos con la finalidad de

---

371 Coventry poseía una potente industria aeronáutica. Los alemanes descargaron 503 toneladas de bombas explosivas combinadas con 31 toneladas de incendiarias, causaron 554 muertos y 865 heridos. Los británicos emplearon la destrucción de la catedral como una herramienta propagandística para relatar el barbarismo alemán contra la población civil. MÜLLER, R.-D.: *La muerte caída del cielo..., op. cit.*, p.113.

372 Londres fue bombardeada en múltiples ocasiones, pero el ataque aéreo del 10 de mayo de 1941 fue el más duro. Numerosos monumentos londinenses fueron dañados como la Abadía y el Palacio de Westminster, la Torre de Londres, el Museo Británico, la National Gallery, la National Portrait Gallery, la Tate Gallery o la Wallace Collection. La autora Nicola Lambourne resume con claridad los efectos del bombardeo en los monumentos: "a little damage to a lot of monuments". LAMBOURNE, N.: *War Damage in Western Europe…, op. cit.*, p.50.

373 El ascenso del mariscal del aire Arthur Harris al mando del Bomber Command en febrero de 1942 supuso un giro en la política de bombardeos aliada. Harris apostaba por la destrucción total de la capacidad bélica del enemigo mediante bombardeos intensos en las ciudades industriales, sin miramientos hacia consideraciones humanitarias. Incluso se acuñó el concepto de "dehousing" para definir la destrucción planificada de los barrios de viviendas para causar un mayor impacto en la moral del enemigo. MÜLLER, R.-D.: *La muerte caída del cielo…, op. cit.*, pp.159-161.

minar su moral[374]. Por su parte, los aliados prosiguieron con su política de bombardeos estratégicos sobre ciudades alemanas. El punto de inflexión fue el bombardeo de Colonia del 30 al 31 de mayo de 1942, en el que, por primera vez en la historia, se congregaron más de mil aviones y convirtieron en polvo un tercio de la superficie de la ciudad[375].

A partir de 1943, los bombardeos aliados se concentraron en desmantelar el potencial militar-industrial del Tercer Reich con ataques constantes. En algunos casos, la magnitud de las operaciones congregó miles de aviones en verdaderas tormentas de fuego[376]. Las palabras de Arthur Harris, el jefe del Bomber Command británico, dirigidas a Charles Portal, jefe del Estado Mayor del Aire, en una carta fechada del 25 de octubre de 1943 hablan por sí solas:

---

374 La Luftwaffe bombardeó Exeter (23 a 25 abril y 3 de mayo), Bath (25 y 26 de abril), Norwich (27 y 29 de abril, 8 de mayo), York (28 de abril), Canterbury (31 de mayo). Los bombardeos de ciudades históricas británicas se conoció como "Baedecker Raids", en alusión a las guías turísticas alemanas del mismo nombre. Ibid., p.165; LAMBOURNE, N.: *War Damage in Western Europe…, op. cit.,* p.53.

375 Fue conocida como la Operación Millenium. Un total de 1.047 aviones descargaron 1.323 toneladas de bombas de diversos tipos. El resultado fueron 13.000 edificios seriamente dañados o destruidos, 474 víctimas mortales y 45.000 habitantes sin hogar. Los daños al patrimonio histórico, como es de suponer, fueron enormes: incendios y desperfectos graves fueron causados en las iglesias románicas y góticas como la de los Santos Apóstoles, Santa María im Kapitol, San Gereón, Gross San Martin o Santa María Lyskirchen, entre otras. MÜLLER, R.-D.: *La muerte caída del cielo..., op. cit.,* pp.166-167; LAMBOURNE, N.: *War Damage in Western Europe…, op. cit.,* p.56.

376 En verano de 1943, Hamburgo, la segunda ciudad alemana en importancia, sufrió un ataque que superó el de Colonia un año antes. Durante la última semana de julio, más de 3.000 aviones británicos y estadounidenses machacaron la ciudad indiscriminadamente con 9.000 toneladas de bombas. Se calcula que entre 35.000 y 40.000 personas perecieron y los daños materiales fueron inconmensurables. MÜLLER, R.-D.: *La muerte caída del cielo..., op. cit.,* p.229.

"El objetivo es la destrucción de las ciudades alemanas, la muerte de los trabajadores alemanes y la desarticulación de la vida social civilizada en toda Alemania. Debería subrayarse que la destrucción de edificios, instalaciones públicas, medios de transporte y vidas humanas, la creación de un problema de refugiados de unas proporciones hasta ahora desconocidas y el derrumbe de la moral tanto en el frente patrio como en el frente bélico por medio de unos bombardeos todavía más amplios y violentos constituyen objetivos asumidos y deliberados de nuestra política de bombardeos. En ningún caso son efectos colaterales de los intentos de destruir fábricas..."[377]

Con esta idea en mente, los Aliados bombardearon todas las ciudades industriales en su avance sobre Berlín, aunque albergasen abundante patrimonio histórico-cultural, como Núremberg o Múnich. En el salvaje bombardeo de Dresde, perpetrado el 14 de febrero de 1945, la aviación aliada arrasó tres cuartas partes de la ciudad, junto con todo el casco histórico, causando la muerte de 35.000 personas[378]. En Berlín, castigada por los ataques aéreos durante años y por la artillería en el asalto final, no quedó ningún edificio intacto.

Los bombardeos estratégicos no se limitaron al escenario bélico europeo. En la guerra del Pacífico, los estadounidenses no titubearon en bombardear las ciudades más importantes de Japón en cuanto estuvieron a su alcance. En Tokio, aproximadamente 70.000 personas perecieron en las llamas causadas por las bombas incendiarias en marzo de 1945[379]. Las localidades más importantes como Nagoya, Osaka, Kawasaki y muchas otras fueron duramente bombardeadas[380]. Hubo algunas escasas excepciones, como Nara o Kyoto, que se salvaron. Dos ciudades,

---

377 Citado en Ibid., p.260.

378 Ibid., pp.302-305.

379 Ibid., p.316.

380 Los ataques con bombas incendiarias causaron estragos en las urbes niponas, puesto que gran parte de los edificios, incluidos monumen-

Hiroshima y Nagasaki, fueron catastróficamente borradas del mapa por las bombas atómicas en agosto de 1945.

Aparte de los daños causados por los bombardeos aéreos, la destrucción de monumentos históricos y otros edificios fue masiva desde los primeros días de la guerra, aunque existe una importante diferencia entre las campañas en los frentes oriental y occidental.

En el Este de Europa, la política de destrucción cultural de los nazis fue deliberada y sistemática, alineada con su campaña de exterminio racial. Esta idea se refleja en la siguiente afirmación del mariscal Reichenau en octubre de 1941 en plena ofensiva contra la URSS: "Aucun monument historique ou artistique à l'Est n'a la moindre importance"[381]. En Polonia, las ciudades más importantes fueron severamente bombardeadas. Varsovia, por ejemplo, fue destruida intencionadamente durante la invasión[382]. El 4 de noviembre de 1939, Hans Frank, el gobernador general de la Polonia ocupada, escribiría que el Führer aprobaba sus planes de demoler el castillo real de Varsovia y la decisión de no reconstruir la ciudad[383]. Poco después, con la invasión de la inmensa URSS, el número de ciudades y pueblos destruidos aumentó drásticamente[384]. En Ucrania, Bielorrusia y los países

---

tos históricos, estaban construidos con madera. O'KEEFE, R.: *The Protection of Cultural Property in Armed Conflict*, *op. cit.*, p.69.

381 Citado en NAHLIK, S.E.: "La protection internationale des biens culturels...", *op. cit.*, p.107.

382 Unos 400 aviones de la Luftwaffe atacaban la capital el 25 de septiembre de 1939 arrasando prácticamente toda la ciudad. Se calcula que 782 de los 987 edificios considerados monumentos históricos de la preguerra fueron destruidos y 141 resultaron seriamente dañados. LAMBOURNE, N.: *War Damage in Western Europe...*, *op. cit.*, pp.42-43.

383 Citado por NAHLIK, S.E.: "La protection internationale des biens culturels...", *op. cit.*, p.107.

384 Se calcula que fueron destruidas o gravemente dañadas 1.710 ciudades y más de 70.000 pueblos y aldeas. Las ciudades más castigadas fueron Stalingrado, Leningrado, Sebastopol, Kiev, Minsk, Odessa, Smolensk,

bálticos, las fuerzas alemanas arrasaron sin contemplaciones iglesias, catedrales, monasterios, sinagogas, palacios, museos, bibliotecas, archivos, monumentos históricos y otros edificios protegidos[385]. Leningrado, cuyo asedio duraría tres largos años y causaría incuantificables daños, fue atacada con la intención de borrarla del mapa para siempre[386]. Otros países del sudeste de Europa, como Grecia o Yugoslavia, también sufrieron la devastación de diversas ciudades[387].

En la zona occidental, la destrucción causada por la invasión nazi de Francia, Bélgica, Países Bajos y Luxemburgo fue cualitativamente distinta. Los mayores daños se registraron durante los primeros meses de la invasión y, sobre todo, a partir del desembarco aliado en Normandía y las subsiguientes operaciones militares, generalmente apoyadas por ataques aéreos en su avance sobre Berlín[388]. En Italia sucedió algo parecido a partir del desembarco aliado en Sicilia en verano de 1943.

Nóvgorod, Pskov, Orel, Kharkov, Voronezh, Rostov y Stalino. TMI: *Trials of the major war criminals before the International Military Tribunal. Nuremberg 14 de November 1945 – 1 october 1946*, Vol. 1, Nuremberg, 1947, p.59.

385 Se calculó que 427 museos habían sido destruidos y saqueados, entre ellos los de Leningrado, Smolensk, Stalingrado, Nóvgorod, Poltava y otros. Los alemanes también se cebaron con monumentos muy vinculados a la cultura rusa, como la tumba del poeta Pushkin en Mikhailovskoye o el museo dedicado al escritor Lev Tolstoi. No se detuvieron allí: arrasaron, entre otros, 1.670 iglesias ortodoxas, 237 iglesias católicas, 67 capillas y 532 sinagogas. TMI: *Trials of the major war criminals…, op. cit.*, pp.59-60.

386 El 29 de septiembre de 1941 el Jefe del Estado Mayor de la Armada emitió una orden secreta a sus oficiales en la que se indicaba: "The Führer has decided to erase from the face of the earth St.Petersburg. The existence of this large city will have no further interest after Soviet Russia is destroyed". TMI: *Trials of the major war criminals…, op. cit.*, p.58.

387 Ibid., p.62.

388 Con anterioridad a la invasión aliada en el norte de Europa en 1944, las ciudades francesas y belgas habían permanecido relativamente a

La política de los ejércitos aliados en Europa respecto de los monumentos históricos quedó fijada en la Orden General nº68 dictada por Eisenhower en 1943 en el transcurso de la campaña en Italia, donde se ubicaban muchos bienes de gran importancia. El comandante supremo de las fuerzas aliadas en el Mediterráneo señalaba lo siguiente:

> "Today we are fighting in a country which has contributed a great deal to our cultural inheritance, a country rich in monuments which by their creation helped and now in their old age illustrate the growth of the civilization which is ours. We are bound to respect those monuments so far as war allows.
>
> If we have to choose between destroying a famous building and sacrificing our own men, then our men's lives count infinitely more and the building must go. But the choice is not always so clear-cut as that. In many cases the monuments can be spared without any detriment to operational needs. Nothing can stand against the argument of military necessity. That is an accepted principle. But the phrase "military necessity" is sometimes used where it would be more truthful to speak of military convenience or even of personal convenience. I do not want it to cloak slackness or indifference."[389]

Esa orden fue reforzada por otra, dictada el 26 de mayo de 1944, en preparación de la invasión aliada de Europa, en la que se explicitaba que la salvación de los bienes culturales debía decaer cuando el éxito de las operaciones militares dependiera de ello:

> "In some circumstances the success of the military operation may be prejudiced in our reluctance to destroy these revered objects. [...] So,

---

salvo de los bombardeos aéreos aliados. Sin embargo, en el avance hacia Berlín, cada vez más ciudades, y los bienes culturales que contenían, resultaron dañadas por los bombardeos aéreos que precedían a los combates terrestres. LAMBOURNE, N.: *War Damage in Western Europe...*, *op. cit.*, p.70 y ss.

389 Citado en MERRYMAN, J.H.: "Two ways of thinking about cultural property", *AJIL*, vol.80, nº4, 1986, p.839, nota 27.

> when military necessity dictates, commanders may order the required action even though it involves destruction of some honored site."[390]

La experiencia de los ejércitos aliados en Montecassino demostró cuán frágil era el equilibrio entre el respeto a los monumentos históricos y el éxito de las operaciones militares. El mariscal alemán Kesselring organizó una línea defensiva en el sur de Italia en cuyo centro se situaba la abadía histórica de Montecassino, construida sobre una colina y defendida encarnizadamente por las tropas alemanas en 1944. Los aliados arrasaron completamente la abadía hasta reducirla a escombros[391]. Más tarde, el ejército alemán se replegó en Roma, haciendo saltar las alarmas por el riesgo de destruir los monumentos. Kesselring prefirió no convertir la ciudad en un campo de batalla y la abandonó para organizar otra línea defensiva más al norte. El 5 de junio de 1944 las tropas aliadas ocuparon la Ciudad Eterna prácticamente intacta. Una situación similar se vivió en París el 25 de agosto de ese año, cuando el general Choltitz prefirió rendir la ciudad antes que cumplir las órdenes de Hitler de luchar por París piedra a piedra y demoler todos los puentes[392].

5.2. El saqueo de Europa

En los territorios ocupados por el Tercer Reich, más allá de la destrucción ocasionada en el fragor de los combates, los nazis se emplearon concienzudamente en el saqueo de arte y de otros bienes. La magnitud del traslado masivo de objetos culturales entre 1939 y

---

390 Ibid., p.839, nota 28.

391 Afortunadamente, las obras de arte, archivos y otras piezas de valor depositadas por los nazis en la abadía habían sido evacuadas hacia el norte con anterioridad. O'KEEFE, R.: *The Protection of Cultural Property in Armed Conflict*, *op. cit.*, p.77.

392 Ibid., p.76.

1945 no tiene parangón. Los nazis siguieron una política calculada y sistemática de saqueo y explotación, eficientemente perpetrada por numerosas organizaciones estatales, pero ordenada desde las más altas esferas del poder político del Tercer Reich. Una vez más, las dinámicas fueron diferentes en el Este y en el Oeste de Europa.

En el frente oriental, a parte de la destrucción de monumentos, el saqueo de arte estuvo perfectamente planificado. Ningún ejemplo lo expresa con más claridad que el caso de Polonia. El 16 de diciembre de 1939, el gobernador general Hans Frank decretó la confiscación de todas las obras de arte por razones de “importancia social”. Las propiedades públicas incautadas no solo incluían los objetos artísticos pertenecientes al Estado polaco, que ya habían sido confiscados, sino también los bienes de la iglesia polaca y las colecciones privadas[393]. La población judía ya había sido desposeída de sus bienes sin contemplaciones[394]. Además, las autoridades alemanas elaboraron detallados inventarios de las obras de arte más importantes para enviarlas a Alemania[395]. El esquema se repitió con la invasión alemana de la URSS. A su paso por el territorio soviético, los museos, colecciones privadas, iglesias, monasterios, universidades, bibliotecas, etc. eran saquea-

393 NICHOLAS, L.H.: *El saqueo de Europa: El destino de los tesoros de Europa en el Tercer Reich y la Segunda Guerra Mundial*, Ediciones Destino, Barcelona, 1996, p.93.

394 NAHLIK, S.E.: “La protection internationale des biens culturels...”, *op. cit.*, pp.108-109.

395 Kajetan Mühlman, historiador del arte de formación, supervisó el trabajo de Dagobert Frey, historiador del arte de la Universidad de Breslau, junto con otros expertos para la preparación de una lista exhaustiva de todas aquellas piezas y objetos incautados de valor. En 1943, Mühlmann fue reemplazado por Wilhelm-Ernst Paleziéux, quien se encargó de organizar el traslado de muchas obras de arte hasta Alemania en los días finales de la ocupación nazi. NICHOLAS, L.H.: *El saqueo de Europa...*, *op. cit.*, pp.89-104.

das[396]. El organismo central en estas actividades fue Einsatzstab Reichsleiter Rosenberg (ERR), dirigido por el ideólogo nacionalsocialista Alfred Rosenberg. Hitler otorgó amplios poderes a los Einsatzstab para apropiarse de todo tipo de bienes culturales de los judíos[397]. Sobre el terreno, hubo una feroz competencia entre los Einsatzstab y diversas organizaciones nazis por apropiarse de las riquezas culturales de los territorios ocupados[398].

Los nazis fueron más comedidos en sus métodos en los países de Europa occidental. La administración de los Países Bajos ocupados fue encargada a Seyss-Inquart. Inicialmente, hubo colaboración con las autoridades holandesas para la gestión y protección de museos y monumentos, pero pronto los ERR comenzaron sus actividades y, de nuevo, se prepararon inventarios de las colecciones y bienes de los enemigos para proceder a su

396 Los soviéticos, como los polacos habían hecho con anterioridad, trasladaron numerosas obras de arte de sus territorios hacia Siberia en un intento por alejarlas de las zonas de combate. Sin embargo, no todas fueron evacuadas. Por ejemplo, en las afueras de Leningrado, los nazis se apoderaron del Salón de Ámbar en la ciudad de Pushkin y lo enviaron al castillo real de Königsberg (actual Kaliningrado) donde permanecería hasta su desaparición por un incendio provocado por el ejército soviético en 1945. Ibid., pp.232-237.

397 Hitler decretó el 1 de marzo de 1942 la autorización a los ERR para apropiarse de los bienes de los judíos, que posteriormente se amplió también a los bienes cuya propiedad no podía establecerse con claridad. El Alto Mando del ejército alemán debía colaborar con las operaciones de los Einsatzstab, que tendrían lugar tanto en el Este como en el Oeste. TMI: *Trials of the major war criminals…, op. cit.,* p.241.

398 A parte de los Einsatzstab de Rosenberg, los batallones especiales de las SS vinculados al ministro de Exteriores del Reich, Joachim von Ribbentrop, los Reichscommisars (los gobernadores nazis), la Ahnenerbe (la sección arqueológica de las SS, bajo la dirección de Heinrich Himmler), otras secciones de la Wehrmacht, compitieron por la apropiación de obras de arte. O'KEEFE, R.: *The Protection of Cultural Property in Armed Conflict, op. cit.,* p.89.

apropiación[399]. La confiscación de los bienes de los judíos aumentó el volumen de obras de arte en los circuitos comerciales[400]. Con estas nuevas mercancías disponibles, numerosos marchantes de arte sin demasiados escrúpulos no dudaron en colaborar con los nazis y, de paso, enriquecerse con las transacciones[401].

Francia y Bélgica, por el contrario, tuvieron una ocupación militar tradicional. Como en los demás territorios ocupados, los bienes de los judíos fueron expropiados. Las grandes colecciones artísticas de familias ricas judías, como los Rothschild o la de Paul Rosenberg, pasaron a manos de las autoridades nazis. Los Einsatzstab de Rosenberg se pusieron manos a la obra y desvalijaron las propiedades de los judíos, incluidos los muebles y la ropa[402]. Bien pronto se prepararon listas de las obras de arte y otros objetos culturales de interés para el Tercer Reich o para transferirlas a las colecciones personales de los jerarcas nazis[403]. Las cifras hablan por sí solas: entre marzo de 1941 y julio de 1944 se hicieron 29 envíos a Alemania, incluyendo 137 vagones cargados con 4.174

---

399 NICHOLAS, L.H.: *El saqueo de Europa...*, *op. cit.*, p.127.

400 Ibid., p.130.

401 Lynn Nicholas ofrece una extensa explicación sobre los entresijos de las redes comerciales de arte robado organizadas por los nazis y de las que se beneficiaron no pocos marchantes y galeristas. Más detalles en: Ibid., pp.107-145.

402 Ibid., pp.173-175.

403 El mariscal Göring, que gozaba de influencia sobre los ERR y mucho interés en ampliar su colección artística, estableció en una orden secreta de 5 de noviembre de 1940 cómo debían distribuirse los tesoros confiscados: primero escogería el Führer, luego él y, por último, lo harían las universidades y los museos alemanes. NAHLIK, S.E.: "La protection internationale des biens culturels...", *op. cit.*, p.108.

cajas repletas de obras de arte[404]. Como en los Países Bajos, el comercio de arte robado floreció al calor de la ocupación nazi[405].

La posición de los países Aliados respecto del saqueo y la dispersión del arte europeo quedó fijada en la Declaración de Londres de 5 de enero de 1943, en la que veintisiete gobiernos declararon que harían lo posible por detener los métodos de desposesión practicados por los nazis y establecían que:

> "[...] the Governments making this Declaration and the French National Committee reserve all their rights to declare invalid any transfers of, or dealings with, property, rights and interests of any description whatsoever which are, or have been, situated in the territories which have come under the occupation or control, direct of indirect of the Governments with which they are at war, or which belong, or have belonged to persons (including juridical persons) resident in such territories, This warning applies whether such transfers of dealings have taken the form of open looting or plunder, or of transactions apparently legal in form, even when they purport to be voluntarily effected."[406]

Sin embargo, el traslado masivo de obras de arte no hizo más que acentuarse cuando los Aliados invadieron Europa. En Italia, cuando el gobierno de Mussolini se vino abajo en 1943, el ejército alemán ocupó *de facto* el país. A medida que las fuerzas alemanas retrocedieron, evacuaron las obras de arte más importantes, primero hacia la abadía de Montecassino y, luego, hacia los depósitos en los Alpes, cerca de la frontera con Austria[407]. En

---

404 Son cifras proporcionadas por el informe de Robert Scholz, jefe de la sección especial de Arte Pictórico de los Einsatzstab Rosenberg. TMI: *Trials of the major war criminals...*, *op. cit.*, pp.241-242.

405 NICHOLAS, L.H.: *El saqueo de Europa...*, *op. cit.*, pp.191 y ss.

406 *Inter-Allied Declaration Against Acts of Dispossession Committed in Territories Under Enemy Occupation or Control*, Londres, 5 de enero de 1943. Disponible en: https://www.lootedartcommission.com/inter-allied-declaration (Consultado: 6 de marzo de 2024).

407 NICHOLAS, L.H.: *El saqueo de Europa...*, *op. cit.*, pp.281-283 y 304-311.

el norte de Europa sucedería una cosa parecida. Aquellas obras que no pudieron ser trasladadas al Reich, se escondieron en depósitos subterráneos o minas, a la espera de una victoria final que nunca llegaría. En su avance hacia Alemania, los ejércitos aliados, acompañados por los miembros del MFAA, procuraron respetar, proteger y recuperar los bienes culturales que los nazis iban abandonando en su retirada[408].

Los nazis trataron de enviar todas las obras de arte que pudieron hacia refugios en el interior del Reich. Hay muchos ejemplos de ello. El castillo de Neuschwanstein sirvió de depósito para algunos de los miles de bienes rapiñados por el ERR. En la mina de Alt Aussee, al sudeste de Salzburgo, se depositaron las obras del Museo del Führer y otras importantes joyas artísticas, como el retablo de Gante de Jan Van Eyck, la Madonna de Brujas de Miguel Ángel, El astrónomo de Vermeer o las colecciones pictóricas de Nápoles, entre muchas otras[409]. En el avance aliado hasta Berlín fueron descubriéndose más y más depósitos escon-

---

408 El Museums, Fine Arts and Archives Program (MFAA por sus siglas en inglés) fue un grupo creado por los Aliados en 1943 para velar por la protección del patrimonio en las zonas de guerra. Al terminar la guerra se encargó la gestión de los almacenes de arte recuperado. PÉREZ-PRAT DURBÁN, L. y FERNÁNDEZ ARRIBAS, G. (Eds.): *Holocausto y bienes culturales*, Publicaciones Universidad de Huelva, Huelva, 2019, pp.75-76.

409 Las obras depositadas allí corrieron el gran riesgo de perderse para siempre según una historia que se encuentra a medio camino entre la leyenda y la realidad. A partir de 1944, Hitler ordenó destruirlo todo en la retirada hacia Alemania. Así, el gauleiter Eigruber, encargado de la región en la que se ubicaba la mina, se tomó al pie de la letra las órdenes de Hitler. Entendió que el Führer quería que las obras de arte fueran destruidas antes de caer en manos de los agentes del judaísmo internacional y el bolchevismo. A tal efecto se dispusieron bombas en toda la mina para enterrar para siempre el depósito. El mito cuenta que fue la Resistencia austríaca la que lo impidió, pero en realidad fueron otros nazis como Eigruber los que evitaron la destrucción. Finalmente,

didos por los nazis o sus colaboradores. Los soviéticos, decididos a cobrarse su compensación por el saqueo y la destrucción padecidos, trasladaron muchas obras de arte hacia la URSS[410].

Antes del fin de la contienda, los Aliados acordaron una política de restitución de las obras de arte desplazadas[411]. Como era de esperar, las autoridades encargadas recibieron un alud de solicitudes que no tenía precedentes[412]. En ciertos casos, las obras identificables con mayor facilidad fueron devueltas en poco tiempo; en otras ocasiones, no era tan sencillo, y en no pocas, era prácticamente imposible[413]. El proceso se alargaría

---

la mina fue cerrada con voladuras, pero las obras se rescataron intactas. NICHOLAS, L.H.: *El saqueo de Europa..., op. cit.*, pp.376-381.

410 Ibid., p.432 y ss.

411 Los tratados de paz con las potencias del eje distintas de Alemania incluyeron disposiciones relativas a la devolución de los bienes desplazados por la fuerza o bajo coacción. En el caso de Alemania, fueron las potencias Aliadas las que se encargaron de gestionar el retorno de las obras de arte encontradas allí mientras duró la ocupación. A partir de los años cincuenta, fueron las autoridades de la República Federal de Alemania las que realizarían el proceso de restitución. NAHLIK, S.E.: "La protection internationale des biens culturels...", *op. cit.*, p.111-113.

412 Los miembros del MFAA fueron los encargados de gestionar, también, las restituciones a los países Aliados. Su labor consistió en identificar los artículos reunidos en los puntos de recogida, sacarlos de la masa general, inventariarlos, embalarlos y enviarlos a su país de origen. NICHOLAS, L.H.: *El saqueo de Europa..., op. cit.*, p.489.

413 El retablo de Gante de Jan Van Eyck fue la primera obra en devolverse en septiembre de 1945. Los propietarios de las colecciones más famosas, como los Rothschild, fueron tranquilizados cuando se sabía el paradero de sus bienes. Muchas familias se habían visto desposeídas y sus bienes dispersados por varios lugares, por lo que en estos casos era más complejo el proceso. Hubo también muchas familias que no pudieron recuperar prácticamente nada. Otro gran problema era el de las obras que no solamente se habían robado, sino que también se habían vendido a terceros, a veces en otros países. En estos casos, la odisea podía alargarse años, incluso décadas. Es el caso de Paul

durante años. Todavía en la actualidad, la cuestión de las restituciones de arte robado sigue apareciendo en los medios de comunicación esporádicamente[414].

Al terminar la guerra, las potencias aliadas pusieron en marcha toda la maquinaria jurídica necesaria para que los máximos responsables de los crímenes y las atrocidades cometidas durante la guerra fueran procesados. Esto incluyó el establecimiento de los primeros tribunales penales internacionales en Núremberg y Tokio[415]. Sin duda, los procesos de Núremberg constituyen un hito en la justicia internacional penal, un proyecto en constante construcción que en aquellos días de 1945 comenzaba a dar sus primeros pasos. Una parte de los jerarcas nazis, como Alfred Rosenberg, Hermann Göring o Wilhelm Keitel, fueron

---

Rosenberg, a quien los nazis requisaron más de 400 cuadros. Todavía en 1987 aparecieron noticias sobre el posible paradero de algunas de sus obras, pero ya serían sus herederos los que emprenderían la recuperación. NICHOLAS, L.H.: *El saqueo de Europa..., op. cit.,* pp.496-503. Más detalles sobre algunos casos de restitución de obras de colecciones privadas puede leerse en: PÉREZ-PRAT DURBÁN, L. y FERNÁNDEZ ARRIBAS, G. (Eds.): *Holocausto y bienes culturales,* Publicaciones Universidad de Huelva, Huelva, 2019.

414 Por ejemplo, el caso de algunas pinturas de la colección Gurlitt que, tras un largo periplo judicial, han regresado a sus legítimos propietarios. BBC: "Gurlitt's last Nazi-looted work returned to owners", 13 de enero de 2021. Disponible en: https://www.bbc.com/news/world-europe-55644230 (consultado 16 de abril de 2024). Un relato, más detallado, se encuentra en PÉREZ-PRAT DURBÁN, L. y FERNÁNDEZ ARRIBAS, G. (Eds.): *Holocausto y bienes culturales, op. cit.,* pp.245-270.

415 El Tribunal Militar Internacional para el Lejano Oriente se encargó, como su homólogo europeo, de enjuiciar los máximos responsables del Imperio japonés. Un breve repaso de los procesos de Tokio puede leerse en: PIGNATELLI Y MECA, F.: "La punición de las infracciones del DIH. Los tribunales internacionales de crímenes de guerra", dentro de RODRÍGUEZ-VILLASANTE PRIETO, J. L. y LÓPEZ SÁNCHEZ, J. (coords.): *Derecho Internacional Humanitario,* Tirant Lo Blach, Valencia, 2017, Cap**ítulo** 33, pp.1042-1044.

acusados y condenados por hechos relativos a la destrucción y saqueo de bienes culturales en la sentencia del Tribunal Militar Internacional en Núremberg[416]. También hubo otros juicios, en tribunales nacionales o de ocupación, contra militares y miembros del partido nazi por actos de destrucción, de saqueo y traslado masivo de obras de arte.

6. LA CULMINACIÓN DEL PROCESO NORMATIVO

6.1. El impulso normativo de la posguerra y los conflictos armados de la segunda mitad del siglo XX

Con el final de la Segunda Guerra Mundial, el planeta asistió a la reconfiguración del orden mundial con la consolidación de las Naciones Unidas como organización internacional encargada de velar por la paz y la seguridad internacionales. La reacción de la comunidad internacional a las atrocidades cometidas durante la guerra impulsó una etapa de proliferación, reformulación y aparición de nuevos tratados e instrumentos jurídicos internacionales de carácter humanitario[417]. Es en esta secuencia histórico-normativa en la que se inscribe, también, la Convención de La Haya de 1954 para la protección de los bienes culturales en caso de conflicto armado[418].

---

416 El análisis de los juicios de la posguerra se realiza infra en el Capítulo III, apartado 1.3.

417 Las cuestiones jurídicas y el análisis de los preceptos más relevantes serán abordadas en el siguiente capítulo. En este apartado sólo describiremos el proceso histórico de creación, expansión y consolidación de la normativa internacional posterior a la Segunda Guerra Mundial hasta llegar a la normativa actual.

418 El profesor Jirí Toman lo expresa en el siguiente fragmento: "The atrocities committed during the war prompted a firm resolve to avoid this type of horror in future. The fact that war had been outlawed by the Charter of the United Nations, the adoption of the Universal

Las Naciones Unidas declararon formalmente el genocidio como un crimen internacional[419]. Esa idea se materializó en la adopción de la Convención para la Prevención y Sanción del Crimen de Genocidio el 9 de diciembre de 1948. Sin embargo, la destrucción de patrimonio cultural como uno de los actos del genocidio no logró introducirse en la definición del crimen en el texto final del tratado a pesar de figurar en los borradores previos[420]. Al día siguiente, el 10 de diciembre de 1948, se adoptó la emblemática Declaración Universal de los Derechos Humanos, en cuyo articulado se hacía referencia a los derechos culturales[421]. Asimismo, en 1949, se adoptaron los Convenios de Ginebra en los que se revisaron y actualizaron las normas del Derecho Internacional de los conflictos armados. El IV Convenio de Ginebra supuso un gran paso adelante al regular específicamente la protección de la población civil. Ahora bien, no se introdujeron disposiciones específicas sobre la protección de los bienes culturales. Solamente se hacen referencias genéricas a la prohibición de destruir bienes públicos y privados a menos que concurra una necesidad militar, en la línea de las regulaciones

---

Declaration of Human Rights and the adoption of the Genocide Convention and of the Geneva Conventions of 12 August 1949 show how the international community reacted to the great worldwide conflict of 1939-45. The 1954 Hague Convention is set against this historical background and can be seen to illustrate this broad humanitarian movement." TOMAN, J.: *The Protection of Cultural Property*..., *op. cit*, p.21.

419 Resolución de la Asamblea General 96 (I), de 11 diciembre de 1946, A/RES/96(I).

420 GERSTENBLITH, P.: "The Destruction of Cultural Heritage: A Crime against Property or a Crime against People?", *The John Marshall Review of Intellectural Property Law*, n°15, 2016, pp.342-344.

421 El Artículo 27 de la DUDH dice: "Toda persona tiene derecho a participar libremente en la vida cultural de la comunidad, a gozar de las artes y a participar en el progreso científico y en los beneficios que de él resulten".

de las Convenciones de La Haya de 1899 y 1907[422]. Las infracciones graves del Convenio, como la destrucción injustificada de bienes y realizada a gran escala de modo ilícito y arbitrario, comportaban la responsabilidad individual y, por tanto, serían susceptibles de persecución y sanción penal[423].

La protección de los bienes culturales recibió atención especial y separada. La destrucción de monumentos y obras de arte durante la Segunda Guerra Mundial confirmó la necesidad de un conjunto normativo que mejorara la protección de los bienes culturales. Esa labor recayó en la UNESCO, organización establecida en la inmediata posguerra[424]. El borrador de la Convención para la protección de los bienes culturales en conflicto armado se preparó sobre la base del anteproyecto de convenio realizado por la OIM en 1938. Entre abril y mayo de 1954 se celebró la conferencia diplomática que discutió el texto. Finalmente, el 14 de mayo de 1954 se adoptó la Convención para la Protección de los Bienes Culturales en caso de Conflicto Armado (en adelante, CH54)[425], junto con el Reglamento para su aplicación –que forma parte integrante de la Convención– y un Protocolo, actualmente conocido como Primer Protocolo,

---

422 Artículo 53 del IV Convenio Ginebra: "Está prohibido que la Potencia ocupante destruya bienes muebles o inmuebles, pertenecientes individual o colectivamente a personas particulares, al Estado o a colectividades públicas, a organizaciones sociales o a cooperativas, excepto en los casos en que tales destrucciones sean absolutamente necesarias a causa de las operaciones bélicas".

423 Artículos 146 y 147 del IV Convenio Ginebra.

424 El artículo I.2.c) del tratado constitutivo de la UNESCO, de 16 de noviembre de 1945, dispone que entre los propósitos de la organización está el de velar por "la conservación y la protección del patrimonio universal de libros, obras de arte y monumentos de interés histórico o científico".

425 Todo el proceso de elaboración puede leerse más detalladamente en la obra de TOMAN, J.: *The Protection of Cultural Property…*, *op. cit.*, pp.22-24. Asimismo, la obra mencionada aborda con profundidad los debates en torno a cada disposición.

que regulaba la exportación de bienes culturales de un territorio ocupado[426]. Todos los textos entraron en vigor el 7 de agosto de 1956. La CH54 consagraba la idea de que la preservación patrimonio cultural era un asunto que concernía a toda la comunidad internacional y por esa razón merecía protección en la esfera internacional. Esa conservación, para ser efectiva, debía prepararse en tiempos de paz y asegurarse en tiempos de guerra mediante la implementación de las obligaciones de salvaguardia y de respeto. El concepto de bienes culturales se incorporó por primera vez a un tratado internacional, y lo hizo con una definición distinta a los acercamientos que otros textos internacionales habían hecho hasta la fecha.

La codificación de las normas relativas a los bienes culturales no terminó con la adopción de la CH54, sino que se prolongó hasta finales del siglo XX. Sin embargo, el impulso normativo se enmarcó principalmente en dos esferas distintas, y esa división ha subsistido hasta la actualidad. Por un lado, la codificación se dio dentro del desarrollo de las normas del Derecho Internacional Humanitario (DIH, en adelante), capitaneado por el Comité Internacional de la Cruz Roja. Y, por otro lado, como parte de la codificación patrocinada por la UNESCO de normas circunscritas al ámbito de la cultura.

En los años 70 del siglo XX, tras observarse la insuficiencia de las normas contenidas en los Convenios de Ginebra de 1949,

---

426 El Protocolo nacía de la experiencia del saqueo nazi de los territorios ocupados durante la Segunda Guerra Mundial. Los redactores prefirieron separarlo de la CH54 para evitar que esta perdiera potenciales firmantes, ya que la cuestión suponía adentrarse en problemas de derecho privado. Los Estados se comprometían a impedir la exportación de bienes culturales de territorios ocupados por ellos, así como a custodiar y a devolver, en cuanto terminara el conflicto armado, aquellos bienes que entraran en su territorio. También se prohibía la apropiación de bienes culturales en concepto de reparaciones de guerra. O'KEEFE, R.: *The Protection of Cultural Property in Armed Conflict*, *op. cit.*, pp.196-198.

se reunió la Conferencia Diplomática sobre la Reafirmación y el Desarrollo del Derecho Internacional Humanitario aplicable en los Conflictos Armados. Así, en 1977, se aprobaron los dos Protocolos Adicionales a los Convenios de Ginebra: el Protocolo Adicional I (PAI, en adelante), relativo a los conflictos armados internacionales, y el Protocolo Adicional II (PAII, en adelante), relativo a los conflictos armados sin carácter internacional. Ambos textos ampliaban las disposiciones que protegían el patrimonio cultural y espiritual de los pueblos, cuya aplicación se realiza sin perjuicio de la CH54. Más adelante, ya en la década de los años 80, se concluyó el Convenio sobre Prohibiciones o Restricciones del Empleo de Ciertas Armas Convencionales que puedan considerarse excesivamente nocivas o de efectos indiscriminados, cuyo Protocolo II prohíbe su uso en bienes culturales[427].

En el marco de la codificación realizada por la UNESCO, a principios de los años 70 del siglo XX, vieron la luz dos importantes tratados en materia de bienes culturales. Por una parte, la Convención sobre las Medidas que Deben Adoptarse para Prohibir e Impedir la Importación, la Exportación y la Transferencia de Propiedad Ilícitas de Bienes Culturales, adoptado en 1970, que contiene importantes regulaciones que protegen los bienes muebles, algunas de las cuales se refieren a situaciones de guerra[428]. Por otra parte, en 1972 se adoptó en París la Convención sobre la Protección del Patrimonio Mundial Cultural y Natural. El tratado regula la designación y protección de sitios y lugares de un valor universal excepcional e inscribirse en la Lista Patrimonio Mun-

---

[427] Art.6.1.b.viii y 6.1.b.ix (que actualmente se corresponden con el art.7.1.h y 7.1.i después de que el tratado fuera enmendado en 1996).

[428] El tratado contiene una definición más detallada de lo que considera los bienes culturales que la aleja de la CH54. Curiosamente, no contiene ninguna referencia al Primer Protocolo. El tratado no se tratará en profundidad porque escapa de nuestro objeto de estudio.

dial. Aunque no está diseñado para la protección del patrimonio cultural en tiempo de guerra, esta situación estaría incluida.

A pesar del desarrollo de este marco normativo, la destrucción de bienes culturales siguió siendo una constante en los numerosos conflictos armados que han asolado el planeta desde la Segunda Guerra Mundial. La naturaleza de los mismos, a lo largo del período de la Guerra Fría, es variado, con un aumento sustancial del número de conflictos armados no internacionales. Un intento de listarlos y desgranarlos todos resultaría poco útil. No obstante, merece la pena resaltar algunos ejemplos por su incidencia y la magnitud de las destrucciones de bienes culturales.

El conflicto árabe-israelí, con sucesivas confrontaciones bélicas y su enquistamiento hasta nuestros días, repercutió desde fecha temprana los bienes culturales de la zona. Desde que los británicos abandonaron el territorio del Mandato de Palestina, el Estado de Israel comenzó una campaña de erradicación cultural. La ocupación ilegal de Israel de los territorios de Gaza, Cisjordania y Jerusalén Este ha traído consigo la destrucción o el daño al patrimonio cultural palestino[429]. La UNESCO, Naciones Unidas y otros organismos internacionales han hecho muchos llamamientos e iniciativas para proteger el patrimonio histórico de la zona, en especial la Ciudad Vieja de Jerusalén, inscrita en la Lista del Patrimonio Mundial en 1981 y, trasladada al año siguiente y hasta la actualidad, en la Lista del Patrimonio en Peligro. La supresión del patrimonio cultural palestino persis-

---

[429] Israel ha llevado a cabo actividades como excavaciones arqueológicas en zonas ocupadas, demoliciones y edificación intensiva de asentamientos en zonas ocupadas, expolio de ruinas, etc. Israel, que es parte de la CH54, sostiene en lo referente a las excavaciones en territorio ocupado, que el tratado no lo prohíbe. PÉREZ-PRAT DURBÁN, L.: "El estado, el estado islámico, la comunidad internacional y la destrucción intencional de las ruinas" dentro de PALOMERO PÁRAMO, J. (Ed.): *Roma quanta fuit ipsa ruina docet: Nicole Dacos in memoriam*, Collectania, Universidad de Huelva, Huelva, 2016, p.146-147.

te hasta nuestros días y, a raíz de la ofensiva israelí en la Franja iniciada en octubre de 2023, se ha agravado[430].

En la región del Sudeste Asiático, el conflicto armado en Camboya tuvo una importante repercusión en los bienes culturales del país. Los bombardeos y la intervención estadounidense durante la guerra de Vietnam afectaron los bienes culturales de las zonas próximas a la frontera. La llegada al poder de los jemeres rojos en 1975 agravó la situación del patrimonio cultural del país. Las huestes de Pol Pot perpetraron una campaña de exterminio contra diversos grupos étnico-religiosos (como la minoría musulmana de la etnia cham) y otros grupos sociales[431]. En la consumación de su proyecto político, los jemeres rojos se ensañaron con el patrimonio cultural vinculado a la religión. En consecuencia, miles de estatuas budistas, relicarios, libros, documentos, etc. fueron quemados; centenares de templos fueron demolidos o reutilizados con otros fines, y los monjes fueron asesinados o enviados a los campos de trabajo[432]. Sin embargo, el complejo de Angkor salió incólume a pesar de su componente religioso puesto que, para el ideario de los jemeres rojos, Angkor representaba el momento de esplendor y pureza de la cultura jemer[433]. El conflicto se prologó más allá de la caída del gobierno de los jemeres rojos en 1979 y no terminaría hasta finales del siglo XX.

Esa furibunda agresión al patrimonio cultural con finalidades ultranacionalistas también pudo observarse en la campaña de de-

---

430 FARAZI SABER, I.: "A 'cultural genocide': Which of Gaza's heritage sites have been destroyed?", *Al Jazeera*, 14 de enero de 2024. Disponible en: https://www.aljazeera.com/news/2024/1/14/a-cultural-genocide-which-of-gazas-heritage-sites-have-been-destroyed (Consulta: 16 de abril de 2024).

431 Se calcula que entre 1 y 3 millones de personas murieron durante el régimen de los jemeres rojos entre 1975 y 1979. EHLERT, C.: *Prosecuting the Destruction of Cultural Property..., op. cit.*, pp.177-178.

432 Ibid., pp.175-185.

433 Ibid., pp.185-187.

vastación orquestada por el maoísmo en Tíbet, con especial virulencia en los años inmediatamente posteriores a la ocupación militar china y durante la Revolución Cultural (1966-1976)[434]. El ciclo de destrucción de la cultura tibetana no ha cesado desde entonces.

La riqueza cultural de la zona del Golfo Pérsico también se vio afectada por los conflictos armados de las décadas finales del siglo XX. La larga guerra entre Irán e Irak, entre 1980 y 1988, causó considerables daños al patrimonio. Pocos años después, en la Guerra del Golfo de 1991, los bienes culturales tanto de Kuwait como de Irak sufrieron graves menoscabos. Durante la Operación Tormenta del Desierto, Estados Unidos elaboró una lista de localizaciones de importancia histórica que no debían ser atacados. No obstante, se dañaron algunos edificios históricos, al parecer no siempre debido a ataques intencionados contra sitios arqueológicos, históricos y culturales[435]. La situación del patrimonio histórico-cultural iraquí se degradó al finalizar la Guerra del Golfo debido al aislamiento internacional y las dificultades internas del régimen de Saddam Hussein. Unos años

---

434 INTERNATIONAL CAMPAIGN FOR TIBET: *60 Years of Chinese Misrule: Arguing Cultural Genocide in Tibet*, abril de 2012. Disponible en: https://savetibet.org/60-years-of-chinese-misrule-arguing-cultural-genocide-in-tibet/.

435 El zigurat y el yacimiento de Ur sufrieron algunos daños. Los iraquíes colocaron un pequeño aeródromo en el lugar, lo cual lo convertía en un objetivo militar legítimo. Sin embargo, parece ser que los Estados Unidos decidieron no bombardearlo debido al temor de destruir colateralmente el edificio histórico. En cambio, se registraron daños en el arco del palacio de Ctesifonte, datado del siglo IV a.C., y en diversos emplazamientos históricos del país, como una mezquita del siglo X en Mosul, que fue parcialmente destruida. Asimismo, los yacimientos arqueológicos y los museos de Kuwait sufrieron intensos saqueos a manos iraquíes, aunque en su mayoría fueron devueltos al terminar el conflicto. GERSTENBLITH, P.: "From Bamiyan to Baghdad: Warfare and the Preservation of Cultural Heritage at the Beginning of the 21st Century", *Georgetown Journal of International Law*, vol. 37, nº 2, 2006, pp.278-282.

después, tras el derrocamiento de Saddam Hussein y la invasión en 2003, el país sufriría la pérdida y la destrucción a gran escala de su patrimonio cultural.

6.2. Los avances en la persecución de la destrucción de bienes culturales y los conflictos armados en los albores del siglo XXI

La existencia de un marco normativo extenso en relación con la protección de los bienes culturales no impidió de la destrucción de monumentos y obras de arte. En algunos conflictos armados, sobre todo aquellos con un fuerte componente étnico, la violencia contra el patrimonio cultural fue particularmente elevada en tanto que las partes en el conflicto atacaban de forma deliberada todas aquellas representaciones culturales que encarnaban a su enemigo. En muchas ocasiones, estos hechos y sus responsables no sufrieron ningún tipo de persecución ni castigo.

En la década de los años 90, se produjeron diversos fenómenos en la escena internacional cuya incidencia en el desarrollo de la normativa relativa a los bienes culturales, y en particular sobre la persecución de las destrucciones, transformaron el régimen protección. Estos fenómenos vinieron a la zaga de grandes conflictos armados como la Guerra del Golfo de 1991 y, sobre todo, en los conflictos armados de los Balcanes. En las guerras de los territorios de la antigua Yugoslavia, marcados por un fuerte componente étnico y religioso, los bienes culturales se convirtieron en objetivos específicos de la propia guerra. La destrucción formaba parte de la intención de eliminar a una parte de la población civil y sus vestigios[436]. Las cifras recogidas

---

436 Es en esta época que comienza a popularizarse el concepto de "limpieza étnica" aunque no tenía una traducción jurídica clara en los textos internacionales. Asimismo, aparecieron otros conceptos como "urbicidio", "limpieza cultural" o se recuperó la noción de "genocidio cultural", ninguno con plasmación en un tratado internacional.

en los informes del Consejo de Europa de 1993 para Croacia y Bosnia y Herzegovina son escalofriantes: más de 1.000 mezquitas destruidas, de las que 20 databan del siglo XVI; 150 iglesias católicas; 15 iglesias ortodoxas; 4 sinagogas; y otros miles de monumentos históricos y edificios culturales como museos, bibliotecas, archivos y colecciones[437]. En Bosnia y Herzegovina, fueron destruidos o dañados la Biblioteca Nacional de Sarajevo, el Museo Nacional y el Instituto Oriental de Sarajevo[438]. El célebre puente de Mostar, del siglo XVI, fue destruido por completo en noviembre de 1993 por las fuerzas croatas. Otro conocido ejemplo es la ciudad histórica de Dubrovnik, en Croacia, inscrita en la Lista del Patrimonio Mundial desde 1979, que fue bombardeada intensamente en diversas ocasiones entre 1991 y 1992. En la guerra de Kosovo, a pesar de su brevedad, fueron arrasadas más de un tercio de las mezquitas del país[439].

En el ámbito normativo cabría destacar la adopción del Segundo Protocolo (SP99, en adelante) a la CH54 el 26 de marzo de 1999. En aquellos años finales del siglo XX, la CH54 languidecía

---

BADENES CASINO, M.: *La protección de los bienes culturales durante los conflictos armados. Especial referencia al conflicto armado en el territorio de la Antigua Yugoslavia,* Universitat de València, València, 2005, p.85.

437 Vid. CONSEJO DE EUROPA: "War damage cultural heritage Croatia and Bosnia-Herzegovina", *PACE,* Second Information Report, Doc. 6869, 17 de julio de 1993. Disponible en: https://assembly.coe.int/nw/xml/XRef/X2H-Xref-ViewHTML.asp?FileID=7222&lang=EN. CONSEJO DE EUROPA: "War damage cultural heritage Croatia and Bosnia-Herzegovina", *PACE,* Third Information Report, Doc. 6904, 20 de septiembre de 1993. Disponible en: http://www.assembly.coe.int/nw/xml/XRef/X2H-Xref-ViewHTML.asp?FileID=7256&lang=fr.

438 En el Instituto Oriental se guardaban 5.263 manuscritos árabes, turcos y persas, que databan del siglo XI, así como más de 7.000 documentos de los siglos XVI a XIX, y una biblioteca configurada por 10.000 volúmenes. SAN MARTÍN CALVO, M.: *Bienes culturales y conflictos armados, op. cit.,* p.95.

439 Ibid., p.99.

sin haber cosechado el éxito que se esperaba en su implementación y se veía superada por las mejoras que habían introducido los Protocolos Adicionales de 1977. Ante esta situación, se inició un proceso de revisión de la CH54 con el fin de identificar posibles mejoras en el régimen de protección de los bienes culturales. Su conclusión fue que la CH54 era un instrumento válido para esos tiempos, pero debían perfeccionarse ciertos aspectos para mejorar su aplicación[440]. El Segundo Protocolo se convertía, así, en un instrumento muy bien preparado para lidiar con las destrucciones de bienes culturales. Unos meses antes, se había aprobado otro tratado fundamental en el ámbito de la justicia internacional: el Estatuto de Roma de la Corte Penal Internacional de 17 de julio de 1998.

En la última década del siglo XX, el rechazo internacional a la destrucción intencional de bienes culturales aumentó debido a las noticias de las graves destrucciones acontecidas en las guerras de los Balcanes, acompañadas muchas de ellas de procesos de la limpieza étnica. Este repudio a tales conductas alcanzó su máxima expresión con la Declaración de la UNESCO relativa a la destrucción intencional del patrimonio cultural, de 17 de octubre de 2003, a raíz de la voladura de los Budas de Bamiyán en marzo de 2001 a manos de los talibanes en Afganistán. Era un documento no vinculante, pero que reflejaba el estado de opinión de una gran parte de la comunidad internacional.

Otro fenómeno jurídico destacado del período fue la aparición de tribunales penales, internacionales o mixtos, con competencia para el enjuiciamiento de crímenes de guerra, crímenes contra la humanidad y el crimen de genocidio en diversos territorios. Desde los Tribunales Militares de Núremberg y Tokio no se había creado ningún organismo de estas características.

---

[440] BOYLAN, P. J.: *Review of the Convention for the Protection of Cultural Property in the Event of Armed Conflict (The Hague Convention of 1954)*, UNESCO, 1993, CLT.93/WS/12, p.7.

Sin duda, las atrocidades cometidas en los territorios de los Balcanes motivaron la creación del Tribunal Penal Internacional para la antigua Yugoslavia (en adelante, TPIY), creado por el Consejo de Seguridad por vía de la Resolución 827 (1993), de 25 de mayo. Poco después, se le sumó el Tribunal Penal para Ruanda (en adelante, TPIR), establecido también por el Consejo de Seguridad a través de la Resolución 955 (1994), de 8 de noviembre. En pocos años proliferaron tribunales de carácter internacionalizado o híbrido en diversos países como Camboya, Sierra Leona, Líbano, etc. La tendencia culminaría con la creación y la entrada en vigor de la Corte Penal Internacional (en adelante, CPI), el primer tribunal penal internacional de carácter permanente y con vocación universal.

Al hilo de la multiplicación de tribunales penales, tanto de carácter internacional como híbrido, se han producido, en las primeras dos décadas del siglo XXI, importantes avances en la jurisprudencia internacional en materia de destrucción de bienes culturales, tanto para conflictos armados internacionales como para conflictos armados internos. Las sentencias del TPIY fueron innovadoras e incluso introdujeron elementos, definieron requisitos o delimitaron satisfactoriamente algunos extremos que hasta la fecha habían quedado irresueltos[441]. La persecución y castigo de los crímenes de destrucción de bienes culturales en otros tribunales ha continuado hasta fechas recientes. La Corte Penal Internacional, el 27 de septiembre de 2016, condenó al Ahmad Al Mahdi, miembro de un grupo armado no estatal asociado a Al Qaeda, por su papel en la destrucción de monumentos históricos y santuarios inscritos en la Lista del Patrimonio Mundial de la UNESCO en la ciudad de Tombuctú

441 Para un análisis de los avances, retrocesos y evoluciones en esta materia véase LOSTAL BECERRIL, M.: "La protección de bienes culturales en el Tribunal Penal Internacional para la ex Yugoslavia", *Revista Española de Estudios Internacionales*, vol.24, 2012, pp.1-25.

durante el conflicto armado en Malí[442]. Era la primera vez que al acusado se le imputaba únicamente el crimen de destrucción de bienes culturales en conflicto armado no internacional.

A pesar del perfeccionamiento de las normas relativas a la protección de los bienes culturales, y a pesar de los grandes avances en materia de responsabilidad internacional penal por las destrucciones, la primera década del siglo XXI comenzó con las invasiones de Afganistán, en octubre de 2001, y de Irak, en marzo de 2003, en el marco de la denominada "Guerra contra el Terror" encabezada por Estados Unidos. El impacto de estas contiendas bélicas sobre los bienes culturales fue enorme. Pronto los mercados ilegales de antigüedades se llenaron de piezas procedentes de esos territorios[443]. En el caso de Irak, la invasión estadounidense fue particularmente trágica. El episodio más conocido es el saqueo del Museo de Irak ante la pasiva mirada de las tropas estadounidenses de ocupación[444]. El martirio del

---

442 CPI: *Judgement and Sentence in the case of Prosecutor vs Ahmad Al Faqi Al Mahdi*, Trial Chamber VIII, ICC-01/12-01/15, 27 de septiembre de 2016.

443 Está ampliamente aceptado que el tráfico ilegal de bienes culturales existía previamente a las invasiones en ambos países. En el caso de Afganistán, durante el régimen talibán ya se habían documentado destrucciones y saqueos de los museos más importantes del país, como el de Kabul. STEIN, G. J.: "The War-Ravaged Cultural Heritage of Afghanistan: An Overview of Projects of Assessment, Mitigation, and Preservation", *Near Eastern Archaeology*, vol 78, nº3, pp.187-190. En el caso de Irak, como ya se ha apuntado, los problemas de saqueos y tráfico de antigüedades se agravaron con la Guerra del Golfo de 1991. Para más detalles remitimos a la obra de GERSTENBLITH, P.: "From Bamiyan to Baghdad...", *op. cit.*, pp.278-286.

444 Entre el 8 y el 12 de abril de 2003, el Museo de Irak, en Bagdad, la colección más importante del planeta de arte mesopotámico fue saqueado. Se calcula que se robaron más de 15.000 objetos de sus galerías y almacenes, algunos de difícil rastreo por no constar en los archivos o porque estos últimos desaparecieron. Otros museos de Bagdad, como la Biblioteca Nacional o los Archivos Nacionales fue-

patrimonio cultural de Irak no terminó aquí, sino que se alargó hasta bien entrada la década siguiente con la extensa y planificada destrucción cometida por el Dáesh en ciertas zonas.

6.3. La destrucción de bienes culturales en los conflictos armados posteriores a la "Primavera árabe"

A finales de la primera década del siglo XXI, numerosos países árabes del Mediterráneo y Oriente Medio se vieron inmersos en lo que popularmente se denominó la "Primavera Árabe". La chispa que encendió esta ola de revueltas prendió primero en Túnez, donde el joven Mohamed Bouazizi se inmoló públicamente el 17 de diciembre de 2010 en un acto desesperado de protesta por las miserables condiciones de vida en las que, como él, millones de personas se veían obligadas a malvivir. A raíz de ese hecho, las protestas cobraron un cariz masivo que en pocas semanas arrastró al derrocamiento del dictador tunecino Ben Ali el 14 de enero de 2011.

Bien pronto, las revueltas se extendieron a diversos países árabes como Egipto, Libia, Yemen, Bahréin y Siria. Los levantamientos populares, con esperanzas democratizadoras, hicieron temblar algunos de los regímenes autoritarios que llevaban varias décadas

---

ron saqueados e incendiados. También otros edificios culturales en ciudades como Basora y Mosul, así como yacimientos arqueológicos como Hatra, Nimrud o Nínive sufrieron daños. GERSTENBLITH, P.: "From Bamiyan to Baghdad...", *op. cit.*, pp.288-289.

instalados en el poder[445]. Más de diez años después, los resultados de las revueltas oscilan enormemente de un país a otro[446].

En algunos países, el derrocamiento de los tiranos desembocó en sangrientos conflictos armados en los que múltiples facciones de signo ideológico y apoyos internacionales diversos se enfrentan entre sí por el poder. Evidentemente, los bienes culturales han padecido sus consecuencias. En Libia, la caída del dictador Muamar al Gadafi no terminó con la guerra, sino que se transformó en una confrontación armada entre las desunidas facciones rebeldes por el control del país. Los combates en las grandes ciudades, como Trípoli, Bengazi, Misrata o Sirte, ponían en peligro sus bienes culturales. Los cinco lugares inscritos que Libia tiene inscritos en la Lista del Patrimonio Mundial fueron trasladados a la Lista del Patrimonio Mundial en Peligro el año 2016[447]. Además, se han reportado múltiples casos de saqueo

---

445 En Túnez, Ben Ali alcanzó el poder en 1987; Hosni Mubarak en 1981; Muammar Gadafi ostentaba el poder desde 1969. La familia Assad gobierna Siria desde los años 70, de la mano de Hafez Al-Assad, primero, y, desde el año 2000, su hijo Bashar Al-Assad. En Yemen, Abdalá Saleh gobernaba desde 1990.

446 No es el propósito de este estudio analizar en profundidad el fenómeno ni los efectos de tales acontecimientos en cada uno de los países afectados por las protestas. No obstante, vale la pena señalar, a grandes rasgos, la disparidad de los resultados. Libia y Yemen están inmersos en guerras civiles; en Egipto, tras la caída de Hosni Mubarak, el ejército dio un golpe de estado y puso fin al breve gobierno de los Hermanos Musulmanes de Mohamed Morsi; y, en Bahréin, las protestas fueron aplastadas gracias a la intervención saudí a favor del gobierno. HUBBARD, B. y KIRKPATRICK, D.: "A Decade After the Arab Spring, Autocrats Still Rule the Mideast", *The New York Times*, 14 de febrero de 2021. https://www.nytimes.com/2021/02/14/world/middleeast/arab-spring-mideast-autocrats.html (Consultado: 6 de marzo de 2024).

447 Los sitios arqueológicos de Cirene, Leptis Magna, Sabratha, el casco antiguo de Ghadames y las pinturas prehistóricas de Tadrart Acacus fueron inscritos en la Lista en los años ochenta. En 2016 todos fueron

de yacimientos arqueológicos, especialmente desde la irrupción del Dáesh o sus grupos afines en el conflicto armado, así como destrucciones de objetos y santuarios sufíes[448].

La guerra civil que asola Yemen desde finales de 2014 también ha tenido trágicas consecuencias para el rico patrimonio cultural del país, algunos de cuyos vestigios se remontan miles de años atrás. Todas las partes en el conflicto armado se han visto involucradas en la destrucción de numerosos bienes culturales, bien por hacerlos objeto de ataques directos, bien por emplearlos ilegalmente con fines militares. Los contendientes muestran una actitud abiertamente hostil contra aquellos restos históricos y elementos culturales contrarios a su ideología en las zonas bajo su control[449]. Incluso la coalición de países árabes, encabezada por Arabia Saudí y por Emiratos Árabes Unidos, no

---

trasladados a la Lista del Patrimonio Mundial en Peligro. También, desde 2020, Libia ha presentado para su inscripción tres nuevos lugares: el sitio arqueológico de Ghirza, el sitio arqueológico de Ptolemais y el yacimiento prehistórico de la cueva de Haua Fteah. Toda la información puede encontrarse en: https://whc.unesco.org/en/statesparties/ly

448 Neil Brodie señala que el problema del saqueo de yacimientos arqueológicos no era tan acusado en 2011 como podía parecer por la cobertura mediática dedicada a Libia. BRODIE, N.: "Why Is No One Talking about Libya's Cultural Destruction?", *Near Eastern Archaeology*, vol.78, nº3, 2015, pp.212-217. Disponible en: https://www.journals.uchicago.edu/doi/pdf/10.5615/neareastarch.78.3.0212. En 2015, el International Council of Museums (ICOM) elaboró una lista roja de bienes culturales en peligro y sitios amenazados. El mismo organismo señaló que, aunque no se habían detectado en esa fecha actos de "destrucción a gran escala encaminados a borrar el pasado", sí que se había detectado saqueos y destrucciones de bienes culturales. ASSOCIATED PRESS: "Libya's cultural heritage 'being destroyed and plundered by Isis", *The Guardian*, 15 diciembre 2015. Disponible en: https://www.theguardian.com/world/2015/dec/15/libyas-cultural-heritage-being-destroyed-and-plundered-by-isis (Consultado: 6 de marzo de 2024).

449 MWATANA FOR HUMAN RIGHTS: *The Degradation of History. Violations Committed by the Warring Parties against Yemen's Cultural Property*,

han titubeado en bombardear ciudades históricas inscritas en la Lista del Patrimonio Mundial, causando severos daños[450]. Otros grupos armados, como Ansar al-Sharia, vinculado a Al Qaeda, han perpetrado destrucciones de monumentos y objetos[451].

Los conflictos armados posteriores a la Primavera Árabe han tenido un grave impacto en los bienes culturales de los países afectados. La presencia y la irrupción de grupos armados no estatales de carácter extremista, en particular la irrupción del Dáesh y sus partidarios, han acentuado el fenómeno. La guerra de Siria, que se aborda en profundidad en capítulos posteriores, se inserta en esta tendencia.

6.4. Un mal que no termina: unas notas sobre los recientes conflictos armados

Las confrontaciones bélicas con graves consecuencias para el patrimonio cultural han seguido creciendo en el convulso inicio de la segunda década del siglo XXI. A los conflictos armados enquistados en Palestina, Yemen o Siria se ha sumado el estallido de otros nuevos.

En septiembre de 2020 tuvo lugar la denominada Segunda Guerra de Nagorno-Karabaj entre Armenia y Azerbaiyán. La primera contienda había tenido lugar entre 1988 y 1994. Tras seis semanas de combates en la región, de mayoría étnica armenia, en los que las tropas azerbaiyanas recuperaron parte de los territorios perdidos en la primera guerra, se alcanzó un alto al

---

Pax for Peace, noviembre de 2018, p.10 y 20. Disponible en: https://mwatana.org/en/the-degradation-of-history-2/

450 El casco histórico de Saná fue bombardeado en junio de 2015; la muralla de Shibam Kawkaban fue destruida en febrero de 2016; la mezquita de Al-Hadi en la ciudad de Sa'ada fue bombardeada en varias ocasiones en mayo de 2015; la mezquita histórica de Bani Matar fue severamente dañada en agosto de 2016. Ibid., pp.19-20.

451 Ibid., p.20.

fuego. La tregua, auspiciada por Rusia, garantizaba la existencia del corredor de Lachin, que conectaba Armenia con Nagorno-Karabaj[452]. El alto el fuego se rompió definitivamente en septiembre de 2023, cuando las fuerzas azerbaiyanas lanzaron una operación militar "antiterrorista" y ocuparon Nagorno-Karabaj. Más de 100.000 personas armenias abandonaron la región en dirección a Armenia ante el temor de sufrir persecución[453]. El gobierno de Azerbaiyán ha sido acusado de perpetrar una limpieza étnica de Nagorno-Karabaj mediante la expulsión de la población y la supresión sistemática del patrimonio cultural armenio[454]. Tal destrucción de bienes culturales y religiosos ha sido denunciada por Armenia ante la CIJ en 2021[455].

---

452 COUNCIL ON FOREIGN RELATIONS: *Nagorno Karabakh Conflict*, Global Conflict Tracker, 20 marzo de 2024. Disponible en: https://www.cfr.org/global-conflict-tracker/conflict/nagorno-karabakh-conflict (Consultado: 1 de julio de 2024).

453 Ibid.

454 EUROPA PRESS: "Armenia acusa a Azerbaiyán ante la CIJ de culminar su "limpieza étnica" con la toma de Nagorno Karabaj", 16 abril de 2024. Disponible en: https://www.europapress.es/internacional/noticia-armenia-acusa-azerbaiyan-cij-culminar-limpieza-etnica-toma-nagorno-karabaj-20240416173026.html (Consultado: 1 de julio de 2024)

455 El 16 de septiembre de 2021 Armenia demandó a Azerbaiyán ante la CIJ por presuntas violaciones de los artículos 2 a 7 de la Convención sobre la eliminación de todas las formas de discriminación racial. Se han indicado medidas provisionales encaminadas a la protección del patrimonio cultural armenio. Más información sobre el caso en: https://www.icj-cij.org/case/180. Sobre las implicaciones de la demanda en el ámbito de la protección del patrimonio cultural inmueble vid. MENÉNDEZ MONTERO, V.: "El uso de los instrumentos de derechos humanos en la protección internacional del patrimonio cultural inmueble ante la CIJ", en TORRECUADRADA GARCÍA-LOZANO, S. y ESPÓSITO MASSICCI, C. (Dirs.): *Los desafíos de la Corte Internacional de Justicia frente a los derechos humanos: III Jornadas sobre los nuevos retos de la Corte Internacional de Justicia,* La Ley, Madrid, 2022, capítulo IV, pp.109-134.

Un año y medio antes de que Azerbaiyán completara sus planes de ocupación de Nagorno-Karabaj, las tropas de la Federación Rusa lanzaron una "operación militar especial" contra Ucrania, bajo el doble pretexto, según el presidente ruso Vladímir Putin, de frenar la expansión de la OTAN hacia la frontera rusa y de impedir el genocidio de la población rusa en Donetsk y Luhansk[456]. Rusia invocó la legítima defensa basada en el supuesto derecho de intervenir militarmente en ayuda de las repúblicas independientes de Donetsk y Luhansk –reconocidas por Rusia unos días antes de la invasión– para proteger a sus ciudadanos. Se trató, pues, de una argumentación jurídica fraudulenta para disfrazar lo que en realidad era una agresión[457]. En el transcurso de la invasión y la subsiguiente guerra, se han documentado violaciones graves del DIH y del Derecho Internacional de los derechos humanos, como, por ejemplo, bombardeos indiscriminados contra la población civil, ataques a hospitales, escuelas e infraestructuras civiles, y hasta se han producido ataques en los alrededores de centrales nucleares, como en el caso de Zaporiyia[458]. Durante estos años de guerra, los ataques contra los bienes culturales han sido constantes. Los ejemplos son numerosos, como la destrucción del teatro de Mariúpol o el incendio del Museo de Historia Local de Ivankiv, cercano a Kiev, donde se perdieron diversas obras pictóricas de la artista María Prymachenko. Algunas fuentes han señalado el saqueo de más de 2.000 objetos artísticos por parte de escua-

---

456 Sobre los argumentos fácticos y jurídicos de la Federación Rusa para invadir Ucrania, vid. PUREZA, J.M y ALCAIDE FERNÁNDEZ, J.: "La guerra en Ucrania: ¿qué (des)orden antecede a qué nuevo (des)orden?", *Revista Electrónica de Estudios Internacionales*, nº44, diciembre 2022, pp.1-20.

457 BOLLO AROCENA, M. D.: "Agresión rusa a Ucrania, Crímenes Internacionales y Corte Penal Internacional", *Anuario Español de Derecho Internacional*, vol. 39, 2023, pp.105-109.

458 BOLLO AROCENA, M. D.: "Agresión rusa a Ucrania...", *op. cit.*, pp.111-123.

drones rusos[459]. De acuerdo con las cifras de la UNESCO, se han confirmado los daños a 431 sitios culturales, que incluyen 138 lugares religiosos, 214 edificios históricos y/o artísticos, 31 museos, 32 monumentos, 15 bibliotecas y 1 archivo[460].

Aunque la guerra de Ucrania copó los noticiarios durante muchos meses, el estallido de una nueva guerra civil en Sudán puso en alerta a los defensores del patrimonio cultural. El gobierno de transición sudanés, enfrascado en las luchas internas por el poder entre las facciones tras el derrocamiento del dictador Omar al Bashir, finalmente quebró en abril de 2023. Desde entonces, la violencia armada entre las fuerzas armadas sudanesas y el grupo paramilitar conocido como Fuerzas de Apoyo Rápido se ha extendido por todo el país afectando el rico patrimonio cultural sudanés. Los informes señalan el daño, la destrucción y el saqueo de monumentos, bibliotecas, archivos, museos y yacimientos arqueológicos[461].

El año 2023 acabó con el foco mediático puesto, una vez más, en Palestina. El 7 de octubre de 2023, el grupo Hamás lanzó un ataque en territorio de Israel en el que mató a más de mil doscientas personas, hirió otros tantos miles y tomó a más de doscientos rehenes a los que arrastró hacia el interior de la Franja de Gaza. El gobierno israelí de Netanyahu desencadenó una ofensiva militar a gran escala que se ha convertido en una verdadera catástrofe humanitaria. Asistimos en *prime time* a lo que

---

459 Ibid., pp.112-113.

460 UNESCO: *Damaged cultural sites in Ukraine verified by UNESCO*, 17 julio de 2024. Disponible en: https://www.unesco.org/en/articles/damaged-cultural-sites-ukraine-verified-unesco#:~:text=As%20of%2011%20july%202024,%2C%2015%20libraries%2C%201%20archive (Consultado: 20 julio de 2024).

461 Vid. HAMID, S.; YUSEF, M.; SABRINE, I.; FUSHIYA, T.: *The Second Report Cultural Heritage Situations in Sudan*, Sudan Heritage Protection Initiative, Heritage for Peace, 2 de noviembre de 2023. Disponible en: https://www.heritageforpeace.org/wp-content/uploads/2023/11/SHPI-Second-report-2-November-2023.pdf (Consultado: 20 de julio de 2024).

muchos denominan la Segunda *Nakba*, la catástrofe, en referencia a las 700.000 personas palestinas expulsadas de sus hogares en 1948 en el momento fundacional del Estado de Israel. Según el Ministerio de Sanidad palestino en Gaza, 39.000 personas han sido asesinadas y casi 90.000 han resultado heridas[462]. Las cifras oficiales indican que cerca dos millones de personas palestinas son desplazados internos[463]. Cerca de 197 trabajadores de la UNRWA han muerto en Gaza desde el inicio de la ofensiva[464]. Un buen número de bienes culturales en Gaza han sido reducidos a escombros. De acuerdo con los datos oficiales de la UNESCO, la operación militar israelí ha dañado o destruido 50 sitios culturales, que incluyen 11 lugares religioses, 28 edificios de interés histórico o artístico, 2 almacenes de bienes culturales muebles, 4 monumentos, 1 museo y 4 sitios arqueológicos[465]. Otras fuentes elevan hasta 200 la cifra de lugares históricos de importancia dañados o destruidos[466].

La comisión de crímenes de guerra y crímenes contra la humanidad parece fuera de toda duda[467]. La Relatora Especial de

---

462 UNRWA: *UNRWA Situation Report #122 on the situation in the Gaza Strip and the West Bank, including East Jerusalem*, 19 de julio de 2024. Disponible en: https://www.unrwa.org/resources/reports/unrwa-situation-report-122-situation-gaza-strip-and-west-bank-including-east-Jerusalem (Consultado: 20 de julio de 2024).

463 Ibid.

464 Ibid.

465 UNESCO: *Franja de Gaza: evaluación de daños*, 10 de junio de 2024. Disponible en: https://www.unesco.org/es/gaza/assessment (Consultado: 20 julio de 2024).

466 FARAZI SABER, I.: "A 'cultural genocide': Which of Gaza's heritage sites have been destroyed?", *Al Jazeera*, 14 de enero de 2024. Disponible: https://www.aljazeera.com/news/2024/1/14/a-cultural-genocide-which-of-gazas-heritage-sites-have-been-destroyed (Consultado: 1 julio de 2024).

467 El 20 de mayo de 2024, el Fiscal de la CPI, Karim Khan, solicitó a la Sala de Cuestiones Preliminares I que se dictaran cinco órdenes de arresto internacionales contra los líderes de Hamás (Yahya Sinwar,

las Naciones Unidas sobre la situación de los derechos humanos en el Territorios Palestinos Ocupado desde 1967, Francesca Albanese, concluyó, tras analizar la situación tras los ataques del 7 de octubre, que Israel estaba perpetrando un genocidio contra la población palestina[468]. La Relatora señalaba la destrucción deliberada del patrimonio cultural entre los actos genocidas cometidos por las fuerzas armadas israelíes[469]. Respecto de la acusación de genocidio, Sudáfrica presentó el 29 de diciembre de 2023 una demanda contra Israel fundada en la presunta violación de las obligaciones de la Convención sobre la prevención y castigo del crimen de genocidio de 1948, a la que se han ido sumando diversos Estados, entre ellos, España[470]. Habrá que estar pendientes de cómo se resuelve.

Mohammed Diab Ibrahim Al-Masri e Ismail Haniyeh) y contra el primer ministro israelí Benjamin Netanyahu y su ministro de defensa, Yoav Gallant. De acuerdo con las palabras del Fiscal, su oficina tenía motivos razonables para creer que los individuos habían cometido crímenes de guerra y crímenes contra la humanidad bajo competencia de la CPI. Vid. CPI: "Statement of ICC Prosecutor Karim A.A. Khan KC: Applications for arrest warrants in the situation in the State of Palestine", 20 de mayo de 2024. Disponible en: https://www.icc-cpi.int/news/statement-icc-prosecutor-karim-aa-khan-kc-applications-arrest-warrants-situation-state (Consultado: 1 de julio de 2024).

468 Vid. CONSEJO DE DERECHOS HUMANOS: *Anatomy of a genocide, Report of the Special Rapporteur on the situation of human rights in the Palestinian territories occupied since 1967, Francesca Albanese,* 25 de marzo de 2024, A/HRC/55/73.

469 Ibid., pár. 32 y 35.

470 El caso todavía está pendiente. Aparte de Sudáfrica e Israel, hasta la fecha intervienen en este asunto Nicaragua, Colombia, Libia, México, Palestina y España. Sobre el caso, vid.: https://www.icj-cij.org/case/192. Para una contextualización de la demanda, de sus puntos principales y de sus perspectivas judiciales vid. REMIRO BROTÓNS, A.: "Un pueblo deambula en Gaza", *Revista Española de Derecho Internacional,* vol.76, nº1, 2024, pp.307-328.

Como se ha visto en este capítulo, la destrucción de bienes culturales en conflicto armado tiene una larga tradición. Es un mal que no termina. Y, sin embargo, aunque no pueda erradicarse, al menos el Derecho Internacional del siglo XXI tiene, y debe seguir desarrollando, las herramientas jurídicas capaces de prevenir, proteger y combatir sus efectos.

Capítulo II
La protección de los bienes culturales en los principales instrumentos internacionales: las obligaciones de respeto y la represión de las violaciones

1. BREVE MENCIÓN A LAS CONVENCIONES DE LA HAYA DE 1899 Y 1907 Y AL DERECHO INTERNACIONAL CONSUETUDINARIO

El Derecho Internacional consuetudinario, en particular aquel que concierne a la protección de los bienes culturales, comprende numerosas reglas aplicables tanto a los conflictos armados internacionales como a los no internacionales. Su desarrollo ha sido progresivo con el paso de los años. En muchos casos, además, estas normas consuetudinarias han inspirado o se han trasladado al contenido de tratados específicos en esta materia, sin que por ello pierdan vigencia.

El Reglamento de La Haya de 1907, relativo a las leyes y costumbres de la guerra terrestre, y del que ya se han expuesto los componentes históricos más relevantes en el capítulo anterior, constituyó un hito en la codificación del derecho de los conflictos armados. En materia de bienes culturales, sin duda, el Reglamento introdujo en el ámbito convencional una serie de normas protectoras de los bienes culturales que han orientado las legislaciones posteriores y la jurisprudencia.

La protección de los bienes culturales se encuentra específicamente regulada en el artículo 27 del R.IV.H, que establecía que:

> "En los sitios y bombardeos se tomarán todas las medidas necesarias para preservar, en la medida de lo posible, los edificios destinados al culto, a las artes, a las ciencias, a la beneficencia, los monumentos históricos, los hospitales y los lugares en donde estén asilados los enfermos y heridos, a condición de que no se destinen para fines militares.
>
> Los sitiados están en la obligación de señalar esos edificios o lugares de asilo con signos visibles especiales que se harán conocer de antemano al sitiador."

Esta disposición confiere protección a una serie de edificios frente a los ataques en la medida en que aquellos no sean utilizados con fines militares y no concurra una necesidad militar imperativa que justifique su ataque. El artículo 27 protegería, pues, de los daños directos que pudieran infligirse a los bienes protegidos, así como de aquellos daños colaterales a los bienes culturales producidos al atacar objetivos cercanos y que podrían haberse evitado, pero no ocurriría lo mismo con los daños incidentales inevitables causados durante el ataque o bombardeo a otros objetivos cercanos, que no serían ilegales[471].

En virtud del artículo 27, la protección se otorga a un listado de bienes inmuebles con una naturaleza y una finalidad particulares, pero sin una definición precisa[472]. En la misma disposición se incluyen tanto "edificios destinados al culto, a las artes y a las ciencias, a la beneficencia, los monumentos históricos" –los bienes culturales propiamente dichos, aunque en 1907 no

---

471 O'KEEFE, R.: *The Protection of Cultural Property in Armed Conflict, op. cit.*, p.24.

472 TOMAN, J.: *The Protection of Cultural Property…, op. cit.*, p.13.

existiera aún esa denominación legal– con otros edificios como "hospitales y los lugares en donde estén asilados los enfermos y heridos". La categoría de los "monumentos históricos", introducida en el Reglamento de 1907, incluía bienes inmuebles, con independencia de la propiedad –pública o privada–. Estos bienes merecen protección por su valor histórico, artístico o arquitectónico, más allá de su contenido o su uso[473]. En lo que refiere a edificios "dedicados a la religión", la categoría era suficientemente amplia como para cubrir todas las sensibilidades religiosas[474]. De igual manera, dentro de los edificios destinados "a las artes, a las ciencias y a la beneficencia" se incluían museos, bibliotecas y archivos, así como universidades y escuelas, orfanatos o residencias de ancianos[475].

La protección se perdería con el uso con fines militares[476]. Sin embargo, no estaría tan claro que la destrucción de un bien utilizado con fines militares estuviera siempre justificada dado que la norma general contenida en el artículo 23.g del R.IV.H limitaba

---

473 Roger O'keefe sugiere que el término "histórico", que en la época tenía un significado consolidado en Europa y América, no implicaba un especial vínculo con un evento histórico o un tiempo determinado, sino que el mero hecho de poseer valor artístico o arquitectónico bastaría. El concepto, ya aparecido en diversas legislaciones europeas desde finales del siglo XVIII, incluía tradicionalmente edificios, sitios arqueológicos, ruinas o murallas de ciudades. O'KEEFE, R.: *The Protection of Cultural Property in Armed Conflict, op. cit.*, pp.27-28.

474 El concepto fue introducido a petición de la delegación turca para incluir tanto iglesias, mezquitas, sinagogas y otros lugares religiosos. TOMAN, J.: *The Protection of Cultural Property…, op. cit.*, p.11.

475 O'KEEFE, R.: *The Protection of Cultural Property in Armed Conflict, op. cit.*, p.29.

476 Forrest lo expresa así: "Further, should the property be used for military purposes, it loses all protection. In such an eventuality, it is not necessary that the destruction of the cultural property be militarily imperative, only that the enemy has used it for its military purpose". FORREST, C.J.S.: "The Doctrine of Military Necessity…", *op. cit.*, p.198.

la destrucción de bienes, cualesquiera que sean, a la concurrencia de una necesidad militar imperativa. En otras palabras, no bastaría el uso con fines militares por la parte defensora para proceder a un ataque contra un bien protegido por el artículo 27, sino que además debería haber una necesidad militar que justificara el ataque o el bombardeo. Nótese, sin embargo, que no se impone una obligación para la parte defensora de abstenerse de utilizar los bienes culturales con esa finalidad, de manera que usarlos en ese sentido no constituiría una violación del precepto[477].

La destrucción o daño intencional de estos bienes protegidos conlleva una respuesta jurídica. Así lo prescribía, como ya señalamos, el artículo 56 del R.IV.H:

> "Los bienes de las comunidades, los de establecimientos consagrados a los cultos, a la caridad, a la instrucción, a las artes y a las ciencias, aun cuando pertenezcan al Estado, serán tratados como propiedad privada.
>
> Se prohíbe y debe perseguirse toda ocupación, destrucción, deterioro intencional de tales edificios, de monumentos históricos y de obras artísticas y científicas."

Este artículo prohíbe la apropiación, la destrucción y el daño intencional a los bienes protegidos y consagra la responsabilidad individual por la comisión de tales actos. A diferencia de su homólogo para el caso de los combates, este precepto no contempla la derogación en caso de necesidad militar.

Las reglas contenidas en el Reglamento de La Haya de 1907, y en particular las que afectan a los bienes culturales, fueron afirmadas como Derecho Internacional consuetudinario por el

---

477 O'KEEFE, R.: *The Protection of Cultural Property in Armed Conflict, op. cit.*, p.25.

Tribunal Militar Internacional de Núremberg[478]. El fundamento de estas normas aparecerá posteriormente reflejado en numerosos tratados e instrumentos internacionales posteriores. La obligación de respetar los bienes culturales, que subyace en el Reglamento de 1907 y que se desarrollará en la CH54, forma parte del Derecho Internacional consuetudinario aplicable tanto a los conflictos armados internacionales como a los no internacionales[479]. Asimismo, la costumbre internacional también prohíbe el uso de los bienes de gran importancia para el patrimonio cultural para fines que pudieran exponerlos a su destrucción o deterioro, a menos que concurriera una necesidad militar imperativa[480].

Tal y como refleja el artículo 56 del R.IV.H, el Derecho Internacional consuetudinario también recoge la prohibición de confiscar, destruir o dañar intencionadamente los edificios dedicados a la religión, la enseñanza, las artes, las ciencias, los

---

478 "The rules of land warfare expressed in the Convention undoubtedly represented an advance over existing international law at the 'time of their adoption. But the convention expressly stated that it was an attempt "to revise the general laws and customs of war", which it thus recognized to be then existing, but by 1939 these rules laid down in the Convention were recognized by all civilized nations, and were regarded as being declaratory of the laws and customs of war which are referred to in Article 6 (b) of the Charter". TMI: *Trials of the major war criminals…, op. cit.*, pp.253-254.

479 La Norma 38 del Estudio del CICR dice así: "Las partes en conflicto deben respetar los bienes culturales: A. En las operaciones militares se pondrá especial cuidado en no dañar los edificios dedicados a fines religiosos o caritativos, a la enseñanza, las artes o las ciencias, así como los monumentos históricos, a no ser que se trate de objetivos militares. B. No serán atacados los bienes que tengan gran importancia para el patrimonio cultural de los pueblos, salvo en caso de necesidad militar imperiosa". HENCKAERTS, J.-M. y DOSWALD-BECK, L.: *El derecho internacional humanitario consuetudinario, Volumen I: Normas*, CICR, Buenos Aires, 2007, pp.141-143.

480 Norma 39. Ibid., pp.145-147.

monumentos históricos y las obras de arte o científicas[481]. Las violaciones graves del DIH constituyen crímenes de guerra y comportan responsabilidad penal individual[482]. Su extensión a los conflictos armados no internacionales fue introducida en numerosos instrumentos internacionales contemporáneos, tales como el SP99 o el Estatuto de Roma de la Corte Penal Internacional (ECPI, en adelante), así como confirmado jurisprudencialmente por el TPIY[483]. En este sentido, parece bien establecido en el DIH consuetudinario que la destrucción de bienes culturales constituye un crimen de guerra. Recordemos que la Comisión de Responsabilidades de 1919 incorporó la destrucción de bienes culturales como una violación de las leyes y costumbres de la guerra. Con posterioridad, la transgresión de esta norma fue criminalizada en el Estatuto del TMI y el Estatuto del TPIY. De igual modo, el artículo 8 del ECPI caracteriza como crimen de guerra, con independencia del tipo de conflicto armado, el ataque a una serie de edificios protegidos tomando el lenguaje directamente del Reglamento de La Haya de 1907.

---

481 Norma 40. Ibid., pp.148-149. Esta norma también incluye la prohibición del pillaje, el robo, la apropiación indebida y el vandalismo de bienes culturales.

482 La norma 151 indica que: "las personas que cometen crímenes de guerra son penalmente responsables de ellos". Ibid., p.623.

483 En el caso Tadic se constató que: "[...] it cannot be denied that customary rules have developed to govern internal strife. These rules [...] cover such areas as protection of civilians from hostilities, in particular from indiscriminate attacks, protection of civilian objects, in particular cultural property, protection of all those who do not (or no longer) take active part in hostilities, as well as prohibition of means of warfare proscribed in international armed conflicts and ban of certain methods of conducting hostilities." TPIY: *Decision on the Defence Motion for Interlocutory Appeal on Jurisdiction in the case the Prosecutor v. Duško Tadić*, *op. cit.*, pár.127. HENCKAERTS, J.-M y DOSWALD-BECK, L.: *El derecho internacional humanitario consuetudinario...*, *op. cit.*, pp.141-149.

En síntesis, han cristalizado en el Derecho Internacional consuetudinario una serie de normas relacionadas con la protección de los bienes culturales aplicables a todo tipo de conflicto armado. La violación de tales normas genera responsabilidad individual y se tipifica como un crimen de guerra. La naturaleza consuetudinaria de estas normas, aceptada ampliamente por la comunidad internacional y reconocida en diversos tratados internacionales, es de gran relevancia puesto que permite la aplicación de estas reglas con independencia de la voluntad de un Estado de ratificarlas.

2. LA CONVENCIÓN DE LA HAYA DE 1954

2.1. Panorámica general de la Convención de La Haya de 1954

La CH54[484] es el instrumento fundamental en materia de protección de los bienes culturales en caso de conflictos armados. Su origen, como el de otros tratados de carácter humanitario de la posguerra, está directamente relacionado con la inmensa destrucción ocasionada en la Segunda Guerra Mundial. Los Estados comprendieron la necesidad de un conjunto normativo más completo y específico de protección de los bienes culturales que corrigiera las deficiencias de las Reglas de La Haya. El objetivo era conferir la máxima protección sin sacrificar por ello la participación del máximo número de Estados[485]. Es en esta lógica

---

484 La delimitación de nuestro objeto de estudio impide que entremos en profundidad en todas las disposiciones de la Convención. La literatura sobre los aspectos jurídicos relacionados con la CH54 es abundante. Para un análisis pormenorizado de cada uno de los artículos de la CH54 remitimos al lector a la obra de Toman.

485 Los redactores del borrador, cuyos trabajos partieron del proyecto de convenio de la OIM de 1938, aspiraban a diseñar un texto legal realista en aras de conseguir “modest, but enforceable, provisions”. Citado en O’KEEFE, R.: *The Protection of Cultural Property in Armed Conflict, op. cit.*, p.93.

donde debe situarse la CH54. Así pues, el 14 de mayo de 1954 se adoptó la CH54, junto con un Reglamento para su aplicación, que también forma parte de la Convención, y el Primer Protocolo[486].

La idea fundamental de la CH54 se encuentra en el preámbulo. La comunidad internacional percibía que "daños ocasionados a los bienes culturales pertenecientes a cualquier pueblo constituyen un menoscabo al patrimonio cultural de toda la humanidad", puesto que "cada pueblo aporta su contribución a la cultura mundial", y, por tanto, este patrimonio merecía una protección internacional destinada a su conservación[487]. Los Estados entendían que, para que la protección fuera eficaz en situación de conflicto armado, objetivo último de la CH54, esta debía implementarse en tiempos de paz[488].

La CH54 introdujo por primera vez en un tratado internacional el concepto de "bienes culturales", cuya definición jurídica,

---

486 El Primer Protocolo, de carácter opcional, constituye un instrumento separado de la CH54. Como tal, para poder vincularse al Protocolo, los Estados deben ser parte de la Convención. El Primer Protocolo aborda la exportación ilícita de bienes culturales desde un territorio ocupado. La razón de regular separadamente de la CH54 esta cuestión se debió al temor de perder adeptos al texto principal del tratado. En virtud de sus disposiciones, los Estados se obligan a impedir la salida de bienes culturales de un territorio bajo su ocupación. Además, el resto de Estados Parte se comprometen a poner bajo su custodia los bienes culturales importados en su territorio que procedan directa o indirectamente de un territorio ocupado, así como a devolver al territorio de origen estos bienes importados ilícitamente a su territorio al término de las hostilidades. Asimismo, el Primer Protocolo también regula la devolución, al término de la situación de conflicto armado, de los bienes culturales de un Estado Parte depositados en otro Estado Parte para su salvaguardia. Para más información, puede consultarse: O'KEEFE, R.: *The Protection of Cultural Property in Armed Conflict, op. cit.*, pp.195-200.

487 Preámbulo de la CH54.

488 Preámbulo de la CH54.

contemplada en el artículo 1[489], rompía con los acercamientos tradicionales de otros instrumentos, tales como las Reglas de La Haya, que habían apostado por enunciar una serie de bienes protegidos (monumentos, obras de arte, edificios dedicados a la ciencia, etc.). El concepto de "patrimonio cultural", del que los bienes culturales formarían parte, debe ser entendido de forma amplia, de manera que incluya tanto el patrimonio tangible –esto es, los bienes muebles e inmuebles, tales como monumentos, obras de arte, etc.– como el patrimonio intangible –la danza, la música, el teatro, las tradiciones, las creencias, etc.–[490]. El término "pueblos", también en el preámbulo, se prefirió al concepto de "Estados" con el fin de recalcar que el valor de los bienes era el que las sociedades le adscribían y no tanto el valor que el Estado, como ente jurídico que encarna esa sociedad en el orden internacional, pudiera atribuirle[491]. Ocurre lo mismo con el uso del concepto "humanidad", en lugar de "comunidad internacional", con el que se pretendía reforzar la idea de quiénes son, en última instancia, los beneficiarios de esa protección[492].

La protección internacional conferida a los bienes culturales entraña dos conjuntos de obligaciones fundamentales: la salvaguardia y el respeto[493]. La obligación de salvaguardia, expresada en el artículo 3, consiste en la adopción en tiempos de paz de todas las medidas que se consideren apropiadas para asegurar la protección de los bienes culturales ante los efectos previsibles de un conflicto armado[494]. No se precisa qué tipo de medidas concuerdan con los

---

489 Vid. infra. Capítulo II, apartado 2.3.

490 TOMAN, J.: *The Protection of Cultural Property...*, *op. cit.*, pp.40-41.

491 O'KEEFE, R.: *The Protection of Cultural Property in Armed Conflict*, *op. cit.*, p.95.

492 Ibid., p.95.

493 Artículo 2 de la CH54.

494 No nos centraremos en el deber de salvaguardia en este trabajo. Remitimos, para más información acerca de las implicaciones de esta obligación,

fines del artículo 3, por lo que se infiere que los Estados tienen un gran margen de discrecionalidad para decidir cuáles implementar[495].

La obligación de respeto[496], formulada en el artículo 4, es esencial en todo el sistema de protección que diseña la CH54. El núcleo principal radica en la restricción de realizar ciertas acciones que dañen, destruyan o pongan en peligro los bienes culturales. Sin embargo, la excepción de la necesidad militar atempera en gran medida estas limitaciones. El mantenimiento de la cláusula había de permitir una mayor aceptación entre los Estados para que se adhirieran al tratado[497]. La obligación de respeto constituye la base del régimen de protección general conferido a todos los bienes culturales que satisfagan los requisitos de la definición establecida en el artículo 1 de la CH54. Una protección especial puede acordarse para un número restringido de bienes culturales de una importancia superior, tal y como se dispone en el capítulo II de la CH54. Estos últimos serán inscritos en el Registro Internacional de Bienes Culturales bajo Protección Especial y gozarán de inmunidad mientras cumplan una serie de requisitos[498].

Asimismo, el artículo 16 creaba el denominado "escudo azul"[499], el emblema mediante el cual se señalizan los bienes culturales bajo

---

a la obra TOMAN, J.: *The Protection of Cultural Property…*, *op. cit.*, pp.59 y ss.

495 Posteriormente, en el artículo 5 del SP99, se concretarían algunas de las medidas preparatorias que debían ser adoptadas por los Estados para asegurar la salvaguardia de los bienes culturales.

496 En el siguiente apartado desgranaremos las implicaciones de esta obligación, cuyo núcleo básico se encuentra en el artículo 4 de la CH54, rubricado "respeto a los bienes culturales", pero que también se ramifica en otros preceptos de la CH54. Aquí simplemente resumiremos su contenido.

497 TOMAN, J.: *The Protection of Cultural Property…*, *op. cit.*, p.78.

498 Artículos 8, 9, 10 y 11 de la CH54.

499 Artículo 16: "El emblema de la Convención consiste en un escudo en punta, partido en aspa, de color azul ultramar y blanco (el escudo contiene un cuadrado azul ultramar, uno de cuyos vértices ocupa la

protección general y, si se usa repetido tres veces en formación de triángulo, sirve para identificar los bienes culturales inmuebles bajo protección especial[500]. El uso del signo distintivo de la CH54 para fines distintos de los establecidos está expresamente prohibido[501].

La CH54 también establece un régimen de transporte de bienes culturales, aplicable al traslado por tierra, mar y aire, en el caso de conflictos armados internacionales, incluidos los casos de urgencia. La idea es conferir una protección especial al transporte de esos bienes muebles, que no podrán ser objeto de ningún acto de hostilidad, así como dotarlos de inmunidad de embargo, de presa y captura[502]. El Reglamento para su aplicación especifica el procedimiento, harto complicado, para garantizar la inmunidad del transporte, así como la gestión del traslado de los bienes culturales a otro país para su protección hasta que termine el conflicto armado[503].

En la actualidad, la CH54 tiene 135 Estados Parte, de los cuales 112 también lo son del Primer Protocolo[504]. En el transcurso del siglo XXI el número de países que han ratificado la CH54 ha incrementado de forma constante, con relevantes incorporaciones como los Estados Unidos, en 2009, o el Reino Unido, en 2017, consolidándola todavía más como el tratado fundamental en materia de protección de bienes culturales. A la vista de su importancia, una parte de la doctrina sostiene que la CH54 se habría integrado

---

parte inferior del escudo, y un triángulo también azul ultramar en la parte superior; en los flancos se hallan sendos triángulos blancos limitados por las áreas azul ultramar y los bordes laterales del escudo)".

500 Artículos 6, 10 y 17 de la CH54.

501 Artículo 17.3 de la CH54.

502 Artículos 12, 13 y 14 de la CH54.

503 Artículos 17, 18 y 19 del Reglamento para la aplicación de la CH54.

504 Para más información sobre el estado de ratificaciones véase: https://www.unesco.org/en/legal-affairs/legal-texts/unesco-specific-conv?hub=66535 (Consultado: 1 de junio de 2024).

en el Derecho Internacional consuetudinario[505], si no al completo, sí sus principios fundamentales, como avala el estudio del CICR sobre Derecho Internacional Humanitario consuetudinario[506].

2.2. Ámbito de aplicación de la Convención de La Haya de 1954

Los conflictos armados en los que se aplica el tratado se regulan en el capítulo VI de la CH54. El artículo 18 dispone su aplicación a los conflictos armados internacionales, mientras que el artículo 19 regula los límites de su aplicación a los conflictos armados sin carácter internacional.

El artículo 18 presenta unas características profundamente inspiradas en el artículo 2 Común a los Cuatro Convenios de Ginebra. En el párrafo 1 se establece que la CH54 será de aplicación "en caso de guerra declarada o de cualquier otro conflicto armado" entre dos o más Estados Parte, aunque alguno de ellos "no reconozca el estado de guerra". Por lo tanto, no es necesaria

---

505 El professor Toman indica que: "Many of the general provisions of the Hague Convention form part of customary international law which, also, constitutes an important basis for strengthening the application of the protection of cultural property in armed conflict, including wars of national liberation". TOMAN, J.: *The Protection of Cultural Property...*, *op. cit.*, p.203. Por su parte, Boylan consideraba que la CH54 estaba: "so well established that it is now regarded as an integral part of Customary International Law". BOYLAN, P. J.: *Review of the Convention...*, *op. cit.*, p.7. A la misma conclusión llega MEYER, D.: "The 1954 Hague Cultural Property Convention and Its Emergence into Customary International Law", *Boston University International Law Journal*, vol.11, nº 2, otoño 1993, pp.385-389.

506 "Los principios fundamentales de protección y conservación de los bienes culturales enunciados en la Convención se consideran ampliamente como un reflejo del derecho internacional consuetudinario, como lo han declarado la Conferencia General de la UNESCO y los Estados que no son Partes en la Convención". HENCKAERTS, J.-M. y DOSWALD-BECK, L.: *El derecho internacional humanitario consuetudinario...*, *op. cit.*, p.143.

una declaración de guerra ni el reconocimiento del estado de guerra. La CH54 despliega automáticamente sus efectos con la mera existencia de un conflicto armado entre Estados Parte, desde el inicio de las hostilidades[507]. La noción de conflicto armado debe ser interpretada en el sentido de cualquier disputa que surja entre dos o más Estados Parte y que conlleve la intervención de las fuerzas armadas o similares[508]. El artículo 18.2 contempla la aplicación, también, a las situaciones de ocupación de todo o parte del territorio de una de las Partes con independencia de que encuentre resistencia militar. El párrafo 3, prácticamente idéntico al párrafo 3 del artículo 2 Común, rompe con la cláusula *si omnes* de los Convenios de La Haya de 1899 y 1907, por la cual las convenciones solo eran aplicables si todos los contendientes en el conflicto armado eran partes[509]. La CH54 vincula a los Estados Parte en sus relaciones mutuas, aunque en el conflicto armado intervenga algún Estado no Parte. Además, la CH54 también será de aplicación si una de las potencias beligerantes, aun cuando no sea Parte, declara que acepta los principios de la Convención y los aplica[510].

La CH54 traslada una parte de la protección a los conflictos armados sin carácter internacional. El borrador de Convención

---

507 TOMAN, J.: *The Protection of Cultural Property…*, *op. cit.*, p.196.

508 Ibid., pp.196-197.

509 Ibid., p.198.

510 Estos requisitos de aceptación y aplicación han generado algunas dudas respecto de cómo deben interpretarse. En el artículo 2 Común, según el profesor Toman, nada indica que deba concurrir una declaración explícita y formal de la aceptación de los principios, de modo que podría inferirse, pues, una aceptación tácita por el mero hecho de aplicar efectivamente sus normas. Sin embargo, en el caso de la CH54 parece que sí sería necesaria la declaración formal como paso previo para que los Estados Parte en el tratado se vean vinculados por el tratado en sus relaciones con la potencia no firmante. Un análisis más extenso de la cuestión en Ibid., pp.199-201.

de la OIM de 1938 ya había incluido unas referencias muy genéricas a la protección de monumentos y obras de arte en los conflictos internos[511]. El artículo 19.1 de la CH54, emulando el artículo 3 Común, estipula que:

> "En caso de conflicto armado que no tenga carácter internacional y que haya surgido en el territorio de una de las Altas Partes Contratantes, cada una de las partes en conflicto estará obligada a aplicar, como mínimo, las disposiciones de esta Convención relativas al respeto de los bienes culturales".

Hay diversas cuestiones que deben abordarse para comprender el alcance de esta disposición. El artículo 19, ni ningún otro en la CH54, no define los conflictos armados sin carácter internacional, así que puede asumirse que, con un modelaje tan parecido al del artículo 3 Común, el ámbito de aplicación es el mismo[512]. En lo que respecta a su aplicación *ratione personae,* al mencionar "cada una de las partes en conflicto", el artículo 19 obliga a todas las partes en el conflicto, incluidos los grupos armados, aunque que no hayan firmado ni ratificado el tratado, sin que esto afecte al estatus jurídico de los mismos[513]. La razón de esta posición, así lo manifestaron los redactores, es que cada uno de los contrincantes está vinculado por los compromisos

---

511 Vid. supra Capítulo I, apartado 4.3.4.

512 TOMAN, J.: *The Protection of Cultural Property...*, *op. cit.*, pp.209-212; O'KEEFE, R.: *The Protection of Cultural Property in Armed Conflict*, *op. cit.*, p.98.

513 El artículo 19.4 aclara que "la aplicación de las precedentes disposiciones no producirá efecto alguno sobre el estatuto jurídico de las partes en conflicto". Toman subraya la importancia de este párrafo, puesto que, sin él, la extensión de una mínima protección a los conflictos internos habría sido inviable. Con esta disposición, los gobiernos legales se aseguran de que la CH54 no interfiere en sus esfuerzos –ni en su legitimidad– de suprimir las rebeliones internas, esto es, que no hay injerencias en sus asuntos internos. Tampoco reconoce a los rebeldes nigún estatuto jurídico. TOMAN, J.: *The Protection of Cultural Property...*, *op. cit.*, pp.218-219.

que adquiere la sociedad de la que forman parte[514]. Esta interpretación se ve reforzada por el uso deliberado de la minúscula en el inciso "cada una de las partes en conflicto". A lo largo de toda la CH54, el documento utiliza Partes, con mayúscula, pero solo en el artículo 19 se emplea "partes" con minúscula, con lo que se confirma la aplicación de la CH54 tanto a los Estados Parte como a los grupos armados[515].

---

514 El profesor Toman utiliza en apoyo de esta afirmación el comentario del IV Convenio de Ginebra en relación con el artículo 3 Común y su extensión a los grupos rebeldes. En particular, queremos destacar el siguiente fragmento: "On the other hand, what justification is there for the obligation on the adverse Party in revolt against the established authority? At the Diplomatic Conference doubt was expressed as to whether insurgents could be legally bound by a Convention which they had not themselves signed. But if the responsible authority at their head exercises effective sovereignty, it is bound by the very fact that it claims to represent the country, or part of the country. The "authority" in question can only free itself from its obligations under the Convention by following the procedure for denunciation laid down in Article 158. But the denunciation would not be valid, and could not in point of fact be effected, unless the denouncing authority was recognized internationally as a competent Government. It should, moreover, be noted that under Article 158 denunciation does not take effect immediately. If an insurgent party applies Article 3, so much the better for the victims of the conflict. No one will complain. If it does not apply it, it will prove that those who regard its actions as mere acts of anarchy or brigandage are right. As for the de jure Government, the effect on it of applying Article 3 cannot be in any way prejudicial; for no Government can possibly claim that it is entitled to make use of torture and other inhuman acts prohibited by the Convention, as a means of combating its enemies. Care has been taken to state, in Article 3, that the applicable provisions represent a compulsory minimum. The words "as a minimum" must be understood in that sense. At the same time they are an invitation to exceed that minimum". PICTET, J.: *Commentary on the IV Geneva Convention relative to the protection of civilian persons in time of war*, ICRC, Ginebra, 1958, p.37.

515 TOMAN, J.: *The Protection of Cultural Property…*, *op. cit.*, p.213.

El artículo 19 reduce la protección aplicable a los conflictos armados sin carácter internacional a un mínimo representado por las obligaciones de respeto. Una interpretación restrictiva limitaría la aplicación únicamente a las previsiones del artículo 4. En cambio, el profesor Toman sugiere que no debe entenderse el precepto como una remisión al cumplimiento del artículo 4 exclusivamente, sino que propone interpretar el artículo 19 en sentido amplio, de manera que queden incluidas todas aquellas disposiciones que traten sobre el respeto de los bienes culturales[516]. Esta interpretación extensiva tiene sus efectos en la aplicación de parte de la CH54 a los conflictos armados no internacionales, por ejemplo, en el ámbito de la responsabilidad penal individual.

El párrafo 2 del artículo 19 alienta a las partes en conflictos a extender la aplicación de otras partes de la CH54 mediante acuerdos especiales, ampliando ese "mínimo" aplicable que fija el párrafo primero. El párrafo 3 sitúa a la UNESCO como la organización que puede prestar sus servicios a las partes en conflicto, sean estas entidades estatales o no[517].

2.3. La definición de los bienes culturales

La CH54 estableció por primera vez una definición jurídica del concepto de "bien cultural" en el artículo 1. Las Reglas de

---

516 Toman indica que si los redactores hubieran querido tal remisión al artículo 4 nada se lo habría impedido. Pero no lo hicieron. La interpretación que propone Toman se basa en que el artículo 19 hace una remisión genérica a las obligaciones de respeto, por lo que cabría entender que una parte de la CH54 más allá del artículo 4 estrictamente, sería aplicable a los conflictos armados no internacionales, puesto que el objetivo del tratado es la protección de los bienes culturales. Así pues, Toman propone leer el artículo 19 a la luz de las reglas generales de interpretación del artículo 31 del Convenio de Viena, de 23 de mayo de 1969, sobre Derecho de los Tratados. Ibid., pp.213-215.

517 Ibid., pp-216-218.

La Haya habían pecado por su amplitud y su imprecisión, lo cual había redundado en su inaplicación. Era materialmente imposible proteger todos los edificios de culto, las obras de arte, los monumentos históricos y los demás edificios protegidos. Por esta razón, la CH54 optó por una definición que acotara mejor los bienes que se querían proteger, esto es, aquellos que tuvieran una cierta importancia cultural, en aras de proveer una protección más efectiva[518]. Así pues, el artículo 1 de la CH54 estipula:

> Para los fines de la presente Convención, se considerarán bienes culturales, cualquiera que sea su origen y propietario:
>
> a) Los bienes, muebles o inmuebles, que tengan una gran importancia para el patrimonio cultural de los pueblos, tales como los monumentos de arquitectura, de arte o de historia, religiosos o seculares, los campos arqueológicos, los grupos de construcciones que por su conjunto ofrezcan un gran interés histórico o artístico, las obras de arte, manuscritos, libros y otros objetos de interés histórico, artístico o arqueológico, así como las colecciones científicas y las colecciones importantes de libros, de archivos o de reproducciones de los bienes antes definidos;
>
> b) Los edificios cuyo destino principal y efectivo sea conservar o exponer los bienes culturales muebles definidos en el apartado a) tales como los museos, las grandes bibliotecas, los depósitos de archivos, así como los refugios destinados a proteger en caso de conflicto armado los bienes culturales muebles definidos en el apartado a);
>
> c) Los centros que comprendan un número considerable de bienes culturales definidos en los apartados a) y b), que se denominarán "centros monumentales".

La CH54 protege los bienes culturales, tanto muebles como inmuebles, con independencia de su origen y de su propietario. La lista de bienes protegidos enunciados en el artículo 1.a no

---

518 O'KEEFE, R.: *The Protection of Cultural Property in Armed Conflict, op. cit.*, p.101.

tiene carácter exhaustivo. Ahora bien, la protección se restringe a aquellos bienes que tengan “una gran importancia para el patrimonio cultural de los pueblos”. El umbral de protección se establece en base a la “gran importancia” y no al valor, ya que se asume que hay bienes que, a pesar de tener un valor reducido, pueden ser de gran importancia para una cultura por irremplazables, mientras que en otras ocasiones el valor del bien puede ser elevado, pero pueden ser sustituidos y por eso poseen menor importancia[519]. Puede intuirse, entonces, que aquellos bienes que no alcanzan ese umbral quedarían excluidos de la protección de la CH54, sin que ello se oponga a la protección que reciban en virtud de otros instrumentos internacionales o del Derecho Internacional consuetudinario, en particular los Convenios de La Haya de 1899 y 1907.

Las categorías protegidas en el artículo 1.a deben tener, más allá del umbral de importancia, un interés histórico, artístico o arqueológico[520]. Los edificios religiosos no están explícitamente incluidos en la definición de bienes culturales como sí lo estaban en las Reglas de La Haya. Este tipo de bienes recibe la protección de la CH54 en la medida en que sean monumentos históricos, arquitectónicos o artísticos[521].

La determinación de la importancia suficiente de un bien para ser protegido en virtud de la CH54 se cede a la discrecionalidad de los Estados Parte. El profesor O'keefe afirma que “the term “cultural property” refers to the full gamut of each high contracting party's national cultural heritage, as defined

---

519 TOMAN, J.: *The Protection of Cultural Property…*, *op. cit.*, p.50.

520 No fue fácil acordar un significado específico para todas las categorías protegidas puesto que las definiciones varían en función de los países. El significado preciso puede leerse en Ibid., pp.50-53.

521 EHLERT, C.: *Prosecuting the Destruction of Cultural Property...*, *op. cit.*, p.50.

by that party"[522]. Los criterios empleados a la hora de atribuir "gran importancia" a un bien cultural dependerán, por lo tanto, de la legislación interna de cada Estado[523]. Esa variabilidad ha generado que el número de bienes protegidos oscile enormemente entre países[524]. El riesgo de que la excesiva discrecionalidad del Estado para determinar la importancia de los bienes como exige el artículo 1 de la CH54 se atempera con la aplicación del principio de la buena fe en la observancia de los tratados internacionales[525]. Por ejemplo, una actuación de mala fe sería aplicar la CH54 a bienes que manifiestamente no tienen importancia cultural para el patrimonio de ese Estado con el fin de aprovecharse de la protección que brinda el tratado o, por el contrario, no considerar como bienes culturales aquellos que indiscutiblemente poseen importancia para desligarse de

---

522 O'KEEFE, R.: "The Meaning of Cultural Property under the 1954 Hague Convention", *Netherlands International Law Review*, vol.46, nº1, 1999, p.55.

523 Ibid., p.36.

524 O'keefe da algunas cifras que revelan el grado de rigidez con que los Estados han interpretado el artículo 1 de la CH54. Por lo general, los Estados listan para su protección los miles o decenas de miles de bienes muebles e inmuebles que están protegidos por sus legislaciones, o bien están inscritos en los inventarios y catálogos de bienes culturales de interés que realizan los Estados de sus propios bienes, lo que puede incluir, también, bienes culturales de titularidad privada. En comparación con otros Estados, España adoptó un enfoque ultrarrestrictivo del artículo 1 de la CH54, puesto que, en el caso de los bienes inmuebles, asimiló los bienes protegidos por la CH54 (esto es, aquellos de "gran importancia para el patrimonio cultural de los pueblos") con aquellos listados en la Lista del Patrimonio Mundial establecida por la CPPM (cuyo umbral de importancia es tener un "valor excepcional universal"). Esta interpretación, en opinión de O'Keefe, es errónea. Para más detalles y cifras puede consultarse O'KEEFE, R.: *The Protection of Cultural Property in Armed Conflict, op. cit.*, pp.107-109.

525 El artículo 26 del Convenio de Viena de 1969 sobre derecho de los tratados dice: "Todo tratado en vigor obliga a las partes y debe ser cumplido por ellas de buena fe".

las obligaciones de respeto que impone la CH54[526]. A efectos prácticos, la competencia de un Estado para definir cuáles son los bienes de gran importancia para su patrimonio cultural de poco sirve, en caso de conflicto armado, si no hay una acción previa del Estado en el que se encuentran esos bienes culturales (por ejemplo, señalarlos con el distintivo adecuado de la CH54), porque resultará muy difícil para la otra parte saber cuáles son los bienes culturales (que pueden ser muchos) protegidos[527]. Por esta razón, es aconsejable que la otra parte actúe con precaución al evaluar si los bienes podrían ser importantes para el patrimonio cultural del otro Estado y así asegurar el mayor cumplimiento de las obligaciones de respeto del tratado[528].

Las otras dos categorías de bienes, incluidas en los apartados b y c del artículo 1, incluyen, por un lado, los edificios y los refugios que, sin tener necesariamente una importancia cultural en sí mismos, están destinados a conservar, exponer o proteger bienes culturales muebles de gran importancia para el patrimonio cultural de los pueblos. Una vez más, la lista no es exhaustiva. Por otro lado, el artículo 1.c se refiere a los "centros monumentales", es decir, aquellos centros que contengan un número considerable de bienes definidos en los párrafos a y b; de manera que así se protegerían lugares de alta concentración bienes culturales muebles e inmuebles como, por ejemplo, ciudades como Florencia, Venecia o Brujas[529].

---

526 O'KEEFE, R.: *The Protection of Cultural Property in Armed Conflict, op. cit.*, pp.109-110.

527 Ibid., p.110.

528 Ibid., p.110.

529 Ibid., p.103.

2.4. La obligación de respetar los bienes culturales

La obligación de respeto es la base sobre la que descansa toda la protección de los bienes culturales. El núcleo fundamental de esta obligación se describe esencialmente en el artículo 4 de la CH54, aunque las ramificaciones de este principio básico imbuyen muchos otros preceptos del tratado. El respeto a los bienes culturales, referido en el artículo 4, se articula en torno a cuatro obligaciones, dos de ellas de carácter absoluto (párr. 3 y 4), mientras que otras dos contemplan la excepción de la necesidad militar (párr. 1 y 2). Todas ellas se aplican tanto en caso de conflicto armado internacional, aunque la otra Parte no hubiera puesto en marcha las medidas de salvaguardia del artículo 3 de la CH54[530], como en los conflictos armados sin carácter internacional. El deber de respeto configurado en el artículo 4 también se extiende a las situaciones de ocupación de todo o parte del territorio de otro Estado Parte, de manera que la potencia ocupante deberá cooperar con las autoridades competentes del territorio ocupado a fin de asegurar la salvaguardia y conservación de los bienes culturales[531].

Los Estados adquieren el compromiso de respetar los bienes culturales tanto en su territorio como en el de otro Estado Parte "absteniéndose de utilizar esos bienes, sus sistemas de protección y sus proximidades inmediatas para fines que pudieran exponer dichos bienes a destrucción o deterioro en caso de conflicto armado, y absteniéndose de todo acto de hostilidad respecto de tales bienes"[532]. Estas obligaciones no son, como se ha anticipado, absolutas, sino

---

530 Artículo 4.5 de la CH54.

531 Artículo 5 de la CH54. Más información en FORREST, C.J.S.: *International Law and the Protection of Cultural Heritage*, Routledge: Taylor & Francis Group, Londres y Nueva York, 2010, pp.93-97.

532 Artículo 4.1 de la CH54.

que podrán dejar de cumplirse "en el caso de que una necesidad militar impida de manera imperativa su cumplimiento"[533].

La inclusión de esta cláusula causó intensos debates durante la elaboración de la CH54[534]. Un grupo de países apostaba por retener la excepción de la necesidad militar en el texto legal bajo la premisa de que, de lo contrario, la CH54 devendría militarmente inaplicable y que muchos Estados no se adherirían al tratado. En cambio, otro grupo de Estados defendía la eliminación de la derogación por necesidad militar amparándose en el argumento de que la cláusula debilitaría enormemente la protección conferida. Finalmente, se acordó su inclusión. No obstante, no se delimita cuándo ni bajo qué circunstancias concurre una necesidad militar, ni tampoco quién, en ámbito de los mandos militares, puede evaluar esa situación y tomar una decisión al respecto[535].

Los Estados deben abstenerse de utilizar los bienes culturales, o sus inmediaciones, para fines que los expongan al deterioro o destrucción, lo que comportaría, por ejemplo, la prohibición de situar deliberadamente los bienes culturales en la línea de fuego o usarlos, en la retaguardia, como cuartel general o como barracones[536]. Solamente la existencia de una necesidad militar imperativa justificaría un uso de un bien cultural con fines militares.

---

533 Artículo 4.2 de la CH54.

534 Los aspectos más destacados del debate en la Conferencia Diplomática acerca de la cláusula de la necesidad militar pueden leerse en: TOMAN, J.: *The Protection of Cultural Property…*, *op. cit.*, pp. 74-79.

535 FORREST, C.J.S.: "The Doctrine of Military Necessity…", *op. cit.*, p.206.

536 La construcción de una base militar estadounidense en el sitio histórico de Babilonia, durante la invasión de Irak en abril de 2003, es un ejemplo de un uso manifiestamente contrario al artículo 4.1, además de vulnerar otras disposiciones de la CH54. La base militar de Estados Unidos pasó a manos de las fuerzas polacas en septiembre de 2003. La instalación de la base, y su uso continuado, causó graves daños en el yacimiento arqueológico y los monumentos de Babilonia. En base al texto de la CH54 resulta complicado justificar la existencia

En lo que se refiere al segundo deber de abstención, la CH54 no define el concepto de "actos de hostilidad", pero esta noción incluye tanto los ataques, en el sentido tradicional del Derecho Internacional Humanitario, como otros actos destructivos como las demoliciones[537]. Los actos de hostilidad contra los bienes culturales se prohíben tanto durante las operaciones militares del conflicto armado como durante las situaciones de ocupación[538]. Además, por el tenor literal de la norma, no sería necesario un resultado de daño o destrucción para que hubiera una violación del precepto, sino que bastaría con dirigir el ataque contra el bien cultural.

Sin embargo, si una de las partes violara su obligación de abstenerse de usar un bien cultural para fines militares, la otra parte no quedaría automáticamente liberada de su obligación de no realizar actos de hostilidad contra ese bien. Incluso en esas circunstancias deberá concurrir una necesidad militar imperativa para poder lanzar un ataque contra ese bien cultural[539].

---

de una necesidad militar imperativa para usar con fines militares el sitio histórico de Babilonia. GERSTENBLITH, P.: "From Bamiyan to Baghdad...", *op. cit.*, pp.295-297 y 311-316.

537 O'KEEFE, R.: *The Protection of Cultural Property in Armed Conflict, op. cit.*, p.126; Toman lo explica como sigue: "The fact that the Convention uses the term "acts of hostility" signifies that the prohibition also extends to the cultural property in its own possession or on its own territory. The Convention therefore protects cultural property against destruction committed by all the Parties to the conflict regardless of whether such destruction is the result of an attack or of the deterioration of objects under the control of a Party". TOMAN, J.: *The Protection of Cultural Property..., op. cit.*, p.139.

538 O'KEEFE, R.: *The Protection of Cultural Property in Armed Conflict, op. cit.*, p.126.

539 En los trabajos preparatorios de la CH54, el comité legal encargado explicaba su interpretación del artículo 4.2 de la CH54 de la siguiente manera: "The obligation to respect an item of cultural property remains even if that item is used by the opposing Party for military purposes. The obligation of respect is therefore only withdrawn in

Asimismo, no puede olvidarse que la excepción de la necesidad militar contenida en el artículo 4.2, en relación con el lanzamiento de ataques contra los bienes culturales, debe ser interpretada a la luz de los avances en el Derecho Internacional Consuetudinario, como, por ejemplo, la definición de objetivo militar. En consecuencia, aunque una parte puede invocar la excepción de la necesidad militar para atacar un bien cultural, únicamente devendría lícito hacerlo si el bien cultural se ha convertido en un objetivo militar[540]. Por su parte, los daños incidentales no están contemplados en la CH54. A fecha de hoy, sin embargo, el carácter consuetudinario del principio de proporcionalidad obliga a las Partes en la CH54 a abstenerse de dirigir ataques que previsiblemente causen daños accidentales excesivos en relación con la ventaja militar definida de antemano[541].

El artículo 4 establece dos obligaciones más en relación con el respeto a los bienes culturales. Ambas son absolutas, ya que no se prevé la excepción de la necesidad militar. Por un lado, el párrafo 3 obliga a los Estados a "prohibir, a impedir y a hacer cesar, en caso necesario, cualquier acto de robo, de pillaje, de ocultación o apropiación de bienes culturales, bajo cualquier forma que se practique, así como todos los actos de vandalismo", así como a "a no requisar bienes culturales muebles" situados en el territorio de otro Estado Parte. La prohibición de realizar estas conductas no solo alcanza a las propias fuerzas armadas sino también a la población civil y las fuerzas armadas enemigas, aplicable tanto a las hostilidades como a las situaciones de

---

the event of imperative military necessity". Citado en TOMAN, J.: *The Protection of Cultural Property…*, *op. cit.*, p.70.

540 O'KEEFE, R.: *The Protection of Cultural Property in Armed Conflict*, *op. cit.*, pp.127-128.

541 Ibid., pp.131-132.

ocupación[542]. Por otro lado, el párrafo 4 del artículo 4 consolida la prohibición de las represalias contra los bienes culturales.

El capítulo II de la CH54, que abarca los artículos 8 a 11, configura el régimen de protección especial, emparentado con el artículo 26 de las Reglas de la Guerra Aérea de 1923[543], cuyo objetivo es otorgar a un número más reducido de bienes culturales una protección superior y complementaria a la del régimen de protección general.

En virtud del artículo 8, un número limitado de "refugios destinados a preservar los bienes culturales muebles en caso de conflicto armado, de centros monumentales y otros bienes culturales inmuebles de importancia muy grande" podrán colocarse bajo protección especial a condición de que cumplan unos requisitos. No está muy clara cuál es la diferencia entre los bienes culturales de "importancia muy grande" y los de "gran importancia para el patrimonio cultural"[544]. Los bienes muebles tampoco quedarían protegidos por sí mismos en virtud del artículo 8.1, sino solo lo serían en la medida en que se encuentren dentro de los refugios.

Son tres las condiciones indispensables para poder otorgar la protección especial. En primer lugar, según el artículo 8.1.a, los bienes culturales tienen que situarse a "suficiente distancia de un gran centro industrial o de cualquier objetivo militar importante considerado como punto sensible". Los objetivos militares sensibles se enuncian de manera no exhaustiva, citándose entre otros, aeródromos, estaciones de radio, establecimientos dedicados a trabajos de defensa nacional, puertos, estaciones ferroviarias importantes o grandes líneas de comunicaciones.

---

542 Ibid., pp.133-134.

543 Vid. Supra capítulo I, apartado 4.2.

544 Forrest señala que el uso de las nociones de "importancia muy grande" y "número limitado" no tienen un significado específico, sino que se emplearon con la finalidad de elevar los parámetros de selectividad de los bienes culturales protegidos con el régimen especial. FORREST, C.J.S.: *International Law and the Protection of Cultural Heritage, op. cit.*, p.98.

El criterio de la "suficiente distancia", cuyo significado es vago e indeterminado, resulta prácticamente imposible de cumplir para una gran mayoría de bienes culturales que podrían optar a la protección especial, puesto que casi todos estos bienes de importancia muy grande están situados más o menos cerca de centros industriales o de objetivos militares importantes considerados como puntos sensibles[545].

El artículo 8 establece dos excepciones a esta primera condición. Por un lado, el artículo 8.2 prevé la posibilidad de conceder la protección especial a refugios que estén construidos de tal manera que no hayan de sufrir daños a consecuencia de los bombardeos. Esto haría que las obras de arte, bibliotecas, archivos y demás pudieran beneficiarse de la protección especial incluso estando en refugios situados en grandes ciudades y centros industriales[546]. Por otro lado, el artículo 8.5 prevé la posibilidad de que un Estado Parte pueda poner un bien cultural cercano a un objetivo militar importante bajo protección especial siempre que se comprometa, y lo declare en tiempos de paz, a no hacer ningún uso en caso de conflicto armado y, si se tratase de un puerto, una estación ferroviaria o un aeródromo, a desviar el tráfico.

En segundo lugar, en virtud del artículo 8.1.b, el bien que opte a la protección especial no podrá ser usado con fines militares. El artículo 8.3 aclara, en relación con los centros monumentales, que se considerará que se usan para tales fines cuando se empleen para el transporte de personal o material militar, aunque sea solo simple tránsito, así como cuando se realicen dentro del centro monumental actividades relacionadas con las operaciones militares, el acantonamiento de tropas o la producción de

---

545 En general se considera que este criterio es probablemente la causa del escaso número de bienes inscritos en el Registro Internacional de Bienes bajo Protección Especial. O'KEEFE, R.: *The Protection of Cultural Property in Armed Conflict, op. cit.*, pp.144-146.

546 Ibid., p.151

material de guerra. Por el contrario, el artículo 8.4 matiza que el emplazamiento de guardias armados para la custodia de bienes culturales no se considerará un uso con fines militares.

En tercer lugar, en atención a lo dispuesto en el artículo 8.6, el bien cultural deberá estar inscrito en el Registro Internacional de Bienes Culturales bajo Protección Especial, siguiendo el procedimiento y las condiciones establecidas en el Reglamento para la aplicación de la CH54[547]. Este paso es crucial puesto a partir de entonces la protección especial despliega sus efectos[548].

Con la inscripción en el Registro Internacional, los Estados se comprometen a garantizar la inmunidad de los bienes culturales mediante la abstención de realizar todo acto de hostilidad y toda utilización con fines militares[549]. Además, deberán ser señalizados adecuadamente con el emblema distintivo de la CH54[550]. La inmunidad concedida no es absoluta, sino que puede perderse si se dan las circunstancias contempladas en el artículo 11. Este precepto fue una de las disposiciones más controvertidas de la CH54[551]. El artículo 11 establece que, si un Estado Parte infringe sus obligaciones adquiridas en virtud del artículo 9, "la Parte adversa queda desligada, mientras la violación subsista, de su obligación de asegurar la inmunidad de dicho bien". Sin embar-

---

547 El procedimiento y las condiciones previstas en el Reglamento de aplicación de la CH54 se encuentran en los artículos 11 a 16. En este trabajo no se abordarán. La mayoría de los autores coinciden en señalar que tanto los requisitos como el procedimiento son excesivamente gravosos, lo cual desincentiva la participación de los Estados en este régimen de protección. Un análisis en profundidad en TOMAN, J.: *The Protection of Cultural Property…, op. cit.*, pp.113-137.

548 O'KEEFE, R.: *The Protection of Cultural Property in Armed Conflict, op. cit.*, p.152.

549 Artículo 9 de la CH54.

550 Artículo 10 de la CH54.

551 TOMAN, J.: *The Protection of Cultural Property…, op. cit.*, p.144.

go, la pérdida de la inmunidad no significa que el bien cultural no continúe protegido por el régimen de protección general[552].

Con todo, el mayor defecto del sistema de protección especial es, sin duda, la posibilidad de suspender la inmunidad en casos "excepcionales de necesidad militar ineludible y mientras subsista dicha necesidad", tal y como contempla el artículo 11.2. En principio, el umbral para invocar la necesidad militar es superior al establecido por el artículo 4.2, que exige que la necesidad sea imperativa. Esto quedaría corroborado por el hecho de que la determinación de la necesidad militar deba tomarla un mando militar de más rango[553]. Además, la suspensión de la inmunidad se notificará a la parte adversa con suficiente antelación, siempre que sea posible.

El sistema de protección especial no ha funcionado. Los escasos bienes inscritos en el Registro Internacional avalan este hecho: diez centros monumentales y cuatro refugios[554]. El profesor O'keefe sintetiza que las razones de este fracaso se deben a "[…] the criteria of eligibility for special protection are cripplingly difficult to satisfy, the procedure by which such protection is granted is potentially tortuous and time-consuming, and, with precious little reward for success, it must seem hardly worth the effort"[555].

---

552 O'KEEFE, R.: *The Protection of Cultural Property in Armed Conflict, op. cit.*, p.160.

553 FORREST, C.J.S.: *International Law and the Protection of Cultural Heritage, op. cit.*, p.101.

554 Los centros monumentales se encuentran nueve en México y uno en la Santa Sede (Ciudad del Vaticano). En lo que respecta a los refugios, tres pertenecen a los Países Bajos y uno a Alemania. En el pasado, tanto los Países Bajos como Austria retiraron de la inscripción refugios culturales. Para más información, consúltese: https://www.unesco.org/sites/default/files/medias/fichiers/2024/06/Register_Eng_2023.pdf?hub=415 (Consultado: 1 junio de 2024)

555 O'KEEFE, R.: *The Protection of Cultural Property in Armed Conflict, op. cit.*, p.141.

2.5. La indefinición del régimen de represión de las violaciones

La inclusión de normas dedicadas a la responsabilidad penal individual, aun tratándose de una cuestión prioritaria, estuvo sujeta a intensos debates durante la elaboración de la CH54, pues los Estados todavía se mostraban reticentes a implementar un régimen estricto de sanciones en un momento en el que el Derecho Internacional Penal apenas daba sus primeros pasos[556].

La solución adoptada por los redactores fue ceder a los Estados la capacidad de diseñar e incorporar en sus ordenamientos jurídico-penales el régimen de sanciones frente a las infracciones del tratado. Así pues, el artículo 28 certifica el compromiso de los Estados de tomar, dentro del marco de su sistema de derecho penal, "todas las medidas necesarias para descubrir y castigar con sanciones penales o disciplinarias a las personas, cualquiera que sea su nacionalidad, que hubieren cometido u ordenado que se cometiera una infracción de la presente Convención".

La disposición ha sido criticada por general e imprecisa[557]. El artículo 28 no estipula una lista de las infracciones punibles, ni especifica cuáles son las modalidades de participación más allá de la comisión directa y la responsabilidad del superior, ni clarifica el *mens rea* o las penas aplicables[558].

El artículo 28 expresa que los Estados deberán establecer su jurisdicción para perseguir las violaciones del tratado "cualquiera que sea la nacionalidad" de su presunto autor. La falta

---

556 Ibid., p.188.

557 BOYLAN, P. J.: *Review of the Convention…, op. cit.*, pp.93-94.

558 A pesar de que el artículo 28 guarda silencio al respecto del *mens rea*, en virtud del derecho internacional consuetudinario, los crímenes de guerra deben cometerse con "intencionalidad" y "conocimiento". O'KEEFE, R.: "Protection of Cultural Property under International Criminal Law", *Melbourne Journal of International Law*, vol.11, nº 2, noviembre de 2010, pp.362-364.

de claridad en la determinación de las bases jurisdiccionales admisibles, y los posibles conflictos de jurisdicción, enturbian la interpretación del artículo 28. Por lo general, se admite como base para la atribución de la jurisdicción sobre los crímenes internacionales el lugar en el que se cometió el crimen, o bien el país de la nacionalidad de su presunto autor. Nada se opone a estas opciones en virtud del artículo 28.

El problema radica en determinar si el precepto impone una obligación de perseguir las violaciones de la CH54 sobre la base del principio de jurisdicción universal. El profesor Bassiouni sostiene que, a la luz del derecho convencional y consuetudinario de los conflictos armados, el principio de la jurisdicción universal para las violaciones de los tratados que protegen los bienes culturales será aplicable en la medida en que esas infracciones constituyan crímenes internacionales, aunque no este expresamente enunciado en los tratados y sin que eso excluya otras bases para que los Estados ejerzan su jurisdicción[559]. Según la interpretación del profesor Toman, los Estados estarían obligados a establecer la jurisdicción universal para perseguir las violaciones de la CH54, esto es, con independencia del lugar en el que se cometieran y de la nacionalidad del autor, puesto que ese sería el propósito del artículo 28[560]. Por el contrario, el

---

559 BASSIOUNI, M. C.: "Reflections on Criminal Jurisdiction in International Protection of Cultural Property", *Syracuse Journal of International Law and Commerce*, vol.10, nº2, 1983, pp.296-297 y 308-309.

560 Toman explica que: "The representative of one government raised the question of whether a Party to the Convention was obliged to prosecute and impose penal sanctions upon persons having committed breaches outside the territory subject to the criminal jurisdiction of the State in question. The answer is yes, because that is the aim of this provision. It may reasonably be assumed that the country has at its disposal general legislation concerning the protection of its own cultural property and that the criminal act directed against that property would, in any event, be covered by those provisions. What remains to be done –according

professor O'Keefe deduce que el precepto no obliga a establecer la jurisdicción universal sobre las violaciones del tratado, pero cabría la posibilidad de que los Estados la introdujeran en sus ordenamientos[561]. Esta última interpretación parece la más sólida a tenor del texto del artículo 28.

La aplicación del régimen de sanciones de la CH54 a los conflictos armados no internacionales entraña más dudas. Como se ha señalado en apartados anteriores, en función de la interpretación que asumamos del artículo 19, la respuesta variará[562]. Una lectura restrictiva del artículo 19 nos conduce a negar la aplicabilidad del régimen de sanciones del artículo 28 a los conflictos internos. Sin embargo, el profesor O'keefe sostiene, razonablemente, que el artículo 28 conecta directamente con las obligaciones de respeto a los bienes culturales, de modo que el incumplimiento del artículo 4 –por ejemplo, la destrucción de un monumento sin la concurrencia de una necesidad militar en un conflicto armado sin carácter internacional– equivaldría a una violación de la CH54 y, por tanto, tal infracción debería perseguirse en virtud del artículo 28[563].

Como consecuencia de las carencias señaladas en los párrafos que anteceden, en palabras del profesor Henckaerts, "en gran parte, esta disposición se ha quedado en letra muerta, principalmente porque no establece la lista de las violaciones que requie-

---

to Article 28 of the Convention– is *to prosecute those who have committed criminal acts outside the territorial jurisdiction of the State* (sic)". TOMAN, J.: *The Protection of Cultural Property…*, *op. cit.*, p.294.

561 O'KEEFE, R.: *The Protection of Cultural Property in Armed Conflict*, *op. cit.*, pp.191-192.

562 Sobre el ámbito de aplicación de la CH54 vid. supra capítulo II, apartado 2.2.

563 O'KEEFE, R.: *The Protection of Cultural Property in Armed Conflict*, *op. cit.*, p.192.

ren sanción penal"[564]. El Segundo Protocolo de 1999, en cambio, incorporó una serie de mejoras en la protección de los bienes culturales y en el sistema de represión de las violaciones con el objetivo de corregir los defectos en la aplicación de la CH54.

3. EL SEGUNDO PROTOCOLO DE 1999

3.1. Las principales mejoras del Segundo Protocolo: una visión general

A principios de los años 90, la CH54 languidecía sin haber obtenido los resultados esperados en cuanto a ratificaciones y con un sistema de protección ampliamente superado por los Protocolos Adicionales de 1977. El conflicto armado entre Irán e Irak y, sobre todo, la invasión iraquí de Kuwait en 1990 y el desencadenamiento de las guerras en los territorios de la antigua Yugoslavia demostraron que la CH54 debía revisarse.

El informe del profesor Patrick Boylan, elaborado a solicitud de la UNESCO y del gobierno de los Países Bajos y publicado en 1993, identificó los principales defectos de la CH54 y propuso algunas medidas para su mejora. La conclusión era que la CH54 constituía un instrumento válido, pero con un grave problema de aplicación[565]. El proceso de revisión prosiguió los

---

564 HENCKAERTS, J.-M.: "Nuevas normas para la protección de los bienes culturales en caso de conflicto armado: la importancia del Segundo Protocolo de la Convención de La Haya de 1954 para la protección de los bienes culturales en caso de conflicto armado", dentro de DUTLI, MARÍA TERESA (Ed.): *Protección de los bienes culturales en caso de conflicto armado: Informe de la reunión de expertos,* CICR, Ginebra, 2002, p.49.

565 En su informe, Boylan escribió: "Nevertheless, despite these apparent failures over the past forty years, the Convention, Regulations and Protocol [...] are still entirely valid and realistic as international law, and remain fully applicable and relevant to present circumstances. The problem is essentially one of failure in the application of the Convention and Pro-

años siguientes con la celebración de tres reuniones de expertos que prepararon el denominado "documento Lauswolt", que era un proyecto de tratado basado en las propuestas del estudio de Boylan[566]. Durante este proceso se planteó qué fórmula debía utilizarse para perfeccionar la CH54[567]. Finalmente, el 26 de marzo de 1999, los Estados reunidos en Conferencia Diplomática aprobaron por consenso el Segundo Protocolo de la Convención de La Haya para la protección de los bienes culturales en caso de conflicto armado. El SP99 es un protocolo adicional cuyas disposiciones complementan la CH54 sin modificarla[568]. Por tanto, únicamente pueden acceder a él los Estados que son parte en la CH54. En la actualidad, el SP99 cuenta con la participación de 88 Estados Parte[569].

La idea de partida, expresada en el preámbulo, era que la protección de los bienes culturales en conflicto armado requería mejoras, sin perder de vista la importancia de la CH54, pero constatando que era necesario completar sus disposiciones para

---

tocol rather than of inherent defects in the international instruments themselves". BOYLAN, P. J.: *Review of the Convention…, op. cit.*, p.7.

566 En 1998, en una reunión preparatoria final antes de la conferencia diplomática se identificaron cinco aspectos clave que debían incorporarse al nuevo instrumento: la derogación por necesidades militares, las medidas cautelares, el sistema de protección especial, la responsabilidad penal individual y los aspectos institucionales. HENCKAERTS, J.-M.: "Nuevas normas para la protección...", *op. cit.*, p.28.

567 Las opciones que se barajaban eran principalmente cuatro, de las cuales las tres primeras planteaban muchas dificultades técnicas: (1) enmendar la CH54; (2) diseñar un tratado nuevo e independiente; (3) elaborar un protocolo de revisión de la CH54; y, finalmente, la opción que prevaleció fue (4) la creación de un protocolo adicional. Ibid., pp.29-30.

568 Artículo 2 del SP99.

569 Disponible en: https://www.unesco.org/en/legal-affairs/second-protocol-hague-convention-1954-protection-cultural-property-event-armed-conflict?hub=66535 (Consultado 1 de junio de 2024).

reforzar su aplicación[570]. En gran parte, el SP99 actualizaba la protección de los bienes culturales sobre la base de los avances que se habían producido durante los últimos años en el derecho internacional. Sus logros corrigen muchos de los defectos de la CH54 que el proceso de revisión había manifestado[571].

Durante el proceso de revisión, el profesor Boylan criticó la misma definición de bien cultural que empleaba la CH54 por considerarla desfasada y muy imprecisa[572]. En efecto, los tratados posteriores en el marco de la UNESCO no habían adoptado una misma definición, sino que cada instrumento había apostado por delimitar la noción según sus intereses[573]. Sin embargo, el comité de expertos, reunido en 1993, señaló que la definición de la CH54 parecía lo suficientemente aceptable para todas las partes y amplia como para cubrir el patrimonio cultural necesitado de protección[574]. Esta fue la posición que triunfó, de manera que el artículo 1.b del SP99 remite directamente a la definición de bien cultural consagrada en el artículo 1 de la CH54.

Si bien el SP99 no se apartó ni un ápice la definición de bien cultural, el instrumento amplió ostensiblemente el ámbito de aplicación respecto de su predecesora. Los conflictos armados internacionales y las situaciones de ocupación beligerante, tal y como los regulaba la CH54 en su artículo 18, siguen cubiertos

---

570 Preámbulo del SP99.

571 Una explicación muy clarificadora de la importancia del SP99 en la protección de los bienes culturales puede leerse en: HENCKAERTS, J.-M.: "Nuevas normas para la protección...", *op. cit.*, pp.30 y ss.

572 BOYLAN, P. J.: *Review of the Convention…*, *op. cit.*, p.143.

573 Véase, p.ej., el artículo 1 del Convenio de París de 1970 sobre las Medidas que Deben Adoptarse para Prohibir e Impedir la Importación, la Exportación y la Transferencia de Propiedad Ilícitas de Bienes Culturales; o bien el artículo 1 de la CPPM de 1972. Con más precisión en BOYLAN, P. J.: *Review of the Convention…*, *op. cit.*, Anexo VI, pp. 189 y ss.

574 Citado en O'KEEFE, R.: *The Protection of Cultural Property in Armed Conflict*, *op. cit.*, p.248.

por el SP99 con arreglo al artículo 3[575]. La gran novedad residió en la aplicación integral del SP99 a los conflictos armados no internacionales, incluidas las disposiciones relativas al régimen de represión de las violaciones. Este hecho fue uno de los mayores logros del tratado. El SP99 se aplica tanto a las fuerzas gubernamentales como a los grupos insurgentes[576]. Es cierto que el artículo 22 no define los conflictos armados de esa índole, pero el instrumento excluye su aplicación a "situaciones de disturbios y tensiones internos, como por ejemplo tumultos, actos de violencia aislados y esporádicos y otros actos de carácter similar"[577]. Este rasgo innovador del SP99 se traduce en una potencial mejora en la aplicabilidad del régimen de sanciones penales por las violaciones graves en los conflictos sin carácter internacional.

La CH54 había conseguido anticipar el inicio de la protección contra los efectos de los conflictos armados a los tiempos de paz. Sin embargo, el deber de salvaguardia establecido en su artículo 3 no concretaba qué medidas eran las apropiadas para llevarlo a cabo. Una de las mejoras que añadió el SP99 fue el desarrollo de la obligación de salvaguardia mediante la especificación en el artículo 5 de una serie de medidas que los Estados podían tomar, como, por ejemplo, la preparación de inventarios o la planificación de medidas contra incendios o el derrumbamiento de estructuras, entre otras.

Otra indudable mejora fue la introducción de conceptos contenidos en los Protocolos Adicionales de 1977 a la protección brindada por el SP99[578]. Esto se manifiesta en el artículo 1.f del SP99 con la adopción de la definición jurídica de obje-

---

575 Para más detalles sobre el ámbito de aplicación de la CH54 remitimos a la explicación realizada anteriormente. vid. supra capítulo II, apartado 2.2.

576 HENCKAERTS, J.-M.: "Nuevas normas para la protección...", *op. cit.*, pp.54-55.

577 Artículo 22.2 del SP99.

578 HENCKAERTS, J.-M.: "Nuevas normas para la protección...", *op. cit.*, p.55.

tivo militar contenida en el artículo 52.2 PAI. Al incorporarla, la noción de la necesidad militar imperativa, demasiado vaga y difícil de interpretar, se atempera al vincular su invocación si se cumplen unos requisitos concretos. Los actos de hostilidad solo pueden realizarse si el bien cultural objeto de ataque se ha convertido en un objetivo militar y no hay otra alternativa posible[579]. Si bien esta última norma limita la capacidad de la parte atacante, el SP99 también circunscribe la utilización de un bien cultural para fines que puedan exponerlo a su daño o destrucción a situaciones en las que no haya otra alternativa y solamente durante el tiempo que duren esas circunstancias[580].

Más allá de esta sustancial mejora, el SP99 también incorporó una serie de precauciones que debían tomarse a la hora de realizar ataques legales contra bienes culturales y precauciones encaminadas a prevenir los efectos de las hostilidades[581]. Asimismo, el SP99 estableció nuevas prohibiciones y precauciones relativas a las exportaciones, las excavaciones arqueológicas y las transformaciones en los usos de los bienes culturales en territorio ocupado[582].

A parte del fortalecimiento del régimen de protección general, el SP99 aspiró a perfeccionar el régimen de protección especial creado por la CH54, que había resultado en un tremendo fracaso. Por esta razón, se ideó un nuevo sistema, denominado de protección reforzada, con requisitos más asequibles que los diseñados para el régimen de protección especial de la CH54 con el objetivo de hacerlo efectivo. Este sistema, desarrollado en el capítulo 3 del SP99, no eliminaba el régimen de protección especial, sino que se superponía a él. La protección reforzada garantiza la inmunidad para un número limitado de bienes de

579 Artículo 6.a del SP99.

580 Artículo 6.b del SP99.

581 Artículos 7 y 8 del SP99.

582 Artículo 9 del SP99.

la mayor importancia para la Humanidad que cumplieran las condiciones establecidas en el artículo 10.

La indefinición de las sanciones de la CH54 había sido otro de los defectos fundamentales en la aplicación del tratado. Así pues, la responsabilidad penal individual por la comisión de violaciones fue abordada integralmente en el capítulo 4 del SP99. El texto legal desarrollaba el régimen de represión penal de los crímenes de guerra, desde la definición de una serie de violaciones graves hasta las cuestiones relacionadas con el deber de establecer la jurisdicción sobre ciertas bases, la extradición y los motivos para su rechazo, y la cooperación judicial en materia penal. En los posteriores epígrafes se analizará con más profundidad.

En resumidas cuentas, el SP99 fortaleció enormemente la protección de los bienes culturales en conflicto armado, ya que actualizó y mejoró el sistema de la CH54 con la incorporación de los avances en el campo del Derecho Internacional Humanitario, y, en particular, en el ámbito de la persecución de los crímenes contra los bienes culturales. El SP99 es, a fecha de hoy, un instrumento muy bien preparado para proteger los bienes culturales en todo tipo de conflictos armados. A pesar de ello, la participación en el tratado debería impulsarse en las regiones de Asia central y sudeste, Oceanía y África, a la vez que atraer a grandes potencias militares, como Estados Unidos, Israel, Rusia y China, para que se adhieran al tratado.

3.2. El fortalecimiento de la protección de los bienes culturales en el Segundo Protocolo

El SP99 representó una potente actualización de la protección de los bienes culturales, en línea con las tendencias del Derecho Internacional Humanitario moderno. En el capítulo 2, donde se encuentran las disposiciones relativas a la protección general, el SP desarrolla los deberes de salvaguardia[583] y respeto.

Uno de los problemas más graves de la CH54 era la excepción de la necesidad militar imperativa, incluida tanto en el artículo 4.2 de la CH54 como en su formulación, supuestamente más restrictiva, de la necesidad militar ineludible. Ya hemos visto que esta tensión entre retenerla o descartarla causó agitados debates[584]. Durante el proceso de revisión del tratado, Boylan abogó directamente por descartarla, aunque su recomendación no fue atendida[585]. La vaguedad de la excepción de la necesidad militar, sin una definición clara en el tratado, había generado que los Estados la interpretaran en cada caso concreto, pudiendo dar lugar a situaciones de abuso[586]. Uno de los objetivos de la

---

583 El artículo 5 del SP99 especifica una lista no exhaustiva de medidas que los Estados Parte pueden tomar en tiempos de paz para prevenir los efectos de los conflictos armados. No profundizaremos más en este deber de salvaguardia, que, como bien sabemos, forma parte de la protección de los bienes culturales. Para más detalles sobre este precepto en el SP99 consúltese: TOMAN, J.: *Cultural Property in War: Improvement in Protection,* Unesco Publishing, Ethics Series, Clamecy (Francia), 2009, pp.76-84.

584 Vid. supra capítulo II, apartado 2.4.

585 Expresaba sus consideraciones de la siguiente manera: "Bearing in mind the precedents of the 1949 Geneva Conventions the inclusion of the military necessity' exemption was already inappropriate by the time of the 1954 Intergovernmental Conference. It is strongly RECOMMENDED (sic) that in any revision of the 1954 Convention or in any new Additional Protocol to it, High Contracting Parties should renounce the provisions of Article 4 (2) allowing the waiving of the provisions of the Convention in the case of military necessity. Indeed, this should be seen as one of the highest priorities of the review process". BOYLAN, P. J.: *Review of the Convention…, op. cit.,* p.57.

586 TOMAN, J.: *Cultural Property in War…, op. cit.,* p.95.

Conferencia Diplomática que finalmente aprobaría el SP99 fue delimitar el contenido y los efectos de la necesidad militar[587].

El artículo 6 concreta el significado de la necesidad militar por medio de su vinculación a la noción de objetivo militar. El artículo 6.a establece las dos condiciones acumulativas que deben darse para poder invocar legítimamente la necesidad militar del artículo 4.2 de la CH54 para realizar un acto de hostilidad contra un bien cultural. La primera condición es que "el bien cultural, por su función, haya sido transformado en un objetivo militar". El concepto de objetivo militar que se establece en el artículo 1.f del SP99 reproduce de forma idéntica la versión del artículo 52.2 del PAI[588]. En la actualidad, esta definición ha cristalizado en el DIH consuetudinario y es aplicable tanto a los conflictos armados internacionales como a los no internacionales[589]. La función del bien cultural en las circunstancias del momento es lo que determina si se ha convertido en objetivo militar. La noción de la "función", que es desconocida en la definición de objetivo militar del artículo 1.f, que contempla "naturaleza, ubicación, finalidad o utilización" como criterios para determinar si un bien cultural se ha convertido en objetivo militar, se refiere a algo que efectivamente está funcionando[590]. Además, la forma

587 HENCKAERTS, J.-M.: "Nuevas normas para la protección...", *op. cit.*, p.33.

588 El artículo 1.f del SP99 dispone: "Por "objetivo militar" se entenderá un objeto que por su naturaleza, ubicación, finalidad o utilización, contribuye eficazmente a la acción militar y cuya destrucción total o parcial, captura o neutralización ofrece en las circunstancias del caso una ventaja militar definida".

589 HENCKAERTS, J.-M. y DOSWALD-BECK, L.: *El derecho internacional humanitario consuetudinario...*, *op. cit.*, norma 8, pp. 34 y ss.

590 Las posiciones de los Estados en la Conferencia Diplomática en torno a qué circunstancias podían convertir en objetivos militares a los bienes culturales fueron variadas. Había cierta coincidencia en que ni la naturaleza ni la finalidad constituían motivos suficientes para convertir un bien cultural en objetivo militar. Más debate hubo sobre

verbal "haya sido transformado" suscita la idea de que la parte que controla el bien cultural ha jugado un papel activo en la conversión del bien cultural en objetivo militar[591]. La invocación de la necesidad militar solo podrá hacerse mientras se cumplan las condiciones[592]. Esto se consagra con el uso de la expresión "cuando y durante todo el tiempo" en el artículo 6.a. La segunda condición es que "no exista otra alternativa prácticamente posible para obtener una ventaja militar equivalente a la que ofrece el hecho de dirigir un acto de hostilidad" contra el bien cultural en cuestión. Esta disposición emula las precauciones en los ataques del artículo 57.3 del PAI, en virtud del cual, cuando se pueda elegir entre varios objetivos militares para obtener una ventaja militar equivalente, se optará por el objetivo cuyo ataque represente menos peligros. Sin embargo, el problema emerge cuando se plantea la disyuntiva entre destruir un bien cultural y causar muertes entre la población civil. En este caso, parece que la vida humana debería prevalecer.

El artículo 6.b afecta a la parte que controle el bien cultural. La necesidad militar solo podrá invocarse "para utilizar bienes culturales con una finalidad que pueda exponerles a la destrucción o al deterioro cuando y durante todo el tiempo en que resulte imposible elegir entre esa utilización de los bienes culturales y otro método factible para obtener una ventaja militar equivalente". Las limitaciones de este precepto son similares a las que se imponen en el artículo 6.a.ii.

Los dos últimos párrafos del artículo 6 (letras c y d) añaden dos criterios más para asegurar que no se abusa de la cláusula de la necesidad militar. El artículo 6.c exige que la decisión de

---

si la ubicación podía transformarlos en objetivo militar. En realidad, el criterio más convincente para determinarlo es la utilización que se haga de los bienes culturales. Henckaerts, nuevas normas, pp.34-40.

591 HENCKAERTS, J.-M.: "Nuevas normas para la protección...", *op. cit.*, p.40.

592 TOMAN, J.: *Cultural Property in War…*, *op. cit.*, p.113.

invocarla sea tomada por un rango superior en la jerarquía militar, presuponiendo con ello un mínimo de objetividad[593]. El artículo 6.d dispone un deber de avisar con antelación y por medios eficaces de que se realizará un acto de hostilidad, siempre que las circunstancias lo permitan.

El SP99 también introdujo las normas contenidas en los artículo 57 y 58 del PAI relativas a las precauciones durante los ataques y contra sus efectos, aunque adaptándolas a la realidad de los bienes culturales[594]. El artículo 7, cuyo modelado es prácticamente idéntico al del artículo 57 del PAI, impone varias obligaciones en la parte atacante, como cerciorarse de que los objetivos no son bienes culturales; seleccionar adecuadamente los medios y métodos de ataque para evitar los daños incidentales; y abstenerse de atacar, o en su caso cancelar el ataque, cuando se verifique que el objetivo es un bien cultural protegido y se prevea que el ataque causará daños excesivos en relación con la ventaja militar concreta y directa prevista. Por su parte, el artículo 8 del SP99, inspirado en el artículo 58 del PAI, expresa las precauciones que la parte en posesión del bien cultural debe tomar para prevenir o mitigar los efectos de los ataques[595]. En consecuencia, deberán alejarse los bienes culturales de las proximidades de los objetivos militares o suministrar protección *in situ*, así como evitar colocar objetivos militares en las inmediaciones de bienes culturales. Asimismo, y aunque no forma parte de este estudio, cabe mencionar que el artículo 9 amplía la protección de los bienes culturales en territorio ocupado mediante las obligaciones de prohibir e impedir ciertas conductas ilícitas de exportación, excavación arqueológica y transformación del uso de los bienes culturales.

---

593 Ibid., p.47.

594 HENCKAERTS, J.-M.: "Nuevas normas para la protección...", *op. cit.*, pp.48-49.

595 TOMAN, J.: *Cultural Property in War...*, *op. cit.*, pp.143 y ss.

El capítulo 3 del SP99 crea un nuevo régimen de protección reforzada, distinto del régimen de protección especial diseñado por la CH54, que tan poco éxito había cosechado. La rigidez de las condiciones de ingreso en el Registro de Bienes bajo Protección Especial, en particular el requisito de que el bien cultural en cuestión se encontrara a suficiente distancia de un gran centro industrial o de cualquier objetivo militar de importancia, era prácticamente irrealizable para la mayoría de los candidatos a la inscripción[596]. Tampoco ayudaban las interferencias políticas a lo largo del proceso, ya que cualquier Estado Parte podía oponerse a la inscripción de un bien por muy diversos motivos.

El carácter de protocolo adicional del SP99 impedía enmendar las disposiciones de la CH54. Por esta razón se apostó por la creación de un nuevo sistema de protección, separado del de protección especial, que corrigiera esos defectos. Esto explica el porqué de la denominación "reforzada" en sustitución de "especial"[597]. El régimen de protección reforzada suprimió el requisito de la suficiente distancia y restringió enormemente la posibilidad de oponerse a la inscripción de un bien en la Lista de Bienes bajo Protección Reforzada. Estos cambios debían convertir en más asequible la obtención del nuevo régimen.

El artículo 10 establece tres condiciones que deben cumplir los bienes culturales para obtener la protección reforzada. En primer lugar, el bien tiene que ser "patrimonio cultural de la mayor importancia para la humanidad". No se emplea aquí la referencia a los bienes culturales definidos por el artículo 1 de la CH54, sino que la terminología recuerda a la de la CPPM de

---

596 Sobre los requisitos del régimen de protección especial vid. supra capítulo II, apartado 2.4. HENCKAERTS, J.-M.: "Nuevas normas para la protección...", *op. cit.*, p.42.

597 Ibid., p.44.

1972[598]. Al exigir que los bienes sean "de la mayor importancia para la humanidad", el SP eleva el umbral de importancia respecto de los artículos 1 y 8 de la CH54, que hablan de "gran importancia" y "importancia muy grande" respectivamente[599]. En segundo lugar, esa trascendencia internacional de los bienes que pueden optar a la protección reforzada tiene que ir acompañada de "medidas nacionales adecuadas, jurídicas y administrativas, que reconozcan su valor cultural e histórico excepcional y garanticen su protección en el más alto grado". En tercer lugar, el bien cultural no puede ser "utilizado con fines militares o para proteger instalaciones militares, y que haya sido objeto de una declaración de la Parte que lo controla, en la que se confirme que no se utilizará para esos fines". Este último requisito se compone de dos elementos: por un lado, el bien no puede ser usado con fines militares o para proteger instalaciones militares; y, por otro lado, la parte en la que se encuentre el bien debe declarar que no lo utilizará para esos fines.

El artículo 11 regula la concesión de la protección reforzada. Cada Estado Parte puede enviar al Comité una lista de bienes para los que solicita su inscripción en la Lista de Bienes bajo Protección Reforzada[600]. Si se cumplen las condiciones del artículo 10, podrá procederse a la inscripción. Los Estados Parte podrán fundamentar su objeción a la inscripción de un bien

---

598 Toman señala que efectivamente la CPPM sirvió de inspiración y ejemplo para mejorar la protección de los bienes culturales en el SP99. TOMAN, J.: *Cultural Property in War...*, *op. cit.*, p.190.

599 Ibid., p.193; O'KEEFE, R.: *The Protection of Cultural Property in Armed Conflict*, *op. cit.*, pp.265-266.

600 El artículo 11 debe leerse en conexión con el artículo 24, que establece el Comité para la Protección de los Bienes Culturales en caso de Conflicto Armado, y el artículo 27, que regula las atribuciones del Comité, entre las cuales está "conceder, suspender o anular la protección reforzada a bienes culturales, y establecer, actualizar y promover la Lista de Bienes Culturales bajo Protección Reforzada".

únicamente en base a los criterios del artículo 10[601]. Con la inscripción en la Lista, se concede la protección reforzada[602].

La concesión de esta protección comporta la inmunidad en virtud del artículo 12 del SP99. Los Estados Parte deberán abstenerse de "hacerlos objeto de ataques" y de "utilizar los bienes o sus alrededores inmediatos en apoyo de acciones militares". Las obligaciones incumben tanto a la parte atacante como a la parte en control del bien cultural[603]. Al prohibir exclusivamente los ataques contra los bienes culturales, el texto de la disposición asienta una noción más restrictiva que la del régimen de protección especial de la CH54, cuyo deber de abstención proscribía cualquier acto de hostilidad[604]. El segundo deber de abstención también emplea un lenguaje más restrictivo, ya que la expresión "en apoyo a las acciones militares", con el significado de operaciones militares, es más restrictiva que los "fines militares", entendidos como todas las actividades militares conectadas con la conducción de la guerra[605].

La inmunidad garantizada por el artículo 12 no es absoluta, sino que puede perderse en virtud de lo estipulado por el artículo 13. De acuerdo con este precepto, la inmunidad puede suspenderse o anularse si el bien cultural ya no cumple con los requisitos del artículo 10 o en caso de violaciones continuas del deber de no utilización del artículo 12[606]. Asimismo, con arreglo al artículo 13.1.b, la inmunidad se pierde "cuando y durante todo el tiempo en que la utilización del bien lo haya convertido en un objetivo militar". No obstante, aun habiéndola perdido, el

---

601 Artículo 11.7 del SP99.

602 Artículo 11.10 del SP99.

603 TOMAN, J.: *Cultural Property in War…*, *op. cit.*, p.220.

604 O'KEEFE, R.: *The Protection of Cultural Property in Armed Conflict*, *op. cit.*, p.272.

605 TOMAN, J.: *Cultural Property in War…*, *op. cit.*, pp.221-222.

606 El artículo 13.1.a en conexión con el artículo 14, rubricado "suspensión y anulación de la protección reforzada".

bien cultural no podría ser atacado a menos que se cumplan las condiciones del artículo 13.2, a saber: (a) que el ataque sea el único medio factible para poner fin a la utilización del bien; (b) que se tomen todas las precauciones posibles para evitar daños al bien cultural; y (c) que el ataque lo ordene el nivel más alto del mando operativo y se haya avisado con antelación al adversario para que ponga fin a la utilización y pueda regularizar la situación.

El régimen de protección reforzada del SP99 coexiste con los otros dos regímenes, general y especial, sin que en realidad haya un nivel más alto o más bajo de protección, ya que la protección básica es la misma. En este fragmento, Henckaerts explica de forma brillante esa interrelación:

> "Un malentendido frecuente es que existe una diferencia en el nivel de protección acordada a los bienes culturales según se encuentren bajo protección general o bajo protección reforzada - y, en efecto, los nombres sugieren que existe tal diferencia -. Pero, de hecho, no existe un nivel de protección más bajo o más alto. La protección básica es la misma: el bien no puede ser destruido, capturado ni neutralizado. Una vez se pierde la protección, se pierde para siempre: "si se utiliza, se pierde la protección". Existen diferencias menores en cuanto al nivel de mando requerido para ordenar un ataque, a las intimaciones que deben hacerse y a la exigencia de otorgar un plazo razonable a las fuerzas opositoras para que remedien la situación [...], pero estas diferencias en nada cambian la pérdida básica de protección.
>
> No existe diferencia en el nivel de protección y no hace falta distinguir dos formas distintas en que un bien cultural puede convertirse en objetivo militar. ¿Cuál es entonces la diferencia entre protección reforzada y protección general? La principal diferencia no reside en las obligaciones del agresor sino en las del titular del bien cultural. En el caso de la protección general, el titular del bien tiene derecho, se es necesario, a convertir el bien en objetivo militar utilizándolo para una acción militar. En el caso de la protección reforzada, el titular del bien nunca tiene derecho a convertir el bien en objetivo militar utilizándolo para una acción militar. Por lo tanto, para poder registrar un bien en la Lista se requiere que el Estado Parte se cuestione seriamente

si alguna vez necesitará dicho bien para fines militares y dé a tal pregunta una respuesta negativa"[607].

3.3. El régimen de represión de las violaciones del Segundo Protocolo

El régimen de sanciones de la CH54, configurado alrededor del artículo 28, había quedado en "letra muerta" por la indefinición de una lista de las violaciones punibles del tratado[608]. El proceso de revisión de la CH54 que dio lugar al SP99 coincidió con la adopción del Estatuto del TPIY y del Estatuto de Roma de la CPI, en cuyos textos se tipificaban como crímenes de guerra diversas conductas relacionadas con la destrucción de bienes culturales[609]. La necesidad de desarrollar un régimen de represión de las violaciones era, en sí misma, una de las razones de ser del propio SP99. Una parte de los Estados querían reflejar en el texto las disposiciones del PAI, mientras que otros apostaban por asimilarlas al EDR[610]. El resultado se plasmó en el capítulo 4 del SP99 en un régimen completo, aplicable tanto a los conflictos armados internacionales como a los no internacionales, inspirado en ambos instrumentos, pero que introdujo elementos innovadores.

El artículo 15 establece una lista de cinco actos punibles que constituyen "violaciones graves" si se comenten de forma intencional y en violación de la CH54 o del SP99. El elemento de la intencionalidad se predica tanto de la conducta como de la consecuencia, de modo que se excluyen de las violaciones graves los casos

---

607 HENCKAERTS, J.-M.: "Nuevas normas para la protección...", *op. cit.*, p.45.

608 Vid. supra 1.5.

609 El artículo 3.d del Estatuto del TPIY y los artículos 8.2.b.ix y 8.2.e.iv del EDR. Los analizaremos en profundidad en los capítulos posteriores.

610 O'KEEFE, R.: "Protection of Cultural Property under International Criminal Law", *op. cit.*, p.371.

de negligencia[611]. No queda claro si la intencionalidad requiere el conocimiento de que el bien en cuestión es genéricamente un bien cultural o si se debe ser consciente de que el bien está bajo protección reforzada con arreglo al SP99 o protegido de forma general por la CH54 y el SP99[612]. Constituyen violaciones graves:

> a) hacer objeto de un ataque a un bien cultural bajo protección reforzada;
>
> b) utilizar los bienes culturales bajo protección reforzada o sus alrededores inmediatos en apoyo de acciones militares;
>
> c) causar destrucciones importantes en los bienes culturales protegidos por la Convención y el presente Protocolo o apropiárselos a gran escala;
>
> d) hacer objeto de un ataque a un bien cultural protegido por la Convención y el presente Protocolo;
>
> e) robar, saquear o hacer un uso indebido de los bienes culturales protegidos por la Convención, y perpetrar actos de vandalismo contra ellos.

Las tres primeras violaciones graves (letras a, b y c del artículo 15.1) corresponden a infracciones graves de los Convenios de Ginebra y del PAI[613]. Para estas violaciones, el SP99 dispone la obligatoriedad de establecer la jurisdicción universal para perseguir y castigar a los responsables, como se explicará más adelante.

Las dos primeras (letras a y b) se ocupan de los bienes bajo el régimen de protección reforzada. El SP99 establece un equilibrio

---

611 TOMAN, J.: *Cultural Property in War…*, *op. cit.*, pp.293-294.

612 O'KEEFE, R.: "Protection of Cultural Property under International Criminal Law", *op. cit.*, p.372.

613 HENCKAERTS, J.-M.: "Nuevas normas para la protección...", *op. cit.*, pp.50-51.

entre la criminalización de los actos del atacante y del defensor[614]. Así pues, constituye una violación grave el hecho de atacar un bien bajo protección reforzada (artículo 15.1.a). El acto punible se circunscribe a los ataques, pero no se especifica en ninguna parte del SP99 el significado de esta noción, de manera que, por referencia a la definición tradicional del concepto de ataque, regulado en el artículo 49 del PAI, no estarían incluidos otros actos de hostilidad distintos de los ataques[615]. Por su parte, el artículo 15.1.b castiga el uso de bienes bajo protección reforzada o sus proximidades en apoyo de acciones militares. Esto es un gran avance en la penalización de los actos contra los bienes culturales[616]. Nótese, además, que los crímenes de las letras a y b del artículo 15 no exigen un resultado de daño o destrucción, sino que bastaría con la realización de la conducta[617].

El crimen de guerra del artículo 15.1c, también sujeta a la jurisdicción universal obligatoria, castiga la destrucción extensa y la apropiación a gran escala. Afecta tanto a los bienes cultu-

---

614 Ibid., p.51; TOMAN, J.: *Cultural Property in War…*, *op. cit.*, p.296-297.

615 O'keefe sostiene que podría argüirse que la noción de "ataque" en esta disposición tendría un significado amplio, ordinario, a diferencia del significado especial de "ataque" definido en el PAI. Si fuera así, entonces cabría incluir otros actos de hostilidad distintos de los ataques. Para él, esta interpretación expansiva es poco consistente. O'KEEFE, R.: "Protection of Cultural Property under International Criminal Law", *op. cit.*, p.373.

616 Ni el PAI ni el Estatuto de Roma tipifican como crimen de guerra la utilización de un bien cultural en apoyo de las acciones militares, mientras que el SP99 considera suficientemente grave esta violación como para introducir la jurisdicción universal obligatoria para este crimen de guerra. FRULLI, M.: "The Criminalization of Offences against Cultural Heritage in Times of Armed Conflict: The Quest for Consistency", *EJIL*, vol. 22, nº1, 2011, pp.215-216; TOMAN, J.: *Cultural Property in War…*, *op. cit.*, p.299.

617 O'KEEFE, R.: "Protection of Cultural Property under International Criminal Law", *op. cit.*, p.373.

rales bajo protección general en virtud de la CH54 y el SP99, así como a los bienes bajo protección reforzada con arreglo a este último instrumento. La referencia expresa a la destrucción parece indicar que se incluyen en este crimen otros actos de hostilidad distintos de los ataques, como las demoliciones o los daños incidentales causados por ataques desproporcionados, siempre que sean cometidos intencionalmente[618].

Las dos últimas conductas (letras d y e) se introdujeron a propuesta del CICR, puesto que ya habían sido incluidas como crímenes de guerra en el Estatuto de Roma[619]. A diferencia de las tres primeras, estas violaciones graves no estarían sujetas al establecimiento de la jurisdicción universal obligatoria. En particular, el artículo 15.1.d prohíbe los ataques contra los bienes culturales bajo la protección general configurada por el artículo 4 de la CH54 y las modificaciones introducidas por el artículo 6 del SP99. Como en el crimen de guerra del artículo 15.1.a, este precepto se refiere al concepto de ataques, en lugar de la noción más genérica de actos de hostilidad, lo cual supone que las demoliciones de bienes culturales no constituyan una violación grave en el sentido del artículo 15[620]. El crimen de guerra incluido en el artículo 15.1.e protege los bienes culturales bajo protección general frente al robo, el saqueo, la apropiación y la vandalización. Esta prohibición refleja el contenido del artículo 4.3 de la CH54. Las letras c, d y e del artículo 15.1 reafirmarían estas conductas como crímenes de guerra consuetudinarios[621].

---

618 Ibid., p.374.

619 HENCKAERTS, J.-M.: "Nuevas normas para la protección...", *op. cit.*, pp.52-53.

620 O'KEEFE, R.: "Protection of Cultural Property under International Criminal Law", *op. cit.*, p.375.

621 TOMAN, J.: *Cultural Property in War...*, *op. cit.*, p.297.

Los Estados contraen dos obligaciones principales en virtud del artículo 15.2 del SP99[622]. Por un lado, deberán adoptar "las medidas que sean necesarias para tipificar como delitos" todas las infracciones del artículo 15.1. Estas medidas no se especifican, pero irán acordes con la legislación nacional que en su caso disponga cada Estado Parte. Por otro lado, los Estados se comprometen a "sancionar esas infracciones con penas adecuadas". El texto no especifica cuáles han de considerarse adecuadas, por lo que se deja a cada Estado que lo determine. Ahora bien, se espera que la pena por estas violaciones se asemeje a otras de gravedad parecida en el derecho penal del Estado Parte. Parece que la pena privativa de libertad es la más adecuada, lo que no obsta que puedan ser impuestas otras sanciones accesorias[623]. La frase del artículo 15.2 matiza lo anterior al indicar que los Estados Parte deberán respetar los principios generales del Derecho y del Derecho Internacional al tipificar y sancionar adecuadamente las violaciones del SP99. La extensión de la responsabilidad penal individual a otras personas distintas del autor directo también debe incluirse en el cumplimiento de estas obligaciones[624].

El artículo 16 estipula las bases para el ejercicio de la jurisdicción para la persecución de las violaciones graves del SP99. Los Estados Parte deberán adoptar las medidas necesarias para conferir a sus tribunales jurisdicción respecto de todas las violaciones del artículo 15 cuando la infracción se haya cometido en el territorio del Estado Parte, esto es, sobre la base del principio de territorialidad; o cuando el presunto autor sea nacional de ese Estado Parte, es decir, sobre la base del principio de persona-

622 Ibid., pp.299-300.

623 Aunque no hay una prohibición expresa de estipular la pena capital como castigo por las violaciones del SP99, está claro que no se encuentra entre las opciones. Ibid., pp.301-302; O'KEEFE, R.: "Protection of Cultural Property under International Criminal Law", *op. cit.*, p.376.

624 Artículo 15.2 del SP99 *in fine*.

lidad activa. Además, el artículo 16.1.c establece la jurisdicción universal para la persecución de las tres primeras violaciones graves siempre que el autor se encuentre en el territorio del Estado Parte. En cambio, para los crímenes de guerra de las letras d y e del artículo 15.1 no se establece la obligatoriedad de ejercer la jurisdicción universal. Sin embargo, nada impide a los Estados que la ejerzan si así lo desean[625].

La categorización de las violaciones del artículo 15 en función del régimen de protección del que gozan los bienes culturales refleja una gradación en la gravedad de los actos[626]. Esto también se manifiesta en la obligación de establecer la jurisdicción universal para los tres primeros crímenes del artículo 15.1 (letras a, b y c), mientras que los dos últimos (letras d y e) son perseguibles sobre las bases de jurisdicción comunes de territorialidad y personalidad activa, tal y como expresa el artículo 16.1.

El párrafo 2.a del artículo 16, aclara que nada en el SP99 "excluye que se pueda incurrir en responsabilidad penal individual ni que se ejerza la jurisdicción en virtud del derecho nacional e internacional aplicable, y tampoco afecta al ejercicio de la jurisdicción en virtud del derecho internacional consuetudinario". Este párrafo simplemente reafirma la capacidad de los Estados para ejercer su jurisdicción sobre otras bases permitidas por el derecho nacional o internacional, incluido el derecho internacional consuetudinario, aunque el SP99 no las establezca como obligatorias[627]. El párrafo 2.b del artículo 16, insertado a petición de los Estados Unidos, trata de articular una excepción al régimen de jurisdicción universal obligatoria para las fuerzas armadas y los nacionales de los Estados que no son Parte. Esto significaría que

---

625 HENCKAERTS, J.-M.: "Nuevas normas para la protección...", *op. cit.*, p.53.

626 FRULLI, M.: "The Criminalization of Offences...", *op. cit.*, pp.211-212.

627 TOMAN, J.: *Cultural Property in War...*, *op. cit.*, p.331; O'KEEFE, R.: "Protection of Cultural Property under International Criminal Law", *op. cit.*, p.377.

los Estasdos Parte no estarían obligados a enjuiciar o extraditar a dichas personas, pero está excepción se ve muy limitada por el hecho de que, en virtud del Derecho nacional e internacional aplicable, incluido el derecho internacional consuetudinario, los Estados efectivamente pueden ejercer su jurisdicción sobre ellas[628].

Además, en relación con las tres primeras violaciones graves, el artículo 17.1 establece la obligación del *aut dedere aut iudicare,* según la cual un Estado Parte, si no extradita al presunto responsable, deberá enjuiciarlo con arreglo a su derecho nacional o a las normas internacionales. Además, en virtud del artículo 17.2, se garantizará a toda persona procesada por cualquiera de las violaciones graves del artículo 15, o de otras violaciones, en el sentido del artículo 21, unas garantías procesales mínimas[629]. Los artículos 18 a 20 detallan obligaciones en materia de extradición, motivos para su rechazo y cooperación judicial penal.

El artículo 21 regula las medidas que deben tomar los Estados para prevenir y sancionar lo que se denominan "otras violaciones". Estas son distintas a las violaciones graves del artículo 15. Los Estados se obligan a tomar "las medidas legislativas, administrativas o disciplinarias que puedan ser necesarias" para hacer cesar dos conductas. La primera es la utilización de los bienes culturales en violación de la CH54 y del SP99. Esto afecta principalmente a los bienes bajo la protección general, puesto que el uso en apoyo a la acción militar de los bienes bajo protección reforzada constituye una violación grave. La segunda conducta prohíbe toda exportación de bienes culturales u otros desplazamientos o transferencias de propiedad ilícitos desde un territorio ocupado. Ambas conductas deben ser cometidas intencionalmente. El artículo 21 permitiría tomar medidas legislativas para introducir esas otras violaciones en sus ordenamientos penales. Asimismo,

---

628 HENCKAERTS, J.-M.: "Nuevas normas para la protección...", *op. cit.*, p.52.

629 O'KEEFE, R.: "Protection of Cultural Property under International Criminal Law", *op. cit.*, p.379.

el precepto permitiría, pero no obligaría, que un Estado parte estableciera la jurisdicción universal para estas otras violaciones[630].

4. EL IV CONVENIO DE GINEBRA DE 1949 Y LOS PROTOCOLOS ADICIONALES DE 1977

4.1. Los límites del IV Convenio de Ginebra de 1949

Los Convenios de Ginebra de 1949, y en particular el IV Convenio, relativo a la protección de la población civil, fueron un gran hito en la historia de la codificación del Derecho Internacional Humanitario. En la actualidad, tienen una participación universal, con 196 ratificaciones, y sus disposiciones forman parte del Derecho Internacional consuetudinario.

Los Cuatro Convenios de Ginebra se aplican íntegramente en los conflictos armados internacionales, incluidas las situaciones de ocupación beligerante[631]. Un mínimo de disposiciones es también aplicable a los conflictos armados sin carácter internacional[632].

---

630 Ibid., p.380.

631 Artículo 2 Común.

632 Artículo 3 Común. Aunque no se da una definición jurídica de "conflicto armado no internacional" en los Convenios de Ginebra, el Comentario ofrece una serie de criterios para distinguirlos de meros actos de bandidaje o insurrecciones. Los reproducimos a continuación: "(1) That the Party in revolt against the de jure Government possesses an organized military force, an authority responsible for its acts, acting within a determinate territory and having the means of respecting and ensuring respect for the Convention.
(2) That the legal Government is obliged to have recourse to the regular military forces against insurgents organized as military and in possession of a part of the national territory.
(3) (a) That the de jure Government has recognized the insurgents as belligerents; or (b) That it has claimed for itself the rights of a belligerent; or (c) That it has accorded the insurgents recognition

Desafortunadamente, no se traslada ninguna protección a los bienes culturales en este último tipo de conflictos armados. En general, el impacto del IV Convenio de Ginebra en nuestro ámbito es más bien escaso. A diferencia de los tratados anteriores, como las Convenciones de La Haya de 1899 y 1907, que sí articulaban una cierta protección a los bienes culturales, el IV Convenio de Ginebra se refiere genéricamente a la protección de ciertas propiedades. En concreto, el artículo 53 prohíbe la destrucción de bienes muebles e inmuebles excepto cuando sean absolutamente necesarias a causa de las operaciones bélicas[633]. Asimismo, el artículo 27 podría ser invocado para la protección indirecta de los bienes culturales en la medida en que los bienes y edificios de carácter religioso representan un componente cultural. El artículo 27 garantiza que todas las personas el derecho a "sus convicciones y prácticas religiosas, sus hábitos y sus costumbres". Las personas protegidas, en el sentido de la IV Convención de Ginebra, tienen derecho a practicar su religión libremente, sin más restricciones

---

as belligerents for the purposes only of the present Convention; or (d) That the dispute has been admitted to the agenda of the Security Council or the General Assembly of the United Nations as being a threat to international peace, a breach of the peace, or an act of aggression.
(4) (a) That the insurgents have an organization purporting to have the characteristics of a State. (b) That the insurgent civil authority exercises de facto authority over persons within a determinate portion of the national territory. (c) That the armed forces act under the direction of an organized authority and are prepared to observe the ordinary laws of war. (d) That the insurgent civil authority agrees to be bound by the provisions of the Convention". PICTET, J.: *Commentary on the IV Geneva Convention…*, *op. cit.*, pp.35-36.

633 Art.53 IV Convenio de Ginebra: "Está prohibido que la Potencia ocupante destruya bienes muebles o inmuebles, pertenecientes individual o colectivamente a personas particulares, al Estado o a colectividades públicas, a organizaciones sociales o a cooperativas, excepto en los casos en que tales destrucciones sean absolutamente necesarias a causa de las operaciones bélicas".

que el mantenimiento del orden público y la moral[634]. Este razonamiento implica que, para el libre ejercicio del derecho a la libertad religiosa, en su vertiente práctica, los edificios de culto deberían ser protegidos frente a la destrucción[635].

El IV Convenio de Ginebra establece un régimen de represión penal de las violaciones del tratado. El artículo 147 define las infracciones graves, entre las que se encuentra "la destrucción y la apropiación de bienes no justificadas por necesidades militares y realizadas a gran escala de modo ilícito y arbitrario". Por tanto, la legalidad de las destrucciones de bienes depende de su conexión con las necesidades militares. Además, en virtud del tenor literal de este precepto, la destrucción debe ser extensa y ser cometida deliberadamente[636]. En aras de asegurar la sanción de las violaciones del tratado, los Estados deben tomar "todas las oportunas medidas legislativas para determinar las adecuadas sanciones penales que se han de aplicar a las personas que hayan cometido, o dado orden de cometer" las infracciones graves del IV Convenio, tal y como dispone el artículo 146. Los Estados también adquieren la obligación de buscar, perseguir y hacer comparecer ante los tribunales a los presuntos responsables, con independencia de su nacionalidad, o, en su lugar, entregarlos para que sean juzgados por otra parte.

---

634 El Comentario de los Convenios de Ginebra lo expresa así: "Religious freedom is closely connected with the idea of freedom to practise religion through religious observances, services and rites. Protected persons in the territory of a Party to the conflict or in occupied territory must be able to practise their religion freely, without any restrictions other than those necessary for the maintenance of public law and morals". PICTET, J.: *Commentary on the IV Geneva Convention…, op. cit.,* p.203.

635 EHLERT, C.: *Prosecuting the Destruction of Cultural Property…, op. cit.,* p.41.

636 El Comentario de las Convenciones de Ginebra es claro en este sentido: "To constitute a grave breach, such destruction and appropriation must be extensive: an isolated incident would not be enough". PICTET, J.: *Commentary on the IV Geneva Convention…, op. cit.,* p.601.

4.2. Los Protocolos Adicionales de 1977

La actualización de las normas del Derecho Internacional Humanitario se abordó en la Conferencia Diplomática celebrada entre 1974 y 1977. Como resultado de este proceso de adaptación a las nuevas realidades de los conflictos armados se elaboraron el Protocolo Adicional I, relativo a la protección de las víctimas de los conflictos armados internacionales, y el Protocolo Adicional II, relativo a la protección de las víctimas de los conflictos armados sin carácter internacional, ambos firmados el 8 de junio de 1977.

A diferencia de los Convenios de Ginebra, donde la protección a los bienes culturales fue excluida en favor de un tratado propio sobre la materia, la cuestión fue abordada con más profundidad en los Protocolos, incluso se incluyeron referencias expresas a la CH54. El PAI confiere un régimen de protección a los bienes culturales más extenso y clarificador de los elementos clave que su homólogo para los conflictos armados no internacionales. Asimismo, los ámbitos de aplicación de ambos tratados difieren, no solo entre ellos, sino también en relación con los Convenios de Ginebra. Por esta razón conviene examinar brevemente esos extremos antes de centrarnos en los bienes culturales.

El ámbito de aplicación del PAI, según el artículo 1.3, coincide con los conflictos armados cubiertos por el artículo 2 Común a los Cuatro Convenios de Ginebra, esto es, los conflictos armados entre las Partes Contratantes y las situaciones de ocupación. Adicionalmente, el artículo 1.4 del PAI extiende su aplicación a las situaciones de conflicto armado de los pueblos que luchan contra la dominación colonial, la ocupación extranjera y los regímenes racistas, en virtud del derecho a la autodeterminación de los pueblos.

Por su parte, el ámbito de aplicación del PAII es más reducido en relación con el artículo 3 Común. Los conflictos armados no internacionales a los que se aplican los Convenios de Ginebra son aquellos en los que se produce una situación de "protracted armed violence between governmental authorities and organized armed groups or between such groups within a State"[637]. En cambio, el artículo 1.1 del PAII impone nuevos elementos que restringen su aplicación en comparación con la interpretación anterior. El PAII exige que el conflicto armado se desarrolle en el territorio de un Estado Parte entre sus fuerzas armadas y fuerzas armadas disidentes o grupos armados organizados. Pero es que además se condiciona la aplicación del PAII al cumplimiento de unos requisitos de mando responsable, control sobre el territorio y capacidad para sostener las operaciones militares y aplicar el Protocolo. Asimismo, el PAII excluye su aplicación a las situaciones de tensiones internas y disturbios, tales como motines, actos esporádicos o aislados de violencia, que no alcanzan el grado de intensidad y duración para ser considerados conflictos armados[638].

4.2.1. La protección de los bienes culturales en los Protocolos Adicionales

El pilar sobre el que descansa el sistema de protección de la población y los bienes civiles es el principio de distinción, consagrado en el artículo 48 del PAI, según el cual debe distinguirse en todo momento y circunstancia entre combatientes y población civil y entre bienes de carácter civil y objetivos militares[639]. Esta norma se concreta en los preceptos subsiguientes para diseñar el régimen de protección general a los bienes de carácter civil.

---

637 TPIY: *Decision on the Defence Motion for Interlocutory Appeal on Jurisdiction in the case the Prosecutor v. Duško Tadić, op. cit.*, pár.70.

638 Art.1.2. del PAII

639 Esta norma, desde tiempo atrás devenida en derecho consuetudinario, fundamenta todo el sistema de protección desde el R.IV.H de 1899 y 1907 hasta los Protocolos Adicionales de 1977. SANDOZ, Y., SWINARSKI, C. y ZIMMERMANN, B.: *Commentary on the Additional Protocols to the Geneva Conventions*, ICRC, Martinus Nijhoff Publishers, Ginebra, 1987, p.598.

En virtud del artículo 52.1 del PAI, los bienes civiles no pueden ser objeto de ataques ni de represalias. Los ataques solo pueden ir dirigidos contra los objetivos militares[640]. Los objetivos militares son aquellos objetos que por su naturaleza[641], ubicación[642], finalidad o utilización[643] contribuyan eficazmente a la acción militar y cuya destrucción total o parcial, captura o neutralización ofrezca en las circunstancias del caso una ventaja militar definida[644]. Esta norma forma parte del derecho internacional humanitario consuetudinario aplicable tanto a conflictos armados internacionales como a conflictos armados sin carácter internacional[645]. El concepto se compone de dos elementos im-

---

640 El concepto de ataques tiene un significado específico en el PAI definido en el artículo 49.1: "Se entiende por ataques los actos de violencia contra el adversario, sean ofensivos o defensivos".

641 En esta categoría se incluyen todos los objetos directamente usados por las fuerzas armadas, tales como armamentos, equipos, transportes, fortificaciones, depósitos, edificios ocupados por las fuerzas armadas, los cuartes y centros de mando, los centros de comunicaciones, etc. SANDOZ, Y., SWINARSKI, C. y ZIMMERMANN, B.: *Commentary on the Additional Protocols…, op. cit.*, p.636.

642 Serían aquellos objetos que, no teniendo una función militar, contribuyen a la acción militar por razón de su localización. Este sería el caso de un puente u otra construcción ubicada en un lugar estratégico que sea de importancia capturarla, o evitar que sea capturada, o obligar al enemigo a retirarse de la misma. Ibid. p.636.

643 El Comentario del PAI expresa que el criterio de la finalidad se refiere al uso futuro de un objeto, mientras que el criterio del uso concierne a la función que actualmente desempeña para la acción militar. Ibid., p.636.

644 Art.52.2 del PAI.

645 Las normas 7 a 10 del Estudio del CICR sobre Derecho Internacional Humanitario Consuetudinario reflejan el núcleo fundamental de esta protección general a los bienes civiles, incluyendo a los bienes culturales. La Norma 7 consagra el principio de distinción entre bienes civiles y objetivos militares, limitando los ataques únicamente a estos últimos. En la Norma 8 se recoge la definición consuetudinaria de la noción de objetivo militar, que coincide con la del PAI y la de otros

portantes. En primer lugar, el bien debe contribuir eficazmente a la acción militar en base a alguno de los criterios tasados para que el ataque sea legal. En segundo lugar, la destrucción, total o parcial, la captura o la neutralización deben otorgar una ventaja militar definida en las circunstancias del momento, de manera que no serviría invocar una ventaja potencial o indeterminada[646]. El artículo 52.3 establece la presunción del carácter civil de un bien cuando existan dudas acerca de si está siendo utilizado de manera que contribuya a la acción militar.

El PAI abordó por primera vez la cuestión de los daños incidentales excesivos en los ataques contra los objetivos militares. De este modo, los ataques indiscriminados, es decir, aquellos que causan daños a la población civil o a bienes de carácter civil, o ambas cosas, que son excesivos en relación con la ventaja militar concreta y directa prevista, están prohibidos[647]. Asimismo, los ataques deben realizarse cumpliendo unas precauciones[648].

En cambio, el PAII no traslada a su articulado unas disposiciones parecidas en relación con los ataques a la población o los bienes civiles, tampoco define los objetivos militares, ni establece una prohibición explícita de los daños incidentales. No obstante, el desarrollo del Derecho Internacional consuetudinario ha cubierto estas lagunas[649].

---

instrumentos. Ver HENCKAERTS, J.-M. y DOSWALD-BECK, L.: *El derecho internacional humanitario consuetudinario..., op. cit.*, pp.29-41.

646 SANDOZ, Y., SWINARSKI, C. y ZIMMERMANN, B.: *Commentary on the Additional Protocols..., op. cit.*, p.636.

647 Art.51.4 y 51.5.b del PAI.

648 Art.57 del PAI.

649 O'KEEFE, R.: *The Protection of Cultural Property in Armed Conflict, op. cit.*, p.233. Como se ha señalado anteriormente, las normas 7 a 10 del Estudio del CICR sobre DIH consuetudinario demuestran su aplicación a los conflictos armados no internacionales. Vid. HENCKAERTS, J.-M. y DOSWALD-BECK, L.: *El derecho internacional humanitario consuetudinario..., op. cit.*, pp.29-41.

Los Protocolos regulan específicamente la protección de los bienes culturales tanto para conflictos armados internacionales como para los no internacionales. Con su incorporación, los Estados quisieron reafirmar el interés de proteger el patrimonio de importancia para la humanidad[650]. El artículo 53 del PAI y el artículo 16 del PAII prohíben "cometer actos de hostilidad dirigidos contra los monumentos históricos, obras de arte o lugares de culto que constituyen el patrimonio cultural o espiritual de los pueblos"[651]. El concepto de "actos de hostilidad" es más amplio que el de "ataque". Los actos de hostilidad se refieren a cualquier acto que resulta del conflicto armado que tenga o pueda tener un efecto perjudicial sobre los objetos protegidos. Esto incluiría no solo la destrucción causada por los ataques directos, sino también las demoliciones[652]. A la luz del redactado de los artículos 53 del PAI y 16 del PAII no se exige un resultado de daño para que exista una violación de la norma, sino que basta con que se dirijan los actos de hostilidad contra los bienes protegidos[653]. Asimismo, también prohíben utilizar tales bienes "en apoyo del esfuerzo militar". Una formulación parecida se encuentra en el artículo 4.1 de la CH54, que previene de usar los bienes culturales

---

650 SANDOZ, Y., SWINARSKI, C. y ZIMMERMANN, B.: *Commentary on the Additional Protocols…, op. cit.*, pp.640 y 1466.

651 Ambos artículos tienen un redactado casi idéntico, siendo el artículo 16 del PAII una versión más sintética de su homólogo para los conflictos internacionales. A continuación, detallaremos el contenido de ambos preceptos de forma conjunta puesto que comparten el núcleo fundamental de la protección. Ahora bien, dado que existen algunas diferencias de redactado y de contexto –recordemos que el PAI contiene más artículos e introduce diversas definiciones que no aparecen en el PAII–, nos detendremos a explicarlas cuando se considere necesario.

652 TOMAN, J.: *The Protection of Cultural Property…, op. cit.*, p.389; SANDOZ, Y., SWINARSKI, C. y ZIMMERMANN, B.: *Commentary on the Additional Protocols…, op. cit.*, p.647.

653 SANDOZ, Y., SWINARSKI, C. y ZIMMERMANN, B.: *Commentary on the Additional Protocols…, op. cit.*, p.647 y 1470.

"para fines que pudieran exponer dichos bienes a destrucción o deterioro". El esfuerzo militar es un concepto amplio que consistiría en todas aquellas actividades militares conectadas con la conducción de la guerra[654]. Esta prohibición es la contraparte de la anterior, puesto que el uso de un bien cultural en violación del artículo 53 del PAI y del artículo 16 PAII, podría convertirlo en un objetivo militar y poner en peligro su integridad. Ahora bien, esta situación no autorizaría necesariamente a que pudiera ser atacado, sino que dependerá de que el bien cultural usado ilícitamente cumpla con los requisitos que definen los objetivos militares y se tomen las precauciones adecuadas. En otras palabras, el bien en concreto debe contribuir eficazmente a la acción militar, y su destrucción, captura o neutralización debe reportar una ventaja militar definida; de lo contrario, el ataque sería ilícito[655]. Adicionalmente, el artículo 53 del PAI prohíbe represalias contra los bienes protegidos, pero esta prohibición no se repite en el artículo 16 del PAII.

Destacadamente, el artículo 53 del PAI y el artículo 16 del PAII no contemplan la derogación por necesidad militar, por lo que no puede invocarse esta cláusula. Solamente el uso con fines militares de un bien cultural en violación del artículo 53 del PAI o del artículo 16 del PAII habilitaría la posibilidad de atacar el bien siempre que, como se ha señalado con anterioridad, se convierta en un objetivo militar. A la vista de ello, parece que los Protocolos otorgan una mayor protección que la CH54, que sí incluye la excepción de la necesidad militar en el artículo 4.2[656].

---

654 El Comentario especifica que el artículo 53 del PAI y el artículo 16 del PAII prohíben el uso o aprovechamiento directo o indirecto de los bienes protegidos. Ibid., p.647.

655 Ibid., pp. 648 y 1470. También O'KEEFE, R.: *The Protection of Cultural Property in Armed Conflict, op. cit.*, pp.215-216.

656 En el comentario a los Protocolos esta idea se expresa de la siguiente manera: "The obligation is also stricter than that imposed by the 1954 Hague Convention, since it does not provide for any derogation,

Sin embargo, la aplicación del artículo 53 del PAI y el artículo 16 del PAII se hace "sin perjuicio de las disposiciones de la Convención de La Haya del 14 de mayo de 1954 para la Protección de los Bienes Culturales en caso de Conflicto Armado"[657]. Esta relación entre los Protocolos y la CH54 tiene efectos insólitos. Cuando los beligerantes son al mismo tiempo partes de los Protocolos y de la CH54, esta última es de aplicación preferente en materia de bienes culturales y, por tanto, ambas partes podrían invocar la necesidad militar. En consecuencia, según el profesor O'Keefe, la excepción de la necesidad militar contemplada en la CH54 debilita la protección ofrecida por los Protocolos[658]. Esta opinión ha sido ampliamente aceptada por la doctrina[659],

---

even "where military necessity imperatively requires such a waiver". As long as the object concerned is not made into a military objective by those in control –and that is not allowed– no attack is permitted". SANDOZ, Y., SWINARSKI, C. y ZIMMERMANN, B.: *Commentary on the Additional Protocols…, op. cit.*, p.647.

657 Los redactores del texto no querían reformular las normas existentes sobre la materia, sino confirmarlas, así que se incorporó un inciso que aclarara que no modificaba la aplicación de los demás instrumentos relevantes y, en particular, de la CH54. Ibid., p.641. Nótese que el artículo 53 del PAI, a diferencia del artículo 16 del PAII, alude a la aplicación del PAI sin perjuicio de "otros instrumentos internacionales aplicables". Esta expresión vendría a referirse a las Convenciones de La Haya de 1899 y 1907, y sus reglamentos anexos, el Pacto Roerich, la Convención sobre las Medidas que Deben Adoptarse para Prohibir e Impedir la Importación, la Exportación y la Transferencia de Propiedad Ilícitas de Bienes Culturales 1970 y la Convención sobre la Protección del Patrimonio Mundial Cultural y Natural de 1972. TOMAN, J.: *The Protection of Cultural Property…, op. cit.*, p.386.

658 O'KEEFE, R.: *The Protection of Cultural Property in Armed Conflict, op. cit.*, p.217, 232 y 235.

659 P.ej., SANDOZ, Y., SWINARSKI, C. y ZIMMERMANN, B.: *Commentary on the Additional Protocols…, op. cit.*, p.641; EHLERT, C.: *Prosecuting the Destruction of Cultural Property..., op. cit.*, p.77; HENCKAERTS, J.-M. y DOSWALD-BECK, L.: *El derecho internacional humanitario consuetudinario..., op. cit.*, pp.144-145.

aunque cabría mencionar algunos matices. La profesora Lostal sostiene que no es totalmente cierto que la CH54 ofrezca una protección menor por incorporar la necesidad militar, al menos en lo que refiere a los actos de hostilidad contra los bienes culturales, puesto que una interpretación actualizada y conjunta de las normas restringiría la invocación de la necesidad militar a que el bien se haya convertido en un objetivo militar[660].

Los bienes protegidos por los preceptos son "monumentos históricos, obras de arte o lugares de culto que constituyen el patrimonio cultural o espiritual de los pueblos". Este fragmento ha dado lugar a múltiples interpretaciones respecto de su significado y alcance. En principio, el patrimonio cultural y espiritual de los pueblos se refiere a aquellos objetos cuya importancia transciende las fronteras nacionales y que son únicos por su relación con la historia y la cultura de un pueblo[661]. El profesor

---

660 La profesora Lostal sugiere que O'keefe y otros autores parten de la premisa parcialmente anticuada de que la noción de "objetivo militar" es más restrictiva que la de "necesidad militar imperativa" porque esta última es un ejercicio de discrecionalidad. En la actualidad, solamente pueden atacarse objetivos militares, por lo que cualquier ataque a un bien civil es ilegal. Esta norma consuetudinaria no tiene excepciones. Bajo esta premisa, los bienes culturales, como una categoría singular dentro de los bienes civiles, no pueden ser atacados a menos que sean objetivos militares. Por lo tanto, para que pueda comenzar a evaluarse la posibilidad de invocar o no la necesidad militar imperativa para atacar un bien cultural, este debe haberse convertido primero en un objetivo militar. En consecuencia, concluye Lostal, la CH54 y el Segundo Protocolo establecen unos estándares de protección superiores a los de los Protocolos en lo que refiere la prohibición de realizar actos de hostilidad contra los bienes culturales. LOSTAL BECERRIL, M.: "The Meaning and Protection of 'Cultural Objects and Places of Worship' under the 1977 Additional Protocols", *Netherlands International Law Review*, vol.59, nº3, 2012, pp.466 y ss.

661 SANDOZ, Y., SWINARSKI, C. y ZIMMERMANN, B.: *Commentary on the Additional Protocols…*, *op. cit.*, p.1469.

O'Keefe sostiene que los bienes cubiertos por el artículo 53 del PAI y el artículo 16 del PAII coinciden con los bienes culturales en el sentido del artículo 1 de la CH54[662]. El Comentario de los Protocolos señala que la idea básica es la misma a pesar de la diferencia terminológica[663]. Sin embargo, el Comentario de los Protocolos parece contradecirse cuando señala que los bienes protegidos por los Protocolos corresponden a una categoría similar a la de los bienes bajo protección especial del artículo 8 de la CH54[664]. Para O'Keefe, esta afirmación es incorrecta, pues limitaría en demasía el número de bienes protegidos[665]. En la CH54 no aparece la noción de patrimonio espiritual, ni la categoría de los lugares de culto. A pesar de esta diferencia, O'Keefe

662 O'KEEFE, R.: *The Protection of Cultural Property in Armed Conflict, op. cit.*, pp.209-210.

663 SANDOZ, Y., SWINARSKI, C. y ZIMMERMANN, B.: *Commentary on the Additional Protocols…, op. cit.*, pp.646 y 1469.

664 El comentario, después de aseverar que la diferencia terminológica no altera la idea de que los bienes protegidos se corresponden con los del artículo 1 de la CH54, afirma: "The Conference intended to protect in particular the most important objects, a category akin to property granted special protection as provided in Article 8 of the Hague Convention. The fact that the text does not allow for any possibility of derogation also seems to suggest this". Ibid., p.1470. El profesor Toman también parece entenderlo así. TOMAN, J.: *The Protection of Cultural Property…, op. cit.*, pp.388-389.

665 O'keefe cree que esta equiparación con los bienes protegidos del artículo 8 es una licencia de los redactores del Comentario de los Protocolo. En su opinión, es errónea porque el artículo 8 de la CH54 solo contempla bienes inmuebles, y los bienes muebles en la medida en que se encuentren dentro de refugios o centros de monumentales bajo protección especial, mientras que el artículo 53 del PAI y el 16 del PAII incluye explícitamente las obras de arte en sí mismas. Además, indica O'keefe, en el momento de la adopción de los Protocolos, solamente había 8 bienes inmuebles en el Registro Internacional de Bienes bajo Protección Especial. O'KEEFE, R.: *The Protection of Cultural Property in Armed Conflict, op. cit.*, p.211.

sostiene que esto no cambiaría el grupo de bienes protegidos por los tratados, puesto que los lugares de culto suficientemente importantes como para constituir el patrimonio espiritual de un pueblo serán al mismo tiempo monumentos históricos de su patrimonio cultural a efectos de la protección tanto de los Protocolos como de la CH54[666]. Por el contrario, la profesora Lostal considera que la introducción de estos elementos entraña más complejidad, ya que el patrimonio espiritual de un pueblo refleja la dimensión religiosa del patrimonio de ese pueblo y no tiene por qué relacionarse directamente con el valor artístico o histórico[667]. En general, se admite que el adjetivo "cultural" se aplica a monumentos y obras de arte, mientras que "espiritual" suele referirse a los lugares de culto, pero no son excluyentes[668].

Además, O'Keefe considera que la expresión "patrimonio cultural y espiritual de los pueblos" debe ser interpretada en el sentido de cada "país", de manera que los bienes protegidos tienen que ser importantes para el patrimonio cultural y espiritual de cada Estado Parte[669]. Efectivamente, el término "país" fue sustituido de los borradores iniciales por el de "pueblos" con el fin de

---

666 Ibid., p.213.

667 LOSTAL BECERRIL, M.: "The Meaning and Protection of 'Cultural Objects and Places of Worship'...", *op. cit.*, pp.464-465 y 471.

668 El Comentario a los Protocolos Adicionales I y II así lo señala. También indica que se puede atribuir a un monumento histórico u obra de arte un valor espiritual si contribuye efectivamente a la vida espiritual e, igualmente, un edificio religioso puede tener valor cultural. SANDOZ, Y., SWINARSKI, C. y ZIMMERMANN, B.: *Commentary on the Additional Protocols..., op. cit.*, pp.646 y 1469.

669 O'keefe equipara el "patrimonio cultural o espiritual de los pueblos" de los Protocolos con la "gran importancia para el patrimonio cultural de los pueblos" de la CH54. Siguiendo su razonamiento, basado en el análisis de los borradores iniciales los preceptos y los trabajos preparatorios de los Protocolos, en los que se hablaba de "patrimonio cultural de cada país" y de "patrimonio nacional de cada país", O'keefe concluye que los bienes protegidos tienen que ser importantes para

evitar problemas de intolerancia religiosa[670]. Por el contrario, los profesores Henckaerts y Doswald-Beck entienden que la finalidad de los artículos 53 del PAI y 16 del PAII es proteger solamente "un número limitado de bienes culturales de suma importancia, concretamente los que forman parte del patrimonio cultural o espiritual de los "pueblos" (es decir, de la humanidad)"[671].

4.2.2. Las infracciones graves de los Protocolos Adicionales

El régimen de represión de las violaciones del PAI, que complementa las disposiciones de los Convenios, se encuentra en la sección II de la parte V. En virtud del artículo 85.1, la represión de las infracciones graves del PAI opera a través de los artículos 146 y 147 del IV Convenio de Ginebra[672]. En consecuencia, los estados están obligados a adoptar en sus legislaciones penales las infracciones graves de los Convenios y del PAI, así como afirmar la jurisdicción universal sobre las mismas[673]. El artículo 86 del PAI regula las omisiones punibles y consagra la responsabilidad penal del superior. Por su parte, el artículo 87 obliga a los Estados a imponer sobre los comandantes deberes de prevención, supresión y castigo de las violaciones de los Convenios de Ginebra o del PAI. Por último, el artículo 88 supone el compromiso de los Estados de asistencia y cooperación en materia penal sobre las infracciones

---

el patrimonio de cada Estado Parte. O'KEEFE, R.: *The Protection of Cultural Property in Armed Conflict, op. cit.*, pp.210-212.

670 SANDOZ, Y., SWINARSKI, C. y ZIMMERMANN, B.: *Commentary on the Additional Protocols…, op. cit.*, p.1469.

671 HENCKAERTS, J.-M. y DOSWALD-BECK, L.: *El derecho internacional humanitario consuetudinario…, op. cit.*, pp.144-145.

672 O'KEEFE, R.: "Protection of Cultural Property under International Criminal Law", *op. cit.*, p.365.

673 O'KEEFE, R.: *The Protection of Cultural Property in Armed Conflict, op. cit.*, pp.224-225. Sobre los límites del IV Convenio de Ginebra de 1949 vid. supra capítulo II, apartado 4.1.

graves. A diferencia del PAI, el PAII no contempla un régimen de sanciones para las violaciones del tratado. En parte, ese vacío normativo lo ha llenado el Estatuto de Roma de la CPI[674].

Las infracciones graves, que se detallan en los párrafos 2 a 4 del artículo 85 del PAI, se consideran crímenes de guerra[675]. En materia de bienes culturales, el artículo 85.4.d establece como infracción grave, siempre que se cometa intencionalmente y en violación de los Convenios de Ginebra o del PAI, la siguiente:

> "El hecho de dirigir un ataque a monumentos históricos, obras de arte o lugares de culto claramente reconocidos que constituyen el patrimonio cultural o espiritual de los pueblos y a los que se haya conferido protección especial en virtud de acuerdos especiales celebrados, por ejemplo, dentro del marco de una organización internacional competente, causando como consecuencia extensas destrucciones de los mismos, cuando no haya pruebas de violación por la Parte adversa del apartado b) del artículo 53 y cuando tales monumentos históricos, lugares de culto u obras de arte no estén situados en la inmediata proximidad de objetivos militares".

Esta disposición ha sido criticada por su complejidad y su imprecisión[676], por lo que su interpretación ha generado diversos interrogantes. En primer lugar, no está claro cuál es el significado de la expresión "a los que se haya conferido protección especial en virtud de acuerdos especiales, por ejemplo, dentro del marco de una organización internacional competente". La doctrina se inclina por pensar que la CH54 constituye un "acuerdo especial"

---

674 HENCKAERTS, J.-M.: "The protection of cultural property in non-international armed conflicts", dentro de VAN WOUDENBERG, N. y LIJNZAAD, L. (Eds.): *Protecting Cultural Property in Armed Conflict*, Martinus Nijhoff Publishers, Leiden y Boston, 2010, capítulo 8, p.91.

675 Artículo 85.5 del PAI: "Sin perjuicio de la aplicación de los Convenios y del presente Protocolo, las infracciones graves de dichos instrumentos se considerarán como crímenes de guerra".

676 TOMAN, J.: *The Protection of Cultural Property…*, *op. cit.*, p.391.

en el sentido del artículo 85.4.d del PAI, pero sigue habiendo dudas sobre si la norma pretende cubrir todos los bienes protegidos por la CH54 o bien se circunscribe a aquellos bienes a los que se ha conferido protección especial en virtud del artículo 8 de la CH54 y, en la actualidad, también los bienes bajo protección reforzada del SP99. Las posiciones son variadas[677]. Probablemente, también los bienes inmuebles inscritos en la Lista del Patrimonio Mundial de la CPPM cumplirían el requisito del acuerdo y protección especiales, así como los bienes protegidos por el Pacto Roerich[678]. Sea como fuere, la exigencia de una "protección especial" es un elemento indispensable para que pueda existir la infracción grave del artículo 85.4.d del PAI[679].

En segundo lugar, tampoco está claro qué debe entenderse por "claramente reconocidos".

Tanto podría significar que el bien objeto de ataque sea reconocido como un monumento histórico, una obra de arte o un lugar de culto, como podría referirse a que fueran monumentos

---

677 O'keefe sugiere una interpretación más extensiva ya que el hecho de que las obras de arte, incluidas en el literal del artículo 85.4.d, no puedan gozar de la protección especial de la CH54 por sí solas, sugiere que el PAI cubriría, entonces, todos los bienes protegidos por la CH54. O'KEEFE, R.: *The Protection of Cultural Property in Armed Conflict*, *op. cit.*, p.226. En sentido contrario, TOMAN, J.: *The Protection of Cultural Property...*, *op. cit.*, p.392. Ehlert sugiere que no cabría pensar que se incluyen todos los bienes protegidos por la CH54 ya que son distintos de los bienes protegidos por el artículo 53 del PAI. EHLERT, C.: *Prosecuting the Destruction of Cultural Property...*, *op. cit.*, p.79. El Estudio del CICR entiende que el artículo 85.4.d del PAI se refiere concretamente a los bienes bajo protección especial de la CH54. HENCKAERTS, J.-M. y DOSWALD-BECK, L.: *El derecho internacional humanitario consuetudinario...*, *op. cit.*, p.656.

678 O'KEEFE, R.: "Protection of Cultural Property under International Criminal Law", *op. cit.*, p.367.

679 EHLERT, C.: *Prosecuting the Destruction of Cultural Property...*, *op. cit.*, p.79.

históricos, obras de arte o lugares de culto que constituyeran patrimonio cultural y espiritual de los pueblos que, además, gozaran de protección especial[680]. La jurisprudencia ha reconocido que bastaría con que el bien protegido estuviera marcado con un símbolo distintivo como prueba de que el agresor conocía el estatus del bien en el momento del ataque, así como la inscripción y en los Registros y Listas de los tratados pertinentes, siempre que se hayan publicitado adecuadamente[681].

En tercer lugar, el artículo 85.4.d exige una destrucción extensa para que la violación constituya una infracción grave, pero este requisito no tiene un significado claro y deberá ser evaluado caso por caso. Además, el precepto criminaliza los ataques, en el sentido del PAI, contra los bienes culturales, es decir, no constituirían infracciones graves todos los actos de hostilidad prohibidos en el artículo 53 del PAI, sino solo los ataques. El bien no puede haber sido usado en violación del artículo 53.b del PAI ni estar en las inmediaciones de objetivos militares. Estos requisitos pretenden limitar la responsabilidad penal a los individuos que deliberadamente cometan el ataque contra los bienes protegidos, excluyendo los casos de error en los ataques contra objetivos militares legítimos o los ataques contra objetivos militares que causen daños incidentales en los bienes culturales cercanos[682]. En lo que respecta al *mens rea*, la conducta debe ser perpetrada "intencionalmente", esto es, con conocimiento e intencionalidad. A pesar de todas sus imperfecciones, el reconocimiento de la infracción grave del artículo 85.4.d, insertada dentro del régimen de represión penal del PAI y los Convenios

---

680 O'KEEFE, R.: "Protection of Cultural Property under International Criminal Law", *op. cit.*, p.368.

681 O'KEEFE, R.: *The Protection of Cultural Property in Armed Conflict, op. cit.*, p.227.

682 O'KEEFE, R.: "Protection of Cultural Property under International Criminal Law", *op. cit.*, p.369.

de Ginebra, supuso un gran avance puesto que concretaba los elementos de la violación que conllevaban responsabilidad penal individual y, además, posibilitaba la persecución de este tipo de violaciones sobre la base de la jurisdicción universal[683].

Por último, habría otras conductas criminales que podrían conectar con los bienes culturales. Por ejemplo, a tenor del artículo 85.3.b, constituye una infracción grave el hecho de lanzar un ataque indiscriminado contra la población civil o los bienes de carácter civil, entre los cuales se encuentran los bienes culturales[684]. Asimismo, el uso pérfido "de otros signos protectores", entre los que debería contarse el emblema distintivo de la CH54, constituiría un crimen de guerra en virtud del artículo 85.3.f[685].

5. OTROS INSTRUMENTOS JURÍDICOS RELEVANTES

5.1. La Convención para la Protección del Patrimonio Mundial Cultural y Natural de 1972

La adopción de la Convención para la Protección del Patrimonio Mundial Cultural y Natural (CPPM, en adelante)[686] el 16

---

683 HECTOR, M.: "Enhancing individual criminal responsibility for offences involving cultural property – the road to the Rome Statute and the 1999 Second Protocol", dentro de VAN WOUDENBERG, N. y LIJNZAAD, L. (Eds.): *Protecting Cultural Property in Armed Conflict*, Martinus Nijhoff Publishers, Leiden y Boston, 2010, capítulo 6, p.73.

684 O'KEEFE, R.: "Protection of Cultural Property under International Criminal Law", *op. cit.*, pp.369-370.

685 Ibid., pp.370.

686 En este apartado no se abordará exhaustivamente el contenido jurídico de la CPPM, sino que únicamente nos centraremos en aquellas normas que son útiles para el desarrollo de nuestro objeto de estudio. Para una visión más completa de la CPPM, vid. FORREST, C.J.S.: *International Law and the Protection of Cultural Heritage, op. cit.*, pp.224-286.

de noviembre de 1972 en París se debió a los esfuerzos conjuntos de la International Union of the Conservation of Nature y de la UNESCO en la elaboración de un tratado que protegiera conjuntamente tanto el patrimonio cultural como el patrimonio natural[687]. No era una reacción a la destrucción causada en la Segunda Guerra Mundial, sino un intento de adaptar la protección del patrimonio a las amenazas que suponía la rápida industrialización, con sus consiguientes cambios sociales y económicos, la urbanización masiva, el cambio climático y el surgimiento de nuevos países fruto del proceso descolonizador en la década anterior[688]. Lo cierto es que su éxito, a lo largo de su medio siglo de existencia, ha sido muy notable, como lo demuestra el hecho de que 195 Estados han ratificado el tratado[689]. Esta revela una aceptación universal de sus principios fundamentales y permite intuir la incorporación al Derecho Internacional consuetudinario de sus principios[690].

La CPPM parte de la idea, plasmada en el preámbulo, de que el patrimonio cultural está cada vez más amenazado de destrucción "no sólo por las causas tradicionales de deterioro sino también por la evolución de la vida social y económica". El deterioro y la desaparición, sea por la causa que sea, "constituye un empobrecimiento nefasto del patrimonio de todos los pueblos del mundo", de manera que incumbe a toda la comunidad internacional la protección del patrimonio cultural de valor universal excepcional, con independencia del país en el que se encuentren esos bienes. A tal fin, el tratado articula un sistema de protección colectiva del patrimonio, basado en la

---

687 Ibid., pp.226-227.

688 Ibid., p.285.

689 Puede consultarse en: http://whc.unesco.org/en/statesparties (consultado 1 junio 2024).

690 EHLERT, C.: *Prosecuting the Destruction of Cultural Property...*, *op. cit.*, pp.60-61.

cooperación y asistencia internacionales para la identificación y la conservación del patrimonio cultural[691].

A diferencia de los tratados anteriores, la CPPM no utiliza el concepto de bienes culturales, sino que emplea la noción de "patrimonio cultural". El concepto de "patrimonio" trasciende el componente físico de los bienes, ya que subraya la idea de la necesidad de preservar lo heredado de los antepasados para transmitirlo a las generaciones futuras y amplia el campo de la protección a la dimensión humana y a los aspectos intangibles de la cultura[692]. En virtud del artículo 1 de la CPPM el patrimonio cultural lo constituyen los monumentos[693] , los conjuntos[694] y los lugares[695]. Estos deben tener un "valor universal excepcional", pero no se precisa su significado. La CPPM eleva el umbral de importancia de los bienes protegidos –expresado en la noción del "valor universal excepcional"– en relación con los bienes culturales protegidos por la CH54 –que, recordemos, deben tener una "gran importancia para el patrimonio cultural de los pueblos"–. Además, solo se incluyen bienes inmuebles[696]. En otras

---

691 Artículo 7 CPPM.

692 FRANCIONI, F.: "World Cultural Heritage", dentro de FRANCIONI, F. y VRDOLJAK, A. F. (Eds.): *The Oxford Handbook of International Cultural Heritage Law*, Oxford University Press, Oxford, 2020, capítulo 11, pp.253-254.

693 "Obras arquitectónicas, de escultura o de pintura monumentales, elementos o estructuras de carácter arqueológico, inscripciones, cavernas y grupos de elementos, que tengan un valor universal excepcional desde el punto de vista de la historia, del arte o de la ciencia".

694 "Grupos de construcciones, aisladas o reunidas, cuya arquitectura, unidad e integración en el paisaje les dé un valor universal excepcional desde el punto de vista de la historia, del arte o de la ciencia".

695 "Obras del hombre u obras conjuntas del hombre y la naturaleza así como las zonas incluidos los lugares arqueológicos que tengan un valor universal excepcional desde el punto de vista histórico, estético, etnológico o antropológico".

696 TOMAN, J.: *The Protection of Cultural Property…*, *op. cit.*, p.369.

palabras, no todos los bienes protegidos por la CH54 caerían dentro de la definición más restrictiva que utiliza la CPPM. En consecuencia, el número de bienes culturales protegidos como patrimonio mundial es inferior a los que favorece la CH54.

La CPPM no lidia específicamente con la protección de los bienes culturales en situación de conflicto armado, pues está diseñada primordialmente para su aplicación en tiempos de paz. El profesor Toman considera que el tratado se aplica también en tales circunstancias[697]. No hay ningún precepto en el texto legal que se oponga a esta posibilidad. En caso de conflicto armado, las normas del Derecho Internacional Humanitario, y, en particular, la CH54, constituirán *lex specialis* frente a la *lex generalis* que representa la CPPM[698].

Cada Estado debe identificar qué bienes del patrimonio cultural mundial se ubican en su territorio[699], comprometiéndose a "identificar, proteger, conservar, rehabilitar y transmitir a las generaciones futuras" ese patrimonio, hasta el máximo de sus recursos disponibles y, si fuera el caso, mediante la asistencia y la cooperación internacional[700]. Asimismo, deberán tomarse internamente una serie de medidas para garantizar esa protección[701]. Los Estados, entre otras obligaciones, se comprometen también a no tomar deliberadamente ninguna medida que directa o indirectamente pueda dañar el patrimonio cultural[702], lo que indiscutiblemente incluiría la posibilidad de que esos daños se produjesen en situación de conflicto armado.

---

697 Ibid., p.369.

698 O'KEEFE, R.: *The Protection of Cultural Property in Armed Conflict, op. cit.*, pp.312-313.

699 Artículo 3 de la CPPM.

700 Artículo 4 de la CPPM.

701 Artículo 5 de la CPPM.

702 Artículo 6.3 de la CPPM.

En virtud de las obligaciones establecidas en los artículos 3 y 4 de la CPPM, los Estados deben identificar los bienes del patrimonio de "valor excepcional universal" que se encuentren en su territorio para que puedan ser inscritos en la Lista del Patrimonio Mundial. Los Estados deben proporcionar al Comité del Patrimonio Mundial un inventario, no exhaustivo y que podrá actualizarse, del patrimonio que cumpla los requisitos[703]. Esta lista se conoce como Lista Indicativa.

A partir de los inventarios que proporcionan los Estados, según el artículo 11.2, el Comité considera la inscripción en la Lista del Patrimonio Mundial en base a unos criterios para verificar el "valor excepcional universal"[704]. Si se dan las circunstancias, el Comité procede a la inscripción en la Lista y, en consecuencia, los Estados Parte podrán acceder a las modalidades de asistencia internacional, en particular, al Fondo del Patrimonio Mundial[705]. En la actualidad, 1223 bienes del patrimonio mundial inscritos, de los cuales 952 corresponden al patrimonio cultural, 231 al patrimonio natural y 40 son mixtas[706]. Asimismo, el Comité puede decidir la eliminación de un bien del patrimonio mundial de la Lista si considera que se han perdido las condiciones que dieron

---

703 Artículo 11.1 de la CPPM.

704 Una explicación del proceso de inscripción en la Lista del Patrimonio Mundial puede leerse en FRANCIONI, F.: "World Cultural Heritage", *op. cit.*, pp.257-261. Los criterios con los que trabaja el Comité del Patrimonio Mundial se encuentran en las Directrices Operacionales, que se actualizan cada cierto tiempo. La revisión de los criterios más reciente a fecha de escribir estas líneas es la de 31 de julio de 2021. Puede leerse aquí: UNESCO: *Operational Guidelines for the Implementation of the World Heritage Convention*, WHC.23/01, 24 de septiembre de 2023. Disponible en: https://whc.unesco.org/en/guidelines/ (consultado 1 de julio de 2024).

705 Las condiciones y modalidades de asistencia están reguladas en los artículos 19 a 26.

706 Las cifras actualizadas en: https://whc.unesco.org/en/list/ (Consultado de julio de 2024).

lugar a su inscripción[707]. La Lista del Patrimonio Mundial tiene un valor declaratorio y no constitutivo, ya que el "valor excepcional universal" es un requisito previo a la inscripción[708]. Así se desprende, también, del artículo 12, que señala que el hecho de que un patrimonio cultural no se haya inscrito "no significará en modo alguno que no tenga un valor universal excepcional". El artículo 11.4 de la CPPM prevé la inclusión en la Lista del Patrimonio Mundial en Peligro, de aquellos bienes inscritos en la Lista que estén amenazados por peligros graves y precisos, entre los cuales figura el estallido de conflictos armados, mientras subsista ese riesgo.

El tratado no contempla ningún régimen de responsabilidad penal individual por las violaciones. No obstante, la CPPM se ha erigido como un instrumento muy relevante al evaluar los ataques contra los bienes culturales en conflicto armado y la sanción penal de los perpetradores de tales actos[709].

Con todo, las contribuciones de la CPPM a la protección del patrimonio cultural son numerosas[710]. Sin embargo, tras medio siglo de expansión, comienzan a vislumbrarse algunos problemas en el propio sistema de protección, como, por ejemplo, el aumento desmesurado de patrimonio inscrito o inscribible en la Lista del Patrimonio Mundial[711].

---

707 Las razones y el procedimiento para proceder a la supresión de la Lista se encuentran en las Directrices Operacionales.

708 FORREST, C.J.S.: *International Law and the Protection of Cultural Heritage, op. cit.*, p.249.

709 Por ejemplo, el TPIY tomó en consideración el hecho de que la ciudad de Dubrovnik estaba inscrita en la Lista del Patrimonio en el caso TPIY: *Judgement in the case the Prosecutor v. Pavle Strugar*, Trial Chamber, IT-01-42-T, 31 de enero de 2005, pár.279. Más recientemente, el caso de la destrucción de monumentos históricos y edificios religiosos en Tombuctú, también inscritos en la Lista, en el conflicto de Mali en 2012. CPI: *Prosecutor vs Al Mahdi, op. cit.*, pár.80.

710 FRANCIONI, F.: "World Cultural Heritage", *op. cit.*, pp.268-269.

711 Ibid., pp.270-271.

5.2. La Declaración de la UNESCO relativa a la destrucción intencional del patrimonio cultural de 2003

En marzo de 2001, el gobierno de los talibanes[712] en Afganistán demolió los famosos Budas de Bamiyán, dos estatuas colosales de los siglos III y V talladas en la roca, a pesar de los denodados llamamientos de organismos internacionales y personalidades para que se abstuvieran de tales actos. Esos hechos pusieron de manifiesto que el patrimonio cultural no solo peligraba en situaciones de conflicto armado, sino también en tiempos de paz. Los hechos en Afganistán demostraron que podían ser los mismos Estados los que devastasen los vestigios de su propio pasado, sin que la comunidad internacional dispusiera de instrumentos jurídicos para exigir responsabilidades frente a la destrucción intencional. Sin embargo, el rechazo internacional a tales conductas se plasmó en la Declaración de la UNESCO relativa a la destrucción intencional del patrimonio cultural de 17 de octubre de 2003.

---

712 Los talibanes (literalmente "Los Estudiantes") se formaron en 1994 bajo el liderazgo del Mullah Omar. Su ideario propugnaba la reconstrucción de Afganistán y la creación de un Estado basado en la aplicación de la ley islámica. Tuvieron gran apoyo de la población civil, que vio en ellos la esperanza de terminar con tantos años de guerra. A pesar de su apoyo y progresivo control del territorio, solamente un grupo reducido de países (Pakistán, Arabia Saudí y Emiratos Árabes Unidos) reconocían la milicia talibán como el gobierno legítimo de Afganistán. A principios del 2000, la vinculación y el apoyo del gobierno talibán a Osama Bin Laden, refugiado en Afganistán, multiplicó la presión sobre el régimen talibán, sobre el que el Consejo de Seguridad aplicó sanciones de carácter económico. La situación de la población civil empeoró, pero los talibanes no cedieron. Después del 11S y el inicio de la "Guerra contra el Terror", los Estados Unidos y sus aliados invadieron Afganistán y derrocaron el gobierno de los talibanes, que se replegaron a las zonas rurales y montañosas del país. FRANCIONI, F. y LENZERINI, F.: "The Destruction of the Buddhas of Bamiyan and International Law", *EJIL*, vol.14, n°4, 2003, pp.621-628.

El contexto en el que se produjeron los hechos influyó poderosamente en la adopción de la Declaración. Afganistán se desangraba desde finales de los años 70 del siglo XX inmerso en sucesivos conflictos armados, primero contra los soviéticos, y, desde su retirada, entre diversas facciones afganas. A finales de los años 90, los talibanes controlaban entre el 90-95% del territorio del país, incluyendo Kabul, donde implantaron su programa político-religioso de carácter extremista con total desprecio por los derechos humanos. En marzo de 2001, los talibanes iniciaron una campaña de destrucción de todos los símbolos culturales y religiosos no pertenecientes a su visión del islam que culminó con la voladura de los Budas de Bamiyán el 1 de marzo[713]. Las estatuas colosales no estaban inscritas en la Lista del Patrimonio Mundial, pero nadie ponía en duda su excepcional valor cultural[714].

A raíz de esos hechos, la Conferencia General adoptó la Resolución 31 C/26, titulada “Actos que constituyen crímenes contra

713 El Mullah Omar decretó el comienzo de la operación mediante un edicto el 26 de febrero. Aunque la demolición de los Budas fue el caso más mediático, parece que hay suficientes indicios para sostener que no fue un hecho aislado, sino la cúspide de un plan sistemático de erradicación de la diversidad cultural de Afganistán. Ibid., pp.625-627.

714 Afganistán formaba parte de la CPPM desde el 20 de marzo de 1979, pero no era parte ni de la CH54 ni del PAII. En 2001 no tenía ningún lugar inscrito en la Lista del Patrimonio Mundial. Sin embargo, el artículo 12 de la CPPM recuerda que: “El hecho de que un patrimonio cultural y natural no se haya inscrito en una u otra de las dos listas [...] no significará en modo alguno que no tenga un valor universal excepcional para fines distintos de los que resultan de la inscripción en estas listas”. Con la destrucción de su propio patrimonio cultural, Afganistán violó sus obligaciones contraídas en virtud de la CPPM, aunque no estuviera inscrito en la Lista. En julio de 2003, el valle de Bamiyán y los restos de los Budas fueron inscritos en la Lista del Patrimonio Mundial por su relevancia como representación artística del budismo en Asia Central y como símbolo de las penúrias que pueden sufrir los monumentos, como la destrucción deliberada. Ibid., pp.631-632 y 651.

el patrimonio común de la humanidad", cuyo párrafo 4 invitaba al Director General a preparar un proyecto de declaración relativa a la destrucción intencional del patrimonio cultural. Así pues, en 2002 se organizó una reunión de expertos en Bruselas para redactar el borrador que sería discutido por la Conferencia General de la UNESCO que se celebraría al año siguiente[715].

El borrador fue discutido, enmendado, y, finalmente, adoptado el 17 de octubre de 2003 con el título "Declaración de la UNESCO relativa a la destrucción intencional del patrimonio cultural". El documento, por su naturaleza jurídica, no imponía obligaciones vinculantes para los Estados, sino que afirmaba las normas existentes, convencionales y consuetudinarias, y los principios sobre la protección internacional del patrimonio cultural[716], a la vez que reflejaba "an emerging opinio juris as to the unlawful character of destruction of cultural property in peacetime"[717].

El artículo I reconocía la importancia de la protección del patrimonio cultural, en sentido amplio, y el compromiso de combatir la destrucción intencional. Esta se define en el artículo II.2 de la siguiente manera:

---

715 Para los detalles sobre el borrador de la Declaración véase HLADIK, J.: "The UNESCO Declaration concerning the Intentional Destruction of Cultural Heritage", *Art Antiquity and Law*, vol. 9, nº 3, septiembre de 2004, pp.218 y ss.

716 Ibid., p.217; O'KEEFE, R.: *The Protection of Cultural Property in Armed Conflict, op. cit.*, p.359. Asimismo, el Preámbulo insiste en recordar "los principios enunciados en todas las convenciones, recomendaciones, declaraciones y cartas de la UNESCO relativas a la protección del patrimonio cultural"; reiteraba los principios y normas contenidos en los tratados sobre la materia; y destacaba "la aparición de reglas de derecho internacional consuetudinario, reafirmadas por la jurisprudencia pertinente", así como los artículos 8.2.b.ix y 8.2.e.iv del EDR relativos a la destrucción intencional de patrimonio cultural, tanto en tiempo de paz como en caso de conflicto armado.

717 EHLERT, C.: *Prosecuting the Destruction of Cultural Property..., op. cit.*, p.98.

> "se entiende por "destrucción intencional" cualquier acto que persiga la destrucción total o parcial del patrimonio cultural y ponga así en peligro su integridad, realizado de tal modo que viole el derecho internacional o atente de manera injustificable contra los principios de humanidad y los dictados de la conciencia pública, en este último caso, en la medida en que dichos actos no estén ya regidos por los principios fundamentales del derecho internacional."

En el artículo III se insta a los Estados a tomar una serie de medidas para "prevenir, evitar, hacer cesar y reprimir los actos de destrucción intencional del patrimonio cultural, dondequiera que éste se encuentre" y recomienda la adhesión a la CH54, a sus dos Protocolos, así como a Protocolos Adicionales I y II de 1977. Los artículos IV y V recomiendan la adopción de las medidas oportunas para proteger el patrimonio cultural tanto en tiempos de paz como en caso de conflicto armado, con independencia de que sea internacional o no, incluidas las situaciones de ocupación. El artículo VI recalca la responsabilidad del Estado frente a la destrucción intencional del patrimonio cultural tanto por acción como por omisión.

La responsabilidad individual se recoge en el artículo VII, en el cual se señala que los Estados deberían adoptar las medidas apropiadas para "declararse jurídicamente competentes y prever penas efectivas que sancionen a quienes cometan u ordenen actos de destrucción intencional de patrimonio cultural de gran importancia para la humanidad", con independencia de que esté incluido o no en una lista de la UNESCO u otra organización internacional. De acuerdo con el tenor literal, el patrimonio cultural tiene que ser de "gran importancia para la humanidad" para constituir una ofensa punible[718].

---

718 El borrador del artículo VII era más extenso e incluía el patrimonio cultural de "especial interés para la comunidad directamente afectada por la destrucción" y no solo el de gran importancia para la humanidad. Según Lenzerini, la supresión de este inciso supone un retroceso. De igual manera, el artículo VII contenía otro inciso en el que se refería

La Declaración de la UNESCO mostró el profundo rechazo de la comunidad internacional frente al fenómeno de la destrucción intencional del patrimonio. Es cierto que no es un instrumento vinculante, pero tampoco fue concebida para desplegar obligaciones, sino para resaltar la existencia en el derecho internacional de esas normas y principios que proscribían los actos de destrucción deliberada tanto en tiempo de paz como en situación de conflicto armado, fuera internacional o no. En perspectiva, supuso un avance modesto, pues no incorporó muchos de los avances que se habían producido en el ámbito de la protección del patrimonio cultural y, en especial, en el derecho internacional penal[719].

---

expresamente a la jurisdicción universal para los actos de destrucción deliberada, pero fue suprimido en el documento final. LENZERINI, F.: "The UNESCO Declaration Concerning the Intentional Destruction of Cultural Heritage: One Step Forward and Two Steps Back", *Italian Yearbook of International Law*, vol.13, nº1, 2003, p.142. También en HLADIK, J.: "The UNESCO Declaration...", *op. cit.*, p.227.

719 Los avances que integró la Declaración pueden leerse, resumidamente, en HLADIK, J.: "The UNESCO Declaration...", *op. cit.*, pp.234-236. En cambio, una lectura crítica de los aportes (y sobre todo de las carencias) de la Declaración de la UNESCO en LENZERINI, F.: "The UNESCO Declaration...", *op. cit.*, pp.143-145.

PARTE II
LA CONFIGURACIÓN JURÍDICA INTERNACIONAL DEL CRIMEN DE GUERRA DE DESTRUCCIÓN DE BIENES CULTURALES

Capítulo III
La destrucción de bienes culturales como crimen de guerra. Especial referencia al Estatuto de Roma de la Corte Penal Internacional

1. FUNDAMENTO Y EVOLUCIÓN DE LOS CRÍMENES DE GUERRA CON ESPECIAL REFERENCIA AL CRIMEN DE GUERRA DE DESTRUCCIÓN INTENCIONAL DE BIENES CULTURALES

1.1. Los crímenes de guerra: una aproximación al concepto

La noción de crímenes de guerra se utiliza en numerosas ocasiones en un sentido amplio. Los medios de comunicación lo hacen continuamente, aunque no son los únicos. Bajo el paraguas de esta terminología se incluyen todos los crímenes internacionales cometidos en el contexto de un conflicto armado. Sin embargo, este uso genérico lleva a confusión, pues, en sentido estricto, el concepto de crímenes de guerra se refiere a las violaciones graves del DIH que generan responsabilidad penal individual. Por lo tanto, resulta apropiado ofrecer una aproximación doctrinal al concepto antes de lanzarnos a explorar su evolución en el marco del régimen de represión de las violaciones configurado por los tratados o por el derecho consuetudinario. La literatura jurídica al respecto es ingente, de manera que aquí se abordan sucintamente las opiniones más consolidadas con el fin de proponer un anclaje teórico para no perderse en el bosquejo normativo y jurisprudencial.

La definición tradicional de los crímenes de guerra entendía que eran violaciones de las leyes de la guerra cometidas por combatientes en los conflictos armados internacionales. Estas "leyes de la guerra" eran las normas del derecho internacional que los beligerantes habían aceptado cumplir en caso de conflicto armado, ya fuera por costumbre o por convenios especiales, de los que se derivaban ciertas obligaciones legales respecto a la forma de hacer la guerra[720]. Los beligerantes que infringían las leyes de la guerra, generalmente militares que actuaban como agentes del estado, podían ser juzgados y castigados tanto por el Estado enemigo como por el propio[721]. Esta idea se desprende de las palabras de Oppenheim cuando describe los crímenes de guerra como "such hostile or other acts of soldiers or other individuals as may be punished by the enemy on capture of the offenders"[722]. Oppenheim especificaba que las violaciones de las leyes de la guerra constituían puramente crímenes de guerra cuando se cometían sin el consentimiento del Estado al que pertenece el criminal, así como aquellas violaciones de las leyes de la guerra ordenadas por el Estado enemigo[723]. Por su parte, Hersch Lauterpacht proponía la siguiente definición en 1942:

> "War crimes may properly be defined as such offences against the law of war as are criminal in the ordinary and accepted sense of fundamental rules of warfare and of general principles of criminal law by reason of their heinousness, their brutality, their ruthless disregard of the sanctity of human life and personality,

---

720 UNWCC: *History of the United Nations War Crimes Commission…, op. cit.*, p.24.

721 CASSESE, A. y GAETA, P.: *Cassese's International Criminal Law*, Oxford University Press, Oxford, Reino Unido, 2013, pp.63-64.

722 OPPENHEIM, L.: *International Law: A Treatise*, Longman, Green and Co., Vol. II, Londres, 1921, pp.341-342.

723 Ibid., pp.342-343.

> or their wanton interference with rights of property unrelated to reasonably conceived requirements of military necessity."[724]

Contemporáneamente, Gerhard Werle define los crímenes de guerra como toda violación de una norma de DIH cuya punibilidad surge del Derecho Internacional Público y que genera responsabilidad penal individual[725]. En la misma línea se sitúan Triffterer[726] o Cullen[727]. No obstante, en estas definiciones no se hace referencia expresa a que las violaciones de las normas de DIH deban ser graves para constituir una conducta criminal. En cambio, Cassese sí que considera el elemento de la gravedad de la vulneración al explicar que los crímenes de guerra son las violaciones graves de normas consuetudinarias o convencionales de DIH[728]. Mettraux avala este posicionamiento, y refiere que los crímenes de guerra son violaciones graves de las leyes y costumbres de la guerra que conllevan la responsabilidad penal individual en virtud del Derecho Internacional[729]. El estudio sobre DIH consuetudinario del Comité Internacional de la Cruz Roja (en adelante, CICR) concluyó que "las violaciones graves del derecho internacional humanitario constituyen crímenes

---

724 UNWCC: *History of the United Nations War Crimes Commission…, op. cit.*, p.95.

725 WERLE, G. y JESSBERGER, F.: *Tratado de Derecho Penal Internacional*, Tirant Lo Blanch, Valencia, 2017, p.644.

726 TRIFFTERER, O. (Ed.): *Commentary on the Rome Statute of the International Criminal Court: Observers' Notes, Article by Article*, CH Beck – Hart – Nomos, Munich (Alemania), 2008, p.283.

727 CULLEN, A.: "War crimes", dentro de SCHABAS, W. y BERNAZ, N. (Eds.): *Routledge Handbook of International Criminal Law*, Routledge, Nueva York, 2011, p.139: "war crimes constitute violations of international humanitarian law that are criminalized under treaty law or customary international law".

728 CASSESE, A. y GAETA, P.: *Cassese's International Criminal Law, op. cit.*, p.65.

729 METTRAUX, G.: *International Crimes and the Ad Hoc Tribunals*, Oxford University Press, Nueva York, 2005, p.29.

de guerra"[730]. Como destacaba el CICR, numerosos manuales militares, así como la práctica y la jurisprudencia internacionales, revelaban que las vulneraciones de las normas debían ser graves y suscitar la responsabilidad penal individual en virtud del derecho convencional o consuetudinario[731]. El TPIY elaboró una serie de criterios generales para identificar los crímenes de guerra y determinar su punibilidad en virtud del Derecho Internacional[732]. Otros tribunales penales internacionales han seguido la línea del TPIY en su jurisprudencia. En definitiva, y para recapitular, los crímenes de guerra serían las acciones u omisiones cometidas en situación de conflicto armado, sea este de índole internacional o no, que violen de forma grave normas del DIH establecidas en el derecho convencional o consuetudinario, y cuya vulneración genere responsabilidad penal individual.

Como puede observarse, la noción de los crímenes de guerra manifiesta una estrecha relación entre el DIH y el derecho internacional penal. El DIH es un conjunto de normas internacionales de origen convencional o consuetudinario, que restringen por razones humanitarias el derecho de las partes en un conflicto armado, internacional o sin carácter internacional, a utilizar medios y métodos de guerra y protegen a las personas y bienes que podrían ser afectados por el mismo[733]. Para alcan-

---

730 Norma 156 en HENCKAERTS, J.-M. y DOSWALD-BECK, L.: *El derecho internacional humanitario consuetudinario..., op. cit.*, p.643.

731 Ibid., p.646.

732 Los elementos generales de los crímenes de guerra, junto con los elementos específicos del crimen de guerra de destrucción intencional de bienes culturales, los analizaremos en profundidad más adelante. Vid. Infra Capítulo III, apartado 2.

733 REMIRO BROTÓNS, A.: *Derecho Internacional: Curso general*, Tirant Lo Blanch, València, 2010, pp.769 y ss. Tradicionalmente se ha dividido en dos ramas diferenciadas: el Derecho de los conflictos armados (que limita los medios y métodos de hacer la guerra), también denominado como "Derecho de La Haya", y el Derecho humanitario bélico

zar sus objetivos, se guía en los principios de necesidad militar, humanidad, distinción y proporcionalidad[734].

La sanción de los crímenes de guerra pretende, en última instancia, dotar de eficacia el sistema de normas del DIH. Precisamente, el interés en asegurar el cumplimiento del DIH, esto es, de garantizar el respeto a ciertas normas y principios básicos con el fin de reducir al máximo el sufrimiento causado por el fenómeno bélico, emergería la criminalización internacional de los delitos de guerra[735]. Y es el Derecho Internacional Penal la rama jurídica que se ocupa de la represión de las violaciones cometidas por los individuos contra la comunidad internacional.

---

o "Derecho de Ginebra" (primordialmente dirigido a la protección de las víctimas de los conflictos armados). La separación de estas vertientes ha perdido interés en tanto que los tratados más modernos, y en particular desde los Protocolos Adicionales a los Convenios de Ginebra, recogen normas de ambos.

734 Las normas de DIH encuentran un equilibrio entre las consideraciones humanitarias y el principio de necesidad militar, que en ningún caso puede ser invocado para violar el DIH a excepción de que esté expresamente previsto en la norma. Nótese que el DIH reglamenta las relaciones entre las partes en el conflicto armado (*ius in bello*) sin entrar a valorar la legalidad o no del uso de la fuerza o del propio conflicto armado (*ius ad bellum*). CULLEN, A.: "War crimes", *op. cit.*, p.139; TRIFFTERER, O. (Ed.): *Commentary on the Rome Statute…*, *op. cit.*, p.284.

735 Para los Estados, la represión de los crímenes de guerra dentro de sus sistemas penales, implementada a través de legislación penal ordinaria o militar, tenía un doble propósito: por un lado, aplicada a sus propios nacionales, la sanción de las violaciones servía para mantener la disciplina militar y proteger el honor de las fuerzas armadas; y, por otro lado, aplicada a los combatientes de la otra parte, la represión pretendía disuadir a los enemigos de infringir las leyes de la guerra. GAETA, P.: "War Crimes and Other International 'Core Crimes'", en CLAPHAM, A. y GAETA, P. (Eds.): *The Oxford Handbook of International Law in Armed Conflict*, Oxford University Press, Oxford, 2014, pp.741-743.

Una nota característica de los crímenes de guerra es que la responsabilidad es atribuida al individuo por la infracción de una norma internacional. Los Estados son los principales destinatarios de las normas de DIH, en tanto que sujetos tradicionales del Derecho Internacional, y, asimismo, les corresponde a ellos hacer cumplir y castigar las violaciones que se cometan. Originalmente, las violaciones del Derecho Internacional cometidas por los individuos que actuaban en nombre de un Estado generaban una responsabilidad que se atribuía al Estado en nombre del cual habían actuado. En el caso de los crímenes de guerra, la responsabilidad penal individual emana directamente del Derecho Internacional, en paralelo a la responsabilidad que pudiera generar una infracción del DIH para la parte en el conflicto[736].

Los crímenes de guerra son normas secundarias en relación con las normas primarias que prohíben ciertos comportamientos en los conflictos armados. Según Michael Bothe, esto confiere al concepto de los crímenes de guerra un dinamismo que les permite cambiar y adaptarse a medida que se desarrollan las normas primarias[737]. De manera que la determinación de si una conducta constituye un crimen de guerra, o simplemente es

---

736 Ibid., p.744.

737 En esta misma línea se pronunció el TMI al afirmar que: "The law of war is to be found not only in treaties, but in the customs and practices of states which gradually obtained universal recognition, and from the general principles of justice applied by jurists and practised by military courts. This law is not static, but by continual adaptation follows the needs of a changing world". TMI: *Trials of the major war criminals…, op. cit.*, p.221. Bothe, por su parte, añade que, para preservar el principio nulla pena sine lege, es necesario definir claramente los actos punibles como crímenes de guerra porque, por un lado, las normas primarias pueden ser muy vagas y generales y, por otro lado, porque no todas las violaciones del DIH son necesariamente crímenes de guerra. BOTHE, M.: "War Crimes", dentro de CASSESE, A., GAETA, P., JONES, J.R.W. (Eds.): *The Rome Statute of the International Criminal Court: A Commentary*, Oxford University Press, Vol.1, Nueva York, 2002, p.381.

una violación de las leyes y costumbres de la guerra, dependerá del estado de desarrollo en que se encuentre el derecho de los conflictos armados en el preciso momento de la evaluación de la conducta[738]. Por lo tanto, cabe esperarse que a medida que evolucione el DIH, con la formación de nuevas normas o la cristalización consuetudinaria de otras, el concepto y el alcance de los crímenes de guerra se irá modulando.

1.2. El fracaso de la persecución de los crímenes de guerra tras la Primera Guerra Mundial: los juicios de Leipzig y Estambul

La introducción de los crímenes de guerra en el Derecho Internacional surge a mediados del siglo XIX, con el nacimiento del DIH contemporáneo, momento en el cual se fijaron por escrito una serie de normas y principios, con vocación universal y aplicables en los conflictos armados, que debían servir para limitar los sufrimientos causados por las guerras[739]. Antes de eso era la costumbre la única fuente del Derecho Internacional que proveía de normas que restringieran la conducta de los beligerantes durante las hostilidades. La regulación de los crímenes de guerra bebe también de esa evolución consuetudinaria[740].

Con carácter previo a su plasmación en tratados internacionales, la sanción penal de las violaciones del DIH había sido contemplada en normativas nacionales de distinta índole. Los Estados desde hace tiempo han ejercido su derecho de hacer comparecer a miembros de las fuerzas armadas del enemigo ante sus tribunales y castigarlos por las violaciones en virtud de

738 METTRAUX, G.: *International Crimes and the Ad Hoc Tribunals*, *op. cit.*, p.29.

739 SANDOZ, Y.: "The History of Grave Breaches Regime", *Journal of International Criminal Justice*, Vol.7, nº4, 2009, p.657.

740 CULLEN, A.: "War crimes", *op. cit.*, p.139.

su derecho penal[741]. Los códigos militares, por ejemplo, contemplaban sanciones por la violación de las leyes y costumbres de la guerra[742]. En el ámbito internacional, progresivamente se trató de reforzar la aplicación del incipiente DIH mediante la incorporación de sanciones penales en los convenios, aunque los tratados más antiguos no se pronuncian sobre la punibilidad de las infracciones[743]. Sin embargo, la sanción de los crímenes de guerra no tuvo carácter internacional hasta después de la Segunda Guerra Mundial[744]. Los primeros pasos hacia la creación de un sistema internacional de represión de las violaciones de las leyes de la guerra se dieron al término de la Gran Guerra en 1918, pero fracasaron estrepitosamente.

La rendición de cuentas por los crímenes cometidos durante la Primera Guerra Mundial fue una cuestión central para los gobiernos de las potencias aliadas. Fue en este contexto que la noción de los crímenes de guerra se introdujo por primera vez en el discurso legal, pero no el término, que todavía tardó unos años en emplearse en un tratado internacional. La investigación de los hechos y las atrocidades cometidas durante la Primera Guerra Mundial permitió a la Comisión de Responsabilidades la redacción de una lista de treinta y dos violaciones de las leyes y costumbres de la guerra que exigían castigo. Esa lista incluía como

---

741 WERLE, G. y JESSBERGER, F.: *Tratado de Derecho Penal Internacional, op. cit.*, pp.657-659.

742 Piénsese en el Código Lieber, que hemos visto supra en el capítulo I, cuya importancia en el primer desarrollo del régimen de represión de las violaciones de las leyes de la guerra fundamentado en los principios de humanidad, necesidad militar, honor y caballería, ha sido subrayada por Yves Sandoz. SANDOZ, Y.: "The History of Grave Breaches Regime", *op. cit.*, pp. 658-662.

743 WERLE, G. y JESSBERGER, F.: *Tratado de Derecho Penal Internacional, op. cit.*, p.659.

744 PIGNATELLI Y MECA, F.: "La punición de las infracciones del DIH...", *op. cit.*, p.1038.

actos criminales el daño, la destrucción y la apropiación de bienes culturales[745]. La conclusión de la Comisión era que todas las personas sospechosas de haber cometido violaciones de las leyes y costumbres de la guerra eran susceptibles de persecución penal con independencia de su posición o cargo, incluidos los jefes de Estado[746]. Alemania fue responsabilizada por haber iniciado la guerra en violación del Derecho Internacional y por los crímenes cometidos durante el transcurso de la contienda. El propio Káiser Guillermo II fue acusado directamente, pero su huida y exilio en los Países Bajos evitó su procesamiento[747]. El artículo 228 del Tra-

---

745 Vid. supra capítulo I, apartado 3.2.

746 UNWCC: *History of the United Nations War Crimes Commission…*, *op. cit.*, p.38.

747 El Káiser Guillermo II abdicó el 9 de noviembre de 1918 y huyó a los Países Bajos. Entre las potencias aliadas había discordancia sobre la posibilidad de enjuiciarlo. Francia pretendía que el Káiser fuera juzgado por un tribunal penal internacional porque lo consideraba culpable de las violaciones de las leyes y costumbres de la guerra, así como de la guerra misma. En una línea parecida, Reino Unido, aspiraba a juzgar a Guillermo en interés de la comunidad internacional por las mismas razones que los franceses. En cambio, Estados Unidos, y también Japón, se oponían al procesamiento de un jefe de Estado porque no estaba considerado un crimen en Derecho Internacional en 1914 y no podía aplicarse retroactivamente. La solución fue acusarlo de cometer una "suprema ofensa a la moralidad internacional y la santidad de los tratados" como reflejó el artículo 227 del Tratado de Versalles. La extradición del káiser Guillermo II fue denegada en varias ocasiones sobre la base de tres argumentos: en primer lugar, que los Países Bajos no eran parte del Tratado de Versalles y, por tanto, no estaban vinculados por él; en segundo lugar, que en ese momento no existía una normativa internacional aplicable que estableciera el crimen ni su sanción; y, en tercer lugar, que el derecho a otorgar asilo era una figura de larga tradición en el Derecho Internacional. Según Gerd Hankel, en la época no había forma legal de perseguir penalmente a Guillermo II ya que no había una norma consolidada que estableciera como crimen el hecho de comenzar una guerra. Sí que podían, dice Hankel, ser enjuiciadas las violaciones de las leyes de la guerra, pero el obstáculo legal aquí era

tado de Versalles estableció el derecho de las potencias vencedoras de perseguir y castigar a los responsables de las "violaciones de las leyes y costumbres de la guerra". Así, el precepto reconocía el interés de la comunidad internacional en el castigo de las violaciones de las leyes de la guerra, aunque fueran los tribunales nacionales, en virtud de su derecho penal, los encargados de enjuiciarlas[748].

Las potencias aliadas presionaron incansablemente para que las cláusulas de responsabilidad penal incorporadas en el Tratado de Versalles fueran implementadas. A tal fin se preparó una lista de criminales de guerra que debían ser enjuiciados, bien fuera por un tribunal interaliado, bien por los tribunales de los países vencedores que solicitaban su extradición. El gobierno alemán, decidido a retrasar los procesos, esgrimió el argumento de que, en medio de la inestabilidad política que vivía el país, la entrega de los oficiales del ejército a las autoridades aliadas podía desencadenar en un golpe militar[749]. Aun así, era consciente de que debía enjuiciar algunos sospechosos si quería satisfacer a la opinión pública de las potencias aliadas. Por esta razón, comenzó a organizar en diciembre de 1919 la maquinaria judicial para que fuera el Tribunal Supremo del Reich (*Reichgericht*), en Leipzig, el que sustanciara los casos, a pesar de la oposición de las potencias vencedoras[750].

Los británicos apostaban por enjuiciar a un número reducido y simbólico de criminales, mientras que franceses y belgas que-

---

cómo establecer su responsabilidad si el Alto Mando alemán dirigía la guerra con poderes dictatoriales y, en caso de poder establecerse, entraría en juego la inmunidad de los jefes de Estado, una norma que se consideraba incontrovertida a fecha de 1914. HANKEL, G.: *The Leipzig Trials: German War Crimes and their Legal Consequences after the World War I*, Republic of Letters, Dordrecht, 2014, pp.51-61.

748 BOTHE, M.: "War Crimes", *op. cit.*, p.382.

749 HORNE, J. y KRAMER, A.: *German Atrocities, 1914…*, *op. cit.*, p.341.

750 UNWCC: *History of the United Nations War Crimes Commission…*, *op. cit.*, p.44.

rían el procesamiento de todos los responsables[751]. Finalmente, se acordó una lista conjunta conformada por 896 individuos que incluía personalidades muy relevantes como los mariscales Hindenburg, Bülow o Mackensen; generales como Ludendorff, Kluck, Stenger y Deimling; almirantes como Tirpitz; y otras figuras, como el príncipe Rupprecht de Bavaria o el ex canciller Bethmann Hollweg[752]. Todos los integrantes de la lista eran acusados de crímenes de guerra[753]. Del total de casos, hubo varios acusados por crímenes relativos a la destrucción de bienes y propiedades[754].

---

751 HORNE, J. y KRAMER, A.: *German Atrocities, 1914…*, *op. cit.*, p.341.

752 La lista conjunta incluía 334 responsables propuestos en la lista francesa, 334 nombres de la belga, 97 de la británica (en la que había también 9 turcos acusados por la masacre de los armenios), 57 de la polaca, 29 de la italiana, 41 de la rumana y 4 sacados de la lista serbo-croata-eslovena. UNWCC: *History of the United Nations War Crimes Commission…*, *op. cit.*, p.46.

753 Los historiadores Horne y Kramer cifran un total de 1.059 cargos por crímenes de guerra. A algunos individuos se les imputó más de un crimen. Los datos revelan que el 38% de los cargos son por crímenes de guerra cometidos en el período de la invasión de Francia, Bélgica y Polonia entre agosto y octubre de 1914. Los crímenes relativos al período de noviembre de 1914 y noviembre de 1918 suman el 18% aproximado de los cargos. El restante 44% reúne 11 categorías de crímenes que abarcan desde la masacre de armenios, responsabilidades militares y políticas por dar órdenes criminales, bombardeo de ciudades abiertas, atrocidades culturales, destrucciones durante la retirada, violaciones, crímenes contra los prisioneros de guerra, deportaciones, trabajo forzoso y crímenes de guerra en el mar. Las cifras, cruzadas por cada categoría de crimen de guerra y período, pueden encontrarse en HORNE, J. y KRAMER, A.: *German Atrocities, 1914…*, *op. cit.*, anexo IV, pp.448-449.

754 En la lista constaban 97 individuos relacionados con actos de pillaje, incendio, destrucción y robo en el período de la invasión de Francia, Bélgica y Polonia entre los meses de agosto y octubre de 1914. Otras 118 personas eran acusadas de los mismos crímenes, pero cometidos en el período comprendido entre noviembre de 1914 y noviembre de 1918. Además, se inculpaba a 18 individuos por "atrocidades culturales" y a 34 personas por las destrucciones perpetradas durante la retirada

La publicación de la lista de acusados en febrero de 1920 causó un gran descontento popular en Alemania. Tal fue la presión interna alemana, sumada a la incapacidad de las potencias para aunar una estrategia satisfactoria, que se aceptó que los juicios se celebraran en el Tribunal Supremo en Leipzig[755]. A tal efecto, en mayo de 1920, se entregó al gobierno alemán una nueva lista, configurada por 45 individuos, para comprobar el compromiso germano de enjuiciar a los responsables en sus propios tribunales[756].

Los juicios de Leipzig comenzaron el 23 de mayo de 1921[757]. Los casos británicos fueron los primeros en ventilarse. De los

---

alemana entre 1917 y 1918. Las cifras proceden del Anexo IV en HORNE, J. y KRAMER, A.: *German Atrocities, 1914…, op. cit.*, pp.448-449.

755 La propuesta alemana de celebrar los juicios en Leipzig fue declarada compatible con el artículo 228 del Tratado de Versalles por una comisión interaliada, pero bajo la condición de que, si no se administraba justicia de buena fe y se disponían penas adecuadas para los culpables, las potencias aliadas reclamarían un nuevo juicio, pero esta vez en sus propios tribunales. UNWCC: *History of the United Nations War Crimes Commission…, op. cit.*, p.46.

756 La lista recibió el nombre de "Prèmiere liste des personnes désigneés par les Puissances alliées pour être jugées par la Cour suprême de Leipzig", extraoficialmente conocida como "lista de prueba". Los Aliados advirtieron a Alemania de que, de no cumplirse con sus expectativas, reclamarían su derecho en virtud del Tratado de Versalles de solicitar las extradiciones de los responsables para enjuiciarlos en sus países. A cambio, entre los 45 individuos de la lista no constaban figuras tan relevantes como Hindenburg, Ludendorff o Tirpitz, sino solamente quienes a ojos de las potencias vencedoras habían cometido innegablemente crímenes de guerra. La lista estaba integrada por un total de 11 individuos solicitados por los franceses, 15 por los belgas, 7 por los británicos y 12 repartidos entre Italia (5), Polonia (3), Rumania (3) y el estado Serbo-croata-esloveno (1). HANKEL, G.: *The Leipzig Trials…, op. cit.*, pp.37-38.

757 En enero de 1921, el Tribunal Supremo de Leipzig juzgó a tres soldados del cuerpo de ingenieros por un crimen cometido en los días finales de la retirada alemana en octubre de 1918. Dietrich Lottmann,

siete acusados por los británicos, tres eludieron el juicio porque residían en el extranjero o porque desaparecieron y no fueron encontrados. De los otros cuatro, uno fue absuelto y el resto fueron condenados a penas irrisorias[758]. Por su parte, los casos

---

Paul Niegel y Paul Sangershausen irrumpieron en una posada en Edingen, Bélgica, amenazaron con sus armas al propietario y robaron 800 marcos alemanes y otros objetos de valor. Ninguno de ellos estaba en la lista entregada al gobierno alemán por las potencias vencedoras. Lottmann y Niegel fueron condenados a 5 y 4 años de prisión respectivamente, y Sangershausen sentenciado a dos años al no participar en las amenazas. Ibid., pp.48-50.

758 Los oficiales Patzig, Wernher y Trinke escaparon al juicio. El oficial naval, Karl Neumann, al mando del submarino U-67, acusado de hundir el buque hospital "Dover Castle" y un navío mercante, fue absuelto sobre la base de que había actuado siguiendo órdenes de un superior. Los otros tres individuos fueron procesados por castigos brutales y malos tratos a prisioneros de guerra en distintos campos. A pesar de la abundancia de pruebas contra ellos, uno fue condenado a diez meses de prisión y los otros dos a seis meses. A la vista de tan ridículos resultados, otros dos individuos que no figuraban en la lista entregada por las potencias aliadas fueron procesados. Los tenientes Dithmar y Boldt sirvieron a las órdenes del fugado comandante Patzig en el submarino U-87 que hundió el barco hospital "Llandovery Castle" y luego dispararon contra los supervivientes. El Tribunal de Leipzig los condenó a cuatro años de prisión a cada uno, pero no cumplieron la pena porque ambos escaparon de las prisiones en las que fueron encarcelados con ayuda de los funcionarios. Para ver con más detalle los casos británicos, vid. UNWCC: *History of the United Nations War Crimes Commission…*, *op. cit.*, pp.48-50.

franceses[759] y belgas[760] fueron una farsa. La indignación fue tan grande que sus delegaciones abandonaron los juicios de Leipzig y no volvieron. Los casos italianos ni siquiera fueron considerados y los yugoslavos, a la vista de los precedentes, decidieron reclamar su derecho a juzgar en sus tribunales a los criminales[761].

En enero de 1922, había quedado meridianamente claro que los juicios de Leipzig eran una pantomima, por lo que las potencias aliadas retomaron la idea original de reclamar la extradición de los criminales de guerra. Alemania no colaboró, así que diversos países, en particular Francia y Bélgica, comenzaron

---

759 El Tribunal de Leipzig enjuició al general Stenger por su haber dado la orden de no dar cuartel y al mayor Crusius por obedecer la orden y asesinar a numerosos prisioneros. Múltiples testigos atestiguaron que el mayor Crusius ordenó y mató directamente diversos prisioneros, y el mismo oficial reconoció los hechos, pero señaló que tenía órdenes directas de Stenger. El general Stenger fue absuelto y el mayor Crusius fue condenado a dos años de prisión. Los asistentes vitorearon a los acusados. Después de estos casos, la representación francesa en Leipzig se marchó de la ciudad indignada y no regresó. Poco después, el Tribunal absolvió al teniente Laule de la ejecución de un capitán francés y a los generales Von Schack y Krushka por la muerte de 3.000 prisioneros debido a las malas condiciones de vida a las que fueron sometidos. Por último, el doctor Michelson fue absuelto en julio de 1922 de los malos tratos y la muerte de diversos prisioneros de guerra en el hospital a pesar de las contundentes pruebas contra él. Pueden leerse más detalladamente los casos franceses en: Ibid., pp.50-51.

760 El caso belga iba dirigido contra el militar Max Ramdohr, acusado de arrestar niños belgas y torturarlos para que admitieran el sabotaje de las líneas de comunicaciones. El acusado reconoció los arrestos, pero no las torturas. Finalmente, el Tribunal lo absolvió sobre la base de que los testimonios de las víctimas no tenían credibilidad por tratarse de niños. Ibid., p.51

761 Ibid., p.47.

a juzgar *in absentia* a los acusados alemanes[762]. A pesar de ello, el Tribunal de Leipzig prosiguió con los juicios, absolviendo a la inmensa mayoría de los acusados o directamente archivando los casos alegando que no constituían crímenes o que no estaban cubiertos por la legislación alemana[763]. En total, el Tribunal de Leipzig resolvió 901 casos, de los que 888 resultaron en la absolución del acusado o el archivo de la causa, y solamente 13 individuos fueron condenados a penas ridículas que, en ocasiones, ni siquiera llegaron a cumplirse[764].

El fracaso de los juicios de Leipzig obedeció a diversas causas. Sin duda, la situación convulsa de la posguerra en Alemania no la predisponía a afrontar los procesos penales. Tampoco las potencias aliadas supieron coordinar ni implementar una estrategia conjunta de rendición de cuentas, tal vez porque consideraron que les valía con haber derrotado a Alemania para asegurar la paz a largo plazo[765].

El interés de las potencias aliadas por juzgar los criminales de guerra, aunque menguante con el paso de los años, no se limitó únicamente al caso de las atrocidades cometidas por Alemania. En paralelo a los procesos de Leipzig, el imperio otomano también fue presionado para que enjuiciara las violaciones del Derecho Internacional cometidas durante la guerra.

---

762 En 1924 se habían condenado a más de 1.200 alemanes *in absentia* en tribunales franceses o belgas. HORNE, J. y KRAMER, A.: *German Atrocities, 1914...*, *op. cit.*, p.353.

763 Horne y Kramer sugieren que el Tribunal tenía la intención de exonerar a los alemanes condenados en ausencia por franceses y belgas. Ibid., p.354.

764 El archivo de muchas de las causas se debió o bien por la decisión de la fiscalía (el último caso lo fue en 1927) o bien por la decisión del propio Tribunal Supremo de Leipzig (el último lo archivó en marzo de 1931). HANKEL, G.: *The Leipzig Trials...*, *op. cit.*, p.2; UNWCC: *History of the United Nations War Crimes Commission...*, *op. cit.*, p.48.

765 UNWCC: *History of the United Nations War Crimes Commission...*, *op. cit.*, p.52.

A pesar del contexto político convulso[766], las potencias vencedoras trataron de cumplir sus amenazas de procesar a los culpables de las atrocidades cometidas por las autoridades otomanas durante la guerra, en especial las masacres de los armenios. En mayo de 1915, los gobiernos de Reino Unido, Francia y Rusia habían declarado su intención de perseguir y castigar a todos los responsables, incluidos los de más alto nivel[767]. Sin embargo, esas aspiraciones se fueron diluyendo con el paso de los años[768]. Inicialmente, el gobierno otomano trató de eludir cualquier responsabilidad por las atrocidades cometidas contra

766 Tras la firma del armisticio, en otoño de 1918, las potencias aliadas ocuparon Estambul, la capital. Con la derrota del imperio otomano, Reino Unido y Francia acometieron la reconfiguración del mapa de Oriente Medio. Su objetivo era la fragmentación de los dominios otomanos en diversos protectorados y Estados títeres bajo su influencia, lo cual iba a suponer la afirmación de la hegemonía occidental en Oriente Medio. Este plan se había fijado secretamente en el Acuerdo Sykes-Picot de 1915, pero los bolcheviques lo publicitaron una vez alcanzaron el poder en Rusia en 1917. En 1919, una pequeña porción del antiguo reino otomano obedecía al gobierno del Sultán, radicado en Estambul, mientras que otra parte del territorio era controlada desde Ankara por un parlamento alternativo aupado por los nacionalistas turcos partidarios de Mustafá Kemal, que se oponía firmemente a la ocupación extranjera.

767 La declaración expresaba que "[e]n presence de ces nouveaux crimes de la Turquie contre l'humanité et la civilisation, les Gouvernements alliés font savoir publiquement à la Sublime Porte qu'ils tiendront personnellement responsables des dits crimes tous les membres du Gouvernement ottoman ainsi que ceux de ses agents qui se trouveraient impliqués dans de pareils massacres". Citado en UNWCC: *History of the United Nations War Crimes Commission…, op. cit.*, pp.35-36.

768 El historiador Alan Kramer apunta a la desunión entre las potencias aliadas, enfrentadas por disputas imperialistas respecto de la partición del imperio otomano y al descrédito del gobierno de Estambul frente al gobierno nacionalista turco de Ankara. KRAMER, A.: "The First Wave of International War Crimes Trials: Istanbul and Leipzig", *European Review*, Vol. 14, nº 4, 2006, p.443.

los armenios, incluso facilitó la huida al extranjero de algunos de sus máximos responsables, pero la presión británica logró que el gobierno de Estambul realizara algunos juicios[769].

Los procesos comenzaron en abril de 1919 y se alargaron hasta noviembre de 1920. Sus resultados fueron escasos: se celebraron veintiún juicios ante el Tribunal Militar de Estambul que terminaron con diecisiete condenas a muerte, de las cuales solamente tres fueron ejecutadas[770]. Ninguno de los casos tuvo relación con la destrucción de bienes culturales. El historiador Alan Kramer describe el fracaso de los juicios de Estambul de la siguiente manera:

> "The failure of the trials was due partly to the overt intervention of high politics into international criminal prosecutions. [...] The fact that the international legal framework was still in its infancy made it too easy for the Turkish national movement to reject the Allied demand for punishment of the guilty as interference in national sovereignty, and the Allied occupation and division of Anatolia reinforced this view."[771]

Finalmente, el Tratado de Lausana, firmado en 1923, y que definió las fronteras del moderno Estado de Turquía, certificó el fiasco de los juicios de Estambul decretando una amnistía general.

Como se ha visto, los juicios Leipzig y Estambul fueron los primeros intentos de configurar un régimen de responsabilidad por las violaciones del Derecho Internacional y los crímenes cometidos durante la Primera Guerra Mundial. Sin embargo, las

---

769 El gobierno británico era partidario de celebrar los juicios ante sus propios tribunales de guerra, mientras que Francia defendía la soberanía turca y apostaba por los tribunales otomanos. Finalmente, Reino Unido accedió a que los procesos se llevaran a cabo en los tribunales otomanos y bajo el ordenamiento jurídico turco. LIÑÁN LAFUENTE, A.: *El crimen contra la humanidad*, Dyckinson SL, Madrid, 2015, pp.39-42.

770 Ibid., p.41.

771 KRAMER, A.: "The First Wave of International War Crimes Trials...", *op. cit.*, p.446.

cláusulas de responsabilidad introducidas en los tratados de paz no fueron implementadas correctamente. La desunión de los vencedores en la formulación de una estrategia conjunta para la paz, junto con la incapacidad y el desinterés de los imperios derrotados, sumergidos en una fuerte inestabilidad política, desembocaron en la solución de ceder a los tribunales internos de los vencidos la persecución sus criminales. En consecuencia, los procesos de Leipzig y Estambul ofrecieron resultados muy pobres. Los juicios estuvieron marcados por la arbitrariedad de las decisiones de los tribunales respecto de los hechos y las pruebas, a causa de lo cual numerosos acusados fueron absueltos o los casos archivados. Los pocos individuos condenados, entre los cuales no hubo ninguno de los máximos responsables, recibieron penas inadecuadas. Muchos otros evitaron ser procesados. Además, a pesar de que en las listas de acusados presentadas por las potencias aliadas había individuos sospechosos de cometer crímenes contra bienes y edificios protegidos y de haberse constatado que las destrucciones fueron ilícitas, no se resolvió ningún caso relevante sobre este asunto. Sin embargo, esa defectuosa primera experiencia de justicia internacional penal sirvió para entrever que en el futuro no debían cometerse los mismos errores. En este sentido, los juicios de Leipzig y Estambul fueron la antesala de la respuesta más refinada que serían los juicios de Núremberg.

1.3. Núremberg y los juicios de la posguerra

Las atrocidades perpetradas en el transcurso de la Segunda Guerra Mundial dieron un nuevo impulso a los esfuerzos por reprimir internacionalmente las violaciones de las leyes y costumbres de la guerra. Esta vez, sin embargo, las potencias vencedoras no cometieron los mismos errores que en los juicios de Leipzig y Estambul.

Los Aliados habían concertado la estrategia de rendición de cuentas para los criminales nazis algunos años antes del final de la contienda. En la Declaración de Moscú relativa a las atrocidades alemanas, con fecha de 30 de octubre 1943, las principales potencias Aliadas – Reino Unido, Estados Unidos y la URSS–, en nombre de los treinta y tres países de las Naciones Unidas advertían de que los individuos responsables de las atrocidades, o quienes hubieran participado en ellas con conocimiento, serían extraditados a los países liberados en los que se hubieran cometido los hechos para su enjuiciamiento y castigo[772]. Los jerarcas nazis, cuyos crímenes no tenían ninguna localización geográfica en particular, serían juzgados y castigados por separado por Aliados[773].

Esa propuesta se materializó con la firma del Acuerdo de Londres, de 8 de agosto de 1945, por el que las cuatro principales potencias vencedoras –Reino Unido, Estados Unidos, la URSS y Francia– establecían el Tribunal Militar Internacional. El artículo 6 del Estatuto otorgaba al TMI competencia para enjuiciar los crímenes contra la paz, los crímenes de guerra y los crímenes contra la humanidad. Los crímenes de guerra se definen como sigue:

> "(b) WAR CRIMES: namely, violations of the laws or customs of war. Such violations shall include, but not be limited to, murder, ill-treatment or deportation to slave labor or for any other purpose of civilian population of or in occupied territory, murder or ill-treatment of prisoners of war or persons on the seas, killing of hostages, plunder of public or private property, wanton destruction of cities, towns or villages, or devastation not justified by military necessity".

Era la primera vez que se empleaba el término "crímenes de guerra" en un tratado internacional. Los redactores del Estatuto del TMI optaron por una aproximación al concepto sin definirlo más allá de las "violaciones de las leyes y costumbres de la guerra". Apostaron por un listado no exhaustivo en el que

---

772 *Moscow Declaration on German atrocities*, Moscú, 30 de octubre de 1943, p.87. Disponible en: https://www.legal-tools.org/doc/3c6e23/pdf (Consultado: 6 de marzo de 2024).

773 Ibid., p.88.

se daban algunos ejemplos, lo cual dejaba margen al TMI para especificar las conductas punibles[774].

Sobre la base de esta normativa, el TMI consideró el saqueo masivo y la destrucción injustificada de bienes en los territorios ocupados. La referencia a los bienes culturales, aunque el término no aparecía explícitamente, se infiere de los crímenes de guerra contemplados en el artículo 6.b, como "plunder", "wanton destruction of cities, towns or villages" y "devastation not justified by military necessity"[775]. El saqueo y la explotación de los territorios ocupados se había ejecutado en atención a una política para fortalecer y promover la supremacía económica de Alemania con la que se habían enriquecido diversas figuras del Tercer Reich. Entre las conductas vinculadas a estos hechos, la acusación citaba la destrucción de ciudades industriales, monumentos culturales, instituciones científicas y propiedades de todo tipo con el objetivo de eliminar cualquier tipo de competencia con Alemania, así como la apropiación de obras de arte y otros objetos de valor[776]. En lo que respecta a la destrucción injustificada, los acusados fueron incriminados por la devastación de ciudades, pueblos y villas en toda Europa sin que concurriera una necesidad militar[777]. Todos estos actos contrarios a las leyes y costumbres de la guerra, cubiertos por el artículo 6.b del Estatuto del TMI, transgredían los artículos 46, 50, 52 y 56 del Reglamento de La Haya de 1907, por lo que constituían crímenes de guerra reconocidos en virtud del Derecho Internacional[778]. La aplicación de las Reglas de La Haya de 1907 quedó fuera de toda

---

774 CULLEN, A.: "War crimes", *op. cit.*, p.140; BOTHE, M.: "War Crimes", *op. cit.*, p.383.

775 NOWLAN, J.: "Cultural Property and the Nuremberg War Crimes Trial", *Humanitäres Völkerrecht*, vol.6, No. 4, 1993, pp.221-222.

776 TMI: *Trials of the major war criminals…, op. cit.*, pp.55-56

777 Ibid., pp.61-62

778 Ibid., p.253.

duda, puesto que el TMI reconoció el carácter consuetudinario de las mismas cuando señaló que "[...] by 1939 these rules laid down in the Convention were recognized by all civilized nations, and were regarded as being declaratory of the laws and customs of war which are referred to in Article 6 (b) of the Charter"[779].

Diversos jerarcas nazis fueron acusados de crímenes de guerra relacionados con los bienes culturales, por lo general en conexión con su rol en la explotación de los territorios ocupados por Alemania. En todos los casos fueron imputados junto con otros crímenes de guerra y crímenes contra la humanidad. No hubo ninguna imputación en relación con los bombardeos aéreos indiscriminados[780]. Hermann Göring, uno de los hombres más poderosos por debajo de Hitler, fue considerado la principal autoridad en la planificación y el expolio de los territorios conquistados en el Este[781]. Wilhelm Keitel, el jefe del Alto Mando de la Wehrmacht, fue hallado culpable, entre otros, de colaborar activamente con

---

[779] Ibid., pp.253-254.

[780] De hecho, el Comité I de la Comisión de Crímenes de Guerra de Naciones Unidas consideró que: "The question of whether or not such bombing came within the notion of war crimes in the light of modern warfare was never decided, since the majority of the members of Committee I considered the problem too complex to be resolved in the short time remaining of the Committee's existence. The question was, therefore, left undecided, as indeed it has been in the minds of authorities on international law". UNWCC: *History of the United Nations War Crimes Commission...*, *op. cit.*, pp.492-493. La cuestión fue abordada tangencialmente en algunos casos muy concretos posteriores a Núremberg. Por ejemplo, en el juicio contra Ohlendorf, dentro del caso de los Einsatzgruppen, el Tribunal indicó que el bombardeo aéreo de ciudades, con las consiguientes pérdidas humanas, era un acto legítimo de guerra incomparable con el asesinato premeditado de todos los miembros de una parte de la población civil. Este y otros casos aparecen resumidos en O'KEEFE, R.: *The Protection of Cultural Property in Armed Conflict*, *op. cit.*, pp.89-90.

[781] TMI: *Trials of the major war criminals...*, *op. cit.*, p.281

los Einsatzstab Rosenberg en el saqueo de bienes culturales[782]. A su ayudante personal y jefe de operaciones del Alto Mando de la Wehrmacht, Alfred Jodl, se le condenó, entre otros, por ordenar la destrucción completa de las ciudades de Leningrado y Moscú en octubre de 1941[783]. Arthur Seyss-Inquart fue responsabilizado por la confiscación de los bienes de los judíos (y su deportación) mientras fue gobernador de Austria, y por su despiadada administración en calidad de gobernador de los Países Bajos, lugar en el que organizó un régimen sistemático de saqueo de bienes públicos y privados al que disfrazó con una pátina de legalidad[784]. El más destacado fue el caso de Alfred Rosenberg, el jefe de los Einsatzstab Rosenberg. El TMI dictaminó que:

> "Rosenberg is responsible for a system of organized plunder of both public and private property throughout the invaded countries of Europe. Acting under Hitler's orders of January 1940 to set up the "Hohe Schule", he organized and directed the "Einsatzstab Rosenberg", which plundered museums and libraries, confiscated art treasures and collections, and pillaged private houses. His own reports show the extent of the confiscations. In "Action-M" (Möbel), instituted in December 1941 at Rosenberg's suggestion, 69.619 Jewish homes were plundered in the West, 38.000 of them in Paris alone, and it took 26,984 railroad cars to transport the confiscated furnishings to Germany. As of 14 July 1944, more than 21.903 art objects including famous paintings and museum pieces, had been seized by the Einsatzstab in the West."[785]

Más allá de los célebres juicios de Núremberg, la depuración penal de responsabilidades por las atrocidades cometidas durante la guerra se proyectó hacia abajo en la cadena de mandos.

---

[782] Ibid., p.290.

[783] Ibid., pp.324-325.

[784] Ibid., pp.327-329.

[785] Rosenberg, proseguía el TMI, era conocedor del trato brutal al que se sometió a la población, incluso dio instrucciones precisas de no aplicar las Reglas de La Haya en los territorios ocupados en el Este. Ibid., pp.295-296.

Sin embargo, la represión de estos crímenes de trascendencia internacional se cedió a los tribunales nacionales, o los de ocupación gestionados por potencias aliadas, que en muchos casos aplicaron el derecho penal interno para castigarlos[786].

En los tribunales de diversos países aliados, así como en los tribunales de las zonas de Alemania ocupadas por las potencias vencedoras se celebraron juicios por cuestiones relacionadas con la destrucción injustificada y el saqueo de bienes culturales y otras propiedades. En el juicio a Karl Lingenfelder, celebrado en el Tribunal Militar Permanente en Metz, bajo jurisdicción francesa, se condenó al ciudadano alemán por la destrucción de monumentos públicos franceses en violación del artículo 56 de las Reglas de La Haya[787]. También en Francia, pero esta

---

786 El artículo 6 del Acuerdo de Londres de 1945 estipulaba que nada menoscabaría "the jurisdiction or the powers of any national or occupation court established or to be established in any Allied territory or in Germany for the trial of war criminals". *Acuerdo Londres para el enjuiciamiento y castigo de los principales criminales de guerra de los países europeos del Eje y Estatuto del Tribunal Militar Internacional*, Londres, de 8 de agosto de 1945. El Estudio del CICR sobre DIH consuetudinario señala que los Estados de tradición jurídica anglosajona tendieron a enjuiciar a los responsables en base al Derecho Internacional, mientras que los de tradición de derecho romano, generalmente sin una legislación especial sobre crímenes de guerra, lo hicieron aplicando su legislación penal ordinaria. HENCKAERTS, J.-M. y DOSWALD-BECK, L.: *El derecho internacional humanitario consuetudinario..., op. cit.*, p.647.

787 En 1941, Karl Lingenfelder destruyó un monumento dedicado a los ciudadanos franceses muertos en la Primera Guerra Mundial y la estatua de Juana de Arco en Arry (Francia) por orden de un oficial alemán. Lingenfelder se declaró culpable. El Tribunal le condenó en base una disposición del Código Penal francés que castigaba el mismo tipo de crimen que el artículo 56 de las Reglas de La Haya a un año de prisión, aplicándole circunstancias atenuantes. "Trial of Karl Lingenfelder, Permanent Military Tribunal at Metz, Judgment Delivered on 11th March, 1947", dentro de UNWCC: *Law Reports of Trials of War Criminals*, Vol. IX, Londres, 1949, pp.67-68.

vez en el Tribunal Militar Permanente en Clermont-Ferrand, Hans Szabados fue condenado por la destrucción injustificada de edificios y el saqueo de diversas propiedades de forma contraria a los artículos 23.g y 47 de las Reglas de La Haya en el marco de la lucha contra la Resistencia francesa durante la ocupación alemana[788]. En otro caso, también conectado con la represión de la población civil francesa por su colaboración con la Resistencia, el Tribunal Militar Permanente en Dijon castigó a Franz Holstein por el incendio de edificios en varias localidades sin que concurriera una necesidad militar y por el saqueo de numerosas propiedades, todo ello en contravención de los artículos 23.g y 46 de las Reglas de La Haya[789].

---

788 Hans Szabados era un suboficial de Policía alemán destinado en Ugine. En el marco la represión contra la resistencia francesa, en 1944, destruyó, quemó y saqueó diversas propiedades en varios pueblos de la zona. El Tribunal descartó que concurriera una necesidad militar en dichas destrucciones y no admitió la alegación de obedecer las órdenes de los superiores. Se le condenó a trabajos forzados. "Trial of Hans Szabados, Permanent Military Tribunal at Clermont-Ferrand, Judgment Delivered on 23rd June, 1946", dentro de UNWCC: *Law Reports of Trials of War Criminals*, Vol.IX, Londres, 1949, pp.59-61.

789 Franz Holstein y veintitrés otros miembros del ejército, el servicio de seguridad y la Gestapo fueron juzgados en Dijon (veintiún acusados lo fueron *in absentia*). Se les imputaban crímenes contra la población civil francesa en 1944 con la intención de aniquilar a la Resistencia. Las pruebas demostraron que los acusados habían perpetrado asesinatos, destruido con fuego diversos edificios y saqueado los bienes de la población. Se aplicó el Código Penal francés. El Tribunal concluyó que las destrucciones y el saqueo como represalia contra la población civil por su apoyo a la Resistencia constituía actos contrarios al Derecho Internacional. "Trial of Franz Holstein and twenty-three others, Permanent Military Tribunal at Dijon, 3rd February, 1947", dentro de UNWCC: *Law Reports of Trials of War Criminals*, Vol.VIII, Londres, 1949, pp.22-30.

En otros casos, como los de Artur Greiser[790] y de Jacob Bühler[791], las destrucciones se enmarcaron en el contexto de la administración de Polonia y del exterminio de la población polaca y judía. La destrucción de monumentos y obras de arte era en estos casos un elemento central del programa de supresión cultural de este territorio ocupado. Solo Wilhelm-Ernest Paleziéux, quien organizó el traslado de muchas obras de arte hasta Alemania, fue declarado culpable en el Tribunal Supremo Nacional de Polonia exclusivamente por el crimen de saqueo de

---

790 Greiser, como gobernador de parte de los territorios de Polonia incorporados al Tercer Reich, puso en marcha un programa de germanización y exterminio de las poblaciones polacas y judías en esas zonas. Entre otras medidas destinadas a tal efecto, Artur Greiser ordenó la destrucción sistemática de la cultura polaca; el robo de sus tesoros culturales y otros bienes públicos y su traslado al Reich; la confiscación masiva de bienes de todo tipo; y destruyó monumentos y obras de arte en aras de erradicar la cultura polaca del territorio anexionado. El Tribunal Supremo Nacional de Polonia consideró que las actividades realizadas por Artur Greiser constituían violaciones de los artículos 43, 46, 47, 50, 52, 55 y 56 de las Reglas de La Haya. Finalmente, fue condenado a muerte y ejecutado en Poznan. "Trial of Gauleiter Artur Greiser, Supreme National Tribunal of Poland, 21st June- 7th July, 1946", dentro de UNWCC: *Law Reports of Trials of War Criminals*, Vol.XIII, Londres, 1949, pp.70-117.

791 Bühler había sido un alto funcionario de la Polonia ocupada en el gobierno de Hans Frank. Fue acusado de crímenes de guerra y crímenes contra la humanidad, en particular los de destrucción sistemática de la cultura polaca y el robo de sus tesoros artísticos; la confiscación de bienes públicos y privados; la explotación económica de Polonia y sus habitantes; exterminio de la población civil judía y polaca. En línea con la política del Tercer Reich de supresión total del componente polaco en esa zona, se hicieron planes para la eliminación total de esa población en los que Bühler fue una pieza clave en su preparación y supervisión de los mismos. Fue condenado a muerte y ejecutado en Cracovia. "Trial of Dr. Joseph Bühler, Supreme National Tribunal of Poland, 17th June – 10th July, 1948", dentro de UNWCC: *Law Reports of Trials of War Criminals*, Vol.XIV, Londres, 1949, pp.23-48.

obras de arte durante la ocupación[792]. Su condena contrasta con el destino que corrieron otros destacados responsables del robo y la destrucción del arte en el Este como Kajetan Mühlmann o Dagobert Frey, quienes jamás enfrentaron un juicio.

Es cierto, como señala el profesor Nahlik, que en los casos juzgados en Núremberg o en otros tribunales nacionales, los responsables fueron acusados de otros crímenes muy graves, por lo que resulta difícil discernir cuál fue el verdadero papel que jugó la destrucción o el saqueo en las sentencias[793]. Sin embargo, este hecho no impide poner en valor la atención que recibieron los crímenes contra los bienes culturales en los procesos penales de la posguerra. Con todo, a pesar de desbrozar el camino para que los tribunales enjuiciaran este tipo de conductas, tuvo que esperarse hasta finales del siglo XX para que la persecución de la destrucción de bienes culturales fuera desarrollada en la jurisprudencia internacional. Eso sí, para entonces, el marco normativo habría cambiado enormemente.

1.4. El desarrollo de los crímenes de guerra y el régimen de infracciones graves de los Convenios de Ginebra de 1949

La experiencia de la Segunda Guerra Mundial alentó la revisión integral de las leyes y costumbres de la guerra, y eso incluía el diseño de un sistema más completo de represión de las violaciones graves. Así fue como los Cuatro Convenios de Ginebra, adoptados en 1949, abordaron en profundidad la cuestión de la sanción de los crímenes de guerra. Si bien es cierto que los Estados coincidían en que era necesario establecer un sistema

---

792 NAHLIK, S.E.: "La protection internationale des biens culturels...", *op. cit.*, p.118.

793 Ibid., p.118.

represivo, había disparidad de opiniones respecto de cómo debía articularse en el nivel internacional.

Los Convenios de Ginebra no utilizaron la expresión de "crímenes de guerra". En su lugar, se acuñó el concepto de "infracciones graves". La razón esgrimida fue que el concepto de "crimen" tenía un significado distinto en las diferentes legislaciones de los Estados, aunque todos reconocían que las conductas consideradas como infracciones graves en los Convenios eran designadas como crímenes en sus legislaciones nacionales[794]. Según Paola Gaeta, esta reticencia a emplear el término revela la percepción por parte de algunos Estados de que la determinación de los crímenes debía permanecer en la esfera exclusivamente nacional[795].

Así pues, el sistema de represión de las infracciones graves, común a los Cuatro Convenios de Ginebra[796], obliga a los Estados a incorporar en sus legislaciones internas las sanciones penales adecuadas para las infracciones graves, así como a buscar y hacer comparecer, sobre la base de la jurisdicción universal, a "las personas acusadas de haber cometido, u ordenado cometer, una cualquiera de las infracciones graves [...] sea cual fuere su nacionalidad". El régimen represivo incluye la obligación del *aut dedere aut iudicare* en tanto que el Estado en el que se encuentre el acusado puede extraditarlo para que sea juzgado en otro Estado. Estas obligaciones son la piedra angular del sistema de infracciones graves[797].

Los Cuatro Convenios de Ginebra también introducen un segundo régimen de sanciones para violaciones menos graves, pero estas últimas no están definidas claramente, ni se impone

---

794 PICTET, J.: *Commentary on the IV Geneva Convention…*, *op. cit.*, p.587.

795 GAETA, P.: "War Crimes and Other International 'Core Crimes'", *op. cit.*, p.739.

796 Artículos 49, 50, 129 y 146 de las Cuatro Convenciones de Ginebra respectivamente.

797 PICTET, J.: *Commentary on the IV Geneva Convention…*, *op. cit.*, p.590.

a los Estados la obligación de castigarlas penalmente[798]. En este caso, los Estados adquieren el compromiso de tomar las medidas necesarias para hacer cesar los actos contrarios a los Convenios, que no tienen por qué ser sanciones penales.

Los Cuatro Convenios de Ginebra enumeran expresamente los actos que constituyen infracciones graves si se cometen contra las personas o bienes protegidos por los Convenios:

> "el homicidio intencional, la tortura o los tratos inhumanos, incluidos los experimentos biológicos, el hecho de causar deliberadamente grandes sufrimientos o de atentar gravemente contra la integridad física o la salud, la deportación o el traslado ilegal, la detención ilegal, el hecho de forzar a una persona protegida a servir en las fuerzas armadas de la Potencia enemiga, o el hecho de privarla de su derecho a ser juzgada legítima e imparcialmente según las prescripciones del presente Convenio, la toma de rehenes, la destrucción y la apropiación de bienes no justificadas por necesidades militares y realizadas a gran escala de modo ilícito y arbitrario"[799].

El régimen de infracciones graves no se aplica a los conflictos armados sin carácter internacional. El artículo 3 Común traslada un mínimo de protección a este tipo de enfrentamientos bélicos y, en particular, se prohíben una serie de conductas. No obstante, la condición de que las infracciones graves se cometan "contra personas y bienes protegidos" por los Convenios implica atenerse al significado estricto que estos conceptos tienen en los propios tratados, los cuales definen las personas y bienes protegidos en relación con los conflictos armados internacionales[800]. En lo referente a los límites de los Convenios de Ginebra, en concreto del

---

798 SANDOZ, Y.: "The History of Grave Breaches Regime", *op. cit.*, pp.673-674.

799 Artículo 147 de la IV Convención de Ginebra. Este artículo es esencialmente igual que los artículos 50, 51 y 130 de las Convenciones I, II y III respectivamente.

800 SANDOZ, Y.: "The History of Grave Breaches Regime", *op. cit.*, p.675; CULLEN, A.: "War crimes", *op. cit.*, p.142.

IV Convenio, en materia de protección de los bienes culturales, nos remitimos a la explicación en las páginas precedentes[801].

El siguiente paso en el desarrollo de los crímenes de guerra fue el PAI. El Protocolo ampliaba el régimen de las infracciones graves de los Convenios. Los artículos 11 y 85 del PAI añadían nuevas violaciones de las leyes y costumbres de la guerra, algunas tomadas directamente del Reglamento de 1907 sobre las leyes y costumbres de la guerra terrestre. El artículo 85.5 indicaba expresamente que las infracciones graves de los Convenios y del PAI constituían crímenes de guerra, incorporando, esta vez sí, la expresión en el derecho de Ginebra.

El régimen ampliado de infracciones graves tampoco es aplicable a los conflictos armados no internacionales, ya que el PAII no lista las conductas consideradas criminales en este tipo de conflictos armados[802]. Para que se produjera esta extensión de los crímenes de guerra a los conflictos internos habría que esperar todavía al desarrollo jurisprudencial elaborado por el TPIY en los años 90 del siglo XX. En cualquier caso, el hecho de que una conducta no aparezca en la lista de las infracciones graves de los Convenios o del PAI no significa que hoy día no sea considerada como un crimen de guerra.

---

801 Vid. Supra Capítulo II, apartado 4.

802 Los Estados se mostraban reticentes a reconocer la persecución universal de las infracciones graves en conflictos armados no internacionales porque entendían que ello suponía una intromisión demasiado grande en su esfera de soberanía. Ahora bien, Sandoz señala que esta negativa a trasladar los crímenes de guerra a los conflictos internos contrasta la aceptación de la noción de los crímenes contra la humanidad, los cuales podían cometerse contra los propios nacionales. La diferencia, sin embargo, radicaba en que los crímenes contra la humanidad han de cometerse de forma generalizada o sistemática. SANDOZ, Y.: "The History of Grave Breaches Regime", *op. cit.*, pp.676-677

En cuanto a la protección penal de los bienes culturales, el PAI criminalizaba los ataques contra los monumentos históricos, obras de arte y lugares de culto que constituyan el patrimonio cultural o espiritual de los pueblos (ex artículo 85.4.d). El análisis más detallado de esta disposición, así como del PAI en general, puede leerse en capítulos anteriores y estos nos remitimos[803].

A parte del régimen establecido por el derecho de Ginebra, el proceso de criminalización de la destrucción de los bienes culturales en conflicto armado también se da, como hemos visto anteriormente, en el marco de la CH54 y del SP99[804]. Cabe recordar que el artículo 28 de la CH54 trataba de arbitrar un régimen de sanciones mediante la cesión a los Estados de la potestad de diseñar e incorporar en sus ordenamientos penales las infracciones del tratado. La ineficacia de esta disposición movió a reformular el régimen de la CH54 en el SP99. En este instrumento, mucho más moderno, se adoptó una lista de "violaciones graves" (artículo 15) que constituían crímenes de guerra, aplicables en todo tipo de conflicto armado. En la nomenclatura utilizada en el SP99 ("violaciones graves" –ex artículo 15– y "otras violaciones" –ex artículo 21–) retumban los ecos del lenguaje empleado en los Protocolos Adicionales.

El proceso de negociación y adopción del SP99 coincidió con la redacción del Estatuto de Roma de la CPI. Y, sin embargo, ambos textos tomaron rumbos distintos en la composición de los crímenes contra los bienes culturales. Asimismo, poco antes de que terminara el siglo XX, comenzó a brotar una rica jurisprudencia en el marco del TPIY y del TPIR. La labor desempeñada por estos tribunales internacionales ha sido crucial en el desarrollo del Derecho Internacional penal. Sus interpretaciones jurídicas y sus enfoques innovadores alumbraron resoluciones

---

803 Vid. supra Capítulo II, apartado 4.

804 Para más detalles sobre el régimen de represión de las violaciones en la CH54 y el SP99: vid. Supra Capítulo II, apartados 2 y 3.

emblemáticas cuyos posicionamientos han sido abrazados, casi sin desviaciones, por otros tribunales hasta hoy día. En particular, el análisis y la interpretación de los crímenes de guerra contra los bienes culturales, especialmente en el marco del TPIY, recibió una atención pormenorizada.

1.5. El tratamiento de los crímenes de guerra en los tribunales penales internacionales e híbridos

1.5.1. Los crímenes de guerra en los Estatutos de los Tribunales Penales Internacionales e híbridos

Tras la Segunda Guerra Mundial, la comunidad internacional parece que inauguró una época de paz y estabilidad garantizada por nuevas instituciones internacionales. Pero esa imagen, un tanto idílica, contrasta con la realidad de un mundo en el que se multiplicaron los conflictos armados de todo tipo en los que se cometieron atrocidades, si bien es cierto que no de la magnitud ni la escala de la anterior contienda mundial. La Guerra Fría alumbró conflictos armados en muchos rincones del mundo, con guerras como las de Corea o Vietnam. Los procesos de descolonización en muchas ocasiones desembocaron en guerras de liberación nacional, a veces, incluso, insertadas dentro del marco general de esta confrontación entre bloques. Muchos pueblos del Sur global comenzaron sus luchas contra regímenes racistas, y muchos otros sucumbieron bajo las botas de regímenes dictatoriales. En diversos países se enquistaron los conflictos armados o se sucedieron sin tregua durante décadas, como en la región de Oriente Medio, azotada por numerosas guerras, como el conflicto entre Israel, Palestina y los países vecinos árabes, la guerra Irán-Irak o la Primera Guerra del Golfo.

Todos estos conflictos coexistieron con la proliferación de instrumentos internacionales que expandieron la protección de los derechos humanos y fortalecieron, al menos en apariencia, los mecanismos de represión de las transgresiones del Derecho Internacional. Sin embargo, los desmanes perpetrados no se enjuiciaron en ninguna instancia internacional, y prácticamente ninguno lo fue en los tribunales nacionales[805], a pesar de que, en muchas ocasiones, las violaciones podrían haber constituido crímenes internacionales a la luz de la normativa de los Convenios de Ginebra de 1949, los Protocolos Adicionales de 1977 y el resto de los instrumentos internacionales. Así pues, largo tiempo languideció el proyecto de justicia penal internacional inaugurado en Núremberg hasta que, en la última década del siglo XX, coincidiendo con el fin de la Guerra Fría, se puso fin a la parálisis en la aplicación del derecho internacional penal con la creación por parte del Consejo de Seguridad de Naciones Unidas de los Tribunales Penales Internacionales para la ex Yugoslavia y para Ruanda.

La desintegración de Yugoslavia en diversos Estados entre 1991 y 1992 desembocó en sangrientos conflictos armados de distinta naturaleza, a veces superponiéndose un conflicto internacional con otro interno. Hacía décadas que Europa no rememoraba una brutalidad tan extrema en el continente. El componente étnico y religioso de estas guerras exacerbó la magnitud de las atrocidades, dando lugar a procesos de "limpieza étnica" o de "depuración étnica", como se bautizaron en aquel entonces, aunque estas nociones no tuvieran un anclaje jurídico en la normativa internacional. Los grupos enfrentados desplegaron sendas políticas para homogeneizar étnicamente los territorios y desplazar por medio de la violencia y el terror a la

---

805 En EE.UU., por ejemplo, se procesó a tres militares en virtud del derecho penal militar estadounidense tras la masacre de My-Lai en plena guerra de Vietnam. Dos de ellos fueron absueltos, y el tercero, condenado, aunque fue indultado posteriormente. PIGNATELLI Y MECA, F.: "La punición de las infracciones del DIH...", *op. cit.*, p.1046.

población civil de otro grupo étnico o religioso de determinadas zonas geográficas para que no regresaran jamás[806].

Ante esta situación, el CS decidió establecer el Tribunal Penal Internacional para la antigua Yugoslavia "con la finalidad exclusiva de enjuiciar a los presuntos responsables de graves violaciones del derecho internacional humanitario cometidas en el territorio de la ex Yugoslavia"[807]. Era la primera vez que el CS utilizaba el capítulo VII de la Carta de las Naciones Unidas para imponer un mecanismo de estas características. Poco después, al estallar el conflicto étnico en Ruanda, que se cobró más de medio millón de víctimas en apenas tres meses, el CS resolvió la creación del Tribunal Penal Internacional para Ruanda con el mismo propósito exclusivo de enjuiciar a los responsables de genocidio y otros crímenes internacionales cometidos en Ruanda[808], también fundamentándose en el capítulo VII de la Carta de Naciones Unidas. En ambos casos, el CS actuó con el convencimiento de que el tribunal serviría para pacificar las regiones y que cesaran las violaciones[809], pero, a la vista del transcurso de los acontecimientos, se sobrevaloró el poder disuasorio de

806 CONSEJO DE SEGURIDAD: *Informe final de la Comisión de Expertos Establecida en virtud de la Resolución 780 del Consejo de Seguridad (1992)*, 27 de mayo de 1994, S/1994/674, párs.129-136, destacó que la limpieza étnica se practicó con "otros métodos [...] como la destrucción generalizada de aldeas quemándolas en su totalidad y volando todas las casas y edificaciones de una determinada zona, incluidos los monumentos y símbolos culturales y religiosos. Esta destrucción tiene como objetivo erradicar las señales culturales, sociales y religiosas que identifican a los grupos étnicos y religiosos. En los casos en que no se aplican los métodos mencionados, esos grupos se ven obligados a escapar al temer justificadamente por su integridad personal" (pár.136).

807 Resolución 827 (1993) del Consejo de Seguridad, de 25 de mayo, pár.2.

808 Resolución 955 (1994) del Consejo de Seguridad, de 8 de noviembre, pár.1.

809 Considerandos sexto y séptimo, Resolución 827 (1993), de 25 de mayo; y Considerandos séptimo y octavo, de la Resolución 955 (1994) del Consejo de Seguridad, de 8 de noviembre.

los tribunales. El TPIY y el TPIR tenían carácter ad hoc para conocer únicamente de los hechos especificados con límites de ámbito territorial y temporal. En gran medida, el TPIR era una reproducción del TPIY, pero adaptado al tipo de conflicto que hubo en Ruanda y al ámbito espacial y temporal concreto[810].

Pronto se abandonó la fórmula de los mecanismos jurisdiccionales de nuevo cuño impuestos por el CS. Aunque aportaron el beneficioso resultado de reflotar la aplicación del derecho internacional penal, cargaban con la mácula de haber sido creados por un órgano como el CS cuyo carácter marcadamente político y sin composición democrática (con cinco miembros permanentes y con derecho a veto) minaba la apariencia de imparcialidad a la hora de imponer estas soluciones[811]. Además, en paralelo, se negoció y adoptó el Estatuto de Roma de la CPI, de 17 de julio de 1998, que entraría en vigor el 1 de julio de 2002, como un tribunal penal internacional de carácter permanente y con vocación universal.

Mientras comenzaba a andar la CPI, en los albores del siglo XXI, aparecieron los tribunales híbridos, también denominados mixtos o internacionalizados, establecidos por múltiples vías[812], caracterizados por enfrentar situaciones particulares por un período de tiempo concreto y con elementos nacionales e internacionales en su estructura y legislación aplicable. Sus vir-

---

810 METTRAUX, G.: *International Crimes and the Ad Hoc Tribunals*, *op. cit.*, p.4.

811 PIGNATELLI Y MECA, F.: "La punición de las infracciones del DIH...", *op. cit.*, p.1073.

812 Por ejemplo, a través de tratados o acuerdos internacionales entre el país afectado y las Naciones Unidas (como las Cámaras Extraordinarias en las Cortes de Camboya); o al calor de un mandato de administración de Naciones Unidas (como los Paneles Especiales para Crímenes Graves en Dili de Timor Oriental); o sobre la base del reglamento de procedimiento y prueba del TPIY (como la Cámara para Crímenes de Guerra de Bosnia-Herzegovina); o bajo la égida de una organización internacional de carácter regional (como el caso de las Cámaras Africanas Extraordinarias en Senegal para enjuiciar a Hissène Habré).

tudes en el ámbito de la rendición de cuentas de los máximos responsables y la reconciliación nacional los han convertido en una opción nada desdeñable cuando la intervención de la CPI no resulta posible[813]. Así las cosas, en las dos primeras décadas del siglo XXI han surgido muchos tribunales híbridos como en Camboya, Sierra Leona, Timor Oriental, Kosovo, Líbano, etc. El grado de internacionalidad en su estructura y composición varía de uno a otro. La configuración de los crímenes internacionales sobre los que tiene competencia cada tribunal, en particular los crímenes de guerra, es distinta. Esta gran variedad no puede analizarse en profundidad por no ser este el objeto principal de estudio. Sin embargo, daremos unas pinceladas de la arquitectura de los crímenes de guerra tomando como referencia los estatutos del TPIY y del TPIR, y señalaremos algunas singularidades de otros tribunales mixtos.

El Estatuto del TPIY confiere competencia al tribunal para enjuiciar a los responsables de violaciones graves del DIH, así como los crímenes contra la humanidad y el crimen de genocidio. En relación con las violaciones graves del DIH, establece dos categorías distintas de crímenes de guerra: por un lado, el artículo 2, otorga competencia al tribunal para enjuiciar las infracciones graves de los Convenios de Ginebra; y, por otro lado, criminaliza "sin que la lista sea exhaustiva" otras violaciones

---

813 Entre las ventajas de este tipo de tribunales cabe destacar: la lucha contra la impunidad; su establecimiento dentro del país donde ocurrieron los hechos; el refuerzo de la capacidad judicial del Estado; el aumento en la percepción de legitimidad entre la población; el fomento de la reconciliación nacional; el incremento de la eficiencia; y la reducción sustancial de los costes. PIGNATELLI Y MECA, F.: "La punición de las infracciones del DIH...", *op. cit.*, p.1074. Sin embargo, también hay que recordar que su funcionamiento no es igual en todos los países, como tampoco sus éxitos, y este tipo de órgano jurisdiccional no es, ni mucho menos, incompatible con otros mecanismos de justicia transicional.

graves de las leyes y costumbres de la guerra en el artículo 3. Este último precepto ha sido considerado una suerte de cláusula residual en la que cabrían todas aquellas violaciones graves del DIH no cubiertas por los artículos 2, 4 (relativo al crimen genocidio) y 5 (relativo los crímenes contra la humanidad)[814]. En concreto, el TPIY considera que caerían dentro del artículo 3: las violaciones de las Reglas de La Haya de 1907 en relación con conflictos armados internacionales; las contravenciones de los Convenios de Ginebra que no sean infracciones graves en sentido estricto; las violaciones del artículo 3 Común y otras normas consuetudinarias aplicables a los conflictos sin carácter internacional; y las violaciones de normas convencionales aplicables entre las partes en el conflicto y que no hayan cristalizado como costumbre internacional[815]. La apropiación, daño o destrucción de bienes culturales estaría dentro de las violaciones graves del DIH contempladas en el artículo 3 del Estatuto del TPIY. Sobre la configuración de este crimen de guerra, y la jurisprudencia al respecto, volveremos en el siguiente apartado[816]. Debemos recordar que el artículo 2 del Estatuto del TPIY solamente es posible aplicarlo en caso de que el tribunal admita la existencia de un conflicto armado internacional puesto que las "infracciones graves" únicamente pueden cometerse en este tipo de conflictos. No así el artículo 3, el cual puede operar para todo tipo de conflicto armado.

En cambio, el TPIR regula los crímenes de guerra de forma diferente, más restringida que el TPIY. El artículo 4 del Estatuto del TPIR criminaliza las violaciones del artículo 3 Común y del PAII, de manera que las violaciones de las leyes y costumbres de la guerra, contenidas en las Reglas de La Haya, estarían in-

---

814 TPIY: *Decision on the Defence Motion for Interlocutory Appeal on Jurisdiction in the case the Prosecutor v. Duško Tadić, op. cit.*, párs.89-91.

815 Ibid., pár.89.

816 Vid infra Capítulo III, apartado 1.5.3.

cluidas solo en la medida en que se hayan trasladado al PAII. Además, esta delimitación de los crímenes de guerra refleja la idea que tenían los redactores sobre el carácter interno del conflicto ruandés, de manera que moldearon el Estatuto del tribunal para adaptarlo a él[817]. No hay en el Estatuto del TPIR una disposición parecida a la del artículo 3.d del Estatuto del TPIY que sancione explícitamente como crimen de guerra la destrucción o el daño a los bienes culturales.

La capacidad de adaptación de los Estatutos a los procesos de violencia masiva que pretenden enfrentar también se manifiesta en el diseño de los tribunales internacionalizados. Por ejemplo, en 2002 se estableció el Tribunal Especial para Sierra Leona (TESL, en adelante) mediante acuerdo entre el gobierno sierraleonés y las Naciones Unidas, para enjuiciar a los máximos responsables de los crímenes cometidos en el transcurso de la guerra civil en el país africano a lo largo de la década anterior. El Estatuto del TESL combinaba crímenes de carácter internacional junto con violaciones del derecho penal interno. El TESL ejercería su competencia *ratione materiae* sobre los crímenes contra la humanidad (artículo 2), las violaciones del artículo 3 Común y del PAII (artículo 3), otras violaciones graves del DIH (artículo 4) y crímenes en virtud del derecho penal sierraleonés (artículo 5). En el Estatuto del TESL se optó por dividir los crímenes de guerra en dos categorías. Por un lado, las violaciones del artículo 3 Común y del PAII, que son eminentemente las

---

817 Las diferencias en cuanto a las categorías de crímenes de guerra sobre los que tienen competencia el TPIY y el TPIR contrastan con la similitud de la regulación de los crímenes contra la humanidad y de genocidio. Esto se explica porque los redactores intuían que en Ruanda el conflicto tenía fuertes visos de genocidio, más que de guerra civil, mientras que en los Balcanes los conflictos eran de carácter étnico fruto de la desintegración del Estado federal yugoslavo. En consecuencia, los Estatutos se adaptaron a las respectivas situaciones. METTRAUX, G.: *International Crimes and the Ad Hoc Tribunals*, *op. cit.*, pp.27-28.

mismas que las que se incluían en el Estatuto del TPIR, y cuya incorporación al Estatuto confirmaba el carácter interno del conflicto en Sierra Leona. Y, por otro lado, el artículo 4 contempla "otras violaciones graves del DIH", que, en concreto, criminalizaba dirigir ataques contra la población civil; dirigir ataques contra personal, instalaciones, unidades, materiales o vehículos vinculados a la asistencia humanitaria o en misiones de paz; y el reclutamiento de niños menores de 15 años para participar en las hostilidades. Sin embargo, como en el caso del TPIR, el Estatuto del TESL no contempla específicamente una disposición sobre la destrucción deliberada de bienes culturales.

Por el contrario, el Estatuto de las Cámaras Extraordinarias de las Cortes de Camboya[818] (ECCC, en adelante) adoptó otro enfoque, mucho más innovador, respecto de la configuración de los crímenes bajo su competencia. Las ECCC se establecieron en 2004 en virtud de un acuerdo entre las Naciones Unidas y el gobierno de Camboya para enjuiciar las atrocidades cometidas en el país asiático durante el período de la Kampuchea Democrática entre 1975 y 1979. Las ECCC presentan un carácter mixto ejemplificado por la aplicación de normas de Derecho Internacional y de derecho interno a manos de jueces tanto nacionales como internacionales[819]. En su estatuto se criminalizan las violaciones cometidas en contravención del derecho penal camboyano, del DIH, del derecho internacional consuetudinario y de los tratados ratificados por Camboya[820]. Los delitos de derecho interno son específicamente los de homicidio (en múltiples formas), la

---

818 En inglés, Extraordinary Chambers in the Courts of Cambodia. Vid. *Law on the Establishment of the Extraordinary Chambers, with inclusion of amendments as promulgated on 27 October 2004 (NS/RKM/1004/006)*, Camboya, 27 de octubre de 2004. Disponible en: https://www.eccc.gov.kh/sites/default/files/legal-documents/KR_Law_as_amended_27_Oct_2004_Eng.pdf.

819 EHLERT, C.: *Prosecuting the Destruction of Cultural Property..., op. cit.*, pp.191-192.

820 Artículo 2 del Estatuto de las ECCC.

tortura y la persecución religiosa, tal y como se describen en el código penal camboyano[821]. Los crímenes internacionales de genocidio y de lesa humanidad se encuentran en los artículos 4 y 5, respectivamente, con definiciones parecidas a las anteriormente descritas. En el artículo 6 se establece la competencia de las ECCC para enjuiciar las infracciones graves de los Convenios de Ginebra[822]. Hasta aquí no hay nada demasiado distinto a lo que se encuentra en otros estatutos de tribunales mixtos.

La mayor diferencia con otros tribunales internacionales o híbridos radica en que el artículo 7 del estatuto de las ECCC otorga competencia para perseguir la destrucción de bienes culturales en base a la CH54. No había precedentes. La razón parece haber sido que el Grupo de Expertos de Naciones Unidas sugirió que se incluyera, dado que las Convenciones de Ginebra no contemplaban la destrucción de bienes culturales como una infracción específica[823]. Sin embargo, a pesar de lo innovador de este enfoque, no parece probable que se impute a ningún sospechoso, dadas las dificultades técnicas que la imputación en base a la CH54 presenta y la gravedad de otros crímenes cometidos en el país durante el mismo período[824].

---

821 Artículo 3 del Estatuto de las ECCC.

822 No se incluyen las infracciones graves del PAI porque durante la Kampuchea Democrática justamente se estaban discutiendo los tratados y no habían entrado en vigor, lo cual habría supuesto una violación del principio de legalidad. EHLERT, C.: *Prosecuting the Destruction of Cultural Property..., op. cit.*, p.199.

823 Camboya había ratificado la CH54 poco después de su entrada en vigor y había tratado de proteger (sin contar el período del régimen de los jemeres rojos) su inmenso patrimonio cultural de acuerdo con las prescripciones del tratado. Ibid., p.199.

824 Ibid., p.200.

1.5.2. Las contribuciones del Tribunal Penal Internacional para la antigua Yugoslavia a la regulación de los crímenes de guerra

La gran cantidad de aportaciones realizadas por los tribunales penales internacionales e híbridos impulsaron fuertemente el desarrollo del derecho internacional penal. Tanto es así que otros órganos jurisdiccionales han adoptado posteriormente una parte de sus razonamientos. Lamentablemente, no hay espacio para discutir detalladamente las contribuciones de cada uno. Por esta razón, ahondaremos únicamente en las aportaciones más relevantes que realizó el TPIY.

La Sala de Apelaciones del TPIY en el célebre caso Tadić señaló cuatro requisitos generales para poder identificar una violación de las leyes y costumbres de la guerra en el sentido del artículo 3 de su Estatuto:

> "(i) the violation must constitute an infringement of a rule of international humanitarian law;
>
> (ii) the rule must be customary in nature or, if it belongs to treaty law, the required conditions must be met [...];
>
> (iii) the violation must be "serious", that is to say, it must constitute a breach of a rule protecting important values, and the breach must involve grave consequences for the victim. Thus, for instance, the fact of a combatant simply appropriating a loaf of bread in an occupied village would not amount to a "serious violation of international humanitarian law" although it may be regarded as falling foul of the basic principle laid down in Article 46, paragraph 1, of the Hague Regulations (and the corresponding rule of customary international law) whereby "private property must be respected" by any army occupying an enemy territory;
>
> (iv) the violation of the rule must entail, under customary or conventional law, the individual criminal responsibility of the person breaching the rule".[825]

---

[825] TPIY: *Decision on the Defence Motion for Interlocutory Appeal on Jurisdiction in the case the Prosecutor v. Duško Tadić*, *op. cit.*, pár.94.

En la misma decisión, la Sala de Apelaciones estableció que "an armed conflict exists whenever there is a resort to armed force between States or protracted armed violence between governmental authorities and organized armed groups or between such groups within a State"[826]. Esta definición concretó el significado de la noción de "conflicto armado", largo tiempo discutida y sin que los tratados la hubieran delimitado[827]. Por su especial trascendencia, ha sido asumida, desde entonces, por la jurisprudencia del TPIY y de otros tribunales.

Una delimitación clara de la noción coadyuva a la evaluación jurídica de la existencia de un conflicto armado, cuya presencia es precondición para que puedan cometerse los crímenes de guerra. Así pues, el TPIY subrayó la necesidad de una conexión o vínculo estrecho entre la conducta criminal y el conflicto armado. Este nexo con el conflicto armado permitiría distinguir los crímenes de guerra de los crímenes ordinarios cometidos en un contexto bélico, así como excluir la aplicación de las leyes de la guerra a actos que no alcanzarían el umbral de los primeros[828]. La decisión de la Sala de Apelaciones en el caso Tadić apuntó que "It is sufficient that the alleged crimes were closely related

---

826 Ibid., pár.70.

827 En el comentario a las Convenciones de Ginebra, Pictet ofrece una definición de "conflicto armado" a efectos del artículo 2 Común: "Any difference arising between two States and leading to the intervention of members of the armed forces is an armed conflict within the meaning of Article 2, even if one of the Parties denies the existence of a state of war. It makes no difference how long the conflict lasts, or how much slaughter takes place". Para los conflictos armados sin carácter internacional, Pictet reconoce que no había consenso, por lo que lista en el comentario al artículo 3 Común una serie de criterios, sin carácter vinculante, destinados a orientar la delimitación de este segundo tipo de conflictos armados. PICTET, J.: *Commentary on the IV Geneva Convention…, op. cit.* pp.20-21 y 35-36.

828 METTRAUX, G.: *International Crimes and the Ad Hoc Tribunals, op. cit.,* p.39.

to the hostilities occurring in other parts of the territories controlled by the parties to the conflict"[829]. Más tarde, en el caso Kunarac, la Sala de Apelaciones confirmó que los crímenes de guerra podían cometerse fuera del contexto mismo de las hostilidades mientras pudiera establecerse esa conexión entre el crimen y el conflicto armado[830]. Sin embargo, según Mettraux, no debe presumirse que existe este nexo por el mero hecho de que la conducta criminal se cometa en el transcurso de un conflicto armado, o porque el contexto de conflicto armado creara las circunstancias que permitieron dicha conducta, aunque el mismo autor admite la dificultad de realizar esta valoración[831]. En este sentido, la Sala de Apelaciones dictaminó que:

> "What ultimately distinguishes a war crime from a purely domestic offence is that a war crime is shaped by or dependent upon the environment – the armed conflict – in which it is committed. It need not have been planned or supported by some form of policy. The armed conflict need not have been causal to the commission of the crime, but the existence of an armed conflict must, at a minimum, have played a substantial part in the perpetrator's ability to commit it, his decision to commit it, the manner in which it was committed or the purpose for which it was committed. Hence, if it can be established, as in the present case, that the perpetrator acted in furtherance of or under the guise of the armed conflict, it would be sufficient to conclude that his acts were closely related to the armed conflict. The Trial Chamber's finding on that point is unimpeachable".[832]

---

829 TPIY: *Decision on the Defence Motion for Interlocutory Appeal on Jurisdiction in the case the Prosecutor v. Duško Tadić*, *op. cit.*, pár.70.

830 TPIY: *Appeal Judgement in the case the Prosecutor v. Dragoljub Kunarac, Radomir Kovač and Zoran Vuković*, IT-96-23 & IT-96-23/1-A, 12 junio de 2002, pár.57.

831 METTRAUX, G.: *International Crimes and the Ad Hoc Tribunals*, *op. cit.*, pp.40-42.

832 TPIY: *Appeal Judgement in the case the Prosecutor v. Dragoljub Kunarac…*, *op. cit.*, pár.58.

Además, el TPIY abrió un nuevo camino al determinar que los crímenes de guerra podían cometerse en los conflictos armados no internacionales. Hasta la fecha se había considerado que la normativa en materia de crímenes de guerra se aplicaba únicamente a los conflictos armados internacionales[833]. El TPIY razonó que ciertas normas, de origen diverso, habían cristalizado en el derecho consuetudinario y operaban en los conflictos armados no internacionales[834]. El análisis del tribunal observó que las normas que se habían desarrollado lo suficiente como para extenderse a los conflictos armados internos abarcaban áreas como la protección de los civiles frente a las hostilidades y los ataques indiscriminados, la protección de los bienes civiles, y en particular los bienes culturales, la protección de los que no participan activamente en las hostilidades, así como la prohibición de ciertos medios de combate y métodos de dirigir las hostilidades[835].

La influencia de la jurisprudencia del TPIY es gigantesca. Estos posicionamientos, como no podía ser de otra manera, afectaron a la protección penal de los bienes culturales. Una buena cantidad de procesos tuvieron que dirimir responsabilidades derivadas de la destrucción intencional de monumentos, obras de arte y edificios religiosos y culturales, lo que se tradujo en una prolífica jurisprudencia sobre esta materia. Con ello, el tribunal ha ido detallando los elementos objetivos y subjetivos del crimen de guerra, no sin algunos bandazos, avances y retrocesos.

---

833 CULLEN, A.: "War crimes", *op. cit.*, p.144.

834 TPIY: *Decision on the Defence Motion for Interlocutory Appeal on Jurisdiction in the case the Prosecutor v. Duško Tadić, op. cit.*, párs.97-98.

835 TPIY: *Decision on the Defence Motion for Interlocutory Appeal on Jurisdiction in the case the Prosecutor v. Duško Tadić, op. cit.*, párs.126-127.

1.5.3. La destrucción intencional de bienes culturales como crimen de guerra en el Tribunal Penal Internacional para la antigua Yugoslavia

La destrucción intencional de bienes culturales recibió una especial atención en los procesos seguidos ante el TPIY, dadas las dimensiones de la devastación en las regiones de Bosnia y Herzegovina y Croacia. En numerosos casos obraban cargos por la comisión de ataques deliberados contra elementos del patrimonio cultural y religioso, muchas veces entremezclados con otros actos delictivos, y bajo diferentes tipos penales. Así pues, la persecución de la destrucción deliberada de bienes culturales se encauzó por distintas vías, dando lugar a una rica jurisprudencia en esta materia[836]. Por un lado, se optó por la persecución como un crimen de guerra a través del artículo 3.d del Estatuto, sobre el que nos detendremos en los próximos párrafos. Por otro lado, las Salas del Tribunal adoptaron otros enfoques verdaderamente innovadores. Según el TPIY, la destrucción deliberada de bienes culturales y re-

---

[836] Existen diversos trabajos en profundidad sobre la normativa y la jurisprundencia del TPIY en materia de bienes culturales. Para más detalles, véase la obra de ABTAHI, H.: "The Protection of Cultural Property in Times of Armed Conflict: The Practice of the International Criminal Tribunal for the Former Yugoslavia", *Harvard Human Rights Journal*, vol.14, 2001, pp.1-32. También el studio de MERON, T.: "The Protection of Cultural Property in the Event of Armed Conflict within the Case-law of the International Criminal Tribunal for the Former Yugoslavia", *Museum International*, vol.57, nº4, 2005, pp.41-60. En castellano, podemos encontrar el trabajo de LOSTAL BECERRIL, M.: "La protección de bienes culturales en el Tribunal Penal Internacional para la ex Yugoslavia", *Revista Española de Estudios Internacionales*, vol.24, 2012, pp.1-25. Aunque la obra tiene ya diez años, sintetiza los avances más relevantes que se habían producido en la materia. Un trabajo más reciente es el de BRAMMERTZ, S., HUGHES, K., KIPP, A. y TOMLJANOVICH, W. B.: "Attacks against Cultural Heritage as a Weapon of War: Prosecutions at the ICTY", *Journal of International Criminal Justice*, vol.14, 2016, pp.1143-1174.

ligiosos podía constituir, si concurrían los elementos específicos, un crimen contra la humanidad en la modalidad de persecución. En el extremo de esta interpretación, el TPIY admitió que, si bien no podía considerarse la eliminación de los bienes culturales de un grupo específico como un acto genocida *per se*, puesto que solo se contemplan como tales aquellos actos encaminados a la destrucción física o biológica del grupo, la destrucción deliberada de bienes culturales de un grupo humano podía dar prueba del "dolus specialis" del crimen de genocidio[837]. Estas contribuciones fueron, sin duda, aplaudidas y celebradas por la doctrina, pues abrieron nuevas vías de persecución de las conductas atentatorias contra los bienes culturales a la par que reconocían la relevancia que estos tienen en la construcción de las identidades de los grupos humanos[838]. La sanción de estas conductas en virtud de ambos tipos penales ha ofrecido resultados satisfactorios[839].

La persecución penal de la destrucción intencional de bienes culturales como crimen de guerra se operó esencialmente a través del artículo 3.d del Estatuto del TPIY[840]. En concreto, la disposi-

837 El análisis de los problemas y matices de estas calificaciones se abordarán por separado con más profundidad en un capítulo posterior. Vid. Infra capítulo IV.

838 MERON, T.: "The Protection of Cultural Property…", *op. cit.*, p.56; LOSTAL BECERRIL, M.: "La protección de bienes culturales en el Tribunal Penal Internacional para la ex Yugoslavia", *op. cit.*, pp.23-24.

839 BRAMMERTZ et al.: "Attacks against Cultural Heritage as a Weapon of War…", *op. cit.*, p.1151.

840 El Tribunal ha usado el artículo 3.d en lugar del artículo 2.d, que criminaliza la infracción grave de los Convenios de Ginebra de 1949 de "la destrucción y la apropiación de bienes no justificada por necesidades militares, ejecutadas de forma ilícita e innecesaria a gran escala", como disposición clave para perseguir los ataques contra los bienes culturales. Theodor Meron sostiene que la razón es doble: por un lado, porque la violación del artículo 3.d es más específica en relación a los bienes culturales; y, por otro lado, porque el régimen de las infracciones graves de los Convenios de Ginebra de 1949 es

ción criminaliza como una violación de las leyes y costumbres de la guerra "la toma, destrucción o daño deliberado de instituciones dedicadas a la religión, a la beneficencia y a la enseñanza, a las artes y a las ciencias, a los monumentos históricos, a las obras de arte y a las obras de carácter científico". La formulación del precepto se inspira en los artículos 27 y 56 del R.IV.H[841], con un lenguaje distinto del empleado en otros instrumentos más modernos como la propia CH54 o el PAI. El delito del artículo 3.d puede cometerse tanto en conflicto armado internacional como en conflictos armados no internacionales, en línea con el razonamiento del TPIY en la decisión de la Sala de Apelaciones en el caso Tadić conforme al cual ciertas normas protectoras de los bienes culturales habían cristalizado en el derecho consuetudinario[842].

Precisamente, del análisis del Derecho Internacional convencional y consuetudinario realizado por el TPIY con el fin de determinar las condiciones de aplicación del artículo 3.d en el sentido del Estatuto, el Tribunal puntualizó que los elementos propios de este crimen de guerra consistían en: (i) que se cause un daño o destrucción de los bienes y edificios protegidos; (ii) que estos no fueran usados con fines militares; y (iii) que el acto de hostilidad fuera perpetrado con intención de dañar o destruir el bien o edificio en cuestión[843].

únicamente aplicable a los conflictos armados internacionales, mientras que las "otras violaciones graves de las leyes y costumbres de la guerra" pueden cometerse también en los conflictos internos según determinó el propio TPIY, lo cual amplia el campo de aplicación del artículo 3. MERON, T.: "The Protection of Cultural Property…", *op. cit.*, p.44.

841 Ibid., p.43.

842 TPIY: *Decision on the Defence Motion for Interlocutory Appeal on Jurisdiction in the case the Prosecutor v. Duško Tadić*, *op. cit.*, párs.126-127; TPIY: *Judgement in the case the Prosecutor v. Pavle Strugar*, *op. cit.*, párs.229-230.

843 TPIY: *Judgement in the case the Prosecutor v. Pavle Strugar*, *op. cit.*, pár.312; TPIY: *Judgement in the case the Prosecutor v. Enver Hadžihasanović and Amir Kubura*, Trial Chamber, IT-01-47-T, 15 de marzo de 2006, pár.58. TPIY:

El TPIY determinó que el crimen de guerra del artículo 3.d constituye "lex specialis" respecto del crimen más genérico de atacar bienes civiles, aunque pueda existir cierto solapamiento entre conductas[844]. Esto recalca la especial significación de los bienes culturales, dentro de la categoría de los bienes civiles de los que forman parte, y por la cual se encuentran protegidos por el precepto.

Sin embargo, los objetos protegidos por el artículo 3.d son los "edificios consagrados a la religión, a la beneficencia y a la enseñanza, a las artes y a las ciencias, a los monumentos históricos, a las obras de arte y a las obras de carácter científico", sin mención alguna al concepto de bienes culturales. Esto llevó al TPIY a evaluar cuáles de estos bienes constituían específicamente bienes culturales protegidos en virtud del artículo 3.d. En los diferentes pronunciamientos del Tribunal, las Salas exploraron las definiciones consagradas en los instrumentos internacionales

---

Judgement in the case the Prosecutor v. Mladen Naletilić aka "Tuta" and Vinko Martinović aka "Štela", Trial Chamber, IT-98-34-T, 31 de marzo de 2003, pár.605.

844 En Strugar, la Sala de Apelaciones señaló que: "The crime of destruction or wilful damage of cultural property under Article 3(d) of the Statute is lex specialis with respect to the offence of unlawful attacks on civilian objects". TPIY: *Appeal Judgement in the case the Prosecutor v. Pavle Strugar*, IT-01-42-T-A, 17 de julio de 2008, pár.277. Con anterioridad, en el caso Kordić y Čerkez, la Sala ya anticipó esta distinción: "this offence overlaps to a certain extent with the offence of unlawful attacks on civilian objects except that the object of this offence is more specific: the cultural heritage of a certain population. [...] The offence this section is concerned with is the lex specialis as far as acts against cultural heritage are concerned. The destruction or damage is committed wilfully and the accused intends by his acts to cause the destruction or damage of institutions dedicated to religion or education and not used for a military purpose. The Trial Chamber intends to apply this more specialised offence to the facts of this case". TPIY: *Judgement in the case the Prosecutor v. Dario Kordić and Mario Čerkez*, Trial Chamber, IT-95-14/2-T, 26 de febrero de 2001, pár.361.

pertinentes. Como ya se ha visto, el artículo 1 de la CH54 reclama que los bienes culturales tengan "gran importancia para el patrimonio cultural", mientras que los artículos 53 y 16 de los Protocolos Adicionales I y II, respectivamente, requiere que los monumentos históricos, las obras de arte y los lugares de culto constituyeran "patrimonio cultural y espiritual de los pueblos". La literalidad del artículo 3.d no expresa ningún umbral de importancia que deban tener los objetos protegidos. Con todo, el TPIY introdujo el requisito de la relevancia cultural mediante elaboración jurisprudencial, deduciéndolo del análisis del Derecho Internacional convencional y consuetudinario. En el caso Strugar, relativo al bombardeo de Dubrovnik, se admitió como elemento del crimen del artículo 3.d que los bienes dañados o destruidos fueran "patrimonio cultural y espiritual de los pueblos", lo cual, en las circunstancias del caso, era sobradamente demostrable[845]. Los edificios de culto también constituían bienes protegidos en virtud del artículo 3.d en la medida en que representaran el patrimonio cultural y espiritual de los pueblos[846].

---

845 TPIY: *Judgement in the case the Prosecutor v. Pavle Strugar, op. cit.,* pár.312.

846 En el caso Brđanin, se subrayó que: "Institutions dedicated to religion are protected under the Statute and under customary international law. Articles 27 and 56 of the Hague Regulations provide for the protection in armed conflict of, among others, buildings or institutions dedicated to religion. The protection is reiterated in both Additional Protocol I and II to the Geneva Conventions, in Articles 53 and 16 respectively". Y añadía en una nota al pie: "Places of worship protected under Additional Protocol I are only those considered to be the "heritage of all peoples". Places of worship not protected under Article 53 are given general protection under Article 52 (3) of Additional Protocol I". TPIY: *Judgement in the case the Prosecutor v. Radoslav Brđanin,* Trial Chamber II, IT-99-36-T, 1 de septiembre de 2004, pár.595. En el asunto Martić, la Sala reiteró que el artículo 3.d otorgaba una protección especial a monumentos históricos, obras de arte y lugares de culto que siempre que constituyan el patrimonio cultural y espiritual de los pueblos. TPIY: *Judgement in the case the Prosecutor v. Milan Martić,* Trial Chamber I, IT-95-11-T, 12 de junio de 2007, pár.97.

De forma muy extensiva, en el caso Kordić y Čerkez, la Sala de instancia entendió que todas las instituciones educativas eran "undoubtedly immovable property of great importance to the cultural heritage of peoples in that they are without exception centres of learning, arts, and sciences, with their valuable collections of books and works of arts and science"[847]. No obstante, la Sala de Apelaciones rebatió esa afirmación[848], pero no cuestionó el criterio de la relevancia cultural al evaluar las condiciones de aplicación del crimen[849]. En el otro extremo, la Sala de instancia en el caso Hadžihasanović y Kubura afirmó que para la comisión del crimen del artículo 3.d bastaba con demostrar que el bien

---

847 TPIY: *Judgement in the case the Prosecutor v. Dario Kordić and Mario Čerkez, op. cit.*, pár.360.

848 Se dictaminó que: "The Appeals Chamber cannot see how all educational buildings fulfil these criteria. Therefore, the Appeals Chamber finds that the Trial Chamber erred when it considered that "educational institutions are undoubtedly immovable property of great importance to the cultural heritage of peoples". TPIY: *Appeal Judgement in the case the Prosecutor v. Dario Kordić and Mario Čerkez*, IT-95-14/2-A, 17 de diciembre de 2004, pár.92.

849 La Sala de Apelaciones ratificó la averiguación de instancia de que los instrumentos internacionales exigían un mínimo de importancia que, pese a las diferencias terminológicas ("gran importancia para el patrimonio cultural", ex artículo 1 de la CH54, o "patrimonio cultural y espiritual de los pueblos", ex artículo 53 del PAI), implicaba que "the basic idea is the same, and that the cultural or spiritual heritage covers objects whose value transcends geographical boundaries, and which are unique in character and are intimately associated with the history and culture of a people". Kordić y Čerkez, Appeals Chamber, 2004, pár.91. La profesora Marina Lostal señala que esta decisión mantuvo el acercamiento del TPIY a los estándares de la CH54. LOSTAL BECERRIL, M.: "La protección de bienes culturales en el Tribunal Penal Internacional para la ex Yugoslavia", *op. cit.*, p.9. Para Brammertz et al., el TPIY realizó esfuerzos interpretativos por aproximar el Estatuto a la noción de bienes culturales de la CH54. BRAMMERTZ et al.: "Attacks against Cultural Heritage as a Weapon of War…", *op. cit.*, p.1153-1154.

destruido pertenecía a una de las categorías enunciadas en la norma, con independencia de si este representaba el patrimonio cultural de un pueblo[850]. Esta interpretación literal del precepto no se trasladó a sentencias posteriores del Tribunal.

El artículo 3.d penaliza la "destrucción o daño", de manera que para determinar la comisión del crimen es necesaria la concurrencia de un resultado determinado. En cambio, la protección general otorgada por el artículo 4 de la CH54 prohíbe los actos de hostilidad dirigidos contra los bienes culturales. Igualmente, el artículo 53 del PAI y el artículo 16 del PAII expresan un contenido similar a la anterior disposición. A la vista de ello, en el caso de Jokić, relativo a los bombardeos de Dubrovnik, la Sala consideró que "it is prohibited to direct attacks against this kind of protected property, whether or not the attacks result in actual damage. This immunity is clearly additional to the protection attached to civilian objects"[851]. Sin embargo, con posterioridad, en el caso de Strugar, el TPIY rectificó el criterio y situó la "destrucción o daño" como un elemento central e indispensable del

---

850 TPIY: *Judgement in the case the Prosecutor v. Enver Hadžihasanović and Amir Kubura, op. cit.*, pár.60: "The Chamber notes that it is sufficient for the damaged or destroyed institution to be an institution dedicated to religion, and that there is no need to establish whether it represented the cultural heritage of a people. The Hague Regulations of 1907, which form part of customary international law and provide the basis for Article 3 of the Statute, afford protection to "buildings dedicated to religion, art, science, or charitable purposes, historic monuments [...] provided they are not being used at the time for military purposes", without requiring that these buildings represent the cultural heritage of a people".

851 TPIY: *Sentencing Judgement in the case the Prosecutor v. Miodrag Jokić,* Trial Chamber I, IT-01-42/1-S, 18 de marzo de 2004, pár.50.

crimen de guerra contemplado en el artículo 3.d[852]. La subsiguiente jurisprudencia ha mantenido este requisito[853].

Como tal, el crimen de guerra de destrucción intencional de bienes culturales debe alcanzar nivel mínimo de gravedad para poder ser punible, es decir, la violación de la norma de DIH debe satisfacer las condiciones generales de aplicación del artículo 3 del Estatuto establecidas en el caso Tadić[854].

Este hecho obliga a evaluar qué grado de destrucción o daño son suficientes para constituir una violación grave del DIH y, por ende, un crimen de guerra. La letra del precepto no indica si deben tener una extensión determinada, y la jurisprudencia tampoco ha tenido ocasión de ahondar en este aspecto. Para Mettraux, el empleo del plural "instituciones", en conjunción con la naturaleza de los objetos protegidos, apuntarían a que la prohibición abarcaría cualquier daño o destrucción causado a cualquiera de las instituciones, obras o monumentos[855]; de

---

852 La Sala de instancia afirmó: "While the aforementioned provisions prohibit acts of hostility "directed" against cultural property, Article 3(d) of the Statute explicitly criminalises only those acts which result in damage to, or destruction of, such property. Therefore, a requisite element of the crime charged in the Indictment is actual damage or destruction occurring as a result of an act directed against this property". TPIY: *Judgement in the case the Prosecutor v. Pavle Strugar, op. cit.*, pár.308.

853 TPIY: *Judgement in the case the Prosecutor v. Enver Hadžihasanović and Amir Kubura, op. cit.*, pár.58; TPIY: *Judgement in the case the Prosecutor v. Milan Martić, op. cit.*, pár.97; TPIY: *Judgement in the case the Prosecutor v. Jadranko Prlić et alii (volume I)*, Trial Chamber III, IT-04-74-T, 29 de mayo de 2013, pár.175.

854 Vid. supra capítulo III, apartado 1.5.2 lo referente a las cuatro condiciones que las violaciones del DIH deben cumplir para ser punibles en base al Derecho Internacional. TPIY: *Decision on the Defence Motion for Interlocutory Appeal on Jurisdiction in the case the Prosecutor v. Duško Tadić, op. cit.*, pár.94.

855 METTRAUX, G.: *International Crimes and the Ad Hoc Tribunals, op. cit.*, p.95.

manera que el menoscabo de un único objeto protegido podría alcanzar la gravedad suficiente para ser punible[856]. En cambio, la inscripción de un bien en la Lista del Patrimonio Mundial de la UNESCO sí que ha sido valorada por el TPIY para determinar la gravedad de los ataques al patrimonio cultural. En el caso Jokić, la Sala estimó que los bombardeos sobre el casco histórico de Dubrovnik, inscrito en la Lista desde 1979, en el que fueron dañados de diversa gravedad más de cien edificios, eran un ataque directo no solo contra el patrimonio de la región sino también contra el patrimonio de toda la humanidad[857]. Asimismo, la Sala recalcó que los daños causados al casco antiguo de Dubrovnik habían sido extensos[858]. El Tribunal también subrayó que el carácter irremplazable de ciertos objetos culturales, de lo que podría inferirse que su destrucción acrecentaría la gravedad del ilícito penal, puesto que una parte "original" e "históricamente auténtica" de los mismos se pierde para siempre[859]. Por estas razones, concluyó que "since it is a serious violation of international humanitarian law to attack civilian buildings, it is a crime of even greater seriousness to direct an attack on an especially protected site", de modo que "the unlawful attack on the Old Town must

---

856 Esto se desprende del caso de Mladen Naletilić, quien fue acusado del crimen del artículo 3.d por haber ordenado la destrucción de una única mezquita. Finalmente, el TPIY no se pronunció al respecto puesto que Naletilić fue absuelto de este cargo al no constar pruebas fehacientes que lo relacionaran con la destrucción de esa mezquita en concreto. TPIY: *Judgement in the case the Prosecutor v. Naletilić and Martinović, op. cit.*, párs.606-610.

857 TPIY: *Sentencing Judgement in the case the Prosecutor v. Miodrag Jokić, op. cit.*, pár.51.

858 Ibid., pár.53.

859 Ibid., pár.52: "Restoration of buildings of this kind, when possible, can never return the buildings to their state prior to the attack because a certain amount of original, historically authentic, material will have been destroyed, thus affecting the inherent value of the buildings".

therefore be viewed as especially wrongful conduct"[860]. A la postre, la evaluación de la gravedad del daño o destrucción debe realizarse caso por caso. En el caso Hadžihasanović y Kubura, el TPIY lo expresó como sigue:

> "The Chamber recalls that the crime of destruction or wilful damage to institutions dedicated to religion must satisfy the conditions for applying Article 3 of the Statute, particularly that dealing with the gravity of the offence. That condition is met when the damage or destruction constitutes a breach of a rule protecting important values and involves grave consequences for the victim. The Chamber notes that while civilian property is afforded general protection under customary international law, special attention is paid to certain property, namely religious buildings, owing to their spiritual value. Because those values go beyond the scope of a single individual and have a communal dimension, the victim here must not be considered as an individual but as a social group or community. The Chamber considers that the destruction of or damage to the institutions referred to in Article 3(d) of the Statute constitutes grave breaches of international law when the destruction or damage is sufficiently serious to constitute desecration. The Chamber considers that the seriousness of the crime of destruction of or damage to institutions dedicated to religion must be ascertained on a case-by-case basis, and take much greater account of the spiritual value of the damaged or destroyed property than the material extent of the damage or destruction."[861]

El segundo de los elementos del crimen de guerra del artículo 3.d que estableció el TPIY fue que el bien cultural "no sea fuera usado con fines militares". Este obliga a examinar la existencia de excepciones y de las condiciones que justificarían un ataque contra un bien cultural y, por tanto, podrían excluir la responsabilidad penal. La redacción del art.3.d del Estatuto del TPIY guarda silencio a este respecto, pero la jurisprudencia

---

860 Ibid., pár.53.

861 TPIY: *Judgement in the case the Prosecutor v. Enver Hadžihasanović and Amir Kubura, op. cit.*, pár.63.

del Tribunal ha sostenido que los bienes culturales pierden su protección si son utilizados con fines militares[862]. Este posicionamiento entronca con la tradición del Reglamento de La Haya de 1907. Sin embargo, en pronunciamientos iniciales, el TPIY se precipitó al exigir que los bienes culturales no estuvieran en las proximidades de objetivos militares, además de que no fueran usados con fines militares[863], lo cual denegaba injustificadamente la protección en diversas situaciones[864]. En el caso Naletilić y Martinović, la Sala corrigió el criterio anterior y determinó que la mera localización de un bien cultural en las proximidades de un objetivo militar no justificaba su destrucción[865]. Las sentencias posteriores se alinearon con este razonamiento y mantuvieron que la protección otorgada por el artículo 3.d se perdía si el bien era usado con fines militares[866].

---

862 TPIY: *Judgement in the case the Prosecutor v. Dario Kordić and Mario Čerkez, op. cit.*, pár.362: "The fundamental principle is that protection of whatever type will be lost if cultural property [...], is used for military purpose, and this principle is consistent with the custom codified in Article 27 of the Hague Regulations".

863 TPIY: *Judgement in the case the Prosecutor v. Tihomir Blaškić*, Trial Chamber I, IT-95-14-T, 3 de marzo de 2000, pár.185.

864 Piénsese, por ejemplo, en áreas de gran concentración de potenciales objetivos militares como podría suceder en grandes ciudades. La profesora Lostal señala dos problemas de interpretación de este criterio: por un lado, que el Tribunal no estableció ningún grado de cercanía o lejanía para estimar si un bien está o no en las inmediaciones de un objetivo militar; por otro lado, la Sala no argumentó adecuadamente por qué la cercanía justificaría un ataque contra un bien cultural. LOSTAL BECERRIL, M.: "La protección de bienes culturales en el Tribunal Penal Internacional para la ex Yugoslavia", *op. cit.*, p.7.

865 TPIY: *Judgement in the case the Prosecutor v. Naletilić and Martinović, op. cit.*, pár.604.

866 TPIY: *Judgement in the case the Prosecutor v. Radoslav Brđanin, op. cit.*, pár.598; TPIY: *Judgement in the case the Prosecutor v. Pavle Strugar, op. cit.*, pár.310; TPIY: *Judgement in the case the Prosecutor v. Milan Martić, op. cit.*, pár.98.

En el asunto relativo a la destrucción del puente histórico de Mostar, juzgado en el caso Prlić et alii, la Sala de instancia dio un paso más allá al considerar que:

> "Although the destruction of the Old Bridge by the HVO may have been justified by military necessity, the damage to the civilian population was indisputable and substantial. It therefore holds by a majority [...] that the impact on the Muslim civilian population of Mostar was disproportionate to the concrete and direct military advantage expected by the destruction of the Old Bridge."[867]

El Tribunal reconoció que el puente era un objetivo militar ya que constituía una infraestructura fundamental para las operaciones del ejército de Bosnia-Herzegovina[868]. Asimismo, la Sala afirmó la importancia cultural, histórica y simbólica del puente viejo y apuntó que las fuerzas bosniocroatas del HVO lo atacaron con la intención de destruirlo y minar la moral de la población musulmana de Mostar[869]. Así pues, sobre la base del principio de proporcionalidad, el TPIY condenó por el crimen de guerra de destrucción de ciudades y pueblos o devastación no justificada por necesidades militares[870]. Este razonamiento reforzó

---

867 TPIY: *Judgement in the case the Prosecutor v. Jadranko Prlić et alii (volume III)*, Trial Chamber III, IT-04-74-T, 29 de mayo de 2013, pár.1584.

868 Ibid., pár.1582.

869 Ibid., párs.1585-1586.

870 La fiscalía del TPIY cometió un error e imputó en el cargo núm. 21 el delito de "destrucción o daño deliberado a instituciones religiosas o educativas", correspondiente al artículo 3.d del Estatuto, sin incluir los "monumentos históricos", por lo que la Sala consideró que no los acusados no habían sido informados sobre la imputación de la destrucción del puente viejo de Mostar así que no podía enjuiciarlo bajo este cargo. La destrucción del puente histórico fue juzgada en virtud de los crímenes de persecución; destrucción de bienes no justificada por necesidades militares y ejecutada de forma ilícita e innecesaria a gran escala; e infligir terror en la población civil. DRAZEWSKA, B.: "The Impact of Individual Criminal Responsibility for Offences against Cultural Property on Military Necessity", dentro de DRAZEWSKA, B.:

la tendencia a proteger los bienes culturales por su dimensión humana y su valor cultural intrínseco más allá de su uso civil[871].

No obstante, las condenas por la destrucción del puente viejo de Mostar fueron revocadas por la Sala de apelaciones en noviembre de 2017. El motivo central de esa decisión era que el puente constituía un objetivo militar en el momento del ataque cuya destrucción ofrecía una ventaja militar definida, de modo que el Tribunal no podía aceptar la argumentación de la Sala de instancia de que la destrucción había sido injustificada y sin concurrir una necesidad militar[872]. El razonamiento no es pacífico[873]. Lo cierto es que Tribunal debería haber comprobado si el puente efectivamente estaba siendo usado con fines militares en el momento del ataque en línea con lo que había venido haciendo en casos anteriores relativos a la destrucción de bienes culturales[874]. La Sala de Apelaciones tampoco consideró el puente viejo de Mostar a la luz de su importancia cultural e

---

Military Necessity in International Cultural Heritage Law, Brill Martinus Nijhoff, Leiden, Boston, 2022, p.178, incluida la nota al pie 121.

871 Ibid., p.179.

872 TPIY: *Appeal Judgement in the case the Prosecutor v. Jadranko Prlić et alii,* IT-04-74-A, 29 de noviembre de 2017, pár.411.

873 El juez Pocar, en su voto particular, expresó su desacuerdo con la mayoría (i) por haber confundido las nociones de objetivo militar y de necesidad militar; (ii) por no haber tenido en cuenta que el ataque sobre el puente fue desproporcionado y las consecuencias que se derivan; (iii) por no haber tenido en cuenta que el puente era un bien cultural protegido por el DIH; y (iv) por las consecuencias que lo anterior tuvo con respecto a los crímenes de persecución por motivos políticos, raciales y religiosos y el crimen de infligir terror en la población civil como violación de las leyes y costumbres de la guerra. TPIY: *Appeal Judgement in the case the Prosecutor v. Jadranko Prlić et alii, op. cit.,* Dissenting Opinion Pocar, párs.5–23. Más resumidamente, las críticas a la sentencia de apelación también pueden encontrarse en DRAZEWSKA, B.: "The Impact of Individual Criminal Responsibility…", *op. cit.,* pp.180-183.

874 Ibid., p.180.

histórica, a diferencia de las apreciaciones que había realizado la Sala de instancia subrayando el valor simbólico del puente para la comunidad musulmana y el impacto psicológico de su destrucción. Con ello, no supo ver que la destrucción del patrimonio cultural en el contexto más amplio de una limpieza étnica[875].

Por último, respecto del *mens rea* específico del crimen del artículo 3.d, se exige que la conducta haya sido perpetrada con la intención de dañar o destruir los bienes protegidos[876]. Según el TPIY, "the wilful nature of the destruction or damage to be established when the perpetrator acted intentionally, with the knowledge and will of the proscribed result, or in reckless disregard of the likelihood of the destruction"[877]. La intención y el conocimiento pueden deducirse de las circunstancias que envuelven los ataques contra los bienes culturales. Así, el TPIY infirió la intencionalidad de los autores de los bombardeos del casco antiguo de Dubrovnik en base a que los emblemas protectores de la UNESCO eran claramente visibles y al hecho, público y notorio, de que la ciudad histórica estaba inscrita en la Lista del Patrimonio Mundial de la UNESCO[878].

---

875 Ibid., p.183.

876 TPIY: *Judgement in the case the Prosecutor v. Pavle Strugar, op. cit.*, pár.312; TPIY: *Judgement in the case the Prosecutor v. Dario Kordić and Mario Čerkez, op. cit.*, pár.361; TPIY: *Judgement in the case the Prosecutor v. Enver Hadžihasanović and Amir Kubura, op. cit.*, pár.58.

877 TPIY: *Judgement in the case the Prosecutor v. Enver Hadžihasanović and Amir Kubura, op. cit.*, pár.59; TPIY: *Judgement in the case the Prosecutor v. Radoslav Brđanin, op. cit.*, pár.599. En la apelación del caso Strugar, el Tribunal determinó que: "The mens rea requirement of this crime is therefore also met if the acts of destruction or damage were wilfully (i.e. either deliberately or through recklessness) directed against such "cultural property"". TPIY: *Appeal Judgement in the case the Prosecutor v. Pavle Strugar, op. cit.*, pár.277.

878 TPIY: *Judgement in the case the Prosecutor v. Pavle Strugar, op. cit.*, pár.329. La Sala de Apelaciones confirmó estos aspectos: "On the basis of the fact that the entire Old Town of Dubrovnik was added to the World

A la vista de lo anterior, cabe concluir que la prolija jurisprudencia del TPIY redimensionó la protección del patrimonio cultural en conflicto armado. En particular, la configuración jurídica, la persecución y la sanción de la destrucción intencional de bienes culturales como crimen de guerra fue ampliamente desarrollada gracias a la labor y al estudio pormenorizado del derecho convencional y consuetudinario que realizó el Tribunal. En consecuencia, el valor de sus pronunciamientos sitúa esta jurisprudencia en un pedestal del que difícilmente puede sustraerse cualquier análisis en esta materia. No obstante, también conviene recordar que los avances realizados por el TPIY en la persecución de la destrucción intencional de bienes culturales coincidieron en el tiempo con la adopción del Estatuto de Roma de la CPI y del Segundo Protocolo de 1999 adicional a la CH54. Y, sin embargo, un océano de diferencias separa estos instrumentos.

Heritage List in 1979, the Trial Chamber concluded that each structure or building in the Old Town fell within the scope of Article 3(d) of the Statute. The Trial Chamber also noted that the protective UNESCO emblems were visible from the JNA positions on Žarkovica and elsewhere. Strugar does not allege that any of these findings are erroneous. Hence, the Trial Chamber reasonably concluded that the direct perpetrators of the crime were aware of the protected status of the cultural property in the Old Town and that the attack on this cultural property was deliberate and not justified by any military necessity. Consequently, his submission that the Trial Chamber's findings on the mens rea of the direct perpetrators of the crime do not meet the standard of direct intent must fail". TPIY: *Appeal Judgement in the case the Prosecutor v. Pavle Strugar, op. cit.*, pár.279.

2. ELEMENTOS GENERALES DE LOS CRÍMENES DE GUERRA EN EL ESTATUTO DE ROMA

2.1. Cuestiones generales sobre los crímenes de guerra en el Estatuto de Roma de la Corte Penal Internacional

La adopción del Estatuto de Roma de la Corte Penal Internacional fue un enorme paso adelante en el desarrollo del derecho internacional penal[879]. La Corte, de carácter permanente y vocación universal, aspira a poner fin a la impunidad de los crímenes más graves de trascendencia internacional sobre los que tiene competencia, a saber: el crimen de genocidio, los crímenes contra la humanidad, los crímenes de guerra y el crimen de agresión[880].

El artículo 8 del ECPI regula extensamente los crímenes de guerra. Ningún instrumento anterior había recogido un listado tan largo de las conductas punibles en los conflictos armados, muchos de ellos procedentes del derecho consuetudinario, pero no debe considerarse una enumeración exhaustiva de los crímenes de guerra. El primer párrafo del artículo 8 establece que la CPI tendrá competencia respecto de los crímenes de guerra "en particular cuando se cometan como parte de un plan o política o como parte de la comisión en gran escala". Parece que se introduce con esta frase un elemento adicional en los crímenes de guerra. No es así: el plan, política o comisión en gran escala no son elementos de los crímenes de guerra, ya que estos no requieren un elemento contextual más allá de ser cometidos en el contexto de un conflicto armado y asociado con él. Por tanto, el plan o política o comisión en gran escala se sitúa como un umbral de aplicación que sirve como guía a la

---

879 El texto fue adoptado por la Conferencia Diplomática el 17 de julio de 1998, y entró en vigor desde 1 de julio de 2002. En la actualidad, el tratado cuenta con 123 Estados parte.

880 Preámbulo y artículo 5 del ECPI.

CPI y a la fiscalía para evaluar la gravedad y decidir si centrar o no sus recursos escasos en su persecución[881]. La expresión "en particular" confirmaría este matiz, de manera que un único acto cometido fuera de un plan, política o comisión en gran escala podría constituir un crimen de guerra susceptible de ser enjuiciado por la CPI, pero es probable que no alcanzara el umbral de gravedad que el ECPI fija en el artículo 17.1[882]. En la práctica, la CPI ha ignorado este inciso del artículo 8.1[883].

El párrafo 2 del artículo 8 define los crímenes de guerra. Los actos punibles, y algunas condiciones para su aplicación, están clasificados en función de si son cometidos en conflicto armado internacional (subpárrafos a y b) o si, por el contrario, ocurren en conflicto armado sin carácter internacional (subpárrafos c, d, e y f). El párrafo 3 señala que nada de lo dispuesto en los párrafos c y e afectará a la responsabilidad que incumbe a todo gobierno de mantener o restablecer el orden público o de defender la unidad e integridad territorial del Estado por cualquier medio legítimo. A la vista de esta división basada en la tipología del conflicto armado, podemos distinguir cuatro categorías de crímenes de guerra: (i) las infracciones graves de los Convenios de Ginebra; (ii) otras violaciones de las leyes y costumbres de la guerra aplicables a los conflictos armados internacionales; (iii) las violaciones graves del artículo 3 Común a los cuatro Convenios de Ginebra; y, por último, (iv) otras violaciones de las leyes y costumbres de la guerra aplicables a los conflictos armados sin carácter internacional.

---

881 SCHABAS, W.: *The International Criminal Court. A Commentary on the Rome Statute*, Oxford University Press, Oxford, 2016, p.226. TRIFFTERER, O. (Ed.): *Commentary on the Rome Statute…*, *op. cit.*, pp.299-300.

882 KLAMBERG, M. (Ed.): *Commentary on the Law of the International Criminal Court*, Torkel Opsahl Academic EPublisher, Bruselas, 2017, p.65. BOTHE, M.: "War Crimes", *op. cit.*, p.380.

883 SCHABAS, W.: *The International Criminal Court…*, *op. cit.*, pp.226-227.

El resultado es un artículo largo, con una estructura compleja, basada en la separación de los crímenes de guerra según el tipo de conflicto armado, lo cual refleja una aproximación arcaica a esta materia, incluso obsoleta, máxime cuando la tendencia del Derecho Internacional es a la convergencia en un único corpus jurídico aplicable a todos los conflictos armados[884]. La CPI, a pesar de reconocer los problemas que puede plantear esta distinción, señaló que ello forma parte del marco estatutario que debe aplicar[885].

Los crímenes de guerra deben ser cometidos en el contexto de un conflicto armado de uno u otro tipo y estar asociados con él. Estos sí que son elementos fundamentales de los crímenes de guerra, tal y como confirman los Elementos de los Crímenes. No obstante, la CPI deberá tener en cuenta "en particular" aquellos cometidos en el marco de un "plan o política o comisión en gran escala", pero no se ve limitada exclusivamente por esta mención del artículo 8.1. De este modo, la distinción del tipo de conflicto armado resulta indispensable para la determinación de la ley aplicable a unos hechos concretos a efectos del ECPI.

---

884 CASSESE, A. y GAETA, P.: *Cassese's International Criminal Law, op. cit.*, p.82; WERLE, G. y JESSBERGER, F.: *Tratado de Derecho Penal Internacional, op. cit.*, p.673.

885 "In the view of the Chamber, for the purposes of the present trial the international/non-international distinction is not only an established part of the international law of armed conflict, but more importantly it is enshrined in the relevant statutory provisions of the Rome Statute framework, which under Article 21 must be applied. The Chamber does not have the power to reformulate the Court's statutory framework". CPI: *Judgement pursuant to article 74 of the Statute in the case of the Prosecutor vs Thomas Lubanga Dyilo,* Trial Chamber I, ICC-01/04-01/06, 14 marzo de 2012, pár.539.

2.2. La existencia de un conflicto armado

Los crímenes de guerra exigen como elemento fundamental que su comisión tenga lugar en el contexto de un conflicto armado. Los Elementos de los Crímenes confirman que para que pueda haber un crimen de guerra es necesario que "la conducta haya tenido lugar en el contexto de un conflicto armado y haya estado relacionada con él"[886]. Sin embargo, el ECPI no define jurídicamente el concepto de conflicto armado, por lo que la Corte ha tenido que delimitarlo utilizando para tal fin una pluralidad de fuentes, muy especialmente la jurisprudencia del TPIY. Precisamente, la definición más aceptada procede de la Decisión de la Sala de Apelaciones del TPIY en el caso Tadić: "an armed conflict exists whenever there is a resort to armed force between States or protracted armed violence between governmental authorities and organized armed groups or between such groups within a State"[887]. La CPI ha tomado esta aproximación como punto de partida para discernir qué situaciones caen dentro de uno de los dos tipos de conflicto. La existencia de una situación de conflicto armado desencadena la aplicación del DIH, que se extiende hasta que se alcance la paz o se llegue a un acuerdo, y continúa aplicándose en el territorio de cada una de las partes en conflicto, sin necesidad de que tengan lugar combates allí[888].

---

886 CPI: *Elementos de los Crímenes*, reproducidos de los *Documentos Oficiales de la Asamblea de los Estados Partes en el Estatuto de Roma de la Corte Penal Internacional, primer período de sesiones, Nueva York, 3 a 10 de septiembre de 2002*, Parte II.B; revisados en la *Conferencia de Revisión del Estatuto de Roma de la Corte Penal Internacional, Kampala, 31 de mayo a 11 de junio de 2010* (RC/11). Disponible en: https://www.icc-cpi.int/sites/default/files/Publications/Elementos-de-los-Crimenes.pdf.

887 TPIY: *Decision on the Defence Motion for Interlocutory Appeal on Jurisdiction in the case the Prosecutor v. Duško Tadić, op. cit.*, pár.70.

888 Ibid., pár.70.

Como se indicaba anteriormente, los redactores del ECPI optaron por la clasificación de los crímenes de guerra agrupándolos según el tipo de conflicto armado en el que se cometen. Esto implica indagar en la interpretación de cada uno de ellos en el marco del ECPI.

2.2.1. Conflictos armados internacionales

Los crímenes de guerra listados en los apartados 2.a y 2.b del artículo 8 corresponden a las infracciones graves de las Convenciones de Ginebra y a otras violaciones graves de las leyes y costumbres de la guerra aplicables a los conflictos armados internacionales, respectivamente.

Con referencia expresa al artículo 2 Común a las Convenciones de Ginebra de 1949, así como a la jurisprudencia del TPIY, la CPI ha delimitado que existe un conflicto armado internacional:

> "if it takes place between two or more States; this extends to the partial or total occupation of the territory of another State, whether or not the said occupation meets with armed resistance. In addition an internal armed conflict that breaks out on the territory of a State may become international – or depending upon the circumstances, be international in character alongside an internal armed conflict – if (i) another State intervenes in that conflict through its troops (direct intervention), or if (ii) some of the participants in the internal armed conflict act on behalf of that other State (indirect intervention)"[889].

Diversas situaciones se incluyen en esta categoría de conflicto. En primer lugar, el uso de la fuerza armada de un Estado contra el territorio de otro Estado constituiría el supuesto clásico de conflicto internacional. En este caso, es irrelevante la cantidad de fuerza utili-

---

[889] CPI: *Prosecutor vs Lubanga, op. cit.*, pár.541. CPI: *Judgment pursuant to article 74 of the Statute in the case of the Prosecutor vs Germain Katanga*, Trial Chamber II, ICC-01/04-01/07, 7 de marzo de 2014, pár.1177.

zada o que los contendientes reconozcan la existencia del conflicto armado[890]. En segundo lugar, las situaciones de ocupación "total o parcial del territorio [...], aunque tal ocupación no encuentre resistencia militar" también equivaldrían a este tipo de conflicto armado internacional[891]. En tercer lugar, deberían incluirse las guerras de liberación nacional descritas en el artículo 1.4 del PAI.

Las dinámicas cambiantes de los conflictos armados han dado lugar a situaciones más complejas en las que no siempre encajan los conceptos y, por tanto, la tarea de discernir ante qué tipo de conflicto armado resulta ardua. Nos referimos aquí a los conflictos internacionalizados y a los denominados conflictos mixtos o paralelos.

Los conflictos armados internacionalizados son aquellos que tienen lugar entre las fuerzas armadas de un Estado y un grupo armado cuando otro Estado interviene con sus tropas en apoyo del grupo armado, o bien cuando alguno de los contendientes en un conflicto interno actúa en nombre de otro Estado[892]. No siempre es fácil determinar el grado de apoyo como para afirmar que la intervención es "en nombre de" otro Estado. Por esta razón, la CPI ha adoptado el test del "overall control" (control general) para verificar si el nivel de apoyo es suficientemente elevado como para imputárselo a otro Estado. Este otro estado debe jugar un papel importante en la organización, planificación o coordinación de las operaciones militares del grupo además de

---

890 WERLE, G. y JESSBERGER, F.: *Tratado de Derecho Penal Internacional, op. cit.*, p.677.

891 Artículo 2 Común a las Convenciones de Ginebra. Una definición de ocupación la encontrábamos en el artículo 42 R.IV.H: "Se considera como ocupado un territorio cuando se encuentra colocado de hecho bajo la autoridad del ejército enemigo. La ocupación no se extiende sino a los territorios donde esa autoridad esté establecida y en condiciones de ejercerse".

892 CPI: *Prosecutor vs Lubanga, op. cit.*, pár.541.

financiarlo, entrenarlo, equiparlo, asistirlo o aprovisionarlo[893]. No se exige que el Estado dicte específicamente las órdenes o dirija directamente cada operación militar, como tampoco serviría acreditar meramente la asistencia económica o logística[894].

En relación con los conflictos mixtos, la CPI ha considerado que, dependiendo de los actores implicados, en un territorio podían tener lugar al mismo tiempo conflictos de diferente naturaleza, asumiendo, por tanto, que los conflictos internacionales pueden coexistir con los internos[895]. Con ello, se evitaría una calificación del conflicto armado en su totalidad que pudiera llevar a incongruencias y espacios de impunidad[896]. Así pues, la evaluación de la conducta típica debe realizarse atendiendo al contexto en el que se comete, la vinculación del presunto responsable a una u otra parte y la situación concreta de conflicto en que fue cometida[897].

2.2.2. Conflictos armados no internacionales

Los conflictos armados sin carácter internacional tampoco están definidos en el ECPI. Los párrafos c y e del artículo 8.2 contienen las conductas punibles en el marco de estos enfrentamientos. La incorporación de los crímenes de guerra a los conflictos armados internos es un hecho reciente. Ni los Convenios de Ginebra ni el Protocolo Adicional II contienen una lista de las violaciones del DIH que constituyan crímenes de guerra. Ya hemos visto que el desarrollo vino de la mano de la jurisprudencia de los tribunales penales internacionales de finales del siglo XX, amén de algunos tratados de esa misma época.

---

893 Ibid., pár.541; CPI: *Prosecutor vs Katanga, op. cit.*, pár.1178.

894 CPI: *Prosecutor vs Katanga, op. cit.*, pár.1178.

895 CPI: *Prosecutor vs Lubanga, op. cit.*, pár.540.

896 WERLE, G. y JESSBERGER, F.: *Tratado de Derecho Penal Internacional, op. cit.*, p.690.

897 Ibid., p.691.

La razón principal de esta tardía introducción en el derecho convencional ha sido la reticencia de los Estados a reconocer los conflictos y guerras civiles en el Derecho Internacional[898]. Esta situación se refleja en el ECPI en la lista de crímenes aplicables a los conflictos armados internacionales es sensiblemente superior a la de sus homólogos internos. Sea como sea, la inclusión de los crímenes de guerra a los conflictos armados sin carácter internacional fue un avance muy positivo[899].

El artículo 8.2.c criminaliza las violaciones graves del artículo 3 Común a los cuatro Convenios de Ginebra de 1949, mientras que el párrafo e) tipifica "otras violaciones graves de las leyes y los usos aplicables en los conflictos armados que no sean de índole internacional". Los párrafos d y f del artículo 8 introducen modificadores de aplicación a los apartados 8.2.c y 8.2.e, respectivamente. Ambos párrafos comparten la primera oración: "[el] presente artículo se aplica a los conflictos armados que no son de índole internacional y, por consiguiente, no se aplica a las situaciones de tensiones internas y de disturbios interiores". Disponen, pues, un umbral inferior de aplicación que permite distinguir los conflictos armados no internacionales de otras situaciones de violencia que no alcanzarían el nivel de intensidad. El ECPI provee de algunos ejemplos como "los motines, los actos esporádicos y aislados de violencia u otros actos análogos".

La cuestión central es delimitar qué debe entenderse a efectos del ECPI como un conflicto armado no internacional. La CPI ha tomado la definición del TPIY en el caso Tadić, que fija en su nivel más bajo el umbral de aplicación del artículo 3 Común, de tal modo que existiría un conflicto armado sin carácter internacional cuando haya "protracted armed violence between governmental authorities and organized armed groups

---

898 SCHABAS, W.: *The International Criminal Court...*, *op. cit.*, p.229.

899 CULLEN, A.: "War crimes", *op. cit.*, p.147.

or between such groups within a State"[900]. De esta definición deben excluirse, como ya se ha comentado, aquellas situaciones que no superan el umbral de las tensiones internas y disturbios interiores, así como los conflictos internacionalizados. El ECPI se separa de la definición del concepto utilizada por el artículo 1.1 del PAII, cuyo umbral es mucho más elevado[901].

El párrafo 2.f del artículo 8, que fija el umbral de aplicación de los crímenes listados en el párrafo 2.e, añade cierta complejidad a la interpretación de los conflictos armados no internacionales en el marco del ECPI. Dispone que el párrafo 2 "[s]e aplica a los conflictos armados que tienen lugar en el territorio de un Estado cuando existe un conflicto armado prolongado entre las autoridades gubernamentales y grupos armados organizados o entre tales grupos". Este precepto parece elevar el umbral de aplicación establecido en el artículo 8.2.d a pesar de su semejanza con la definición clásica del caso Tadić. Dos razones invitan a pensar así: por un lado, porque se habla de "conflicto armado prolongado", en lugar de "violencia armada prolongada"; y, por otro lado, porque el artículo 8 posee dos subpárrafos (el 2.d y el 2.f) con dos umbrales de aplicación para los conflictos armados internacionales[902]. Al hilo de ello, el artículo 8.2.f ha suscitado debate en la doctrina respecto de si creaba un nuevo tipo de conflicto armado no internacional, a caballo entre el

---

900 TPIY: *Decision on the Defence Motion for Interlocutory Appeal on Jurisdiction in the case the Prosecutor v. Duško Tadić, op. cit.*, pár.70.

901 El artículo 1.1 del PAII exige que los conflictos "se desarrollen en el territorio de una Alta Parte contratante entre sus fuerzas armadas y fuerzas armadas disidentes o grupos armados organizados que, bajo la dirección de un mando responsable, ejerzan sobre una parte de dicho territorio un control tal que les permita realizar operaciones militares sostenidas y concertadas y aplicar el presente Protocolo". Estos elementos no aparecen en la definición con la que opera la CPI.

902 CULLEN, A.: *The Concept of Non-International Armed Conflict in International Humanitarian Law*, Cambridge University Press, Nueva York, 2010, p.174.

fijado para el artículo 3 Común y el más elevado del artículo 1.1 del PAII[903]. La posición más adecuada es considerar que no hay dos umbrales distintos de conflicto armado no internacional en el ECPI, sino que el umbral es el mismo[904].

La CPI al interpretar el concepto de conflicto armado no internacional, basándose en las conclusiones alcanzadas por la jurisprudencia del TPIY y los instrumentos internacionales relevantes, ha utilizado cuatro criterios esenciales para delimitarlos. En primer lugar, las hostilidades deben tener lugar entre las autoridades gubernamentales y grupos armados organizados o entre estos grupos dentro del territorio de un Estado. En el caso Katanga, la CPI indicó que se incluía la situación en la que un tercer Estado interviene en el territorio de otro Estado, con el consentimiento de este último, para participar en el conflicto con los grupos armados opositores al gobierno[905]. En segundo lugar, el conflicto tiene que ser "prolongado"[906], pero no especificó con claridad su significado[907]. En tercer lugar, los grupos

---

903 Las posiciones de cada uno de los sectores doctrinales, y sus razones, pueden leerse sintetizadas en Ibid., pp.159 y ss.

904 Cullen argumenta que no habría dos niveles distintos de conflicto armado no internacional: (i) porque sería contrario a lo que querían los redactores del ECPI; (ii) porque la interpretación del concepto en su uso convencional encaja con la interpretación de que es equivalente al umbral del artículo 3 Común; y (iii) porque la lectura y el significado ordinario del texto del párrafo 2.e sugiere que los crímenes de los párrafos 2.c y 2.e forman parte de la misma categoría de "violaciones graves de las leyes y costumbres" aplicables a los conflictos armados sin carácter internacional, lo cual se ve confirmado por el status consuetudinario de estas normas con el mismo umbral de aplicación. Ibid., p.185.

905 CPI: *Prosecutor vs Katanga, op. cit.*, pár.1184.

906 Ibid., pár.1185. CPI: *Prosecutor vs Lubanga, op. cit.*, pár.536.

907 Klamberg sugiere que su significado estaría incluido en las nociones de grupo armado organizado y de la intensidad del conflicto. KLAMBERG, M. (Ed.): *Commentary on the Law…, op. cit.*, p.118.

armados deben tener un mínimo suficiente de organización como para poder sostener las hostilidades. No se exige que los grupos armados ejerzan control sobre una parte del territorio ni que actúen bajo un mando responsable como indica el artículo 1.1 del PAII[908]. Ahora bien, la CPI ha empleado una lista de criterios para determinar el grado de organización mínimo, aunque deben ser interpretados caso por caso y de forma flexible. La lista incluye: el grado de jerarquía interna; la estructura y las normas de mando; el grado de disponibilidad de material militar; la capacidad para planificar operaciones militares y llevarlas a cabo; y el alcance, la gravedad y la intensidad de cualquier actividad militar[909]. Por último, el conflicto debe alcanzar cierto nivel de intensidad. Para evaluarlo, la CPI toma en consideración los mismos factores que el TPIY, a saber:

> "the seriousness of attacks and potential increase in armed clashes, their spread over territory and over a period of time, the increase in the number of government forces, the mobilisation and the distribution of weapons among both parties to the conflict, as well as whether the conflict has attracted the attention of the United Nations Security Council, and, if so, whether any resolutions on the matter have been passed"[910].

2.3. El nexo entre el conflicto armado y la conducta criminal

Durante una contienda bélica, no todos los delitos que se cometen constituyen crímenes de guerra. Por esta razón, no solo es esencial que la conducta punible tenga lugar en el contexto de un conflicto armado, sino que debe poseer una relación con el mismo. Los Elementos de los Crímenes reclaman que la con-

---

908 CPI: *Prosecutor vs Lubanga, op. cit.*, pár.536.

909 Ibid., pár.537; CPI: *Prosecutor vs Katanga, op. cit.*, pár.1186.

910 CPI: *Prosecutor vs Lubanga, op. cit.*, pár.538; CPI: *Prosecutor vs Katanga, op. cit.*, pár.1187.

ducta "haya estado relacionada con [el conflicto armado]"[911]. El TPIY explicó los términos de la relación entre ambos:

> "[...] For an offence to be a violation of international humanitarian law, therefore, this Trial Chamber needs to be satisfied that each of the alleged acts was in fact closely related to the hostilities. It would be sufficient to prove that the crime was committed in the course of or as part of the hostilities in, or occupation of, an area controlled by one of the parties. It is not, however, necessary to show that armed conflict was occurring at the exact time and place of the proscribed acts alleged to have occurred [...], nor is it necessary that the crime alleged takes place during combat, that it be part of a policy or of a practice officially endorsed or tolerated by one of the parties to the conflict, or that the act be in actual furtherance of a policy associated with the conduct of war or in the actual interest of a party to the conflict [...]. The only question, to be determined in the circumstances of each individual case, is whether the offences were closely related to the armed conflict as a whole"[912].

El nexo con el conflicto armado debe ser "estrecho". Más adelante, en el caso Kunarac, la Sala de apelaciones del TPIY precisó las condiciones del vínculo:

> "What ultimately distinguishes a war crime from a purely domestic offence is that a war crime is shaped by or dependent upon the environment – the armed conflict – in which it is committed. It need not have been planned or supported by some form of policy. The armed conflict need not have been causal to the commission of the crime, but the existence of an armed conflict must, at a minimum, have played a substantial part in the perpetrator's ability to commit it, his decision to commit it, the manner in which it was committed or the purpose for which it was committed. Hence, if it can be established, as in the present case, that the perpetrator acted in furtherance of or under the guise of the armed conflict, it would be sufficient to

---

911 CPI: *Elementos de los Crímenes, op. cit.*, p.238.

912 TPIY: *Opinion and Judgement in the case the Prosecutor v. Duško Tadić aka "Dule"*, Trial Chamber, IT-94-1-T, 7 de mayo de 1997, pár.573.

> conclude that his acts were closely related to the armed conflict. The Trial Chamber's finding on that point is unimpeachable"[913].

Como se desprende de la jurisprudencia mencionada, no es necesario que el delito se cometa en pleno combate, ni tampoco que el conflicto sea su causa última. Asimismo, los crímenes de guerra pueden perpetrarse en otro momento y lugar de donde ocurren las hostilidades mientras sea posible establecer esa conexión[914]. La CPI ha seguido el criterio del TPIY en su aproximación a la interpretación del nexo[915].

La relación funcional de la conducta con el conflicto armado debe determinarse objetivamente caso por caso[916]. Como advierte Schabas, el debate sobre la conexión es probablemente menor cuando se trata de altos rangos, líderes y organizadores[917]. El TPIY se ayudó de una serie de factores para examinar la proximidad del vínculo como la posición del perpetrador; el hecho de que la víctima no sea combatiente; el hecho de que

---

913 TPIY: *Appeal Judgement in the case the Prosecutor v. Dragoljub Kunarac…, op. cit.*, pár.58.

914 La explicación de la Sala de apelaciones en Kunarac es clara: "[...] A violation of the laws or customs of war may therefore occur at a time when and in a place where no fighting is actually taking place. As indicated by the Trial Chamber, the requirement that the acts of the accused must be closely related to the armed conflict would not be negated if the crimes were temporally and geographically remote from the actual fighting. It would be sufficient, for instance, for the purpose of this requirement, that the alleged crimes were closely related to hostilities occurring in other parts of the territories controlled by the parties to the conflict". Ibid., pár.57. También en TPIY: *Decision on the Defence Motion for Interlocutory Appeal on Jurisdiction in the case the Prosecutor v. Duško Tadić, op. cit.*, pár.70.

915 CPI: *Prosecutor vs Katanga, op. cit.*, pár.1176.

916 W WERLE, G. y JESSBERGER, F.: *Tratado de Derecho Penal Internacional, op. cit.*, p.694.

917 SCHABAS, W.: *The International Criminal Court…, op. cit.*, p.236.

la víctima sea miembro de la parte adversa; el hecho de que el acto pueda servir al objetivo de la campaña militar; y el hecho de que el crimen sea cometido como parte o en el contexto de los deberes oficiales del autor[918].

La posición del autor en relación con una de las partes en el conflicto puede ser indicio del nexo con la conducta criminal. El vínculo puede ser más fácilmente observable cuando se trata de conductas realizadas por combatientes de una de las partes, o en el caso de agentes públicos, en el sentido de que actúan por mandato del Estado. Del mismo modo, los civiles también pueden cometer crímenes de guerra. Este hecho está aceptado desde los juicios posteriores a la Segunda Guerra Mundial[919]. El vínculo podría afirmarse si el hecho ha sido ordenado o tolerado por una de las partes en conflicto, e incluso en ciertos casos podría imputarse a individuos sin que ninguna de las partes lo haya ordenado o tolerado[920].

2.4. El conocimiento de la existencia del conflicto armado

Además de la existencia de un conflicto armado y de la relación estrecha de este con la conducta, los Elementos de los Crímenes también disponen que "el autor haya sido consciente de circunstancias de hecho que establecían la existencia de un conflicto armado"[921]. Este elemento, que, con los anteriores, se predica de todos los crímenes de guerra, se modera con tres precisiones que aparecen en la introducción de los Elementos de los Crímenes:

---

918 TPIY: *Appeal Judgement in the case the Prosecutor v. Dragoljub Kunarac…, op. cit.*, pár.59.

919 WERLE, G. y JESSBERGER, F.: *Tratado de Derecho Penal Internacional, op. cit.*, p.696.

920 Ibid., p.697.

921 CPI: *Elementos de los Crímenes, op. cit.*, p.238.

"a) No se exige que el autor haya hecho una evaluación en derecho acerca de la existencia de un conflicto armado ni de su carácter internacional o no internacional;

b) En ese contexto, no se exige que el autor sea consciente de los hechos que hayan determinado que el conflicto tenga carácter internacional o no internacional;

c) Únicamente se exige el conocimiento de las circunstancias de hecho que hayan determinado la existencia de un conflicto armado, implícito en las palabras "haya tenido lugar en el contexto de y que haya estado relacionada con él""[922].

3. ELEMENTOS ESPECÍFICOS DEL CRIMEN DE GUERRA DE DESTRUCCIÓN DE BIENES CULTURALES

3.1. Consideraciones previas

La preocupación por los ataques contra el patrimonio cultural acaecidos en la última década ha ido en aumento en el seno de la CPI. Por esta razón, la Fiscalía de la Corte ha situado como una de sus prioridades la persecución penal de las agresiones al patrimonio cultural, entendido como un concepto amplio que incluya tanto los procesos como los productos, más allá de la noción más limitada de bienes culturales[923]. En esta línea, la Fiscalía ha sugerido que los crímenes de guerra pueden ofrecer el medio más directo para abordar los daños intencionados al patrimonio cultural, en tanto que no solo protegen a las personas sino también a los bienes[924].

---

922 Ibid., p.238.

923 CPI (OTP): *Policy on Cultural Heritage*, Office of the Prosecutor, CPI, junio de 2021, pár.15. Disponible en: https://www.icc-cpi.int/sites/default/files/itemsDocuments/20210614-otp-policy-cultural-heritage-eng.pdf.

924 Ibid., pár.41.

La extensa lista de crímenes de guerra recopilados en el artículo 8.2 del ECPI contempla las agresiones contra los bienes en una pluralidad de preceptos. Muchas de estas conductas punibles pueden potencialmente articular la protección de los bienes culturales, pero lo hacen partiendo de la categoría más genérica de bienes civiles. El artículo 8.2.a.iv sanciona como infracción grave de los Convenios de Ginebra la "destrucción y la apropiación de bienes, no justificadas por necesidades militares, y efectuadas a gran escala, ilícita y arbitrariamente". Dentro de las "otras violaciones de las leyes y costumbres", también se criminaliza "dirigir intencionalmente ataques contra bienes civiles, es decir, bienes que no son objetivos militares" (artículo 8.2.b.ii) y "lanzar un ataque intencionalmente, a sabiendas de que causará pérdidas incidentales de vidas, lesiones a civiles o daños a bienes de carácter civil [...] que serían manifiestamente excesivos en relación con la ventaja militar concreta y directa de conjunto que se prevea" (artículo 8.2.b.iv). Ambos crímenes aplicables en conflictos armados internacionales y sin homólogo en los conflictos internos. Tampoco tiene correspondencia en conflictos armados sin carácter internacional el crimen de "atacar o bombardear, por cualquier medio, ciudades, aldeas, viviendas o edificios que no estén defendidos y que no sean objetivos militares" que fue tomado directamente del artículo 25 del Reglamento de La Haya de 1907 e incorporado casi sin retoques en el artículo 8.2.b.v. En cambio, el crimen de guerra de "destruir o apoderarse de bienes del enemigo, a menos que las necesidades de la guerra lo hagan imperativo" es aplicable a ambos tipos de conflicto armado (artículo 8.2.b.xiii y 8.2.e.xii). De igual modo, también se prohíbe el saqueo de una ciudad o plaza (artículo 8.2.b.xvi y 8.2.e.v). Todas ellas son consideradas *leges generales* cuando se trata específicamente de la destrucción de bienes culturales[925].

---

925 EHLERT, C.: *Prosecuting the Destruction of Cultural Property..., op. cit.*, pp.121-122.

En puridad, el crimen de guerra de destrucción intencional de bienes culturales no se formula en estos precisos términos en el ECPI. El artículo 8.2.b.ix castiga en los conflictos armados internacionales:

> "Dirigir intencionalmente ataques contra edificios dedicados a la religión, la educación, las artes, las ciencias o la beneficencia, los monumentos históricos, los hospitales y los lugares en que se agrupa a enfermos y heridos, siempre que no sean objetivos militares."

La disposición constituye *lex specialis* respecto del ataque a bienes civiles en general[926]. Exactamente la misma conducta se criminaliza para los conflictos armados sin carácter internacional en el artículo 8.2.e.iv, reflejando así la norma consuetudinaria. Por esta razón, el análisis de ambas disposiciones se hará conjuntamente. Los Elementos de los Crímenes[927] establecen para ambos:

> "1. Que el autor haya lanzado un ataque.
>
> 2. Que el ataque haya estado dirigido contra uno o más edificios dedicados a la religión, la instrucción, las artes, las ciencias o la beneficencia, los monumentos históricos, los hospitales o los lugares en que se agrupe a enfermos y heridos que no sean objetivos militares.
>
> 3. Que el autor haya tenido la intención de dirigir el ataque contra tales edificios dedicados a la religión, la instrucción, las artes, las ciencias o la beneficencia, los monumentos históricos, los hospitales o los lugares en que se agrupa a enfermos y heridos que no sean objetivos militares.

---

926 KLAMBERG, M. (Ed.): *Commentary on the Law…, op. cit.,* p.89.

927 CPI: *Elementos de los Crímenes, op. cit.,* pp.247 y 260. En ambos casos, añaden el siguiente comentario: "La presencia en la localidad de personas especialmente protegidas en virtud de los Convenios de Ginebra de 1949 o de fuerzas de policía mantenidas con el único fin de preservar el orden público no convierte a la localidad, por ese solo hecho, en un objetivo militar".

> 4. Que la conducta haya tenido lugar en el contexto de un conflicto armado internacional [o en un conflicto armado que no era de índole internacional] y haya estado relacionada con él.
>
> 5. Que el autor haya sido consciente de que había circunstancias de hecho que establecían la existencia de un conflicto armado."

El texto legal revive la redacción clásica del Reglamento de 1907, en concreto de su artículo 27, en el que se inspira. Este lenguaje dista mucho de formulaciones como la del artículo 3.d del Estatuto del TPIY o del enfoque más moderno del SP99. Asimismo, como puede leerse, el concepto de bienes culturales (o la noción más general de patrimonio cultural) no aparece en el ECPI. En su lugar, se lista una serie de edificios especialmente protegidos que por sus características podrían caer dentro de la categoría de bienes culturales. La protección que recibirán está ligada a la condición de que no sean objetivos militares. A continuación, abordaremos la interpretación de todos los conceptos jurídicos clave de estas disposiciones.

3.2. Elementos materiales

3.2.1. Dirigir ataques

La conducta punible consiste en "dirigir [...] ataques" contra uno de los objetos protegidos por el tipo penal. El lanzamiento de un ataque es, por tanto, un elemento material de este crimen de guerra. La interpretación del concepto de "ataque" en el sentido de los artículos 8.2.b.ix y 8.2.e.iv suscita un intenso debate tanto en la esfera doctrinal, como en el ámbito jurisprudencial, en concreto desde la sentencia del caso Al Mahdi en septiembre de 2016[928].

---

928 Sobre los problemas de interpretación de la disposición en el caso Al Mahdi, vid. SCHABAS, W.: "Al Mahdi Has Been Convicted of a Crime He Did Not Commit", *Case Western Reserve Journal of International Law*,

El ECPI no delimita el concepto de "ataque", y la redacción de los artículos 8.2.b.ix y 8.2.e.iv guarda silencio al respecto. En el artículo 49.1 del PAI se estipula que los ataques deben entenderse como "los actos de violencia contra el adversario, sean ofensivos o defensivos". Dörmann sugiere que esta noción de ataque se refiere al uso de la fuerza armada para llevar a cabo una operación militar en el transcurso del conflicto armado[929]. Siendo así, el concepto es extremadamente amplio, por lo que prácticamente todos los actos de hostilidad cabrían en esta definición[930]. Sin embargo, una parte de la doctrina aboga por una interpretación más estricta. Proponen que el significado de ataque es idéntico al concepto legal técnico (*termo f art*) de ataque en el DIH[931]. Este sector doctrinal, a pesar de reconocer algunas

---

vol. 49, 2017, pp.75-102. BAGOTT, P.-L.: "How to solve a problem like Al Mahdi: proposal for a new crime of attacks against cultural heritage", en FRASER, J. y MCGONIGLE-LEYH, B.: *Intersections of Law and Culture at the International Criminal Court*, Edward Elgar Publishing, Cheltenham (Reino Unido), 2020, capítulo 3, pp. 38-58. CASALY, P.: "Al Mahdi before the ICC. Cultural Property and World Heritage in International Criminal Law", *Journal of International Criminal Justice*, vol. 14, 2016, pp.1199-1220. Para análisis crítico de la sentencia y de los argumentos utilizados por las Salas en el asunto contra Bosco Ntaganda, vid. O'CONNELL, E.: "Criminal Liability for the Destruction of Cultural Property: The Prosecutor v. Bosco Ntaganda", *DePaul Journal for Social Justice*, vol. 15, nº 1, 2022, pp.1-63. Disponible en: https://via.library.depaul.edu/jsj/vol15/iss1/3. En castellano, vid. FERRANDO HERNÁNDEZ, J.-M.: "La destrucción de bienes culturales como crimen de guerra en el Estatuto de Roma de la Corte Penal Internacional: la necesidad de una interpretación expansiva", *Anuario Español de Derecho Internacional*, vol.40, 2024, pp.301-361. DOI: https://doi.org/10.15581/010.40.301-361.

929 DÖRMANN, K. y DOSWALD-BECK, L.: *Elements of War Crimes under the Rome Statute of the International Criminal Court: Sources and Commentary*, Cambridge University Press, Cambridge, 2009, p.216.

930 KLAMBERG, M. (Ed.): *Commentary on the Law…*, *op. cit.*, p.90.

931 SCHABAS, W.: "Al Mahdi Has Been Convicted…", *op. cit.*, pp.77 y ss.

críticas, considera que la noción de ataque sintetiza en una sola palabra "acción de combate", por lo que habría ciertos actos de hostilidad (por ejemplo, algunos actos cometidos por una parte en conflicto en el territorio que controla) que no serían ataques[932]. En consecuencia, según O'Keefe, la demolición con explosivos, martillos neumáticos, buldóceres u otra maquinaria pesada no constituirían ataques en el sentido consuetudinario del término, por lo que sugiere utilizar el tipo penal más genérico de "destruir [...] bienes de un adversario, a menos que las necesidades del conflicto lo hagan imperativo" (artículos 8.2.b.xiii y 8.2.e.xii) para perseguir estos actos de destrucción intencional[933]. No obstante, es posible formular dos observaciones críticas sobre esta tesis. En primer lugar, los delitos de los artículos 8.2.b.xiii y 8.2.e.xii protegen los bienes en general, sin tener en cuenta el carácter y la relevancia de los bienes culturales. En la práctica ello se traduciría en que el incendio de viviendas recibiría el mismo trato que la demolición de un monumento histórico protegido por su valor cultural intrínseco. Parece más apropiado que la imputación trate de capturar todas las implicaciones de la conducta del responsable[934]. En segundo lugar, los artículos 8.2.b.ix y 8.2.e.iv son las únicas disposiciones que contienen un listado de edificios que claramente se inscriben dentro de la definición de bienes culturales proporcionada por el artículo 1 de la CH54. La singularización de esta categoría específica de bienes refleja la protección superior de la que gozan por su valor intrínseco. Por esta razón, la Fiscalía de la CPI

---

932 FLECK, D. (Ed.): *The handbook of international humanitarian law*, Oxford University Press, Nueva York, 2008, pp.175-176.

933 O'KEEFE, R.: "Protection of Cultural Property under International Criminal Law", *op. cit.*, p.355.

934 Los crímenes de los artículos 8.2.b.xiii y 8.2.e.xii pueden ser útiles cuando se trate de abordar la destrucción de bienes culturales muebles, dado que resulta difícil encajar esta conducta en otros crímenes de guerra. CPI (OTP): *Policy on Cultural Heritage, op. cit.*, pár.52.

prefiere la imputación de la destrucción de bienes culturales bajo los crímenes de los artículos 8.2.b.ix y 8.2.e.iv[935].

En el ámbito jurisprudencial, la CPI ha tenido ocasión de interpretar este crimen. Ahmad Al Faqi Al Mahdi, dirigió la destrucción de diez monumentos históricos y edificios religiosos en Tombuctú, Malí, durante la ocupación de la ciudad por parte de los grupos armados de carácter extremista islámico Ansar Dine y Al-Qaeda en el Magreb Islámico entre 2012 y 2013. Fue acusado exclusivamente del crimen de guerra del artículo 8.2.e.iv. Se declaró culpable y fue condenado a nueve años de prisión. La sentencia es considerada un hito en la protección penal del patrimonio cultural en el marco de la CPI[936].

En su análisis de la disposición, la Sala juzgó que "dirigir ataques" incluía cualquier acto de violencia, en sentido amplio, contra los objetos protegidos con independencia de que hubieran ocurrido en el transcurso de los combates o después de que el bien hubiera caído en manos de la parte que lo destruyó[937].

---

935 CPI (OTP): *Policy on Cultural Heritage, op. cit.*, pár.42.

936 Al Mahdi fue la primera persona acusada exclusivamente de la destrucción de bienes culturales ante la CPI, así como el primer individuo en declararse culpable en base al ECPI. La sentencia fue aplaudida como una gran victoria para una CPI que se encontraba en horas bajas en términos de credibilidad y en un momento, en 2016, en el que el mundo asistía impotente a la devastación de patrimonio cultural en Siria e Irak, en particular a manos del Dáesh. Sin embargo, también se han vertido fuertes críticas sobre la CPI por hacer un uso indebido de los recursos escasos de la Corte para perseguir a criminales de bajo rango. STERIO, M.: "Individual Criminal Responsibility for the Destruction of Religious and Historic Buildings: The Al Mahdi Case", *Case Western Reserve Journal International Law*, vol. 49, 2017, pp.63-73; PRATT, L.: "Prosecution for the Destruction of Cultural Property: Significance of the al Mahdi Trial", en HOLLY, C., KASTNER, P. y RICHMOND, S. (Eds.): *The Politics of International Criminal Law*, Leiden, 2021, pp.210-216.

937 CPI: *Prosecutor vs Al Mahdi, op. cit.*, párs.15-16. La Sala señaló que la jurisprudencia del TPIY no era de utilidad en este caso puesto que

La Sala no profundizó en las razones que la llevaron a tal conclusión, sino que adujó que las normas de DIH protegían los bienes culturales en ambas situaciones y que el ECPI no hacía distinciones. Además, indicó que el crimen no requiere probar la asociación de la conducta criminal con unas hostilidades concretas, sino que bastaría una asociación general con el conflicto armado[938]. Así pues, el término "ataques" tendría un significado especial que incluiría no solo los actos dirigidos contra objetos controlados por la parte contraria, sino también los actos dirigidos contra objetos protegidos bajo el control de la parte[939].

No obstante, las Salas optaron una interpretación diferente de este elemento en el caso contra Bosco Ntaganda, relativo a la situación en la República Democrática del Congo[940]. En su análisis del elemento del ataque, la Sala de Primera Instancia se adhirió a la definición tradicional y restrictiva de "ataque" en el DIH y concluyó que el artículo 8.2.e.iv establecía un crimen que debía cometerse en el desarrollo efectivo de las hostilidades, aunque señaló que su interpretación no podía hacerse extensiva a los casos en que el ataque se dirigía contra objetos

---

la formulación del crimen del ECPI es distinta del artículo 3.d del Estatuto del TPIY, que penaliza explícitamente la destrucción o el daño.

938 Ibid., pár.18.

939 CPI (OTP): *Policy on Cultural Heritage, op. cit.*, pár.45.

940 Bosco Ntaganda, antiguo comandante de las Fuerzas Patrióticas de Liberación del Congo (FPLC) fue acusado de diversos crímenes de guerra y crímenes contra la humanidad en el conflicto armado en República Democrática del Congo. Entre otros cargos, Ntaganda fue acusado de cometer el crimen del artículo 8.2.e.iv del ECPI en relación con el saqueo de un hospital en Mongbwalu y el ataque a una iglesia y un centro médico en Sayo. En relación con estos hechos, Ntaganda solo fue condenado en relación al ataque al centro médico. Fue declarado culpable en 2019. La sentencia fue recurrida por las partes, pero, en 2021, la Sala de Apelación confirmó la condena. Más información en: https://www.icc-cpi.int/drc/ntaganda.

culturales, dado su especial protección[941]. La Sala de Apelaciones ratificó la posición de la Sala de Primera Instancia, pero no hubo unanimidad entre los jueces del tribunal, que expresaron su desacuerdo en diversos votos particulares[942].

En la resolución de confirmación de los cargos contra Al Hassan, de noviembre de 2019, donde obraban cargos relacionados con la destrucción de monumentos y edificios religiosos en Tombuctú, la Sala de Cuestiones Preliminares I se adhirió al posicionamiento adoptado por la CPI en el caso Al Mahdi, según la cual "dirigir un ataque" incluía todos los actos de violencia cometidos contra los bienes protegidos sin distinguir en función de si fueron cometidos durante el efectivo desarrollo de las hostilidades o después de que los bienes cayeran bajo el control de una de las partes, ya que el ECPI tampoco hace esta diferenciación[943]. El tribunal concluyó que el resto de los requisitos del crimen de guerra estaban satisfechos y que, por tanto, cabía confirmar el cargo en su formulación bajo el artículo 8.2.e.iv[944]. La sentencia de Primera Instancia, dictada el 26 de junio de 2024, absolvió a Al Hassan del delito del artículo

---

941 CPI: *Judgment in the case of the Prosecutor vs Bosco Ntaganda,* Trial Chamber VI, ICC-01/04-02/06, 8 de julio de 2019, pár.1136, incluida nota al pie 3147, y pár.1142.

942 CPI: *Judgment on the appeals of Mr. Bosco Ntaganda and the Prosecutor against the decision of Trial Chamber VI of 8 July 2019 entitled 'Judgment' in the case of the Prosecutor vs Bosco Ntaganda,* Appeal Chamber, ICC-01/04-02/06 A A2, 30 de marzo, párs.1164-1169. En opinión de O'Connell, la sentencia en el asunto Ntaganda erró al limitar su interpretación de la noción de ataque estrictamente a la definición del artículo 49.1 del PAI puesto que no tuvo en cuenta todo el marco de protección que el derecho internacional proporciona a los bienes culturales. O'CONNELL, E.: "Criminal Liability...", *op. cit.*, pp.51-54.

943 CPI: *Rectificatif à la Décision relative à la confirmation des charges portées contre Al Hassan Ag Abdoul Aziz Ag Mohamed Ag Mahmoud,* Pre-Trial Chamber I, ICC-01/12-01/18, 13 de noviembre de 2019, pár.522.

944 Ibid., párs.530-531.

8.2.e.iv debido a la ausencia de pruebas que confirmasen su participación en los hechos imputados, por lo que la Sala no entró a analizar los elementos del crimen[945].

A la vista de las diferencias de criterios, no es posible afirmar con total seguridad qué postura adoptará la CPI en futuros pronunciamientos. La interpretación del concepto puede tener un efecto determinante en el cumplimiento de los requisitos del crimen, puesto que, si no hubiera ataque, en el sentido de la disposición, no habría elemento material y, por tanto, no podría establecerse la responsabilidad penal en virtud de este crimen.

El crimen de los artículos 8.2.b.ix y 8.2.e.iv se configura como un delito de mera actividad, esto es, se criminaliza la conducta de "dirigir" un ataque, por lo que un resultado de daño o destrucción en los objetos protegidos es irrelevante para la comisión de este crimen de guerra. En este sentido, el ECPI se alinea con la norma consuetudinaria[946] al diferenciarse de otros instrumentos internacionales, como el artículo 85.4.d del PAI, o incluso el artículo 3.d del Estatuto del TPIY, que sí exigen un resultado de daño o destrucción.

3.2.2. Los bienes culturales como bienes especialmente protegidos

El segundo elemento esencial para la existencia de este crimen de guerra es que el ataque se dirija contra "uno o más edificios dedicados a la religión, la instrucción, las artes, las ciencias o la beneficencia, los monumentos históricos, los hospitales o los lugares en que se agrupe a enfermos y heridos"[947]. La disposición opta por un listado de edificios en el que se incluyen cuatro cate-

---

945 Vid. CPI: *Trial Judgment in the case of the Prosecutor vs Al Hassan Ag Abdoul Aziz Ag Mohamed Ag Mahmoud,* Trial Chamber X, ICC-01/12-01/18, 26 de junio de 2024, párs.1030-1055.

946 O'KEEFE, R.: "Protection of Cultural Property under International Criminal Law", *op. cit.*, p.351.

947 CPI: *Elementos de los Crímenes, op. cit.*, p.247.

gorías de bienes, a saber: los bienes culturales, los lugares para los necesitados, los edificios dedicados a la religión y otros edificios dedicados a la educación[948]. De entrada, esto plantea el problema de que no todos los bienes comparten los mismos regímenes de protección en el Derecho Internacional y el DIH actuales[949].

Los bienes culturales no aparecen citados explícitamente en el ECPI, pero lo cierto es que una parte de los edificios protegidos caería dentro de la definición ofrecida por la CH54. Esta falta de referencia directa al concepto ha sido vista como un problema, pues diluye los bienes culturales como categoría distinta y autónoma dentro de los bienes civiles y los equipara a pesar de que el DIH los considera distintos, al menos, desde la CH54[950].

La interpretación de los bienes culturales a efectos del ECPI, por tanto, debe rastrearse en el Derecho Internacional convencional y consuetudinario[951]. Los artículos 27 y 56 del R.IV.H contienen los mismos objetos protegidos. El artículo 1 de la CH54 incluye una definición amplia de los bienes culturales que sean de gran importancia para el patrimonio cultural de los pueblos. El SP99 mejora la protección de los bienes protegidos por la CH54 e incluye una lista específica de sanciones penales en el artículo 15. Los monumen-

---

948 TRIFFTERER, O. (Ed.): *Commentary on the Rome Statute…, op. cit.*, p.376.

949 Por ejemplo, hospitales y edificios donde se agrupan enfermos y heridos están protegidos por las Convenciones de Ginebra I y IV de 1949 y también por el PAI. BOTHE, M.: “War Crimes”, *op. cit.*, p.409. Para este análisis, excluiremos los edificios dedicados a la beneficencia, los hospitales y otros lugares para enfermos y heridos por quedar fuera de nuestro objeto de estudio.

950 CARCANO, A.: “The criminalization and prosecution of attacks against cultural property”, dentro de POCAR, F.; PEDRAZZI, M.; FRULLI, M. (Eds.): *War crimes and the conduct of hostilities. Challenges to adjudication and investigation*, Edward Elgar, Cheltenham (UK), Northhampton, USA, 2013, p.87.

951 Para más detalles sobre definiciones y regímenes de protección, vid. supra Capítulo II.

tos históricos y los lugares de culto reciben protección en virtud del artículo 53 del PAI y artículo 16 del PAII en tanto constituyan patrimonio cultural y espiritual de los pueblos. El artículo 85.4.d del PAI criminaliza los ataques contra estos objetos. Los edificios religiosos y relacionados con la educación, las artes y las ciencias, también estarían protegidos en tanto sean bienes culturales en virtud de la CH54 o bien constituyan patrimonio cultural y espiritual de los pueblos, como establecen los Protocolos Adicionales de 1977[952]. El TPIY también hizo este recorrido por la normativa para averiguar qué objetos estaban protegidos por el Derecho Internacional en aplicación del artículo 3.d de su Estatuto[953]. La CPI, en el caso Al Mahdi, hizo lo propio, aunque de forma más escueta[954]. La Fiscalía de la CPI apuesta por una interpretación de los artículos 8.2.b.ix y 8.2.e.iv acorde con esta pluralidad de fuentes normativas que protegen el patrimonio cultural[955].

La redacción empleada en los artículos 8.2.b.ix y 8.2.e.iv opta por un enfoque tradicional de DIH que no protege los bienes culturales por su valor cultural intrínseco para las comunidades y para la humanidad en su conjunto, sino únicamente en su dimensión material[956]. El lenguaje de la disposición invita a pensar que

---

952 DÖRMANN, K. y DOSWALD-BECK, L.: *Elements of War Crimes..., op. cit.*, pp.221-222

953 TPIY: *Judgement in the case the Prosecutor v. Dario Kordić and Mario Čerkez, op. cit.*, párs.359 y ss. También TPIY: *Judgement in the case the Prosecutor v. Pavle Strugar, op. cit.*, párs.229-230.

954 CPI: *Prosecutor vs Al Mahdi, op. cit.*, pár.14.

955 CPI (OTP): *Policy on Cultural Heritage, op. cit.*, pár.34.

956 Micaela Frulli establece dos enfoques en la configuración de las normas que criminalizan las agresiones a los bienes culturales: por un lado, lo que denomina civilian-use approach, el enfoque tradicional del DIH basado en la protección de la población civil a través de la protección de los bienes culturales en su dimensión material; y, por otro lado, el cultural-value approach, según el cual los bienes culturales merecen protección por su valor cultural para las comunidades

cualquier ataque dirigido contra cualquier bien cultural constituiría un crimen de guerra, con independencia de su importancia para la comunidad a la que pertenece y para la humanidad. Esto sitúa la discusión en el terreno de la evaluación de la gravedad del hecho destructivo[957], dado que la CPI se centra en "los crímenes más graves de trascendencia internacional" y los asuntos que se le sometan deberán revestir "gravedad suficiente para justificar la adopción de otras medidas"[958]. Al hilo de ello, cabe preguntarse si la gravedad de los hechos varía en función de la importancia del objeto cultural agredido para una u otra comunidad, y cómo puede determinarse el nivel de gravedad sin unos criterios claros.

La Fiscalía de la CPI, frente a un delito contra el patrimonio cultural, aboga por tener en cuenta la escala, la naturaleza, la forma de comisión y el impacto sobre las víctimas, como factores que deben valorarse caso por caso[959]. También introduce como criterio de valoración el grado de daño material y el valor cultural del objeto protegido, alejándose así del enfoque puramente antropocéntrico que imbuye gran parte de las normas protectoras en el DIH. En consecuencia, los ataques contra edificios que sean bienes culturales en el sentido de la CH54, los Protocolos Adicionales o formen parte del Patrimonio Mundial en virtud de la CPPM de 1972 son *per se* especialmente graves, con independencia de la

---

locales y para la humanidad. El primer enfoque es el empleado por el ECPI y los tribunales ad hoc de los años 90, mientras que el segundo es el usado por el Segundo Protocolo de La Haya de 1999. FRULLI, M.: "The Criminalization of Offences…", *op. cit.*, pp.206-211.

957 Sobre la gravedad de los actos de destrucción o daño al patrimonio cultural, vid. MENÉNDEZ MONTERO, V.: "Entre el mito y la legalidad: el delito de destrucción del patrimonio cultural en el derecho penal internacional", *Anuario Colombiano de Derecho Internacional*, vol. 16, 2023, pp. 1-32. DOI: https://doi.org/10.12804/revistas.urosario.edu.co/acdi/a.11174.

958 Artículos 1 y 17.1.d del ECPI.

959 CPI (OTP): *Policy on Cultural Heritage, op. cit.*, pár.30.

consideración que tengan para la comunidad[960]. Eso no significa, sin embargo, que deba ignorarse el valor que estos tienen para las comunidades y para la humanidad en su conjunto[961].

La Sala de Primera Instancia VIII de la CPI afirmó en la sentencia del caso Al Mahdi que "even if inherently grave, crimes against property are generally of lesser gravity than crimes against persons"[962]. En el fondo el problema radica en determinar cuándo son suficientemente graves los ataques al patrimonio cultural. Tal y como se formulan los delitos de los artículos 8.2.b.ix y 8.2.e.iv del ECPI no se deduce un umbral de importancia mínimo que deban poseer los bienes culturales. Sin embargo, las exigencias de la admisibilidad de las causas parecen apuntar a que sí deberían poseer una cierta relevancia. Una manera de determinarla es el recurso por parte de los tribunales a las listas y registros de bienes culturales establecidos en tratados específicos de derecho internacional del patrimonio cultural. La jurisprudencia internacional se ha servido en numerosas ocasiones de la Lista del Patrimonio Mundial de la UNESCO para evaluar la gravedad del crimen de guerra[963]. Esto parece situar el umbral de la gravedad en el "valor

---

960 Ibid., pár.47.

961 Ibid., párs.17 y 25.

962 CPI: *Prosecutor vs Al Mahdi, op. cit.*, pár.77.

963 Por ejemplo, el TPIY tuvo en cuenta la inscripción de Dubrovnik en la Lista para valorar el ataque a la ciudad histórica como un crimen de especial gravedad por constituir un crimen contra la historia y contra el patrimonio cultural de la región y de la humanidad. Vid. TPIY: *Sentencing Judgement in the case the Prosecutor v. Miodrag Jokić, op. cit.*, pár.51-53 y 67. El tribunal también destacó el valor excepcional universal del Puente Viejo de Mostar, aunque cuando fue destruido no estaba todavía inscrito en la Lista. TPIY: *Judgement in the case the Prosecutor v. Jadranko Prlić et alii (volume I), op. cit.*, párs.1281-1282. El umbral utilizado por el TPIY no fue siempre tan elevado. Algunas Salas prescindieron de la Lista y optaron por una definición más amplia de los bienes culturales protegidos por el artículo 3.d del Estatuto del TPIY. Vid. TPIY: *Appeal Judgement in the case the Prosecutor v. Dario Kordić and Mario Čerkez, op. cit.*, pár.91.

excepcional universal" que se desprende de la inscripción en la Lista. La Fiscalía de la CPI ha subrayado que no hay un requisito de que los bienes culturales protegidos deban tener ese excepcional valor[964]. Ciertamente, el recurso constante a la Lista entraña el peligro, bien observado por la doctrina, de expulsar un gran número de bienes de gran importancia cultural que no alcanzan ese nivel tan elevado o que no han sido inscritos[965].

La CPI abordó la cuestión de la gravedad de los hechos destructivos en relación con la importancia cultural de los mausoleos destruidos en Tombuctú. Según la Sala de instancia, los edificios destruidos poseían un valor simbólico y emocional para los habitantes de la ciudad[966]. Además, nueve de las diez construcciones demolidas estaban inscritas en la Lista del Patrimonio Mundial, lo cual elevaba la gravedad del ataque porque afectaba no solo a los habitantes de Tombuctú, sino también a todo Malí y a la comunidad internacional[967].

Por último, la formulación de este crimen de guerra en el ECPI tiene un defecto grave, pues deja fuera de toda protección penal los bienes muebles. Otras disposiciones anteriores, como la CH54, los Protocolos Adicionales de 1977, o incluso el artículo 3.d del Estatuto del TPIY, contemplan las obras de arte. Así pues, la destrucción de los bienes muebles, aun el que está dentro de los edificios protegidos, debería encauzarse a través otros tipos penales más genéricos[968].

---

964 CPI (OTP): *Policy on Cultural Heritage, op. cit.*, pár.42, incluida nota al pie 31.

965 CASALY, P.: "Al Mahdi before the ICC...", *op. cit.*, pp. 1216-1217.

966 CPI: *Prosecutor vs Al Mahdi, op. cit.*, pár.79.

967 Ibid., pár.80. Ahora bien, como ha señalado la profesora Menéndez Montero, no está claro si la causa hubiera alcanzado el umbral de gravedad de haberse tratado únicamente de la destrucción del mausoleo Sheikh Mohamed Mahmoud Al Arawani, el único que no estaba inscrito en la Lista, aunque formara parte integral de la vida religiosa de los habitantes de Tombuctú. MENÉNDEZ MONTERO, V., "Entre el mito y la legalidad...", *op. cit.*, p. 19.

968 GOTTLIEB, Y.: "Criminalizing Destruction of Cultural Property: A Proposal for Defining New Crimes under the Rome Statute of the ICC", *Penn*

3.2.3. Que no sean objetivos militares

Los artículos 8.2.b.ix y 8.2.e.iv criminalizan el ataque a los bienes protegidos "siempre que no sean objetivos militares". Los Elementos de los Crímenes insisten en este elemento. La definición de objetivo militar, que no está contemplada en el ECPI, debe buscarse en el artículo 52.2 del PAI. El precepto dispone que:

> "los objetivos militares se limitan a aquellos objetos que por su naturaleza, ubicación, finalidad o utilización contribuyan eficazmente a la acción militar o cuya destrucción total o parcial, captura o neutralización ofrezca en las circunstancias del caso una ventaja militar definida".

Aquellos bienes que no son objetivos militares son considerados bienes civiles[969], a lo que se añade la presunción de que "en caso de duda acerca de si un bien que normalmente se dedica a fines civiles [...] se utiliza para contribuir eficazmente a la acción militar, se presumirá que no se utiliza con tal fin"[970]. La referencia a los objetivos militares, en lugar de la necesidad militar imperativa, supone un progreso, puesto que la primera noción está mejor definida y admite menos interpretaciones que la segunda[971].

Así pues, la conversión de un bien cultural en objetivo militar puede establecerse en virtud uno de los cuatro motivos ("naturaleza, ubicación, finalidad o utilización") mencionados en el artículo 52.2 del PAI, si bien esto plantea algunas situaciones problemáticas. Un castillo medieval, por su naturaleza, podría identificarse como un objetivo militar; un puente histórico, por su finalidad, también podría contribuir a la acción militar; un bien cultural podría interferir en las acciones militares por su

---

State International Law Review, vol. 23, nº 4, primavera de 2005, p.866; FRULLI, M.: "The Criminalization of Offences...", *op. cit.*, pp.212-213.

969 Artículo 52.1 del PAI.

970 Artículo 52.3 del PAI.

971 FRULLI, M.: "The Criminalization of Offences...", *op. cit.*, p.215.

ubicación. No parece razonable fundamentar la legalidad de un ataque en estas posiciones. Como sostiene Roger O'Keefe, en la práctica, será el uso –o la función, entendida como función en el momento corriente– la principal causa de que un bien cultural se transforme en un objetivo militar[972]. Por ejemplo, el Crac de los Caballeros, fortaleza del siglo XII en Siria e inscrita en la Lista del Patrimonio Mundial de la UNESCO[973], era usada como posición defensiva por los rebeldes sirios cuando las fuerzas gubernamentales lo bombardearon[974]. En realidad, el castillo medieval no fue bombardeado por su naturaleza o su finalidad, características asociadas con una edificación defensiva como esa, sino por su uso por parte de los rebeldes. El SP99 se inserta también en esta línea, y excluye directamente el resto de las bases para evaluar la conversión de un bien cultural en objetivo militar[975]. Con todo, que un bien cultural se haya convertido en objetivo militar no justifica automáticamente un ataque, sino que deberá cumplirse el segundo requisito de la definición del artículo 52.2 del PAI, esto es, que su destrucción, captura o neutralización otorgue una ventaja militar definida.

Por el contrario, el ECPI no fue tan lejos como para criminalizar el uso con fines militares de un bien cultural. La prohibición no es ajena a la normativa en este ámbito. Las obligaciones de respeto del artículo 4.1 de la CH54 insisten a las partes en el conflicto armado que se abstengan de usar los bienes culturales y sus proximidades para fines que puedan exponerlos a daño o destrucción. Los Protocolos Adicionales de 1977 contemplan también

---

972 O'KEEFE, R.: "Protection of Cultural Property under International Criminal Law", *op. cit.*, pp.350-251.

973 Vid.: https://whc.unesco.org/en/list/1229/.

974 BBC: "Syria Crusader castle Krak des Chevaliers has war scars", 22 de marzo de 2014. Disponible en: https://www.bbc.com/news/world-middle-east-26696113 (consultado: 1 de julio de 2024).

975 Artículo 1.f en conjunción con el artículo 6.a.i del SP99.

esta prohibición[976]. Si los redactores del ECPI hubieran incluido el uso con fines militares como conducta punible, la protección de los bienes culturales se hubiera fortalecido notablemente[977].

3.3. Elementos subjetivos: intención y conocimiento

El castigo de los crímenes internacionales requiere que el autor cumpla con un determinado elemento mental (*mens rea*) en el momento de realizar los elementos materiales del crimen (*actus reus*). El artículo 30 del ECPI dispone el elemento de intencionalidad general que rige para todos los crímenes que sean competencia de la Corte.

Así pues, la responsabilidad penal individual requiere el autor realice los elementos materiales del crimen con intención (*intent*) y conocimiento (*knowledge*), salvo disposición en contrario o la existencia de reglas más específicas. Esto no significa que todos los elementos materiales del crimen deban ser cometidos con intención y conocimiento. La intención solo se refiere a la conducta y a las consecuencias, mientras que el conocimiento abarca únicamente las circunstancias y las consecuencias[978].

A efectos del ECPI, la intención se predica tanto de la conducta como de las consecuencias. En relación con la primera, un individuo actúa intencionalmente si se propone incurrir en la conducta típica[979]. Por lo que refiere a la segunda, el autor se propone causar la consecuencia o es consciente de que esta se producirá en el curso normal de los acontecimientos[980]. Asimis-

---

976 Artículo 53.b del PAI y artículo 16 del PAII.

977 GOTTLIEB, Y.: "Criminalizing Destruction of Cultural Property…", *op. cit.*, p.867; FRULLI, M.: "The Criminalization of Offences…", *op. cit.*, pp.215-216.

978 WERLE, G. y JESSBERGER, F.: *Tratado de Derecho Penal Internacional*, *op. cit.*, p.317.

979 Artículo 30.2.a del ECPI.

980 Artículo 30.2.b del ECPI.

mo, el párrafo tercero del artículo 30 establece que por conocimiento se entiende la conciencia de que existe una circunstancia o que se va a producir una consecuencia en el curso normal de los acontecimientos. Además, las palabras "a sabiendas" y "con conocimiento" deben entenderse en el mismo sentido[981].

Aparte de estos requisitos generales del elemento subjetivo, los crímenes de guerra tienen la singularidad de que necesariamente deben cometerse en contextos de conflicto armado.

Ya hemos indicado que los crímenes de guerra exigen que el autor haya sido consciente de las circunstancias de hecho que establecían la existencia del conflicto armado, pero no era necesario que tenga conocimiento de las circunstancias en que se basa el conflicto armado ni que haga una evaluación jurídica precisa del conflicto[982].

Adicionalmente a todas estas prescripciones generales sobre el elemento subjetivo, el crimen de guerra de los artículos 8.2.b.ix y 8.2.e.iv posee un *mens rea* específico. La conducta típica consiste en "dirigir intencionalmente ataques". Los Elementos de los Crímenes señalan que "el autor haya tenido la intención de dirigir el ataque"[983]. En consecuencia, el crimen de atacar bienes culturales debe ser cometido intencionalmente.

Durante la redacción del ECPI hubo debate acerca de si el término "intencionalmente" se predicaba solo del lanzamiento del ataque o si, además, incluía el objeto del ataque. Al parecer se adoptó el segundo enfoque[984]. Por lo tanto, el autor debe llevar a cabo el ataque sabiendo que se trata de un bien protegido y sabiendo que este último no es un objetivo militar. No hace que el autor haga una evaluación legal del estatus del bien protegido, sino simplemente necesita saber las circunstancias

---

981 Artículo 30.3 del ECPI.

982 Vid. supra capítulo III, apartado 2.4.

983 CPI: *Elementos de los Crímenes, op. cit.*, p.247.

984 KLAMBERG, M. (Ed.): *Commentary on the Law…, op. cit.*, p.90.

de hecho que dan al objeto su estatus protegido[985]. De forma similar entendió el elemento subjetivo del crimen de destrucción de bienes culturales el TPIY[986].

La intención y el conocimiento pueden inferirse de los hechos y las circunstancias del caso concreto. Por ejemplo, en el caso Strugar, la Sala de instancia del TPIY concluyó que el autor sabía que Dubrovnik estaba inscrita en la Lista de Patrimonio Mundial, que los emblemas de la UNESCO eran visibles y que no estaba justificado por la necesidad militar[987]. En el marco de la CPI, la Sala de instancia confirmó que la intencionalidad de Al Mahdi en el ataque a los monumentos y edificios religiosos de Tombuctú en el hecho de que conocía la importancia de los mismos, participó de la destrucción y escribió y pronunció diversos alegatos en los que justificaba los ataques antes y durante los hechos[988].

---

985 Ibid., p.90. También TRIFFTERER, O. (Ed.): *Commentary on the Rome Statute…*, *op. cit.*, p.379, quien añade que este elemento es innecesario, a pesar de constar en los Elementos de los Crímenes, porque el artículo 30 ECPI ya dispone en tal sentido.

986 "The damage or destruction must have been committed intentionally to institutions which may clearly be identified as dedicated to religion or education and which were not being used for military purposes at the time of the acts". En: TPIY: *Judgement in the case the Prosecutor v. Tihomir Blaškić, op. cit.*, pár.185.

987 TPIY: *Judgement in the case the Prosecutor v. Pavle Strugar, op. cit.*, pár.329. Confirmado en apelación: TPIY: *Appeal Judgement in the case the Prosecutor v. Pavle Strugar, op. cit.*, pár.279.

988 CPI: *Prosecutor vs Al Mahdi, op. cit.*, pár.85, incluida la nota al pie núm.142.

Capítulo IV
Otras calificaciones jurídicas de la destrucción intencional de bienes culturales

1. LA DESTRUCCIÓN DE BIENES CULTURALES COMO CRIMEN CONTRA LA HUMANIDAD DE PERSECUCIÓN

1.1. La dimensión humana de la destrucción de bienes culturales

Detrás de la destrucción de bienes culturales muchas veces se esconde una deleznable intención de los perpetradores de dañar a los grupos humanos para los cuales esos bienes poseen importancia. En otras palabras, la agresión al patrimonio cultural tangible, por ejemplo, monumentos históricos o lugares religiosos, se presenta como un medio para aniquilar aquellos aspectos y valores culturales, religiosos, sociales o espirituales, proyectados por las comunidades sobre esos bienes. Se destruye, en fin, el vínculo entre el objeto y la comunidad para la cual representa un componente esencial de su identidad[989].

El patrimonio cultural, en el que se incluyen los bienes culturales, tiene "trascendencia en el presente, como herencia del pasado y en cuanto vía hacia el futuro", de modo que "no solo reviste importancia de por sí, sino también en relación con su

---

989 LENZERINI, F.: "Intentional destruction of cultural heritage", *op. cit.*, pp.76-78.

dimensión humana, en particular su significación para las personas y los grupos, su identidad y los procesos de desarrollo"[990]. La dimensión humana del patrimonio cultural destaca la estrecha relación que guardan el patrimonio cultural material e inmaterial, de tal manera que la destrucción del primero conlleva la desaparición del segundo[991]. Las consecuencias no solo afectan a determinados grupos de personas especialmente vinculadas con ese patrimonio, sino que el daño a cualquier bien cultural menoscaba el patrimonio de toda la humanidad[992]. Desde esta perspectiva, puede afirmarse, como lo hace Gerstenblith, que la destrucción intencional de patrimonio cultural constituye "a crime against people, not simply a loss of property"[993]. Y si estamos frente un crimen contra las personas, entonces nos encontramos ante una violación grave, directa y flagrante de los derechos humanos.

Los derechos vulnerados son numerosos, y, en buena medida, corresponden a la esfera de los derechos culturales. Cabría destacar, entre otros: el derecho a la no discriminación; el derecho a la libertad de pensamiento, de conciencia y de religión; el derecho a participar en la vida cultural; derecho a acceder al patrimonio cultural (incluida la historia de cada uno); derecho a la libertad de expresión y creación artísticas; el derecho de las minorías a disfrutar de su cultura; el derecho a la identidad cultural; o el derecho a la propiedad, en sentido colectivo[994]. La mayoría de estos se encuen-

---

990 ASAMBLEA GENERAL: *Informe de la Relatora Especial sobre los derechos culturales,* 9 de agosto de 2016, A/71/317, pár.6.

991 Ibid., pár.7.

992 Ibid., pár.8.

993 GERSTENBLITH, P.: "The Destruction of Cultural Heritage: a Crime against Property or a Crime against People?", *The John Marshall Review of Intellectual Property Law,* nº15, 2016, p.392.

994 LENZERINI, F.: "Intentional destruction of cultural heritage", *op. cit.,* pp.87-89; ASAMBLEA GENERAL: *Informe de la Relatora Especial sobre los derechos culturales, op. cit.,* pár.34.

tran recogidos en la DUDH, los Pactos Internacionales y demás instrumentos internacionales y regionales de derechos humanos.

La percepción del patrimonio cultural en su dimensión humana también se extiende a la exigencia de responsabilidades y la lucha contra la impunidad[995]. Por esta razón, al tratarse de una cuestión fundamentalmente de derechos humanos, existe la posibilidad de perseguir los graves abusos y violaciones de derechos humanos bajo los crímenes contra la humanidad, y, en particular, bajo el crimen de persecución. Esta vía, desarrollada con profusión en el seno del TPIY, captura enteramente la dimensión humana de la destrucción de bienes culturales. Theodor Meron, uno de sus jueces, expresó:

> "In terms of the doctrinal contribution which our Tribunal has made to international law protecting cultural property in times of military conflict, I would single out the notion [...] that the destruction of institutions dedicated to religion or education can, if committed with the requisite discriminatory intent, amount to persecution as a crime against humanity. (Of course, where this intent is absent, the destruction can still amount to a war crime.) One may perhaps object to this crime against humanity approach on the ground that it tends to diminish the importance of protecting cultural property per se, viewing attacks on this property mainly as a form of a discriminatory attack directed against individuals. I would argue, however, that the characterization of such attacks against cultural or religious institutions as crimes against humanity is simply recognition of the importance of these institutions to the identity and the development of an individual. Without the protection of our cultural or religious patrimony the link with our heritage is severed, and with it is severed our ability to define our identity."[996]

Sin embargo, esta reorientación antropocéntrica no es, en absoluto, una cuestión exenta de debate ya que, en opinión de algunos autores, un peso excesivo de la dimensión humana

---

995 Ibid., pár.54.

996 MERON, T.: "The Protection of Cultural Property...", *op. cit.*, p.56.

puede limitar innecesariamente el alcance de las normas de protección de los bienes culturales[997].

1.2. Los elementos generales de los crímenes contra la humanidad

El Derecho Internacional reconoce desde hace tiempo que la destrucción deliberada de los bienes culturales, como privación grave de derechos humanos, cuando se perpetra con una intención discriminatoria, puede constituir un crimen contra la humanidad en su modalidad de persecución. La conexión entre la destrucción y la apropiación de bienes de los grupos perseguidos y los crímenes contra la humanidad fue considerada por los tribunales militares internacionales posteriores a la Segunda Guerra Mundial. El Estatuto del TMI fue el primero en tipificar el delito en su artículo 6.c:

> "Crimes against humanity: namely, murder, extermination, enslavement, deportation, and other inhumane acts committed against any civilian population, before or during the war, or *persecutions on political, racial or religious grounds* in execution of or in connection with any crime within the jurisdiction of the Tribunal, whether or not in violation of the domestic law of the country where perpetrated."[998]

El Estatuto del TMILO incluyó la misma definición de los crímenes contra la humanidad[999]. Ambos instrumentos exigieron que su comisión hubiera tenido lugar en el contexto de la guerra. En los procesos de Núremberg diversos jerarcas nazis

---

997 LOSTAL BECERRIL, M.: *International Cultural Heritage Law in Armed Conflict. Case-studies of Syria, Lybia, Mali, the Invasion of Iraq, and the Budhas of Bamiyan*, Cambridge University Press, Cambridge, 2017, pp.43-46.

998 La cursiva es nuestra.

999 Artículo 5.c TMILO. A diferencia de su homólogo en Núremberg, no hubo ningún enjuiciamiento por este crimen. WERLE, G. y JESSBERGER, F.: *Tratado de Derecho Penal Internacional*, *op. cit.*, pp.548-549.

fueron condenados por la destrucción y apropiación de bienes con carácter persecutorio. No obstante, el TMI no expresó con claridad cuál era la naturaleza y el alcance del vínculo entre los crímenes contra la humanidad y el resto de los crímenes del Estatuto[1000]. La conexión de los crímenes contra la humanidad y los conflictos armados decayó gradualmente. La Ley n°10 del Consejo de Control Aliado, promulgada para armonizar el castigo de los criminales de la Segunda Guerra Mundial en toda la zona de control de las potencias aliadas, no incluyó ese requisito. Mucho más tarde, el artículo 5 del Estatuto del TPIY volvió a exigir ese vínculo con un conflicto armado internacional o interno. Por el contrario, el artículo 3 del Estatuto del TPIR no hizo ninguna referencia. Lo cierto es que, en la actualidad, la exigencia de una conexión entre los crímenes contra la humanidad y cualquier tipo de conflicto armado es contraria al Derecho Internacional consuetudinario[1001]. El ECPI no contempla esta limitación y, por tanto, pueden cometerse crímenes contra la humanidad tanto en tiempos de guerra como de paz.

En la actualidad, el artículo 7 del ECPI contiene la definición legal más detallada de este crimen hasta la fecha[1002]. El párrafo 1 establece que se entenderá por crimen contra la humanidad la comisión de cualquiera de los actos punibles "cuando se cometa como parte de un ataque generalizado o sistemático contra una población civil y con conocimiento de dicho ataque".

1000 CASSESE, A. y GAETA, P.: *Cassese's International Criminal Law, op. cit.*, p.88.

1001 El TPIY lo expresaba así: "It is by now a settled rule of customary international law that crimes against humanity do not require a connection to international armed conflict". TPIY: *Decision on the Defence Motion for Interlocutory Appeal on Jurisdiction in the case the Prosecutor v. Duško Tadić, op. cit.*, pár.141.

1002 Vid. CASSESE, A. y GAETA, P.: *Cassese's International Criminal Law, op. cit.*, pp.105-108. También, LIÑÁN LAFUENTE, A.: *El crimen contra la humanidad, op. cit.*, pp.167-224.

Los actos criminales deben cometerse en el marco de un ataque contra la población civil. Con arreglo al ECPI, un ataque consiste en una "línea de conducta que implique la comisión múltiple de actos mencionados [...] de conformidad con la política de un Estado o de una organización de cometer ese ataque o para promover esa política"[1003]. Ello implica la realización de una misma acción típica muchas veces o la comisión de diversas acciones típicas, o, incluso, abarcaría la comisión de un solo acto típico siempre que este formara parte de un contexto de ataque generalizado o sistemático[1004]. En consecuencia, los actos aislados o esporádicos se excluyen de los crímenes contra la humanidad[1005]. Tampoco es necesario que el ataque tenga una naturaleza militar[1006].

En virtud del artículo 7.2.a, el ataque debe perpetrarse de conformidad con la política de un Estado u organización de cometer el ataque o promover esa política. Los Elementos de los Crímenes señalan que "la política de cometer ese ataque" requiere que el Estado o la organización promuevan o alienten activamente un ataque

---

1003 Artículo 7.2.a del ECPI.

1004 TPIY: *Sentencing Judgement in the case the Prosecutor v. Duško Tadić aka "Dule"*, Trial Chamber, IT-94-1-T, 14 de julio de 1997, pár.649: "[...] Clearly, a single act by a perpetrator taken within the context of a widespread or systematic attack against a civilian population entails individual criminal responsibility and an individual perpetrator need not commit numerous offences to be held liable. Although it is correct that isolated, random acts should not be included in the definition of crimes against humanity, that is the purpose of requiring that the acts be directed against a civilian population and thus "[e]ven an isolated act can constitute a crime against humanity if it is the product of a political system based on terror or persecution". The decision of Trial Chamber I of the International Tribunal in the Vukovar Hospital Decision is a recent recognition of the fact that a single act by a perpetrator can constitute a crime against humanity".

1005 Ibid., pár.649.

1006 Introducción a los crímenes contra la humanidad en CPI: *Elementos de los Crímenes, op. cit.*, p.230.

contra la población civil[1007]. De hecho, el plan o política no tiene que ser detallado, ni expreso, ni formalmente declarado[1008]. Las Salas de la CPI han interpretado que esa política la puede realizar tanto un Estado como "groups of persons who govern a specific territory or by any organization with the capability to commit a widespread or systematic attack against a civilian population"[1009]. De ello se deduce que los actores no estatales pueden cometer crímenes contra la humanidad en la medida en que tengan capacidad para perpetrar un ataque contra la población civil.

El literal del artículo 7.1 establece que el ataque debe ser generalizado o sistemático. Ambas situaciones son alternativas. El carácter generalizado se refiere a la naturaleza a gran escala y al número de víctimas[1010]. La generalidad puede detectarse de un ataque en una extensa área geográfica, o en una pequeña zona pero dirigido contra un gran número de civiles[1011]. Por el contrario, el carácter sistemático refleja la naturaleza organizada de los actos de violencia, la existencia de un plan preconcebido o patrón criminal en el sentido de una repetición no accidental de una conducta

---

1007 Ibid., p.230.

1008 TPIY: *Judgement in the case the Prosecutor v. Tihomir Blaškić, op. cit.*, pár.204.

1009 CPI: *Decision Pursuant to Article 61(7)(a) and (b) of the Rome Statute on the Charges of the Prosecutor Against Jean-Pierre Bemba Gombo*, Pre-Trial Chamber II, ICC-01/05-01/08, 15 de junio de 2009, pár.81.

1010 CPI: *Prosecutor vs Katanga, op. cit.*, pár.1123. También la jurisprudencia consolidada del TPIY, por ejemplo, en TPIY: *Judgement in the case the Prosecutor v. Tihomir Blaškić, op. cit.*, pár.206; TPIY: *Appeal Judgement in the case the Prosecutor v. Dragoljub Kunarac…, op. cit.*, pár.94.

1011 CPI: *Decision on the Charges of the Prosecutor vs. Jean-Pierre Bemba Gombo, op. cit.*, pár.83.

criminal[1012]. Es importante recordar que solo el ataque, y no los actos del individuo, tiene que ser generalizado o sistemático[1013].

Además, la población civil debe ser el objetivo principal del ataque[1014]. El término población incluiría cualquier grupo de personas unidas por unas características comunes que le hacen objeto del ataque[1015]. No significa que toda la población de un territorio deba verse afectada. Se pretende descartar los ataques contra un número limitado de personas y los actos aislados de violencia. Para ello, los tribunales han empleado una serie de criterios para determinar que efectivamente el ataque tenía un carácter colectivo y organizado e iba dirigido contra una población civil como, por ejemplo, los medios y métodos empleados, el estatuto de las víctimas, su número o la naturaleza discriminatoria del ataque, entre otros[1016]. En definitiva, la población debe tener un carácter esencialmente civil.

De conformidad con el artículo 7 del ECPI, el *mens rea* general de los crímenes contra la humanidad exige que los autores lleven a cabo la conducta típica con conocimiento del ataque generalizado y sistemático contra la población civil. Los Elementos de los Crímenes añaden que el responsable haya tenido conocimiento de que "la conducta era parte de un ataque generalizado o sistemático dirigido contra una población civil o haya tenido la intención de que la conducta fuera parte de un ataque de ese tipo". No obstante, no se requiere que "el autor tuviera conocimiento

---

1012 CPI: *Prosecutor vs Katanga, op. cit.*, pár.1123; También TPIY: *Appeal Judgement in the case the Prosecutor v. Dario Kordić and Mario Čerkez, op. cit.*, pár.94.

1013 TPIY: *Appeal Judgement in the case the Prosecutor v. Dragoljub Kunarac…, op. cit.*, pár.96.

1014 CPI: *Prosecutor vs Katanga, op. cit.*, pár.1103-1104.

1015 WERLE, G. y JESSBERGER, F.: *Tratado de Derecho Penal Internacional, op. cit.*, p.556.

1016 TPIY: *Appeal Judgement in the case the Prosecutor v. Dragoljub Kunarac…, op. cit.*, párs.90-91.

de todas las características del ataque ni de los detalles precisos del plan o la política del Estado o de la organización"[1017].

1.3. La destrucción de bienes culturales como crimen contra la humanidad de persecución

La destrucción de bienes culturales puede constituir un crimen contra la humanidad bajo la modalidad de persecución, aunque no aparezca formulada de manera expresa en la lista actos punibles. Tal relación entre los actos destructivos y el crimen de persecución ya apareció formulada con ocasión de los juicios posteriores a la Segunda Guerra Mundial. Hermann Göring fue declarado culpable por su persecución de los judíos basada en parte en su interés económico[1018]. Alfred Rosenberg fue condenado por organizar el saqueo sistemático de bienes públicos y privados en los países ocupados por el Tercer Reich[1019]. Julius Streicher, condenado en Núremberg exclusivamente por crímenes contra la humanidad, se le imputó, entre otros, la destrucción de una sinagoga[1020].

Otros tribunales nacionales e internacionales incidieron en la relación entre la agresión al patrimonio cultural y las persecuciones. En el juicio a Eichmann, por ejemplo, el Tribunal Supremo de Israel hizo referencia a la destrucción deliberada de bienes culturales en el marco de la persecución a los judíos[1021]. Con posterioridad,

---

1017 Introducción a los crímenes contra la humanidad en CPI: *Elementos de los Crímenes, op. cit.*, p.230. En el mismo sentido, CPI: *Prosecutor vs Katanga, op. cit.*, pár.1125.

1018 TMI: *Trials of the major war criminals..., op. cit.*, p.282.

1019 Ibid., p.295.

1020 Ibid., p.302.

1021 THAKE, A.M.: "The Intentional Destruction of Cultural Heritage as a Genocidal Act and a Crime Against Humanity", *European Society of International Law (ESIL) 2017 Annual Conference (Naples)*, vol.10, n° 5, 2017, pp.11 y ss.

el TPIY indagó en la conexión entre la destrucción intencional de bienes culturales y las persecuciones. El Tribunal identificó el crimen como "a gross or blatant denial of a fundamental right reaching the same level of gravity as the other acts prohibited under Article 5" cometido por razones discriminatorias[1022].

Por su parte, el ECPI tipifica en el artículo 7.1.h el crimen de:

> "Persecución de un grupo o colectividad con identidad propia fundada en motivos políticos, raciales, nacionales, étnicos, culturales, religiosos, de género definido en el párrafo 3, u otros motivos universalmente reconocidos como inaceptables con arreglo al derecho internacional, en conexión con cualquier acto mencionado en el presente párrafo o con cualquier crimen de la competencia de la Corte."

A continuación, en el artículo 7.2.g, se aclara que "por "persecución" se entenderá la privación intencional y grave de derechos fundamentales en contravención del derecho internacional en razón de la identidad del grupo o de la colectividad". En adición a los elementos contextuales generales de todos los crímenes contra la humanidad, los Elementos de los Crímenes especifican los requisitos que deben probarse para afirmar la comisión de este delito:

> "1. Que el autor haya privado gravemente a una o más personas de sus derechos fundamentales en contravención del derecho internacional.
>
> 2. Que el autor haya dirigido su conducta contra esa persona o personas en razón de la identidad de un grupo o colectividad o contra el grupo o la colectividad como tales.
>
> 3. Que la conducta haya estado dirigida contra esas personas por motivos políticos, raciales, nacionales, étnicos, culturales, religiosos o de género, según la definición del párrafo 3 del artí-

[1022] TPIY: *Judgement in the case the Prosecutor v. Zoran Kupreškić et alii*, Trial Chamber, IT-95-16-T, 14 de enero de 2000, pár.627.

> culo 7 del Estatuto, o por otros motivos universalmente reconocidos como inaceptables con arreglo al derecho internacional.
>
> 4. Que la conducta se haya cometido en relación con cualquier acto de los señalados en el párrafo 1 del artículo 7 del Estatuto o con cualquier crimen de la competencia de la Corte. [...]"[1023].

Se deduce de lo anterior que no todas las violaciones de derechos fundamentales constituirían un crimen contra la humanidad de persecución, sino únicamente las vulneraciones graves[1024]. El ECPI tampoco provee de una lista de derechos fundamentales, concepto que se refiere a los derechos humanos básicos recogidos en los diferentes instrumentos internacionales y en el derecho consuetudinario, como representan, entre otros, la DUDH o los Pactos Internacionales[1025].

Como advirtió la Comisión de Derecho Internacional, "la persecución puede adoptar múltiples formas. Por ejemplo, [...] la destrucción sistemática de monumentos o edificios representativos de un grupo social, religioso, cultural, etc. [...] cuando [se ejecuta] de manera sistemática o masiva"[1026]. En efecto, en

---

1023 Se han omitido los elementos 5 y 6, que corresponden a los elementos contextuales, es decir, que la conducta se cometa como parte de un ataque generalizado o sistemático contra la población civil y que el autor conozca que su conducta forma parte del ataque prohibido o haya tenido la intención de que su conducta fuera parte de este. CPI: *Elementos de los Crímenes, op. cit.*, pp.235-236.

1024 TPIY: *Judgement in the case the Prosecutor v. Zoran Kupreškić et alii, op. cit.*, párs.618-619.

1025 WERLE, G. y JESSBERGER, F.: *Tratado de Derecho Penal Internacional, op. cit.*, p.617. Ehlert incluye, relacionado con los bienes culturales, los Convenios Ginebra de 1949, la CH54 y los Protocolos Adicionales de 1977. EHLERT, C.: *Prosecuting the Destruction of Cultural Property..., op. cit.*, p.158.

1026 CDI: *Anuario de la Comisión de Derecho Internacional*, Volumen II, Segunda Parte 1991, A/CN.4/SER.A/1991/Add.1 (Parte 2), pp.112-113. Disponible en: https://www.un-ilibrary.org/content/books/9789213621899/read .

Kordić y Čerkez, la Sala de instancia confirmó la destrucción de bienes religiosos y culturales como un crimen contra la humanidad de persecución, puesto que:

> "This act, when perpetrated with the requisite discriminatory intent, amounts to an attack on the very religious identity of a people. As such, it manifests a nearly pure expression of the notion of "crimes against humanity", for all of humanity is indeed injured by the destruction of a unique religious culture and its concomitant cultural objects. The Trial Chamber therefore finds that the destruction and wilful damage of institutions dedicated to Muslim religion or education, coupled with the requisite discriminatory intent, may amount to an act of persecution."[1027]

En la misma línea, el TPIY aseguró que la persecución podía tomar la forma de la destrucción y apropiación viviendas o negocios, edificios simbólicos o medios de subsistencia de una comunidad o grupo particular[1028]. Estos actos, según la naturaleza y la magnitud de su comisión, podían alcanzar la gravedad suficiente de otros crímenes contra la humanidad[1029]. Los sucesivos pronunciamientos del Tribunal avalaron este razonamiento de que la destrucción de bienes públicos o privados, a pesar de que no apareciera listada como acto persecutorio en el artículo 5 del Estatuto del TPIY, si se perpetrase a gran escala y con intención discriminatoria constituiría un crimen de persecución de la misma gravedad que otros actos punibles listados en el Estatuto del TPIY[1030]. Más aún:

1027 TPIY: *Judgement in the case the Prosecutor v. Dario Kordić and Mario Čerkez, op. cit.*, pár.207.

1028 TPIY: *Judgement in the case the Prosecutor v. Tihomir Blaškić, op. cit.*, párs.227 y 233.

1029 TPIY: *Appeal Judgement in the case the Prosecutor v. Tihomir Blaškić, op. cit.*, pár.149.

1030 Más recientemente, TPIY: *Public redacted version of Judgement issued on 24 march 2016 in the case the Prosecutor v. Radovan Karadžić*, Trial Chamber III, IT-95-5/18-T, 24 de marzo 2016, pár.531. También en TPIY: *Judgement in the case the Prosecutor v. Zoran Kupreškić et alii, op. cit.*, pár.631; TPIY: *Judgement in the case the Prosecutor v. Milomir Stakić*, Trial

cabría considerar como crimen de persecución la destrucción de un único edificio religioso o cultural si concurriera una intención discriminatoria junto con el resto de los elementos[1031].

El crimen de persecución posee un *mens rea* específico, adicional al elemento subjetivo general de los crímenes contra la humanidad, concretado en la intención discriminatoria[1032]. El autor debe cometer el hecho delictivo con la intención específica de discriminar a un grupo o colectividad como tal[1033]. A la vista de ello, el *mens rea* del crimen de persecución es más elevado que el requerido para otros crímenes contra la humanidad, pero sin alcanzar el *dolus specialis* del genocidio. Para el TPIY, ambos crímenes comparten la intención discriminatoria, esto es, atacar a las personas en atención a su pertenencia a un grupo particular por motivos prohibidos por el Derecho Internacional, pero difieren en que el genocidio exige una intención de destruir, en todo o en parte, al grupo al que pertenecen las víctimas, de modo que, en opinión de la Sala de instancia, cabría decir que "from the viewpoint of mens rea, genocide is an extreme and most inhuman form of persecution"[1034]. En todo caso, la intención discriminatoria del crimen de persecución debe fundamentarse en uno de los motivos prohibidos. En este sentido, el ECPI amplía en el artículo 7.1.h el número de bases discriminatorias más allá del derecho

---

Chamber, IT-97-24, 31 de julio de 2003, párs.765-768; TPIY: *Appeal Judgement in the case the Prosecutor v. Vlastimir Đorđević, op. cit.*, pár.567.

1031 Así fue el caso de Deronjić, acusado, entre otros actos persecutorios, por la destrucción de un sola mezquita. TPIY: *Sentencing Judgement in the case the Prosecutor v. Miroslav Deronjić*, Trial Chamber II, IT-02-61-S, 30 de marzo de 2004, párs.117-118 y 122.

1032 TPIY: *Appeal Judgement in the case the Prosecutor v. Tihomir Blaškić, op. cit.*, pár.164.

1033 WERLE, G. y JESSBERGER, F.: *Tratado de Derecho Penal Internacional, op. cit.*, pp.622-623.

1034 TPIY: *Judgement in the case the Prosecutor v. Zoran Kupreškić et alii, op. cit.*, pár.636.

consuetudinario al añadir nuevos motivos como los "nacionales, étnicos, culturales, [...], de género", dejando la puerta abierta a más supuestos con "otros motivos universalmente reconocidos como inaceptables con arreglo al derecho internacional"[1035].

Con todo, el crimen de persecución adolece de una importante limitación. El artículo 7.1.h exige que el delito se cometa "en conexión" con cualquier otro crimen competencia de la CPI. El derecho consuetudinario no contempla esta restricción[1036]. Su origen parece estar en los reparos de algunas delegaciones en la amplitud del tipo penal de la persecución[1037]. Algunos autores han señalado que este requisito puede desembocar en un resultado de impunidad de ciertas conductas cuando la conexión no es tan obvia[1038].

La jurisprudencia de la CPI no ha desarrollado la destrucción deliberada de bienes culturales como crimen contra la humanidad de persecución. En la confirmación de cargos contra Al Hassan, la Sala de Cuestiones Preliminares observó que en Tombuctú se habían producido diversos actos que atentaban contra los derechos culturales al examinar el crimen de persecución. Se consideraron, en particular, la prohibición del uso de talismanes o amuletos y la prohibición de prácticas religiosas y culturales, como las oraciones en los lugares de mausoleos y tumbas, así

1035 CASSESE, A. y GAETA, P.: *Cassese's International Criminal Law*, *op. cit.*, p.108.

1036 TPIY: *Judgement in the case the Prosecutor v. Zoran Kupreškić et alii*, *op. cit.*, pár.580.

1037 WERLE, G. y JESSBERGER, F.: *Tratado de Derecho Penal Internacional*, *op. cit.*, p.621.

1038 "For example, a systematic destruction of religious sites of unique cultural value, conducted by a certain government outside the scope of an armed conflict, may not necessarily be in conjunction with any other crime under the Rome Statute, thus these acts may go unpunished". GOTTLIEB, Y.: "Criminalizing Destruction of Cultural Property...", *op. cit.*, pp.875-876.

como la forma de rezar y la celebración de fiestas religiosas[1039]. Estos actos se conectaban con el crimen de guerra del artículo 8.2.e.iv de atacar bienes protegidos[1040]. En la solicitud de modificación de los cargos iniciales, realizada por la Fiscalía en 2020, se subrayó que los actos discriminatorios fueron cometidos por motivos religiosos y sexistas[1041]. Finalmente, Al Hassan fue condenado, entre otros, por el crimen contra la humanidad de persecución. La Sala de Primera Instancia X mencionó la destrucción de monumentos de valor histórico, cultural y espiritual entre los actos que demostraban la persecución por razones religiosas[1042].

En el asunto contra Al Mahdi, aunque el acusado fue condenado exclusivamente por la destrucción de monumentos históricos y edificios religiosos bajo el crimen de guerra del artículo 8.2.e.iv, la Sala de Primera Instancia afirmó que el delito había sido cometido por motivos religiosos, lo cual debía ser tenido en cuenta en la evaluación de la gravedad del crimen[1043]. Sorprende, por tanto, que la Fiscalía ni siquiera considerase la imputación del crimen contra la humanidad de persecución a

---

1039 CPI: *Rectificatif à la Décision relative à la confirmation des charges portées contre Al Hassan…, op. cit.*, párs.683-684.

1040 Ibid., pár.687.

1041 CPI: *Version publique expurgée du Rectificatif de la Décision portant modification des charges confirmées le 30 septembre 2019 à l'encontre d'Al Hassan Ag Abdoul Aziz Ag Mohamed Ag Mahmoud, 23 avril 2020, ICC-01/12-01/18-767-Conf, Avec une annexe publique expurgée contenant la liste complète des charges confirmées à l'encontre de l'accusé,* Pre-Trial Chamber I, ICC-01/12-01/18, 23 de abril de 2020, pár.170.

1042 CPI: *Trial Judgment in the case of the Prosecutor vs Al Hassan, op. cit.*, párs.1530-1531. Como ya se ha indicado supra, la sentencia de junio de 2024 absolvió a Al Hassan del cargo de dirigir ataques contra bienes protegidos del artículo 8.2.e.iv por ausencia de pruebas.

1043 CPI: *Prosecutor vs Al Mahdi, op. cit.*, pár.81.

la vista de las circunstancias que rodearon la devastación de los edificios históricos y religiosos en Tombuctú[1044].

Para algunos autores, la punición de la destrucción intencional de bienes culturales debería encauzarse a través de la imputación del crimen contra la humanidad de persecución, ya que reprime mejor la naturaleza discriminatoria del hecho antijurídico considerada en el marco de un patrón de actos criminales dirigidos contra las personas[1045]. En tiempos de paz debería encauzarse de este modo. Sin embargo, en casos de conflicto armado, la línea entre crímenes aparece más desdibujada. Precisamente, una solución podría ser la abolición de la división existente en la normativa internacional entre los ataques al patrimonio cultural en tiempos de paz y de guerra[1046].

Otros autores abogan por la creación de tipos penales que se adecuen mejor al momento actual. La propuesta más destacada es la introducción de un nuevo tipo penal dentro de los crímenes contra la humanidad, segregado de la persecución, que expresamente criminalice los ataques contra el patrimonio cultural[1047]. Lo cierto es que el momento es propicio. En Naciones Unidas se está discutiendo la posibilidad (y la necesidad) de adoptar un tratado sobre la prevención y el castigo de los crímenes contra la humanidad sobre la base del Proyecto de artículos elaborado por

---

[1044] Para más detalles, vid. GREEN MARTÍNEZ, S.A.: "Destruction of Cultural Heritage in Northern Mali…", *op. cit.*, pp.1073-1097.

[1045] TURKU, H.: *Cultural property as a weapon of war, Isis in Syria and Iraq*, Palgrave Macmillan, Washington, 2018, p.119.

[1046] GERSTENBLITH, P.: "The Destruction of Cultural Heritage…", *op. cit.*, p.390.

[1047] Véase, por ejemplo, GOTTLIEB, Y.: "Criminalizing Destruction of Cultural Property…", *op. cit.*, pp.880-895; Más reciente, BAGOTT, P.-L.: "How to solve a problem like Al Mahdi…", *op. cit.*, pp.50-57.

la CDI en 2019[1048]. La definición de crímenes contra la humanidad adoptada por la CDI reproduce casi literalmente el tipo penal del artículo 7 del ECPI. Este hecho impide que la definición incorpore los avances doctrinales y jurisprudenciales logrados en esta materia y malgasta la oportunidad para discutir la introducción de nuevas conductas en la lista de los crímenes contra la humanidad[1049], entre ellas, los ataques contra el patrimonio cultural.

El estado actual del Derecho Internacional no contempla todavía la existencia de la destrucción de bienes culturales como crimen contra la humanidad con carácter autónomo. El crimen de persecución, codificado en el ECPI, posee la virtud de escenificar la protección de la dimensión humana de los bienes culturales sin necesidad de que la conducta ocurra vinculada a una situación de conflicto armado. No obstante, la aplicación del tipo penal se ve restringida fuertemente por la exigencia de una conexión con otros crímenes competencia de la CPI. En contextos de conflicto armado, la relación con los crímenes de guerra puede ser, *prima facie*, más fácilmente identificable, pero, en otras circunstancias, ese vínculo puede resultar insalvable.

1048 El texto del Proyecto de Artículos con sus comentarios puede leerse en: ASAMBLEA GENERAL: *Informe de la Comisión de Derecho Internacional*, 71er período de sesiones (29 de abril a 7 de junio y 8 de julio a 9 de agosto de 2019), 2019, A/74/10, pp.10-153. Un análisis con los principales elementos esgrimidos para elaborar un tratado multilateral relativo a los crímenes contra la humanidad, así como una crítica al proceso de elaboración del proyecto de artículos por la CDI en: CAPELLÀ ROIG, M.: "Los retos y dilemas de un tratado sobre prevención y castigo de los crímenes contra la humanidad en el siglo XXI", *Revista Electrónica de Estudios Internacionales*, nº44, diciembre de 2022, pp.1-42. A fecha de escribir estas líneas, la Sexta Comisión de la Asamblea General seguirá examinando la cuestión en los debates de la 79ª sesión, programada entre octubre y noviembre de 2024. Más información en: https://www.un.org/en/ga/sixth/79/79_session.shtml.

1049 CAPELLÀ ROIG, M.: "Los retos y dilemas de un tratado...", *op. cit.*, p.40.

2. RECONSIDERANDO EL GENOCIDIO CULTURAL

2.1. La exclusión de la dimensión cultural de la definición del crimen de genocidio

La destrucción del patrimonio cultural de una comunidad o grupo humano, seleccionado como objetivo por tener unas características concretas que lo identifican, suele acompañar o anteceder al exterminio de ese grupo. En muchas ocasiones, los ataques contra el patrimonio cultural, y contra los bienes culturales, como parte integrante de la noción anterior, se insertan en una estrategia dirigida a la erradicación de las bases culturales y religiosas de grupos humanos. Es irrelevante que ello ocurra en el contexto de un conflicto armado o en tiempos de paz. Esta relación entre la destrucción de los elementos culturales de un grupo y la supervivencia como tal del propio grupo nos sitúa en el terreno del genocidio cultural. No es este un concepto legal, aunque posee implicaciones jurídicas.

La noción de genocidio cultural:

> "[E]xtends beyond attacks upon the physical and/or biological elements of a group and seeks to eliminate its wider institutions. This is done in a variety of ways, and often includes the abolition of a group's language, restrictions upon its traditional practices and ways, the destruction of religious institutions and objects, the persecution of clergy members, and attacks on academics and intellectuals. Elements of cultural genocide are manifested when artistic, literary, and cultural activities are restricted or outlawed and when national treasures, libraries, archives, museums, artifacts, and art galleries are destroyed or confiscated"[1050].

[1050] NERSESSIAN, D.: "Rethinking Cultural Genocide Under International Law", *Carnegie Council for Ethics in International Affairs*, 22 de abril de 2005. Disponible en: https://www.carnegiecouncil.org/media/series/dialogue/human-rights-dialogue-1994-2005-series-2-no-12-spring-2005-cultural-rights-section-1-rethinking-cultural-genocide-under-international-law.

Sin embargo, el concepto legal de genocidio se ha consolidado como un crimen que consiste en la comisión de cualquiera de una serie de actos de carácter físico y biológico "con la intención de destruir, total o parcialmente, un grupo nacional, étnico, racial o religioso, como tal"[1051]. He aquí uno de los problemas principales: la limitación del crimen de genocidio a la destrucción del grupo en sus componentes física y biológica, distanciándose de la idea original de Raphael Lemkin. Ello podría llevar a la siniestra situación en la que no se ataque física o biológicamente a los componentes de un grupo, pero su identidad colectiva sea aniquilada. Como lo describe David Nersessian, "the present understanding of genocide preserves the body of the group but allows its very soul to be destroyed"[1052].

En su obra *El dominio del Eje en la Europa ocupada* (1944) el jurista Raphael Lemkin acuñó la palabra "genocidio" para referirse a una "antigua costumbre en su expresión moderna"[1053]. El término se componía de la palabra griega "genos" (raza, tribu, estirpe) y de la latina "cide" (matar). De acuerdo con Lemkin, el genocidio:

> "Debiera más bien comprenderse como un plan coordinado de diferentes acciones cuyo objetivo es la destrucción de las bases esenciales de la vida de grupos de ciudadanos, con el propósito de aniquilar a los grupos mismos. Los objetivos de un plan semejante serían la desintegración de las instituciones políticas y sociales, de la cultura, del lenguaje, de los sentimientos de patriotismo, de la religión y de la existencia económica de grupos nacionales y la destrucción de la seguridad, libertad, salud y dignidad personales e incluso de las vidas de los individuos que pertenecen a dichos grupos. El genocidio se dirige contra un grupo nacional como una entidad, y las acciones involucradas se

---

1051 Artículo II de la Convención del Genocidio.

1052 NERSESSIAN, D.: "Rethinking Cultural Genocide Under International Law", *op. cit.*

1053 LEMKIN, R.: *El dominio del Eje en la Europa ocupada*, Prometeo Libros, Buenos Aires, 2008, p.153.

> dirigen contra los individuos, no en su capacidad de individuos, sino como miembros del grupo nacional"[1054].

La consecución de este plan ocurriría en dos fases: la primera consistía en la eliminación del grupo oprimido, mientras que la segunda suponía la imposición del modelo del opresor[1055].

En 1933, Lemkin había propuesto la introducción de dos nuevos delitos en el Derecho Internacional: el delito de barbarie y el de vandalismo, que debían perseguirse sobre la base de un principio de represión universal de las prácticas genocidas[1056]. Entre los actos de vandalismo se incluían la destrucción del arte y de la cultura de un grupo por constituir precisamente creaciones específicas del genio de ese grupo. La propuesta de Lemkin después de la Segunda Guerra Mundial pasaba por reconocer el genocidio en el Derecho Internacional, y perseguirlo penalmente tanto si se cometiera en tiempo de paz como de guerra. Raphael Lemkin también identificó ocho dimensiones del genocidio, a saber: política, social, cultural, económica, biológica, física, religiosa y moral[1057]. Cada una encaminada a destruir un aspecto de la existencia del grupo como tal. De todas ellas, solamente tres (física, biológica y cultural) fueron consideradas en

---

1054 Ibid., p.153.

1055 Ibid., p.154.

1056 Los delitos de barbarie son concebidos como acciones opresoras y destructivas contra ciertos individuos por ser miembros de los grupos perseguidos. Los delitos de vandalismo corresponderían a "la destrucción maliciosa de obras de arte y la cultura". Ambos delitos, que recogían actos prohibidos por los artículos 46, 48, 52 y 56 del Reglamento de La Haya de 1907, estarían sujetos a un principio de represión universal de los actos de genocidio, entendiendo por ello que los individuos podrían ser perseguidos bien en su país, si fue allí donde cometieron el crimen, o bien fuera de su propio país una vez aprehendidos. Ibid., pp.170-171.

1057 Ibid., p.157 y ss.

la preparación de la Convención sobre la Prevención y Sanción del Crimen de Genocidio de 1948.

Sin embargo, al terminar la guerra la concepción del genocidio teorizada por Lemkin no se plasmó en el Estatuto del TMI ni, por tanto, se reflejó en la sentencia del proceso de los jerarcas nazis en Núremberg. En cambio, los crímenes contra la humanidad sí fueron introducidos como nueva categoría. A pesar de estas circunstancias, la insistencia de Lemkin fue determinante para impulsar el proceso codificador del crimen de genocidio en el Derecho Internacional. En 1946, las Naciones Unidas adoptaron la Resolución 96(I), de 11 de diciembre, en la que afirmaron que "el genocidio es un crimen de Derecho Internacional [...] por el cual los autores y sus cómplices deberán ser castigados, [...] y el crimen que hayan cometido sea por motivos religiosos, raciales o políticos, o de cualquier otra naturaleza".

El genocidio cultural fue discutido durante los trabajos preparatorios junto con las dimensiones física y biológica. Así pues, en el primer borrador presentado en 1947, se incluyó el genocidio cultural en la definición del crimen del artículo II, aunque generó debate entre los expertos[1058]. El subpárrafo en cuestión criminalizaba, entre otras, la destrucción de las características específicas del grupo a través de:

> "c. Prohibition of the use of national language even in private intercourse; or

[1058] Una parte de los expertos consideraba que la inclusión del genocidio cultural ampliaba excesivamente la idea de genocidio. Por el contrario, Lemkin sostuvo que los grupos no podían seguir existiendo a menos que conservaran su espíritu y unidad moral. Opinaba que el genocidio cultural constituía una política que con medios drásticos buscaba la completa y rápida desaparición de la vida cultural, moral y religiosa del grupo humano. ECOSOC: *Draft Convention on the crime of genocide*, 26 de junio de 1947, E/447, pp.17-18.

d. Systematic destruction of books printed in the national language or of religious works or prohibition of new publications; or

e. Systematic destruction of historical or religious monuments or their diversion to alien uses, destruction or dispersion of documents and objects of historical, artistic, or religious value and of objects used in religious worship"[1059].

La oposición a incluir el genocidio cultural en la definición del crimen de genocidio hizo que, en la siguiente versión del borrador, presentada en 1948, el genocidio cultural fuera separado en un artículo aparte, dejando en el artículo II las dimensiones física y biológica. El artículo III provisional disponía:

"In this Convention, genocide also means any deliberate act committed with the intent to destroy the language, religion or culture of a national, racial or religious group on grounds of national or racial origin or religious belief such as:

1. prohibiting the use of the language of the group in daily intercourse or in schools, or printing and circulation of publications in the language of the group;

2. Destroying, or preventing the use of, libraries, museums, schools, historical monuments, places of worship or other cultural institutions and objects of the group"[1060].

Una vez más, no hubo acuerdo sobre la conveniencia de introducir la noción de genocidio cultural en el borrador del tratado[1061]. En última instancia, el artículo fue eliminado de la

---

1059 Ibid., p.5-6.

1060 ECOSOC: *Report of the Committee and Draft Convention drawn up by the Committee*, E/794, 24 de mayo de 1948, p.17.

1061 Los opositores a su introducción argumentaban que el genocidio físico y biológico, que verdaderamente habían sacudido la conciencia de la humanidad, eran sustancialmente distintos del genocidio cultural, vertiente que, además, veían difícil de delimitar. Añadían que su incorporación

definición de genocidio en el tratado. Las razones de tal decisión son variadas[1062]. En esencia, los países occidentales, eminentemente Canadá, Estados Unidos y Francia, temían que sus políticas coloniales, pudieran caer dentro de la categoría de genocidio cultural. Además, el genocidio cultural era percibido como una cuestión relativa al ámbito de los derechos humanos, en especial la promesa de introducir la noción en la DUDH, donde finalmente no se incorporó. Muchos Estados no acababan de aceptar la relación entre la destrucción cultural y la intención de destruir los grupos humanos en su totalidad o en parte, hasta tal punto que un grupo de los representantes de los Estados aducían que no era razonable equiparar la prohibición de enseñar la lengua de un grupo o el cierre de bibliotecas con el exterminio masivo de los miembros del mismo[1063].

Finalmente, el crimen de genocidio, tal y como se estipula en el artículo II de la Convención, consiste en la comisión de cualquiera de los cinco actos prohibidos de carácter físico y biológico "con la intención de destruir, total o parcialmente, a un grupo nacional, étnico, racial o religioso, como tal". Así pues, la definición convencional excluyó el genocidio cultural, con la salvedad, si se quiere, del traslado por la fuerza de niños de un grupo a otro grupo. Se aceptó que esta situación, teniendo un carácter físico y biológico, implicaba la supresión deliberada de las raíces culturales de los

---

en el tratado podría hacer peligrar su viabilidad en cuanto a participación. Por estas razones, decían, era preferible redirigir la cuestión del genocidio cultural al ámbito de los derechos humanos, la prevención de la discriminación y la protección de las minorías. Ibid., pp.17-18.

1062 NAFZIGER, J.: "The Responsibilities to Protect Cultural Heritage and Prevent Cultural Genocide", dentro de: Francioni, Francesco y Vrdoljak, Ana Filipa (Eds.): *The Oxford Handbook of International Cultural Heritage Law,* Oxford University Press, Oxford, 2020, p.132; NOVIC, E.: *The Concept of Cultural Genocide: An International Law Perspective,* Oxford University Press, Oxford, 2016, pp.28-35.

1063 NOVIC, E.: *The Concept of Cultural Genocide…, op. cit.*, pp.28-29.

niños y, en consecuencia, la ruptura en la cadena de transmisión de los valores culturales del grupo a la siguiente generación[1064].

La exclusión del genocidio cultural de la configuración jurídica internacional del crimen de genocidio no significó la que cuestión quedara totalmente zanjada. El debate regresó con fuerza en el marco de los conflictos armados en la antigua Yugoslavia, pero, en este caso, vinculado al fenómeno de las denominadas limpiezas étnicas, lo que dio pie a que el TPIY tuviera que pronunciarse, en particular, sobre si la destrucción deliberada de bienes culturales en el contexto de una campaña de depuración étnica podría constituir un crimen de genocidio.

2.2. La destrucción de bienes culturales y la prueba de la intención genocida

La exclusión de la dimensión cultural de la definición convencional del crimen hizo que el concepto de genocidio cultural evolucionara fuera de la esfera jurídica. Sin embargo, en los años ochenta del siglo XX, Naciones Unidas revisitó la posibilidad de actualizar la cuestión de la prevención y sanción del crimen de genocidio. En las recomendaciones del Relator Especial encargado de la elaboración del estudio, el Sr. Benjamin Whitaker, se desenterró la antigua idea de incorporar el genocidio cultural en la definición del crimen[1065]. Su propuesta no cosechó demasiado éxito.

Durante la redacción del borrador de Código de Crímenes contra la Paz y la Seguridad de la Humanidad, la CDI también descartó la idea del genocidio cultural:

1064 NERSESSIAN, D.: "Rethinking Cultural Genocide Under International Law", *op. cit.*

1065 El informe sugiere que "aunque no existiera consenso habría que estudiar la posibilidad de redactar un protocolo facultativo a ese respecto". Vid. ECOSOC: *Revised and updated report on the question of the prevention and punishment of the crime of genocide prepared by Mr. B. Whitaker*, 2 de julio de 1985, E/CN.4/Sub.2/1985/6, párs.32-34.

> "As clearly shown by the preparatory work for the Convention on the Prevention and Punishment of the Crime of Genocide, the destruction in question is the material destruction of a group either by physical or by biological means, not the destruction of the national, linguistic, religious, cultural or other identity of a particular group. The national or religious element and the racial or ethnic element are not taken into consideration in the definition of the word "destruction", which must be taken only in its material sense, its physical or biological sense"[1066].

Así pues, la configuración del crimen de genocidio permaneció intacta. Los Estatutos del TPIY (artículo 4) y TPIR (artículo 2), así como el ECPI (artículo 6) han reproducido prácticamente sin variaciones la tipificación del genocidio contenida en el artículo II de la Convención sobre el Genocidio.

La destrucción sistemática de bienes culturales y religiosos como parte de las campañas de limpieza étnica en las guerras en la antigua Yugoslavia reavivó el debate sobre si los actos de genocidio cultural podrían subsumirse dentro de la definición del genocidio. En este caso, el TPIY se vio forzado a interpretar el crimen del artículo 4 de su Estatuto en relación con las campañas de limpieza étnica.

Esto plantea un problema adicional y previo sobre si los actos de limpieza étnica constituyen (o no) el crimen de genocidio. La depuración o limpieza étnica no es un concepto legal, ni está reconocida como un crimen internacional per se, ni tan siquiera

---

[1066] La Comisión de Derecho Internacional afirmó que "the definition of genocide contained in article II of the Convention [...] is widely accepted and generally recognized as the authoritative definition of this crime". Además, se refirió de forma explícita a la exclusión de las disposiciones relativas al genocidio cultural del texto final de la Convención sobre el Genocidio. CDI: *Report of the International Law Commission on the work of its forty-eighth session, 6 May - 26 July 1996*, Official Records of the General Assembly, Fifty-first session, Supplement nº10, A/51/10, pp.44-46. Disponible en: https://legal.un.org/ilc/documentation/english/reports/a_51_10.pdf (Consultado: 1 de julio de 2024).

sería necesariamente una expresión equivalente al genocidio. La Comisión de Expertos encargada de investigar los crímenes cometidos en el territorio de la antigua Yugoslavia la definió como:

> "Una política deliberada concebida por un grupo étnico o religioso para desplazar por la violencia y el terror a la población civil de otro grupo étnico o religioso de determinadas zonas geográficas. [...] El objetivo parece ser la ocupación de territorio con exclusión del grupo o grupos depurados"[1067].

Entre los actos de implementación de la limpieza étnica figura la destrucción de bienes culturales con el objetivo de "erradicar las señales culturales, sociales y religiosas que identifican a los grupos étnicos y religiosos" junto con otros actos que claramente se correspondían con actos los recogidos en la definición del crimen de genocidio[1068]. A la vista de la situación, la Comisión de Expertos concluyó que los que habían participado en la aplicación de la campaña de limpieza étnica podrían ser acusados de genocidio, crímenes contra la humanidad y crímenes de guerra[1069].

El núcleo del problema radicaba en determinar si la limpieza étnica correspondía a un genocidio. Para una parte de la doctrina la depuración étnica es en realidad un eufemismo del genocidio. La Asamblea General de Naciones Unidas se pronunció en línea con esta postura al condenar "la abominable política de

---

1067 CONSEJO DE SEGURIDAD: *Informe final de la Comisión de Expertos Establecida en virtud de la resolución 780 del Consejo de Seguridad (1992)*, 27 de mayo de 1994, S/1994/674, pár.130.

1068 El listado de actos incluía: "asesinatos masivos, torturas, violaciones y otros tipos de agresiones sexuales; graves lesiones físicas a los civiles; malos tratos a prisioneros civiles y prisioneros de guerra; utilización de civiles como escudos humanos; destrucción de bienes personales, públicos y culturales; saqueo y robo de bienes personales; expropiación forzosa de bienes inmuebles; desalojamiento forzoso de la población civil; y ataques contra hospitales, personal médico e instalaciones marcadas con el emblema de la Cruz Roja o Media Luna Roja". Ibid., pár.134-136.

1069 Ibid., pár.150.

"limpieza étnica", que constituye una forma de genocidio" en Bosnia y Herzegovina[1070]. Por el contrario, otro sector sostiene que son actos distintos puesto que la limpieza étnica no pretende la destrucción total o parcial del grupo como tal, sino más bien su expulsión del grupo de un territorio para homogeneizarlo[1071].

El TPIY tuvo que pronunciarse sobre si la destrucción sistemática de bienes culturales y religiosos, que bien podrían considerarse como actos de genocidio cultural, cometida como parte de campaña de limpieza étnica en Bosnia y Herzegovina, podría caer dentro de la definición del crimen de genocidio. En el caso Krstić, el Tribunal sostuvo:

> "The Trial Chamber is aware that it must interpret the Convention with due regard for the principle of *nullum crimen sine lege*. It therefore recognises that, despite recent developments, customary international law limits the definition of genocide to those acts seeking the physical or biological destruction of all or part of the group. Hence, an enterprise attacking only the cultural or sociological characteristics of a human group in order to annihilate these elements which give to that group its own identity distinct from the rest of the community would not fall under the definition of genocide. The Trial Chamber however points out that where there is physical or biological destruction there are often simultaneous attacks on the cultural and religious property and symbols of the targeted group as well, attacks which may legitimately be considered as evidence of an intent to physically destroy the group. In this case, the Trial Chamber will thus take into account as evidence of

---

1070 Resolución 47/121 de la Asamblea General, de 7 de abril de 1993.

1071 William Schabas explica esta sutil diferencia así: "While the material acts performed to commit the crimes may often resemble each other, they have two quite different specific intents. One is intended to displace a population, the other to destroy it. The issue is one of intent and it is logically inconceivable that the two agendas coexist." SCHABAS, W.: *Genocide in international law: the crime of crimes*, Cambridge University Press, Cambridge, 2009, p.234.

> intent to destroy the group the deliberate destruction of mosques and houses belonging to members of the group"[1072].

La Sala estableció que los actos de genocidio cultural no forman parte de la definición de genocidio, pero que estos podían contribuir a probar el *mens rea*. Según su interpretación, la destrucción del grupo solo podía entenderse en términos físicos y biológicos, a pesar de los "avances recientes" (*recent developements*) que el propio Tribunal había mencionado[1073]. La Sala de Apelaciones confirmó los razonamientos de la Sala de instancia[1074]. No obstante, el juez Shahabudeen redactó una contundente opinión parcialmente disidente en la que expresó que:

> "A group is constituted by characteristics –often intangible– binding together a collection of people as a social unit. If those characteristics have been destroyed in pursuance of the intent with which a listed act of a physical or biological nature was done, it is not convincing to say that the destruction, though effectively obliterating the group, is not genocide because the obliteration was not physical or biological"[1075].

1072 TPIY: *Judgement in the case the Prosecutor v. Radislav Krstić*, Trial Chamber, IT-98-33-T, 2 de Agosto de 2001, pár.580.

1073 El TPIY citaba el siguiente pronunciamiento del Tribunal Constitucional de Alemania de diciembre del año 2000: "the statutory definition of genocide defends a supra-individual object of legal protection, i.e. the social existence of the group [...] the intent to destroy the group [...] extends beyond physical and biological extermination [...] The text of the law does not therefore compel the interpretation that the culprit's intent must be to exterminate physically at least a substantial number of the members of the group". Ibid., pár.579.

1074 TPIY: *Appeal Judgement in the case the Prosecutor v. Radislav Krstić*, IT-98-33-A, 19 de abril de 2004, pár.25-26.

1075 TPIY: *Appeal Judgement in the case the Prosecutor v. Radislav Krstić*, Part VIII, Partial Dissenting Opinion of Judge Shahabuddeen, IT-98-33-A, 19 de abril de 2004, pár.50.

El juez admitía que el genocidio cultural fue excluido de la definición del crimen de genocidio, pero destacaba que: "The intent certainly has to be to destroy, but, except for the listed act, there is no reason why the destruction must always be physical or biological"[1076]. La destrucción de la cultura de un grupo no constituye un genocidio, pero puede servir para probar la intención de destruir al grupo como tal[1077]. En consecuencia, "the intent to destroy the group as a group is capable of being proved by evidence of an intent to cause the non-physical destruction of the group in whole or in part, except in particular cases in which physical destruction is required by the Statute"[1078]. La postura del juez Shahabudeen tuvo eco en otras sentencias del TPIY[1079].

El concepto de genocidio cultural también ha sido rechazado por la CIJ hasta en dos ocasiones[1080]. Desde su punto de vista, la destrucción de patrimonio histórico, cultural y religioso de un grupo como parte de la política de limpieza étnica, y con el objetivo de eliminar los vestigios de su existencia, no constituía un acto genocida dentro de la definición de la Convención sobre el Genocidio de 1948[1081]. La destrucción del grupo solo podía

---

1076 Ibid., pár.51.

1077 Ibid., pár.53.

1078 Ibid., pár.54.

1079 Vid. TPIY: *Judgement in the case the Prosecutor v. Momčilo Krajišnik*, Trial Chamber I, IT-00-39-T, 27 septiembre de 2006, pár.854 y la nota al pie 1701. Una explicación más detallada en NOVIC, E.: *The Concept of Cultural Genocide…*, *op. cit.*, pp.51-56. Más crítico con estos pronunciamientos en SCHABAS, W.: *Genocide in international law…*, *op. cit.*, pp.216-218.

1080 CIJ: *Application of the Convention on the Prevention and Punishment of the Crime of Genocide (Bosnia and Herzegovina* v. *Serbia and Montenegro), Judgment*, I.C.J. Reports 2007, pár.344; CIJ: *Application of the Convention on the Prevention and Punishment of the Crime of Genocide (Croatia* v. *Serbia), Judgment*, I.C.J. Reports 2015, pár.136.

1081 CIJ: *Application of the Convention… (Bosnia and Herzegovina* v. *Serbia and Montenegro), op. cit.*, pár.344.

ser física o biológica. La CIJ citaba los trabajos preparatorios de la Convención, los debates en la Sexta Comisión de la Asamblea General, el estudio de la Comisión de Derecho Internacional de 1996 y hasta la sentencia del caso Krstić en el TPIY. Se adhería a la posición conforme a la cual los actos de destrucción de bienes culturales y religiosos podían probar la intención de eliminar físicamente al grupo[1082]. Ahora bien, esta interpretación cerrada recibió críticas incluso en su seno[1083].

La CPI no parece ofrecer más posibilidades para la introducción del genocidio cultural. El artículo 6 del ECPI reproduce la definición establecida en la Convención sobre el crimen de Genocidio de 1948, por lo que el genocidio cultural no estaría tipificado en el ECPI. Es cierto que la CPI todavía no ha tenido ocasión de enjuiciar ningún asunto directamente relacionado con la destrucción de la cultura de un grupo, pero no cabe esperar una interpretación extensiva del tipo penal del genocidio, sino más bien una adhesión a la corriente dominante en los posicionamientos de otros tribunales[1084]. De este modo, el genocidio cultural solo puede encauzarse implícitamente a través

---

1082 Ibid., pár.344.

1083 En su opinión disidente, el juez Cançado Trindade expresó sin tapujos que: "To attempt to dissociate physical/biological destruction from the cultural one, for the purpose of the determination of genocide, appears to me an artificiality. Whether one wishes to admit it or not, body and soul come together, and it is utterly superficial, clearly untenable, to attempt to dissociate one from the other. Rather than doing so, one has to extract the consequences ensuing therefrom." CIJ: *Dissenting opinion of judge Cançado Trindade on the case of the Application of the Convention on the Prevention and Punishment of the Crime of Genocide (Croatia* v. *Serbia), Judgment,* I.C.J. Reports 2015, pár.421.

1084 BRÜCKNER, W.: "Cultural genocide and the International Criminal Court", en CHECHI, A. y RENOLD, M.-A.: *Cultural Heritage Law and Ethics: Mapping Recent Developments,* Schulthess Éditions Romandes, Ginebra/Zúric, 2017, p.50.

de otros tipos penales que, en cualquier caso, tan solo cubren aspectos muy concretos del genocidio cultural[1085].

La Fiscalía de la CPI se sitúa en la corriente tradicional apuntada en los párrafos anteriores[1086]. Tal vez, lo más destacable sea la idea de que los actos dirigidos específicamente contra el patrimonio cultural de un grupo causan en sí mismos graves daños mentales a sus miembros y pueden ser usados, de acuerdo con las directrices de la Fiscalía de la CPI, para demostrar o reforzar la gravedad de otros actos de genocidio[1087].

En definitiva, tomando en consideración el proceso codificador del crimen de genocidio, la noción de genocidio cultural, aspecto prefigurado por Lemkin en su definición del crimen, fue explícitamente rechazada en 1948 por considerarse demasiado extensiva. Los tribunales internacionales, en particular el TPIY y la CIJ, consolidaron esa exclusión del genocidio cultural, aunque reconociendo que la destrucción del patrimonio cultural de un grupo, pese a no constituir un acto genocida per se, podía servir para acreditar legítimamente la intención de destruir física y biológicamente al grupo en cuestión. Por el momento, parece que

---

1085 Ibid., p.47-49.

1086 "While attacks on cultural heritage do not per se constitute underlying acts of genocide — because acts of genocide are limited to those seeking the physical or biological destruction of a group— the targeting of a group's cultural heritage may constitute evidence of the perpetrator's intent to destroy that group. CPI (OTP): *Policy on Cultural Heritage, op. cit.*, pár.79.

1087 La Fiscalía señala, en concreto, los actos de genocidio de los artículos 6.b (Lesión grave a la integridad mental de los miembros del grupo) y 6.d (Medidas destinadas a impedir nacimientos en el seno del grupo). En referencia al artículo 6.b del ECPI, se cita la orden de reparaciones dictada en el caso Al Mahdi, relacionada con la destrucción de monumentos históricos y lugares religiosos en Tombuctú, en la que se plasmó la idea de que las víctimas de los crímenes contra o que afectan al patrimonio cultural sufren daños mentales graves. Ibid., pár.82.

la CPI se mantendrá en esta línea, de modo que la destrucción de bienes culturales deberá redirigirse hacia otros tipos penales como los crímenes de guerra (en particular, los artículos 8.2.b.ix y 8.2.e.iv) o el crimen contra la humanidad de persecución. Sin embargo, la interpretación estricta del crimen de genocidio, predominante en la doctrina y la jurisprudencia, presenta fisuras. Diversas voces críticas señalan los problemas de disociar la eliminación física y biológica de un grupo de su destrucción por otros medios como la aniquilación de sus características culturales. En ambos casos, el proceso desemboca en la total o parcial extinción del grupo. A la vista de todo lo anterior, no puede descartarse con rotundidad que en el futuro se operen cambios normativos destinados a ampliar la definición del crimen de genocidio con vistas a incorporar la noción de genocidio cultural.

PARTE III
LA DESTRUCCIÓN DE BIENES CULTURALES COMETIDA POR EL DÁESH EN SIRIA Y LA ESTRATEGIA DE PERSECUCIÓN INTERNACIONAL

Capítulo V
La destrucción de bienes culturales cometida por el Dáesh en el conflicto armado de Siria

1. EL CONFLICTO ARMADO DE SIRIA Y SU CALIFICACIÓN JURÍDICA

1.1. Siria: de la Primavera Árabe a la guerra

La guerra comenzó en Siria hace más de una década. El régimen de Bashar al-Asad ha sobrevivido al colapso a fuerza de arrasar el país. Durante largo tiempo se la calificó de guerra civil, aunque muchos sospechaban que, en realidad, se dirimían en Siria las rivalidades regionales. Las potencias combatían en una suerte de "guerra por delegación"[1088]. La amalgama de participantes y su complejidad también le valieron el adjetivo de conflicto "poliédrico"[1089].

Como quiera que se le llame, las cifras de la tragedia son terribles. Según el Consejo de Derechos Humanos de Naciones Unidas se calcula que han perecido 350.209 personas, de las que habría unas 140.350 que corresponderían a víctimas civiles,

---

1088 ÁLVAREZ-OSSORIO ALVARIÑO, I.: *Siria. La década negra (2011-2021)*, Ed. Catarata, Madrid, 2022, p.98.

1089 ANDRÉS SÁENZ DE SANTA MARÍA, P.: "Siria: las dificultades del derecho internacional ante un conflicto poliédrico", *Cursos de derecho internacional y relaciones internacionales de Vitoria-Gasteiz = Vitoria-Gasteizko nazioarteko zuzenbide eta nazioarteko herremanen ikastaroak*, nº1, 2017, p.33.

aunque los datos reconocen que cabría añadir 163.537 muertos más, que fueron excluidos de las cuentas por no haberlos podido identificar o documentar con exactitud[1090]. Por su parte, ACNUR reportó que más de trece millones de personas sirias vivían fuera de sus hogares, lo cual equivale a más de la mitad de población del país[1091]. Los datos indican aproximadamente 6,5 millones de personas refugiadas sirias acogidas en 137 países, a los que se añaden los 7,2 millones de personas desplazadas internamente en el año 2023[1092].

Una guerra, al fin y al cabo, ha asolado la República Árabe de Siria, aunque en términos jurídicos la cuestión de la calificación del conflicto armado sea mucho más difícil y requiera de más elaboración. Por esa razón, primero conviene revisar el curso de los acontecimientos para luego, en segundo lugar, abordar el problema de la calificación jurídica de la situación bélica en Siria.

El conflicto armado que ha devastado el país se inserta en la ola de protestas que inundó los países de Oriente Medio y el norte de África desde principios de 2011. La "Primavera Árabe", como se vino a llamar el fenómeno, sacudió los cimientos de regímenes autocráticos y corruptos que llevaban décadas enquistados en el poder. Así, con pocas semanas de diferencia, las protestas en Túnez se extendieron a Egipto, Libia, Bahréin y Yemen, forzando la caída de la mayoría de sus gobiernos. Y, aunque Bashar al-Asad

---

1090 Un informe del Consejo de Derechos Humanos recogía las cifras totales documentadas y fiables entre 2011 y 2021 a partir de diversas fuentes. Si se cuentan los 163.537 muertos no documentados con exactitud, el total de civiles muertos en diez años de guerra ascendería a la cifra de 306.887. CONSEJO DE DERECHOS HUMANOS: *Civilian Deaths in the Syrian Arab Republic; Report of the United Nations High Commissioner for Human Rights*, de 28 de junio de 2022, A/HRC/50/68, párs. 18, 23-24 y Anexo I.

1091 ACNUR: "Global Trends: Forced displacement in 2023", *ACNUR*, 2024. Disponible en: https://t.ly/ylIaF. (Consultado: 1 de julio de 2024)

1092 Ibid., p.9, 18 y 28.

descartaba esa posibilidad, también azotaron Siria[1093]. Bashar al-Asad heredó el poder en el año 2000 sucediendo a su padre, Hafez al-Asad, quién había gobernado Siria con mano de hierro desde que protagonizó un golpe de estado en 1970. En consonancia con otros regímenes del entorno, la Siria de los Asad se caracterizó por un régimen unipartidista, corrupto e inmovilista[1094].

Las revueltas en Siria comienzan a principios de marzo de 2011 con la detención y tortura de una docena de jóvenes por pintar un grafiti contra el régimen en la ciudad sureña de Deraa. A partir de mediados de marzo, las manifestaciones en protesta por años de corrupción, desigualdades y represión se extienden por importantes ciudades del país como Homs, Hama, Idlib, Deir ez-Zor y algunas localidades en la periferia de Damasco. El régimen optó por la solución militar y desató una salvaje represión dirigida a aplastar el levantamiento popular[1095].

A medida que el régimen de al-Asad endureció sus métodos, respondiendo con una violencia inusitada, los grupos de la disidencia comenzaron a organizarse y a deslizarse hacia la oposición armada, contando entre sus filas con numerosos desertores de las fuerzas armadas y de seguridad sirias[1096]. En verano de 2011, los enfrentamientos armados entre los grupos rebeldes y las fuerzas gubernamentales se agravan. No parece, sin embargo, que el nivel de intensidad de la violencia y el grado de organización de los grupos armados de la oposición al régimen superase el umbral

---

1093 ÁLVAREZ-OSSORIO ALVARIÑO, I.: *Siria. La década negra...*, *op. cit.*, p.34.

1094 Ibid., pp.24-26.

1095 Ibid., p.45-46.

1096 GUTIÉRREZ ESPADA, C.: "El conflicto en Siria (2011-2014) a la luz del Derecho Internacional y de la (geo)política", *Revista UNISCI / UNISCI Journal*, nº 37 (Enero / January 2015), p.100-101.

jurídico de las tensiones internas y los disturbios interiores como para calificar legalmente la situación como conflicto armado[1097].

A principios del año siguiente la situación de violencia armada es generalizada. A partir de febrero de 2012 hay indicios de que los enfrentamientos en Siria alcanzaban el umbral de los conflictos armados sin carácter internacional[1098]. Una realidad confirmada por el CICR en julio de ese mismo año[1099].

Las partes contendientes, tanto los grupos armados internos como las potencias extranjeras intervinientes, han ido cambiando a lo largo de más de una década de guerra. Desde el comienzo del conflicto armado, una amalgama de grupos armados de oposición combatió al régimen de Bashar al-Asad. Las estimaciones apuntaban a que alrededor de mil grupos armados han participado en el conflicto, en ocasiones formando alianzas entre ellos, y, en otras muchas, enfrentándose abiertamente[1100]. Podemos agruparlos en, al menos, tres grandes categorías. En primer lugar, la denominada "oposición moderada", caracterizada por su desunión y su heterogeneidad ideológica, y más o menos articulada en torno a la Coalición Nacional de Fuerzas de la Revolución y la Oposición

---

1097 MARTÍNEZ ALCAÑIZ, A.: "El conflicto armado de la República Árabe Siria y la flagrante vulneración del Derecho Internacional Humanitario", en LIÑÁN LAFUENTE, A. y OLLÉ SESÉ, M. (coords.): *Estudios sobre Derecho Penal Internacional*, Servicios de Publicaciones de la Facultad de Derecho de la Universidad Complutense de Madrid, Fuenlabrada (Madrid), 2017, pp.61-66.

1098 COI: *Informe de la Comisión Internacional Independiente de Investigación sobre la República Árabe Siria*, de 21 de enero de 2021, A/HRC/46/54, pár.4.

1099 CICR: "Syria: ICRC and Syrian Arab Red Crescent maintain aid effort amid increased fighting", 17 de julio de 2012. Disponible: https://www.icrc.org/en/doc/resources/documents/update/2012/syria-update-2012-07-17.htm (Consultado: 1 de julio de 2024).

1100 GUTIÉRREZ ESPADA, C.: "El conflicto en Siria (2011-2014)...", *op. cit.*, pp.101-102.

Siria (CNFROS), sostenida por el Ejército Libre Sirio (ELS)[1101]. En segundo lugar, destacan los grupos de carácter yihadista, cuyo peso fue en aumento con el paso de los años. Esta facción se compone de incontables grupos armados, que han ido transformándose, fusionándose, enfrentándose o desapareciendo, pero con un horizonte común: la instauración de un Estado islámico basado en la sharía. Entre los más poderosos están el antiguo Frente Al-Nusra, en origen vinculado a Al-Qaeda, y actualmente integrado desde 2017 en la Organización para la Liberación del Levante (o Hayat Tahrir al-Sham, en árabe), nacida de la fusión del Frente Al-Nusra con los grupos yihadistas Frente Ansar al-Din, Ejército de la Sunna, la Brigada Liwa al-Haq y el Movimiento Nur al-Din al-Zinki[1102]; y el Dáesh, sobre el que volveremos más adelante. En tercer lugar, los kurdos acantonados en la región de Rojava, el Kurdistán sirio, al nordeste de Siria. En 2015 constituyeron las Fuerzas Democráticas Sirias, acaudilladas por las Unidades de Protección Popular (YPG), cuyo papel en la derrota militar del Dáesh fue, sin duda, clave[1103].

La complejidad del conflicto armado en Siria se ha visto acentuada por la intervención de diversas potencias extranjeras con intereses particulares en la supervivencia o defenestración de Bashar al-Asad y con sus respectivas agendas políticas. Dicho de otro modo: en Siria diferentes actores internacionales pugnan por la hegemonía regional[1104]. El régimen de Bashar al-Asad ha recibido el apoyo incondicional de Rusia, Irán y las milicias

---

1101 COCCHINI, A.: "El Estado Islámico y la geopolítica: el enemigo de mi enemigo es mi amigo… ¿o no?", dentro de GUTIÉRREZ ESPADA, C. y CERVELL HORTAL, M.J. (Dirs.): *El Estado Islámico (Daesh). ¿Aprenderemos la lección?*, Tirant Lo Blanch, Valencia, 2018, pp.51-52.

1102 Se calcula que la Organización para la Liberación del Levante cuenta con aproximadamente 15.000 combatientes. ÁLVAREZ-OSSORIO ALVARIÑO, I.: *Siria. La década negra…*, *op. cit.*, pp.109-112.

1103 COI: *Informe de la Comisión…*, *op. cit.*, A/HRC/46/54, pár.12.

1104 ANDRÉS SÁENZ DE SANTA MARÍA, P.: "Siria: las dificultades del derecho internacional…", *op. cit.*, pp.31-32.

chiíes de Hezbolá. De especial relevancia militar ha sido la ayuda de la aviación rusa en las campañas de bombardeos aéreos contra las zonas controladas por los rebeldes desde septiembre de 2015[1105]. En el lado opuesto, diferentes países de la región han prestado apoyo a una u otra facción de la miríada de grupos armados. Arabia Saudí ha financiado milicias sunníes extremistas para derrocar un gobierno chií en Siria, aliado de su enemigo iraní en la confrontación regional[1106]. Otros Estados sunníes, como Qatar o Jordania, también han intervenido en favor de la oposición[1107]. Turquía ha jugado un papel fundamental en el conflicto. Su apoyo al Ejército Libre Sirio y a otros grupos armados de orientación islamista contra Bashar al-Asad contrasta con su intervención directa en operaciones militares a lo largo de la frontera para debilitar a las milicias kurdas de las Unidades de Protección Popular[1108]. Paradójicamente, las Fuerzas Democráticas Sirias, comandadas por las YPG kurdas, han sido armadas y aupadas por los EE.UU. y constituyen el principal aliado de la Coalición Internacional liderada por los estadounidenses para luchar contra el Dáesh –y en la que la propia Turquía participa–[1109].

Con el paso de los meses, las partes en la guerra fomentaron la división étnico-religiosa para servir a sus intereses, aunque el resultado haya supuesto alcanzar unas cotas inauditas de violencia sectaria en un país extremadamente diverso. Étnicamente, el 85% de la población siria es árabe, seguida de la minoría kurda en el norte, con aproximadamente el 10% de los habitantes, y con importantes poblaciones de origen armenio, asirio, circasiano y

---

1105 GILL, T.: "Classifying the Conflict in Syria", *International Law Studies*, vol. 92, 2016, p.356.

1106 COCCHINI, A.: "El Estado Islámico y la geopolítica...", *op. cit.*, p.67.

1107 GUTIÉRREZ ESPADA, C.: "El conflicto en Siria (2011-2014)...", *op. cit.*, p.103.

1108 COI: *Informe de la Comisión...*, *op. cit.*, A/HRC/46/54, pár.13.

1109 COCCHINI, A.: "El Estado Islámico y la geopolítica...", *op. cit.*, pp.72-73.

turcomano. Desde el punto de vista religioso, casi el 90% de la población siria es musulmana, con una amplia mayoría sunní, pero con presencia de diversas ramas del islam chií –alauíes, drusos e ismailíes– y una pluralidad de confesiones cristianas –greco-ortodoxos, armenio-católicos, melquitas, siriaco-católicos, maronitas, caldeos y latinos–[1110]. Cada una de las partes involucradas ha promovido el sectarismo según sus intereses. El mismo Bashar al-Asad disfrazó, como medida cosmética para apaciguar a los manifestantes, la liberación de doscientos presos yihadistas con la intención de radicalizar a la oposición[1111]. El régimen sirio y sus aliados han sabido instrumentalizar el yihadismo entre las filas de la oposición, y en particular la aparición del Dáesh, para presentarse como un mal menor frente a la amenaza del terrorismo[1112].

Entre 2012 y 2016, el régimen de Bashar al-Asad tuvo serias dificultades para mantenerse en el poder. Un buen número de zonas se sumaron a la rebelión, incluidas ciudades importantes como Deraa, Idlib, Homs, Raqqa, Deir ez-Zor, la parte oriental de Alepo y zonas de la periferia de Damasco[1113]. A ello se añade la expansión armada del Dáesh en 2014 que, hasta la pérdida de su capital *de facto* en Raqqa, sometió amplias regiones del interior y el norte de Siria e Irak. En esas fechas, la situación era tan enrevesada que la Comisión de Investigación para Siria describía:

> "El conflicto en la República Árabe Siria, que una vez fue entre el Gobierno y un número limitado de grupos armados antigubernamentales, se ha transformado en múltiples conflictos en continua evolución en los que intervienen innumerables actores y frentes. La violencia se ha propagado fuera de las fronteras de la República Árabe Siria y se perciben sentimientos extremistas que alimentan la brutalidad cada vez mayor que asume el con-

---

1110 ÁLVAREZ-OSSORIO ALVARIÑO, I.: *Siria. La década negra..., op. cit.*, p.22.

1111 Ibid., pp.50-51.

1112 COCCHINI, A.: "El Estado Islámico y la geopolítica...", *op. cit.*, pp.90-91.

1113 COI: *Informe de la Comisión..., op. cit.*, A/HRC/46/54, pár.6.

> flicto. La conflagración regional, sobre la que la comisión lleva tiempo advirtiendo, ilustra la falacia de una solución militar"[1114].

Desde las primeras horas del conflicto armado, el régimen de Bashar al-Asad no titubeó en desplegar los más brutales medios y métodos para aniquilar a la insurgencia en lo que podría calificarse como una estrategia de "tierra quemada"[1115].

La recuperación de Alepo por parte del gobierno sirio a finales de 2016 marcó un giro importante en el curso del conflicto[1116]. A partir de entonces, el régimen de Bashar al-Asad ha ido recomponiendo su poder y control sobre el terreno. Sin embargo, grandes áreas de territorio permanecen fuera del control del gobierno de Siria y con presencia de ejércitos extranjeros o sus milicias afines[1117].

1.2. La calificación jurídica del conflicto armado en Siria

La situación en Siria revela la concurrencia de una pluralidad de conflictos armados que coexisten separadamente, o, en algunos casos, se superponen, de modo que cada uno de ellos reclama

---

1114 COI: *Informe de la comisión internacional independiente de investigación sobre la República Árabe Siria*, 13 de agosto de 2014, A/HRC/27/60, pár.136.

1115 ÁLVAREZ-OSSORIO ALVARIÑO, I.: *Siria. La década negra..., op. cit.*, pp.52-66.

1116 COI: *Informe de la Comisión..., op. cit.*, A/HRC/46/54, pár.14 y ss.

1117 En diciembre de 2023, el gobierno de Bashar al-Asad controlaba la zona central, el sur y el oeste del país. La provincia de Idlib permanecía bajo el control de los grupos de oposición, con destacado peso de Hayat Tahrir al-Sham. En la frontera norte con Turquía hay diversas franjas controladas por las fuerzas armadas turcas o por milicias afines. El noreste del país seguía bajo control de las Fuerzas Democráticas Sirias. Más detalles en: COI: *Report of the Independent International Commission of Inquiry on the Syrian Arab Republic*, 9 de febrero de 2024, A/HRC/55/64, Anexo II, p.23.

una calificación jurídica de acuerdo con uno de los dos tipos de conflicto armado existentes en el DIH. La distinción entre un conflicto armado internacional y un conflicto que no sea de esa índole es importante a los efectos de determinar la aplicación de un conjunto normativo u otro. A pesar de que, en la actualidad, las normas aplicables en los conflictos internos se han ampliado, todavía es más extenso el conjunto normativo de los conflictos armados internacionales. Ello, como ya se indicó con anterioridad, también afecta al derecho de los crímenes de guerra.

En virtud del artículo 2 Común a los Cuatro Convenios de Ginebra, un conflicto armado de carácter internacional es aquel que existe entre dos o más Estados (Altas Partes Contratantes) cuando recurren a la fuerza armada entre ellos[1118], incluyendo los casos de ocupación total o parcial del territorio de una de las partes. Por el contrario, habría un conflicto armado no internacional cuando hay hostilidades entre las fuerzas armadas de un Estado y uno o más grupos armados no estatales o entre estos últimos[1119], siempre que el nivel de intensidad de la violencia armada supere el umbral de las tensiones internas o los meros actos esporádicos y, además, el grado de organización de las partes sea suficiente.

La existencia de una situación de conflicto armado en el territorio de Siria es manifiesta desde febrero de 2012. La creciente complejidad del conflicto, por el número y naturaleza de sus partes beligerantes, y entremezclado con el conflicto armado en el vecino Irak, dificultan la tarea de la calificación. Tampoco debe perderse de vista, además, que los conflictos armados son fenómenos dinámicos y, por naturaleza, cambiantes, de manera que cabe la posibilidad de que se internacionalicen o se internalicen en función de la concurrencia de una serie de factores.

1118 TPIY: *Decision on the Defence Motion for Interlocutory Appeal on Jurisdiction in the case the Prosecutor v. Duško Tadić*, *op. cit.*, pár.70.

1119 Idem.

Para afinar la calificación de las situaciones de conflicto armado en contextos tan complejos a uno de los dos tipos existentes en el DIH, el CICR propone analizar separadamente la relación bilateral entre partes beligerantes[1120]. Siendo así, una mirada rápida a la situación en Siria permite afirmar que en su territorio se superponen y desarrollan múltiples conflictos armados de diferente índole[1121].

En primer lugar, el gobierno de Bashar al-Asad y sus aliados se enfrentan en un conflicto armado no internacional contra el abanico de fuerzas de la oposición, incluyendo las hostilidades entre estos últimos. La intervención armada de potencias extranjeras no modifica necesariamente la naturaleza no internacional del conflicto armado[1122]. En este caso, la intervención de las fuerzas armadas de Rusia e Irán se produce en apoyo del gobierno sirio y con su consentimiento, por lo que no variaría la calificación jurídica[1123]. Tampoco puede afirmarse que la intervención de otros Estados, como Arabia Saudí, Jordania o Qatar, en favor de algunos grupos armados sea suficiente como para internacionalizar el conflicto armado, puesto que no ostentan un "control general" sobre estos últimos que sobrepase el mero apoyo logístico y político[1124].

1120 CICR: *Commentary on the First Geneva Convention*, 2016, párs.402-404. Disponible en: https://ihl-databases.icrc.org/en/ihl-treaties/gci-1949/article-3/commentary/2016?activeTab=undefined.

1121 Una visión general y actualizada de todos los conflictos armados aconteciendo en Siria puede verse en: RULAC: "Non-international armed conflicts in Syria". Disponible en: https://www.rulac.org/browse/conflicts/non-international-armed-conflicts-in-syria#collapse3accord

1122 CICR: *Commentary on the First Geneva Convention*, *op. cit.*, pár. 404.

1123 ANDRÉS SÁENZ DE SANTA MARÍA, P.: "Siria: las dificultades del derecho internacional...", *op. cit.*, pp.42-44.

1124 GILL, T.: "Classifying the Conflict in Syria", *op. cit.*, p.375. LÓPEZ-JACOÍSTE DÍAZ, E.: "El Estado Islámico y el Derecho Internacional Humanitario", dentro de GUTIÉRREZ ESPADA, C. y CERVELL HOR-

La expansión del Dáesh a lo largo del territorio sirio introdujo más complejidad al conflicto armado. Por esta razón, en segundo lugar, cabría distinguir un conflicto armado no internacional separado y paralelo entre el Estado sirio y el Dáesh[1125]. En realidad, la lucha contra el Dáesh trasciende las fronteras internacionales de Siria y se extiende también al territorio de Irak, donde el gobierno del país lo combate con ayuda internacional, de manera que, estrictamente, estaríamos frente a dos conflictos armados no internacionales cada uno en un Estado distinto[1126]. La intervención rusa en territorio sirio por invitación del propio gobierno de Bashar al-Asad, así como la intervención de la Coalición Internacional liderada por EE.UU. en sus operaciones en Irak a solicitud del gobierno iraquí, serían conforme al Derecho Internacional y no alterarían la naturaleza interna de los conflictos que se libran contra el Dáesh en cada uno de los países[1127].

Más problemas jurídicos plantean los bombardeos realizados por EE.UU., Francia o los miembros de la Coalición Internacional contra las posiciones del Dáesh en el territorio de Siria sin que el gobierno de Bashar al-Asad lo haya solicitado formalmente o haya prestado su consentimiento a tal interven-

---

TAL, M.J. (Dirs.): *El Estado Islámico (Daesh). ¿Aprenderemos la lección?*, Tirant Lo Blanch, Valencia, 2018, pp.240-241.

1125 GILL, T.: "Classifying the Conflict in Syria", *op. cit.*, p.374.

1126 LÓPEZ-JACOÍSTE DÍAZ, E.: "El Estado Islámico y el Derecho Internacional Humanitario", *op. cit.*, p.242. MARTÍNEZ ALCAÑIZ, A.: "El conflicto armado de la República Árabe Siria...", *op. cit.*, p.78.

1127 LÓPEZ-JACOÍSTE DÍAZ, E.: "El Estado Islámico y el Derecho Internacional Humanitario", *op. cit.*, pp.250-255. La doctrina se muestra dividida en torno a si existe una norma en el Derecho Internacional que prohibiría la intervención armada por invitación en el caso de guerras civiles. Vid. VISSER, L.: "Russia's Intervention in Syria", *EJIL Talk!*, 25 de noviembre de 2015. Disponible en: https://www.ejiltalk.org/russias-intervention-in-syria/ (Consultado: 20 de abril de 2023).

ción[1128]. El uso de la fuerza de uno o varios Estados contra un grupo armado no estatal –como el Dáesh– sin la autorización del Estado territorial –en este caso Siria– constituye un conflicto armado internacional, en el sentido del artículo 2 Común, aunque los ataques se dirijan exclusivamente contra objetivos del grupo armado y no haya hostilidades con las fuerzas gubernamentales[1129]. Por lo tanto, cabría afirmar la coexistencia de un conflicto armado internacional, que enfrenta al gobierno de Siria con los países miembros de la Coalición Internacional, con un conflicto armado no internacional entre los Estados de la Coalición Internacional y el Dáesh, que se suma al conflicto armado no internacional preexistente entre el Gobierno de Siria –y sus aliados– contra el Dáesh[1130].

[1128] Sobre el posible uso abusivo de la legítima defensa por parte de Francia para atacar objetivos del Dáesh en Siria, vid. BOEGLIN, N.: "La Resolución 2249 no autoriza a bombardear Siria", *Voltairenet.org*, 3 de diciembre de 2015. Disponible en: https://www.voltairenet.org/article189509.html (Consultado: 20 de abril de 2023). Sobre las dudas acerca de la aplicación del test "unable or unwilling" en el caso de Siria para detectar la incapacidad o la falta de voluntad de un Estado de combatir los grupos terroristas de modo que se justifique el uso de la fuerza, vid. CORTEN, O.: "The 'Unwilling or Unable' Test: Has it Been, and Could it be, Accepted?", *Leiden Journal of International Law*, vol.29, 2016, pp. 777–799. Para comentario un comentario sobre las diferentes opiniones doctrinales en torno a la invocación de la legítima defensa aplicada al caso del Dáesh en Siria e Irak, vid. BERMEJO GARCÍA, R.: "Las denominadas nuevas tendencias de la lucha contra el terrorismo internacional: el caso del Estado Islámico", dentro de GUTIÉRREZ ESPADA, C. y CERVELL HORTAL, M.J. (Dirs.): *El Estado Islámico (Daesh). ¿Aprenderemos la lección?*, Tirant Lo Blanch, Valencia, 2018, capítulo 4, pp.149-223.

[1129] LÓPEZ-JACOÍSTE DÍAZ, E.: "El Estado Islámico y el Derecho Internacional Humanitario", *op. cit.*, p.264. En sentido contrario vid.: GILL, T.: "Classifying the Conflict in Syria", *op. cit.*, pp.367-368 y 375.

[1130] LÓPEZ-JACOÍSTE DÍAZ, E.: "El Estado Islámico y el Derecho Internacional Humanitario", *op. cit.*, p.266. También CERVELL HORTAL,

A esta maraña de conflictos armados cabría añadir, en última instancia, el conflicto armado existente entre las fuerzas armadas de Turquía –que, por otro lado, también es parte de la Coalición Internacional contra el Dáesh– y sus milicias afines contra la Administración kurda en el norte de Siria. Desde 2016, el ejército turco y sus aliados lanzaron ofensivas en territorio sirio sin la autorización del gobierno de Bashar al-Asad y han ocupado porciones del norte del país. Los mismos argumentos sostenidos en el caso de la intervención Coalición Internacional deberían servir para calificar esta situación[1131].

En definitiva, la existencia de múltiples conflictos armados determina la aplicación, para cada caso concreto, de un conjunto normativo en función de su calificación jurídica. Para nuestro estudio, los conflictos armados contra el Dáesh deben ser calificados como conflictos armados no internacionales, de modo que el derecho aplicable correspondería al artículo 3 Común, las convenciones ratificadas por Siria –como, por ejemplo, la CH54 en materia de bienes culturales–, así como el DIH consuetudinario pertinente para este tipo de conflictos armados. Además del DIH, el Derecho Internacional de los Derechos Humanos continúa aplicándose en tiempos de conflicto armado. Por el contrario, no cabría la aplicación del PAII porque Siria no es una Parte Contratante en este tratado.

M.J.: "El Derecho Internacional: ¿una herramienta eficaz en la lucha contra el DAESH?", dentro de CERVELL HORTAL, M.J. (dir.): *Estado Islámico, Naciones Unidas, Derecho Internacional y Unión Europea*, Comares, Granada, 2017, p.83. En la misma línea que CICR: *Commentary on the First Geneva Convention, op. cit.*, pár.404.

1131 ANDRÉS SÁENZ DE SANTA MARÍA, P.: "Siria: las dificultades del derecho internacional...", *op. cit.*, pp.39-40.

2. EL DÁESH COMO ACTOR ARMADO NO ESTATAL EN EL CONFLICTO ARMADO DE SIRIA

2.1. Una aproximación a la naturaleza no estatal del Dáesh

La organización que hoy conocemos por el nombre de Dáesh ha cambiado de nombre en múltiples ocasiones. El acrónimo Dáesh que utilizamos en este estudio es la castellanización de *Al Dawla al-Islamiya lil Irak wal Sham*, que en árabe significa Estado Islámico de Irak y Siria[1132]. El empleo de esta nomenclatura no es neutral: la pronunciación en árabe de estas siglas posee, además, otro sentido de carácter despectivo que significa fanáticos que imponen sus puntos de vista sobre los demás[1133].

Su objetivo, como el nombre ya anticipa, es la creación de un Estado islámico universal gobernado bajo sus postulados extremistas[1134]. La aspiración del Dáesh de construir un califato universal se fundamenta ideológicamente en una versión radical

---

1132 Al-Sham es el nombre histórico en árabe de la región de Siria y Líbano –aunque algunos árabes también incluyen Jordania y Palestina–. En inglés, es común el empleo de las siglas IS, ISIS o ISIL, que en castellano se han traducido por EI o EIIL. La letra "L" es por la palabra Levante, término que en inglés se refiere a esa región del planeta. Vid. ELDIARIO.ES: "¿Qué diferencia hay entre decir Estado Islámico, ISIS o Daesh?", 16 de noviembre de 2015. Disponible en: https://www.eldiario.es/internacional/islamico-isis-isil-daesh_1_2374681.html (Consultado 10 enero de 2023).

1133 Según Simon Collins, el exembajador británico en Irak, aquellos que hablan árabe utilizan el nombre Da'ish para mostrar su desprecio y hostilidad. Vid. ELDIARIO.ES: "¿Qué diferencia hay entre decir Estado Islámico, ISIS o Daesh?", *op. cit.*

1134 GUTIÉRREZ ESPADA, C. y CERVELL HORTAL, M.J.: "Nacimiento, auge y ¿decadencia? Del autoproclamado Estado Islámico (también conocido como Daesh)", dentro de GUTIÉRREZ ESPADA, CESÁREO y CERVELL HORTAL, MARÍA JOSÉ (Dirs.): *El Estado Islámico (Daesh). ¿Aprenderemos la lección?*, Tirant Lo Blanch, Valencia, 2018, p.26.

y extremadamente violenta de la religión. En esencia, sigue la corriente religiosa del salafismo wahabí, que se caracteriza por su interpretación rigorista y fundamentalista de los textos sagrados del islam y su rechazo a los no musulmanes y a cualquier desviación, especialmente los chiíes –a los que considera como herejes, renegados o *rafida*–, los sufíes y otras formas del islam popular –cuyas tradiciones son consideradas como idolatría–[1135]. Convencidos de ser depositarios de la verdad, la aversión hacia otras minorías y credos se manifiesta mediante el recurso al *takfir* o excomunión para justificar el uso de la violencia y el asesinato posterior de esas comunidades[1136]. Propugnan la defensa y la expansión del islam por la vía de las armas al amparo de una lectura deformada, polémica y belicista del concepto de yihad[1137]. Además, el grupo posee una cosmovisión fuertemente apocalíptica, ya que en su imaginario los musulmanes y los infieles están librando el combate que precederá al final de los tiempos. Se-

---

1135 ÁLVAREZ-OSSORIO ALVARIÑO, I.: *Siria. La década negra…, op. cit.*, p.200.

1136 El *takfir* consiste en un acto, declaración o sentencia pronunciada por una autoridad musulmana por la que se declara que otros musulmanes han dejado de serlo, es decir, convirtiéndolos en apóstatas o infieles. Es una figura jurídica compleja que requiere de unos requisitos minuciosos, pero los grupos yihadistas la emplean torticeramente para sus propios fines. Ibid., p.201.

1137 Yihad –aunque algunos autores prefieren la transcripción como "jihad" que es más fiel a la palabra original– significa esfuerzo religioso en árabe. El islam distingue dos tipos de yihad. La mayor o "de las almas", que remite al esfuerzo individual y colectivo de los musulmanes de mejorarse como creyentes, y la menor o "de los cuerpos", que consistiría en la expansión del islam al resto del mundo convirtiendo o sometiendo a los no musulmanes. BRAMON, D.: "La confusión del 'jihad'", *IEMed. Focus Article*, vol. 113, 2014, pp.1-2. Disponible en: https://www.iemed.org/wp-content/uploads/2020/12/Focus-113-La-confusion-del-Jihad.pdf

gún algunas profecías, la batalla final se produciría después del restablecimiento del califato en la localidad siria de Dabiq[1138].

Algunos autores han señalado que pudo tratarse de una suerte de proto-Estado[1139]. Sin embargo, el grupo no fue ni llegó a ser jamás un Estado en el sentido del Derecho Internacional, a pesar de su insistencia en autodenominarse Estado Islámico, borrando deliberadamente de su nombre cualquier referencia geográfica a Irak y Siria.

La Convención de Montevideo de 1933 sobre derechos y obligaciones de los Estados establece una serie de requisitos para la existencia de un Estado. De acuerdo con el artículo 1, el Estado como persona jurídica internacional debe poseer: (i) una población permanente; (ii) un territorio determinado; (iii) un gobierno u organización del poder; y (iv) capacidad de entrar en relaciones con los demás Estados. La doctrina ha detallado dos criterios complementarios: la independencia y la legitimidad[1140]. Tan solo podría predicarse una cierta efectividad de algunos de los requisitos en el caso del Dáesh, pero no de todos, ni mucho menos en grado suficiente[1141]. Así, hay serias

---

1138 Curiosamente, hasta 2016 el principal medio de propaganda escrito en inglés se titulaba Dabiq. ÁLVAREZ-OSSORIO ALVARIÑO, I.: *Siria. La década negra...*, *op. cit.*, pp.113-114.

1139 MARTÍN RODRÍGUEZ, J.: *Estado Islámico: Geopolítica del caos*, Editorial Catarata, Madrid, 2017, p.15, escribe: “El Estado Islámico es, en realidad, un proto-estado islámico con rasgos e totalitarismo y vicios de la ultraderecha, capaz de autofinanciarse con métodos mafiosos, que gestiona un amplio tejido social y se sostiene en una estructura militar que aúna con eficacia estructuras de ejército regular, tácticas de guerrilla, herramientas de Inteligencia y recursos terroristas”.

1140 SHANY, Y.; COHEN A. y MIMRAN, T.: “ISIS: Is the Islamic State a State?”, *The Israel Democracy Institute,* 14 de septiembre de 2014. Disponible en: http://en.idi.org.il/articles/5219.

1141 LÓPEZ-JACOÍSTE DÍAZ, E.: “El Estado Islámico y el Derecho Internacional Humanitario”, *op. cit.*, pp.237-239.

dudas de que la población en sus dominios viva allí de forma libre y permanente o más bien por temor. Tampoco puede verificarse, a la vista de la rápida pérdida de territorios bajo su control, que poseyera efectivamente un territorio determinado. A esto se añade que el territorio bajo su control pertenecía, en realidad, a dos Estados –Siria e Irak– con fronteras internacionalmente reconocidas. Además, sus líderes han mostrado un total desinterés por entablar relaciones con otros Estados. El Dáesh adolece de una ausencia total de legitimidad para invocar el derecho a la libre determinación de los pueblos en tanto que las poblaciones siria e iraquí no son pueblos sometidos a regímenes coloniales o racistas, y aunque se confirme que han sido víctimas de violaciones graves de los derechos humanos[1142]. De hecho, reconocer la estatalidad del Dáesh supondría avalar la construcción de un Estado sobre la violación sistemática de los derechos humanos y la comisión, por lo menos, de crímenes de guerra y de crímenes contra la humanidad. Coincidimos, pues, con la profesora López-Jacoíste, quien afirma que la existencia misma del Dáesh como Estado violaría el *ius cogens*[1143].

El Dáesh ha sido calificado por el Consejo de Seguridad como una organización terrorista cuyos actos la convertían en "una amenaza mundial sin precedentes a la paz y a la seguridad internacional"[1144]. Su naturaleza polémica, a caballo entre las organizaciones terroristas y los movimientos insurreccionales,

---

1142 SHANY, Y.; COHEN A. y MIMRAN, T.: "ISIS: Is the Islamic State a State?", *op. cit.*,

1143 LÓPEZ-JACOÍSTE DÍAZ, E.: "El Estado Islámico y el Derecho Internacional Humanitario", *op. cit.*, pp.238.

1144 Preámbulo de la Resolución 2249 (2015) del Consejo de Seguridad, 20 de noviembre. Sobre el carácter terrorista del Dáesh, vid. también las Resoluciones 2170 (2014), 2178 (2014) o 2253 (2015). Para un análisis de la labor del Consejo de Seguridad en la lucha contra el Dáesh vid. BERMEJO GARCÍA, R.: "Las denominadas nuevas tendencias de la lucha contra el terrorismo...", *op. cit.*, pp.215-222.

dificultan una delimitación clara de su naturaleza no estatal[1145]. Con todo, la realidad de las situaciones de conflicto armado en Siria e Irak permite calificar al Dáesh como un actor o grupo armado no estatal[1146]. El DIH exige que los grupos armados posean cierto grado de organización para poderlos considerar como partes en un conflicto armado[1147], y, por tanto, para que queden sujetos al cumplimiento de las ciertas obligaciones dimanantes del mismo[1148]. No es necesario un nivel de organización equiparable a las fuerzas armadas de un Estado. Por lo general, se entiende que un grupo armado demuestra un grado suficiente de organización cuando posee la capacidad de planear y realizar operaciones militares y una estructura de mando que, como mínimo, tenga capacidad para controlar a sus miembros e imponer una disciplina interna[1149]. La jurisprudencia inter-

---

1145 El profesor Romualdo Bermejo García sostiene que el Dáesh no encaja satisfactoriamente en la categoría de movimiento insurreccional que pretende desplazar al gobierno iraquí, sino más bien una organización terrorista que opera fuera de las fronteras de Irak, con bases de operaciones en Siria y con objetivos que trascienden el conflicto de Irak. A contrario, el profesor Marco Longobardo. BERMEJO GARCÍA, ROMUALDO: "Las denominadas nuevas tendencias de la lucha contra el terrorismo...", *op. cit.*, pp.168-171.

1146 DAVID, É.: *Principes de droit des conflits armés*, Bruylant, Bruselas, 2019, p.200.

1147 El artículo 3 Común presupone un grado de organización bastante bajo para la existencia de un conflicto armado no internacional. En cambio, el artículo 1.1 del PAII añade más elementos como el control territorial efectivo que permita la realización de operaciones militares sostenidas y concertadas, la dirección de un mando responsable. Ibid., pp.146-155

1148 En la actualidad parece incontrovertido el hecho de que los grupos armados no estatales queden vinculados por el DIH. Una reflexión sobre las teorías que justifican la obligatoriedad del ius in bello para los grupos armados no estatales, en particular el Dáesh, puede leerse en: LÓPEZ-JACOÍSTE DÍAZ, E.: "El Estado Islámico y el Derecho Internacional Humanitario", *op. cit.*, pp.281-292.

1149 Recuérdese que el artículo 1.1 del PAII introduce el elemento del "mando responsable". En el TPIY también se recoge esa necesidad de

nacional ha deducido una serie de indicadores, ninguno de ellos decisivo por sí mismo. Así, por ejemplo, son factores que revelan un grado de organización elevado la existencia de una estructura jerárquica de mando y códigos disciplinarios internos; la existencia de cuarteles generales; el control de cierto territorio; el acceso y la disponibilidad de armamento u otros equipos militares; la existencia de sistemas de reclutamiento y entrenamiento militar; la capacidad de planear y coordinar operaciones militares, incluyendo el movimiento de tropas y la logística; la capacidad de definir una estrategia militar unificada y el uso de tácticas militares; o la capacidad para actuar al unísono y negociar acuerdos de alto el fuego o acuerdos de paz[1150].

El Dáesh tenía una estructura organizativa sofisticada y vertical, en la cima de la cual estaba Abu Bakr al-Bagdadi, el autoproclama-

---

que el grupo armado tenga una estructura de mando. Sin embargo, la CPI ha descartado los elementos del control territorial y el actuar bajo un mando responsable en el sentido del artículo 1.1 del PAII ya que el artículo 8.2.f del ECPI no incorpora esos requisitos para afirmar un grado de organización suficiente. Compárese: TPIY: *Public Judgement in the case the Prosecutor v. Vlastimir Đorđević*, *op. cit.*, pár.1525, con CPI: *Prosecutor vs Lubanga, op. cit.*, párs.535-536.

1150 TPIY: *Judgement in the case the Prosecutor v. Ramush Haradinaj, Idriz Balaj and Lahi Brahimaj*, Trial Chamber I, IT-04-84, 3 de abril de 2008, pár.60. Los mismos indicadores, *mutatis mutandis*, emplea la CPI. Vid. CPI: *Prosecutor vs Lubanga, op. cit.*, pár.537. La doctrina ha matizado que estos indicadores se centran en grupos armados cuyo grado de organización es muy elevado, con estructuras militares sofisticadas, similares a las de un ejército convencional, lo cual excluye otros actores armados como las compañías privadas de seguridad, las organizaciones criminales o mafias, las bandas urbanas, etc. Vid. BELLAL, A.: "Beyond the pale? Engaging the Islamic State on international humanitarian law", *Yearbook of International Humanitarian Law*, Vol.18, 2016, pp.132-133.

do califa[1151]. Inmediatamente después estaban sus lugartenientes para Siria e Irak. Por debajo, se articulaban diversos Consejos, a modo de ministerios (*Diwan*). Los más importantes, a pesar de los cambios que sufrió la organización con el paso del tiempo, fueron el Consejo de la Shura –órgano de alto nivel encargado de asesorar en materia política y militar–, el Consejo de la Sharía –destinado a ajustar su visión extremista del islam con los designios de la organización–, el Consejo Militar, el Consejo de Seguridad e Inteligencia, el Consejo Mediático, el Consejo Económico y el Consejo Provincial. Este esquema piramidal se reproducía en las provincias o *wilayas*, cada una de ellas bajo la autoridad de un gobernador o *wali*; y en la administración local de cada una de las *wilayas*.

El número de efectivos militares en las filas del Dáesh es difícil de calcular con exactitud. Según algunas fuentes, en verano de 2014, la organización contaba entre 20.000 y 31.500 combatientes, de los que más o menos la mitad serían combatientes extranjeros, incluyendo unos 2.000 procedentes de países occidentales[1152]. Otras estimaciones se elevan la cifra hasta los 80.000 milicianos –unos 50.000 en Siria y otros 30.000 en Irak–, de los que casi la mitad eran extranjeros[1153]. Lo más llamativo es que se calcula que, entre 2014 y 2017, se unieron al Dáesh en torno a los 40.000

1151 Para una descripción más detallada de la estructura militar y administrativa del Dáesh vid. BARRETT, RICHARD: *The Islamic State*, The Soufan Center, Nueva York, 2014, pp.24 y ss.

1152 SCIUTTO, J., CRAWFORD, J. y CARTER, C.J.: "ISIS can 'muster' between 20,000 and 31,500 fighters, CIA says", *CNN*, 12 de septiembre de 2014. Disponible en: https://edition.cnn.com/2014/09/11/world/meast/isis-syria-iraq/ (Consultado: 20 de abril de 2023).

1153 ALJAZEERA: "Islamic State 'has 50,000 fighters in Syria'", 19 de Agosto de 2014. Disponible en: https://www.aljazeera.com/news/2014/8/19/islamic-state-has-50000-fighters-in-syria (Consultado: 20 de abril de 2023).

combatientes extranjeros de más de 110 nacionalidades[1154]. Estas cifras revelan el peso de los extranjeros en las filas del grupo.

Durante la retirada de Mosul, el ejército iraquí abandonó el armamento y el material militar financiado y proporcionado por EE.UU., del cual se apoderó el Dáesh. Este hecho reforzó enormemente las capacidades del Dáesh para realizar operaciones militares convencionales. De golpe, la organización pasó a contar con artillería pesada, carros de combate, vehículos blindados, armas y otros suministros.

El Dáesh, además, sostuvo su estructura y su proyecto con cuantiosos ingresos procedentes de diversas actividades económicas y criminales. Sus fuentes de financiación lo convirtieron en "una de las organizaciones o entes más ricas del mundo", sobre todo cuando ocupó amplias zonas de Siria e Irak. Se calculó que llegó a contar con un patrimonio de 2.000 millones de dólares e ingresar diariamente entre 1,2 y 5 millones de dólares del comercio de petróleo[1155]. Así pues, obtenía rentas de la venta de petróleo y otros recursos naturales; el cobro de impuestos de distinta índole; la confiscación de activos; el botín de guerra; el secuestro de personas; el contrabando de armas y drogas; el fomento de las excavaciones ilegales y la venta de antigüedades; y, también, las donaciones privadas[1156].

1154 Por regiones, se calcula que se unieron 8.717 de países ex soviéticos; 7.054, de Oriente Medio; 5.778, de la Unión Europea; 5.356, del Magreb; 1.568 del Sureste Asiático; 845, de los Balcanes; y 444 de Norteamérica. Para más detalles: BARRETT, R.: *Beyond the Caliphate: Foreign Fighters and the Threat of Returnees,* The Soufan Centre, 2017.

1155 NÚÑEZ VILLAVERDE, JESÚS A.: *DÁESH: El porvenir de la amenaza yihadista,* Editorial Catarata, Fuencarral (Madrid), 2018, pp.58-59.

1156 GUTIÉRREZ ESPADA, C.: "El Estado Islámico, ¿una amenaza para el mundo?", en CERVELL HORTAL, M.J. (Dir.): *Estado Islámico, Naciones Unidas, Derecho Internacional y Unión Europea,* Comares, Granada, 2017, pp.11-18.

A pesar del potencial militar y económico, el Dáesh no pudo resistir el enfrentamiento con otros actores armados estatales y no estatales en el conflicto sirio, a la vez que soportar los ataques aéreos de la Coalición Internacional contra sus posiciones, sus recursos clave y sus fuentes de ingresos, y, al mismo tiempo gobernar unos territorios con mano de hierro[1157].

Bajo el lema "asentarse y expandirse", el Dáesh orientó su estrategia militar hacia la adquisición planeada de territorios con el objetivo de asegurarse el acceso a recursos estratégicos, como los pozos de petróleo, las presas –para el agua y para la energía hidroeléctrica– o los cultivos de cereales[1158]. La implementación de esta estrategia se benefició de la experiencia de exmilitares y exfuncionarios purgados del sistema por el régimen post-Saddam y hábilmente atraídos por el Dáesh[1159]. Para lograr sus objetivos, el Dáesh utilizó una combinación de tácticas de insurgencia, operaciones militares convencionales y actos terroristas. Una expansión militar de esas características demuestra que el Dáesh era un grupo armado no estatal sobradamente organizado, dotado de una estructura de mando fuerte, y con

1157 Los analistas subrayan el hecho de que el Dáesh no tuviera medios aéreos, ni defensas antiaéreas, fue decisivo para su derrota militar. NÚÑEZ VILLAVERDE, J.A.: *DÁESH: El porvenir de la amenaza yihadista, op. cit.*, p.55.

1158 Los ejes de expansión fueron, por un lado, las ciudades ribereñas siguiendo el río Éufrates desde Raqqa hasta Bagdad –entre otras, la propia Raqqa, Deir ez-Zor, Haditha, Ramadi o Faluya–; y, por otro lado, el curso del río Tigris descendiendo desde Mosul hasta el norte de Bagdad. Estas zonas, además de poseer recursos estratégicos, también son mayoritariamente pobladas por árabes sunníes. Esta parece una explicación razonable de la ofensiva del Dáesh a finales de 2014 sobre Kobane y las zonas kurdas en el norte de Siria e Irak. BARRETT, R.: *The Islamic State, op. cit.*, p.36. MARTÍN RODRÍGUEZ, J.: *Estado Islámico: Geopolítica del caos, op. cit.*, p.116.

1159 BARRETT, R.: *The Islamic State, op. cit.*, pp.18-19.

capacidades suficientes para conducir hostilidades de forma sostenida de acuerdo con los parámetros señalados por el DIH.

2.2. El ascenso del Dáesh: del surgimiento a la proclamación del califato

A pesar de las variaciones en el nombre, el origen del Dáesh se remonta al grupo terrorista formado por Abu Musab al-Zarqawi, denominado Yama'at al Tawhid wal Yihad (Organización para el Monoteísmo y la Yihad) que perpetró diversos atentados terroristas en Irak. La organización pasó a denominarse Al-Qaeda en Irak (AQI) cuando juró lealtad a Osama Bin Laden en 2004 hasta que, en 2006, tras la muerte de al-Zarqawi, la nueva cúpula integrada por Abu Omar al-Bagdadi y Abu Ayyub al-Masri renombró el grupo como Estado Islámico de Irak (ISI, en sus siglas en inglés). A partir de 2007, el grupo estuvo en franco declive debido a la estrategia de los EE.UU. de activar los Consejos del Despertar y apoyar a las milicias sunníes para que rompieran su alianza con los yihadistas[1160]. En 2010, los líderes del ISI fueron eliminados y el liderazgo recayó en Abu Bakr al-Bagdadi, quien comenzó a reconstruir la debilitada organización[1161].

El rearme del ISI ocurrió en un contexto de fuertes convulsiones en Irak. La invasión angloestadounidense purgó las instituciones de los baathistas de la época de Saddam Hussein y entregó el poder

---

1160 NÚÑEZ VILLAVERDE, J.A.: *DÁESH: El porvenir de la amenaza yihadista, op. cit.*, p.22.

1161 Entre 2010 y 2013, la organización llevó a cabo una campaña bautizada como "Rompiendo los muros" que consistió en el asalto a diversas prisiones del gobierno para liberar a sus seguidores. De una de estas cárceles, la nefasta Abu Gharib, salieron 47 de los futuros líderes del Dáesh. Al mismo tiempo, el ISI lanzó otra campaña de terror basada en asesinatos selectivos, secuestros y ataques terroristas contra las fuerzas de seguridad, ejército, autoridades locales o sus familiares que minaron la moral de la administración. MARTÍN RODRÍGUEZ, J.: *Estado Islámico: Geopolítica del caos, op. cit.*, pp.41-46.

a la mayoría chií. Los gobiernos de Nuri al-Maliki, abiertamente corruptos y discriminatorios con la población suní, generalizaron el descontento y el resentimiento sectario[1162]. En 2011, las protestas generadas a raíz de la Primavera Árabe fueron reprimidas con dureza por las autoridades iraquíes, y, en 2013, resurgieron[1163]. Esta vez, sin embargo, la violencia se intensificó hasta desembocar en un conflicto armado en donde el grupo de Abu Bakr al-Bagdadi prosperó fatalmente. Naturalmente, el estallido de la guerra de Siria también propició el resurgimiento del grupo de al-Bagdadi[1164]. En 2011, unos pocos miembros, encabezados por Abu Muhammad al-Yulani, cruzaron la frontera y organizaron un potente grupo armado con la bendición de Ayman al-Zawahiri, el líder de Al-Qaeda. Acababa de nacer el Frente al-Nusra.

En abril de 2013, en un intento de reafirmar su liderazgo en medio del caos generado por la guerra de Siria y la inestabilidad creciente en Irak, Abu Bakr al-Bagdadi anunció la fusión del ISI con el Frente al-Nusra en un nuevo grupo que se denominaría Estado Islámico en Irak y Siria, es decir, el Dáesh. El Frente al-Nusra rechazó abiertamente esa posibilidad, pero muchos de sus combatientes sí que se pasaron a las filas del Dáesh[1165]. La ruptura con Al-Qaeda se oficializó en febrero de 2014[1166]. Un mes antes, el Dáesh se ha-

---

1162 PHILLIPS, A.: "The Islamic State's challenge to international order", *Australian Journal of International Affairs*, vol.68, nº5, 2014, pp.495-496.

1163 YASSIN-KASSAB, R. y AL SHAM, L.: *País en llamas. Los sirios en la revolución y en la guerra*, Capitán Swing, Madrid, 2016, pp.208-210.

1164 BARRETT, R.: *The Islamic State, op. cit.*, p.12.

1165 YASSIN-KASSAB, R. y AL SHAM, L.: *País en llamas..., op. cit.*, p.202.

1166 Ayman al-Zawahiri intercedió para apaciguar los dos grupos y limitarlos a sus respectivas áreas geográficas, pero sus esfuerzos fueron en vano. La tensión ideológica entre organizaciones provenía de tiempo atrás, el grupo de al-Zarqawi abogaba por combatir al enemigo cercano, con un componente mucho más radical y sectario, que incluía a los musulmanes chiítas, mientras que Al-Qaeda siempre había apostado por combatir al enemigo lejano encabezado por EE.UU. BARRETT,

bía apoderado de Raqqa, la primera capital de provincia en caer a manos de los insurgentes situada a medio camino entre Alepo y la frontera con Irak. Pronto se convertiría en su capital de facto.

Desde finales de 2013 hasta 2015 el Dáesh se expandió vertiginosamente por los territorios de Siria e Irak. En junio de 2014, cayeron en su poder importantes ciudades de Irak como Faluya, Samarra, Tikrit y Mosul. El 29 de ese mes, Abu Bakr al-Bagdadi proclamaba el califato islámico, tomaba el título el califa con el nombre de Ibrahim e instaba a todos los musulmanes del mundo a que jurasen lealtad al Estado Islámico. El 4 de julio apareció con negras vestiduras en el púlpito de la gran mezquita de Al Nuri en Mosul, una joya de la arquitectura medieval, para pronunciar un discurso durante la plegaria de los viernes[1167]. Poco después, la caída de Deir ez-Zor en poder del Dáesh dio acceso a la organización a los pozos de petróleo de esa provincia y a la frontera con Irak[1168]. Las viejas fronteras coloniales diseñadas con el Acuerdo de Sykes-Picot en 1916 terminaron de resquebrajarse en ese momento. En octubre de 2014, el Dáesh controlaba un territorio que abarcaba desde el norte de Alepo hasta el sur de Bagdad y aproximadamente 6 millones de personas vivían en sus dominios[1169].

2.3. Un reinado de terror: la evolución de los territorios controlados por el Dáesh (2013-2019)

La proclamación del califato en junio de 2014 desde la simbólica ciudad recién conquistada de Mosul conmocionó al mundo entero. Parecía que el Dáesh no tenía rival y campaba a sus anchas entre las cenizas de Siria e Irak. Lo cierto es que la fase expansiva

---

R.: *The Islamic State, op. cit.*, pp.12-13; NÚÑEZ VILLAVERDE, J.A.: *DÁESH: El porvenir de la amenaza yihadista, op. cit.*, p.24.

1167 BARRETT, R.: *The Islamic State, op. cit.*, p.13

1168 YASSIN-KASSAB, R. y AL SHAM, L.: *País en llamas..., op. cit.*, p.211.

1169 BARRETT, R.: *The Islamic State, op. cit.*, p.8

del grupo armado iniciada en 2013 todavía no había llegado a su fin. En verano de 2014, el Dáesh lanzó una ofensiva sobre Sinyar, en el noroeste de Irak. Allí, el Dáesh masacró a la población yazidí, una minoría religiosa a la que consideraban "adoradores del diablo". Casi simultáneamente, las fuerzas del pseudo-califato se abalanzaron sobre la ciudad kurda de Kobane, en el noreste de Siria y cerca de la frontera con Turquía[1170]. Durante meses se libraron encarnizados combates que terminaron, ya en el año siguiente, con la derrota y la retirada del Dáesh hacia su feudo en Raqqa.

En 2015, el Dáesh alcanzó fugazmente su pico de poder territorial. En primavera, los milicianos yihadistas conquistaron la ciudad histórica de Palmira, en su avance por la provincia siria de Homs. En Irak, ocuparon Ramadi, importante localidad cercana a Bagdad. Al mismo tiempo, el Dáesh consolidó sus posiciones en Mosul, Raqqa, Deir ez-Zor y Faluya[1171]. Sin embargo, los aparentemente invencibles ejércitos de Abu Bakr al-Bagdadi sufrieron severas derrotas en Kobane, Tikrit y Ramadi ese mismo año. A partir de 2016 se acentuó el declive militar y territorial del Dáesh, cada vez más ahogado por las ofensivas en su contra en todos los frentes y castigado por los bombardeos de la Coalición Internacional[1172].

[1170] COI: *"Rule of Terror: Living under ISIS in Syria", Report of the Independent International Commission of Inquiry on the Syrian Arab Republic,* 19 November 2014, A/HRC/27/CRP.3, párs.69-70.

[1171] MARTÍN RODRÍGUEZ, J.: *Estado Islámico: Geopolítica del caos, op. cit.*, p.115.

[1172] En Irak, la Coalición comenzó los bombardeos en agosto de 2014. Entre agosto de ese año y marzo de 2018 se realizaron 13.315 ataques aéreos. Por su parte, en Siria, desde el inicio de la intervención de la Coalición en septiembre de 2014, se contabilizaron 14.660 bombardeos en el mismo período. Estos datos no incluyen los bombardeos realizados desde septiembre de 2015 por el operativo ruso, que no es parte de la Coalición. BBC: "Islamic State and the Crisis in Iraq and Syria in Maps", *BBC News,* 10 de enero de 2018. Disponible en: http://www.bbc.com/news/world-middle-east-27838034.

El 10 de julio de 2017, los milicianos del pseudo-califato fueron expulsados de Mosul, dejando atrás un amasijo de ruinas. La caída de Raqqa llegó en octubre, y la de Deir ez-Zor, en noviembre[1173]. A partir de entonces, el Dáesh se fue reduciendo a algunos focos de resistencia, principalmente en zonas rurales y desérticas, hasta que perdió Baguz, su último bastión territorial en la frontera sirio-iraquí, en marzo de 2019[1174].

En los territorios bajo su control, el Dáesh instauró un régimen brutal, basado en su concepción rigorista y fanática del islam, con un sistema administrativo propio –que comprendía, entre otros, una policía de la moral (*Al Hisbah*), fuerzas del orden público, tribunales, sistemas de reclutamiento y educación– mediante el cual se proveyeron, al menos en los primeros momentos, algunos servicios básicos, pero en un ambiente fuertemente represivo, con el objetivo de reforzar la dominación política y social de las comunidades sometidas[1175].

La supresión de los derechos y libertades más básicos fue una constante en el autoproclamado califato. Aparte de la aplicación estricta de la sharía, el Dáesh impuso sus reglas de comportamiento social, como la obligatoriedad de asistir a las plegarias en las mezquitas o la prohibición de los vicios terrenales, como el alcohol o las drogas, incluido fumar[1176]. La libertad de expre-

---

1173 BBC: "IS loses Deir al-Zour in Syria and al-Qaim in Iraq on same day", *BBC News*, 3 de noviembre de 2017. Disponible: http://www.bbc.com/news/world-middle-east-41856330.

1174 REUTERS/EFE: "Derrotado el último bastión de Estado Islámico en Siria", *La Vanguardia*, 23 de marzo de 2019. Disponible en: https://www.lavanguardia.com/internacional/20190323/461174845022/derrotado-ultimo-bastion-estado-islamico-siria-baghouz.html.

1175 COI: *"Rule of Terror: Living under ISIS in Syria…, op. cit.,* párs.16 y 30.

1176 NOVÁČEK, K., MELČÁK, M., BERÁNEK, O. y STARKOVÁ, L.: *Mosul after Islamic State: The Quest for Lost Architectural Heritage*, Palgrave MacMillan, 2021, pp.7-8.

sión, la libertad religiosa, o la libertad de reunión y asociación, fueron coartadas y su ejercicio permanentemente vigilado[1177].

El régimen del Dáesh se sostenía con el terror. Numerosos testimonios orales y documentales retratan el uso sistemático de la violencia extrema para aplastar cualquier atisbo de disidencia o desviación y para atemorizar a la población[1178]. La transgresión de las normas era cruelmente castigada mediante un sistema de justicia ejemplarizante en el que, por supuesto, no había espacio para otros símbolos que los islámicos, ni para expresiones culturales y artísticas señaladas como contrarias, ni conductas sociales consideradas sacrílegas[1179]. Los activistas de los derechos humanos Robin Yassin-Kassab y Leila Al Sham describen la situación en Raqqa y en los territorios bajo control del Dáesh con las siguientes palabras:

> "Sus territorios eran testigos no solo de flagelaciones públicas, sino también de lapidaciones, crucifixiones y del lanzamiento desde torres de hombres supuestamente homosexuales. Su dominio pronosticaba un año cero del totalitarismo; se destruían bibliotecas y templos, las escuelas se convertían en centros de propaganda y reclutamiento, y el reino del terror tenía por blancos a los combatientes del Ejército Libre Sirio, el Frente Islámico, así como a los activistas civiles, los trabajadores de los medios, y a periodistas extranjeros y cooperantes."[1180]

La policía de la moral, o *Al Hisbah*, jugó un papel relevante en el aparato represivo. Este ente se encargaba de velar por el cumplimiento de las normas religiosas impuestas por el Dáesh. En consecuencia, numerosas prácticas sociales –como bodas, eventos musicales o ceremonias y ritos tradicionales– fueron perseguidas[1181].

1177 COI: *"Rule of Terror: Living under ISIS in Syria…, op. cit.*, pár.20.

1178 Ibid., pár.19.

1179 Ibid., párs.19 y ss.

1180 YASSIN-KASSAB, R. y AL SHAM, L.: *País en llamas..., op. cit.*, p.206.

1181 COI: *"Rule of Terror: Living under ISIS in Syria…, op. cit.*, pár.20.

El Dáesh se ensañó con las minorías. En los territorios que fueron cayendo bajo su control, las comunidades étnicas y religiosas eran forzadas a asimilarse o huir, y su patrimonio cultural era destruido sin miramientos[1182]. A los cristianos de cualquiera de sus corrientes se les ofreció la oportunidad de pagar el impuesto de capitación (*jizya*) en concepto de protección para permanecer en el territorio del Dáesh[1183]. Las alternativas eran la conversión forzosa o su expulsión. Los chiíes, en cualquiera de sus formas, y los yazidíes, a los que el Dáesh consideraba "adoradores del diablo", no contaban con esas opciones. Estas minorías fueron concienzudamente perseguidas y exterminadas.

En particular, los crímenes cometidos contra los yazidíes fueron considerados como un genocidio[1184]. A principios de agosto de 2014, los milicianos del pseudo-califato asaltaron la región de Sinyar, hecho que provocó la huida masiva de la población. Decenas de miles de civiles quedaron atrapados en el monte Sinyar, donde afrontaron temperaturas de 50°C sin comida, ni agua, ni medicinas, hasta que las fuerzas kurdas rompieron el cerco. Los yazidíes varones capturados fueron asesinados en masa. Las mujeres y las niñas fueron vendidas como esclavas sexuales en mercados públicos y enviadas al interior del territorio controlado por el Dáesh.

Las pruebas y testimonios del reinado de terror instaurado por el Dáesh en sus territorios y contra la población civil son abrumadoras. La Comisión de Investigación para Siria no pudo más que concluir que se habían cometido crímenes de guerra y crímenes contra la humanidad[1185]. En aras de imponer su

---

1182 Ibid., párs.24-31.

1183 NOVÁČEK, K. et al.: *Mosul after Islamic State…, op. cit.*, p.8.

1184 La Comisión de Investigación para Siria concluyó que el Dáesh había cometido un genocidio, así como crímenes de guerra y crímenes contra la humanidad contra la comunidad yazidí. Vid. COI: *"They came to destroy": ISIS Crimes Against the Yazidis*, 15 de junio de 2016, A/HRC/32/CRP.2.

1185 COI: *"Rule of Terror: Living under ISIS in Syria…, op. cit.*, párs.73-78.

proyecto fanático, el Dáesh devastó calculadamente los bienes culturales de la región y buscaron privar a las comunidades locales, a Siria, a Irak y a la humanidad en su conjunto de una parte de su historia y su identidad.

3. LA DESTRUCCIÓN DE BIENES CULTURALES COMETIDA POR EL DÁESH EN SIRIA

3.1. El Dáesh en Siria: una historia de destrucción de bienes culturales

La aparición del autoproclamado califa Ibrahim en la Gran Mezquita medieval de Al Nuri, en Mosul, conmocionó al mundo entero. Abu Bakr al-Bagadadi, el líder de la organización terrorista Dáesh, se mostraba públicamente en un lugar simbólico en el corazón del casco histórico de la segunda ciudad más importante de Irak, que apenas unas semanas antes había caído en sus manos, para dar un mensaje de gran calado. La imagen obtuvo un poderoso efecto mediático hábilmente utilizado por los servicios de información y propaganda del Dáesh. Esa misma mezquita medieval, y su famoso minarete inclinado, fueron destruidos por los milicianos del Dáesh poco antes de su derrota en Mosul en 2017. Esta demolición fue, tal vez, la única ocasión en la que el Dáesh trató de culpar a las fuerzas que luchaban en su contra[1186]. Estos dos hechos los separan tres años de campaña deliberada de destrucción de innumerables bienes culturales a

1186 Al parecer el Dáesh acusó a las fuerzas de la Coalición Internacional de derribar la mezquita de Al Nuri y el minarete Al-Habda en un bombardeo aéreo. Sin embargo, se documentó que los milicianos del Dáesh habían plantado explosivos en el complejo en preparación de su inminente derrota. NOVÁČEK, K. et al.: *Mosul after Islamic State…*, *op. cit.*, p.18. BBC: "Battle for Mosul: IS blows up al-Nuri mosque", *BBC News*, 22 de junio de 2017. Disponible en: http://www.bbc.com/news/world-middle-east-40361857.

lo largo y ancho de Siria e Irak, algunos de ellos pertenecientes a la Lista del Patrimonio Mundial de la UNESCO. En las siguientes páginas nos centraremos en la destrucción perpetrada en Siria, aunque puntualmente haremos referencia a los hechos destructivos ocurridos en Irak, puesto que no es posible disociarlos. No es nuestra pretensión hacer un registro detallado de todos los bienes culturales devastados por el Dáesh, sino encuadrar el fenómeno en el decurso del conflicto armado en Siria.

La riqueza cultural, histórica y religiosa de lo que hoy denominamos la República Árabe de Siria –igual que la de sus vecinos– es inconmensurable. Por supuesto, el Derecho Internacional, convencional y consuetudinario, así como la legislación nacional, protegen este inmenso patrimonio cultural. En el ámbito internacional, la República Árabe de Siria es Estado parte en la CH54 y su Primer Protocolo –ambos ratificados en el 6 de marzo de 1958–, las Convenciones de Ginebra de 1949 y el PAI de 1977 –ratificadas el 2 de noviembre de 1953 y el 14 de noviembre de 1983, respectivamente–, así como de la CPPM de 1972 –ratificada el 13 de agosto de 1975–[1187]. Asimismo, Siria debe cumplir con las obligaciones derivadas del Derecho Internacional consuetudinario. Por el contrario, la República Árabe de Siria firmó el SP99 el 17 de mayo de 1999, pero no lo ratificó. Tampoco es Estado parte del ECPI, instrumento que firmó el 29 de noviembre del 2000. El Dáesh como grupo armado en el

---

[1187] A esta lista cabe añadir los tratados relativos al tráfico ilícito de bienes culturales como el Convenio de 1970 sobre las medidas que deben adoptarse para prohibir e impedir la importación, la exportación y la transferencia de propiedades ilícitas de bienes culturales –ratificado el 21 de febrero de 1975–; el Convenio de UNIDROIT sobre los bienes culturales robados o exportados ilícitamente –desde el 27 de abril de 2018–. Un repaso de la normativa internacional y nacional aplicable al caso de Siria en BONGARD, P., HAUSLER, K. y LOSTAL BECERRIL, M.: *Culture under Fire: Armed Non-State Actors and Cultural Heritage in Wartime*, Geneva Call, Ginebra, 2018, pp.44-47.

sentido del DIH que participa el conflicto armado no internacional de Siria está vinculado por el artículo 3 Común y las normas consuetudinarias del *ius in bello*. De igual modo, en materia de protección de bienes culturales, el grupo armado debe cumplir con las obligaciones que se desprenden de la CH54, así como todas aquellas normas sobre el respeto y protección de los bienes culturales aplicables a los conflictos armados internos que hayan alcanzado el estatus consuetudinario[1188].

En el territorio de Siria se conservan vestigios que abarcan desde la prehistoria hasta la actualidad. Con razón, el país ha sido descrito como un museo al aire libre[1189]. Esta afirmación encapsula a la perfección no solo la gran diversidad sino también la importancia de su patrimonio cultural e histórico. Cuando estalló el conflicto armado, Siria contaba con seis sitios inscritos en la Lista del Patrimonio Mundial de la UNESCO[1190]. Todos ellos pasaron a engrosar la Lista del Patrimonio Mundial en Peligro en 2013 debido a los efectos devastadores de la guerra. Siria también tenía una docena de sitios en la Lista indicativa, candidatos a la inscripción[1191]. Además, su riqueza cultural se

---

1188 Para más detalles sobre la aplicación de este conjunto normativo a los grupos armados no estatales vid. HAUSLER, K.: "Culture under Attack: The Destruction of Cultural Heritage by Non-State Armed Groups", *Santander Art and Culture Law Review*, nº2, 2015, pp.117-146.

1189 CHEIKHMOUS, A.: "Syrian Heritage under Threat", *Journal of Eastern Mediterranean Archaeology & Heritage Studies*, Vol. 1, nº 4, 2013, p.351.

1190 Son los siguientes: la ciudad antigua de Damasco (1979), la ciudad antigua de Bosra (1980), el sitio de Palmira (1980), la ciudad antigua de Alepo (1986), el Crac de los Caballeros y Qal'at Salah el-Din (2006); y los pueblos antiguos del norte de Siria (2011). Más información en: https://whc.unesco.org/en/statesparties/sy.

1191 Son los siguientes: Noréas de Hama (1999); Ugarit (1999), Ebla (1999), Mari (1999), Dura Europos (1999), Apamea (1999), Qasr al-Hayr ach-Charqi (1999), Maaloula (1999), Tartús, ciudadela de los cruzados (1999); Raqqa, la ciudad abasí (1999); la isla de Arwad (1999); y los sitios de Mari y Europos-Dura en el valle del Éufrates (2011).

percibe en la abundante cantidad de patrimonio cultural tangible, mueble e inmueble, no necesariamente inscribible en la Lista, pero importante para la cultura y la identidad de las comunidades, las minorías y los habitantes del país.

En un inicio, la propagación de los combates por todo el territorio afectó una parte de las maravillas arquitectónicas y otros objetos culturales sirios[1192]. El descontrol generalizado facilitó que algunos yacimientos arqueológicos fueran depredados. A medida que la violencia se recrudecía y la guerra se alargaba, más y más bienes culturales resultaron destruidos o dañados por todas las partes en el conflicto armado. Sin embargo, la aparición del Dáesh, su expansión militar en 2014 y la exacerbación de la espiral sectaria agravaron el problema. La destrucción de bienes culturales desatada por el Dáesh en los territorios que cayeron bajo su control fue constante, deliberada y planificada.

Antes de la proclamación del califato, los militantes del Dáesh ya habían protagonizado incidentes relacionados con ataques a bienes culturales. En Raqqa, ciudad convertida en la capital de facto del Dáesh, y las localidades cercanas, el grupo arremetió contra las iglesias cristianas, pulverizó a martillazos las cruces, imágenes y estatuas, y transformó los establecimientos para otros fines[1193].

1192 Las imágenes vía satélite tomadas por el UNOSAT revelan daños de distinta gravedad en las maravillas culturales en todas las gobernaciones de Siria. El informe señala que la mayoría de los desperfectos fueron provocados por los combates o derivados del conflicto armado, así como el saqueo y la excavación ilegal. Vid. UNITAR/UNOSAT: *Satellite-based Damage Assessment to Cultural Heritage Sites in Syria*, Ginebra, 2014. Disponible en: https://unosat.web.cern.ch/unitar/downloads/chs/FINAL_Syria_WHS.pdf.

1193 ASOR: "Planning for Safeguarding Heritage Sites in Syria and Iraq, Weekly Report 83–84 from 2 to 15 march", *ASOR Cultural Heritage Initiatives*, 2015. Disponible en: http://www.asor-syrianheritage.org/wp-content/uploads/2016/03/ASOR_CHI_Weekly_Report_83%E2%80%9384r.pdf#page=48.

En 2014 aumentaron el número de destrucciones intencionales en las zonas ocupadas en Irak y en las provincias sirias de Alepo, Raqqa, Deir ez-Zor y Hasaka. Allí, el patrimonio histórico y cultural de las minorías religiosas sufrió amargamente la furia sectaria. El Dáesh persiguió con denuedo toda expresión del islam chií y del sufismo, consideradas corrientes heréticas que debían ser combatidas. Eso se tradujo en el ataque generalizado contra mezquitas, santuarios, cementerios y otros símbolos y lugares de culto[1194]. Las iglesias y monasterios cristianos tampoco escaparon de la destrucción[1195]. Durante la operación militar lanzada en agosto de 2014 contra Sinyar, el Dáesh arrasó los santuarios y templos de los kurdos yazidíes[1196]. También en Irak hay clarísimos ejemplos de ese asalto al patrimonio cultural de las minorías[1197].

En múltiples ocasiones, los militantes del Dáesh emplearon explosivos para dinamitar los edificios seleccionados, aunque también hubo incidentes en los que se utilizó maquinaria pesada, como buldóceres, para demolerlos. Otros elementos, como las estatuas o las lápidas, eran destruidos mediante disparos, martillos, picos u otros instrumentos. Era habitual que estas acciones fueran grabadas o fotografiadas y luego subidas a internet con fines propagandísticos. Este patrón destructivo prosiguió inalterable en los primeros meses de 2015.

1194 Según algunas fuentes, el Dáesh arrasó el 90% de los santuarios y tumbas sufíes, algunos datados de época medieval, en zonas de la provincia de Alepo bajo su control. ASOR: "Planning for Safeguarding Heritage Sites in Syria and Iraq, Weekly Report 13, November 3", *ASOR Cultural Heritage Initiatives*, 2014, p.6. Disponible en: http://www.asor-syrianheritage.org/wp-content/uploads/2015/03/ASOR_CHI_Weekly_Report_13r.pdf.

1195 COI: "*Rule of Terror: Living under ISIS in Syria…, op. cit.*, párs.25-31.

1196 COI: "*They came to destroy…, op. cit.*, pár.157.

1197 Vid. NOVÁČEK, K. et al.: *Mosul after Islamic State…, op. cit.*, pp.20-29. TURKU, H.: *Cultural property as a weapon of war…, op. cit.*, pp.38-41.

El Dáesh también atacó deliberadamente los monumentos y ruinas de época preislámica con la excusa de que eran símbolos de idolatría. Bienes culturales que, por otro lado, habían sobrevivido al paso de los siglos y a otros reinos musulmanes. En el casco viejo de Raqqa, por ejemplo, se destruyó parcialmente la muralla histórica del período abasí o se dinamitó la mezquita chií y los santuarios de Uwais al-Qarani y Ammar bin Yasser, que albergaban los restos de dos mártires que murieron en los primeros enfrentamientos entre suníes y chiíes en el siglo VII[1198]. Los yacimientos arqueológicos como Dura Europos o Mari, situados en la provincia de Deir ez-Zor, ambos en la Lista indicativa del Patrimonio Mundial de la UNESCO, sufrieron graves daños debido a la intensa excavación ilegal de los yacimientos arqueológicos para vender las antigüedades en el mercado negro[1199].

El año 2015 fue nefasto para el patrimonio cultural sirio. El Dáesh alcanzaba su máximo poder territorial y consolidaba sus posiciones en Raqqa, Deir ez-Zor y Mosul, mientras avanzaba militarmente por la provincia de Homs. En mayo de ese año se apoderó de Tadmor, en cuyas cercanías está el sitio de Palmira, y, poco después, capturó la localidad de Qaryatayn, a medio camino entre Damasco y Palmira. Allí acometería la destrucción de importantes bienes culturales.

En Qaryatayn se encontraba el monasterio cristiano de Mar Elián, con restos datados del siglo V. El recinto albergaba los

---

1198 UNITAR/UNOSAT: *Satellite-based Damage…*, *op. cit.*, p.136.

1199 WOLFINBARGER, S., DRAKE, J., ASHCROFT, E. y HANSON, K.: *Ancient History, Modern Destruction: Assessing the Status of Syria's Tentative World Heritage Sites Using High-Resolution Satellite Imagery*, American Association for the Advancement of Science and Smithsonian Institution, Washington DC, 2014. Disponible en: https://www.aaas.org/sites/default/files/content_files/AAAS-SyrianTWHS-122014.pdf?adobe_mc=MCMID%3D65328659658344539583050317969627563888%7CMCORGID%3D242B6472541199F70A4C98A6%2540AdobeOrg%7CTS%3D1675243920.

restos de San Julián el Viejo y era un lugar de peregrinación y veneración tanto para cristianos como para musulmanes sufíes[1200]. Era, por tanto, un símbolo de convivencia entre comunidades religiosas. El 21 de agosto los militantes del Dáesh arrasaron el monasterio con máquinas excavadoras y colgaron su hazaña en Twitter. Secuestraron al prior Jacques Mourad junto con dos centenares de cristianos de la zona. También aprovecharon para derribar todas las cruces y lápidas y exhumaron los restos mortales del santo en un macabro espectáculo que fotografiaron[1201]. Como en tantas otras ocasiones, las imágenes causaron gran indignación internacional. La Directora General de la UNESCO, Irina Bokova, exhortaba al Dáesh a poner fin a la "limpieza cultural" y calificó los hechos como un crimen de guerra susceptible de persecución[1202].

La vorágine destructiva alcanzó el sitio de Palmira, inscrito en la Lista del Patrimonio Mundial desde 1980, cuyas ruinas monumentales dan testimonio de la importancia cultural e histórica de esta ciudad en la Antigüedad[1203]. Como ya hemos mencionado, el Dáesh se apoderó de Tadmor en mayo de 2015. La zona era fuertemente disputada por las facciones en el conflicto armado debido a su cercanía a los yacimientos de gas y gaseoductos que cruzaban

---

1200 THAROOR, K. y MARUF, M.: "Museum of Lost Objects: Mar Elian Monastery", *BBC News*, 7 de marzo de 2016. Disponible en: http://www.bbc.com/news/magazine-35725220.

1201 ASOR: "Planning for Safeguarding Heritage Sites in Syria and Iraq, Weekly Report 55-56, August 18 to September 1", *ASOR Cultural Heritage Initiatives*, 2015, pp.63 y ss. Disponible en: http://www.asor-syrianheritage.org/wp-content/uploads/2015/10/ASOR_CHI_Weekly_Report_55–56r.pdf#page=63.

1202 UNESCO: "Director-General Irina Bokova condemns the destruction of the Mar Elian monastery in Syria", 21 de agosto de 2015. Disponible en: http://whc.unesco.org/en/news/1338.

1203 Para más información, vid. https://whc.unesco.org/en/list/23.

Siria[1204]. Los días previos a la ocupación del Dáesh permitieron a las autoridades sirias evacuar parcialmente las obras del museo arqueológico. El miedo a su destrucción estaba fundado. En los meses previos, el Dáesh devastó de forma sincronizada las ciudades milenarias y los tesoros de Nínive, Nimrud y Hatra; demolió la tumba del Profeta Jonás en Mosul; y destrozó artefactos de incalculable valor histórico en el Museo Arqueológico de Mosul[1205]. Las infames imágenes y vídeos de los militantes aniquilando los vestigios del pasado conmocionaron al mundo. La destrucción de las ruinas de Palmira debe leerse dentro de esta dinámica destructiva. A partir de junio de 2015, el Dáesh destruyó sus monumentos más famosos de forma escalonada, organizada y teatralizada.

Hasta mayo de 2015 la ciudad histórica había registrado daños menores derivados de los combates en las inmediaciones[1206]. En junio, los militantes del Dáesh destrozaron la estatua del León de Al-Lat, una representación de una divinidad preislámica con más de dos mil años de antigüedad. En agosto, dos días después de arrasar el monasterio de Mar Elián, decapitaron a quien fue el ex director del sitio de Palmira durante décadas, Khaled al-Asaad, después de haberle tratado de sonsacar información sobre el paradero de los tesoros arqueológicos de Palmira[1207]. Antes de terminar el mes, los milicianos del pseudo-califato detonaron con explosivos el templo de Baalshamin y el templo de Bel, dos magníficos monumentos de época romana en buen estado de conservación. En ambos casos, la UNESCO condenó los hechos,

---

1204 CLAPPERTON, M., JONES, D. M. y SMITH, M.: "Iconoclasm and strategic thought: Islamic State and cultural heritage in Iraq and Syria", *International Affairs*, vol.93, nº5, 2017, pp.1217-1218.

1205 TURKU, H.: *Cultural property as a weapon of war…*, *op. cit.*, pp.41-42.

1206 UNESCO: *Report of the UNESCO rapid assessment mission to the World Heritage "Site of Palmyra", Syria, 23–27 april 2016, UNESCO*, 2016, p.8. Disponible en: http://whc.unesco.org/en/documents/142423.

1207 BBC: "Palmyra Archaeologist 'Killed By IS'", *BBC News*, 19 de agosto de 2015. Disponible en: http://www.bbc.com/news/world-middle-east-33984006.

que calificó de crímenes de guerra, y lamentó la inmensa pérdida para el pueblo sirio y para la humanidad en su conjunto[1208]. En septiembre, se documentó con imágenes satelitales la destrucción de seis torres funerarias preislámicas en los aledaños del sitio de Palmira[1209]. El mes de octubre, las huestes del Dáesh dinamitaron el Arco del Triunfo y asesinaron con explosivos a tres personas atadas a las columnas de la avenida monumental[1210].

Las tropas gubernamentales, apoyadas por la aviación rusa, recuperaron Palmira el 27 de marzo de 2016. En ese período de relativa calma, la UNESCO envió una delegación para evaluar la gravedad de los daños al sitio de Palmira. El informe concluía que, a pesar de los severos daños ocasionados, el sitio aún contenía en buen estado edificios y monumentos importantes que testimoniaban el esplendor de Palmira[1211]. Desgraciadamente, el optimismo se desvaneció pronto. En diciembre de 2016, el Dáesh reconquistó la ciudad y forzó al ejército sirio a retirarse.

De nuevo en poder de los yihadistas, Palmira padeció una vez más la devastación. Ya en las primeras semanas de 2017, el Dáesh voló por los aires dos de los cuatro conjuntos de columnas del Tetrapilón y dañó la estructura del Anfiteatro de época

---

1208 Para la destrucción del templo de Baalshamin, vid. UNESCO: "Director-General of UNESCO Irina Bokova firmly condemns the destruction of Palmyra's ancient temple of Baalshamin". 24 de agosto de 2015. Disponible en: http://whc.unesco.org/en/news/1339/. Para la declaración de Irina Bokova en relación a la destrucción del templo de Bel, vid. UNESCO: "Director-General Irina Bokova expresses consternation at the destruction of the Temple of Bel in Palmyra". 1 de septiembre de 2015. Disponible en: http://whc.unesco.org/en/news/1341/.

1209 UNESCO: *Report of the UNESCO rapid assessment mission to the World Heritage "Site of Palmyra", op. cit.*, p.10.

1210 Idem.

1211 UNESCO: *Report of the UNESCO rapid assessment mission to the World Heritage "Site of Palmyra", op. cit.*, p.14.

romana[1212]. La segunda ocupación de Palmira terminó definitivamente en marzo de 2017. Los milicianos del Dáesh minaron diversas partes de la ciudad mientras se batían en retirada[1213].

La derrota final se acercaba. En pocos meses el grupo perdió sus bastiones en Siria e Irak. Según el primer ministro iraquí Haidar al-Abadi, la destrucción de la mezquita medieval de Al-Nuri, en Mosul, era una "declaración oficial de derrota"[1214]. Una vez liberadas Raqqa y Deir ez-Zor, el Dáesh ya no controlaba ningún centro de población de relevancia. Atrás quedaban cuatro años de atrocidades cometidas bajo su brutal régimen. Por el camino, habían sido destruidos centenares de bienes culturales importantes para las comunidades locales, para la identidad nacional siria, para la humanidad.

3.2. Las razones de la destrucción

La versión oficial del Dáesh justificó la destrucción de bienes culturales por motivos religiosos[1215]. Sin embargo, una explicación así resulta poco creíble a la vista de los hechos. El factor religioso proporciona una cobertura ideológica en la que situar las agresiones al patrimonio cultural tangible. Los ecos de la tradición iconoclasta resuenan fuertemente en esta actitud belicosa frente los símbolos del pasado. La iconoclasia consiste en la destrucción de imágenes, ídolos o símbolos por razones

---

1212 COI: *Human rights abuses and international humanitarian law violations in the Syrian Arab Republic, 21 July 2016-28 February 2017,* 10 de marzo de 2017, A/HRC/34/CRP.3, párs.84-85.

1213 BBC: "Palmyra: Syrian forces 'completely retake' IS-held town", *BBC News,* 2 de marzo de 2017. Disponible en: https://www.bbc.com/news/world-middle-east-39147612.

1214 BBC: "Battle for Mosul: IS blows up al-Nuri mosque", *op. cit.*

1215 ROBERTS, D.: "Why IS militants destroy ancient sites", *BBC,* 1 de septiembre de 2015. Disponible en: https://www.bbc.com/news/world-middle-east-34112593 (Consultado 2 febrero 2023).

políticas y/o religiosas[1216]. Por tanto, debajo del barniz religioso subyacen razones de otra índole, de modo que una explicación monocausal es insuficiente para explicar el fenómeno destructivo. Como veremos, el Dáesh convirtió la destrucción de bienes culturales en un arma de guerra al servicio de sus objetivos.

De entrada, los hechos contradicen el relato basado exclusivamente en la religión. Al mismo tiempo que invocaba la necesidad de destruir los lugares y objetos sacrílegos, obtenía millones de dólares fruto de la excavación ilegal, la venta y el tráfico ilícito de antigüedades[1217]. Es decir, la excavación y venta ilegal de objetos culturales contribuyó a la financiación de la campaña militar del Dáesh. Aunque rebasa el objeto de nuestro estudio, el saqueo de bienes culturales afecta también de forma importante a la integridad de los yacimientos, sitios u otros bienes culturales. La excavación ilegal o la rapiña de piezas histórico-artísticas de los museos y otros centros culturales causan severos daños en el patrimonio cultural[1218].

[1216] El concepto de iconoclasia se asocia tradicionalmente a la destrucción de las imágenes o símbolos religiosos. Históricamente, hace referencia a la campaña de destrucción de iconografía en los siglos VIII y IX en el imperio bizantino, aunque hay ejemplos también en otros lugares, momentos históricos y culturas. En la actualidad, el concepto se ha ampliado para incluir la dimensión política. Un debate sobre esta cuestión en: CLAPPERTON, M., JONES, D. M. y SMITH, M.: "Iconoclasm and strategic thought...", *op. cit.*, pp.1206-1211. También en ISAKHAN, B. y GONZÁLEZ ZARANDONA, J.A.: "Layers of religious and political iconoclasm under the Islamic State: symbolic sectarianism and pre-monotheistic iconoclasm", *International Journal of Heritage Studies*, vol.24, nº1, 2018, pp.3-5.

[1217] VLASIC, M. V. y TURKU, H.: "Protecting Cultural Heritage as a Means for International Peace, Security and Stability: The Case of ISIS, Syria and Iraq", *Vanderbilt Journal of Transnational Law*, vol. 49, nº 5, 2016, pp.1375-1376.

[1218] Piénsese, por ejemplo, que la excavación ilegal, masiva y practicada sin técnicas científicas de arqueología destruye la información contextual del objeto y genera graves daños al conjunto del yacimiento; a

En el caso del Dáesh, el saqueo alcanzó una escala masiva. Según las fuentes, su Ministerio de Recursos Naturales (*Diwan al-Rikaz*) institucionalizó esta práctica mediante la concesión de licencias para la excavación ilegal, el pago de tasas o comisiones por la venta de antigüedades, las confiscaciones de objetos arqueológicos excavados sin su autorización, o, directamente, la organización de equipos de excavación[1219]. Las imágenes vía satélite muestran la proliferación de agujeros en los yacimientos y sitios arqueológicos[1220]. Algunos analistas subrayan que la destrucción teatralizada de los sitios y objetos culturales más emblemáticos –como el Museo de Mosul, Hatra o Palmira– era una maniobra de distracción para ocultar el saqueo[1221]. En otras palabras, el Dáesh destruyó aquello que era excesivamente grande (o demasiado famoso y buscado internacionalmente por la policía) para venderlo en el mercado de antigüedades[1222].

Más allá de este propósito económico, el Dáesh utilizó la destrucción de bienes culturales como arma de guerra para conseguir otros objetivos igualmente importantes. Es posible observar una interrelación entre todos ellos que ayuda a explicar el fenómeno destructivo. Lo anterior no significa, insistimos, que la religión no influyera de algún modo las acciones del Dáesh. El elemento religioso es indispensable para comprender el fenómeno. En la interpretación salafista-wahabita del Dáesh, la destrucción de bienes culturales se concibe como parte de una lucha contra los

---

los que se añade la imposibilidad de saber con exactitud qué objetos culturales se han desenterrado y vendido.

1219 VLASIC, M. V. y TURKU, H.: "Protecting Cultural Heritag…", *op. cit.*, pp.1376-1380. También TURKU, H.: *Cultural property as a weapon of war…*, *op. cit.*, pp.48-52.

1220 WOLFINBARGER, S. et. al.: *Ancient History, Modern Destruction…*, *op. cit.*, pp.5-21.

1221 VLASIC, M. V. y TURKU, H.: "Protecting Cultural Heritag…", *op. cit.*, p.1378.

1222 TURKU, H.: *Cultural property as a weapon of war…*, *op. cit.*, p.48.

infieles (*kuffar*), el politeísmo y la idolatría (*shirk*) para purificar los territorios bajo su control en la construcción del nuevo Estado islámico[1223]. Un mandato divino con el que "los soldados del califato" emulan la demolición de ídolos que hizo el Profeta, de modo que trazan una línea continua con los primeros musulmanes[1224]. Estas referencias históricas y teológicas son frecuentes en los mensajes y vídeos difundidos por los medios de comunicación del Dáesh, como Dabiq y Al-Hayat. Por ejemplo, en el vídeo de la destrucción del Museo de Mosul y de Nínive un miembro del Dáesh indicaba que las estatuas asirias, acadias y de otras civilizaciones mesopotámicas eran "ídolos [...] adorados en lugar de Alá" que representaban falsos dioses y que, siguiendo los designios de Dios, debían destrozar las estatuas, ídolos y restos sin importar que valieran millones de dólares[1225]. El número 11 de la revista Dabiq incluyó un reportaje de catorce fotografías de la demolición de los templos en Palmira refiriéndose a ellos como símbolos de idolatría[1226]. Por tanto, la versión salafista-wahabita del Dáesh defiende y promueve la erradicación de todas las confesiones religiosas –incluyendo las sectas del islam–, así como los símbolos del pasado –los vestigios de las civilizaciones pre-islámicas–. Estos últimos asociados con los valores de occidente y con la propagación de otros males del secularismo que se oponen a su ideología –como la democracia y el nacionalismo–[1227]. En consecuencia, la iconoclasia del Dáesh se inserta en un imaginario religioso tamizado por su interpretación extremista que utiliza el estigma de la idolatría para proporcionar una cobertura religiosa que justifique la destrucción de bienes culturales.

1223 ISAKHAN, B. y GONZÁLEZ ZARANDONA, J.A.: "Layers of religious and political iconoclasm...", *op. cit.*, pp.3-4.

1224 Ibid., p.5.

1225 Citado en Ibid., p.9.

1226 Citado en Ibid, p.10.

1227 Ibid., pp.5-10. ROBERTS, D.: "Why IS militants destroy ancient sites", *op. cit.*

Esta devastación cumple, además, con una importante función propagandística para el Dáesh. Las habilidades del grupo armado en el manejo de los sistemas de la comunicación, publicidad y propaganda son sobradamente conocidas[1228]. El Dáesh hizo de las ejecuciones masivas, la demolición de bienes culturales y otros actos violentos un salvaje espectáculo mediático. Las imágenes eran grabadas con dispositivos de alta calidad, con cuidados efectos visuales, empleando una estética cercana a los videojuegos, que luego se subían a Internet y se propagaban rápidamente entre los internautas hasta alcanzar una escala global. Los escenarios y los bienes destruidos estaban estratégicamente seleccionados para causar la mayor conmoción[1229]. Estos productos audiovisuales, cargados con sus mensajes, también eran preparados y difundidos por sus propios medios de comunicación y propaganda en diversos idiomas para llegar a diferentes audiencias, como la revista Dabiq o la agencia Al-Hayat. El impacto mediático de los actos de destrucción se multiplicaba con el tratamiento informativo de los medios de comunicación creando una percepción, no siempre realista, del poder del Dáesh[1230].

El Dáesh convirtió la destrucción de bienes culturales en un arma de guerra y lo aprovechó con dos objetivos propagandísticos concomitantes. En primer lugar, pretendía desmoralizar y aterrorizar a la población a través de una demostración de fuerza que intimidara a los enemigos con su capacidad para aniquilar la historia, de modo que facilitara la expansión militar, y, al mismo tiempo, desafiara a los países occidentales. En segundo lugar,

---

1228 NÚÑEZ VILLAVERDE, J.A.: *DÁESH: El porvenir de la amenaza yihadista, op. cit.*, pp.59-66.

1229 CUNLIFFE, E. y CURINI, L.: "ISIS and heritage destruction: A sentiment analysis", *Antiquity*, vol.92, nº364, 2018, pp.1106-1107.

1230 NÚÑEZ VILLAVERDE, J.A.: *DÁESH: El porvenir de la amenaza yihadista, op. cit.*, pp.64-66.

y en paralelo, empoderaba al grupo armado y a sus partidarios rodeándolos de un velo ilusorio de poder e invencibilidad[1231].

Detrás de la destrucción cultural también asoma una intención sociopolítica. Siria es un Estado en el que han confluido diferentes civilizaciones que, una tras otra, han ido labrando un mosaico cultural, étnico y confesional inmensamente rico. Las comunidades humanas forjan sus identidades colectivas a través de una historia compartida, de unas tradiciones y del patrimonio cultural[1232]. Estos elementos ayudan a la creación y la cohesión de esas mismas comunidades. Los bienes culturales son una de las manifestaciones tangibles de esos procesos culturales a los que se atribuyen simbólicamente unos valores y significados. Precisamente por eso se transforman en objetivos prioritarios, con especial virulencia en conflictos de carácter sectario como en Siria, y que pueden servir para conseguir unos fines.

El Dáesh instauró un régimen totalitario inspirado en su versión fanática del islam en los territorios de Siria e Irak que sucumbieron a su poder militar. Allí donde la hubiera, la diversidad cultural suponía un elemento disruptivo que impedía la creación de un califato puro. En consecuencia, el grupo armado practicó la destrucción intencional de bienes culturales dirigida a eliminar la identidad cultural de los pueblos y comunidades de Siria e Irak[1233]. Con la desaparición de los vestigios se destruyen las hebras que hilan el pasado compartido de una región caracterizada por la

---

1231 SMITH, C., BURKE, H., DE LEIUEN, C. y JACKSON, G.: "Islamic State symbolic war: Da'esh's socially mediated terrorism as a threat to cultural heritage", *Journal of Social Archaeology*, vol.16, nº2, 2016, pp.173-179.

1232 DOPPELHOFER, C.: "Will Palmyra rise again? - War Crimes against Cultural Heritage and Post-war reconstruction", 2016, pp. 3-4. Disponible en: http://www.ohchr.org/EN/Issues/CulturalRights/Pages/IntentionalDestruction.aspx.

1233 HILL, C.: "Killing a Culture: The Intentional Destruction of Cultural Heritage in Iraq and Syria under International Law", *Georgia Journal of International and Comparative Law*, vol.45, nº1, 2016, pp.193-194.

riqueza cultural, de modo que así se puede reescribir el presente sin los "otros" e imponer por la fuerza de las armas su visión sobre un territorio homogeneizado. Con cierta agudeza, Irina Bokova, Directora General de la UNESCO, calificó la acción destructiva del Dáesh como crímenes de guerra y como "limpieza cultural"[1234]. La UNESCO definió el concepto como:

> "An intentional strategy that seeks to destroy cultural diversity through the deliberate targeting of individuals identified on the basis of their cultural, ethnic or religious background, combined with deliberate attacks on their places of worship, memory and learning".[1235]

Con todo, la limpieza cultural no está tipificada como un crimen específico en ningún tratado internacional ni en el Derecho Internacional consuetudinario[1236]. En cualquier caso, los ataques deliberados contra los bienes culturales, utilizados como medio de limpieza cultural por el Dáesh, pretenden la erradicación de la diversidad y, en última instancia, la subyugación de la población. La Comisión de Investigación para Siria condensaba el fenómeno como sigue:

> "La destrucción del EIIL está motivada en parte por su deseo de crear un territorio en el que solo existan sus formas de expresión cultural. También es un intento de proyectar el predominio del grupo y su capacidad para aniquilar otras formas de identidad e imponer su visión del mundo a las poblaciones que están bajo su control. Al des-

---

1234 Vid. UNESCO: "La Directora General de la UNESCO condena firmemente la destrucción del templo antiguo de Baalshamin en Palmira (Siria)", 24 de Agosto de 2015. Disponible en: https://es.unesco.org/news/directora-general-unesco-condena-firmemente-destruccion-del-templo-antiguo-baalshamin-palmira

1235 UNESCO: *Heritage and Cultural Diversity at Risk in Iraq and Syria, 3–4 de diciembre de 2014*, 2014, p.3. Disponible en: http://www.unesco.org/culture/pdf/iraq-syria/IraqSyriaReport-en.pdf.

1236 Nos lo recuerda Caitlin Hill, quien también propone la codificación de la limpieza cultural como un crimen internacional. HILL, C.: "Killing a Culture…", *op. cit.*, pp.215-217.

> truir esos lugares y publicar fotografías en su revista en inglés, el EIIL pone de relieve que actúa sin temor a la rendición de cuentas."[1237]

Algunos autores han afirmado que la destrucción de bienes culturales encaminada a la eliminación de toda manifestación cultural y religiosa no respondía a un objetivo militar[1238]. Sin embargo, esta aseveración es discutible. El objetivo final del Dáesh era el restablecimiento del califato como sistema político-religioso idealizado, evocador de una época dorada, y gobernado bajo la sharía en su interpretación salafista-wahabita. En tal sistema, las manifestaciones culturales y religiosas contrarias a la concepción del Dáesh eran tachadas de símbolos de apostasía e idolatría y, en consecuencia, destrozadas. Pero para la implantación de un régimen de estas características se requería de un territorio, que fue ampliado a través de campañas militares. Es en este punto en el que se detecta una relación entre la destrucción de bienes culturales y las operaciones militares del Dáesh –y, en general, una asociación con la situación de conflicto armado–.

En la expansión militar del Dáesh hay un uso deliberado del terror para facilitar la conquista militar y el control posterior. La demolición de los bienes culturales, realizada antes y durante la ocupación del territorio, opera como una táctica para aterrorizar, rendir y someter a los adversarios, así como una oportunidad para establecer las condiciones materiales en las que implantar su régimen.

El caso de la destrucción de Palmira ilustra este trasfondo. Ya indicamos que la región poseía valiosos yacimientos de gas y gaseoductos importantes que cruzaban Siria, así como albergaba las ruinas del sitio de Palmira[1239]. El Dáesh lanzó la operación

---

1237 COI: *Informe de la comisión internacional independiente de investigación sobre la República Árabe Siria*, 11 de febrero de 2016, A/HRC/31/68, pár.90.

1238 TURKU, H.: *Cultural property as a weapon of war…*, *op. cit.*, p.72.

1239 CLAPPERTON, M., JONES, D. M. y SMITH, M.: "Iconoclasm and strategic thought…", *op. cit.*, pp.1217-1218.

militar contra esa zona consciente del valor estratégico de esos recursos, incluidos los bienes culturales, para sus objetivos generales. Así pues, conocedores del valor de Palmira, lo primero que hicieron los militantes del Dáesh fue minar la ciudad histórica[1240]. El objetivo de esa acción era doble: de una parte, lanzaba un mensaje disuasorio a sus enemigos para que se abstuvieran de atacar a no ser que quisieran ver reducido a polvo todo el sitio; y, de otra parte, ganaba tiempo para preparar la demolición de Palmira en el marco de su campaña propagandística[1241]. Y así lo hizo. Nótese que no se destruyó todo el sitio cultural, sino partes de él previamente seleccionadas, con medios poco eficientes, pero espectaculares, con la intención de maximizar su impacto mediático y desafiar a sus enemigos. Eso demostraría, además, el uso estratégico de la devastación de bienes culturales[1242]. Al fin y al cabo, las guerras no solo se libran en el campo de batalla.

En definitiva, la destrucción de bienes culturales cometida por los miembros del Dáesh en Siria respondía a diversas razones no excluyentes entre ellas e interrelacionadas. El grupo armado utilizó calculadamente el patrimonio cultural como arma de guerra en función de su relevancia cultural y mediática, de su valor económico, de su tamaño, etc. Los motivos de sus acciones son muy difíciles de separar de sus operaciones militares y del curso de la guerra. En algunos casos, como en el de Palmira, los hechos tienen conexión directa con las operaciones militares. Esto hace que se pueda predicar, razonablemente, una asociación general con el conflicto armado. Los actos constituirían violaciones graves del DIH perpetradas sin una necesidad militar

---

[1240] Recuérdese que el uso de los bienes culturales con fines militares, o para fines que puedan ponerlos en riesgo de destrucción o deterioro, supone, de entrada, una violación de las normas contenidas en el artículo 4 de la CH54, del artículo 16 PAII y del DIH consuetudinario.

[1241] CLAPPERTON, M., JONES, D. M. y SMITH, M.: "Iconoclasm and strategic thought...", *op. cit.*, p.1216.

[1242] Idem.

imperativa contra bienes que ni siquiera son objetivos militares válidos. Además, las acciones destructivas han sido realizadas a gran escala, de forma deliberada, organizada y planeada dentro de una estrategia que incluye objetivos de índole muy variada.

Siendo así, hay indicios suficientes que permitirían sostener que las destrucciones de bienes culturales cometidas por los milicianos del Dáesh en Siria constituirían crímenes de guerra, sin perjuicio de que deba establecerse caso por caso. Con precaución añadiremos que esta calificación jurídica en ningún caso excluye la imputación de crímenes contra la humanidad bajo la modalidad de persecución, siempre que se den los elementos necesarios. Una visión de conjunto de la campaña de devastación del patrimonio cultural y espiritual de las minorías podría entenderse como parte de un ataque generalizado o sistemático contra la población civil. Tal vez, incluso, la campaña de destrucción pudiera constituir prueba del *mens rea* del crimen de genocidio cometido contra la población yazidí.

En todo caso, queda probado que estos actos destructivos comportan responsabilidad penal individual y son susceptibles de persecución. A continuación, debemos resolver qué mecanismos están disponibles y cuál es el foro más adecuado para la estrategia de rendición de cuentas por este crimen internacional y que no permanezcan en la impunidad.

Capítulo VI
La estrategia de rendición de cuentas por los crímenes de destrucción intencional de bienes culturales cometida por el Dáesh en Siria

1. LA CORTE PENAL INTERNACIONAL Y LOS CRÍMENES DEL DÁESH: UNA VÍA BLOQUEADA

La abrumadora cantidad de crímenes internacionales cometidos por el Dáesh ha sido documentada por organismos internacionales y organizaciones de la sociedad civil. La propia organización terrorista y sus actos fueron designados como una amenaza para la paz y la seguridad internacionales[1243]. Sin embargo, los hechos delictivos coinciden en el espacio y en el tiempo con las atrocidades cometidas por otras partes beligerantes en el conflicto armado de Siria, y, en particular, con los crímenes perpetrados por el gobierno de Bashar al-Asad. Esto bloquea algunas opciones de perseguir internacionalmente los crímenes del Dáesh.

El Derecho Internacional arbitra diferentes posibilidades para perseguir a los máximos responsables de estos crímenes. De entre ellas, la CPI se posicionó, al menos durante un tiempo, como la opción indicada, casi conveniente, para efectuar el proceso de rendición de cuentas de los máximos responsables. La Comisión

---

[1243] Resolución 2249 (2015) del Consejo de Seguridad, 20 de noviembre.

de Investigación para Siria insistió en ello durante mucho tiempo[1244]. Lo cierto es que hay buenas razones para sostenerlo, a pesar de que la República Árabe de Siria no es Estado parte en el ECPI.

Las condiciones de la CPI son, a priori, favorables para su actuación. Es una institución permanente, con vocación de universalidad y con un mandato orientado a la lucha contra la impunidad de los crímenes más graves de trascendencia internacional[1245]. Asimismo, posee un cuerpo de funcionarios especializados y está dotada de un presupuesto suficiente para llevar a cabo su labor. Ejerce, además, sus funciones con respeto a los estándares y garantías del Derecho Internacional. Recordemos que la destrucción de bienes culturales está tipificada, en particular, bajo el encabezamiento del crimen de guerra de atacar objetos protegidos tanto en los conflictos armados internacionales (artículo 8.2.b.ix) como en los conflictos sin carácter internacional (artículo 8.2.e.iv). Otros tipos penales podrían acoger esa conducta si se cumplen los elementos.

Con arreglo al ECPI, la Corte puede ejercer su competencia en diferentes supuestos. En primer lugar, cuando la conducta haya tenido lugar en el territorio de un Estado parte (artículo 12.2.a del ECPI). Los crímenes del Dáesh han ocurrido eminentemente en el territorio de Siria e Irak, que no son Estados parte, de modo que la CPI no puede conocer de esos delitos. Algunos autores han sugerido una interpretación extensiva de la competencia territorial para el caso específico de los actos de terrorismo realizados por el Dáesh en el territorio de un Estado parte, como por ejemplo Francia o España, en el supuesto de que pudieran reconducirse a alguna de las categorías de crí-

---

1244 Los informes de la COI incluyen entre sus recomendaciones el llamamiento a la comunidad internacional para que activara la competencia de la CPI. Vid. por ejemplo: COI: *Human rights abuses and international humanitarian law violations…, op. cit.*, pár.120.c).

1245 Preámbulo y artículo 1 del ECPI.

menes bajo competencia de la CPI[1246]. Esta propuesta debe ser desechada porque sería inviable en la práctica y porque la propia Fiscalía ya descartó la existencia de competencia territorial[1247].

En segundo lugar, cuando el responsable sea nacional de un Estado parte (artículo 12.2.b del ECPI). Esta posibilidad es particularmente interesante porque abriría la puerta a la persecución de los combatientes extranjeros del Dáesh que ostentan la nacionalidad de un Estado parte. Ya hemos señalado el peso de estos en las filas del grupo armado[1248]. El Consejo de Seguridad definió a los "combatientes terroristas extranjeros" como:

> "personas que viajan a un Estado que no sea el Estado de su residencia o nacionalidad a los fines de cometer, planificar o preparar actos terroristas o participar en ellos, o de proporcionar o recibir adiestramiento con fines de terrorismo, incluso en relación con conflictos armados"[1249]

Miles de ellos eran nacionales de Estados parte de la CPI como Alemania, Bélgica, Francia, Reino Unido, Jordania, Túnez o Georgia. Todo parecía indicar que la CPI tenía una vía para afirmar su competencia. Sin embargo, la Fiscalía cerró

1246 IRIGOYEN CHÁVEZ, S.: "El Estado Islámico y la justicia penal internacional", dentro de GUTIÉRREZ ESPADA, C. y CERVELL HORTAL, M.J. (Dirs.): *El Estado Islámico (Daesh). ¿Aprenderemos la lección?*, Tirant Lo Blanch, València, 2018, pp.308-310.

1247 Ibid., p.310.

1248 Más de 40.000 combatientes extranjeros de más de 110 nacionalidades se unieron al Dáesh entre 2014 y 2017. BARRETT, R.: *Beyond the Caliphate*..., *op. cit.*, pp.9-13. Muchos han retornado a sus países de origen, algunos han sido juzgados a su regreso, otros tantos permanecen detenidos en los campos y prisiones del nordeste de Siria.

1249 CONSEJO DE SEGURIDAD: *Declaración de la Presidencia*, S/PRST/2015/11, 29 de mayo de 2015.

esa puerta con un comunicado en 2015[1250]. La Fiscal declaró que, pese a los indicios de la comisión de crímenes internacionales, el Dáesh era una organización político-militar dirigida principalmente por nacionales sirios e iraquíes. La Fiscal se escudó en que la política criminal de su oficina se encaminaba a perseguir a los mayores responsables, de modo que, no siendo los líderes del Dáesh nacionales de un Estado parte, consideró que "the prospects of my Office investigating and prosecuting those most responsible, within the leadership of ISIS, appear limited" y concluía que "the jurisdictional basis for opening a preliminary examination into this situation is too narrow"[1251], por lo que descartó abrir un examen preliminar.

La decisión de la Fiscalía contiene planteamientos erróneos[1252]. La anterior Fiscal parece confundir los conceptos de jurisdicción con admisibilidad[1253]. El criterio de perseguir a los "mayores responsables" corresponde a la fase de admisibilidad, que, en todo caso, emergería después de comprobar que la CPI posee jurisdicción. A diferencia de otros tribunales, la persecución de los "mayores responsables" no es un límite a la jurisdicción de la CPI[1254]. La selección de casos basada en el criterio de los mayores responsables aparece por razones de economía procesal, habida cuenta de los recursos limitados del tribunal y del potencial número de perpetradores en situaciones de violencia masiva. Pero

---

1250 CPI: *Statement of the Prosecutor of the International Criminal Court, Fatou Bensouda, on the alleged crimes committed by ISIS*, 8 de abril de 2015. Disponible en: https://www.icc-cpi.int/Pages/item.aspx?name=otp-stat-08-04-2015-1

1251 Ídem.

1252 Una lectura crítica de la declaración de la Fiscal en: HADI ZAKERHOSSEIN, M.: "To Bury a Situation Alive – A Critical Reading of the ICC Prosecutor's Statement on the ISIS Situation", *International Criminal Law Review*, nº16, 2016, pp.613-641.

1253 Ibid., pp.624-627.

1254 Vid. Artículo 1 de la Ley sobre el establecimiento de las ECCC o el artículo 1.1 del Estatuto del TESL

el ECPI no excluye la posibilidad de perseguir otros responsables de menor rango. Cabe recordar, además, que la asunción de que los máximos responsables de la organización sean sirios e iraquíes, es decir, ciudadanos de un Estado no parte del ECPI, no debería implicar que, en la comisión de ciertos crímenes, los mayores responsables sean ciudadanos de un Estado parte[1255].

Por estas razones, coincidimos con la profesora Irigoyen en que el propósito de la CPI y la gravedad de los crímenes del Dáesh, ante la falta de competencia territorial y sin remisión del Consejo de Seguridad, justificarían la persecución de individuos de menor rango con el fin de luchar contra la total impunidad y pavimentar una futura persecución de los mayores responsables, pero aceptando que esto conllevaría una rendición de cuentas de carácter muy limitado y con problemas en materia de acceso a los sospechosos y las pruebas[1256].

En tercer lugar, el ECPI estipula la posibilidad de que un Estado no parte del Estatuto formule una declaración aceptando ad hoc la competencia de la CPI (artículo 12.3 del ECPI). La declaración debe ser expresa, inequívoca y precisa en los crímenes y hechos a los que se refiere[1257]. Esta posibilidad es más que remota en el caso de la República Árabe de Siria teniendo en cuenta que el gobierno sirio también ha cometido crímenes internacionales, de modo que no se arriesgaría a que sus dirigentes fueran perseguidos.

En cuarto lugar, el artículo 13.b. del ECPI habilita al Consejo de Seguridad para que, actuando en virtud del capítulo VII de la CNU, remita una situación en la que parezca que se habrían cometido crímenes bajo competencia de la CPI. Tal posibilidad permite extender la jurisdicción de la CPI más allá de la naciona-

---

1255 HADI ZAKERHOSSEIN, M.: "To Bury a Situation Alive…", *op. cit.*, p.632.

1256 IRIGOYEN CHÁVEZ, S.: "El Estado Islámico y la justicia penal internacional", *op. cit.*, pp.315-316.

1257 KLAMBERG, M. (Ed.): *Commentary on the Law…*, *op. cit.*, p.172.

lidad del autor, el territorio donde se cometieron los crímenes y el consentimiento estatal. Sin embargo, no debe olvidarse que una decisión de este tipo, de carácter discrecional, adoptada por un órgano con marcado sesgo político como el Consejo de Seguridad entraña un riesgo de arbitrariedad en la determinación de las situaciones que son remitidas y las que no lo son. Con anterioridad, ya se habían remitido las situaciones de Darfur[1258] y de Libia[1259].

En el caso de Darfur, la CPI chocó con la inacción, cuando no la hostilidad, de los países africanos, incluso los que eran miembros del ECPI, que se negaron a cooperar con el Tribunal, de modo que las órdenes de arresto internacional fueron impracticables[1260]. Sin cooperación, la CPI era completamente inoperante. El Consejo de Seguridad tampoco adoptó medidas encaminadas a reforzar la colaboración con la CPI, así que, en ese contexto, la remisión de la situación de Darfur quedó más como una medida cosmética para mostrar preocupación que como un compromiso real con la persecución de los crímenes internacionales[1261].

La remisión de la situación de Libia también vino acompañada de polémica. En un brevísimo período de tiempo, la CPI abrió una investigación y dictó órdenes de arresto internacional contra los dirigentes más destacados del régimen libio –Muammar Gadafi,

---

1258 Resolución 1593 (2005) del Consejo de Seguridad, de 31 de marzo.

1259 Resolución 1970 (2011) del Consejo de Seguridad, de 26 de febrero.

1260 CERVELL HORTAL, M.J.: "¿Qué se juega y por qué la Corte Penal Internacional en el conflicto de Darfur?", dentro de GUTIÉRREZ ESPADA, C. (dir.) y CERVELL HORTAL, M.J. (coord..): *Darfur, el conflicto inacabable*, Thompson Reuters Aranzadi, Cizur Menor (Navarra), 2012, capítulo 5, pp. 161-205, pp.188-193. LÓPEZ-JACOÍSTE DÍAZ, E.: "La resolución 1593(2005) del Consejo de Seguridad de las Naciones Unidas y la intervención de la Corte Penal Internacional en la crisis de Darfur: ¡A la sexta va la vencida!", *Revista Española de Derecho Internacional*, Vol. 57, nº1, 2005, pp. 489-495.

1261 CERVELL HORTAL, M.J.: "¿Qué se juega y por qué la Corte Penal Internacional en el conflicto de Darfur?", *op. cit.*, pp.203-204.

Saif al-Islam Gadafi (su hijo) y Abdullah al-Sanussi–, fundamentadas en la presunta comisión de crímenes de guerra y crímenes contra la humanidad[1262]. En cambio, sus pesquisas no abarcaron las violaciones del DIH y los abusos de los derechos humanos por parte de los rebeldes. Además, la Resolución 1970 (2011) excluía expresamente los actos derivados de las operaciones militares en Libia de los nacionales de un Estado no parte del ECPI[1263]. Diecinueve días después, el Consejo de Seguridad autorizaba la intervención militar[1264]. Finalmente, el régimen de Gadafi fue derrocado, pero Libia siguió hundiéndose en sucesivos conflictos armados internos y una perpetua inestabilidad política de los que la comunidad internacional se desentendió. Las investigaciones en la CPI están paralizadas. Así pues, para una parte del mundo, la remisión de la situación libia a la CPI sirvió para dar una pátina de legitimidad a la posterior intervención militar[1265].

En el caso del Dáesh, el Consejo de Seguridad dictaminó por unanimidad que la organización terrorista y sus crímenes representaban una amenaza a la paz y a la seguridad internacionales[1266]. Sin embargo, ese acuerdo en la calificación del Dáesh no

---

1262 Vid. para más información: https://www.icc-cpi.int/libya.

1263 Resolución 1970 (2011) del Consejo de Seguridad, de 26 de febrero, pár.6.

1264 Resolución 1973 (2011) del Consejo de Seguridad, de 17 de marzo. LÓPEZ-JACOÍSTE DÍAZ, E.: "La crisis de Libia desde la perspectiva de la responsabilidad de proteger", *Anuario Español de Derecho Internacional*, nº 27, 2011, pp. 109-152. GUTIÉRREZ ESPADA, C.: "Sobre el núcleo duro de la resolución 1973 (2011) del Consejo de Seguridad y acerca de su aplicación en la práctica", *Anuario Español de Derecho Internacional*, nº 27, 2011, pp. 57-75.

1265 IRIGOYEN CHÁVEZ, S.: "El Estado Islámico y la justicia penal internacional", *op. cit.*, p.325. BERMEJO GARCIA, R.: "La protección de la población civil en Libia como coartada para derrocar un gobierno: un mal inicio para la responsabilidad de proteger", *Anuario Español de Derecho Internacional*, nº 27, 2011, pp. 9-55.

1266 Resoluciones del Consejo de Seguridad 2249 (2015), de 20 de noviembre, y 2253 (2015), de 18 de diciembre.

se tradujo en la remisión a la Fiscalía de la CPI. La remisión de la situación de Siria, incluyendo, por supuesto, los crímenes del Dáesh cometidos allí, no lograría el voto favorable de todos los miembros permanentes del Consejo de Seguridad. Ya se intentó en mayo de 2014, pero la iniciativa cosechó un rotundo fracaso. El representante francés presentó el proyecto de resolución S/2014/348 se calificaba la situación en Siria como una amenaza a la paz y a la seguridad internacionales, se condenaban las violaciones de los derechos humanos y del DIH cometidas tanto por las fuerzas gubernamentales como por los grupos armados y se remitía, en virtud del Capítulo VII de la CNU, la situación en la República Árabe de Siria desde marzo de 2011 a la fiscalía de la CPI para su investigación. No obstante, Rusia y China vetaron el proyecto de resolución. El representante ruso manifestó que pretendía evitar "el intento de utilizar la Corte Penal Internacional para exacerbar aún más las pasiones políticas y sentar las bases definitivas para una futura intervención militar", con el temor de que la remisión de la situación de Siria desembocara en una situación como la de Libia, en la que la intervención de la CPI "no ayudó a resolver la crisis, sino que añadió más leña al fuego del conflicto" en tanto que "no contribuyó al restablecimiento de la verdad ni la justicia en Libia y, en cambio, evadió cuestiones más apremiantes. Las muertes de civiles como resultado de los bombardeos de la OTAN quedaron fuera de su alcance"[1267]. Por su parte, China expresó que "remitir la situación en Siria por la fuerza a la CPI no propiciará el fomento de la confianza entre las partes en Siria ni la pronta reanudación de las negociaciones en Ginebra"[1268]. En la actualidad, dado que Bashar al-Asad mantiene el poder, no es plausible suponer un cambio de posición de sus aliados en el Consejo de Seguridad.

[1267] CONSEJO DE SEGURIDAD: *Security Council, 69th year: 7180th meeting, Thursday, 22 May 2014, New York*, 22 de mayo de 2014, UN Doc. S.PV/7180, p.13.

[1268] Ibid., p.14.

A la vista de ello, la alternativa sería la remisión de los crímenes del Dáesh excluyendo expresamente la facción gubernamental. Dos razones militan en contra de esta opción: por un lado, la exclusión de los crímenes perpetrados por el régimen, cuando hay ingente documentación que los certifican, dañaría la imparcialidad de la CPI[1269]. Aparte de ello, una justicia tan manifiestamente parcial supondría una afrenta a las víctimas y a la comunidad internacional en su conjunto. Por otro lado, la instrumentalización política de la CPI para perseguir solamente a los miembros del Dáesh y no al resto de facciones podría desacreditar todavía más a la institución[1270]. Una posible intervención de la CPI en estas condiciones resultaría del todo contraproducente[1271].

En suma, la CPI posee un aparato jurídico adecuado para la persecución de los crímenes del Dáesh, y, en particular, la destrucción de bienes culturales. Cuenta con diferentes posibilidades para ejercer su competencia, pero están cerradas por razones de índole política. Así pues, resulta improbable que Siria acepte voluntariamente someterse a la jurisdicción de la CPI. La persecución de los combatientes extranjeros del Dáesh con nacionalidad de un Estado parte comportaría aceptar una justicia limitada a pocos responsables y no necesariamente a los "máximos responsables", aparte de las dificultades en el acceso a los propios sospechosos y las pruebas. La Fiscalía de la CPI no parece interesada en hacerlo. Por último, la remisión de la situación de Siria por parte del Consejo de Seguridad choca con las irreconciliables agendas políticas de los miembros permanentes. Más aún, el desbloqueo forzoso de la situación por vía de la remisión parcial y exclusiva de la situación del Dáesh sin incluir los crímenes del gobierno sirio, en el supuesto de que

---

[1269] IRIGOYEN CHÁVEZ, S.: "El Estado Islámico y la justicia penal internacional", *op. cit.*, p.321.

[1270] Ibid., p.322.

[1271] Ibid., pp.327-331.

recabara el consenso de los miembros permanentes del Consejo de Seguridad, perjudicaría de forma grave la credibilidad de la CPI. Por todas estas razones, la CPI constituye la vía idealmente más adecuada en el marco de la estrategia de rendición de cuentas por los crímenes del Dáesh, incluyendo la destrucción de bienes culturales, pero, por el contrario, la senda irresolublemente bloqueada por razones políticas.

2. EL ESTABLECIMIENTO DE UN TRIBUNAL INTERNACIONAL O HÍBRIDO PARA ENJUICIAR LOS CRÍMENES DEL DÁESH

La persecución en el marco de la CPI de los crímenes cometidos por el Dáesh, incluyendo la destrucción de bienes culturales, permanece cerrada por el momento. Ahora bien, la rendición de cuentas no empieza ni termina con la CPI. El Derecho Internacional también ofrece la posibilidad de recurrir a la creación de tribunales internacionales o internacionalizados con el objetivo de afrontar los crímenes de masas. Ello no está exento de problemas: desde la configuración de su régimen jurídico hasta su relación (si la hubiera) con el ordenamiento jurídico interno, pasando por los beneficios (o no) de su instauración, amén de la disponibilidad de recursos económicos suficientes, el acceso a los materiales probatorios y otros problemas de índole técnica. Se añade, además, el componente político indispensable para su establecimiento y su supervivencia, puesto que la cooperación entre los agentes implicados es fundamental para el éxito. En el momento actual, en el caso de Siria, los motivos que desaconsejan esta opción son poderosos, aunque hay autores que sostienen la viabilidad de la solución de un tribunal ad hoc para el Dáesh[1272].

1272 IRIGOYEN CHÁVEZ, S.: "El Estado Islámico y la justicia penal internacional", *op. cit.*, pp.336-337.

La práctica internacional revela dos tipos de mecanismos judiciales para juzgar los crímenes internacionales. Por un lado, los tribunales internacionales penales, configurados exclusivamente con elementos de esta índole, y, por otro lado, los tribunales internacionalizados o mixtos, cuya naturaleza híbrida combina rasgos de carácter internacional con elementos del derecho interno.

El nacimiento de los tribunales penales internacionales se sitúa inmediatamente después de la Segunda Guerra Mundial con la creación del TMI y del TMILO, tras la experiencia fallida de la primera posguerra mundial de perseguir a los responsables de los crímenes cometidos[1273]. Ambos sirvieron de precedentes de los tribunales penales internacionales de la última década del siglo XX. El TPIY[1274] y el TPIR[1275] fueron creados por el Consejo de Seguridad conforme a sus poderes en el marco del capítulo VII de la CNU. Sus elementos eran de carácter puramente internacional y se ubicaron fuera de los países donde se cometieron los crímenes.

A principios del siglo XXI se produce un cambio de paradigma con el establecimiento de tribunales mixtos, con la finalidad de atender mejor las necesidades de los procesos de justicia transicional y, de paso, corregir algunos problemas que presentaban los tribunales internacionales creados por el Consejo de Seguridad[1276]. En pocos años, se instauraron numerosos tribunales híbridos en Sierra Leona, Timor Oriental, Camboya, Líbano, Bosnia-Herzegovina o Senegal. Estos tribunales internacionalizados podían integrarse en los sistemas judiciales de los países afectados, como el caso de las ECCC o en las Salas Especiales para Crímenes Graves cometidos en Timor Oriental. O bien constituirse mediante acuerdo internacional entre una organi-

---

1273 Vid. supra capítulo III.

1274 Resolución 827 (1993) del Consejo de Seguridad, de 25 de mayo.

1275 Resolución 955 (1994) del Consejo de Seguridad, de 8 de noviembre.

1276 CASSESE, A. y GAETA, P.: *Cassese's International Criminal Law, op. cit.*, pp.265-266.

zación internacional y el Estado, quedando fuera de su sistema judicial, como fue el caso del TESL. Los ejemplos son variados en cuanto a configuración y combinación de los elementos nacionales e internacionales en su estructura[1277].

Los tribunales híbridos poseen un elevado grado de adaptabilidad en tanto que pueden diseñarse atendiendo a las circunstancias específicas del caso concreto[1278]. Ello abarca desde su estructura orgánica, su jurisdicción, la composición de su personal, y hasta su ubicación. La elección de su sede no es una cuestión menor. La instalación del tribunal en el país en el que se cometieron los crímenes, si además su proceso de implantación se hace con una amplia participación a nivel nacional e internacional, puede influir saludablemente en la legitimidad y la percepción del tribunal en las sociedades afectadas[1279]. Además, la proximidad del tribunal con el lugar de los hechos facilita el acceso a las pruebas, a los sospechosos y a las víctimas.

En el caso de los tribunales mixtos, la combinación entre el elemento nacional e internacional sugiere un cierto grado de colaboración entre ambos. Esa relación favorece la capacitación de los operadores jurídicos del país –desde jueces hasta abogados y otros técnicos– de forma que se fortalece la capacidad nacional para perseguir crímenes tan complejos como los internacionales y, al mismo tiempo, acrecienta la sensación de pertenencia del tribunal y, por extensión, su legitimidad[1280]. Todo ello, al final, mejora las perspectivas de éxito del tribunal.

1277 Un resumen de las características de los más importantes en: WERLE, G. y JESSBERGER, F.: *Tratado de Derecho Penal Internacional, op. cit.*, pp.626-637.

1278 COI: *Informe de la Comisión de Investigación Internacional Independiente sobre la situación en la República Árabe Siria*, 5 de febrero de 2013, A/HRC/22/59, Anexo XIV, p.127.

1279 Idem.

1280 CORLISS, CODY: "Prosecuting Members of ISIS for Destruction of Cultural Property", *Florida State University Law Review*, vol.45, nº1, 2017, p.206.

Por supuesto, el diseño del tribunal también implica la tipificación de las conductas punibles. En efecto, los crímenes contra el patrimonio cultural, y en particular la destrucción de bienes culturales, se han regulado en las normativas de los tribunales internacionales e internacionalizados, aunque su tratamiento ha sido dispar[1281]. Su introducción es positiva porque refuerza la importancia de los bienes culturales para la comunidad internacional[1282]. Un tribunal para el Dáesh, si ese fuera el caso, sería una magnífica ocasión para tipificar la destrucción de bienes culturales de forma más actualizada y acorde con los instrumentos más avanzados de protección del patrimonio cultural[1283].

Con todo, el establecimiento de un tribunal, con independencia de que sea internacional o híbrido, es un proceso complejo, con muchas ramificaciones. Es imperativo dotar de un marco jurídico, disponer de instalaciones y personal necesario –y con cierta experiencia–para ejercer su mandato con garantías, amén de la siempre apremiante cuestión de la obtención de recursos económicos, cuya ausencia socaba la eficacia del mecanismo[1284]. Todo ello sin perder de vista que es fundamental la cooperación interna –es decir, en la relación del mecanismo judicial con los agentes y operadores locales– y externa –entre Estados e instituciones internacionales, especialmente el Estado territorial–. La creación de un tribunal es un proceso largo, económicamente costoso y que requiere un apoyo político sostenido.

1281 El TPIY (artículo 3.d) y las ECCC (artículo 7) incorporaron en su articulado crímenes de destrucción de bienes culturales. Otros tribuales no lo hicieron, como el TESL o el TPIR. Para una comparativa vid. supra Capítulo III.

1282 CORLISS, CODY: "Prosecuting Members of ISIS ...", *op. cit.*, pp.206-209.

1283 Caitlin Hill, por ejemplo, va un paso más allá al solicitar que: "[i]n the statute establishing this [ad-hoc criminal] tribunal, the crime of cultural cleansing should be included as one way of proving the crime against humanity of persecution". HILL, C.: "Killing a Culture...", *op. cit.*, pp.218-219.

1284 COI: *Informe de la Comisión...*, *op. cit.*, A/HRC/22/59, Anexo XIV, p.127.

Todas estas cuestiones afloraron en algún momento con los casos del conflicto armado en Siria y del Dáesh. En agosto de 2013, un grupo de expertos se reunió para discutir la creación de un Tribunal Especial Sirio para Perseguir Crímenes Atroces[1285]. Propusieron un modelo de tribunal mixto con sede en Damasco[1286], compuesto de jueces sirios e internacionales[1287]. Perseguirían los crímenes internacionales cometidos por todas las partes en el conflicto[1288]. La destrucción de bienes culturales estaba contemplada dentro de los crímenes de guerra en los artículos 20.b.10 (en conflicto armado internacional) y 20.d.4. (en conflicto armado no internacional), con idéntica redacción que en el ECPI. La profesora Marina Lostal formula sus críticas al precepto relativo a la protección de los bienes culturales. En primer lugar, el artículo es anticuado porque repite la formulación empleada en el Reglamento de La Haya de 1907; en segundo lugar, no se establece una diferencia de importancia entre bienes culturales; y, en tercer lugar, no cubre correctamente todos los tipos de actos cometidos contra los bienes culturales, tales como el saqueo o el uso con fines que los conviertan en objetivos militares[1289]. En efecto, el grupo de expertos podría haber optado por una definición del tipo más moderna que incorporara los avances en la protección del patrimonio cultural.

Las perspectivas de éxito de este tipo de propuestas no son muy alentadoras. El establecimiento de un órgano judicial por parte del Consejo de Seguridad de acuerdo con el capítulo VII

1285 INSTITUTE FOR SECURITY POLICY AND LAW: "The Chautauqua Blueprint for a Statute for a Syrian Extraordinary Tribunal to Prosecute Atrocity Crimes", Disponible en: https://securitypolicylaw.syr.edu/wp-content/uploads/2013/09/Chautauqua-Blueprint1.pdf.

1286 Artículo 2 y artículo 3 del proyecto de Tribunal Especial Sirio.

1287 Artículo 5 del proyecto de Tribunal Especial Sirio.

1288 Artículo 17.b del proyecto de Tribunal Especial Sirio.

1289 LOSTAL BECERRIL, M.: "Syria's world cultural heritage and individual criminal responsibility", *International Review of Law*, nº1, 2015, pp.15-16.

toparía con el veto ruso. Es altamente improbable que prosperara un mecanismo judicial con competencia para investigar y castigar los crímenes cometidos por todas las partes en el conflicto armado de Siria, incluyendo las facciones gubernamentales. La propuesta parece estar destinada al mismo fracaso que la remisión a la CPI. El establecimiento de un tribunal por medio de acuerdo con la República Árabe de Siria tampoco parece plausible, y menos aún lo es que coopere con uno creado en el exterior.

Algunos autores han sugerido la idea de que el Consejo de Seguridad instaurase un tribunal especial diseñado únicamente para perseguir a los principales responsables del Dáesh y se excluyera expresamente los actos perpetrados por el régimen de al-Asad, de modo que así se podría evitar el veto de Rusia[1290]. En la misma resolución, el Consejo de Seguridad podría imponer la obligación de cooperar a Siria e Irak, mejorando así la eficacia del mecanismo[1291]. Aunque es una solución perspicaz, a nuestro juicio es demasiado selectiva y poco considerada con las otras víctimas de la violencia de masas en Siria[1292]. Sería otro ejemplo de justicia de vencedores que dañaría de forma irreparable la legitimidad del tribunal. Es, por lo tanto, una solución contraria a los propósitos de una estrategia de rendición de cuentas de carácter integral.

La última opción posible planteada hasta la fecha es la creación de un tribunal ad hoc mediante un tratado internacional, al margen de las Naciones Unidas, probablemente sin el consentimiento de Siria –e Irak–, con el objetivo de enjuiciar exclusivamente los crímenes internacionales y otros delitos cometidos

---

1290 IRIGOYEN CHÁVEZ, S.: "El Estado Islámico y la justicia penal internacional", *op. cit.*, p.334.

1291 Ibid., pp.334-335.

1292 Recordemos que los informes de la COI que hemos citado en este estudio reiteran que el gobierno sirio y sus grupos aliados están detrás de numerosos hechos constitutivos de crímenes de guerra y crímenes contra la humanidad.

por los miembros del Dáesh[1293]. Esta idea surgió como respuesta a los obstáculos en el plano internacional para enfrentar los crímenes del Dáesh, agravada por el temor de los países europeos ante la repatriación de sus miembros detenidos en Siria e Irak tras su derrota militar. En consecuencia, el gobierno de Suecia, secundado por los Países Bajos, propuso la celebración de una cumbre de Estados, eminentemente europeos, para discutir esa posibilidad en junio de 2019[1294].

El fin del poder territorial del Dáesh causó la desbandada en sus filas. Las Fuerzas Democráticas Sirias (FDS en adelante), mayoritariamente integradas por batallones kurdos, capturaron a más de 10.000 combatientes, entre los que se incluían alrededor de 2.000 combatientes extranjeros –entre ellos muchos europeos–, así como a sus familias, unas 60.000 mujeres y menores de 60 nacionalidades[1295]. Las personas detenidas fueron recluidas en un sistema de prisiones y campos repartidos por el territorio controlado por las FDS en la Administración Autónoma del Nordeste de Siria. Allí, las condiciones de reclusión son muy precarias. Las personas retenidas viven en situación de hacinamiento, privadas de derechos básicos, y, con el paso

---

1293 El análisis más detallado de la cuestión lo realizó el profesor André Nollkaemper para el gobierno neerlandés. Puede encontrarse en: NOLLKAEMPER, A.: *Legal Advice International Tribunal ISIS*, 22 de julio de 2019. Disponible en: https://www.rijksoverheid.nl/documenten/rapporten/2019/07/24/advies-internationaal-tribunaal-isis (Consultado 10 de enero de 2023).

1294 JOMAA, A.: "Options on the table: a Hybrid Tribunal to Prosecute ISIL Fighters", *Justice in conflict*, 18 de septiembre de 2019. Disponible en: https://justiceinconflict.org/2019/09/18/options-on-the-table-a-hybrid-tribunal-to-prosecute-isil-fighters/ (Consultado 10 de enero de 2023).

1295 LU PHILLIPS, R.: "A Tribunal for ISIS Fighters – A National Security and Human Rights Emergency", *Just Security*, 30 de marzo de 2021. Disponible en: https://www.justsecurity.org/75544/a-tribunal-for-isis-fighters-a-national-security-and-human-rights-emergency/ (Consultado 9 de enero de 2023).

del tiempo, cada vez más riesgo de motines[1296]. La situación era insostenible en lo que se bautizó como el "Guantánamo en el Éufrates"[1297]. Con el tiempo, algunas personas han sido liberadas o repatriadas a sus países de origen, pero muchas otras siguen detenidas sin cargos, a la espera de un juicio o de que su situación se resuelva. Frente a la grave situación humanitaria y a la incapacidad material de su administración para someter a juicio a los detenidos, las FDS hicieron un llamamiento a la comunidad internacional para la creación de un tribunal internacional con el objetivo exclusivo de procesar a los miembros del Dáesh[1298].

Los países europeos se apresuraron a discutir esa opción ante el temor del regreso de las personas europeas que viajaron para unirse a las filas del Dáesh y que ahora pretendían regresar a sus Estados de nacionalidad. Por lo general, los Estados europeos rechazan la repatriación. Algunos países han impedido abiertamente que sus ciudadanos retenidos en Siria e Irak pudieran regresar[1299]. Otros, incluso, han procedido a revocar la nacionalidad a algunos miembros del Dáesh[1300]. Su argumento principal es que estos individuos suponen una amenaza para su seguridad

---

1296 Idem.

1297 STAFFORD SMITH, C.: "Outsourcing injustice: Guantanamo on the Euphrates", *Aljazeera*, 5 de febrero de 2020. Disponible en: https://www.aljazeera.com/opinions/2020/2/5/outsourcing-injustice-guantanamo-on-the-euphrates (Consultado 15 de enero de 2023).

1298 DWORKIN, A.: "A Tribunal for ISIS Fighters?", *European Council on Foreign Relations*, 31 de mayo de 2019. Disponible: https://ecfr.eu/article/commentary_a_tribunal_for_isis_fighters/ (Consultado 9 de enero de 2023).

1299 OMTZIGT, P.: "Addressing the issue of Daesh foreign fighters and their families returning from Syria and other countries to the member States of the Council of Europe", *Parlamentary Assembly Council of Europe*, 5 de julio de 2022, Doc. 15591, pár. 10. Disponible en: https://pace.coe.int/en/files/30219

1300 ROJAVA INFORMATION CENTER: *Bring ISIS to Justice: Towards an international tribunal in North East Syria*, 2019, p.22. Disponible en:

nacional. También alegan el miedo a que una vez repatriados no puedan enjuiciarlos y castigarlos por falta de pruebas[1301]. En realidad, prefieren que se les juzgue allí antes que lidiar con las consecuencias políticas de un retorno que la población considera tremendamente impopular, aunque eso suponga sacrificar los estándares internacionales de derechos humanos.

La propuesta de tribunal presenta diferentes problemas. El primero y de mayor calado es fundamentalmente de legitimidad, cuyas ramificaciones se extienden hasta poner en peligro su razón de ser. Un tribunal creado por tratado internacional entre diferentes Estados, pero sin el concurso de Naciones Unidas ni el consentimiento de Siria e Irak, verá menoscabadas sus probabilidades de éxito desde el inicio.

El tribunal no podría instalarse en los Estados territoriales, por falta de consentimiento, de modo que habría que situarlo fuera, preferiblemente en un país del entorno, por lo que aumentarían los problemas de acceso a las pruebas, testigos y sospechosos[1302]. Se barajó la posibilidad de establecer el tribunal en la Administración Autónoma del Nordeste de Siria, esto es, la zona controlada por las FDS y donde se encuentran una buena parte de los miembros del Dáesh detenidos. Sin embargo, las FDS no constituyen un sujeto internacional capacitado para la celebración de acuerdos internacionales, a pesar de que gobiernan de facto el territorio[1303].

---

https://rojavainformationcenter.com/storage/2019/07/Bringing-ISIS-to-justice-Rojava-Information-Center-Website-July-2019.pdf.

1301 LU PHILLIPS, R.: "A Tribunal for ISIS Fighters…", *op. cit.*

1302 DE HOON, M.: *Accountability for Yazidi Genocide*, Position Paper for the Dutch Parliament, 10 February 2022, pp.10-11. Disponible en: https://static1.squarespace.com/static/5900b58e1b631bffa367167e/t/620fdb2c19503a619cc0caa6/1645206317441/Marieke+de+Hoon_Accountability+for+Yazidi+Genocide_Position+Paper+NL+Parliament_2022+%282%29.pdf

1303 NOLLKAEMPER, A.: *Legal Advice International Tribunal ISIS, op. cit.*, p.7.

Otro aspecto para tener en cuenta por su fuerte impacto en la legitimidad del tribunal es su enfoque limitado únicamente a los criminales del Dáesh. En efecto, pocas dudas caben al respecto de las atrocidades cometidas en Siria e Irak. Ahora bien, también hay indicios claros de que las otras partes en los conflictos armados habrían cometido violaciones graves del DIH y, sin embargo, la propuesta de tribunal no contempla su investigación y persecución. En consecuencia, grandes comunidades de víctimas quedarán expulsadas del proceso de rendición de cuentas. Por esta razón, diferentes organizaciones de derechos humanos alertaron de los peligros que comportaba un tribunal tan excesivamente selectivo, parcial y politizado, hasta el punto de ser contraproducente pues proyectaba la imagen de un tribunal impuesto para castigar a los "enemigos de Occidente"[1304]. También denunciaban los perjuicios que ello causaba a las víctimas y, en general, al proceso de reconciliación nacional y fortalecimiento del Estado de Derecho en Siria e Irak[1305]. La insistencia de los países europeos en juzgar a los combatientes extranjeros de su nacionalidad para impedir o dilatar su retorno no beneficia a la propuesta de tribunal, ya que revela una maniobra de estos Estados para eludir sus responsabilidades en virtud del Derecho Internacional con sus ciudadanos[1306].

Asimismo, como en otros escenarios de creación de tribunales internacionales o híbridos, emerge la cuestión del diseño jurídico del tribunal. Lo razonable sería otorgar competencia sobre los crímenes internacionales –en particular, genocidio, crímenes de guerra y crímenes contra la humanidad–, pero nada se opondría a que se incluyeran otros delitos relaciona-

---

1304 IMPUNITY WATCH, PAX y SYRIAN CENTER FOR MEDIA AND FREEDOM OF EXPRESSION, *ISIS-only Tribunal: selective, politicised justice will do more harm than good,* 31 de octubre de 2019. Disponible: https://paxforpeace.nl/media/download/policybrief-iraq-isis-tribunal-2019-eng.pdf.

1305 Ibid., pp.4-6.

1306 NOLLKAEMPER, A.: *Legal Advice International Tribunal ISIS, op. cit.*, p.5.

dos con el terrorismo y contemplados en la legislación penal nacional[1307]. La competencia personal de la propuesta de tribunal también plantea incógnitas. Un mecanismo judicial de estas características, sin apoyo del Consejo de Seguridad ni de los estados territoriales, tan solo podría ejercer la competencia sobre los presuntos responsables del Dáesh que pudieran tener los Estados que lo creen en virtud del derecho nacional, esto es, sobre la base del principio de nacionalidad activa y sobre la base del principio de jurisdicción universal[1308]. Así pues, ante este tribunal internacional o híbrido, solo podría enjuiciarse a los miembros del Dáesh con la nacionalidad de uno de los Estados parte en el tratado. Esto podría crear la paradoja de que solo unos pocos miembros del grupo terrorista fueran enjuiciados con las garantías del Derecho Internacional –principalmente los combatientes extranjeros de los Estados parte en el tratado que crea el tribunal–, mientras que otros sean procesados con menos garantías –y con la posibilidad de ser condenados a muerte–[1309].

Y, en último lugar, reaparece el problema de los costes. Según algunas estimaciones, el establecimiento de este mecanismo costaría aproximadamente 2 millones de dólares por acusado por año[1310]. La movilización de estos recursos económicos du-

---

1307 Ibid., pp.10-11.Algunos autores sugieren que la combinación de ambas categorías de crímenes en el estatuto o normativa del tribunal permitirían capturar mejor la gravedad y la magnitud de los hechos. OMTZIGT, P.: "Addressing the issue of Daesh foreign fighters…", *op. cit.*, pár.60. A contrario, vid. LU PHILLIPS, R.: "A Tribunal for ISIS Fighters…", *op. cit.*

1308 DE HOON, M.: *Accountability for Yazidi Genocide, op. cit,* p.10; NOLLKAEMPER, A.: *Legal Advice International Tribunal ISIS, op. cit.,* pp.8-9.

1309 IMPUNITY WATCH, PAX y SYRIAN CENTER FOR MEDIA AND FREEDOM OF EXPRESSION: *ISIS-only Tribunal…, op. cit.,* p.3.

1310 En 2019, Irak se ofreció a enjuiciar a los combatientes extranjeros por un precio. Proponían cobrar millones de dólares por adelantado y 1.000 millones anuales mientras durase el tribunal y la detención. Por cada sospechoso proponían la tasa de 2 millones de dólares anuales, que se

rante un tiempo indeterminado, pero probablemente años, al menos hasta que se cumplan los objetivos del tribunal, debería ser tenido en cuenta a la hora de considerar si vale la pena. Esos recursos económicos podrían destinarse mejor a las contribuciones para sufragar otros organismos ya existentes con mandatos claros en pro de la rendición de cuentas exhaustiva, como el Mecanismo Internacional para Siria[1311].

En definitiva, las posibilidades de éxito de un tribunal internacional o híbrido son escasas.

La creación por parte del Consejo de Seguridad de un mecanismo judicial para perseguir los crímenes cometidos en Siria aparece como una opción ilusoria, dado el círculo de amistades del régimen de Bashar al-Asad. El establecimiento de un tribunal exclusivo para perseguir al Dáesh como medida del capítulo VII de la CNU, aunque algo más aceptable para Rusia, es demasiado selectiva y olvida que el proceso de rendición de cuentas tiene

---

calculó basándose en el coste de mantener a un interno en Guantánamo. ROJAVA INFORMATION CENTER: *Bring ISIS to Justice…*, *op. cit.*, p.34.

1311 El Mecanismo Internacional Imparcial e Independiente para Siria (International Impartial and Independent Mechanism for Syria, IIIM en inglés) es un mecanismo creado por la Asamblea General con la Resolución 71/248, de 21 de diciembre de 2016, con el mandato de “recabar, consolidar, preservar y analizar las pruebas de violaciones del Derecho Internacional humanitario y de violaciones y abusos de los derechos humanos” y “preparar los expedientes para facilitar y acelerar un proceso penal justo e independiente [...] en las cortes o los tribunales nacionales, regionales o internacionales que tengan o puedan tener jurisdicción en el futuro sobre esos delitos”. Más adelante en este capítulo abordaremos con profundidad este organismo. Vid. infra Capítulo VI, apartado 4. Existe, también, el UNITAD (Equipo de Investigación para Promover la Rendición de Cuentas por los Crímenes cometidos por el Dáesh/EIIL, en inglés), creado por el Consejo de Seguridad con la Resolución 2379 (2017), de 21 de septiembre, con el mandato de apoyar los esfuerzos de rendición de cuentas en Irak mediante la recopilación, preservación y almacenaje de pruebas.

que ser integral. La propuesta de tribunal internacional o híbrido exclusivamente para perseguir al Dáesh, sin apoyo de Naciones Unidas y sin el consentimiento de Siria, surgió con posibilidades "extremadamente limitadas" de ser eficaz y legítimo[1312]. El tiempo parece haber diluido este proyecto por las incógnitas que albergaba[1313]. En todo caso, tampoco parecía una opción razonable, pues escondía evidentes intenciones de los Estados europeos de impedir el retorno de sus ciudadanos que tomaron parte en los crímenes del Dáesh –y que ahora permanecen atrapados en el nordeste de Siria– alegando razones de seguridad nacional.

Así pues, la apuesta por la creación de tribunales internacionales o híbridos no es convincente por las razones apuntadas más arriba. La persecución de los crímenes del Dáesh, y, entre ellos, la destrucción de bienes culturales, debe descender un nivel más hasta los tribunales nacionales. De hecho, las jurisdicciones nacionales, incluyendo las que ejercen la jurisdicción universal, apoyadas por el Mecanismo Internacional para Siria, están contribuyendo efectivamente a reducir la brecha de impunidad, aunque todavía lejos de lo deseado.

1312 NOLLKAEMPER, A.: *Legal Advice International Tribunal ISIS*, *op. cit.*, p.13.

1313 RAPP, S. J.: "SCSL Symposium: A Legal Legacy that Opens the Way to Justice in Challenging Places and Times–Part II", *Opinio Juris*, 15 de marzo de 2021. Disponible en: http://opiniojuris.org/2021/03/15/scsl-symposium-a-legal-legacy-that-opens-the-way-to-justice-in-challenging-places-and-times-part-ii/ (Consultado: 12 de enero de 2023).

3. LA PERSECUCIÓN DE LOS CRÍMENES DEL DÁESH EN LOS TRIBUNALES NACIONALES

3.1. Las obligaciones de Siria de investigar y perseguir los crímenes internacionales

Las jurisdicciones nacionales también tienen un papel relevante en la persecución de los delitos cometidos por el Dáesh. La República Árabe de Siria tiene la obligación de investigar, perseguir y castigar, si fuera el caso, la comisión de los crímenes internacionales perpetrados en su territorio. Esto también incluye la destrucción de bienes culturales, pese a que la normativa siria contiene importantes limitaciones. En Siria se han llevado a cabo diversos juicios contra miembros del Dáesh, pero no con las garantías que estipula el Derecho Internacional y tampoco en relación con la destrucción de bienes culturales. La situación de conflicto armado, aunque con menor intensidad, y el hecho de que grandes áreas de Siria estén fuera del control gubernamental, incrementan las dificultades de un proceso de rendición de cuentas.

En virtud del Derecho Internacional, los Estados tienen el deber de investigar, perseguir y castigar a los responsables de la comisión de crímenes internacionales y las violaciones masivas de derechos humanos, así como el deber de reparar a las víctimas[1314]. Los Convenios de Ginebra de 1949 exigen que los Estados parte busquen y procesen (o extraditen) a las personas que hayan cometido, u ordenado cometer, infracciones graves[1315]. El Derecho

---

[1314] COI: *Informe de la Comisión de Investigación Internacional Independiente sobre la situación en la República Árabe Siria*, 16 de agosto de 2012, A/HRC/21/50, Anexo II, pár.21.

[1315] Artículo 49 del I Convenio de Ginebra; artículo 50 del II Convenio de Ginebra; artículo 129 del III Convenio de Ginebra; artículo 146 del IV Convenio de Ginebra.

Internacional consuetudinario avala esta posición para el caso de los conflictos armados sin carácter internacional[1316]. Diversos órganos de Naciones Unidas, inclusive el Consejo de Seguridad, han señalado en varias ocasiones la obligación de investigar y castigar a los responsables de crímenes en conflictos no internacionales[1317].

Esa obligación también se desprende de diferentes tratados. Por ejemplo, el artículo VI de la Convención para la Prevención y la Sanción del Delito de Genocidio de 1948 contempla que las personas acusadas de genocidio sean juzgadas por los tribunales del Estado en el que se cometieron los actos o ante cualquier otro tribunal internacional que sea competente respecto a aquellas de las Partes contratantes que hayan reconocido su jurisdicción. En el caso de los bienes culturales, la CH54 establece en el artículo 28 que los Estados deben tomar, dentro del marco de su sistema de derecho penal, "todas las medidas necesarias para descubrir y castigar con sanciones penales o disciplinarias a las personas, cualquiera que sea su nacionalidad, que hubieren cometido u ordenado que se cometiera una infracción de la presente Convención". Ya hemos visto, sin embargo, los problemas de no incluir una lista de infracciones punibles[1318]. El artículo 19 de la CH54 extiende a los conflictos armados sin carácter internacional la obligación de perseguir las violaciones del tratado. El SP99 refinaba el régimen de represión de las violaciones y lo extendía al completo a los conflictos armados no internacionales[1319]. La República Árabe de Siria es parte en la CH54, pero no en el SP99.

1316 COI: *Informe de la Comisión..., op. cit.*, A/HRC/21/50, Anexo II, párs.23-24. Vid. La norma 158 en el estudio del CICR sobre DIH consuetudinario en HENCKAERTS, J.-M. y DOSWALD-BECK, L.: *El derecho internacional humanitario consuetudinario..., op. cit.*, p.687.

1317 HENCKAERTS, J.-M. y DOSWALD-BECK, L.: *El derecho internacional humanitario consuetudinario..., op. cit.*, p.688-689.

1318 Vid. supra Capítulo II.

1319 Artículos 15-17 y 22 del SP99.

Por lo tanto, los Estados –y Siria por extensión– deben incorporar en sus ordenamientos jurídicos la legislación necesaria para investigar, perseguir y castigar a los responsables de crímenes internacionales, incluyendo la destrucción de bienes culturales. En el caso de los crímenes de guerra, la obligación se extiende a los dos tipos de conflicto armado contemplados en el DIH. Este es, precisamente, el núcleo del problema: los Estados no siempre se han adherido a los tratados pertinentes o, habiéndolo hecho, no siempre han adecuado su legislación para cumplir sus obligaciones de conformidad con los convenios ratificados[1320].

La República Árabe de Siria no parece haber incorporado los crímenes internacionales a su ordenamiento jurídico interno[1321]. Tampoco ha establecido la responsabilidad penal internacional derivada directamente de la violación de la CH54[1322]. La protección de los bienes culturales está gobernada por la Ley de Antigüedades de 1963[1323]. El gobierno sirio considera que su obligación en materia de represión de las violaciones conforme al artículo 28 de la CH54 queda cubierto por esta legislación[1324].

1320 ASAMBLEA GENERAL: *Informe de la Relatora Especial sobre los derechos culturales, op. cit.*, párs.21-22.

1321 MEHRA, T.: "Bringing (Foreign) Terrorist Fighters to Justice in a Post-ISIS Landscape Part I: Prosecution by Iraqi and Syrian Courts", *International Centre for Couter-Terrorism,* 22 de diciembre de 2017. Disponible en: https://www.icct.nl/publication/bringing-foreign-terrorist-fighters-justice-post-isis-landscape-part-i-prosecution.

1322 GERSTENBLITH, P.: "The Destruction of Cultural Heritage...", *op. cit.*, pp.377-379.

1323 *Ley de Antigüedades,* aprobada por Decreto Legislativo nº 222, de 26 de octubre de 1963, y enmendada en diversas ocasiones, la última en 1999. El texto en inglés en: https://en.unesco.org/sites/default/files/sy_antiquitieslaw1963_engtof.pdf

1324 UNESCO: *National report on the implementation of the Hague Convention of 1954 and its two Protocols (1954 and 1999), Four-year cycle 2013-2016, Syria,* 2017. Disponible en: https://en.unesco.org/node/343239.

En virtud de esta norma interna, los bienes protegidos son las antigüedades, definidas en el artículo 1 como bienes muebles e inmuebles construidos, manufacturados, producidos, escritos o dibujados como mínimo de dos cientos años de antigüedad. También pueden ser consideradas antigüedades objetos que, sin cumplir este requisito, posean un valor histórico, artístico o nacional. El artículo 3 distingue y enumera los tipos de antigüedades protegidas, mientas que el artículo 4 presume la propiedad estatal de las mismas. La destrucción, transformación o daño causado a las antigüedades está prohibido por el artículo 7. El precepto no contempla la excepción de la necesidad militar imperativa, por lo que cabría pensar que fija un estándar superior al del Derecho Internacional[1325]. La Ley de Antigüedades criminaliza estas conductas en el artículo 58. La destrucción está penada con penas de privación de libertad de entre 5 y 10 años, y multas de entre 25.000 y 500.000 libras sirias. La pena máxima se impondrá si la propiedad pertenece al Estado (artículo 58.A *in fine*). Asimismo, la Ley de Antigüedades establece otras prohibiciones que se corresponden con obligaciones de respeto de la CH54, aunque con algunas diferencias significativas, y para las cuales también se prevén penas de prisión y multas de cantidad variable[1326].

[1325] LOSTAL BECERRIL, M.: "Syria's world cultural heritage…", *op. cit.*, p.13.

[1326] Por ejemplo, el artículo 26 de la Ley de Antigüedades prohíbe la construcción de instalaciones militares en un radio de 500 metros alrededor de bienes inmuebles arqueológicos o históricos. La violación de esta norma está sancionada con una pena de prisión de 1 a 3 años y una multa de entre 1.000 y 10.000 libras sirias (ex artículo 59.A) El artículo 4 de la CH54 prohíbe el uso con fines militares de las proximidades inmediatas de los bienes culturales. Las diferencias entre la Ley de Antigüedades y las obligaciones derivadas de la CH54 plantean problemas de interpretación. Vid. CUNLIFFE, E., MUHESEN, N. y LOSTAL BECERRIL, M.: "The Destruction of Cultural Property in the Syrian Conflict: Legal Implications and Obligations", *International Journal of Cultural Property*, vol.23, nº1, 2016, pp.15-16; y LOSTAL BECERRIL, M.: "Syria's world cultural heritage…", *op. cit.*, pp.12-13.

A pesar de todo, esta legislación adolece de un defecto importante. La profesora Lostal destaca que la persecución de ciertas conductas en base a Ley de Antigüedades no expresaría adecuadamente la gravedad y la naturaleza de los hechos perpetrados contra los bienes culturales de valor excepcional universal[1327]. En efecto, la Ley de Antigüedades trata del mismo modo todos los objetos protegidos, ya sean bienes inscritos en la Lista del Patrimonio Mundial o sean objetos culturales de importante valor local. Ello implicaría que la Ley de Antigüedades respondería de forma idéntica frente a la destrucción de una iglesia histórica que ante la demolición del sitio de Palmira. En cualquier caso, esta normativa podría ser aplicada para perseguir la destrucción de bienes culturales perpetrada por los milicianos del Dáesh en los tribunales sirios o bien adoptada por un tribunal de carácter mixto que adoptara parcialmente el ordenamiento sirio.

El proceso de rendición de cuentas por los crímenes cometidos en Siria debe ser independiente, imparcial, exhaustivo y eficaz[1328]. Sin embargo, podemos afirmar con cierta seguridad que el país árabe no está capacitado para llevar a cabo procesos judiciales con todas las garantías del Derecho Internacional. Después de una década de guerra, el sistema judicial sirio está deteriorado y, en todo caso, no posee los recursos ni la capacidad para enfrentarse a procesos penales a gran escala y tan complejos como los que tienen que ver con crímenes internacionales. El uso de la legislación antiterrorista es habitual para perseguir a la disidencia y, en general, los tribunales no cumplen con las garantías de un debido proceso[1329]. Además, el conflicto armado sigue vigente. En la región de Idlib, donde se atrincheran los grupos opositores, la violencia armada todavía es intensa. Asimismo, hay grandes zonas del país fuera del control gubernamental.

1327 LOSTAL BECERRIL, M.: "Syria's world cultural heritage…", *op. cit.*, pp.13-14.

1328 COI: *Informe de la Comisión…*, *op. cit.*, A/HRC/22/59, Anexo XIV, p.126.

1329 MEHRA, T.: "Bringing (Foreign) Terrorist Fighters to Justice...", *op. cit.*

Por ejemplo, la Administración Autónoma del Nordeste de Siria, gobernada de facto por las FDS, ha implantado sus propios tribunales con los que está juzgando a miembros del Dáesh[1330].

En la República Árabe de Siria se han llevado a cabo diversos juicios contra miembros del Dáesh. De momento no tenemos constancia de que se haya encausado algún individuo del grupo armado por la destrucción de bienes culturales. En las áreas controladas por las fuerzas gubernamentales se celebran juicios en tribunales ordinarios y especiales con base a la legislación antiterrorista aprobada por Bashar al-Asad para perseguir a la oposición[1331]. Los procesos penales no tienen ninguna garantía y no se respetan los derechos humanos[1332].

La mayoría de los miembros capturados del Dáesh se encuentran detenidos en la zona bajo control de las FDS. Los tribunales de la Administración Autónoma del Nordeste de Siria habían sentenciado a más de 7.000 personas sirias sospechosas de pertenecer al grupo terrorista en julio de 2019, y había 6.000 personas más a la espera de juicio[1333]. También habían recibido críticas por celebrar juicios sin las debidas garantías[1334]. Estos tribunales no enjuician a los detenidos extranjeros (iraquíes o

---

1330 MEHRA, T. y WENTWORTH, M.: "New Kid on the Block: Prosecution of ISIS Fighters by the Autonomous Administration of North and East Syria", *International Centre for Couter-Terrorism,* 16 de marzo de 2021. Disponible en: https://www.icct.nl/publication/new-kid-block-prosecution-isis-fighters-autonomous-administration-north-and-east-syria.

1331 MEHRA, T.: "Bringing (Foreign) Terrorist Fighters to Justice...", *op. cit.*

1332 OMTZIGT, P.: "Addressing the issue of Daesh foreign fighters…", *op. cit.*, pár.33.

1333 ROJAVA INFORMATION CENTER: *Bring ISIS to Justice…*, *op. cit.,* p.12.

1334 OMTZIGT, P.: "Addressing the issue of Daesh foreign fighters…", *op. cit.*, pár.34.

europeos) ni persiguen a los miembros del Dáesh por crímenes de guerra, crímenes contra la humanidad o genocidio[1335].

De todo lo anterior podemos concluir que, en el corto plazo, los tribunales sirios no son una vía creíble para impartir justicia por los graves crímenes de Derecho Internacional. La legislación nacional permite el enjuiciamiento de la destrucción de bienes culturales, aunque ya hemos visto que no refleja adecuadamente la gravedad y la naturaleza de los hechos ocurridos. Los juicios suelen realizarse sobre la base de la legislación antiterrorista. Además, los tribunales sirios no cumplen los estándares mínimos del Derecho Internacional. Sin embargo, sea cual sea la vía que se adopte para perseguir y castigar a los responsables de los crímenes internacionales en Siria, el proceso de rendición de cuentas deberá pasar en algún momento por los tribunales sirios, puesto que, aun asumiendo que la comunidad internacional o los Estados lidien con algunos casos, si no se producen los procesos en el ámbito nacional sirio, un número elevado de victimarios quedarán impunes.

3.2. Los tribunales nacionales y la jurisdicción universal: la vía más efectiva

A pesar de que Siria tiene la obligación de investigar, perseguir y castigar en virtud del Derecho Internacional, no parece que vaya a cumplir con la misma, bien sea por desinterés en encausar a sus propios agentes o los de sus aliados, o por incapacidad de su sistema judicial tras una década de guerra. Las perspectivas de justicia para las víctimas se vislumbran limitadas. En estas circunstancias, los tribunales nacionales de terceros Estados cobran especial importancia en la estrategia de rendición de cuentas para Siria, en particular para los crímenes cometidos por miembros del Dáesh en el conflicto armado.

1335 Idem.

Siendo así, los tribunales nacionales constituyen la vía más efectiva para la exigencia de responsabilidades penales hasta la fecha.

La competencia de los tribunales de terceros Estados sobre los crímenes cometidos fuera de su territorio nacional puede establecerse sobre distintas bases. Más allá del principio de territorialidad, se admite la competencia de los jueces del país de nacionalidad o de residencia de los presuntos responsables (principio de personalidad activa), así como la competencia de los tribunales del país de nacionalidad o de residencia de las víctimas (principio de personalidad pasiva)[1336]. Adicionalmente, el Derecho Internacional admite el establecimiento de competencia sobre la base del principio de jurisdicción universal. Esta es una de las sendas más complejas y políticamente más sensibles[1337].

El Derecho Internacional consuetudinario avala la existencia de este principio para la persecución de los crímenes internacionales[1338]. En su formulación más amplia, la jurisdicción universal habilita a las autoridades de un Estado para reprimir estos delitos con independencia del lugar en el que se cometieron y de la nacionalidad de las víctimas y de los autores. Ello es así porque el principio de jurisdicción universal correspon-

---

1336 REMIRO BROTÓNS, A.: *Derecho Internacional..., op. cit.*, pp.821-822.

1337 OLLÉ SESÉ, M.: *Justicia universal para crímenes internacionales*, Editorial La Ley, Madrid, 2008. PIGRAU SOLÉ, A.: *La jurisdicción universal y su aplicación en España: la persecución del genocidio, los crímenes de guerra y los crímenes contra la humanidad por los tribunales nacionales*, Oficina de Promoción de la Paz y de los Derechos Humanos, Generalitat de Catalunya, 2009. MARULLO, M.C.: *Tendencias internacionales sobre la jurisdicción universal: la experiencia española*, Universidad Pública de Navarra, Pamplona, 2017.

1338 HENCKAERTS, J.-M. y DOSWALD-BECK, L.: *El derecho internacional humanitario consuetudinario..., op. cit.*, pp.683 y ss. ORIHUELA CALATAYUD, E.: "Crímenes de guerra y justicia universal: avances y retrocesos en la lucha contra la impunidad", dentro de RAMÓN CHORNET, C. (ed.): *Derechos y libertades ante las nuevas amenazas a la seguridad global*, Ed. Tirant lo Blanch, València, 2005, pp.153-198.

de al "núcleo irrenunciable del proceso universalizador de los derechos humanos, pues trata de garantizar que sus más graves violaciones (crímenes contra la humanidad, crímenes de guerra, genocidio) no queden sin juzgar"[1339]. Ahora bien, su ejercicio y alcance vendrán determinados por la normativa interna de cada Estado. Dependerá, como expresa el profesor Remiro Brotóns, de la importancia que un estado conceda a la protección de los derechos humanos y de la repercusión que la persecución de crímenes internacionales pueda tener en su política exterior[1340]. Aunque la práctica internacional no es uniforme, muchos Estados han optado por exigir algún tipo de vínculo o conexión entre el acusado y el Estado que enjuicia, generalmente basado en la presencia del primero en el territorio del segundo[1341].

La jurisdicción universal vivió una época dorada a finales del siglo XX y la primera década del siglo XXI. Los tribunales europeos, con especial relevancia los de España y Bélgica, conocieron casos de gravísimas violaciones de derechos humanos cometidas por todo el mundo. Numerosos responsables de crímenes internacionales en Ruanda, Afganistán, Argentina, Chile, Bosnia, Guatemala, República Democrática del Congo, etc. desfilaron por los tribunales. Estos casos demostraban que

---

1339 RAMÓN CHORNET, C.: "Acerca del debate sobre las reformas legales de la jurisdicción universal en España", *Teoría y Derecho: Revista de pensamiento jurídico,* Tirant Lo Blanch, Valencia, no21, junio 2017, p.13.

1340 REMIRO BROTÓNS, A.: *Derecho Internacional..., op. cit.,* p.822. REMIRO BROTÓNS, A.: "La responsabilidad penal individual por crímenes internacionales y el principio de jurisdicción universal", *Colección Escuela Diplomática nº4, creación de una jurisdicción penal internacional,* Madrid, 2000, pp.193-236.

1341 HENCKAERTS, J.-M. y DOSWALD-BECK, L.: *El derecho internacional humanitario consuetudinario..., op. cit.,* norma 157, p.685. Vid. también *The Princeton Principles on Universal Jurisdiction,* Princeton University, New Jersey, 2001; y FIBGAR: *Principios de Madrid-Buenos Aires de Jurisdicción Universal,* 2015. Disponible en: http://jurisdiccionuniversal.org/?page_id=15.

la jurisdicción universal era una vía posible para la exigencia de responsabilidades si se conjugaban una normativa adecuada, la disponibilidad de recursos y la voluntad política, con una buena pizca de cooperación interestatal.

Nótese, sin embargo, que las investigaciones se descartaron o no afectaron en ningún caso a ciudadanos de países "intocables" como China, Israel, Estados Unidos o Rusia[1342]. De hecho, cuando las investigaciones en los tribunales nacionales apuntaron a los responsables de las grandes potencias, aumentaron las fricciones diplomáticas para ponerles fin. El punto de inflexión fueron los casos relativos a las acciones cometidas por China y Estados Unidos o sus aliados. La presión política que desplegaron se orientó al objetivo básico de "garantizarse y garantizar a sus aliados o a las potencias a las que no pueden no tener en cuenta —en el caso de España, las de Israel o China— las [...] esferas de inmunidad"[1343].

Bélgica recortó su competencia sobre la base de la jurisdicción universal en 2003 debido a las amenazas de los Estados Unidos de retirar el cuartel general de la OTAN en Bruselas si no se frenaba el proceso contra el aquel entonces primer ministro israelí Ariel Sharon por los ataques sobre los campos de refugiados en Sabra y Shatila[1344]. España se doblegó pocos años después. En 2009, la

---

1342 ESTEVE MOLTÓ, J. E.: "Requiem for universal jurisdiction in Spain", *Révue Québécois du Droit International*, Vol. 33, nº1, 2020, p.56.

1343 REMIRO BROTÓNS, A.: "Derecho y política en la persecución de crímenes internacionales en España", dentro de TAMARIT SUMILLA, J. (coord.): *Justicia de transición, justicia penal internacional y justicia universal*, Atelier, Barcelona, 2010, pp.207-224. RAMÓN CHORNET, C.: "Acerca del debate sobre las reformas legales...", *op. cit.*, p.14.

1344 LÓPEZ-JACOISTE DÍAZ, E.: "Comentarios a la Ley belga de jurisdicción universal para el castigo de las violaciones graves del Derecho internacional humanitario, reformada el 23 de abril de 2003", *Revista española de Derecho internacional*, vol. 55, nº 2, 2003, pp. 839 y ss. REYDAMS, L.: "Belgium Reneges on Universality: The 5 August 2003 Act on Grave Breaches of International Humanitarian Law", *Journal of International*

presión ejercida por Estados Unidos e Israel hizo que el gobierno cambiara la legislación en materia de jurisdicción universal para entorpecer el progreso de los casos más controvertidos[1345].

La reforma de 2014 dio el golpe fatal a la justicia universal en España al poner tantos obstáculos y requisitos que quedaba derogada de facto[1346]. El fallo del Tribunal Constitucional español en 2018 avalando la reforma de 2014 certificó la imposibilidad de proseguir los casos con base en la jurisdicción universal y, con posterioridad, se produjo el archivo en cascada de las causas[1347]. Finalmente, el Tribunal Europeo de Derechos Humanos inadmitió el recurso.

Criminal Justice, vol. 1, nº3, 2003, pp.679-689. ESTEVE MOLTÓ, J.E.: "Requiem for universal jurisdiction in Spain", *op. cit.*, p.62.

1345 CHINCHÓN ÁLVAREZ, J.: "Análisis formal y material de la reforma del principio de jurisdicción universal en la legislación española: de la «abrogación de facto» a la «derogación de *iure*»", *La Ley*, número 7211, 2009, pp.1-8. BOLLO AROCENA, M. D.: "The reform of the universal jurisdiction in Spain. Did public international law require the reform carried out by means of law 1/2014?", *Spanish Yearbook of International Law*, Vol. 18, 2013-2014, pp.239-247. ESTEVE MOLTÓ, J.E.: "The 'Great Leap Forward' to impunity. Burying universal jurisdiction in Spain and returning to the paradigm of Human Rights as 'domaine réservé' of the States", *Journal of International Criminal Justice*, vol.13, nº5, 2015, pp. 1121-1144.

1346 ORIHUELA CALATAYUD, E.: "La regulación de la jurisdicción universal en España. Reflexiones a la luz de las últimas reformas (2014 y 2015)", dentro de ORIHUELA CALATAYUD, E. (coord.): *Crímenes internacionales y justicia penal. Principales desafíos,* Thomson Reuters Aranzadi, Bilbao, 2016, pp. 283-317. SEGURA SERRANO, A., "Hacia una nueva reforma restrictiva del principio de jurisdicción universal en España", *Revista Española de Derecho Internacional,* vol. 66, nº1, pp.321-324. ESTEVE MOLTÓ, J.E.: "Requiem for universal jurisdiction in Spain", *op. cit.*, p.62. SÁNCHEZ LEGIDO, A.: "El fin del modelo español de jurisdicción universal", *Revista Electrónica de Estudios Internacionales,* nº 27, 2014, pp.1-40.

1347 MARULLO, M.C.: "La jurisdicción universal española en la STC 140/2018, de 20 de diciembre", *Revista Española de Derecho Internacional,*

A pesar de los obstáculos interpuestos por los vaivenes de la voluntad política, la jurisdicción universal continúa siendo el último recurso para las víctimas de obtener justicia cuando el Estado territorial no es capaz o no quiere enjuiciar los crímenes de masas y, además, el acceso a los tribunales internacionales o internacionalizados está bloqueado. Esta es la situación en la República Árabe de Siria. Muchos miembros del Dáesh, cuyos crímenes fueron cometidos tanto en Siria como en Irak, han sido enjuiciados sobre diferentes bases jurisdiccionales, incluida la jurisdicción universal. No se ha registrado, sin embargo, ningún caso relacionado con la destrucción de bienes culturales.

La infructuosa remisión a la CPI desplazó el peso de la persecución de los crímenes internacionales en Siria hacia las jurisdicciones nacionales, mayoritariamente de los países de la Unión Europea. La concentración de los procesos penales en Europa se explica eminentemente por dos razones: por un lado, porque en las últimas décadas los Estados europeos han ejercido con más asiduidad la jurisdicción universal; y, por otro lado, porque la proximidad del conflicto armado sirio desplazó hacia sus fronteras a decenas de miles de personas que huían de la guerra[1348]. Cabría añadir el retorno progresivo de los combatientes extranjeros a sus países de origen.

En términos generales, la respuesta de la Unión Europea al conflicto armado en Siria consistió en la aplicación de medidas

---

vol.71, nº2, 2019, pp.311317. Un análisis actualizado y en profundidad del recorrido legislativo de la jurisdicción universal en España, incluyendo el examen exhaustivo y crítico del fallo del Tribunal Constitucional y las resoluciones posteriores en el sistema judicial español en ESTEVE MOLTÓ, J.E.: "Requiem for universal jurisdiction in Spain", *op. cit.*, pp.55-84, en particular 66 y ss.

1348 KALECK, W. y KROKER, P.: "Syrian Torture Investigations in Germany and Beyond. Breathing New Life into Universal Jurisdiction in Europe?", *Journal of International Criminal Justice*, vol.16, nº1, 2018, pp.172-173.

restrictivas a un variado elenco de actores[1349], el envío de ayuda humanitaria[1350] y la apuesta por una salida negociada por la vía diplomática[1351]. Con el paso de los años, se añadió la necesidad de apoyar los procesos de rendición de cuentas.

1349 El régimen de sanciones se basó en la restricción de viajes y la congelación de activos de individuos y entidades afines al gobierno, ampliándose progresivamente al comercio de petróleo y productos vinculados, el embargo de armas, la exportación de equipos y tecnología que puedan ser utilizados con finalidades represivas, las inversiones o el tráfico de bienes culturales. En la actualidad, muchas de estas sanciones siguen en vigor y afectan a 316 personas y 86 entidades. VAN VEEN, E., DI PIETRANTONIO, A., EZZEDINE, N. y NAPOLITANO, P.: *Band-aids, not bullets. EU policies and interventions in the Syrian and Iraqi civil wars,* Netherlands Institute of International Relations Clingendael, La Haya, Febrero 2021, pp.23-24. Disponible en: https://www.clingendael.org/pub/2021/eu-relevance-in-the-syrian-and-iraqi-civil-wars/3-eu-institutional-policies-and-interventions-in-the-syrian-civil-war/ (Consultado: 1 de julio de 2024). Las sanciones en vigor en CONSEJO DE LA UNIÓN EUROPEA: "Siria: respuesta de la UE a la crisis". Disponible en: https://www.consilium.europa.eu/es/policies/syria/#sanctions (Consultado: 1 de junio de 2024).

1350 La Unión Europea y sus países miembros han movilizado más de 33 mil millones de euros encaminados a prestar asistencia a la población siria más vulnerable dentro y fuera del país y en toda la región. La recaudación de fondos se ha venido canalizando a través de la organización anual de las conferencias de apoyo al futuro de Siria y de la región. La VIII[a] Conferencia de Bruselas sobre el "Apoyo al futuro de Siria y de la región", celebrada en mayo de 2024, reunió las instituciones de la Unión Europea con representantes de diferentes países y Organizaciones internacionales. La comunidad de donantes se comprometió a aportar un total de 7.500 millones de euros para los años 2024 y 2025. CONSEJO DE LA UNIÓN EUROPEA: "Supporting the future of Syria and the region - Brussels eight conference, 27 May 2024". Disponible en: https://www.consilium.europa.eu/en/meetings/international-ministerial-meetings/2024/05/27/ (Consultado 1 julio de 2024).

1351 VAN VEEN, E. et al.: *Band-aids, not bullets…, op. cit.*, p.23.

La expansión del Dáesh a partir de 2014 cambió drásticamente la política de la Unión Europea y de los Estados miembros hacia el conflicto armado en Siria. Ese mismo año se elaboró una estrategia regional para Siria e Irak, así como para la amenaza del EIIL-Dáesh[1352]. En 2015, el Consejo adoptó la estrategia regional de la UE conjunta para Siria e Irak, así como en relación con la amenaza que representaba el Dáesh, que fue revisada al año siguiente[1353]. En esencia, se reiteraba el apoyo de la Unión Europea a una solución política del conflicto, la urgencia de hacer frente a la amenaza terrorista y la necesidad de promover la rendición de cuentas por los crímenes internacionales que se estaban cometiendo en el país árabe. En 2017, la Unión Europea adoptó una estrategia singularizada para Siria, en la que se ponía el foco en diversos objetivos estratégicos relacionados con el fin de la guerra y la transición política, la reconstrucción de la sociedad siria y otras cuestiones de carácter humanitario[1354]. La estrategia preveía explícitamente la promoción de "la rendición de cuentas por crímenes de guerra, para facilitar un proceso de reconciliación nacional y la justicia transicional"[1355]. Para ello, la Unión Europea y los países miembros abogaban por el apoyo a los esfuerzos

---

1352 CONSEJO DE LA UNIÓN EUROPEA: "Conclusiones del Consejo sobre la crisis del EIIL-Daesh en Siria e Irak", Luxemburgo, 20 de octubre de 2014, ST 14463 2014 INIT.

1353 CONSEJO DE LA UNIÓN EUROPEA: "Conclusiones del Consejo sobre la estrategia regional de la UE para Siria e Irak, así como en relación con la amenaza que representa el EIIL (Daesh)", Bruselas, 16 de marzo de 2015, ST 7267 2015 INIT; y CONSEJO DE LA UNIÓN EUROPEA: "Conclusiones del Consejo sobre la estrategia regional de la UE para Siria e Irak, así como en relación con la amenaza que representa el EIIL (Daesh)", Bruselas, 23 de mayo de 2016, ST 9105 2016 INIT.

1354 CONSEJO DE LA UNIÓN EUROPEA: "El Consejo adopta la Estrategia de la UE para Siria, 3 abril de 2017", 3 de abril de 2017. Disponible en: https://www.consilium.europa.eu/es/press/press-releases/2017/04/03/fac-conclusions-syria/ (Consultado: 1 de julio de 2024).

1355 Ibidem, pár.3.e).

recopilatorios de materiales y documentación realizados por las jurisdicciones nacionales y otros mecanismos internacionales para utilizarlos en futuras acciones judiciales contra los responsables de las graves violaciones del Derecho Internacional.

Si bien el impacto de la estrategia de la Unión Europea para Siria no ha sido satisfactorio en su objetivo de lograr la paz, sí que ha desplegado ciertos efectos en lo relativo a la rendición de cuentas. Podemos distinguir dos etapas en la persecución de los crímenes internacionales ocurridos en Siria. La primera abarcaría aproximadamente desde el comienzo del conflicto armado hasta el año 2019. Alemania es el país de la Unión Europea donde más procesos penales se han celebrado, una parte importante sobre la base la jurisdicción universal[1356]. En los años 2016 y 2017, diversos individuos vinculados a grupos rebeldes y organizaciones terroristas, como el Dáesh o el Frente al-Nusra, fueron condenados por crímenes de guerra y otros delitos[1357].

1356 Vid. en general: EUROJUST y GENOCIDE NETWORK: *Overview of national jurisprudence*, enero de 2023. Disponible en: https://www.eurojust.europa.eu/publication/overview-national-jurisprudence (Consultado: 1 de julio de 2024).

1357 El primer caso sentenciado fue el de Aria L., un ciudadano alemán acusado de crímenes de guerra y pertenencia a la organización terrorista Dáesh. Fue sentenciado a 2 años en 2016. Ese mismo año se condenó a otros dos combatientes del Dáesh (Harry S. y Abdelkarim el B.) por crímenes de guerra y pertenencia a organización terrorista. En el caso de Abdelkarim el B., fue juzgado por segunda vez por el cargo de tortura como crimen de guerra y su pena fue elevada a diez años de prisión en 2018. También se condenó a miembros de otros grupos armados como Jabhat al-Nusra (como en el caso de Suliman A.S.) y milicianos de facciones dentro del Ejército Sirio Libre (el caso de Ibrahim F.). Más información sobre los casos y las acusaciones en HUMAN RIGHTS WATCH: "These crimes we are fleeing. Justice for Syria in Swedish and German Courts", octubre de 2017, pp.34-35. Disponible en: https://www.hrw.org/sites/default/files/report_pdf/ijsyria1017_web.pdf. Más sucintamente en: IIIM: *Bulletin Issue nº7,*

A partir de 2018 se produce un aumento significativo de los casos relativos a crímenes cometidos en Siria[1358]. En paralelo, las autoridades alemanas tenían abiertas dos investigaciones estructurales, una de ellas relacionada directamente con los crímenes perpetrados por el Dáesh contra la minoría yazidí[1359]. Suecia también ha enjuiciado diversos individuos vinculados sobre todo a grupos insurgentes por crímenes de guerra[1360].

Otros países europeos — como Países Bajos, Austria, Finlandia o Suiza– también han investigado y juzgado a sus nacionales o a sirios residentes en esos Estados por delitos relacionados con el conflicto armado en Siria[1361]. En 2017, en España hubo un infructuoso intento de perseguir a nueve miembros de las Fuerzas de Seguridad e Inteligencia sirias por detención ilegal, desaparición forzada, tortura y ejecución de un ciudadano sirio en una prisión del régimen en Damasco[1362]. La denunciante, la hermana de la víctima, identificó a su hermano en las fotografías de los "Archivos César", un conjunto de más de 55.000 imágenes filtradas por un desertor del régimen, de las cuales 28.707 corresponden a los cadáveres de 6.000 personas detenidas en

---

marzo de 2022, p.4. Disponible en: https://iiim.un.org/wp-content/uploads/2022/03/IIIM-Syria-Bulletin-7-ENG-March-2022-1.pdf

1358 IIIM: *Bulletin Issue n°7, op. cit.*, p.4.

1359 HUMAN RIGHTS WATCH: "These crimes we are fleeing…", *op. cit.*, p.32.

1360 El primero fue el de Mouhannad D., individuo afiliado a una facción del Ejército Sirio Libre, que fue condenado en 2016 a 8 años de prisión el crimen de guerra de tortura y otros cargos. TRIAL INTERNATIONAL: "Mouhannad Droubi", 8 de mayo de 2016. Disponible en: https://trialinternational.org/latest-post/mouhannad-droubi/ (Consultado: 20 de marzo de 2023).

1361 EUROJUST y GENOCIDE NETWORK: *Overview of national jurisprudence, op. cit.*

1362 BERNABEU, A.: "La querella siria ante la Audiencia Nacional de España", *Teoría y Derecho: Revista de pensamiento jurídico*, Tirant Lo Blanch, Valencia, n°21, junio 2017, pp.213-214.

las prisiones de todo el país árabe[1363]. Sin embargo, en julio de ese año se archivó el caso[1364].

El grueso de los casos planteados ante los tribunales nacionales europeos corresponde a procesos abiertos contra ex miembros de grupos armados no estatales, muy especialmente de individuos vinculados con grupos terroristas como el Dáesh, aunque no de forma exclusiva[1365], situados en posiciones de rango bajo o medio en las estructuras de estas entidades. Los tribunales han afirmado su competencia sobre todo en la personalidad pasiva[1366] y en el principio de jurisdicción universal. Los resultados no revelan una estrategia coordinada de lucha contra la impunidad de los máximos responsables, sino más bien una reacción judicial basada en la presencia de los sospechosos en suelo europeo[1367].

A partir del año 2020 se consolida un cambio de tendencia en la persecución de los crímenes internacionales perpetrados

---

1363 Ibidem, p.214.

1364 EFE: "La Audiencia Nacional tumba la querella contra el régimen sirio por falta de jurisdicción", *Diario Público,* 21 de julio de 2017. Disponible en: http://www.publico.es/espana/audiencia-nacional-tumba-querella-regimen-sirio-falta-jurisdiccion.html (Consultado: 7 de agosto de 2022).

1365 También se ha investigado y perseguido otros grupos armados como diversas facciones del Ejército Sirio Libre e, incluso, contra empresas transnacionales como la causa abierta en Francia contra la compañía Lafarge por complicidad con los crímenes contra la humanidad perpetrados por el Dáesh en Siria. BJURSTRÖM, L.: "Lafarge and The Judicial Twists and Turns of Corporate Liability in France", *justiceinfo.net,* 5 de julio de 2022. Disponible en: https://www.justiceinfo.net/en/103141-lafarge-judicial-twists-and-turns-corporate-liability-france.html (Consultado: 7 de agosto de 2022).

1366 ELLIOTT, I.: "'A Meaningful Step towards Accountability'? A View from the Field on the United Nations International, Impartial and Independent Mechanism for Syria", *Journal of International Criminal Justice,* vol.15, nº2, 2017, p.246.

1367 KALECK, W. y KROKER, P.: "Syrian Torture Investigations in Germany…", *op. cit.,* p.174.

en Siria. Esta prometedora etapa se caracteriza por el aumento de procesos penales dirigidos contra individuos directamente vinculados con el gobierno sirio. La modificación de la tendencia venía gestándose en los años previos, cuando diferentes países abrieron investigaciones contra altos cargos del gobierno sirio y se dictaron algunas órdenes de arresto internacional[1368]. Destacadamente, a principios de 2022, el Tribunal Regional Superior de Coblenza, en Alemania, condenó a Anwar Raslan, antiguo jefe de una unidad de la Sección 251 de la Dirección General de Seguridad, por los crímenes contra la humanidad de tortura, asesinato, detención ilegal, violación y otras formas de violencia sexual en un centro de detención cerca de Damasco[1369]. El mismo tribunal sentenció a su colaborador Eyad Al-Gharib por

---

1368 En junio de 2018, las autoridades judiciales alemanas emitieron una orden de arresto internacional contra Jamil Hassan, el jefe del Servicio de Inteligencia de las Fuerzas Aéreas. Ese mismo año comenzaron en Austria investigaciones contra otros altos funcionarios de los servicios de inteligencia sirios, entre ellos Ali Mamluk, el jefe del Servicio de Seguridad sirio. A estos esfuerzos se han sumado también las querellas presentadas en Noruega y Suecia en 2019 por víctimas de las torturas sistemáticas. Francia también dictó órdenes de la misma naturaleza contra diversos altos cargos del régimen, entre ellos, Ali Mamluk, jefe de la Oficina de Seguridad Nacional y encargado de dirigir la represión contra la población. Otros cargos y agentes del gobierno sirio están siendo o han sido investigados y juzgados en más países de la Unión Europea. Véase EUROPEAN CENTER FOR CONSTITUTIONAL AND HUMAN RIGHTS: "Dossier: Human Rights Violations in Syria: Torture under Assad", marzo de 2021. Disponible: https://www.ecchr.eu/fileadmin/Sondernewsletter_Dossiers/Dossier_Syria_2021March.pdf; SALAHI, R.: "The road to justice for Syria goes through Europe", *Middle East Institute,* 14 julio 2020. Disponible en: https://www.mei.edu/publications/road-justice-syria-goes-through-europe (Consultado: 21 de julio de 2024).

1369 TRIAL INTERNATIONAL: "Anwar Raslan and Eyad Al-Gharib", 4 de abril de 2022. Disponible en: https://trialinternational.org/latest-post/anwar-raslan-and-eyad-al-gharib/ (Consultado: 21 de julio de 2024).

complicidad en esos crímenes contra la humanidad en 2021[1370]. Poco después del veredicto del caso de Anwar Raslan comenzó el juicio en el Tribunal Regional Superior de Frankfurt contra Alaa Moussa, médico del Servicio de Inteligencia Militar en un centro de detención en Homs, acusado de torturar a sus pacientes[1371]. En 2023, en Francia, los juzgados de París autorizaron el juicio a tres altos cargos del aparato represivo del gobierno de Siria –Ali Mamluk, Jamil Hassan y Abdel Salam Mahmoud– por crímenes contra la humanidad y crímenes de guerra por la detención, desaparición y muerte de dos ciudadanos sirio-franceses[1372]. El caso más destacado fue la orden de arresto dictada por un tribunal francés contra el presidente sirio Bashar al-Asad por los ataques con armas químicas en Guta oriental[1373].

Asimismo, hubo un aumento de casos relacionados con los crímenes del Dáesh en Siria e Irak, debido a que el califato había sido derrotado militarmente en 2019 y muchos combatientes huyeron de la zona de guerra o regresaban a sus países de origen. Alemania volvió a ser el país con un mayor índice de procesos penales[1374]. En noviembre de 2021, el Tribunal

---

[1370] Ibidem.

[1371] TRIAL INTERNATIONAL: "Alaa M.", 4 de abril de 2022. Disponible en: https://trialinternational.org/latest-post/alaa-m/ (Consultado: 3 de enero de 2023).

[1372] FIDH: "Syria/Dabbagh case - French justice orders the trial of Ali Mamlouk, Jamil Hassan and Abdel Salam Mahmoud", 4 de abril de 2023. Disponible en: https://www.fidh.org/en/region/north-africa-middle-east/syria/syria-dabbagh-case-french-justice-orders-the-trial-of-ali-mamlouk (Consultado: 1 de julio de 2024).

[1373] AL JAZEERA: "French court upholds arrest warrant for Syria's Bashar al-Assad", 26 de junio de 2024. Disponible en: https://www.aljazeera.com/news/2024/6/26/french-court-upholds-arrest-warrant-for-syrias-bashar-al-assad (Consultado: 1 de julio de 2024).

[1374] Vid. EUROJUST y GENOCIDE NETWORK: *Overview of national jurisprudence, op. cit.* También, IIIM: *Bulletin Issue n°7, op. cit.*, p.4.

Superior Regional del Frankfurt condenó en aplicación de la jurisdicción universal a un ciudadano iraquí por genocidio, crímenes contra la humanidad y crímenes de guerra perpetrados contra una mujer yazidí y su hija[1375]. La esposa del acusado, de nacionalidad alemana, también fue condenada por crímenes contra la humanidad por su implicación en la muerte de la hija de la mujer yazidí[1376]. Suecia también ha condenado a varios individuos integrantes del Dáesh de diferentes nacionalidades, incluida la sueca[1377]. En enero de 2023, el Tribunal de Distrito de Solna sentenció a dos ciudadanos suecos relacionados con el traslado de niñas a zonas de guerra, matrimonios forzados y violación en el territorio controlado por el Dáesh en Siria[1378]. Asimismo, Países Bajos ha enjuiciado miembros del Dáesh por crímenes de guerra[1379]. En Bélgica inició un proceso contra un miembro del Dáesh acusado de la ejecución de civiles en la ciudad histórica de Palmira en 2015[1380].

Al hilo de todo lo anterior debemos hacer dos observaciones. Primero, si bien la tendencia al alza de los procesos penales

---

1375 OMTZIGT, P.: "Addressing the issue of Daesh foreign fighters…", *op. cit.*, pár.47.

1376 Idem.

1377 En 2022, una mujer sueca fue condenada a seis años de prisión por el crimen de guerra de alistar a su hijo menor a las fuerzas armadas del Dáesh. El menor falleció con 16 años en Raqqa. OMTZIGT, P.: "Addressing the issue of Daesh foreign fighters…", *op. cit.*, pár.49.

1378 IIIM: *Informe del Mecanismo Internacional, Imparcial e Independiente para Ayudar en la Investigación y el Enjuiciamiento de los Responsables de los Delitos de Derecho Internacional Más Graves Cometidos en la República Árabe Siria desde Marzo de 2011,* (Noveno informe), 16 de febrero de 2023, A/77/751.

1379 OMTZIGT, P.: "Addressing the issue of Daesh foreign fighters…", *op. cit.*, párs.45-46.

1380 AFP: "Belgium Probes Refugee Status Of Syrian War Crimes Supect", *justiceinfo.net,* 28 de marzo de 2023. Disponible en: https://www.justiceinfo.net/en/114527-belgium-probes-refugee-status-of-syrian-war-crimes-supect.html (Consultado: 1 de julio de 2024).

relacionados con la criminalidad internacional derivada del conflicto armado de Siria, en particular aquellos que afectan al gobierno de Bashar al-Asad, es una noticia positiva, cabe señalar, por el contrario, que presenta un alcance limitado. La estrategia de rendición de cuentas en Siria no abarca, por el momento, a la totalidad de actores estatales y no estatales implicados en la comisión de crímenes de guerra. Un informe de la Comisión de Investigación sobre Siria sostiene que las fuerzas aéreas rusas habrían realizado ataques indiscriminados contra la población civil en Idlib[1381]. También parece haber indicios de que la Coalición Internacional para combatir el Dáesh, en la que participan diversos Estados miembros de la Unión Europea, podrían haber cometido violaciones graves del DIH en los bombardeos para liberar la ciudad de Raqqa[1382]. Asimismo, el ACNUDH alertó sobre el alarmante patrón de violaciones de los derechos humanos y crímenes de guerra cometidos por las fuerzas turcas y sus grupos afiliados en las zonas ocupadas de Siria[1383]. Lo mismo ocurre con la implicación de empresas transnacionales en la comisión de crímenes internacionales y graves violaciones de los derechos humanos. Por ejemplo, la compañía de cementos francesa Lafarge fue acusada, entre otros cargos, de complicidad con los crímenes contra la humanidad perpetrados por el Dáesh en Siria[1384]. Ha-

---

[1381] COI: *Informe de la Comisión Internacional Independiente de Investigación sobre la República Árabe Siria,* de 28 de enero de 2020, A/HRC/43/57, párs.19-25.

[1382] AMNISTÍA INTERNACIONAL: "Siria: Raqqa en ruinas y la población civil devastada tras la "guerra de aniquilación" dirigida por Estados Unidos", 5 de junio de 2018. Disponible en: https://www.amnesty.org/es/latest/news/2018/06/syria-raqqa-in-ruins-and-civilians-devastated-after-us-led-war-of-annihilation/ (Consultado 3 de enero de 2023).

[1383] ACNUDH: "Syria: Violations and abuses rife in areas under Turkish-affiliated armed groups – Bachelet", *Oficina del ACNUDH,* 18 de septiembre de 2020. Disponible en: https://www.ohchr.org/en/press-releases/2020/09/syria-violations-and-abuses-rife-areas-under-turkish-affiliated-armed-groups (Consultado 9 de agosto de 2022).

[1384] BJURSTRÖM, L.: "Lafarge and The Judicial Twists…", *op. cit.*

bría que añadir, lamentablemente, que los máximos responsables del gobierno de Siria permanecen en la impunidad. Así pues, la estrategia de rendición de cuentas en los tribunales nacionales debería incluir también los desmanes de estos actores de modo que la respuesta a los crímenes internacionales sea integral.

La segunda observación tiene que ver específicamente con el enjuiciamiento de los crímenes del Dáesh en los tribunales nacionales. Los avances en este ámbito son verdaderamente positivos, aunque todavía esté fuera la persecución de la destrucción de bienes culturales. Hay, en la actualidad, algunas jurisdicciones, en especial Alemania y Suecia, bien posicionadas para reprimir la criminalidad internacional del Dáesh. Hay al menos dos razones de carácter técnico que explican esta situación. Por un lado, el marco normativo de estos Estados integra el principio de jurisdicción universal de forma más amplia, sin exigir un vínculo de conexión nacional entre el Estado y el crimen[1385]. Este hecho se ve beneficiado por la incorporación en su legislación penal de los crímenes internacionales recogidos en el ECPI. El ordenamiento alemán, por ejemplo, incorporó en 2002 los de-

---

[1385] En Alemania no se exige la presencia del sospechoso en el territorio para comenzar una investigación. Sin embargo, la fiscalía posee un amplio poder discrecional para seleccionar los casos que decide investigar. En la práctica, otros países incorporan algunas limitaciones al ejercicio de la jurisdicción universal, como la presencia o residencia del sospechoso en el territorio, la condición de doble criminalidad o una decisión del Ministerio Fiscal. Estas circunstancias pueden llegar a impedir su activación. EUROJUST y GENOCIDE NETWORK: *Key factors for successful investigations and prosecutions of core international crimes*, 23 de mayo de 2022, pp.1-2. Disponible en: https://www.eurojust.europa.eu/publication/key-factors-successful-investigations-and-prosecutions-core-international-crimes (Consultado 20 de marzo de 2023). En el caso de Alemania, vid. OPEN SOCIETY y TRIAL INTERNATIONAL: *Universal Jurisdiction Law and Practice in Germany*, marzo de 2019. Disponible en: https://www.justiceinitiative.org/publications/universal-jurisdiction-law-and-practice-germany.

litos en el Código de Crímenes contra el Derecho Internacional (*Völkerstrafgesetzbuch*)[1386]. En consecuencia, los crímenes de destrucción de bienes culturales están tipificados[1387]. Cabe señalar, además, que la normativa prevé el empleo de la técnica de la investigación estructural, que permite a las autoridades estatales recopilar información y pruebas sobre los aspectos generales y contextuales de la situación antes de que se haya identificado a un sospechoso[1388]. Y, una vez iniciado el proceso, un marco normativo adecuado que facilita la imputación de los crímenes internacionales en adición a los delitos relacionados con el terrorismo, de modo que así se capture mejor la responsabilidad de los autores y la gravedad de los hechos[1389]. Por otro lado, las jurisdicciones poseen unidades especializadas en la persecución de crímenes internacionales, tanto en el ministerio fiscal como en las autoridades policiales o en otros departamentos del mi-

---

[1386] OPEN SOCIETY y TRIAL INTERNATIONAL: *Universal Jurisdiction Law, op. cit.*, p.4.

[1387] El Código de Crímenes contra el Derecho Internacional suprime la distinción entre conflictos armados internacionales e internos, empleando otros encabezamientos como los crímenes de guerra contra las propiedades y otros derechos, o bien los crímenes de guerra relacionados con métodos de guerra prohibidos. Así, la sección 9.1 tipifica la destrucción extensiva contraria al Derecho Internacional. La sección 11.1.2 del contempla como el crimen de guerra dirigir ataques contra bienes civiles protegidos por el DIH como los edificios dedicados a la religión, la educación, las artes, las ciencias, la beneficencia o los monumentos históricos, entre otros. *Code of Crimes against International Law (CCAIL)* of 26 June 2002 (Federal Law Gazette I, p. 2254), as last amended by Article 1 of the Act of 22 December 2016 (Federal Law Gazette I, p. 3150). Disponible en: https://www.gesetze-im-internet.de/englisch_vstgb/englisch_vstgb.html

[1388] EUROJUST y GENOCIDE NETWORK: *Key factors for successful investigations…, op. cit.*, p.2.

[1389] OMTZIGT, P.: "Addressing the issue of Daesh foreign fighters…", *op. cit.*, párs.59-60.

nisterio de justicia[1390]. La existencia de estas unidades posibilita un mejor desarrollo de los complejos procesos penales en el ámbito de los crímenes internacionales.

La combinación de estos elementos potencia la capacidad de los tribunales nacionales en materia de rendición de cuentas por graves delitos ocurridos en Siria, en particular los del Dáesh. La experiencia de los últimos años demuestra que no solo es factible articular una respuesta penal frente a estos crímenes, sino que es incluso conveniente mientras siga prevaleciendo el bloqueo en las instituciones internacionales. Siempre que no pueda activarse la competencia en base al principio de personalidad, activa y pasiva, debe recurrirse al principio de jurisdicción universal. Como señala el profesor Antoni Pigrau: "solamente el ejercicio de la jurisdicción universal por el mayor número de Estados posible, en los casos en que la CPI carece de jurisdicción, puede constituir una presión real contra la impunidad"[1391]. Así pues, la destrucción de bienes culturales perpetrada por el Dáesh en Siria puede y debería ser integrada en la estrategia de persecución de los crímenes internacionales. Más allá del marco normativo –que sin duda algunos países europeos poseen–, por supuesto, la lucha contra la impunidad requiere de una buena dosis de voluntad política. Los tribunales nacionales, incluso con el ejercicio de la jurisdicción universal, no solucionarán un problema de tal magnitud, pero, al menos, lanzarán el mensaje de que los responsables de los más graves crímenes de Derecho Internacional no tendrán refugio dondequiera que se escondan.

1390 EUROJUST y GENOCIDE NETWORK: *Key factors for successful investigations…, op. cit.,* p.3.

1391 PIGRAU SOLÉ, A.: "La jurisdicción universal: un instrumento imprescindible en la lucha contra la impunidad, también desde España", *Teoría y Derecho: Revista de pensamiento jurídico,* Tirant Lo Blanch, Valencia, nº21, junio 2017, p.89.

4. EL MECANISMO INTERNACIONAL IMPARCIAL E INDEPENDIENTE PARA SIRIA: UNA PIEZA CLAVE EN LA PERSECUCIÓN DE LOS CRÍMENES INTERNACIONALES

4.1. La naturaleza jurídica y las funciones del Mecanismo Internacional Imparcial e Independiente para Siria

El Consejo de Seguridad permaneció inaceptablemente paralizado frente a las flagrantes violaciones del DIH y de los derechos humanos que se estaban cometiendo en el conflicto armado de Siria. Este hecho no obstó a que otros órganos de Naciones Unidas trataran de actuar dentro de los límites de sus atribuciones y competencias. Por ejemplo, el Consejo de Derechos Humanos creó la Comisión de Investigación Internacional e Independiente sobre Siria para monitorear e investigar las presuntas violaciones de derechos humanos[1392]. Así pues, ante el bloqueo en el Consejo de Seguridad, la Asamblea General decidió crear el Mecanismo Internacional, Imparcial e Independiente para Siria (en adelante, el Mecanismo) mediante la Resolución 71/248, de 21 de diciembre de 2016, con el fin de contribuir a una estrategia de rendición de cuentas exhaustiva y eficaz[1393].

El proyecto estuvo liderado por Liechtenstein y Qatar, con el apoyo de un grupo de países, entre los cuales había seis Estados que en aquel entonces formaban parte del Consejo de Seguridad: Francia, España, Estados Unidos, Nueva Zelanda, Reino Unido y Ucrania. El representante de Liechtenstein destacó que el desacuer-

---

1392 Resolución S-17/1 del Consejo de Derechos Humanos, de 22 de agosto de 2011, A/HRC/S-17/1, pár.13.

1393 Según la Resolución 71/248, de 21 de diciembre de 2016, el nombre completo de este órgano es: Mecanismo Internacional, Imparcial e Independiente para Ayudar en la Investigación y el Enjuiciamiento de los Responsables de los Delitos de Derecho Internacional Más Graves Cometidos en la República Árabe Siria desde Marzo de 2011.

do de los miembros permanentes del Consejo de Seguridad había sido la principal causa de la inacción de la comunidad internacional frente a la situación en Siria[1394]. La resolución fue aprobada por 105 votos a favor, 15 en contra y 52 abstenciones[1395]. Rusia y Siria se opusieron ferozmente al establecimiento del Mecanismo[1396].

1394 ASAMBLEA GENERAL: *General Assembly official records, 71st session: 66th plenary meeting, Wednesday, 21 December 2016, New York*, 21 de diciembre de 2016, A/71/PV.66, pp.19-20.

1395 Ibid., pp.30-31.

1396 La Federación Rusa y la República Árabe de Siria aludieron a tres argumentos con tal de impedir la aprobación de la Resolución 71/248. En primer lugar, sostuvieron que la creación del Mecanismo suponía una intromisión ilegal en la soberanía de Siria en violación del artículo 2.7 de la CNU. Sin embargo, este razonamiento tiene que ser desechado porque el Mecanismo pretende asistir a los tribunales nacionales, regionales o internacionales en el ejercicio de una competencia que ya tienen para perseguir y castigar los crímenes de guerra, los crímenes contra la humanidad y el crimen de genocidio. Nada se opondría, tampoco, a que Siria ejerciera su competencia sobre los crímenes cometidos en su territorio. En segundo lugar, esgrimieron que la Asamblea General había vulnerado el límite del artículo 12 de la CNU, por el cual el Consejo de Seguridad esté desempeñando sus funciones con respecto a una controversia o situación, la Asamblea General no hará recomendación alguna, a no ser que lo solicite el Consejo de Seguridad. En este caso, no habría infracción, pues la práctica de la organización internacional permitiría a la Asamblea General formular recomendaciones, aun cuando la situación esté en la agenda del Consejo de Seguridad, mientras este último no esté simultánea y activamente considerando el asunto, y las acciones no contradigan al Consejo de Seguridad o este no las haya rechazado explícitamente. Y, en tercer lugar, argumentaron que la Asamblea General se había extralimitado en sus funciones al crear un órgano con unos poderes de fiscalía que no poseía. Sin embargo, el Mecanismo no tiene poderes de fiscalía, no formula acusaciones ni puede perseguir a nadie, sino que su mandato consiste en la preparación de los materiales y la asistencia para que sean otros agentes los que los utilicen en los procesos penales que tengan lugar ahora o en el futuro. Más detalles sobre los argumentos esgrimidos para oponerse

La Resolución 71/248 recordaba las múltiples ocasiones que tanto el Secretario General como el Alto Comisionado para los Derechos Humanos habían solicitado al Consejo de Seguridad que se remitiera la situación de Siria a la CPI. También destacaba la necesidad de una estrategia efectiva y exhaustiva de rendición de cuentas que asegurara el fin de la impunidad y que posibilitara un proceso de paz y reconciliación sostenible[1397]. Con estos objetivos en el horizonte, la Asamblea General decidió:

> "[...] establecer el Mecanismo [...] bajo los auspicios de las Naciones Unidas para cooperar estrechamente con la Comisión Internacional Independiente de Investigación sobre la República Árabe Siria con miras a recabar, consolidar, preservar y analizar las pruebas de violaciones del derecho internacional humanitario y de violaciones y abusos de los derechos humanos y a preparar los expedientes para facilitar y acelerar un proceso penal justo e independiente de conformidad con las normas del derecho internacional, en las cortes o los tribunales nacionales, regionales o internacionales que tengan o puedan tener jurisdicción en el futuro sobre esos delitos, de conformidad con el derecho internacional"[1398].

Su naturaleza se aleja de los modelos de justicia internacional penal de la última década del siglo XX y de los primeros años del siglo XXI, puesto que no era una nueva jurisdicción o tribunal, sino un órgano subsidiario con una naturaleza genuina de "cuasi-fiscalía"[1399], esto es, "una oficina que llev[a] a cabo una labor pre-

---

a la creación del Mecanismo en: WENAWESER, C. y COCKAYNE, J.: "Justice for Syria? The International, Impartial and Independent Mechanism and the Emergence of the UN General Assembly in the Realm of International Criminal Justice", *Journal of International Criminal Justice*, vol.15, nº2, 2017, pp.218-228.

1397 Resolución 71/248 de la Asamblea General, de 21 de diciembre de 2016, A/RES/71/248, párs.1 y 2.

1398 Ibid., pár. 4.

1399 ASAMBLEA GENERAL: *Aplicación de la resolución por la que se establece el Mecanismo Internacional, Imparcial e Independiente para Ayudar en la Investigación y el Enjuiciamiento de los Responsables de los Delitos de Derecho*

paratoria esencial –basada en las metodologías del derecho penal– para promover el proceso de justicia penal en las jurisdicciones correspondientes"[1400]. La referencia a las "jurisdicciones correspondientes" redirige tanto a los tribunales nacionales que puedan ejercer (y, de hecho, están ejerciendo) su competencia respecto de ciertos crímenes cometidos en Siria; como también a otros órganos ya existentes que pudieran adquirir competencia, como la CPI en el supuesto de una remisión tardía; así como a nuevos entes jurisdiccionales con competencia sobre los crímenes cometidos en el país árabe, como la eventual creación de un tribunal ad hoc para Siria.

La Asamblea General invistió al Mecanismo con el mandato de "presta[r] asistencia en la investigación y el enjuiciamiento de los delitos de derecho internacional más graves, en particular el crimen de genocidio, los crímenes de lesa humanidad y los crímenes de guerra, tal como se definen en las fuentes pertinentes del derecho internacional"[1401]. Ello se materializa en dos funciones principales expresadas en el párrafo 4 de la Resolución 71/248, a saber: por un lado, "recabar, consolidar, preservar y analizar las pruebas de violaciones del derecho internacional humanitario y de violaciones y abusos de los derechos humanos"; y, por otro lado, "preparar los expedientes para facilitar y acelerar un proceso penal justo e independiente de conformidad con las normas del derecho internacional, en las cortes o los tribunales nacionales, regionales o internacionales que tengan o puedan tener jurisdicción en el futuro sobre esos delitos".

Internacional Más Graves Cometidos en la República Árabe Siria desde Marzo de 2011, 19 de febrero de 2017, A/71/755, pár.32. IIIM: *Mecanismo Internacional, Imparcial e Independiente para Ayudar en la Investigación y el Enjuiciamiento de los Responsables de los Delitos de Derecho Internacional Más Graves Cometidos en la República Árabe Siria desde Marzo de 2011, (Primer informe)* 28 de febrero de 2018, A/72/764, pár.10.

1400 IIIM: *Mecanismo Internacional... (Primer informe), op. cit.*, pár.7.

1401 ASAMBLEA GENERAL: *Aplicación de la resolución por la que se establece el Mecanismo Internacional..., op. cit.*, pár.10.

La primera de las funciones del Mecanismo consiste en "recabar, consolidar, preservar y analizar las pruebas" de las graves violaciones cometidas en Siria desde marzo de 2011. A tal fin, el Mecanismo recopila todo tipo de materiales con el objetivo de "establecer la conexión entre las pruebas de los hechos delictivos y quienes sean responsables, directa o indirectamente, de esos presuntos delitos"[1402]. Los materiales son de muy variada naturaleza, tales como documentos, fotografías, vídeos, imágenes de satélite, declaraciones de víctimas y testigos y material de código abierto[1403]. La información procede de una amplia gama de agentes: Estados, las organizaciones internacionales y regionales, las entidades del sistema de Naciones Unidas, las organizaciones de la sociedad civil sirias e internacionales, e incluso de particulares[1404]. El Mecanismo ha recibido el material recopilado por la Organización para la Prohibición de Armas Químicas (en adelante, OPAQ)[1405]. Destacadamente, el Mecanismo se ha nutrido de la colaboración estrecha con la Comisión de Investigación para Siria, creada por el Consejo de Derechos Humanos el 22 de agosto de 2011 en virtud de la Resolución S-17/1[1406]. Con el paso de los años, el Mecanismo ha suscrito

---

[1402] Ibid., pár.13.

[1403] IIIM: *Informe del Mecanismo Internacional, Imparcial e Independiente para Ayudar en la Investigación y el Enjuiciamiento de los Responsables de los Delitos de Derecho Internacional Más Graves Cometidos en la República Árabe Siria desde Marzo de 2011, (Tercer informe)*, 13 de febrero de 2019, A/73/74, pár.10.

[1404] ASAMBLEA GENERAL: *Aplicación de la resolución por la que se establece el Mecanismo Internacional..., op. cit.*, pár.12.

[1405] IIIM: *Informe del Mecanismo Internacional, Imparcial e Independiente para Ayudar en la Investigación y el Enjuiciamiento de los Responsables de los Delitos de Derecho Internacional Más Graves Cometidos en la República Árabe Siria desde Marzo de 2011, (Sexto informe)*, 13 de agosto de 2020, A/75/311, pár.14.

[1406] La relación entre ambos entes es de complementariedad. Existen puntos de contacto en los ámbitos territorial, temporal y material entre la COI y el Mecanismo. Como señala el párrafo 13 de la Resolución S-17/1 del Consejo de Derechos Humanos, de 22 de agosto de 2011,

diversos acuerdos con organizaciones de la sociedad civil con el objetivo de obtener los materiales probatorios que poseen y recibir orientación para definir mejor una estrategia de rendición de cuentas más acorde con los intereses de las víctimas[1407].

La información recopilada se almacena y analiza sistemáticamente con vistas a convertirla en pruebas que puedan ser utilizadas fren-

---

la COI se ocupa de manera general de investigar las violaciones de derechos humanos, establecer los hechos que potencialmente puedan constituir crímenes internacionales e identificar, de ser posible, a los responsables de estas violaciones. En cambio, el Mecanismo recopila, preserva y analiza la información provista por otros, en particular por la Comisión de Investigación, en aras de preparar expedientes penales y facilitar los procesos penales contra los presuntos responsables. La obtención, el tratamiento y el análisis de la información, así como la adhesión estricta a normas, garantías y estándares del derecho penal internacional por parte del Mecanismo marcan las diferencias con la Comisión de Investigación. ASAMBLEA GENERAL: *Aplicación de la resolución por la que se establece el Mecanismo Internacional..., op. cit.*, pár.30. En marzo de 2018, ambos entes suscribieron un acuerdo de colaboración por el que el Mecanismo obtenía acceso a todos los materiales de la Comisión de Investigación. IIIM: *Informe del Mecanismo Internacional, Imparcial e Independiente para Ayudar en la Investigación y el Enjuiciamiento de los Responsables de los Delitos de Derecho Internacional Más Graves Cometidos en la República Árabe Siria desde Marzo de 2011, (Segundo informe)*, 3 de agosto de 2018, A/73/295, pár. 42.

1407 En abril de 2018, el Mecanismo y veintiocho organizaciones sirias firmaron en Lausana, Suiza, un protocolo de colaboración en el que se fijaban un conjunto de principios generales para proporcionar un marco de cooperación para otras organizaciones quieran colaborar con el Mecanismo en el futuro. A fecha de escribir estas líneas, el número de acuerdos de cooperación asciende a 94, incluyendo organizaciones de la sociedad civil siria. IIIM: *Bulletin Issue nº11*, abril de 2024. Disponible en: https://iiim.un.org/wp-content/uploads/2024/05/IIIM-Bulletin-11-EN-new-map.pdf (Consultado 1 de julio de 2024). El Protocolo de Lausana, así como más información sobre los principios de colaboración, están disponibles en: https://iiim.un.org/who-we-work-with/syrian-civil-society/ (Consultado 1 de julio de 2024).

te a un tribunal competente. Esto obliga a realizar un esfuerzo por cotejar los datos, purgar el material repetido, clasificar y organizar la información de forma sencilla y accesible para las jurisdicciones que la soliciten[1408]. Por eso, el Mecanismo realiza sus actividades de recopilación, consolidación, preservación y análisis según estrictos estándares internacionales en materia de derecho procesal penal con "el fin de aumentar al máximo las posibilidades de que sean admisibles en futuras actuaciones judiciales"[1409].

El Mecanismo parte de la idea de que la duración y la complejidad del conflicto armado sirio requieren una comprensión amplia del contexto en el que se producen los crímenes y los factores que influyen en su comisión. Ello supone el desarrollo de un marco analítico para orientar sus actividades de investigación. Este marco lo proporciona la investigación estructural en la que trabaja el Mecanismo, la cual opera como técnica de investigación que consiste en la recopilación y el análisis de la información y las pruebas con el objetivo de identificar los patrones delictivos generales, las estructuras de poder que sostienen las partes del conflicto, los principales actores y su posición dentro de esas estructuras o su conexión con ellas, la relación entre los hechos delictivos y los presuntos autores, así como otros elementos contextuales[1410]. Al final, toda la información y las pruebas recopiladas y analizadas en el curso de la investigación estructural revierten en un desempeño más eficaz de su labor asistencial a las jurisdicciones competentes.

Precisamente, la segunda de las funciones principales del Mecanismo consiste en "preparar los expedientes para facilitar y acelerar un proceso penal justo e independiente [...] en las cortes o los tribunales nacionales, regionales o internacionales que tengan

---

1408 ONU: *Mecanismo Internacional, Imparcial e Independiente... (Tercer informe), op. cit.*, pár.17

1409 ASAMBLEA GENERAL: *Aplicación de la resolución por la que se establece el Mecanismo Internacional..., op. cit.*, pár.17.

1410 IIIM: *Informe del Mecanismo... (Segundo informe), op. cit.*, pár.8 y ss.

o puedan tener jurisdicción en el futuro sobre esos delitos"[1411]. Así pues, sobre la base de las pruebas recopiladas y analizadas, el Mecanismo procede de expedientes centrados en la conducta delictiva de los máximos responsables de los delitos con independencia de su cargo y de su pertenencia a una u otra facción[1412]. En virtud de los principios de independencia e imparcialidad, que informan toda su actuación, el Mecanismo no aplica ningún sesgo a favor o en contra de ningún estado, grupo o individuo. Por lo tanto, estos principios también garantizan que en el ejercicio de sus funciones no adopte las conclusiones de sus proveedores de información, sino que analiza y extrae sus propias conclusiones, y actúa de forma independiente en la selección de los casos, en la preparación de expedientes y en cualquier otra labor sustantiva[1413].

Dentro de la investigación estructural, que permite que el enfoque coherente y eficaz de los expedientes, el Mecanismo trabaja en líneas de investigación, que configuran un conjunto de módulos probatorios para preparar los expedientes penales específicos, y que sirven a las jurisdicciones competentes para enjuiciar un determinado caso cuando llegue el momento. El Mecanismo tiene abiertas tres líneas de investigación: una, sobre ataques ilícitos contra civiles y bienes de carácter civil; otra, sobre crímenes relacionados con las detenciones; y, por último, una línea relativa a los delitos cometidos por personas asociadas con el grupo armado Dáesh[1414]. El Mecanismo prevé, además, una atención específica a

---

[1411] Resolución 71/248 de la Asamblea General, de 21 de diciembre de 2016, A/RES/71/248, pár.4.

[1412] Los expedientes incluirán tanto pruebas inculpatorias como exculpatorias. ASAMBLEA GENERAL: *Aplicación de la resolución por la que se establece el Mecanismo Internacional...*, *op. cit.*, pár.19.

[1413] IIIM: *Mecanismo Internacional... (Primer informe), op. cit.*, párs. 14-15.

[1414] IIIM: *Informe del Mecanismo Internacional, Imparcial e Independiente para Ayudar en la Investigación y el Enjuiciamiento de los Responsables de los Delitos de Derecho Internacional Más Graves Cometidos en la República Árabe Siria desde Marzo de 2011, (Noveno informe),* 16 de febrero de 2023, A/77/751, pár.19.

crímenes que tradicionalmente han sido ignorados o insuficientemente documentados tales como los delitos sexuales y por razón de género, los delitos contra la infancia y la juventud[1415].

Los expedientes penales se abren cuando el Mecanismo determina que existe una hipótesis viable para sostener un caso a la vista de las pruebas analizadas en el marco de su investigación estructural, o bien cuando presta asistencia a una jurisdicción que esté conociendo de un asunto concreto[1416]. Esta segunda opción está ligada a la prestación de asistencia a las jurisdicciones con competencia sobre los crímenes internacionales cometidos en Siria.

En atención a su mandato, el Mecanismo puede compartir información, pruebas o productos analíticos que obran en su poder bien a petición de las cortes o tribunales nacionales, regionales o internacionales, mediante el envío de solicitudes de asistencia (*requests of assistance*), o bien por iniciativa propia, siempre y cuando estos foros respeten las normas internacionales y los derechos humanos, incluidas las garantías procesales, y no prevean la pena de muerte para los delitos sobre los que se solicite la información[1417]. Si se cumplen los requisitos, se procede a transmitir los materiales. A medida que el Mecanismo ha desplegado sus actividades, el número de solicitudes de asistencia ha escalado hasta las 344 solicitudes de 16 jurisdicciones[1418].

1415 Ibid., pár.20.

1416 IIIM: *Informe del Mecanismo Internacional, Imparcial e Independiente para Ayudar en la Investigación y el Enjuiciamiento de los Responsables de los Delitos de Derecho Internacional Más Graves Cometidos en la República Árabe Siria desde Marzo de 2011, (Cuarto informe)*, 22 de agosto de 2019, A/74/313, párs.32-33.

1417 ASAMBLEA GENERAL: *Aplicación de la resolución por la que se establece el Mecanismo Internacional..., op. cit.*, párs.20-21.

1418 Los datos corresponden al informe más reciente publicado hasta julio de 2024. Vid. IIIM: *International, Impartial and Independent Mechanism to Assist in the Investigation and Prosecution of Persons Responsible for the*

El Mecanismo tiene a su disposición un aparato profesional y administrativo especializado para el cumplimiento de su mandato y opera desde el Palacio de las Naciones en Ginebra[1419]. El equipo directivo está compuesto por un Jefe del Mecanismo, seguido por una Jefa Adjunta, ambos con una amplia experiencia en el campo del derecho internacional penal[1420].

Con estas condiciones, el Mecanismo está en disposición de contribuir eficazmente a la estrategia de rendición de cuentas para Siria. De hecho, sus efectos beneficiosos se han dejado sentir en el panorama de la lucha contra la impunidad de los graves crímenes de Derecho Internacional.

Most Serious Crimes under International Law Committed in the Syrian Arab Republic since March 2011, 14 de febrero de 2024, A/78/772, pár.34.

1419 Los trabajadores del Mecanismo están especializados en diversas áreas como el Derecho Internacional, el DIH, los derechos humanos, cuestiones forenses (en particular técnicas forenses digitales, medicina forense e imágenes forenses), protección de testigos y víctimas, delitos sexuales y por razón de género, derechos de los niños y delitos contra la infancia. Asimismo, dada la pluralidad de fuentes y el volumen de información, especialmente contenidos digitales, así como el tratamiento técnico que se requiere para analizarla y preservarla con el objetivo de que pueda constituir prueba ante las jurisdicciones pertinentes, el Mecanismo ha priorizado la contratación de expertos en técnicas de descubrimiento virtual (*e-Discovery*), ciberseguridad y tecnologías de la información. ASAMBLEA GENERAL: *Aplicación de la resolución por la que se establece el Mecanismo Internacional..., op. cit.,* pár.41.

1420 La primera Jefa del Mecanismo fue Catherine Marchi-Uhel, procedente de Francia, quien asumió sus funciones el 8 de agosto de 2017 hasta el 2 de mayo de 2024. El cargo de Jefe fue asumido por el canadiense Robert Petit. La Jefa Adjunta del Mecanismo es Michelle Jarvis, de Australia, quien asumió sus funciones en diciembre de 2017. Más información en: https://iiim.un.org/who-we-are/leadership/ (Consultado el 1 de julio de 2024).

4.2. Las contribuciones del Mecanismo a la rendición de cuentas para Siria

A medida que el Mecanismo fue desplegando sus actividades, su trascendencia en la estrategia de rendición de cuentas ha ido aumentando y, previsiblemente, así seguirá haciéndolo. Las jurisdicciones que ejercen su competencia sobre los crímenes cometidos en Siria buscan cada vez con mayor frecuencia el apoyo y la asistencia del Mecanismo para llevar a cabo los procesos penales. Esto, a su vez, establece sinergias entre las jurisdicciones nacionales de terceros Estados –ya hemos visto que principalmente los países europeos–, que están cargando con el mayor peso de la lucha contra la impunidad en Siria, y el Mecanismo. El incremento de solicitudes de asistencia hasta las 344 refleja este impulso[1421].

Los beneficios de esta colaboración se observan en los pronunciamientos de diferentes autoridades estatales. Entre 2021 y 2022, el Tribunal Regional Superior de Coblenza, en Alemania, sentenció por crímenes contra la humanidad cometidos en prisiones del régimen de Al-Asad a los ciudadanos sirios Anwar Raslan y Eyad Al-Gharib[1422]. La Fiscalía Federal alemana reconoció públicamente el apoyo eficaz que había recibido del Mecanismo en la compartición de pruebas en este caso concreto y en otros[1423]. Países Bajos y Canadá anunciaron en un comunicado conjunto que versaba sobre la cooperación entre ambos Estados para exigir responsabilidades penales por los crímenes internacionales cometidos en Siria su apoyo al Mecanismo y la posibilidad de solicitar

---

1421 IIIM: *International, Impartial and Independent Mechanism... A/78/772, op. cit.*, pár.34.

1422 Vid. supra capítulo VI.

1423 IIIM: *Informe del Mecanismo Internacional, Imparcial e Independiente para Ayudar en la Investigación y el Enjuiciamiento de los Responsables de los Delitos de Derecho Internacional Más Graves Cometidos en la República Árabe Siria desde Marzo de 2011 (Octavo informe)*, 11 de febrero de 2022, A/76/690, pár.6.

su asistencia[1424]. A principios de 2022, las autoridades francesas y suecas señalaron que pedirían la asistencia del Mecanismo para apoyar los procesos penales que resulten del establecimiento de su Equipo Conjunto de Investigación (*Joint Investigation Team*) relativos a crímenes internacionales cometidos por combatientes terroristas extranjeros contra la población yazidí en Siria e Irak[1425]. En enero de 2023, el Tribunal de Distrito de Solna, en Suecia, condenó a dos individuos del Dáesh fundamentando su sentencia en los trabajos analíticos realizados por el Mecanismo[1426]. En Francia, el Mecanismo colabora estrechamente con diversos tribunales en procesos penales abiertos contra altos cargos del gobierno sirio, incluido el relativo a la orden de arresto internacional contra el presidente Bashar al-Asad[1427].

Al hilo de las actividades del Mecanismo pueden hacerse las siguientes observaciones. De una parte, los avances en materia de rendición de cuentas para Siria son notables, aunque todavía están lejos de la deseada exhaustividad en la exigencia de responsabilidades. De otra parte, las autoridades judiciales de los Estados perciben al Mecanismo como un ente confiable que atesora recursos probatorios útiles y de fácil acceso que agilizan los procesos penales. Los pronunciamientos públicos de órganos oficiales de los Estados corroboran esta afirmación. Además, el Mecanismo proclama su objetivo de ser reconocido por las víctimas y los su-

---

1424 GOBIERNO DE PAÍSES BAJOS: "The Netherlands and Canada take the next step towards justice in Syria", 12 de marzo de 2021. Disponible en: https://www.government.nl/latest/news/2021/03/12/justice-in-syria (Consultado: 1 de julio de 2024).

1425 EUROJUST: "Support to joint investigation team of Sweden and France targeting crimes against Yezidi victims in Syria and Iraq", 7 de enero de 2022. Disponible en: https://www.eurojust.europa.eu/news/support-joint-investigation-team-sweden-and-france-targeting-crimes-against-yezidi-victims (Consultado: 1 de julio de 2024).

1426 IIIM: *Informe del Mecanismo... (Noveno informe), op. cit.*, pár.22.

1427 IIIM: *Bulletin Issue n°11, op. cit.*, p.4 y 5.

pervivientes de los crímenes internacionales en Siria como una entidad crucial en los esfuerzos de rendición de cuentas[1428]. De lo anterior se desprende que el Mecanismo se ha posicionado como un ente relevante en la asistencia a las jurisdicciones competentes gracias a sus contribuciones en al menos tres aspectos. En primer lugar, el Mecanismo ha fortalecido la cooperación y colaboración entre diferentes agentes interesados en consolidar una estrategia de rendición de cuentas más coherente y eficaz. En segundo lugar, fruto de lo anterior, el Mecanismo se ha convertido en un archivo central y completo de pruebas e información clave para los procesos penales en curso. Y, en tercer lugar, el refuerzo de esa condición de repositorio de pruebas acrecienta las perspectivas de la rendición de cuentas en el futuro.

Primeramente, el Mecanismo se ha erigido como un interlocutor clave para una pluralidad de agentes interesados en la justicia en Siria, tanto nacionales como internacionales, públicos y privados. La cooperación fundamenta este éxito del Mecanismo. La Asamblea General exhortó en los párrafos 6 y 7 de la Resolución 71/248 a todos los Estados, a las partes en conflicto y a la sociedad civil, así como al sistema de Naciones Unidas en su conjunto, para que cooperaran con el Mecanismo en el cumplimiento de su mandato. El punto de partida era la asunción de que la rendición de cuentas es una responsabilidad que atañe a múltiples jurisdicciones y que exige la coordinación entre los agentes nacionales e internacionales[1429]. La cooperación no solo se circunscribe a la transferencia de información, documentación y pruebas que obran en poder de los actores implicados, sino que también abarca otras formas de asistencia

---

1428 IIIM: *IIIM Syria Strategic Plan 2023-2025*, 2023, p.11 y ss. Disponible en: https://iiim.un.org/wp-content/uploads/2023/02/IIIM-Strategic-Plan-2023-2025.pdf (Consultado: 1 de julio de 2024).

1429 IIIM: *Mecanismo Internacional... (Primer informe), op. cit.*, pár.12.

en materia de cooperación penal y judicial, como facilitar el acceso a las víctimas, los testigos o expertos[1430].

La cooperación se extiende también a las organizaciones de la sociedad civil, en particular de la sociedad civil siria, cuyo papel ha sido clave en el registro y preservación de buena parte de las pruebas, por lo que el Mecanismo depende de esta interacción[1431]. El fortalecimiento de estas relaciones se ha beneficiado de la inclusión del enfoque centrado en las víctimas entre los principios rectores con el fin de incorporar sus opiniones, intereses y expectativas en relación con la estrategia de rendición de cuentas[1432]. A la postre, este compromiso de tener en cuenta las comunidades afectadas refuerza su credibilidad como agente cohesionador de la estrategia de rendición de cuentas frente a los agentes implicados.

La segunda contribución del Mecanismo consiste en su consolidación como un archivo central y completo de pruebas. Desde finales de 2018, el Mecanismo está en condiciones de ejercer como repositorio central de todo el material disponible relacionado con los delitos cometidos en Siria[1433]. Esta empresa se ha visto interferida por dos razones. Por un lado, la negativa permanente del gobierno de Siria de conceder acceso a su territorio, hecho que ha dificultado el acceso a ciertos tipos

---

1430 WENAWESER, C. y COCKAYNE, J.: "Justice for Syria?...", *op. cit.*, p.215. El Mecanismo sigue insistiendo en la necesidad de que los Estados, organizaciones internacionales y del sistema Naciones Unidas en su conjunto, introduzcan cambios legislativos y aseguren la existencia de procedimientos eficientes y eficaces para facilitar el cumplimiento de su mandato. Vid. IIIM: *Informe del Mecanismo... (Noveno informe), op. cit.*, párs.53 y ss.

1431 ELLIOTT, I.: "'A Meaningful Step towards Accountability'?...", *op. cit.*, pp.251-252. El número de marcos de cooperación establecidos por el Mecanismo alcanza los 91, de los cuales más de la mitad correspondían a acuerdos con organizaciones de la sociedad civil. IIIM: *International, Impartial and Independent Mechanism... A/78/772, op. cit.*, pár.29.

1432 Ibid., párs.29 y ss.

1433 IIIM: *IIIM Syria Strategic Plan 2023-2025, op. cit.*, p.2.

de pruebas y materiales. Por otro lado, la creación del archivo central de pruebas se ha enfrentado al desafío de la gestión y tratamiento del inmenso volumen de información y datos[1434]. Para contrarrestar ambos contratiempos, el Mecanismo se centró en la adquisición y el uso de tecnologías de última generación y en tejer una extensa red de agentes informadores[1435].

La transformación del Mecanismo en un archivo central y completo de pruebas supone un avance de gran calado para la estrategia de rendición de cuentas en Siria, así como para las perspectivas de justicia internacional en general, por dos motivos. Primero, el Mecanismo concentra una amplia gama de información en diferentes soportes que permiten una mejor comprensión del contexto delictivo y, además, la organiza de forma que sean accesible y comprensible para las jurisdicciones que la soliciten. Estos materiales han sido recopilados, almacenados, conservados y analizados siguiendo rigurosos estándares del Derecho Internacional penal, de modo que poseen o mantienen una alta capacidad probatoria. En términos de eficacia, el Mecanismo centraliza en un único ente todas las solicitudes de información en lugar de dirigirlas a muchos, cada uno con sus procedimientos y restricciones[1436]. Segundo, el almacenamiento de pruebas en un único archivo

---

[1434] Según los datos que ofrece el Mecanismo, a finales de 2022 se habían realizado más de 2,3 millones de registros. ONU: *IIIM Syria Strategic Plan 2023-2025*, 2023, p.2. Disponible en: https://iiim.un.org/wp-content/uploads/2023/02/IIIM-Strategic-Plan-2023-2025.pdf. Con razón, la anterior Jefa del Mecanismo, la Sra. Catherine Marchi-Uhel, había anticipado que: "[T]here is probably more video footage than an individual could watch in a lifetime". ONU: "Head of International Mechanism on Syria Describes Progress Documenting Crimes Committed by Both Sides, as General Assembly Takes Up Report", 23 de abril de 2019. Disponible en: https://press.un.org/en/2019/ga12139.doc.htm (Consultado: 1 de julio de 2024).

[1435] IIIM: *Mecanismo Internacional... (Primer informe), op. cit.,* párs.70-72.

[1436] IIIM: *Mecanismo Internacional... (Cuarto informe), op. cit.,* pár.21.

central representa un interesante progreso en sí mismo porque proyecta sus efectos hacia el futuro, es decir, la preservación de las pruebas por parte del Mecanismo posibilita que estas puedan ser utilizadas con todas las garantías en los procesos penales que se celebren cuando las condiciones políticas mejoren[1437].

La tercera contribución del Mecanismo a la estrategia de rendición de cuentas es el mensaje inequívoco que lanza a los perpetradores. La conservación de las pruebas, recopiladas y analizadas estrictamente, mantiene abierta la puerta a la exigencia de responsabilidades penales en los tribunales que tengan o puedan tener jurisdicción sobre los crímenes internacionales cometidos en Siria. Si bien es cierto que el surgimiento del Mecanismo no parece haber generado un efecto disuasorio en el comportamiento de las partes en el conflicto armado, también lo es que, al asegurar la posibilidad de la rendición de cuentas, aunque los procesos penales se produzcan en un futuro más o menos lejano, esto permitirá construir una paz más duradera en el país árabe[1438].

El establecimiento del Mecanismo inauguró una nueva tendencia, que refuerza el papel de la Asamblea General en materia de rendición de cuentas, y en la que se sustituye la creación de nuevas jurisdicciones por la confección de órganos especializados con mandatos precisos de asistencia y cooperación con múltiples jurisdicciones[1439]. Una prueba del éxito de este tipo de organismos como el Mecanismo para Siria fue la creación del Mecanismo de Investigación Independiente para Myanmar, establecido por el Con-

---

[1437] WHITING, A.: "An Investigation Mechanism for Syria: The General Assembly Steps into the Breach", *Journal of International Criminal Justice*, Vol. 15, nº 2, 2017, p.236.

[1438] WENAWESER, C. y COCKAYNE, J.: "Justice for Syria?...", *op. cit.*, p.229.

[1439] BURGIS-KASTHALA, M.: "Assembling Atrocity Archives for Syria. Assessing the Work of the CIJA and the IIIM", *Journal of International Criminal Justice*, vol.19, nº5, 2021, p.1199-1200.

sejo de Derechos Humanos mediante la Resolución 39/2, de 27 de septiembre de 2018, con un diseño y atribuciones casi idénticas[1440].

Dentro de estos parámetros, el Mecanismo puede desarrollar un papel muy relevante en cuanto a la persecución de los crímenes de destrucción de bienes culturales cometida por los miembros del Dáesh. Concurren diferentes elementos para sostener esta afirmación. En primer lugar, el Mecanismo realiza sus funciones en relación con los delitos perpetrados por todas las partes en conflicto, de conformidad con el principio de imparcialidad, de modo que esto incluye los crímenes del Dáesh. Asimismo, tiene abierta una línea de investigación específica sobre los delitos cometidos por personas asociadas al Dáesh[1441]. En segundo lugar, el propósito del Mecanismo es contribuir a la rendición de cuentas en el plano penal, pero asumiendo que es uno de los elementos de un enfoque más amplio de la justicia transicional[1442]. En este sentido, la Relatora Especial sobre los derechos culturales aconsejaba incluir los actos de destrucción deliberada del patrimonio cultural en los procesos de justicia de transición, consolidación de la paz, procesos de la verdad

---

1440 De acuerdo con el documento fundacional, el mandato del Mecanismo para Myanmar consiste en: "reunir, consolidar, preservar y analizar las pruebas de los delitos internacionales y las violaciones del derecho internacional más graves cometidos en Myanmar desde 2011, y preparar expedientes para facilitar y acelerar actuaciones penales justas e independientes, de conformidad con las normas del derecho internacional, en cortes o tribunales nacionales, regionales o internacionales que sean competentes para juzgar esos delitos, o puedan serlo en el futuro, de conformidad con el derecho internacional". Resolución 39/2 del Consejo de Derechos Humanos, de 27 de septiembre de 2018, UN Doc. A/HRC/RES/39/2, pár.22. Más información sobre este órgano en: https://iimm.un.org (Consultado: 1 de julio de 2024).

1441 IIIM: *International, Impartial and Independent Mechanism... A/78/772, op. cit.*, pár.27.

1442 ASAMBLEA GENERAL: *Aplicación de la resolución por la que se establece el Mecanismo Internacional..., op. cit.*, pár.8.

y la reconciliación[1443]. En tercer lugar, como en cualquier proceso de violencia masiva, el enjuiciamiento de todos los responsables o la persecución de todos los delitos no es posible. A ello se añade el hecho de que el Mecanismo cuenta con recursos limitados. Por esta razón, posee cierta discrecionalidad en la selección de los casos, aunque se guía por una serie de criterios, entre ellos, la gravedad, la representación de crímenes cometidos por todas las partes, la representación equilibrada de categorías de víctimas o los delitos que contribuyen a perpetuar los conflictos y dificultan la reconciliación[1444]. En esta última categoría se situarían los crímenes de destrucción de bienes culturales. La devastación de los elementos tangibles del patrimonio cultural atenta contra la identidad de las comunidades y dificulta la reconciliación posconflicto. Consciente de esta situación, el Consejo de Seguridad adoptó la Resolución 2347 (2017), de 24 de marzo, en la que abordaba el problema de la destrucción intencional y el tráfico ilícito de bienes culturales como una amenaza a la paz y a la seguridad internacionales[1445]. La Resolución 2347 (2017) ponía de relieve que:

> "la destrucción ilícita del patrimonio cultural, así como el saqueo y el contrabando de bienes culturales en caso de conflicto armado, en particular por parte de grupos terroristas, y el intento

---

1443 ASAMBLEA GENERAL: *Informe de la Relatora Especial sobre los derechos culturales, op. cit.*, párs. 57 y 78.f.

1444 IIIM: *Mecanismo Internacional... (Primer informe), op. cit.*, pár.49.

1445 Un análisis en profundidad de la Resolución 2347 (2017), de 24 de marzo, en HAUSLER, K.: "Cultural heritage and the Security Council: Why Resolution 2347 matters", *Questions of International Law*, vol.48, 2018, pp.5-19. Sobre la destrucción intencional de bienes culturales como una amenaza a la paz y a la seguridad internacionales, vid. LENZERINI, F.: "Intentional destruction of cultural heritage", *op. cit.*, pp.92-94. También en ORTIZ HERNÁNDEZ, E.: "El estado islámico y el patrimonio cultural: ¿hacia un enfoque holístico de la protección internacional?", dentro de GUTIÉRREZ ESPADA, C. y CERVELL HORTAL, M.J. (Dirs.): *El Estado Islámico (Daesh). ¿Aprenderemos la lección?*, Tirant Lo Blanch, València, 2018, pp.372-376.

> de negar raíces históricas y diversidad cultural en este contexto pueden alimentar y exacerbar los conflictos y obstaculizar la reconciliación nacional después de los conflictos, socavando así la seguridad, la estabilidad, la gobernanza y el desarrollo social, económico y cultural de los Estados afectados".

El texto también condena los actos de destrucción; recuerda que el tráfico ilícito supone una fuente de financiación de estos grupos terroristas; reafirma que los ataques contra los bienes culturales constituyen crímenes de guerra que deben ser perseguidos y castigados; y, entre otros aspectos, recuerda las obligaciones de los Estados miembros en relación con la protección del patrimonio y la lucha contra el comercio ilegal de bienes culturales. Por todas estas razones, la asistencia del Mecanismo puede contribuir de forma muy relevante a la investigación y represión en las jurisdicciones nacionales de terceros Estados de los actos de destrucción de bienes culturales perpetrados por el Dáesh. Por el momento, no ha habido ningún caso de este tipo que haya trascendido, pero, si fuera el caso, el Mecanismo estaría en condiciones de prestar asistencia a la jurisdicción competente.

En definitiva, el Mecanismo Internacional, Imparcial e Independiente constituye un organismo fundamental para que la estrategia de rendición de cuentas en la República Árabe de Siria tenga carácter integral. La cooperación promovida por el Mecanismo entre una pluralidad de entidades de distinta naturaleza lo ha encumbrado como agente clave en la recopilación de información y pruebas, convirtiéndose en un verdadero archivo central y completo de pruebas. En consecuencia, el Mecanismo ha devenido en un instrumento de gran utilidad para las jurisdicciones nacionales que ejerzan su competencia sobre los crímenes internacionales en Siria, en particular los del Dáesh. Gracias a su mandato y funciones, y a la vista del éxito que está cosechando el Mecanismo, puede apuntarse que la represión penal de la destrucción de bienes culturales podría, por lo tanto, ser impulsada en los tribunales nacionales de terceros Estados de la misma manera que lo puedan ser otros crímenes internacionales.

Conclusiones

Este estudio pretende determinar si la destrucción de bienes culturales cometida por los miembros del Dáesh en el conflicto armado de Siria constituye una violación grave del Derecho Internacional susceptible de represión penal. Por esta razón, también se desgranan las vías disponibles para la persecución de este crimen internacional a la luz de la normativa y del contexto político con el fin de perfilar una estrategia de rendición de cuentas factible.

La destrucción de bienes es un hecho inherente a la guerra. Sin embargo, los ataques contra los bienes culturales han cobrado una especial virulencia en el conflicto armado de la República Árabe de Siria. Este fenómeno perjudica gravemente a las comunidades locales y al país árabe, cuyas identidades e historia se ven menoscabadas por estos ataques. Asimismo, el daño deliberado a los bienes culturales supone un menoscabo al patrimonio cultural de toda la humanidad y, por lo tanto, ofende también a la propia comunidad internacional. Los efectos de la devastación se prolongan en el tiempo y se proyectan en el ámbito del posconflicto. La guerra de Siria parece haber entrado en una fase final, de modo que la impunidad no puede ser jamás una opción. Por esta razón, el análisis del caso del Dáesh puede servir para reforzar las perspectivas de justicia por los crímenes internacionales cometidos.

A lo largo de tres partes, esta investigación ha analizado, en primer lugar, la evolución histórica de la protección internacional de los bienes culturales. En segundo lugar, la configuración jurídica internacional del crimen de guerra de destrucción de bienes culturales con especial referencia al ECPI. Y, en tercer lugar, la destrucción de bienes culturales cometida por los miembros del Dáesh en Siria y las diferentes vías de persecución que ofrece el Derecho Internacional. Así pues, como resultado del presente estudio, se presentan las siguientes conclusiones:

1. La protección de los bienes culturales se ha consolidado en el Derecho Internacional de forma reciente. La evolución histórica muestra un aumento de la preocupación por la preservación de los objetos culturales tanto en los conflictos armados, situaciones en las que su deterioro se produce con más intensidad, como en tiempos de paz. Esta dicotomía ha dado lugar a un marco jurídico caracterizado por la fragmentación de las normas en múltiples instrumentos de DIH y de Derecho Internacional de los derechos humanos. En consecuencia, la delimitación legal de los bienes culturales difiere en función de los instrumentos. Con todo, los principales tratados e instrumentos internacionales, entre los cuales destaca la CH54, así como el Derecho Internacional consuetudinario, establecen unas obligaciones de respeto hacia los bienes culturales y, al mismo tiempo, manifiestan un rechazo a cualquier acto de destrucción deliberado de los mismos.

Esta evolución normativa se ha perfeccionado en dos ámbitos. En primer lugar, con la extensión de la protección de los bienes culturales a las situaciones de conflicto armado sin carácter internacional, de modo que los grupos armados no estatales quedan vinculados al cumplimiento de las obligaciones de respeto. Esta posición viene avalada por el DIH consuetudinario y está incorporada en numerosos convenios internacionales. En segundo lugar, con la confirmación por la cual los actos de destrucción, concebidos como violaciones graves de las obligaciones de respeto hacia los bienes culturales, constituyen una conducta prohibida por el Derecho Internacional cuya infracción comporta la responsabilidad penal internacional del individuo.

2. La destrucción deliberada de bienes culturales en conflicto armado constituye una violación grave de las leyes y costumbres de la guerra y, por lo tanto, puede ser categorizada como un crimen de guerra. La punición de esta conducta ha recibido atención en la jurisprudencia internacional. El TMI castigó la destrucción de bienes a gran escala y el saqueo masivo de monumentos, lugares de culto y obras de arte al amparo de los preceptos de su Estatuto y de la infracción de las reglas consue-

tudinarias consagradas en el Reglamento de La Haya de 1907. Posteriormente, el TPIY contribuyó decisivamente al desarrollo del crimen de guerra de destrucción de bienes culturales. Sus pronunciamientos confirmaron la aplicación del tipo penal a los conflictos armados sin carácter internacional y precisaron los elementos de este crimen, rastreándolos en el Derecho Internacional consuetudinario. Además, el TPIY introdujo nuevos enfoques en el análisis y la interpretación del fenómeno destructivo que redimensionaron la protección penal de los bienes culturales. La destrucción deliberada del patrimonio cultural perpetrada con intención discriminatoria y en el contexto de un ataque generalizado o sistemático contra la población civil puede constituir un crimen contra la humanidad bajo la modalidad de persecución. En el extremo de esta interpretación, la devastación de bienes culturales podría llegar a demostrar el *dolus specialis* del crimen de genocidio.

3. El ECPI entronca con la tradición de los tratados internacionales anteriores y criminaliza la destrucción de bienes culturales. Los artículos 8.2.b.ix y 8.2.e.iv protegen ciertos tipos de bienes culturales frente a los ataques intencionales con independencia del tipo de conflicto armado en el que se cometan. Ahora bien, siendo uno de los instrumentos normativos más recientes, la redacción del tipo penal se aleja, incluso retrocede, de otras formulaciones más acordes con la evolución normativa de la protección de los bienes culturales en conflicto armado. Los artículos 8.2.b.ix y 8.2.e.iv poseen una redacción arcaica en la que resuenan poderosamente los ecos de los artículo 27 y 56 del Reglamento de La Haya de 1907. El crimen de guerra consiste en "dirigir ataques" contra una serie de edificios especialmente protegidos, pero de muy distinta naturaleza, en la que se pueden identificar ciertos objetos que corresponden a la noción de bienes culturales. Lamentablemente, el ECPI ni siquiera utiliza el concepto de bienes culturales introducido por la CH54 y, con su formulación anticuada, excluye del tipo la protección de las obras de arte y otros objetos culturales. Tal vez, en un futuro, una

revisión del ECPI pueda corregir estos defectos y actualizar el crimen de guerra en la línea de otros instrumentos internacionales.

4. Las Salas de la CPI han tenido ocasión de aplicar este crimen. La Fiscalía de la CPI considera que es el tipo penal específico y preferente para perseguir la destrucción de bienes culturales. En el asunto contra Al Mahdi, la Sala de Primera Instancia condenó a un miembro de un grupo armado no estatal de carácter yihadista por la destrucción de monumentos históricos y lugares religiosos en Tombuctú. La confirmación de cargos contra Al Hassan se adhirió a la línea seguida en el caso Al Mahdi. No obstante, en el caso contra Ntaganda, las Salas de Primera Instancia y de Apelación optaron por una interpretación restrictiva del tipo penal, aunque no hubo unanimidad entre los jueces.

Ciertamente, la aplicación del crimen de guerra de los artículos 8.2.b.ix y 8.2.e.iv plantea problemas. La disparidad de opiniones respecto de la interpretación de los elementos del tipo penal entre las Salas de la CPI lo demuestra. No es posible, por tanto, afirmar con seguridad qué posición adoptará en futuros pronunciamientos. Ahora bien, a nuestro juicio, debería optarse por una interpretación expansiva de los elementos de este crimen de guerra, en consonancia con los avances normativos en el ámbito de la protección de los bienes culturales. De lo contrario, el resultado conduce a la reducción de situaciones en los que el tipo penal es aplicable y, en consecuencia, podría desembocar en la inaplicación del único crimen de guerra específicamente dedicado a la protección de los bienes culturales como tales. A su vez, ello provocaría la aparición de espacios de impunidad, lo cual se opone al objeto y fin del ECPI. Una interpretación más abierta permitiría aumentar la eficacia en la aplicación del crimen y ampliar la protección otorgada a los bienes culturales.

5. La documentación disponible constata que los miembros del grupo armado no estatal conocido como Dáesh habrían cometido una pluralidad de crímenes internacionales en el transcurso del conflicto armado de Siria. La conducción de

las hostilidades se realizó con desprecio absoluto a las normas más elementales del DIH. En los territorios que cayeron bajo su control, instauraron un régimen de terror basado en la violación sistemática de los derechos humanos y la persecución de las minorías étnicas, religiosas y culturales. En el curso de las operaciones militares, el Dáesh practicó una campaña de destrucción deliberada del patrimonio cultural y espiritual con el objetivo de erradicar la diversidad de los territorios bajo su control y facilitar, así, el sometimiento de la población civil y asegurar las condiciones materiales en las que implantar su régimen. Para lograr sus fines, el grupo armado no dudó en utilizar la demolición de bienes culturales como arma de guerra. Como resultado, numerosos bienes protegidos por el Derecho Internacional –tales como monumentos históricos, lugares de culto o edificios dedicados a las artes y las ciencias– fueron objeto de ataques y destrucciones sin una necesidad militar imperativa.

De acuerdo con las circunstancias, los actos de destrucción intencional perpetrados por los miembros del Dáesh constituyen una violación flagrante de las normas que protegen los bienes culturales en conflicto armado y pueden calificarse jurídicamente como crímenes de guerra, sin perjuicio que deba establecerse caso por caso. Los informes de la Comisión de Investigación para Siria, así como una parte de la doctrina, respaldan esta posición. Esta calificación jurídica se alinea, también, con la interpretación del crimen de guerra del artículo 8.2.e.iv sostenida por la CPI en la sentencia del caso Al Mahdi y con la política sobre bienes culturales de la Fiscalía de la CPI. Ahora bien, esta calificación jurídica no excluye la imputación de crímenes contra la humanidad bajo la modalidad de persecución, siempre que concurran los elementos necesarios; o, en el caso de ciertas minorías, como la yazidí, la campaña de destrucción de bienes culturales podría contribuir a probar el *dolus specialis* del crimen de genocidio.

6. Los crímenes internacionales no pueden quedar impunes. Para que no se produzca esa situación debe construirse una estrategia de rendición de cuentas de carácter integral que alcance

a todas las partes en el conflicto armado en la República Árabe de Siria y que abarque una pluralidad de conductas delictivas suficientemente representativa de los crímenes perpetrados. La necesidad de una estrategia exhaustiva de lucha contra la impunidad no diluye en modo alguno la responsabilidad penal de los miembros del Dáesh, sino que permite asegurar desde la justicia internacional una contribución más intensa a la paz, un proceso de rendición de cuentas menos parcial y politizado. Sin embargo, la persecución de los crímenes de destrucción de bienes culturales no forma parte –o, al menos, no con la relevancia que debería– de la estrategia de rendición de cuentas. Todo ello a pesar de la gravedad de estas conductas, que, por su escala y por sus efectos sobre el futuro, ponen en peligro los esfuerzos de reconciliación nacional y el posconflicto; y, consecuentemente, suponen una amenaza para la paz y la seguridad internacional.

7. El Derecho Internacional provee de diferentes vías para abordar la responsabilidad internacional de los miembros del Dáesh por los delitos de destrucción de bienes culturales en el conflicto armado de Siria. Sin embargo, las opciones jurídicamente más convenientes resultan infranqueables por causas políticas. La República Árabe de Siria tiene la obligación de perseguir y castigar a los presuntos responsables de los crímenes internacionales cometidos en su territorio, pero, en la actualidad, no tiene la capacidad de llevar a cabo procesos penales de gran envergadura y complejidad con las garantías mínimas del Derecho Internacional. Además, la Ley de Antigüedades no proporciona el marco normativo adecuado para perseguir los crímenes internacionales de destrucción de bienes culturales perpetrados por los miembros del Dáesh. Si en el futuro la República Árabe de Siria inicia un proceso de justicia transicional, es recomendable que se incluyan los crímenes relacionados con la destrucción del patrimonio cultural con la finalidad de favorecer la reconciliación nacional y fortalecer la cohesión social.

La creación de un tribunal internacional o híbrido tampoco aparece como una opción viable. El bloqueo en el Consejo de Seguridad, que impidió la remisión a la CPI, se opone al establecimiento de un tribunal para Siria. La idea del establecimiento de un tribunal exclusivamente para el Dáesh es una opción muy limitada, pues representa una vía excesivamente selectiva, carente de legitimidad, y olvida que el proceso de rendición de cuentas debe ser integral.

8. La CPI es la institución mejor posicionada para abordar la persecución de los crímenes del Dáesh, incluyendo la destrucción de bienes culturales. Este tribunal permanente tiene un mandato claro de lucha contra la impunidad de los crímenes más graves de trascendencia internacional. Su estatuto tipifica la destrucción de bienes culturales como crimen de guerra aplicable tanto a los conflictos armados internacionales (artículo 8.2.b.ix) como a los conflictos sin carácter internacional (artículo 8.2.e.iv). Posee, además, experiencia en la aplicación de este crimen, a pesar de los defectos del tipo penal y de la disparidad de criterios de las Salas en la interpretación de sus elementos. Sin embargo, la activación de su competencia no parece factible. La República Árabe de Siria no se someterá voluntariamente a su jurisdicción. Y, de igual modo, la remisión de la situación siria por parte del Consejo de Seguridad resulta altamente improbable por el desacuerdo entre los miembros permanentes. Una remisión parcial de los crímenes del Dáesh, aunque contara con la aprobación de los miembros permanentes, podría perjudicar la ya dañada imagen de la CPI.

9. Los tribunales nacionales de terceros Estados constituyen la alternativa más factible y también la más eficaz. El enjuiciamiento en diferentes jurisdicciones europeas de diversos casos relacionados con el conflicto armado en Siria, y, en particular, contra miembros del Dáesh, demuestra que, con un marco normativo apto que incluya el ejercicio de la jurisdicción universal y con voluntad política, puede contribuirse al proceso de rendición de cuentas y a la restauración de las víctimas. El éxito de esta vía se ve potenciado por las actividades del Mecanismo Internacional, Imparcial e Independiente para Siria. Por un lado, el ejercicio de sus funciones de recopilación, análisis y conservación de materiales lo ha erigido como el archivo central de pruebas de los

crímenes cometidos en el país árabe por todas las partes en el conflicto armado. Ello asegura la exigencia de responsabilidades ahora o en el futuro, también para los crímenes relacionados con la destrucción de bienes culturales. Por otro lado, su asistencia a las jurisdicciones nacionales en los últimos años ha contribuido de forma relevante a la exigencia de responsabilidades. En consecuencia, la represión penal de la destrucción de bienes culturales podría ser impulsada en las jurisdicciones nacionales de la misma forma que lo puedan ser otros crímenes internacionales.

Consideramos que, en la medida en que el escenario internacional no es favorable para la activación de las otras vías, los tribunales nacionales deben afirmar su papel en el proceso de rendición de cuentas para los crímenes internacionales cometidos en Siria por el Dáesh y otros actores. De lo contrario se consolidarían espacios de impunidad intolerablemente amplios. Por esta razón, y con carácter propositivo, creemos que la estrategia de rendición de cuentas puede verse reforzada en dos ámbitos. En primer lugar, los Estados deberían impulsar cambios normativos para incorporar el principio de jurisdicción universal de forma amplia para impedir los espacios de impunidad. En segundo lugar, deberían incorporar los crímenes internacionales en sus legislaciones penales o, si fuera el caso, modificar sus códigos penales para acercar los tipos penales relacionados con los bienes culturales a los instrumentos internacionales más modernos.

10. El análisis del caso del Dáesh nos muestra crudamente que los mecanismos internacionales jurídicamente más aptos para la persecución de sus crímenes tienen obstáculos políticos infranqueables. El conflicto armado en la República Árabe de Siria nos sitúa, una vez más, frente a frente con las contradicciones de un sistema internacional funámbulo que no termina de encontrar el equilibrio entre la necesidad de poner fin a la impunidad de los crímenes más graves de Derecho Internacional y el juego de intereses de las potencias en pugna por la hegemonía. En consecuencia, la parálisis de ciertas instituciones internacionales hace que cualquier iniciativa de justicia internacional aparez-

ca limitada. El desplazamiento de la persecución penal de los crímenes cometidos en Siria hacia las jurisdicciones nacionales se revela como un síntoma de que ni la CPI ni otras instancias internacionales están cumpliendo su propósito de preservar la paz y la seguridad internacional. Las razones políticas están blindando la impunidad. Pese a todo, hay todavía un resquicio de esperanza. Una parte de la comunidad internacional sigue comprometida con la lucha contra la impunidad. La creación del Mecanismo para asegurar la exigencia de responsabilidades da buena prueba de ello. Por descontado, el indescriptible esfuerzo, muchas veces silencioso, de la sociedad civil siria y de las comunidades de víctimas ha impulsado la rendición de cuentas.

El ataque contra los bienes culturales, como manifestaciones tangibles de la identidad de las comunidades y de los pueblos, supone una afrenta inaceptable a la comunidad internacional. La destrucción deliberada de bienes culturales en la República Árabe de Siria y en todo el mundo deber ser perseguida, quienquiera que la cometa, dondequiera que se esconda. El motivo nos lo recuerda la Convención de La Haya de 1954 setenta años después de su adopción: los daños a los bienes culturales pertenecientes a cualquier pueblo constituyen un menoscabo al patrimonio cultural de toda la humanidad.

Bibliografía

1. DOCTRINA

1.1. Monografías y obras colectivas

ÁLVAREZ LOPERA, J.: *La política de bienes culturales del gobierno republicano durante la Guerra Civil española*, vol.I y vol.II, Ministerio de Cultura, Madrid, 1982.

ÁLVAREZ-OSSORIO ALVARIÑO, I.: *Siria. La década negra (2011-2021)*, Ed. Catarata, Madrid, 2022.

BADENES CASINO, M.: *La protección de los bienes culturales durante los conflictos armados. Especial referencia al conflicto armado en el territorio de la Antigua Yugoslavia*, Universitat de València, València, 2005.

CASSESE, A. y GAETA, P.: *Cassese's International Criminal Law*, Oxford University Press, Oxford, Reino Unido, 2013.

CASTLEREAGH, R. S. y VANE, C.W.: *Memoirs and Correspondence of Viscount Castlereagh, Second Marquess of Londonderry*, H. Colburn, vol.10, Londres, 1850-1853.

COLORADO CASTELLARY, A.: *Éxodo y exilio del arte. La odisea del Museo del Prado durante la Guerra Civil*, Ediciones Cátedra, 1ª Edición, Madrid, 2008.

CULLEN, A.: *The Concept of Non-International Armed Conflict in International Humanitarian Law*, Cambridge University Press, Nueva York, 2010.

DAVID, É.: *Principes de droit des conflits armés*, Bruylant, Bruselas, 2019.

DÖRMANN, K. y DOSWALD-BECK, L.: *Elements of War Crimes under the Rome Statute of the International Criminal Court: Sources and Commentary*, Cambridge University Press, Cambridge, 2009.

EHLERT, C.: *Prosecuting the Destruction of Cultural Property in International Criminal Law: with a Case Study on the Khmer Rouge's Destruction of Cambodia's Heritage*, BRILL, Leiden, 2013.

FERNÁNDEZ LIESA, C.: *La guerra civil española y el orden jurídico internacional*, Editorial Aranzadi, Civitas – Thomson Reuters, Cizur Menor (Navarra), 2014.

FLECK, D. (Ed.): *The handbook of international humanitarian law*, Oxford University Press, Nueva York, 2008.

FORREST, C.J.S.: *International Law and the Protection of Cultural Heritage*, Routledge: Taylor & Francis Group, Londres y Nueva York, 2010.

GAMBONI, D.: *La destrucción del arte: iconoclasia y vandalismo desde la Revolución Francesa*, Cátedra, Madrid, 2014.

GARNER, J. W.: *International Law and the World War. Contributions to international law and diplomacy*, Longmans, Green & Co., Vol. 1 y 2, Londres, 1920.

HANKEL, G.: *The Leipzig Trials: German War Crimes and their Legal Consequences after the World War I*, Republic of Letters, Dordrecht, 2014.

HENCKAERTS, J.-M. y DOSWALD-BECK, L.: *El derecho internacional humanitario consuetudinario, Volumen I: Normas*, CICR, Buenos Aires, 2007.

HORNE, J. y KRAMER, A.: *German Atrocities, 1914: a History of Denial*, Yale University Press, New Haven y Londres, 2001.

JENOFONTE: *Ciropedia*, Editorial Gredos, Madrid, 1987.

KLAMBERG, M. (Ed.): *Commentary on the Law of the International Criminal Court*, Torkel Opsahl Academic EPublisher, Bruselas, 2017.

KRAMER, A.: *Dynamic of Destruction: Culture and Mass Killing in the First World War*, Oxford University Press, Nueva York, 2007.

LAMBOURNE, N.: *War Damage in Western Europe. The Destruction of Historic Monuments During the Second World War*, Edinburgh University Press, Edinburgh, 2001.

LEMKIN, R.: *El dominio del Eje en la Europa ocupada*, Prometeo Libros, Buenos Aires, 2008.

LIÑÁN LAFUENTE, A.: *El crimen contra la humanidad*, Dyckinson SL, Madrid, 2015.

LOSTAL BECERRIL, M.: *International Cultural Heritage Law in Armed Conflict. Case-studies of Syria, Lybia, Mali, the Invasion of Iraq, and the Budhas of Bamiyan*, Cambridge University Press, Cambridge, 2017.

MACHIAVELLI, N.: *El príncipe*, Espasa Calpe, Madrid, 2003 [1513].

MARTÍN RODRÍGUEZ, J.: *Estado Islámico: Geopolítica del caos*, Editorial Catarata, Madrid 2017.

MARULLO, M.C.: *Tendencias internacionales sobre la jurisdicción universal: la experiencia española*, Universidad Pública de Navarra, Pamplona, 2017.

METTRAUX, G.: *International Crimes and the Ad Hoc Tribunals*, Oxford University Press, Nueva York, 2005.

MÜLLER, R.-D.: *La muerte caída del cielo: Historia de los bombardeos durante la Segunda Guerra Mundial*, Ediciones Destino, Barcelona, 2008.

NICHOLAS, L. H.: *El saqueo de Europa: El destino de los tesoros de Europa en el Tercer Reich y la Segunda Guerra Mundial*, Ediciones Destino, Barcelona, 1996.

NOVÁČEK, K., MELČÁK, M.; BERÁNEK, O. y STARKOVÁ, L.: *Mosul after Islamic State: The Quest for Lost Architectural Heritage*, Palgrave MacMillan, 2021.

NOVIC, E.: *The Concept of Cultural Genocide: An International Law Perspective*, Oxford University Press, Oxford, 2016.

NÚÑEZ VILLAVERDE, J.: *DÁESH: El porvenir de la amenaza yihadista*, Editorial Catarata, Fuencarral (Madrid), 2018.

O'KEEFE, R.: *The Protection of Cultural Property in Armed Conflict*, Cambridge University Press, Cambridge, 2006.

OLLÉ SESÉ, M.: *Justicia universal para crímenes internacionales*, Editorial La Ley, Madrid, 2008.

OPPENHEIM, L.: *International Law: A Treatise*, Longman, Green and Co., Vol. II, Londres, 1921.

PÉREZ-PRAT DURBÁN, L. y FERNÁNDEZ ARRIBAS, G. (Eds.): *Holocausto y bienes culturales*, Publicaciones Universidad de Huelva, Huelva, 2019.

PICTET, J.: *Commentary on the IV Geneva Convention relative to the protection of civilian persons in time of war*, CICR, Ginebra, 1958.

PIGRAU SOLÉ, A.: *La jurisdicción universal y su aplicación en España: la persecución del genocidio, los crímenes de guerra y los crímenes contra la humanidad por los tribunales nacionales*, Oficina de Promoción de la Paz y de los Derechos Humanos, Generalitat de Catalunya, 2009.

PRESTON, P.: *El holocausto español. Odio y exterminio en la guerra civil y después*, Debate, Barcelona, 2011.

REMIRO BROTÓNS, A.: *Derecho Internacional: Curso general*, Tirant Lo Blanch, València, 2010.

SAAVEDRA ARIAS, R.: *Destruir y proteger: el patrimonio histórico-artístico durante la Guerra Civil (1936-1939)*, Editorial de la Universidad de Cantabria, Santander, 2016.

SAN MARTÍN CALVO, M.: *Bienes culturales y conflictos armados: nuevas perspectivas de derecho internacional*, Thomson Reuters – Aranzadi, Cizur Menor (Navarra), 2016.

SANDOZ, Y., SWINARSKI, C. y ZIMMERMANN, B.: *Commentary on the Additional Protocols to the Geneva Conventions*, ICRC, Martinus Nijhoff Publishers, Ginebra, 1987.

SCHABAS, W.: *The International Criminal Court. A Commentary on the Rome Statute*, Oxford University Press, Oxford, 2016.

— *Genocide in international law: the crime of crimes,* Cambridge University Press, Cambridge, 2009.

SOLÉ I SABATÉ, J. M. y VILLARROYA FONT, J.: *España en llamas. La guerra civil desde el aire,* Ediciones Temas de Hoy, Madrid 2003.

TOMAN, J.: *Cultural Property in War: Improvement in Protection,* Unesco Publishing, Ethics Series, Clamecy (Francia), 2009.

— *The Protection of Cultural Property in the Event of Armed Conflict,* Dartmouth, Unesco Publishing, Aldershot (Reino Unido) / Brookfield (EEUU), 1996.

TOMAN, J. y SCHINDLER, D.: *The Laws of Armed Conflicts: A Collection of Conventions, Resolutions and Other Documents,* Martinus Nijhoff Publishers, Leiden / Boston, Brill, 2004.

TRIFFTERER, O. (Ed.): *Commentary on the Rome Statute of the International Criminal Court: Observers' Notes, Article by Article,* CH Beck – Hart – Nomos, Munich (Alemania), 2008.

TURKU, H.: *Cultural property as a weapon of war, Isis in Syria and Iraq,* Palgrave Macmillan, Washington, 2018.

VATTEL, E.: *The Law of Nations: Or Principles of the Law of Nature Applied to the Conduct and Affairs of Nations and Sovereigns,* T. & J.W. Johnson, Filadelfia, 1866 [1758].

VITORIA, F.: *Relecciones sobre los indios y el derecho de la guerra,* Espasa-Calpe, Madrid, 1975.

WERLE, G. y JESSBERGER, F.: *Tratado de Derecho Penal Internacional,* Tirant Lo Blanch, Valencia, 2017.

YASSIN-KASSAB, R. y AL SHAM, L.: *País en llamas. Los sirios en la revolución y en la guerra,* Capitán Swing, Madrid, 2016.

1.2. Capítulos de libros

ADACHI, S.: "The Asian Concept", dentro de UNESCO: *International Dimensions of Humanitarian Law,* Martinus Nijhoff Publishers, Dordrecht / Boston / Londres, 1988, capítulo II, pp.13-19.

BAGOTT, P.-L.: "How to solve a problem like Al Mahdi: proposal for a new crime of attacks against cultural heritage", en FRASER, J. y MCGONIGLE-LEYH, B.: *Intersections of Law and Culture at the International Criminal Court,* Edward Elgar Publishing, Cheltenham (Reino Unido), 2020, capítulo 3, pp.38-58.

BERMEJO GARCÍA, R.: "Las denominadas nuevas tendencias de la lucha contra el terrorismo internacional: el caso del Estado Islámico", dentro de GUTIÉRREZ ESPADA, C. y CERVELL HORTAL, M.J. (Dirs.): *El Estado Islámico (Daesh). ¿Aprenderemos la lección?*, Tirant Lo Blanch, Valencia, 2018, capítulo 4, pp.149-223.

BOTHE, M.: "War Crimes", dentro de CASSESE, A., GAETA, P., JONES, J.R.W. (Eds.): *The Rome Statute of the International Criminal Court: A Commentary*, Oxford University Press, Vol.1, Sección 3, Capítulo 11.3, Nueva York, 2002, pp.379-426.

BRÜCKNER, W.: "Cultural genocide and the International Criminal Court", dentro de CHECHI, A. y RENOLD, M.-A.: *Cultural Heritage Law and Ethics: Mapping Recent Developments*, Schulthess Éditions Romandes, Ginebra/Zúric, 2017, capítulo 2, pp.45-68.

CARCANO, A.: "The criminalization and prosecution of attacks against cultural property", dentro de POCAR, F.; PEDRAZZI, M.; FRULLI, M. (Eds.): *War crimes and the conduct of hostilities. Challenges to adjudication and investigation*, Edward Elgar, Cheltenham (UK), Northhampton, USA, 2013, capítulo 5, pp.78-97.

CERVELL HORTAL, M.J.: "El Derecho Internacional: ¿una herramienta eficaz en la lucha contra el DAESH?", dentro de CERVELL HORTAL, M.J. (dir.): *Estado Islámico, Naciones Unidas, Derecho Internacional y Unión Europea*, Comares, Granada, 2017, capítulo II, pp.39-98.

— "¿Qué se juega y por qué la Corte Penal Internacional en el conflicto de Darfur?", dentro de GUTIÉRREZ ESPADA, C. (dir.) y CERVELL HORTAL, M.J. (coord..): *Darfur, el conflicto inacabable*, Thompson Reuters Aranzadi, Cizur Menor (Navarra), 2012, capítulo 5, pp. 161-205.

COCCHINI, A.: "El Estado Islámico y la geopolítica: el enemigo de mi enemigo es mi amigo… ¿o no?", dentro de GUTIÉRREZ ESPADA, C. y CERVELL HORTAL, M.J. (Dirs.): *El Estado Islámico (Daesh). ¿Aprenderemos la lección?*, Tirant Lo Blanch, Valencia, 2018, capítulo 2, pp.45-92.

CULLEN, A.: "War crimes", dentro de SCHABAS, WILLIAM y BERNAZ, NADIA (Eds.): *Routledge Handbook of International Criminal Law*. Routledge, Nueva York, 2011, capítulo 9, pp.139-153.

DRAZEWSKA, B.: "The Impact of Individual Criminal Responsibility for Offences against Cultural Property on Military Necessity", dentro de DRAZEWSKA, B.: *Military Necessity in International Cultural Heritage Law*, Brill Martinus Nijhoff, Leiden, Boston, 2022, Capítulo 4, pp.152-210.

FRANCIONI, F.: "World Cultural Heritage", dentro de FRANCIONI, F. y VRDOLJAK, A. F. (Eds.): *The Oxford Handbook of International Cultural Heritage Law*, Oxford University Press, Oxford, 2020, capítulo 11, pp.250-271.

GAETA, P.: "War Crimes and Other International 'Core Crimes'", dentro de CLAPHAM, ANDREW y GAETA, PAOLA (Eds.): *The Oxford Handbook of International Law in Armed Conflict*, Oxford University Press, Oxford, 2014, pp. 737-765.

GUTIÉRREZ ESPADA, C. y CERVELL HORTAL, M.J.: "Nacimiento, auge y ¿decadencia? Del autoproclamado Estado Islámico (también conocido como Daesh)", dentro de GUTIÉRREZ ESPADA, C. y CERVELL HORTAL, M.J. (Dirs.): *El Estado Islámico (Daesh). ¿Aprenderemos la lección?*, Tirant Lo Blanch, Valencia, 2018, capítulo 1, pp.23-44.

GUTIÉRREZ ESPADA, C.: "El Estado Islámico, ¿una amenaza para el mundo?", dentro de CERVELL HORTAL, M.J. (Dir.): *Estado Islámico, Naciones Unidas, Derecho Internacional y Unión Europea*, Comares, Granada, 2017, pp. 1-37

HECTOR, M.: "Enhancing individual criminal responsibility for offences involving cultural property – the road to the Rome Statute and the 1999 Second Protocol", dentro de VAN WOUDENBERG, N. y LIJNZAAD, L. (Eds.): *Protecting Cultural Property in Armed Conflict*, Martinus Nijhoff Publishers, Leiden y Boston, 2010, capítulo 6, pp.69-76.

HENCKAERTS, J.-M.: "Nuevas normas para la protección de los bienes culturales en caso de conflicto armado: la importancia del Segundo Protocolo de la Convención de La Haya de 1954 para la protección de los bienes culturales en caso de conflicto armado", dentro de DUTLI, M.T. (Ed.): *Protección de los bienes culturales en caso de conflicto armado: Informe de la reunión de expertos*, CICR, Ginebra, 2002, pp.27-56.

— "The protection of cultural property in non-international armed conflicts", dentro de VAN WOUDENBERG, N. y LIJNZAAD, L. (Eds.): *Protecting Cultural Property in Armed Conflict*, Martinus Nijhoff Publishers, Leiden y Boston, 2010, capítulo 8, pp.81-93.

IRIGOYEN CHÁVEZ, S.: "El Estado Islámico y la justicia penal internacional", dentro de GUTIÉRREZ ESPADA, C. y CERVELL HORTAL, M.J. (Dirs.): *El Estado Islámico (Daesh). ¿Aprenderemos la lección?*, Tirant Lo Blanch, València, 2018, capítulo 6, pp.301-337.

LENZERINI, F.: "Intentional destruction of cultural heritage", dentro de FRANCIONI, F. y VRDOLJAK, A. F. (Eds.): *The Oxford Handbook of International Cultural Heritage Law*, Oxford University Press, Oxford, 2020, capítulo 4, pp.75-99.

LÓPEZ-JACOÍSTE DÍAZ, E.: "El Estado Islámico y el Derecho Internacional Humanitario", dentro de GUTIÉRREZ ESPADA, C. y CERVELL HORTAL, M.J. (Dirs.): *El Estado Islámico (Daesh). ¿Aprenderemos la lección?*, Tirant Lo Blanch, Valencia, 2018, capítulo 5, pp.225-300.

MARTÍNEZ ALCAÑIZ, A.: "El conflicto armado de la República Árabe Siria y la flagrante vulneración del Derecho Internacional Humanitario", dentro de LIÑÁN LAFUENTE, A. y OLLÉ SESÉ, M. (coords.): *Estudios sobre Derecho Penal Internacional*, Servicios de Publicaciones de la Facultad de Derecho de la Universidad Complutense de Madrid, Fuenlabrada (Madrid), 2017, pp. 59-105.

MENÉNDEZ MONTERO, V.: "El uso de los instrumentos de derechos humanos en la protección internacional del patrimonio cultural inmueble ante la CIJ", dentro de TORRECUADRADA GARCÍA-LOZANO, S. y ESPÓSITO MASSICCI, C. (Dirs.): *Los desafíos de la Corte Internacional de Justicia frente a los derechos humanos: III Jornadas sobre los nuevos retos de la Corte Internacional de Justicia*, La Ley, Madrid, 2022, capítulo IV, pp.109-134.

NAFZIGER, J.: "The Responsibilities to Protect Cultural Heritage and Prevent Cultural Genocide", dentro de FRANCIONI, F. y VRDOLJAK, A. F. (Eds.): *The Oxford Handbook of International Cultural Heritage Law*, Oxford University Press, Oxford, 2020, capítulo 6, pp.121-144.

NDAM NJOYA, A.: "The African Concept", dentro de UNESCO: *International Dimensions of Humanitarian Law*, Martinus Nijhoff Publishers, Dordrecht / Boston / Londres, 1988, capítulo I, pp.5-12.

ORIHUELA CALATAYUD, E.: "La regulación de la jurisdicción universal en España. Reflexiones a la luz de las últimas reformas (2014 y 2015)", dentro de ORIHUELA CALATAYUD, E. (coord.): *Crímenes internacionales y justicia penal. Principales desafíos*, Thomson Reuters Aranzadi, Bilbao, 2016, pp. 283-317.

— "Crímenes de guerra y justicia universal: avances y retrocesos en la lucha contra la impunidad", en RAMÓN CHORNET, C. (Ed.): *Derechos y libertades ante las nuevas amenazas a la seguridad global*, Ed. Tirant lo Blanch, Valencia, 2005, pp. 153-198.

ORTIZ HERNÁNDEZ, E.: "El estado islámico y el patrimonio cultural: ¿hacia un enfoque holístico de la protección internacional?", dentro de GUTIÉRREZ ESPADA, C. y CERVELL HORTAL, M.J. (Dirs.): *El Estado Islámico (Daesh). ¿Aprenderemos la lección?*, Tirant Lo Blanch, València, 2018, capítulo 7, pp.339-381.

PÉREZ-PRAT DURBÁN, L.: "El estado, el estado islámico, la comunidad internacional y la destrucción intencional de las ruinas", dentro de PALOMERO PÁRAMO, J. (Ed.): *Roma quanta fuit ipsa ruina docet: Nicole Dacos in memoriam*, Collectania, Universidad de Huelva, Huelva, 2016, pp.133-194.

PIGNATELLI Y MECA, F.: "La punición de las infracciones del DIH. Los tribunales internacionales de crímenes de guerra", dentro de

RODRÍGUEZ-VILLASANTE PRIETO, J. L. y LÓPEZ SÁNCHEZ, J. (coords.): *Derecho Internacional Humanitario,* Tirant Lo Blach, Valencia 2017, Capt.33, pp.1029-1087.

PRATT, L.: "Prosecution for the Destruction of Cultural Property: Significance of the al Mahdi Trial", en CULLEN, H., KASTNER, P. y RICHMOND, S. (Eds.): *The Politics of International Criminal Law,* Leiden, 2021, capítulo 7, pp.199-229.

REMIRO BROTÓNS, A.: "Derecho y política en la persecución de crímenes internacionales en España", dentro de TAMARIT SUMILLA, J. (coord.): *Justicia de transición, justicia penal internacional y justicia universal,* Atelier, Barcelona, 2010, pp.207-224.

SULTAN, H.: "The Islamic Concept", dentro de UNESCO: *International Dimensions of Humanitarian Law,* Martinus Nijhoff Publishers, Dordrecht / Boston / Londres, 1988, capítulo IV, pp.29-39.

1.3. Artículos en revistas científicas

ABTAHI, H.: "The Protection of Cultural Property in Times of Armed Conflict: The Practice of the International Criminal Tribunal for the Former Yugoslavia", *Harvard Human Rights Journal,* vol.14, 2001, pp.1-32.

ANDRÉS SÁENZ DE SANTA MARÍA, P.: "Siria: las dificultades del derecho internacional ante un conflicto poliédrico", *Cursos de derecho internacional y relaciones internacionales de Vitoria-Gasteiz = Vitoria-Gasteizko nazioarteko zuzenbide eta nazioarteko herremanen ikastaroak,* n°1, 2017, pp.27-82

BASSIOUNI, M. C.: "Reflections on Criminal Jurisdiction in International Protection of Cultural Property", *Syracuse Journal of International Law and Commerce,* vol.10, n°2, 1983, p.281-322.

BELLAL, A.: "Beyond the pale? Engaging the Islamic State on international humanitarian law", *Yearbook of International Humanitarian Law,* Vol.18, 2016, pp.123-152.

BERMEJO GARCIA, R.: "La protección de la población civil en Libia como coartada para derrocar un gobierno: un mal inicio para la responsabilidad de proteger", *Anuario Español de Derecho Internacional,* n° 27, 2011, pp. 9-55.

BERNABEU, A.: "La querella siria ante la Audiencia Nacional de España", *Teoría y Derecho: Revista de pensamiento jurídico,* Tirant Lo Blanch, Valencia, n°21, junio 2017, pp.213-224.

BOLLO AROCENA, M. D.: "Agresión rusa a Ucrania, Crímenes Internacionales y Corte Penal Internacional", *Anuario Español de Derecho Internacional*, vol. 39, 2023, pp.101-146.

— "The reform of the universal jurisdiction in Spain. Did public international law require the reform carried out by means of law 1/2014?", *Spanish Yearbook of International Law*, Vol. 18, 2013-2014, pp.239-247.

BOS, A.: "The Importance of the 1899, 1907 and 1999 Hague Conferences for the Legal Protection of Cultural Property in the Event of Armed Conflict", Museum International, vol. 57, nº 4, 2005, pp.32-40.

BRAMMERTZ, S., HUGHES, K. C., KIPP, A. y TOMLJANOVICH, W. B.: "Attacks against Cultural Heritage as a Weapon of War: Prosecutions at the ICTY", *Journal of International Criminal Justice*, vol.14, 2016, pp.1143-1174.

BRODIE, N.: "Why Is No One Talking about Libya's Cultural Destruction?", *Near Eastern Archaeology*, vol.78, nº3, 2015, pp.212-217. Disponible en: https://www.journals.uchicago.edu/doi/pdf/10.5615/neareastarch.78.3.0212

BURGIS-KASTHALA, M.: "Assembling Atrocity Archives for Syria. Assessing the Work of the CIJA and the IIIM", *Journal of International Criminal Justice*, vol.19, nº5, 2021, pp.1193–1220 https://doi.org/10.1093/jicj/mqab065

CAPELLÀ ROIG, M.: "Los retos y dilemas de un tratado sobre prevención y castigo de los crímenes contra la humanidad en el siglo XXI", *Revista Electrónica de Estudios Internacionales*, nº44, diciembre de 2022, pp.1-42.

CASALY, P.: "Al Mahdi before the ICC. Cultural Property and World Heritage in International Criminal Law", *Journal of International Criminal Justice*, vol.14, 2016, pp.1199-1220.

CHEIKHMOUS, A.: "Syrian Heritage under Threat", *Journal of Eastern Mediterranean Archaeology & Heritage Studies*, Vol. 1, nº 4, 2013, pp. 351-366.

CHINCHÓN ÁLVAREZ, J.: "Análisis formal y material de la reforma del principio de jurisdicción universal en la legislación española: de la «abrogación de facto» a la «derogación de *iure*»", *La Ley*, número 7211, 2009, pp.1-8.

CLAPPERTON, M., JONES, D. M. y SMITH, M. L. R.: "Iconoclasm and strategic thought: Islamic State and cultural heritage in Iraq and Syria", *International Affairs*, vol.93, nº5, 2017, pp.1205–1231.

CORLISS, C.: "Prosecuting Members of ISIS for Destruction of Cultural Property", *Florida State University Law Review*, vol.45, nº1, pp.183-224.

CORTEN, O.: "The 'Unwilling or Unable' Test: Has it Been, and Could it be, Accepted?", *Leiden Journal of International Law*, vol.29, 2016, pp. 777–799.

CUNLIFFE, E. y CURINI, L.: "ISIS and heritage destruction: A sentiment analysis", *Antiquity*, vol.92, nº364, 2018, pp.1094-1111.

CUNLIFFE, E., MUHESEN, N. y LOSTAL BECERRIL, M.: "The Destruction of Cultural Property in the Syrian Conflict: Legal Implications and Obligations", *International Journal of Cultural Property*, vol.23, nº1, 2016, pp.1-31.

DÖRMANN, K.: "The Protection of Cultural Property as laid down in the Roerich-Pact of 15 April 1935", *Humanitäres Völkerrecht*, vol.6, nº 4, 1993, pp. 230-231.

ELLIOTT, I.: "'A Meaningful Step towards Accountability'? A View from the Field on the United Nations International, Impartial and Independent Mechanism for Syria", *Journal of International Criminal Justice*, vol.15, nº2, 2017, pp.239-256.

ESTEVE MOLTÓ, J. E.: "Requiem for universal jurisdiction in Spain", *Révue Québécois du Droit International*, Vol. 33, nº1, 2020, pp. 55-84.

— "The 'Great Leap Forward' to impunity. Burying universal jurisdiction in Spain and returning to the paradigm of Human Rights as 'domaine réservé' of the States", *Journal of International Criminal Justice*, vol.13, nº5, 2015, pp. 1121-1144.

FERRANDO HERNÁNDEZ, J.-M.: "La destrucción de bienes culturales como crimen de guerra en el Estatuto de Roma de la Corte Penal Internacional: la necesidad de una interpretación expansiva", *Anuario Español de Derecho Internacional*, vol.40, 2024, pp.301-361. DOI: https://doi.org/10.15581/010.40.301-361.

FORREST, C.J.S.: "The Doctrine of Military Necessity and the Protection of Cultural Property during Armed Conflicts", California Western International Law Journal, vol.37, nº 2, primavera 2007, pp.177-219.

FRANCIONI, F. y LENZERINI, F.: "The Destruction of the Buddhas of Bamiyan and International Law", *EJIL*, vol.14, nº4, 2003, pp.619–651.

FRULLI, M.: "The Criminalization of Offences against Cultural Heritage in Times of Armed Conflict: The Quest for Consistency", *EJIL*, vol. 22, nº1, 2011, pp.203–217.

GARNER, J. W.: "Questions of International Law in the Spanish Civil War", *AJIL*, vol. 31, nº1, enero de 1937, pp.66-73.

GERSTENBLITH, P.: "The Destruction of Cultural Heritage: a Crime against Property or a Crime against People?", *The John Marshall Review of Intellectural Property Law*, nº15, 2016, pp.336-393.

— "From Bamiyan to Baghdad: Warfare and the Preservation of Cultural Heritage at the Beginning of the 21st Century", *Georgetown Journal of International Law*, vol. 37, nº 2, 2006, pp. 245-352.

GILL, T. D.: "Classifying the Conflict in Syria", *International Law Studies*, Vol 92, 2016, pp.352-380.

GOTTLIEB, Y.: "Criminalizing Destruction of Cultural Property: A Proposal for Defining New Crimes under the Rome Statute of the ICC", *Penn State International Law Review*, vol. 23, nº 4, primavera de 2005, p. 857-896.

GREEN MARTÍNEZ, S. A.: "Destruction of Cultural Heritage in Northern Mali: A Crime Against Humanity?", *Journal of International Criminal Justice*, vol. 13, 2015, pp.1073-1097.

GUTIÉRREZ ESPADA, C.: "El conflicto en Siria (2011-2014) a la luz del Derecho Internacional y de la (geo)política", *Revista UNISCI / UNISCI Journal*, No 37 (Enero / January 2015), pp.99-131.

— "Sobre el núcleo duro de la resolución 1973 (2011) del Consejo de Seguridad y acerca de su aplicación en la práctica", *Anuario Español de Derecho Internacional*, nº 27, 2011, pp. 57-75.

HADI ZAKERHOSSEIN, M.: "To Bury a Situation Alive – A Critical Reading of the ICC Prosecutor's Statement on the ISIS Situation", *International Criminal Law Review*, nº16, 2016, pp.613-641.

HANKE, H.M.: "Reglamento de La Haya de 1923 sobre la guerra aérea: Contribución al desarrollo de la protección que el derecho internacional otorga a la población civil contra los ataques aéreos", *Revista Internacional Cruz Roja*, vol.33, nº115, marzo de 1993, pp.12-44. Disponible en: https://international-review.icrc.org/es/articulos/reglamento-de-la-haya-de-1923-sobre-la-guerra-aerea-contribucion-al-desarrollo-de-la.

HAUSLER, K.: "Cultural heritage and the Security Council: Why Resolution 2347 matters", *Questions of International Law*, vol.48, 2018, pp.5-19.

— "Culture under Attack: The Destruction of Cultural Heritage by Non-State Armed Groups", *Santander Art and Culture Law Review*, 2/2015, pp.117-146.

HILL, C. V.: "Killing a Culture: The Intentional Destruction of Cultural Heritage in Iraq and Syria under International Law", *Georgia Journal of International and Comparative Law*, vol.45, nº1, 2016, pp.191-220.

HLADIK, J.: "The UNESCO Declaration concerning the Intentional Destruction of Cultural Heritage", *Art Antiquity and Law*, vol. 9, nº 3, septiembre de 2004, pp.215-236.

ISAKHAN, B. y GONZÁLEZ ZARANDONA, J. A.: "Layers of religious and political iconoclasm under the Islamic State: symbolic sectarianism and pre-monotheistic iconoclasm", *International Journal of Heritage Studies*, vol.24, nº1, 2018, pp.1-16.

KALECK, W. y KROKER, P.: "Syrian Torture Investigations in Germany and Beyond. Breathing New Life into Universal Jurisdiction in Europe?", *Journal of International Criminal Justice*, vol.16, 2018, nº1, pp.165-191.

KRAMER, A.: "The First Wave of International War Crimes Trials: Istanbul and Leipzig", *European Review*, Vol. 14, nº 4, 2006, pp. 441–455.

LENZERINI, F.: "The UNESCO Declaration Concerning the Intentional Destruction of Cultural Heritage: One Step Forward and Two Steps Back", *Italian Yearbook of International Law*, vol.13, nº1, 2003, pp.131-145.

LÓPEZ-JACOÍSTE DÍAZ, E.: "La crisis de Libia desde la perspectiva de la responsabilidad de proteger", *Anuario Español de Derecho Internacional*, nº 27, 2011, pp. 109-152.

— "La resolución 1593(2005) del Consejo de Seguridad de las Naciones Unidas y la intervención de la Corte Penal Internacional en la crisis de Darfur: ¡A la sexta va la vencida!", *Revista Española de Derecho Internacional*, Vol. 57, nº1, 2005, pp. 489-495.

— "Comentarios a la Ley belga de jurisdicción universal para el castigo de las violaciones graves del Derecho internacional humanitario, reformada el 23 de abril de 2003", *Revista española de Derecho internacional*, vol. 55, nº 2, 2003, pp. 839.

LOSTAL BECERRIL, M.: "Syria's world cultural heritage and individual criminal responsibility", *International Review of Law*, nº1, 2015, pp.1-17. DOI: https://doi.org/10.5339/irl.2015.3

— "The Meaning and Protection of 'Cultural Objects and Places of Worship' under the 1977 Additional Protocols", *Netherlands International Law Review*, vol.59, nº3, 2012, pp.455472.

— "La protección de bienes culturales en el Tribunal Penal Internacional para la ex Yugoslavia", *Revista Española de Estudios Internacionales*, vol.24, 2012, pp.1-25.

MARULLO, M.C.: "La jurisdicción universal española en la STC 140/2018, de 20 de diciembre", *Revista Española de Derecho Internacional*, vol.71, nº 2, 2019, pp.311317.

MCNAIR, A. D.: "The Law Relating to the Civil War in Spain", *Law Quarterly Review*, vol. 53, nº4, octubre de 1937, pp. 471-500.

MENÉNDEZ MONTERO, V.: "Entre el mito y la legalidad: el delito de destrucción del patrimonio cultural en el derecho penal internacional", *Anuario Colombiano de Derecho Internacional*, vol. 16, 2023, pp. 1-32. DOI: https://doi.org/10.12804/revistas.urosario.edu.co/acdi/a.11174.

MERON, T.: "The Protection of Cultural Property in the Event of Armed Conflict within the Case-law of the International Criminal Tribunal for the Former Yugoslavia", *Museum International*, vol.57, nº4, 2005, pp.41-60.

MERRYMAN, J.H.: "Two ways of thinking about cultural property", *AJIL*, vol.80, nº4, 1986, pp.831-853.

MEYER, D.: "The 1954 Hague Cultural Property Convention and Its Emergence into Customary International Law", *Boston University International Law Journal*, vol.11, nº 2, otoño 1993, pp. 349-390.

MILES, M.: "Cicero's Prosecution of Gaius Verres: A Roman View of the Ethics of Acquisition of Art", *International Journal of Cultural Property*, vol.11, nº1, 2002, pp.28-49.

NAHLIK, S. E.: "International Law and the Protection of Cultural Property in Armed Conflicts", Hastings Law Journal, vol.27, nº5, 1976, pp.1069-1087.

— "La protection internationale des biens culturels en cas de conflit arme", *Recueil des Cours de l'Academie de Droit International*, Vol. 120, II, La Haya, 1967, pp.61-163.

NOWLAN, J.: "Cultural Property and the Nuremberg War Crimes Trial", *Humanitäres Völkerrecht*, vol.6, nº 4, 1993, pp. 221-223.

O'CONNELL, E.: "Criminal Liability for the Destruction of Cultural Property: The Prosecutor v. Bosco Ntaganda", *DePaul Journal for Social Justice*, vol. 15, nº 1, 2022, pp.1-63. Disponible en: https://via.library.depaul.edu/jsj/vol15/iss1/3.

O'KEEFE, R.: "Protection of Cultural Property under International Criminal Law", *Melbourne Journal of International Law*, vol.11, nº 2, noviembre de 2010, pp. 339-392.

— "The Meaning of Cultural Property under the 1954 Hague Convention", *Netherlands International Law Review*, vol.46, nº1, 1999, pp.26-56.

PADELFORD, N. J.: "International Law and the Spanish Civil War", *AJIL*, vol. 31, nº 2, abril de 1937, pp. 226-243;

PAULSON, S. M.: "Deterring Destroyers: International Prohibitions and Punishments against the Destruction of Cultural Property", *Gonzaga Journal of International Law*, vol. 20, nº 2, primavera de 2017, pp. 100-137. HeinOnline.

PHILLIPS, A.: "The Islamic State's challenge to international order", *Australian Journal of International Affairs*, vol.68, nº5, 2014, pp.495-498.

PIGRAU SOLÉ, A.: "La jurisdicción universal: un instrumento imprescindible en la lucha contra la impunidad, también desde España", *Teoría y Derecho: Revista de pensamiento jurídico*, Tirant Lo Blanch, Valencia, nº 21, junio 2017, pp.70-98.

POULOS, A.H.: "The 1954 Hague Convention for the Protection of Cultural Property in the Event of Armed Conflict: An Historic Analysis", *International Journal of Legal Information*, vol. 28, nº 1, Primavera del 2000, p.1-44.

PUREZA, J.M y ALCAIDE FERNÁNDEZ, J.: "La guerra en Ucrania: ¿qué (des) orden antecede a qué nuevo (des)orden?", *Revista Electrónica de Estudios Internacionales*, nº44, diciembre 2022, pp.1-20. DOI: 10.17103/reei.44.10.

RAMÓN CHORNET, C.: "Acerca del debate sobre las reformas legales de la jurisdicción universal en España", *Teoría y Derecho: Revista de pensamiento jurídico*, Tirant Lo Blanch, Valencia, nº 21, junio 2017, pp.10-23.

REMIRO BROTÓNS, A.: "Un pueblo deambula en Gaza", *Revista Española de Derecho Internacional*, vol.76, nº1, 2024, pp.307-328. DOI: https://doi.org/10.36151/REDI.76.1.15.

— "La responsabilidad penal individual por crímenes internacionales y el principio de jurisdicción universal", *Colección Escuela Diplomática nº 4, creación de una jurisdicción penal internacional*, Madrid, 2000, pp.193-236.

REYDAMS, L.: "Belgium Reneges on Universality: The 5 August 2003 Act on Grave Breaches of International Humanitarian Law", *Journal of International Criminal Justice*, vol. 1, nº3, 2003, pp.679-689.

RUIZ-NÚÑEZ, J.-B.: "La comisión de encuesta sobre los bombardeos aéreos en poblaciones civiles", *Ebre 38. Revista Internacional de la Guerra Civil (1936-1939)*, nº9, 2019, pp.131-155.

SÁNCHEZ LEGIDO, A.: "El fin del modelo español de jurisdicción universal", *Revista Electrónica de Estudios Internacionales*, nº 27, 2014, pp.1-40.

SANDOZ, Y.: "The History of Grave Breaches Regime", *Journal of International Criminal Justice*, Vol.7, nº4, 2009, pp. 657-682.

SCHABAS, W.: "Al Mahdi Has Been Convicted of a Crime He Did Not Commit", *Case Western Reserve Journal of International Law*, vol.49, 2017, pp. 75-102.

SEGURA SERRANO, A., "Hacia una nueva reforma restrictiva del principio de jurisdicción universal en España", *Revista Española de Derecho Internacional*, vol. 66, nº 1, pp.321-324.

SMITH, C., BURKE, H., DE LEIUEN, C. y JACKSON, G.: "Islamic State symbolic war: Da'esh's socially mediated terrorism as a threat to cultural heritage", *Journal of Social Archaeology*, vol.16, nº2, 2016, pp.164-188.

STEIN, G. J.: "The War-Ravaged Cultural Heritage of Afghanistan: An Overview of Projects of Assessment, Mitigation, and Preservation", *Near Eastern Archaeology*, vol 78, nº3, pp.187-190.

STERIO, M.: "Individual Criminal Responsibility for the Destruction of Religious and Historic Buildings: The Al Mahdi Case", *Case Western Reserve Journal International Law*, vol. 49, 2017, pp. 63-73.

THAKE, A.M.: "The Intentional Destruction of Cultural Heritage as a Genocidal Act and a Crime Against Humanity", *European Society of International Law (ESIL) 2017 Annual Conference (Naples)*, vol.10, nº 5, 2017, pp.1-26

VERRI, P.: "The condition of cultural property in armed conflict (Part I)", *International Review of the Red Cross*, vol.67, nº 753, marzo-abril, 1985, pp.67-85.

— "The condition of cultural property in armed conflict (Part II)", *International Review of the Red Cross*, vol.67, nº 753, marzo-abril, 1985, pp.127-139.

VISSCHER, C.: "La Protection Internationale des Objets d'Art et des Monuments Historiques", *Revue de Droit International et de Législation Comparée*, vol.16, nº2, 1935, pp. 246-288.

VLASIC, M. V. y TURKU, H.: "Protecting Cultural Heritage as a Means for International Peace, Security and Stability: The Case of ISIS, Syria and Iraq", *Vanderbilt Journal of Transnational Law*, vol. 49, nº 5, 2016, pp.1371-1416.

WENAWESER, C. y COCKAYNE, J.: "Justice for Syria? The International, Impartial and Independent Mechanism and the Emergence of the UN General Assembly in the Realm of International Criminal Justice", *Journal of International Criminal Justice*, vol.15, nº2, 2017, pp.211-230.

WHITING, A.: "An Investigation Mechanism for Syria: The General Assembly Steps into the Breach", *Journal of International Criminal Justice*, Vol. 15, nº 2, 2017, pp.231–237.

2. NORMATIVA

2.1. Normativa internacional

A. Tratados internacionales

Acuerdo Londres para el enjuiciamiento y castigo de los principales criminales de guerra de los países europeos del Eje y Estatuto del Tribunal Militar Internacional, Londres, de 8 de agosto de 1945, Serie de Tratados de las Naciones Unidas, vol.82, p.279.

Agreement between the United Nations and the Government of Sierra Leone on the establishment of a Special Court for Sierra Leone (with Statute), Freetown, 16 de enero de 2002, Serie de Tratados de las Naciones Unidas, vol.2178, p.137.

Carta de las Naciones Unidas, San Francisco, 26 de junio de 1945.

Constitución de la Organización de las Naciones Unidas para la Educación, la Ciencia y la Cultura, Londres, 16 de noviembre de 1945, Serie de Tratados de las Naciones Unidas, vol. 4, p.275.

Convención IV de La Haya, relativa a las leyes y costumbres de la guerra terrestre, La Haya, de 18 de octubre de 1907.

Convención IX de La Haya, relativa al bombardeo por fuerzas navales en tiempo de guerra, La Haya, de 18 de octubre de 1907.

Convención para la Prevención y Sanción del Crimen de Genocidio, adoptada por la Asamblea General de Naciones Unidas, París, 9 de diciembre de 1948, Serie de Tratados de las Naciones Unidas, vol. 78, p.277.

Convención para la protección de los bienes culturales en conflicto armado, La Haya, 14 de mayo de 1954, Serie de Tratados de las Naciones Unidas, vol. 249, p.215.

Convención para la protección del patrimonio mundial cultural y natural, París, 16 de noviembre de 1972, Serie de Tratados de las Naciones Unidas, vol.1037, p.151.

Convenio de Ginebra I para aliviar la suerte que corren los heridos y los enfermos de las fuerzas armadas en campaña, Ginebra, de 12 de agosto de 1949, Serie de Tratados de las Naciones Unidas, vol. 75, p.31.

Convenio de Ginebra II para aliviar la suerte que corren los heridos, los enfermos y los náufragos de las fuerzas armadas en el mar, Ginebra, de 12 de agosto de 1949, Serie de Tratados de las Naciones Unidas, vol. 75 (p.85)

Convenio de Ginebra III relativo al trato debido a los prisioneros de guerra, Ginebra, de 12 de agosto de 1949, Serie de Tratados de las Naciones Unidas, vol. 75, p.135.

Convenio de Ginebra IV relativo a la protección debida a las personas civiles en tiempo de guerra, Ginebra, de 12 de agosto de 1949, Serie de Tratados de las Naciones Unidas, vol. 75, p.287.

Convenio sobre la protección de las instituciones artísticas y científicas y de los monumentos históricos, Washington, 15 de abril de 1935, Serie de Tratados de la Sociedad de Naciones, vol. 167, p. 289.

Estatuto de Roma de la Corte Penal Internacional, Roma, 17 de julio de 1998, Serie de Tratados de las Naciones Unidas, vol. 2187, p.3.

Primer Protocolo a la Convención para la protección de los bienes culturales en conflicto armado, La Haya, 14 de mayo de 1954, Serie de Tratados de las Naciones Unidas, vol. 249, p.215.

Protocolo Adicional I a las Convenciones de Ginebra de 12 de agosto de 1949 relativo a la protección de las víctimas de los conflictos armados internacionales, Ginebra, 8 de junio de 1977, Serie de Tratados de las Naciones Unidas, vol.1125, p.3.

Protocolo Adicional II a las Convenciones de Ginebra de 12 de agosto de 1949 relativo a la protección de las víctimas de los conflictos armados no internacionales, Ginebra, 8 de junio de 1977, Serie de Tratados de las Naciones Unidas, vol.1125, p.609.

Reglamento relativo a las leyes y costumbres de la guerra terrestre, La Haya, de 18 de octubre de 1907.

Segundo Protocolo a la Convención de La Haya de 1954 sobre la protección de bienes culturales en conflicto armado, La Haya, 26 de marzo de 1999, Serie de Tratados de las Naciones Unidas, vol. 2253, p.172.

Tratado de Paz de Lausana, 24 de julio de 1923.

Tratado de Paz de Neuilly, 27 de noviembre de 1919.

Tratado de Paz de Saint-Germain, 10 de septiembre de 1919.

Tratado de Paz de Sèvres, 10 de agosto de 1920.

Tratado de Paz de Trianon, 4 de junio de 1920.

Tratado de Paz de Versalles, 28 de junio de 1919.

B. Otras declaraciones e instrumentos internacionales

Charter of the International Military Tribunal for the Far East, Tokio, 19 de enero de 1946.

Declaración de la UNESCO relativa a la destrucción intencional del patrimonio cultural, París, 17 de octubre de 2003.

Declaración Universal de los Derechos Humanos, adoptada por la Resolución de la Asamblea General 217 (III), de 10 de diciembre de 1948.

Inter-Allied Declaration Against Acts of Dispossession Committed in Territories Under Enemy Occupation or Control, Londres, 5 de enero de 1943.

Moscow Declaration on German atrocities, Moscú, 30 de octubre de 1943.

Project of an International Declaration concerning the Laws and Customs of War, Bruselas, 27 de Agosto de 1874.

Reglas de la Guerra Aérea, redactadas por la Comisión de Juristas encargada de estudiar y de presentar el correspondiente informe sobre la revisión de las leyes de la guerra, La Haya, 28 de febrero de 1923.

Statute of the International Criminal Tribunal for Rwanda, establecido por la Resolución del Consejo de Seguridad 955 (1994), y enmendado en diversas ocasiones, 8 de noviembre de 1994.

Statute of the International Criminal Tribunal for the former Yugoslavia, establecido por la Resolución del Consejo de Seguridad 827 (1993), de 25 de mayo de 1993.

The Laws of War on Land (Oxford Manual), Oxford, 9 de septiembre de 1880.

2.2. Normativa nacional

Ley de Antigüedades siria, aprobada por Decreto Legislativo nº 222, de 26 de octubre de 1963, y enmendada en diversas ocasiones, la última en 1999.

Code of Crimes against International Law (CCAIL) of 26 June 2002 (Federal Law Gazette I, p. 2254), as last amended by Article 1 of the Act of 22 December 2016 (Federal Law Gazette I, p. 3150), Alemania.

Law on the Establishment of the Extraordinary Chambers, with inclusion of amendments as promulgated on 27 October 2004 (NS/RKM/1004/006), Camboya, 27 de octubre de 2004.

Instrucciones del gobierno para los ejércitos de Estados Unidos en campaña (Código Lieber), publicadas con la Orden General nº100, de 24 de abril de 1863.

3. JURISPRUDENCIA

3.1. Corte Internacional de Justicia

Application of the Convention on the Prevention and Punishment of the Crime of Genocide (Croatia v. *Serbia), Judgment*, I.C.J. Reports 2015.

Application of the Convention on the Prevention and Punishment of the Crime of Genocide (Bosnia and Herzegovina v. *Serbia and Montenegro), Judgment*, I.C.J. Reports 2007.

3.2. Tribunal Militar Internacional

Trials of the major war criminals before the International Military Tribunal. Nuremberg 14 de November 1945 – 1 october 1946, Vol. 1, Nuremberg, 1947.

3.3. Tribunal Penal Internacional para la Antigua Yugoslavia

Appeal Judgement in the case the Prosecutor v. Jadranko Prlić et alii, IT-04-74-A, 29 de noviembre de 2017.

Public redacted version of Judgement issued on 24 march 2016 in the case the Prosecutor v. Radovan Karadžić, Trial Chamber III, IT-95-5/18-T, 24 de marzo 2016.

Appeal Judgement in the case the Prosecutor v. Vlastimir Đorđević, IT-05-87/1-A, 27 de enero de 2014.

Judgement in the case the Prosecutor v. Jadranko Prlić et alii (volume III), Trial Chamber III, IT-04-74-T, 29 de mayo de 2013.

Public Judgement with Confidential Annex in the case the Prosecutor v. Vlastimir Đorđević, Trial Chamber II, IT-05-87/1-T, 23 de febrero de 2011.

Appeal Judgement in the case the Prosecutor v. Pavle Strugar, IT-01-42-T-A, 17 de julio de 2008.

Judgement in the case the Prosecutor v. Ramush Haradinaj, Idriz Balaj and Lahi Brahimaj, Trial Chamber I, IT-04-84, 3 de abril de 2008.

Judgement in the case the Prosecutor v. Milan Martić, Trial Chamber I, IT-95-11-T, 12 de junio de 2007.

Judgement in the case the Prosecutor v. Momčilo Krajišnik, Trial Chamber I, IT-00-39-T, 27 septiembre de 2006.

Judgement in the case the Prosecutor v. Enver Hadžihasanović and Amir Kubura, Trial Chamber, IT-01-47-T, 15 de marzo de 2006.

Judgement in the case the Prosecutor v. Pavle Strugar, Trial Chamber, IT-01-42-T, 31 de enero de 2005.

Appeal Judgement in the case the Prosecutor v. Dario Kordić and Mario Čerkez, IT-95-14/2-A, 17 de diciembre de 2004.

Judgement in the case the Prosecutor v. Radoslav Brđanin, Trial Chamber II, IT-99-36-T, 1 de septiembre de 2004.

Appeal Judgement in the case the Prosecutor v. Tihomir Blaškić, IT-95-14-A, 29 de julio de 2004.

Appeal Judgement in the case the Prosecutor v. Radislav Krstić, IT-98-33-A, 19 de abril de 2004.

Sentencing Judgement in the case the Prosecutor v. Miroslav Deronjić, Trial Chamber II, IT-02-61-S, 30 de marzo de 2004.

Sentencing Judgement in the case the Prosecutor v. Miodrag Jokić, Trial Chamber I, IT-01-42/1-S, 18 de marzo de 2004.

Judgement in the case the Prosecutor v. Milomir Stakić, Trial Chamber, IT-97-24, 31 de julio de 2003.

Judgement in the case the Prosecutor v. Mladen Naletilić aka "Tuta" and Vinko Martinović aka "Štela", Trial Chamber, IT-98-34-T, 31 de marzo de 2003.

Appeal Judgement in the case the Prosecutor v. Dragoljub Kunarac, Radomir Kovač and Zoran Vuković, IT-96-23 & IT-96-23/1-A, 12 junio de 2002.

Judgement in the case the Prosecutor v. Radislav Krstić, Trial Chamber, IT-98-33-T, 2 de Agosto de 2001.

Judgement in the case the Prosecutor v. Dario Kordić and Mario Čerkez, Trial Chamber, IT-95-14/2-T, 26 de febrero de 2001.

Judgement in the case the Prosecutor v. Tihomir Blaškić, Trial Chamber I, IT-95-14-T, 3 de marzo de 2000.

Judgement in the case the Prosecutor v. Zoran Kupreškić et alii, Trial Chamber, IT-95-16-T, 14 de enero de 2000.

Sentencing Judgement in the case the Prosecutor v. Duško Tadić aka "Dule", Trial Chamber, IT-94-1-T, 14 de julio de 1997.

Opinion and Judgement in the case the Prosecutor v. Duško Tadić aka "Dule", Trial Chamber, IT-94-1-T, 7 de mayo de 1997.

Decision on the Defence Motion for Interlocutory Appeal on Jurisdiction in the case the Prosecutor v. Duško Tadić aka "Dule", Appeals Chamber, IT-94-1-AR72, 2 de octubre de 1995.

3.4. Corte Penal Internacional

Trial Judgment in the case of the Prosecutor vs Al Hassan Ag Abdoul Aziz Ag Mohamed Ag Mahmoud, Trial Chamber X, ICC-01/12-01/18, 26 de junio de 2024.

Judgment on the appeals of Mr. Bosco Ntaganda and the Prosecutor against the decision of Trial Chamber VI of 8 July 2019 entitled 'Judgment' in the case of the Prosecutor vs Bosco Ntaganda, Appeal Chamber, ICC-01/04-02/06 A A2, 30 de marzo de 2021.

Version publique expurgée du Rectificatif de la Décision portant modification des charges confirmées le 30 septembre 2019 à l'encontre d'Al Hassan Ag Abdoul Aziz Ag Mohamed Ag Mahmoud, 23 avril 2020, ICC-01/12-01/18-767-Conf, Avec une annexe publique expurgée contenant la liste complète des charges confirmées à l'encontre de l'accusé, Pre-Trial Chamber I, ICC-01/12-01/18, 23 de abril de 2020.

Judgment in the case of the Prosecutor vs Bosco Ntaganda, Trial Chamber VI, ICC-01/04-02/06, 8 de julio de 2019.

Rectificatif à la Décision relative à la confirmation des charges portées contre Al Hassan Ag Abdoul Aziz Ag Mohamed Ag Mahmoud, Pre-Trial Chamber I, ICC-01/12-01/18, 13 de noviembre de 2019.

Judgement and Sentence in the case of Prosecutor vs Ahmad Al Faqi Al Mahdi, Trial Chamber VIII, ICC-01/12-01/15, 27 de septiembre de 2016.

Judgment pursuant to article 74 of the Statute in the case of the Prosecutor vs Germain Katanga, Trial Chamber II, ICC-01/04-01/07, 7 de marzo de 2014.

Judgement pursuant to article 74 of the Statute in the case of the Prosecutor vs Thomas Lubanga Dyilo, Trial Chamber I, ICC-01/04-01/06, 14 marzo de 2012.

Decision Pursuant to Article 61(7)(a) and (b) of the Rome Statute on the Charges of the Prosecutor Against Jean-Pierre Bemba Gombo, Pre-Trial Chamber II, ICC-01/05-01/08, 15 de junio de 2009.

Decision on the confirmation of charges in the case of the Prosecutor vs Germain Katanga and Mathieu Ngudjolo Chui, Pre-trial Chamber I, ICC-01/04-01/07, 30 septiembre de 2008.

3.5. Otros tribunales

"Trial of Franz Holstein and twenty-three others, Permanent Military Tribunal at Dijon, 3rd February, 1947", dentro de UNWCC: *Law Reports of Trials of War Criminals*, Vol.VIII, Londres, 1949.

"Trial of Karl Lingenfelder, Permanent Military Tribunal at Metz, Judgment Delivered on 11th March, 1947", dentro de UNWCC: *Law Reports of Trials of War Criminals*, Vol. IX, Londres, 1949.

"Trial of Hans Szabados, Permanent Military Tribunal at Clermont-Ferrand, Judgment Delivered on 23rd June, 1946", dentro de UNWCC: *Law Reports of Trials of War Criminals*, Vol.IX, Londres, 1949.

"Trial of Gauleiter Artur Greiser, Supreme National Tribunal of Poland, 21st June- 7th July, 1946", dentro de UNWCC: *Law Reports of Trials of War Criminals*, Vol.XIII, Londres, 1949.

"Trial of Dr. Joseph Bühler, Supreme National Tribunal of Poland, 17th June – 10th July, 1948", dentro de UNWCC: *Law Reports of Trials of War Criminals*, Vol.XIV, Londres, 1949.

4. DOCUMENTOS, RESOLUCIONES E INFORMES DE ORGANIZACIONES INTERNACIONALES

4.1. Organización de las Naciones Unidas

A. Asamblea General

Aplicación de la resolución por la que se establece el Mecanismo Internacional, Imparcial e Independiente para Ayudar en la Investigación y el Enjuiciamiento de los Responsables de los Delitos de Derecho Internacional Más Graves Cometidos en la República Árabe Siria desde Marzo de 2011, 19 de febrero de 2017, A/71/755.

General Assembly official records, 71st session: 66th plenary meeting, Wednesday, 21 December 2016, New York, 21 de diciembre de 2016, A/71/PV.66.

Informe de la Comisión de Derecho Internacional, 71er período de sesiones (29 de abril a 7 de junio y 8 de julio a 9 de agosto de 2019), 2019, A/74/10, pp.10-153.

Informe de la Relatora Especial sobre los derechos culturales, 9 de agosto de 2016, A/71/317.

Resolución 47/121 de la Asamblea General, de 7 de abril de 1993, A/RES/47/121.

Resolución 71/248 de la Asamblea General, de 21 de diciembre de 2016, A/71/248.

B. Consejo de Seguridad

Declaración de la Presidencia, S/PRST/2015/11, 29 de mayo de 2015.

Informe final de la Comisión de Expertos Establecida en virtud de la Resolución 780 del Consejo de Seguridad (1992), 27 de mayo de 1994, S/1994/674.

Resolución 2379 (2017) del Consejo de Seguridad, de 21 de septiembre.

Resolución 2347 (2017) del Consejo de Seguridad, de 24 de marzo.

Resolución 2253 (2015) del Consejo de Seguridad, de 18 de diciembre.

Resolución 2249 (2015) del Consejo de Seguridad, de 20 de noviembre.

Resolución 1973 (2011) del Consejo de Seguridad, de 17 de marzo.

Resolución 1970 (2011) del Consejo de Seguridad, de 26 de febrero.

Resolución 1593 (2005) del Consejo de Seguridad, de 31 de marzo.

Resolución 955 (1994) del Consejo de Seguridad, de 8 de noviembre.

Resolución 827 (1993) del Consejo de Seguridad, de 25 de mayo.

Security Council, 69th year: 7180th meeting, Thursday, 22 May 2014, New York, 22 de mayo de 2014, S.PV/7180.

C. Consejo Económico y Social

Draft Convention on the crime of genocide, 26 de junio de 1947, E/447.

Informe revisado y actualizado sobre la cuestión de la prevención y sanción del crimen de genocidio, preparado por el Sr. B. Whitaker, 2 de julio de 1985, E/CN.4/Sub.2/1985/6.

Report of the Committee and Draft Convention drawn up by the Committee, 24 de mayo de 1948, E/794.

D. Consejo de Derechos Humanos

Anatomy of a genocide, Report of the Special Rapporteur on the situation of human rights in the Palestinian territories occupied since 1967, Francesca Albanese, 25 de marzo de 2024, A/HRC/55/73.

Civilian Deaths in the Syrian Arab Republic; Report of the United Nations High Commissioner for Human Rights, de 28 de junio de 2022, A/HRC/50/68.

Resolución 39/2 del Consejo de Derechos Humanos, de 27 de septiembre de 2018, A/HRC/RES/39/2.

Resolución S-17/1 del Consejo de Derechos Humanos, de 22 de agosto de 2011, A/HRC/S-17/1.

E. Comisión Internacional e Imparcial de Investigación para Siria

"Rule of Terror: Living under ISIS in Syria", Report of the Independent International Commission of Inquiry on the Syrian Arab Republic, 19 noviembre de 2014, A/HRC/27/CRP.3.

"They came to destroy": ISIS Crimes Against the Yazidis, 15 de junio de 2016, A/HRC/32/CRP.2.

Human rights abuses and international humanitarian law violations in the Syrian Arab Republic, 21 July 2016-28 February 2017, 10 de marzo de 2017, A/HRC/34/CRP.3.

Informe de la Comisión Internacional Independiente de Investigación sobre la República Árabe Siria, de 21 de enero de 2021, A/HRC/46/54.

Informe de la Comisión Internacional Independiente de Investigación sobre la República Árabe Siria, de 28 de enero de 2020, A/HRC/43/57.

Informe de la Comisión de Investigación Internacional Independiente sobre la situación en la República Árabe Siria, 11 de febrero de 2016, A/HRC/31/68.

Informe de la Comisión Internacional Independiente de Investigación sobre la República Árabe Siria, 13 de agosto de 2014, A/HRC/27/60.

Informe de la Comisión de Investigación Internacional Independiente sobre la situación en la República Árabe Siria, 5 de febrero de 2013, A/HRC/22/59.

Informe de la Comisión de Investigación Internacional Independiente sobre la situación en la República Árabe Siria, 16 de agosto de 2012, A/HRC/21/50.

Report of the Independent International Commission of Inquiry on the Syrian Arab Republic, 9 de febrero de 2024, A/HRC/55/64.

F. Mecanismo Internacional Imparcial e Independiente para Siria

Bulletin Issue n°11, abril de 2024. Disponible en: https://iiim.un.org/wp-content/uploads/2024/05/IIIM-Bulletin-11-EN-new-map.pdf.

Bulletin Issue n°7, marzo de 2022. Disponible en: https://iiim.un.org/wp-content/uploads/2022/03/IIIM-Syria-Bulletin-7-ENG-March-2022-1.pdf

IIIM Syria Strategic Plan 2023-2025, 2023. Disponible en: https://iiim.un.org/wp-content/uploads/2023/02/IIIM-Strategic-Plan-2023-2025.pdf.

Informe del Mecanismo Internacional, Imparcial e Independiente para Ayudar en la Investigación y el Enjuiciamiento de los Responsables de los Delitos de Derecho Internacional Más Graves Cometidos en la República Árabe Siria desde Marzo de 2011, (Noveno informe), 16 de febrero de 2023, A/77/751.

Informe del Mecanismo Internacional, Imparcial e Independiente para Ayudar en la Investigación y el Enjuiciamiento de los Responsables de los Delitos de Derecho Internacional Más Graves Cometidos en la República Árabe Siria desde Marzo de 2011 (Octavo informe), 11 de febrero de 2022, A/76/690.

Informe del Mecanismo Internacional, Imparcial e Independiente para Ayudar en la Investigación y el Enjuiciamiento de los Responsables de los Delitos de Derecho Internacional Más Graves Cometidos en la República Árabe Siria desde Marzo de 2011, (Sexto informe), 13 de agosto de 2020, A/75/311.

Informe del Mecanismo Internacional, Imparcial e Independiente para Ayudar en la Investigación y el Enjuiciamiento de los Responsables de los Delitos de Derecho Internacional Más Graves Cometidos en la República Árabe Siria desde Marzo de 2011, (Cuarto informe), 22 de agosto de 2019, A/74/313

Informe del Mecanismo Internacional, Imparcial e Independiente para Ayudar en la Investigación y el Enjuiciamiento de los Responsables de los Delitos de Derecho Internacional Más Graves Cometidos en la República Árabe Siria desde Marzo de 2011, (Tercer informe), 13 de febrero de 2019, A/73/741.

Informe del Mecanismo Internacional, Imparcial e Independiente para Ayudar en la Investigación y el Enjuiciamiento de los Responsables de los Delitos de Derecho Internacional Más Graves Cometidos en la República Árabe Siria desde Marzo de 2011, (Segundo informe), 3 de agosto de 2018, A/73/295.

International, Impartial and Independent Mechanism to Assist in the Investigation and Prosecution of Persons Responsible for the Most Serious Crimes under International Law Committed in the Syrian Arab Republic since March 2011, 14 de febrero de 2024, A/78/772.

Mecanismo Internacional, Imparcial e Independiente para Ayudar en la Investigación y el Enjuiciamiento de los Responsables de los Delitos de Derecho Inter-

nacional Más Graves Cometidos en la República Árabe Siria desde Marzo de 2011, (Primer informe), 28 de febrero de 2018, A/72/764.

G. Documentos de otros organismos de las Naciones Unidas

ACNUDH: "Syria: Violations and abuses rife in areas under Turkish-affiliated armed groups – Bachelet", *Oficina del ACNUDH,* 18 de septiembre de 2020. Disponible en: https://www.ohchr.org/en/press-releases/2020/09/syria-violations-and-abuses-rife-areas-under-turkish-affiliated-armed-groups.

ACNUR: "Global Trends: Forced displacement in 2023", *ACNUR,* 2024. Disponible en: https://t.ly/ylIaF.

CDI: *Report of the International Law Commission on the work of its forty-eighth session, 6 May - 26 July 1996,* Official Records of the General Assembly, Fifty-first session, Supplement nº10, A/51/10. Disponible en: https://legal.un.org/ilc/documentation/english/reports/a_51_10.pdf.

— *Anuario de la Comisión de Derecho Internacional,* Volumen II, Segunda Parte 1991, A/CN.4/SER.A/1991/Add.1 (Parte 2). Disponible en: https://www.un-ilibrary.org/content/books/9789213621899/read .

UNITAR/UNOSAT: *Satellite-based Damage Assessment to Cultural Heritage Sites in Syria,* Ginebra, 2014. Disponible en: https://unosat.web.cern.ch/unitar/downloads/chs/FINAL_Syria_WHS.pdf.

UNRWA: *UNRWA Situation Report #122 on the situation in the Gaza Strip and the West Bank, including East Jerusalem,* 19 de julio de 2024. Disponible en: https://www.unrwa.org/resources/reports/unrwa-situation-report-122-situation-gaza-strip-and-west-bank-including-east-Jerusalem.

UNWCC: *History of the United Nations War Crimes Commission and the Development of the Laws of War,* 1948. Disponible en: https://unwcc.org/unwcc-publications/.

4.2. UNESCO

Damaged cultural sites in Ukraine verified by UNESCO, 17 julio de 2024. Disponible en: https://www.unesco.org/en/articles/damaged-cultural-sites-ukraine-verified-unesco#:~:text=As%20of%2011%20july%202024,%2C%2015%20libraries%2C%201%20archive.

Franja de Gaza: evaluación de daños, 10 de junio de 2024. Disponible en: https://www.unesco.org/es/gaza/assessment.

Heritage and Cultural Diversity at Risk in Iraq and Syria, 3–4 de diciembre, 2014. Disponible en: http://www.unesco.org/culture/pdf/iraq-syria/IraqSyriaReport-en.pdf.

National report on the implementation of the Hague Convention of 1954 and its two Protocols (1954 and 1999), Four-year cycle 2013-2016, Syria, 2017. Disponible en: https://en.unesco.org/node/343239.

Operational Guidelines for the Implementation of the World Heritage Convention, WHC.23/01, 24 de septiembre de 2023. Disponible en: https://whc.unesco.org/en/guidelines/.

Report of the UNESCO rapid assessment mission to the World Heritage "Site of Palmyra", Syria, 23–27 april 2016, UNESCO, 2016. Disponible en: http://whc.unesco.org/en/documents/142423.

4.3. Consejo de Europa

"Addressing the issue of Daesh foreign fighters and their families returning from Syria and other countries to the member States of the Council of Europe", *Parlamentary Assembly Council of Europe,* 5 de julio de 2022, Doc. 15591. Disponible en: https://pace.coe.int/en/files/30219.

"War damage cultural heritage Croatia and Bosnia-Herzegovina", *PACE,* Second Information Report, Doc. 6869, 17 de julio de 1993. Disponible en: https://assembly.coe.int/nw/xml/XRef/X2H-Xref-ViewHTML.asp?FileID=7222&lang=EN

"War damage cultural heritage Croatia and Bosnia-Herzegovina", *PACE,* Third Information Report, Doc. 6904, 20 de septiembre de 1993. Disponible en: http://www.assembly.coe.int/nw/xml/XRef/X2H-Xref-ViewHTML.asp?FileID=7256&lang=fr.

4.4. Unión Europea

CONSEJO DE LA UNIÓN EUROPEA: "Siria: respuesta de la UE a la crisis". Disponible en: https://www.consilium.europa.eu/es/policies/syria/#sanctions.

— "Supporting the future of Syria and the region - Brussels eight conference, 27 May 2024". Disponible en: https://www.consilium.europa.eu/en/meetings/international-ministerial-meetings/2024/05/27/.

— "El Consejo adopta la Estrategia de la UE para Siria, 3 abril de 2017", 3 de abril de 2017. Disponible en: https://www.consilium.europa.eu/es/press/press-releases/2017/04/03/fac-conclusions-syria/.

— "Conclusiones del Consejo sobre la estrategia regional de la UE para Siria e Irak, así como en relación con la amenaza que representa el EIIL (Daesh)", Bruselas, 23 de mayo de 2016, ST 9105 2016 INIT.

— "Conclusiones del Consejo sobre la estrategia regional de la UE para Siria e Irak, así como en relación con la amenaza que representa el EIIL (Daesh)", Bruselas, 16 de marzo de 2015, ST 7267 2015 INIT.

— "Conclusiones del Consejo sobre la crisis del EIIL-Daesh en Siria e Irak", Luxemburgo, 20 de octubre de 2014, ST 14463 2014 INIT.

EUROJUST y GENOCIDE NETWORK: *Overview of national jurisprudence*, enero de 2023. Disponible en: https://www.eurojust.europa.eu/publication/overview-national-jurisprudence

— *Key factors for successful investigations and prosecutions of core international crimes*, 23 de mayo de 2022. Disponible en: https://www.eurojust.europa.eu/publication/key-factors-successful-investigations-and-prosecutions-core-international-crimes.

EUROJUST: "Support to joint investigation team of Sweden and France targeting crimes against Yezidi victims in Syria and Iraq", 7 de enero de 2022. Disponible en: https://www.eurojust.europa.eu/news/support-joint-investigation-team-sweden-and-france-targeting-crimes-against-yezidi-victims.

4.5. Corte Penal Internacional

Elementos de los Crímenes, reproducidos de los *Documentos Oficiales de la Asamblea de los Estados Partes en el Estatuto de Roma de la Corte Penal Internacional, primer período de sesiones, Nueva York, 3 a 10 de septiembre de 2002*, Parte II.B; revisados en la *Conferencia de Revisión del Estatuto de Roma de la Corte Penal Internacional, Kampala, 31 de mayo a 11 de junio de 2010* (RC/11). Disponible en: https://www.icc-cpi.int/sites/default/files/Publications/Elementos-de-los-Crimenes.pdf

Policy on Cultural Heritage, Office of the Prosecutor, CPI, junio de 2021. Disponible en: https://www.icc-cpi.int/sites/default/files/itemsDocuments/20210614-otp-policy-cultural-heritage-eng.pdf

Situation in Mali, Article 53(1) Report, 16 de enero de 2013. Disponible en: https://www.icc-cpi.int/sites/default/files/itemsDocuments/SASMaliArticle53_1PublicReportENG16Jan2013.pdf

Statement of ICC Prosecutor Karim A.A. Khan KC: Applications for arrest warrants in the situation in the State of Palestine, 20 de mayo de 2024. Disponible en: https://www.icc-cpi.int/news/statement-icc-prosecutor-karim-aa-khan-kc-applications-arrest-warrants-situation-state.

Statement of the Prosecutor of the International Criminal Court, Fatou Bensouda, at the opening of the confirmation of charges hearing in the case against Mr Ahmad Al-Faqi Al Mahdi, 1 de marzo de 2016. Disponible en: https://www.icc-cpi.int/news/statement-prosecutor-international-criminal-court-fatou-bensouda-opening-confirmation-charges

Statement of the Prosecutor of the International Criminal Court, Fatou Bensouda, on the alleged crimes committed by ISIS, 8 de abril de 2015. Disponible en: https://www.icc-cpi.int/Pages/item.aspx?name=otp-stat-08-04-2015-1.

4.6. Sociedad de Naciones

"Report on the Work of the League of Nations in 1935/36: Opening of the General Discussion", *LNOJ Special Supplement*, nº155, pp.44-50.

"Work of the Intellectual Co-operation Organisation: Report of the Sixth Committee to the Assembly", *LNOJ Special Supplement*, nº161, 1936, pp.55-61.

"Report of the International Committee on Intellectual Co-operation on the Work of its Nineteenth Session (July 1937)", *LNOJ*, año 18, nº12, diciembre de 1937.

"Resolutions Adopted by the Assembly at its Twelfth Meeting, Friday, September 30th, 1938, At 11 a.m.", *LNOJ Special Supplement*, nº183, 1938, pp.135-136.

"Protection of civilian non-combatant populations against bombing from the air in case of war", *LNOJ Special Supplement*, nº186, 1938, pp.38-49.

"Report by M. de Reynold (Rapporteur) on the Work of the International Committee on Intellectual Co-operation at its Twentieth Session (July I938)", *LNOJ*, año 19, nº11, noviembre de 1938.

"Air bombardments in Spain", *LNOJ*, vol.20, nº1, enero de 1939, pp.28-34.

5. DOCUMENTACIÓN DE OTRAS INSTITUCIONES PÚBLICAS Y PRIVADAS

"PAYS-BAS - La protection des monuments et objets historiques et artistiques contre les destructions de la guerre – Proposition de la Société néerlandaise d'archéologie", *Revue Générale de Droit International*, vol.26, 1919, pp.329-336.

AMNISTÍA INTERNACIONAL: "Siria: Raqqa en ruinas y la población civil devastada tras la "guerra de aniquilación" dirigida por Estados Unidos", 5 de junio de 2018. Disponible en: https://www.amnesty.org/

es/latest/news/2018/06/syria-raqqa-in-ruins-and-civilians-devastated-after-us-led-war-of-annihilation/.

ASOR: "Planning for Safeguarding Heritage Sites in Syria and Iraq, Weekly Report 83–84 from 2 to 15 march", *ASOR Cultural Heritage Initiatives*, 2015. Disponible en: http://www.asor-syrianheritage.org/wp-content/uploads/2016/03/ASOR_CHI_Weekly_Report_83%E2%80%9384r.pdf#page=48.

— "Planning for Safeguarding Heritage Sites in Syria and Iraq, Weekly Report 13, November 3", *ASOR Cultural Heritage Initiatives*, 2014. Disponible en: http://www.asor-syrianheritage.org/wp-content/uploads/2015/03/ASOR_CHI_Weekly_Report_13r.pdf.

— "Planning for Safeguarding Heritage Sites in Syria and Iraq, Weekly Report 55-56, August 18 to September 1", *ASOR Cultural Heritage Initiatives*, 2015. Disponible en: http://www.asor-syrianheritage.org/wp-content/uploads/2015/10/ASOR_CHI_Weekly_Report_55–56r.pdf#page=63.

AXTON, M. F., CHURCHILL, R. P., PRESCOTT, F. C., REID, J. G., SAPPINGTON, N. O., GATES, L. E. y PHILLIPS, S. L. (Eds.): *Foreign Relations of the United States Diplomatic Papers, 1939, General, Volume I*, United States Government Printing Office, Washington, 1956. Disponible en: https://history.state.gov/historicaldocuments/frus1939v01.

BARRETT, R.: *Beyond the Caliphate: Foreign Fighters and the Threat of Returnees*, The Soufan Center, 2017.

— *The Islamic State*, The Soufan Center, Nueva York, 2014.

BONGARD, P., HAUSLER, K. y LOSTAL BECERRIL, M.: *Culture under Fire: Armed Non-State Actors and Cultural Heritage in Wartime*, Geneva Call, Ginebra, 2018.

BOYLAN, P. J.: *Review of the Convention for the Protection of Cultural Property in the Event of Armed Conflict (The Hague Convention of 1954)*, UNESCO, 1993, CLT.93/WS/12.

CICR: *Commentary on the First Geneva Convention*, 2016. Disponible en: https://ihl-databases.icrc.org/en/ihl-treaties/gci-1949/article-3/commentary/2016?activeTab=undefined.

COMMISSION OF JURISTS: "Commission of Jurists to consider and report upon the revision of the rules of warfare", *AJIL Supplement*, vol.32, nº1, 1938, pp.1-56.

DE HOON, M.: *Accountability for Yazidi Genocide*, Position Paper for the Dutch Parliament, 10 February 2022. Disponible en: https://static1.squarespace.com/static/5900b58e1b631bffa367167e/t/620fdb2c19503

a619cc0caa6/1645206317441/Marieke+de+Hoon Accountability+for+Yazidi+Genocide Position+Paper+NL+Parliament 2022+%282%29.pdf

DOPPELHOFER, C.: "Will Palmyra rise again? - War Crimes against Cultural Heritage and Post-war reconstruction", 2016, pp. 1-12. Disponible en: http://www.ohchr.org/EN/Issues/CulturalRights/Pages/IntentionalDestruction.aspx

EUROPEAN CENTER FOR CONSTITUTIONAL AND HUMAN RIGHTS: "Dossier: Human Rights Violations in Syria: Torture under Assad", marzo de 2021. Disponible: https://www.ecchr.eu/fileadmin/Sondernewsletter Dossiers/Dossier Syria 2021March.pdf.

FIBGAR: *Principios de Madrid-Buenos Aires de Jurisdicción Universal*, 2015. Disponible en: http://jurisdiccionuniversal.org/?page id=15

GOBIERNO DE PAÍSES BAJOS: "The Netherlands and Canada take the next step towards justice in Syria", 12 de marzo de 2021. Disponible en: https://www.government.nl/latest/news/2021/03/12/justice-in-syria.

HAMID, S.; YUSEF, M.; SABRINE, I.; FUSHIYA, T.: *The Second Report Cultural Heritage Situations in Sudan*, Sudan Heritage Protection Initiative, Heritage for Peace, 2 de noviembre de 2023. Disponible en: https://www.heritageforpeace.org/wp-content/uploads/2023/11/SHPI-Second-report-2-November-2023.pdf.

HUMAN RIGHTS WATCH: "These crimes we are fleeing. Justice for Syria in Swedish and German Courts", octubre de 2017. Disponible en: https://www.hrw.org/sites/default/files/report pdf/ijsyria1017 web.pdf.

IMPUNITY WATCH, PAX y SYRIAN CENTER FOR MEDIA AND FREEDOM OF EXPRESSION: *ISIS-only Tribunal: selective, politicised justice will do more harm than good*, 31 de octubre de 2019. Disponible: https://paxforpeace.nl/media/download/policybrief-iraq-isis-tribunal-2019-eng.pdf.

INSTITUTE FOR SECURITY POLICY AND LAW: "The Chautauqua Blueprint for a Statute for a Syrian Extraordinary Tribunal to Prosecute Atrocity Crimes", Disponible en: https://securitypolicylaw.syr.edu/wp-content/uploads/2013/09/Chautauqua-Blueprint1.pdf.

INTERNATIONAL CAMPAIGN FOR TIBET: *60 Years of Chinese Misrule: Arguing Cultural Genocide in Tibet*, abril de 2012. Disponible en: https://savetibet.org/60-years-of-chinese-misrule-arguing-cultural-genocide-in-tibet/.

MWATANA FOR HUMAN RIGHTS: *The Degradation of History. Violations Committed by the Warring Parties against Yemen's Cultural Property*, Pax for Peace, noviembre de 2018. Disponible en: https://mwatana.org/en/the-degradation-of-history-2/.

NOLLKAEMPER, A.: *Legal Advice International Tribunal ISIS,* 22 de julio de 2019. Disponible en: https://www.rijksoverheid.nl/documenten/rapporten/2019/07/24/advies-internationaal-tribunaal-isis.

OPEN SOCIETY y TRIAL INTERNATIONAL: *Universal Jurisdiction Law and Practice in Germany,* marzo de 2019. Disponible en: https://www.justiceinitiative.org/publications/universal-jurisdiction-law-and-practice-germany.

PARLAMENTO BRITÁNICO: *Parliamentary Debates,* T.C. Hansard, vol. XXXII, Londres, 1816.

— *Parliamentary Debates,* T.C. Hansard, vol.XXX, Londres, 1815.

ROJAVA INFORMATION CENTER: *Bring ISIS to Justice: Towards an international tribunal in North East Syria,* 2019. Disponible en: https://rojavainformationcenter.com/storage/2019/07/Bringing-ISIS-to-justice-Rojava-Information-Center-Website-July-2019.pdf.

SARR, F. y SAVOY, B.: *The Restitution of Cultural Heritage. Toward a New Relational Ethics,* Ministère de la Culture, noviembre de 2018. Disponible en: http://restitutionreport2018.com/sarr_savoy_en.pdf.

SHANY, Y., COHEN A. y MIMRAN, T.: "ISIS: Is the Islamic State a State?", *The Israel Democracy Institute,* 14 September 2014. Disponible en: http://en.idi.org.il/articles/5219.

The Princeton Principles on Universal Jurisdiction, Princeton University, New Jersey, 2001.

VAN VEEN, E., DI PIETRANTONIO, A., EZZEDINE, N. y NAPOLITANO, P., *Band-aids, not bullets. EU policies and interventions in the Syrian and Iraqi civil wars,* Netherlands Institute of International Relations Clingendael, La Haya, Febrero 2021, pp.23-24. Disponible en: https://www.clingendael.org/pub/2021/eu-relevance-in-the-syrian-and-iraqi-civil-wars/3-eu-institutional-policies-and-interventions-in-the-syrian-civil-war/.

WOLFINBARGER, S., DRAKE, J., ASHCROFT, E. y HANSON, K.: *Ancient History, Modern Destruction: Assessing the Status of Syria's Tentative World Heritage Sites Using High-Resolution Satellite Imagery,* American Association for the Advancement of Science and Smithsonian Institution, Washington DC, 2014. Disponible en: https://www.aaas.org/sites/default/files/content_files/AAAS-SyrianTWHS-122014.pdf?adobe_mc=MCMID%3D65328659658344539583050317969627563888%7CMCORGID%3D242B6472541199F70A4C98A6%2540AdobeOrg%7CTS%3D1675243920.

6. PUBLICACIONES EN PRENSA Y EN PÁGINAS WEB

AFP: "Belgium Probes Refugee Status Of Syrian War Crimes Supect", *justiceinfo.net*, 28 de marzo de 2023. Disponible en: https://www.justiceinfo.net/en/114527-belgium-probes-refugee-status-of-syrian-war-crimes-supect.html

ALJAZEERA: "French court upholds arrest warrant for Syria's Bashar al-Assad", 26 de junio de 2024. Disponible en: https://www.aljazeera.com/news/2024/6/26/french-court-upholds-arrest-warrant-for-syrias-bashar-al-assad

— "Islamic State 'has 50,000 fighters in Syria'", 19 de Agosto de 2014. Disponible en: https://www.aljazeera.com/news/2014/8/19/islamic-state-has-50000-fighters-in-syria.

ASSOCIATED PRESS: "Libya's cultural heritage 'being destroyed and plundered by Isis", *The Guardian*, 15 diciembre 2015. Disponible en: https://www.theguardian.com/world/2015/dec/15/libyas-cultural-heritage-being-destroyed-and-plundered-by-isis.

BBC: "Gurlitt's last Nazi-looted work returned to owners", 13 de enero de 2021. Disponible en: https://www.bbc.com/news/world-europe-55644230.

— "Islamic State and the Crisis in Iraq and Syria in Maps", *BBC News*, 10 de enero de 2018. Disponible en: http://www.bbc.com/news/world-middle-east-27838034.

— "IS loses Deir al-Zour in Syria and al-Qaim in Iraq on same day", *BBC News*, 3 de noviembre de 2017. Disponible: http://www.bbc.com/news/world-middle-east-41856330.

— "Battle for Mosul: IS blows up al-Nuri mosque", *BBC News*, 22 de junio de 2017. Disponible en: http://www.bbc.com/news/world-middle-east-40361857.

— "Palmyra: Syrian forces 'completely retake' IS-held town", *BBC News*, 2 de marzo de 2017. Disponible en: https://www.bbc.com/news/world-middle-east-39147612.

— "Palmyra Archaeologist 'Killed By IS'", *BBC News*, 19 de agosto de 2015. Disponible en: http://www.bbc.com/news/world-middle-east-33984006.

— "Syria Crusader castle Krak des Chevaliers has war scars", 22 de marzo de 2014. Disponible en: https://www.bbc.com/news/world-middle-east-26696113.

BJURSTRÖM, L.: "Lafarge and The Judicial Twists and Turns Of Corporate Liability in France", *justiceinfo.net*, 5 de julio de 2022. Disponible en: https://www.justiceinfo.net/en/103141-lafarge-judicial-twists-and-turns-corporate-liability-france.html.

BOEGLIN, N.: "La Resolución 2249 no autoriza a bombardear Siria", *Voltairenet.org*, 3 de diciembre de 2015. Disponible en: https://www.voltairenet.org/article189509.html.

BRAMON, D.: "La confusión del 'jihad'", *IEMed. Focus Article*, vol. 113, 2014, pp.1-3. Disponible en: https://www.iemed.org/wp-content/uploads/2020/12/Focus-113-La-confusion-del-Jihad.pdf.

CICR: "Syria: ICRC and Syrian Arab Red Crescent maintain aid effort amid increased fighting", 17 de julio de 2012. Disponible: https://www.icrc.org/en/doc/resources/documents/update/2012/syria-update-2012-07-17.htm.

DWORKIN, A.: "A Tribunal for ISIS Fighters?", *European Council on Foreign Relations*, 31 de mayo de 2019. Disponible: https://ecfr.eu/article/commentary_a_tribunal_for_isis_fighters/.

EFE: "La Audiencia Nacional tumba la querella contra el régimen sirio por falta de jurisdicción", *Diario Público*, 21 de julio de 2017. Disponible en: http://www.publico.es/espana/audiencia-nacional-tumba-querella-regimen-sirio-falta-jurisdiccion.html.

ELDIARIO.ES: "¿Qué diferencia hay entre decir Estado Islámico, ISIS o Daesh?", 16 de noviembre de 2015. Disponible en: https://www.eldiario.es/internacional/islamico-isis-isil-daesh_1_2374681.html.

EUROPA PRESS: "Armenia acusa a Azerbaiyán ante la CIJ de culminar su "limpieza étnica" con la toma de Nagorno Karabaj", 16 abril de 2024. Disponible en: https://www.europapress.es/internacional/noticia-armenia-acusa-azerbaiyan-cij-culminar-limpieza-etnica-toma-nagorno-karabaj-20240416173026.html.

FARAZI SABER, I.: "A 'cultural genocide': Which of Gaza's heritage sites have been destroyed?", *Al Jazeera*, 14 de enero de 2024. Disponible en: https://www.aljazeera.com/news/2024/1/14/a-cultural-genocide-which-of-gazas-heritage-sites-have-been-destroyed.

FIDH: "Syria/Dabbagh case - French justice orders the trial of Ali Mamlouk, Jamil Hassan and Abdel Salam Mahmoud", 4 de abril de 2023. Disponible en: https://www.fidh.org/en/region/north-africa-middle-east/syria/syria-dabbagh-case-french-justice-orders-the-trial-of-ali-mamlouk.

HUBBARD, B. y KIRKPATRICK, D.: "A Decade After the Arab Spring, Autocrats Still Rule the Mideast", *The New York Times*, 14 de febrero de 2021. https://www.nytimes.com/2021/02/14/world/middleeast/arab-spring-mideast-autocrats.html.

JOMAA, A.: "Options on the table: a Hybrid Tribunal to Prosecute ISIL Fighters", *Justice in conflict*, 18 de septiembre de 2019. Disponible en: https://justiceinconflict.org/2019/09/18/options-on-the-table-a-hybrid-tribunal-to-prosecute-isil-fighters/.

LU PHILLIPS, R.: "A Tribunal for ISIS Fighters – A National Security and Human Rights Emergency", *Just Security*, 30 de marzo de 2021. Disponible en: https://www.justsecurity.org/75544/a-tribunal-for-isis-fighters-a-national-security-and-human-rights-emergency/.

MEHRA, T. y WENTWORTH, M.: "New Kid on the Block: Prosecution of ISIS Fighters by the Autonomous Administration of North and East Syria", *International Centre for Couter-Terrorism*, 16 de marzo de 2021. Disponible en: https://www.icct.nl/publication/new-kid-block-prosecution-isis-fighters-autonomous-administration-north-and-east-syria.

MEHRA, T.: "Bringing (Foreign) Terrorist Fighters to Justice in a Post-ISIS Landscape Part I: Prosecution by Iraqi and Syrian Courts", *International Centre for Couter-Terrorism*, 22 de diciembre de 2017. Disponible en: https://www.icct.nl/publication/bringing-foreign-terrorist-fighters-justice-post-isis-landscape-part-i-prosecution.

NERSESSIAN, D.: "Rethinking Cultural Genocide Under International Law", *Carnegie Council for Ethics in International Affairs*, 22 de abril de 2005. Disponible en: https://www.carnegiecouncil.org/media/series/dialogue/human-rights-dialogue-1994-2005-series-2-no-12-spring-2005-cultural-rights-section-1-rethinking-cultural-genocide-under-international-law.

ONU: "Sixth Committee Concludes Resumed Session on Whether to Codify International Law Commission's Crimes against Humanity Draft Articles", 14 de abril de 2023. Disponible en: https://press.un.org/en/2023/gal3683.doc.htm.

— "Head of International Mechanism on Syria Describes Progress Documenting Crimes Committed by Both Sides, as General Assembly Takes Up Report", 23 de abril de 2019. Disponible en: https://press.un.org/en/2019/ga12139.doc.htm.

RAPP, S. J.: "SCSL Symposium: A Legal Legacy that Opens the Way to Justice in Challenging Places and Times–Part II", *Opinio Juris*, 15 de marzo de 2021. Disponible en: http://opiniojuris.org/2021/03/15/scsl-symposium-a-legal-legacy-that-opens-the-way-to-justice-in-challenging-places-and-times-part-ii/.

REUTERS/EFE: "Derrotado el último bastión de Estado Islámico en Siria", *La Vanguardia*, 23 de marzo de 2019. Disponible en: https://www.

lavanguardia.com/internacional/20190323/461174845022/derrotado-ultimo-bastion-estado-islamico-siria-baghouz.html.

ROBERTS, D.: "Why IS militants destroy ancient sites", *BBC*, 1 de septiembre de 2015. Disponible en: https://www.bbc.com/news/world-middle-east-34112593.

RULAC: "Non-international armed conflicts in Syria". Disponible en: https://www.rulac.org/browse/conflicts/non-international-armed-conflicts-in-syria#collapse3accord.

SALAHI, R.: "The road to justice for Syria goes through Europe", *Middle East Institute*, 14 julio 2020. Disponible en: https://www.mei.edu/publications/road-justice-syria-goes-through-europe.

SCIUTTO, J., CRAWFORD, J. y CARTER, C. J.: "ISIS can 'muster' between 20,000 and 31,500 fighters, CIA says", *CNN*, 12 de septiembre de 2014. Disponible en: https://edition.cnn.com/2014/09/11/world/meast/isis-syria-iraq/.

STAFFORD SMITH, C.: "Outsourcing injustice: Guantanamo on the Euphrates", *Aljazeera*, 5 de febrero de 2020. Disponible en: https://www.aljazeera.com/opinions/2020/2/5/outsourcing-injustice-guantanamo-on-the-euphrates

THAROOR, K. y MARUF, M.: "Museum of Lost Objects: Mar Elian Monastery", *BBC News*, 7 de marzo de 2016. Disponible en: http://www.bbc.com/news/magazine-35725220.

TRIAL INTERNATIONAL: "Alaa M.", 4 de abril de 2022. Disponible en: https://trialinternational.org/latest-post/alaa-m/.

— "Anwar Raslan and Eyad Al-Gharib", 4 de abril de 2022. Disponible en: https://trialinternational.org/latest-post/anwar-raslan-and-eyad-al-gharib/.

— "Mouhannad Droubi", 8 de mayo de 2016. Disponible en: https://trialinternational.org/latest-post/mouhannad-droubi/.

UNESCO: "Director-General Irina Bokova condemns the destruction of the Mar Elian monastery in Syria", 21 de agosto de 2015. Disponible en: http://whc.unesco.org/en/news/1338.

— "Director-General of UNESCO Irina Bokova firmly condemns the destruction of Palmyra's ancient temple of Baalshamin". 24 de agosto de 2015. Disponible en: http://whc.unesco.org/en/news/1339/.

— "Director-General Irina Bokova expresses consternation at the destruction of the Temple of Bel in Palmyra". 1 de septiembre de 2015. Disponible en: http://whc.unesco.org/en/news/1341/.

VISSER, L.: "Russia's Intervention in Syria", *EJIL Talk!*, 25 de noviembre de 2015. Disponible en: https://www.ejiltalk.org/russias-intervention-in-syria/.